Carla

Niemand sieht dich, wenn du weinst

Fauziya Kassindja
mit
Layli Miller Bashir

Niemand sieht dich, wenn du weinst

Aus dem Amerikanischen von
Ulrike Wasel und Klaus Timmermann

Karl Blessing Verlag

Titel der Originalausgabe: Do They Hear You When You Cry
Originalverlag: Delacorte Press
Bantam Doubleday Dell Publishing Group, New York

Zum Schutz der Beteiligten wurden
in diesem Buch
einige Namen verändert.

Umwelthinweis:
Dieses Buch und sein Schutzumschlag wurden auf
chlorfrei gebleichtem Papier gedruckt.
Die Einschrumpffolie (zum Schutz vor Verschmutzung)
ist aus umweltschonender recyclingfähiger
PE-Folie.

Der Karl Blessing Verlag ist ein Unternehmen
der Verlagsgruppe Bertelsmann.

4. Auflage

Umschlaggestaltung: DesignTeam München
Satz: Dr. Ulrich Mihr GmbH, Tübingen
Druck und Bindung: Graphischer Großbetrieb Pößneck
Printed in Germany
ISBN 3-89667-080-8

Inhalt

Erste Sure

AL-FATIHAH, »DIE ÖFFNENDE«
Geoffenbart zu Mekka

Im Namen Allahs, des Erbarmers, des Barmherzigen!

Lob sei Allah, dem Weltenherrn,
Dem Erbarmer, dem Barmherzigen,
Dem König am Tag des Gerichts!
Dir dienen wir und zu Dir rufen um Hilfe wir;
Leite uns den rechten Pfad,
Den Pfad derer, denen Du gnädig bist,
Nicht derer, denen du zürnst, und nicht der Irrenden.

BAHAI-GEBET

Ehre sei Dir, oh Herr, mein Gott!
... ich flehe Dich an, Deine Hand über diese Magd zu halten,
die sich in Deinen Schutz geflüchtet hat
und Zuflucht gesucht hat bei Ihm,
in dem Du Selbst Dich geoffenbart,
und all ihre Hoffnung und ihr Vertrauen in Dich gesetzt hat ...

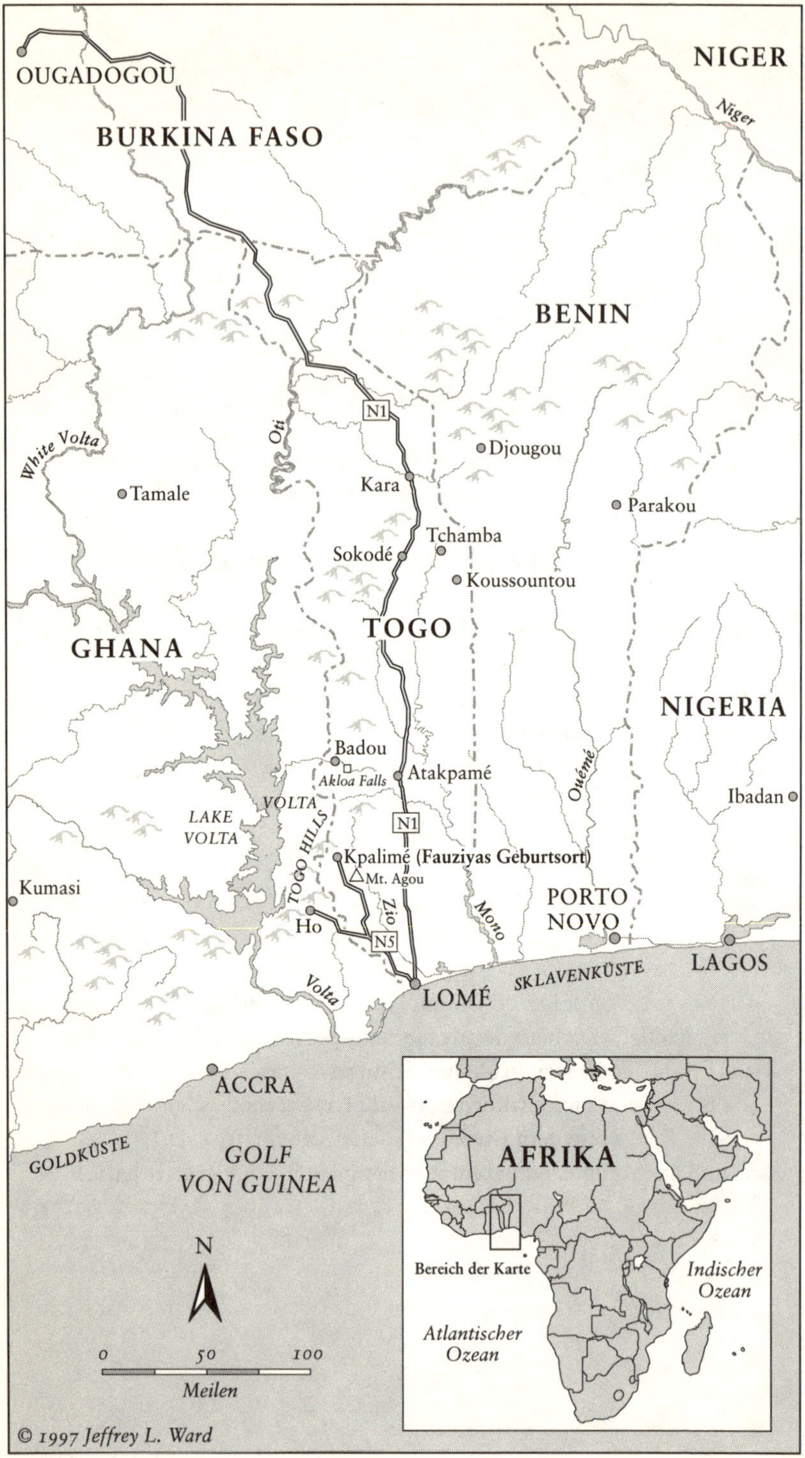

NIGER
Niger
OUGADOGOU
BURKINA FASO
BENIN
N1
White Volta
Oti
Djougou
Kara
Tamale
Parakou
Tchamba
Sokodé
Koussountou
TOGO
GHANA
NIGERIA
Badou
Akloa Falls
Atakpamé
Ouémé
VOLTA
LAKE VOLTA
TOGO HILLS
N1
Ibadan
Kpalimé (Fauziyas Geburtsort)
Mt. Agou
Kumasi
Zio
Mono
PORTO NOVO
Ho
N5
LAGOS
Volta
LOMÉ
SKLAVENKÜSTE
ACCRA
GOLDKÜSTE
GOLF VON GUINEA
AFRIKA
Bereich der Karte
Indischer Ozean
Atlantischer Ozean
N
0
50
100
Meilen
© 1997 Jeffrey L. Ward

1
Gefängnis

Nach dem Mittagessen kehrte ich in meine Zelle zurück. Es war Zeit für das *Salat adh-Dhuhr.*

Ich zog meine Schuhe aus und wusch mir an dem kleinen Waschbecken Gesicht, Arme, Füße und Hände. Dann breitete ich das Bettlaken, das ich als Gebetsteppich benutzte, sorgsam auf dem kalten Betonboden aus. Ich umhüllte Kopf und Hals mit dem Schleier, den wir *mayahfi* nennen, trat auf das Laken, das nach Osten ausgerichtet war, und fing an zu beten. Ich kniete noch auf dem Laken und umfaßte die neunundneunzig Perlen des *tasbih* …

»Kasinga!« Ich fuhr hoch, als mein Name knisternd aus der Gefängnissprechanlage ertönte.

»Kasinga! Anwaltsbesuch!«

Sie waren also da. Aber ich wollte zuerst meine Gebete beenden.

Allahu Akbar, Allahu Akbar, Allahu Akbar –

»Kasinga! Kasinga!«

Ich stand auf, nahm den *mayahfi* ab, zog bedächtig meine Turnschuhe an und trat auf die Rampe vor meiner Zelle. Obere Reihe im Hochsicherheitstrakt B, York County Gefängnis in Pennsylvania – das war meine Adresse.

Unterhalb von mir konnte ich den kleinen, kahlen Aufenthaltsraum mit Metalltischen und Metallstühlen sehen, die am Boden festgeschraubt waren. Häftlinge in blauer Gefängniskleidung vertrieben sich die Zeit, sahen fern, spielten Karten, plauderten, starrten ins Leere. Langsam ging ich die Rampe entlang zur Treppe und stieg die Stufen hinunter. Die Wärterin in ihrer Kabine rief über die Lautsprecher wiederholt meinen Namen und wollte mich zur Eile antreiben, aber ich ließ mich nicht hetzen. Ich sprach weiter meine Gebete, denn ich hatte gelernt, daß mich das Beten aufrechterhielt, es mir möglich machte, durch die öden, grauen Wände dieses Ortes hindurchzublikken, den ich mein Zuhause nennen mußte.

Als ich die Tür zum Flur erreichte, war sie von der Kontrollkabine aus bereits geöffnet worden. Eine Wärterin stand in der Tür. Sie winkte mich durch. »Dalli, dalli!« Wir gingen noch ein paar Schritte nach rechts bis zu einer Tür.

»Da rein«, sagte sie und führte mich in ein kleines Besucherzimmer mit vier Stühlen und einem Tisch an der rückwärtigen Wand. »Warte hier«, sagte sie und schloß die Tür hinter sich. Ich setzte mich und wartete auf meine Besucher.

Es war Samstag nachmittag, der 10. Februar 1996, mein vierzehnter Monat im Gefängnis, sechs Wochen nach meinem neunzehnten Geburtstag.

Zu Hause in Togo, als mein Vater noch lebte und unsere ganze Familie noch zusammen im Haus meines Vaters wohnte, fastete meine Mutter an meinem Geburtstag. Sie fastete an den Geburtstagen all ihrer Kinder, um Allah zu danken, daß er uns beschützte. Wo war meine Mutter jetzt? Hatte sie auch dieses Jahr daran gedacht, an meinem Geburtstag zu fasten? Seit fast drei Jahren hatte ich sie nicht mehr gesehen, seit Hajia Mamoud, die Schwester meines Vaters, sie aus unserem Haus vertrieben hatte, vier Monate und zehn Tage nach dem Tod meines Vaters.

Hajia Mamoud und der Bruder meines Vaters, Malam Mouhamadou, waren der Grund dafür, daß ich nun Tausende von Meilen von all den Dingen und all den Menschen entfernt war, die ich liebte. Als mein Vater starb, wurde Malam Mouhamadou mein Vormund. Er und Hajia Mamoud verkauften mich zur Eheschließung an einen Mann, der dreißig Jahre älter war als ich und schon drei Frauen hatte. Dieser Mann verlangte, daß meine weiblichen Teile abgeschnitten wurden, bevor er mich zur Frau nahm. Das ist eine alte Tradition meines Stammes, die wir *kakia* nennen. Die meisten Menschen nennen es weibliche Beschneidung. Aber das gibt nicht richtig wieder, was *kakia* wirklich ist. Hier in diesem Land habe ich gelernt, daß man *kakia* als genitale Verstümmelung bei Frauen bezeichnet. Verstümmelung. Ja, das ist das richtige Wort.

Mein Vater war zwar traditionsbewußt, aber diesem Brauch hatte er sich widersetzt, so daß meine älteren Schwestern verschont wurden. Aber ich war die jüngste von fünf Töchtern, und nach dem Tod meines Vaters war niemand mehr da, der mich beschützte. Als meine Tante mir eröffnete, daß sie meine Heirat arrangiert hatte und daß ich beschnitten werden sollte, war ich entsetzt, weil ich Mädchen gekannt hatte, die an der *kakia* gestorben waren. Auch die Schwester meiner Mutter war daran gestorben, und ich hatte meine Eltern voller Grauen von ihren Leiden reden hören. Aber wie die meisten Männer unseres Stammes wollte mein »Mann«, daß ich beschnitten wurde, damit ich »rein« für ihn war. Deshalb hatte meine Tante diese Frauen bestellt.

Ich habe gehört, daß einem bei der Prozedur vier Frauen die Beine auseinanderpressen und sie festhalten, damit man sich nicht rühren kann. Dann nimmt die Älteste ein Messer, mit dem sonst Haare geschnitten werden, und schabt einem die weiblichen Teile weg. Das Messer ist nicht steril. Man bekommt keine Schmerzmittel, keine Narkose. Anschließend werden die Beine von der Hüfte bis zu den Knien umwickelt, und man muß vierzig Tage im Bett bleiben, damit die Wunde sich schließen kann. Nach vierzig Tagen ist man dann für den Ehemann »neugeboren« und wird zu seinem Haus gebracht, wo man als seine Ehefrau ein neues Leben beginnt.

Das wäre mir angetan worden, wenn ich in Togo geblieben wäre. Jeden Tag wird es Mädchen auf der ganzen Welt angetan. Doch mit Hilfe meiner ältesten Schwester und mit Geld von meiner Mutter konnte ich fliehen, weit fort von meiner Heimat, meiner Familie, meinem Land. Ich schaffte es bis nach Amerika und hoffte, dort aufgenommen zu werden, in Sicherheit zu sein. Statt dessen landete ich in einer Gefängniszelle – besser gesagt, in einer Zelle nach der anderen. Jetzt befand ich mich im vierten Gefängnis. Ich war geschlagen, mit Tränengas gequält und so lange in Isolationshaft gehalten worden, bis ich fast den Verstand verlor. Man hatte mich in Ketten gelegt wie ein wildes Tier, mich immer wieder nackt ausgezogen und durchsucht, mich gezwungen, mit Kriminellen, sogar mit Mörderinnen, zusammenzuleben.

Warum? Ich hatte kein Verbrechen begangen und war für niemanden eine Gefahr. Ich war bloß ein neunzehnjähriges Mädchen aus Togo, das dringend Hilfe brauchte. Ein Flüchtling auf der Suche nach Asyl, keine verurteilte Kriminelle. Immer wieder fragte ich mich: Warum tut man mir das an? Meine Lehrer in Afrika hatten gesagt, Amerika sei ein großartiges Land. Ein Land der Freiheit, in dem die

Menschen Gerechtigkeit finden. Aber ich war in einer finsteren Ecke Amerikas gelandet, wo es keine Gerechtigkeit gab. Nur Grausamkeit, Gewalt und Gleichgültigkeit.

Und jetzt war ich krank. Als ich an jenem Tag auf meine Besucher wartete, tat mir die ganze Brust weh. Bei jedem Atemzug war mir, als werde ich von einem Messer durchbohrt. Ich war geschwächt, weil ich seit Tagen kaum etwas gegessen hatte. Das Schlucken tat einfach zu weh. Ich wußte nicht, was mir fehlte. Mehrmals hatte ich darum gebeten, von einem Arzt untersucht zu werden. Vergeblich. Ich hatte Angst. Mußte ich sterben? Hier und ganz allein?

Jetzt wartete ich also darauf, mit den Menschen zu sprechen, die mich rechtlich vertraten und sich um meine Entlassung aus dem Gefängnis bemühten: Layli Miller Bashir, Karen Musalo und David Shaffer. Karen und David arbeiteten noch nicht sehr lange an meinem Fall, Karen erst seit letztem September und David seit Ende Dezember. Ich war den beiden noch nie begegnet. Aber Layli – Layli kannte ich schon recht gut. Sie war die junge Jurastudentin, die mich damals im August bei der Verhandlung über meinen Asylantrag vertreten hatte. Nachdem wir in erster Instanz verloren hatten, versprach sie mir, mich nicht im Stich zu lassen. Sie wollte so lange weiter für mich kämpfen, bis ich frei wäre. Layli war wie ein Engel, der gekommen war, um mich aus dieser Hölle auf Erden zu erretten, in der ich seit meiner Ankunft in den Vereinigten Staaten gelitten hatte. Obwohl sie eine weiße Amerikanerin ist und ich eine schwarze Afrikanerin bin, waren wir Schwestern geworden.

Ich hätte mich also auf das Wiedersehen freuen müssen, denn unsere letzte Begegnung lag über vier Monate zurück. Doch obwohl ich sie sehr mochte, hatte ich insgeheim gehofft, sie nie wiedersehen zu müssen. Ich hatte ihr eine Nachricht zukommen lassen wollen, in der ich ihr und meinen anderen Anwälten dankte und ihnen erklärte, warum ich nicht mehr darauf warten wollte, daß sie mich rausholten. Jetzt würde ich ihnen den Grund für meine Entscheidung von Angesicht zu Angesicht erklären müssen.

Aber wie sollte ich das anstellen? Wie sollte ich Layli oder überhaupt einem Menschen, der nichts Vergleichbares erlebt hat, die täglichen Erniedrigungen des Gefängnisdaseins verständlich machen? Wie sollte ich erklären, wie das ist, nur mit dem Allernotwendigsten auskommen zu müssen: Gefängniskleidung, eine Zelle, eine Pritsche, ein Laken, zwei Handtücher, ein Waschlappen, Toilettenpapier und winzige Stückchen grober Seife? Wie sollte ich erklären, wie das ist, weder beim Duschen noch auf der Toilette wirklich allein zu sein? Wie es ist, jeden Tag wie Vieh abgezählt zu werden? Wie sollte ich das abstumpfende, seelentötende Gefühl verständlich machen, keine andere Aufgabe zu haben, als vor dem Fernseher zu hocken, und das Tag für Tag, Woche für Woche, Monat für Monat?

Nein, es war mir einfach unmöglich, das Leben im Gefängnis richtig zu beschreiben, und deshalb hatte ich auch jeden Kontakt mit Menschen außerhalb der Gefängnismauern abgebrochen. Ich hatte keine Lust mehr, Briefe zu schreiben oder zu telefonieren. Es gab keinen Grund mehr, mit anderen zu reden. Sie konnten mir ohnehin nichts sagen, was ich nicht schon zu oft gehört hatte. Immer dieselbe Leier: »Gib nicht auf, laß den Kopf nicht hängen, wir setzen Himmel und Hölle in Bewegung, alles wird gut, du mußt nur noch ein Weilchen durchhalten.« Und dann sagten sie immer: »Ach, Fauziya, du bist so stark, so tapfer.« Aber das war ich nicht, und ich wollte es auch nicht mehr hören. Sie meinten es gut, das war mir klar. Aber sie konnten sich einfach nicht vorstellen, wie ich mich fühlte. Ich hatte so lange durchgehalten, wie ich nur konnte. Jetzt mußte ich raus, bevor ich verrückt wurde oder zugrunde ging. Meine Rechtsvertreter hatten mit größtem Einsatz an meinem Fall gearbeitet, und ich würde ihnen ewig dankbar sein. Aber trotz all ihrer Mühe war ich noch immer im Gefängnis. Nichts hatte sich geändert.

Nur ich. Ich veränderte mich. Ich sah an mir hinunter, wie ich zusammengesunken auf dem Stuhl saß. Das Hemd meiner Gefängniskleidung war nur halb zugeknöpft und hing aus der Hose. Zu Hause wäre ich niemals so schlampig herumgelaufen, aber nach vierzehn Monaten in amerikanischen Gefängnissen war ich mir selbst fremd geworden. Ich erkannte die Person nicht mehr, zu der ich allmählich wurde.

Fünfmal am Tag, jeden Tag, betete ich zu Allah, doch aus Gründen, die mir unbegreiflich waren, wollte Er mein Rufen nicht erhören. Er wollte mich nicht aus meiner Qual erlösen. Ich war nun der festen Überzeugung, daß ich nie frei sein würde, solange ich in Amerika blieb. Ich war krank und wurde immer kränker. Vielleicht würde ich sterben. Wenn es denn Allahs Wille war, dann sollte es so sein. Aber ich wollte nicht, daß die Gesichter meiner Mithäftlinge die letzten waren, die ich sah. Ich wollte meine Familie wiedersehen. Ich wollte im Kreis der Menschen sterben, die ich liebte.

Schon zweimal hatte ich mein Schicksal selbst in die Hand genommen. Vor zehn Tagen hatte ich es wieder getan. Ich hatte der Gefängnisanwältin eine Nachricht zukommen lassen, daß ich sie sprechen wollte. Als sie nicht reagierte, schrieb ich ihr noch einmal, um ihr mitzuteilen, warum ich sie sprechen wollte: Die INS – das ist die amerikanische Einwanderungsbehörde – sollte mich nach Togo zurückschicken. Meine Berater würden fassungslos sein, wenn sie erfuhren, was ich getan hatte, aber ich mußte auf mein Herz hören.

Ich wußte, daß sie versuchen würden, mich davon abzubringen. »Du kommst bald raus«, würden sie mir wieder versichern. Sie würden versuchen, mich davon zu überzeugen, daß ich auch im Interesse anderer Menschen bleiben müsse. »Fauziya, dein Fall kann so vielen anderen Frauen helfen.« Vielleicht würden sie auch sagen: »Du weißt doch, was passiert, wenn du nach Togo zurückkehrst?«

Ja, ich weiß, was man mir antun wird. Aber ich kann nicht länger im Gefängnis bleiben. Ich muß nach Hause. Jetzt.

2
Daheim

Ich mußte zurück nach Hause, bevor ich mein Zuhause vergaß, vergaß, woher ich kam, wer ich war, aus welcher Familie ich stammte. Mutter und Vater waren verschwunden, mein Vater war nun im jenseitigen Reich, meine Mutter war irgendwo auf der Welt. Ach, ich mußte nach Hause, bevor alles verschwand, bevor ich alles und alle verlor, alles in dieser Welt, was mir etwas bedeutet hatte. Ich mußte nach Hause, bevor ich auch noch mich selbst verlor.

Aufgewachsen bin ich in der kleinen Stadt Kpalimé, ein von Bergen umringter Ort auf der südwestlichen Hochebene von Togo in Afrika. Auf den meisten Karten von Afrika ist Kpalimé nicht verzeichnet. Man muß schon sehr genau hinsehen, um wenigstens Togo zu finden. Es ist ein kleines Land knapp über dem Äquator an der Südwestküste von Afrika, zwischen Ghana und Benin. Togo ist ein langer und schmaler Schlauch, an der Küste nur fünfunddreißig Meilen breit. Von dort erstreckt es sich dreihundertsechzig Meilen nach Norden zur Grenze von Burkina Faso, dem ehemaligen Obervolta.

Lomé, die Hauptstadt von Togo, ist die einzige große Stadt in unserem Land, und auch sie ist nicht wirklich groß. Sie liegt an der Küste, nahe der Westgrenze zu Ghana, in einer flachen Marsch- und Lagunenlandschaft mit schönen Stränden, wo die Menschen unter Papaubäumen Picknick machen und in dem mitunter tückischen Ozean baden. Die Stadt ist überfüllt, laut und geschäftig und hat einen Markt, wie er schöner nicht sein könnte, den Grand Marché. Man muß ihn gesehen haben – ein großes, dreistöckiges Gebäude nicht weit vom Wasser entfernt, in das Menschen aus ganz Westafrika, Ghana, Benin, Nigeria, Senegal und der Elfenbeinküste kommen, um zu kaufen und zu verkaufen. Dort findet man alles, was das Herz begehrt, und die Preise sind niedrig. Und auch wenn es einem Europäer oder Amerikaner rückständig vorkommen mag, man kann weder mit Kreditkarte noch mit Scheck bezahlen und muß um alles feilschen – ein richtiges Einkaufsparadies. Alle Waren sind wunderschön ausgelegt, von den hoch aufgetürmten Pyramiden der Orangen über die Schuhe in ordentlichen Reihen bis hin zum Schmuck in blitzenden Glasvitrinen. Manche behaupten, der Grand Marché sei einer der fünf besten Märkte Afrikas. Dort wechselt sehr viel Geld den Besitzer – so viel, daß wir die Frauen, die mit Stoffen handeln, Nana Benz nennen, weil sie anscheinend alle einen Mercedes-Benz besitzen.

Aber auf dem Markt, wie überall in Lomé, muß man auf der Hut sein, damit einem nicht die Handtasche oder das Portemonnaie geklaut wird – oder sogar noch Schlimmeres widerfährt. Ich fuhr nicht sehr häufig nach Lomé, aber gelegentlich besuchte ich meine älteste Schwester Ayisha, die seit ihrer Heirat dort lebte. Ich freute mich immer sehr, sie wiederzusehen, doch ich blieb nie lange. Schon bald wollte ich wieder weg aus Lomé und nach Hause, wo das Leben friedlicher war, wo einen niemand behelligte und wo jeder dem anderen half.

Kpalimé liegt nördlich von Lomé, fernab der Küste. Man verläßt das heiße, feuchte Klima der Küste und erreicht die Hochebene. Dort, wo ich lebte, ist das Klima viel angenehmer, die Nächte sind kühl, auch wenn es tagsüber heiß war. Wir haben eine lange Regenzeit, von Ende April bis Juli. Kpalimé liegt nahe der Grenze zu Ghana, in einer üppig grünen Landschaft mit Wäldern, Bergen und den Feldern der Bauern. Im Süden liegt der Mount Ago, mit knapp tausend Metern Togos höchster Berg, und wenige Stunden in Richtung Norden liegt der Akloa Fall. Diesen herrlichen Wasserfall habe ich einmal auf einem Schulausflug besucht. In die Felsen sind Stufen gehauen, und man kann bis zur Absturzkante des Wassers hinaufsteigen.

Die Hauptstraße führt von der Küste bis zum anderen Ende von Togo mitten durch das Land. Nördlich von Kpalimé wird die Landschaft abwechslungsreicher. Die Straße windet sich an steilen Klippen entlang, und wenn die Wälder belaubt sind, sieht man die Häuser kaum, die sich im dichten Grün der Berghänge verstecken. Bald erreicht man dann Sokodé, in der Nähe von Tchamba, wo die Familie meines Vaters herstammt, und dann Kara, den Heimatort des Präsidenten von Togo. Nähert man sich dann der Nordgrenze, geht es wieder hinab in die Savanne, wo das Klima weniger angenehm ist. Dort sind die Temperaturschwankungen viel größer, und die Regenzeit dauert von April bis Oktober. Wenn es regnet, und es regnet manchmal drei Tage lang unablässig, bleiben die Menschen in ihren Häusern. Und wenn Anfang November die Trockenzeit einsetzt, kommt mit ihr der Harmattan-Wind, aufgewirbelter Sand macht den Himmel diesig, die Blätter an den Bäumen welken und verdorren, und manchmal lodern Buschbrände auf.

Wir haben viele Stammesgruppen in Togo. Wie viele weiß ich nicht, aber es sind viele. Manche Stämme leben in Frieden miteinander, andere liegen im Streit. Eine der größten Stammesgruppen sind die Ewe, die vorwiegend im Süden leben. Die meisten von ihnen praktizieren *Voodoo*. Überall auf den Straßen sieht man *Voodoo*-Zauberer aus dem Fetischhaus – Männer, Frauen und Kinder, die barfuß und mit nacktem Oberkörper herumlaufen. Sie sind mit Rosenkränzen behängt, und ihre Körper sind mit seltsamen, entstellenden Bemalungen bedeckt. Man könnte sie für Fetischpuppen halten, und nicht für lebendige Menschen. Manchmal bitten sie einen um Geld, und wenn man ihnen nichts gibt, murmeln sie einen Fluch. Ich halte es für klüger, den Zorn von *Voodoo*-Zauberern nicht auf mich zu ziehen; deshalb gab ich ihnen immer ein paar Münzen.

Die andere große Stammesgruppe in Togo sind die Kabye, die überwiegend im nördlichen Teil Togos leben. Sie sind Christen. Außerdem gibt es die Kotokoli, Bassari, Mina und viele, viele andere. Die Stämme meines Vaters, die Tchamba und die Koussountu, sind klein und zählen zu den wenigen in Togo, die dem Islam anhängen.

Obgleich wir doch alle aus Togo kommen und somit Togoleser sind, betrachten sich die meisten Menschen in meinem Land nicht als Togoleser, sondern vor allem als Angehörige ihres jeweiligen Stammes, denn die Stämme gab es lange, bevor Togo ein Staat wurde. Ende des neunzehnten Jahrhunderts schufen die Deutschen jenes Gebilde, das sie Togoland nannten, und schwangen sich zu den ersten Kolonialherren des Landes auf. Im Ersten Weltkrieg verloren sie Togo an die Franzosen und die Briten, die das Land teilten. Die Briten nahmen den westlichen Teil und schlugen ihn Ghana zu, und die Franzosen bekamen den Ostteil, das heutige Togo. Deshalb wurde Französisch zur offiziellen Landessprache. Aber außerhalb der Hauptstadt Lomé, wo sich die wichtigsten Behörden und Firmen befinden, sprechen die Menschen die Sprachen ihrer Stämme und nicht

Französisch, weshalb ich auch nicht sonderlich gut Französisch spreche.

Man stelle sich vor, wie das für die Menschen der Generation meines Vaters gewesen sein muß, als sie eines Tages in dem Dorf aufwachten, in dem ihre Familien seit Generationen lebten, und feststellen mußten, daß sie nun Einwohner eines Landes waren, das es tags zuvor noch gar nicht gegeben hatte. Und was sie empfunden haben müssen, als sie feststellten, daß ein Gebiet weiter westlich, wo einige Verwandte lebten, plötzlich zu einem anderen Staat gehörte. Das Land und die Menschen waren die gleichen geblieben, aber der Staat und die Regierung hatten sich verändert.

Die Menschen in meiner Gegend haben nichts mit der Regierung am Hut. Sie hat kaum einen Einfluß darauf, wie sie ihr Leben leben. Die Menschen von Kpalimé lesen wenig Zeitung – manche können überhaupt nicht lesen –, sie interessieren sich nicht für Politik, sie reisen nicht. Ihr Leben kreist um ihre Familie, ihre Arbeit und ihre Religion. Wenn es Streit oder Konflikte gibt, gehen sie nicht zur Polizei oder zu einem Rechtsanwalt. Sie haben Angst vor der Polizei und kein Vertrauen zu Rechtsanwälten. In der *madrasah* (der Koranschule) sagten unsere Lehrer immer, daß die Anwälte lügen, um ihre Mandanten zu verteidigen, und daß die Richter die Unschuldigen verurteilen und die Schuldigen laufen lassen. Mit allen Problemen wenden sich die Menschen an ihre Familienoberhäupter, ihre Stammesältesten oder die Häuptlinge ihres Stammes. Wir schätzen das Stammesrecht und alte Traditionen viel höher als die Gesetze des Staates.

Trotzdem liebe ich mein Land. Es ist ein schönes Land. Ich bin stolz darauf, Togoleserin zu sein, aber stolzer bin ich darauf, daß ich eine Tchamba-Koussountu und eine Muslimin bin und die Tochter von Muhammad Kassindja aus Kpalimé. Meine Identität bestimmen der Stamm, die Religion, die Familie, und zuletzt der Staat.

Es gibt eine Bahnlinie zwischen Lomé und Kpalimé, die noch von den Deutschen gebaut wurde, aber wenn ich nach Lomé fuhr, dann meist mit einem Wagen meines Vaters. Die meisten Menschen nehmen den Minibus für die dreistündige Fahrt. Drei Stunden dauert sie aber nur, wenn der Bus keine Panne hat, wenn es keine Probleme an den Kontrollpunkten der Polizei gibt und wenn der Fahrer nicht allzu oft halten muß, um Fahrgäste ein- oder aussteigen oder am Straßenrand pinkeln zu lassen.

In Kpalimé angekommen, steigt man am Busbahnhof aus. Die *gare routière* liegt mitten in der Stadt. Dort gibt es einen Bahnhof, eine Tankstelle, ein Fußballstadion – Fußball ist in Togo sehr beliebt –, eine große katholische Kirche, ein Krankenhaus, ein paar Banken, ein Gebäude, in dem die Post und ein Polizeirevier untergebracht sind, einige Geschäfte, Hotels und Restaurants, die alle dicht beieinander liegen. Die Menschen in der Stadt sind ganz unterschiedlich gekleidet. Junge Männer tragen amerikanische Jeans und T-Shirts, andere tragen kurzärmelige *danshikis* mit rundem Halsausschnitt und Hosen aus afrikanischem Tuch. Die Jungen und Mädchen auf dem Schulweg tragen sehr korrekte Khakiuniformen, aber andere Kinder laufen ohne Hemd und barfuß herum, spielen mit Stöcken und leeren Konservendosen. Muslimische Männer wie mein Vater haben meist den Kopf rasiert und tragen runde, weiße Käppchen. Sie haben Sandalen an den Füßen und kleiden sich in weite, langärmelige, knöchellange Kaftane, die wir *agwada* oder *patakiri* nennen. Religiöse Würdenträger – Imame wie mein Onkel Malam Mouhamadou – tragen Tücher als Kopfbedeckung.

Im Islam versündigt sich eine Frau, wenn sie sich so kleidet, daß sie bei Männern die Begierde weckt. Deshalb tragen muslimische Frauen meist sehr schlichte, lange Kleider, die aus drei Stoffstücken geschneidert werden – eines für den bodenlangen Rock, eines für das Oberteil und eines, das um die Taille geschlungen wird. Die Frauen bedecken ihre Arme mindestens bis zum Ellbogen, und nur bei Arbeiten auf dem Feld entblößen sie auch die Oberarme. Eine verheiratete Frau darf Hosen tragen, wenn sie auf den Feldern ihres Gatten arbeitet, aber sie würde niemals Shorts anziehen. Das tut man einfach nicht. Meine Familie war zwar sehr religiös, aber nicht so strenggläubig wie manche anderen. Deshalb durften meine Schwestern und ich kurze Röcke tragen – nicht ganz kurze, aber immerhin kniefreie. Ältere Nachbarn mißbilligten das und nannten uns abfällig moderne Kinder. »Ach, diese modernen Kinder, was ist nur los mit den jungen Leuten von heute? Sie laufen einfach nackt herum.« Meine Eltern waren zum Glück toleranter bei unseren Röcken und unseren Schleiern. In ihrer Kindheit mußten alle Frauen, ob jung oder alt, verheiratet oder ledig, Schleier tragen, die den Kopf vollständig bedeckten. Heute wird das von den meisten jungen Mädchen nicht mehr verlangt, aber nach der Heirat tragen alle Frauen Schleier. Tief religiöse, ältere Frauen wie meine Mutter tragen einen sehr langen Schleier, den *mayahfi*, einen hauchdünnen, schillernden, mit Stickereien verzierten Schal, der um den Kopf geschlungen und unter dem Kinn über Kreuz gelegt wird, so daß die Enden über die Schultern fallen. Jüngere, verheiratete Frauen wie meine Schwestern bevorzugen kürzere Schleier, die nur Kopf und Hals bedecken, weil sie ihre feinen Kleider zeigen wollen.

Wir haben zwei Märkte in Kpalimé, einen in einem Gebäude, den anderen unter freiem Himmel. Der offene Markt ist am Stadtrand, und da Kpalimé inmitten von Feldern liegt, bekommt man dort vor allem Maniok, Yamswurzeln, Zuckerrohr, Mais, Bananen, Paradiesfeigen, Kaffee, Kakao, Kolanüsse, Orangen, Mangos und Papayas. Dienstags und donnerstags sieht man die Leute schon frühmorgens die Produkte ihrer Felder in die Stadt tragen. Frauen balancieren volle Körbe auf dem Kopf, die sie nur mit einem Arm abstützen, während der andere im Rhythmus ihrer Schritte mitschwingt. Manche gehen barfuß, andere haben Badelatschen an den Füßen. Die Markttage sind unsere Hauptattraktion, und wer Besuch hat, nimmt ihn mit zum Markt. Alle feilschen mit Begeisterung. Hier sieht man, und man wird gesehen.

Hinter dem Markt liegt der Wald mit seinen riesigen Bäumen. Dort ist es immer kühl und schattig, sogar bei heißem Wetter. Man könnte den ganzen Tag zwischen den schönen, blühenden Sträuchern und den duftenden Fruchtbäumen umherspazieren und die Vögel und Schmetterlinge bewundern. Aber das tut niemand, denn in diesem Wald gibt es viele Schlangen.

An dem Berghang über der Stadt steht das Haus, in dem ich wohnte. Es lag inmitten der Felder unserer Bauern. Das Leben dort ist sehr ländlich, natürlich und leise. Man hört die Vögel singen und die Hähne krähen. Nachts hört man sogar die Frösche unten im Tal quaken.

Vom Busbahnhof bis zu meinem Haus sind es zu Fuß knapp fünfundvierzig Minuten, doch wenn man in Kpalimé aufgewachsen ist und nach längerer Abwesenheit heimkehrt, braucht man bestimmt länger, weil man unterwegs viele Bekannte trifft, die wissen wollen, wie es einem geht, und die erzählen wollen, was es bei ihnen Neues gibt. Auch als Weißer braucht man bestimmt länger, weil eine solche Rarität sehr viel Aufsehen erregen würde. Als ich noch ein Kind war, bekamen wir in Kpalimé so gut wie nie einen Weißen zu Gesicht, und schon gar keinen, der zu Fuß ging. Meine Freundinnen und ich rannten hinter jedem Weißen her und riefen allen auf der Straße zu: »Guckt mal da, guckt mal da.« Manchmal versuchten wir den Weißen zu berühren, weil wir glaubten, daß wir dann selbst weiß würden. Oder wir taten so, als sprächen wir Englisch. »*Arisha-arisha kotombray.*« Wir bildeten Nonsenswörter, die in unseren Ohren englisch klangen.

Wer mich zu Fuß besuchen will, muß einen sanften Berghang hinaufsteigen, auf unbefestigten Straßen, und er könnte jeden nach dem Weg fragen, der ihm begegnet. Obwohl es kein anstrengender Marsch ist, wird er sich bei seiner Ankunft ein bißchen schmutzig vorkommen, weil er die ganze Strecke durch Sand und roten Staub gegangen ist. Vielleicht würde er es doch vorziehen, ein Taxi zu nehmen. Er müßte in der Stadt an der *gare routière* nur zum Fahrer sagen: »Ich möchte nach Zongo.«

»Wohin da?«

»Al-Hamdu.«

»Wo in Al-Hamdu?«

»Nach Tchambakomé.«

Der Taxifahrer brauchte ihn nur vor der Moschee abzusetzen. Jeder könnte dem Besucher weiterhelfen, denn jeder kennt dort zumindest meine Familie und unser Haus.

Das Haus meines Vaters war eines der schönsten in Kpalimé. Es war cremefarben und hatte viele Fenster, durch die das Licht ins Innere flutete. Vor dem Haus war der Laden meiner Mutter. Meine Mutter verkaufte Lebensmittel wie Kaffee, Tee, Brot, manchmal Butter und Eiscreme, und Kurzwaren wie Nadeln, Knöpfe und Garn. Ihr Laden war in die Vorderwand des Hauses meines Vaters hineingebaut.

Das Haus war auf drei Seiten von einer Betonmauer umgeben, die an andere Grundstücke grenzte, aber die Vorderseite war zur Straße hin offen und von Blumen gesäumt. Rechterhand war ein großes Tor, breit genug für ein Auto. Hinter dem Tor lag ein großer, offener Platz, mit einer Garage zur Linken, durch deren Seitentür man auf die lange Veranda an der rechten Hauswand gelangte. Auch die Vorderseite der Veranda war mit Blumen gesäumt, und die hintere Wand war von Bäumen überschattet, unter denen noch mehr Blumen wuchsen.

Überall hatten wir Blumen, rote, gelbe, violette und rosafarbene, die von unserem Hausmädchen Adjovi gepflegt wurden, einer jungen Frau aus dem Stamm der Ewe. Adjovi wohnte bei uns, ging auf den Markt, kochte und machte den größten Teil der Hausarbeit, während meine Mutter sich um ihren Laden kümmerte. Wir hatten auch einen Hausjungen namens Ahmed. Er machte die schweren Arbeiten ums Haus und half mit, die Wagen meines Vaters zu waschen. Ich weiß nicht genau, zu welchem Stamm er gehörte, aber auch er wohnte bei uns und wurde von meinem Vater zur Schule geschickt.

Unser Haus hatte insgesamt acht Schlafzimmer. Fünf davon – jeweils eins für meine Mutter, meinen Vater und meinen ältesten Bruder Alfa, eins für uns übrige Kinder und eins, in dem Lebensmittel gelagert wurden – befanden sich im Haupthaus; drei weitere lagen in einem Nebenhaus, in der vorderen linken Ecke des Anwesens, wo auch die Wasserquelle war. Wir nannten es »das Jungenquartier«, aber tatsächlich hatten Ahmed und Adjovi in diesem Haus ihre Zimmer, und dort schliefen auch unsere Gäste. Es gab ein kleines Bad im Jungenquartier und zwei größere Badezimmer im Haupthaus, von denen eines für meinen Vater reserviert war. In diesem Badezimmer wollten wir alle duschen, weil es das modernste war, aber mein Vater erlaubte das nur mir, seinem Liebling.

Alle Badezimmer waren weiß gekachelt, die Flure mit Terrazzo ausgelegt. Wir hatten sanitäre Anlagen, Strom, Radio, Fernseher, Videorecorder und eine Stereoanlage mit Kassettenteil. Es gab zwar keine Klimaanlage, aber dafür hatten wir einen riesigen Ventilator im Wohnzimmer, und im Schlafzimmer meines Vaters stand ein Tischventilator. Neben den Schlaf- und Badezimmern gab es ein Eßzimmer und zwei Wohnzimmer, ein kleines, das von einer Seite der Veranda abging, und ein größeres auf der anderen Seite. In dem Größeren kamen wir oft zusammen – wenn wir uns nicht in dem kühlen, schattigen Durchgang zwischen Haupthaus und Jungenquartier aufhielten –, sahen fern oder saßen einfach beieinander und plauderten. In dem schlichten, mit Linoleum ausgelegten Raum stand eine Couch, ein Couchtisch, ein Schrank mit Fernseher und Stereoanlage und in der Ecke ein Tisch, auf dem mein Vater ein gerahmtes Foto von seiner Mutter und sich, als er noch ein Baby war, aufgestellt hatte. An den Wänden hingen zwei gerahmte Gemälde, das eine von einem Zebra, das andere von einem Leopard, und außerdem gab es noch holzgeschnitzte Darstellungen von anderen Tieren, denn mein Vater war sehr tierlieb.

Nach amerikanischen Maßstäben war es kein luxuriöses Haus. Die Zimmer waren klein, die Einrichtung bescheiden, und wir hatten kein Telefon. Aber uns kam es wie ein Palast vor. Afrikaner hätten es als das Haus eines reichen Mannes bezeichnet, und die meisten Menschen in Togo wären stolz auf diesen Besitz gewesen. Jeder Besucher hätte gewiß bei sich gedacht: »Oh, dem Mann geht es aber sehr gut.«

Innerhalb der Mauern unseres Heimes lebten wir in Sicherheit und sogar in Luxus. Doch sobald man durch das Tor nach draußen trat, sprang einem der krasse Gegensatz zwischen unserem Leben und dem unserer Nachbarn ins Auge. Manchmal ging ich, mit Papier und Stiften bewaffnet, die Straße entlang, suchte mir eine Bank und beobachtete und zeichnete das Leben um mich herum: eine alte Frau fegt die Türschwelle ihres Einzimmerhauses; ein Mädchen in einem abgetragenen Kleid füttert ein paar magere Hühner; ein Mann im zerrissenen Hemd verkauft ein Bündel Äste, die er im Busch gesammelt hat, von Haus zu Haus als Feuerholz. Aber die schlimmsten Bilder der Armut zeichnete ich nicht. Sie machten mich zu traurig.

Unser Haus war nicht weit von der Moschee entfernt, auf deren Gelände sich auch die *madrasah* befand, in der ich den Koran studierte. Ich fand es schön, in der Nähe der Moschee zu wohnen, weil ich immer den Ruf zum Gebet hören konnte. Wir Muslime beten fünfmal täglich zu Allah. Das nennen wir *salat*. Wenn es Zeit zum *salat* ist, ertönt der Ruf in Arabisch von einem Lautsprecher am Minarett der Moschee. Es hört sich an, als schwebe ein Gebet durch die Luft zum Himmel hinauf. Abends und frühmorgens, wenn alles ruhig war, konnten wir es besonders gut hören. Es war herrlich, morgens vom Ruf zum Gebet geweckt zu werden, und er hob mich stets sanft aus dem Schlaf in einen neuen Tag. Es gibt zwar nicht viele Muslime in Togo, und die meisten Muslime leben im Norden, aber Kpalimé hat doch eine ansehnliche muslimische Gemeinde, die mehrere Moscheen unterhält. Die Moschee bei unserem Haus war die größte, aber es gab noch etliche kleinere in unserer Nähe, und eine davon hatte der Bruder meines Vaters in seinem Haus: der Imam Malam Mouhamadou.

In der Moschee beten die Frauen in einem durch einen Vorhang abgetrennten Bereich, wo sie die Männer nicht sehen und von ihnen nicht gesehen werden. Erst nach dem Gottesdienst, wenn die Menschen sich vor der Moschee versammeln, um ihre Freunde und Nachbarn zu begrüßen, dürfen die Frauen einen Blick auf den Imam werfen.

Das Treffen nach dem Gottesdienst ist stets eine angenehme Abwechslung, denn alle freuen sich auf ein paar Minuten in Gesellschaft. Doch bald zerstreuen sich alle, und man sieht die Männer in ihren Kaftanen und Sandalen heimgehen, die *tasbihs* um Hals oder Arm geschlungen und Gebete sprechend.

Meine Familie war tief religiös und in vielerlei Hinsicht sehr konservativ, aber manchen eben nicht konservativ genug. Beispielsweise dem Bruder und der Schwester meines Vaters, die beide auch in Kpalimé lebten. Mein Onkel Malam Mouhamadou wohnte zehn Minuten zu Fuß von uns entfernt. In der Gegend wohnten viele Verwandte von mir, hauptsächlich väterlicherseits, aber auch einige aus der Familie meiner Mutter. Ihr Bruder, Alhaji Djabarou, wohnte weitere zehn Minuten die Straße hinunter hinter Malam Mouhamadou und neben dem Krankenhaus. Noch ein Stück weiter lebte Hajia Mamoud, die Schwester meines Vaters und älteste der drei Geschwister.

Meine Verwandten lebten alle in bescheidenem Wohlstand, aber wir hatten bei weitem das schönste Haus. Die meisten Menschen in Kpalimé wohnen in sehr kleinen Häusern. Sie haben oft nur einen oder zwei Räume und werden mit Kerosinlampen beleuchtet. Neben dem Haus steht manchmal eine Hütte, in der Hacken, Spaten und frisch geerntete Nahrungsmittel aufbewahrt werden. Vielleicht steht sogar ein Fahrrad darin, mit dem die Menschen zu ihren kleinen Feldern fahren. Die Armen aber gehen zu Fuß, auch wenn die Felder weit vom Dorf entfernt liegen.

Wer es sich leisten kann, umgibt sein Grundstück mit Betonmauern, die meisten bauen jedoch Sperrholzzäune oder pflanzen Bäume, um sich vor neugierigen Blicken zu schützen. Viele Häuser haben nicht einmal diesen einfachen Schutz der Privatsphäre. Man kann von der Straße aus den Bewohnern bei ihren alltäglichen Verrichtungen zuschauen, und viele Menschen leben hier ohne Küche und Toilette. Sie hocken vor dem Haus im Staub und kochen über offenem Feuer ihre Mahlzeiten.

Wie auch bei uns haben viele Menschen zur Straße hin kleine Läden oder Stände mit Tischen und Bänken. Dort arbeiten die Handwerker und verkaufen ihre Erzeugnisse. Wenn man einen Tisch oder Stuhl braucht, geht man eben zum Schreiner. Andere bearbeiten Metall und stellen Kochtöpfe oder Messer her. Wer Feuerholz, Seife oder Holzkohle braucht, findet diese Waren bestimmt an einem der kleinen Stände. Viele betreiben kleine Garküchen und bereiten *kenkey* zu, Mais mit gebratenem Fisch und Peperoni, gemischt mit frischen Tomaten und Zwiebeln, oder *agidi*, ebenfalls ein Maisgericht, das häufig zusammen mit Putenfleisch angeboten wird, das wir in Togo *chofé* nennen; oder *aboiboi*, Bohnen mit gebratenen Paradiesfeigen und Yamswurzeln, gewürzt mit Palmenöl.

Alle Speisen des Landes kann man auf der Straße kaufen, vor allem jedoch abends, und wenn es geregnet hat. Bei Regen gehen die Menschen nämlich nicht so gern auf den Markt, und abends lockt sie dann der Duft der Garküchen aus ihren Häusern. Überall hört man die Lockrufe der Köche:

»Ah, mein Freund! Komm und kauf bei mir!«

»Komm und koste meinen Reis mit Bohnen.«

»Köstliche gebratene Yamswurzeln ...«

Die Abende nach einem Regen sind besonders schön, wenn der Mond am Himmel steht und das nasse Land glänzt und schimmert. Für uns Muslime hat der Mond eine besondere Bedeutung, weil wir nach einem Mondkalender leben. Als ich klein war, haben meine Schwestern und ich uns oft auf den Rücken gelegt, den Vollmond bestaunt und gesagt: »Seht doch mal! Da ist Nana Zara und ihr Mann, der Prophet. Das da ist ihr Haar und das ihr Lächeln.« Natürlich ist es nachts auch schön, wenn der Mond nicht scheint. Vielleicht sogar noch schöner. Dann ist die Nacht tiefschwarz, und auf den Tischen der Imbißverkäufer flackern einfache Lampen – mit Kerosin gefüllte Blechdosen mit einem Loch im Deckel, durch das man als Docht einen Lappen zieht. Wenn man dann die Straße hinuntergeht, sieht man die knisternden Feuer am Straßenrand, und aus der Dunkelheit dringen die lockenden Stimmen der Imbißverkäufer.

Vielleicht versteht man nun, warum ich Heimweh hatte. Meine Kindheit war unbeschwert und friedlich. Es fehlte mir an nichts. Meine Familie unterschied sich von den meisten Familien in unserer Nachbarschaft. Erst als ich heranwuchs, wurden mir diese Unterschiede bewußt, aber als Kind nahm ich sie gar nicht richtig wahr. Damals lebte ich glücklich in meiner Welt, die so sicher, so wohlgeordnet war. Und jetzt ist alles anders. Nicht für die Menschen in Kpalimé. Ihr Leben geht wohl weiter wie bisher. Aber für mich und für meine Familie ist alles anders geworden, weil mein Vater tot ist.

3
Yaya und Amariya

Einmal träumte ich, daß mein Vater mich im Gefängnis besuchte. Ich war damals in einem anderen Gefängnis, wo die Immigranten nicht in Zellen, sondern in abgeschlossenen Schlafsälen eingesperrt waren. In meinem Traum stand ich am Fenster des Schlafsaals und sah hinaus auf den Flur, und plötzlich war er da, er kam auf mich zu mit seinem leicht hinkenden Gang. In meinem Traum füllte er den Flur aus, so, wie er zu Lebzeiten einen Raum ausgefüllt hatte – nicht körperlich, sondern mit seiner Energie und Lebenskraft.

Als er näher kam, konnte ich sehen, daß er einen schönen zartrosa Kaftan aus *shadda* trug, einem glänzenden Stoff aus Seide und Baumwolle. Diesen Kaftan liebte ich ganz besonders, weil mein Vater für mich ein Kleid aus demselben Stoff hatte schneidern lassen. Jedesmal, wenn er den Kaftan trug, bat er mich, dieses Kleid anzuziehen. Er mochte es, wenn wir gleich gekleidet waren.

Im Traum kam er bis vor mein Fenster und setzte sich im Flur auf den Boden. Ich war überrascht, ihn zu sehen. Nicht, weil er tot war. In meinen Träumen war er nicht tot. In meinen Träumen und in meinem Herzen ist er nicht tot. Nein, ich war überrascht, ihn in einem Bereich des Gefängnisses zu finden, zu dem Besucher keinen Zutritt hatten.

»Yaya, wie bist du reingekommen? Hier dürfen keine Besucher rein.«

»Ach, du weißt doch, wie wir sind, Fauziya. Niemand kann mich daran hindern, zu dir zu kommen.«

»Yaya, der Boden ist nicht sauber. Du machst dir deinen Kaftan schmutzig.«

Mein Vater war ein peinlich sauberer und gepflegter Mann. Niemals hätte er sich auf einen schmutzigen Boden gesetzt. Doch hier schien ihn der Schmutz nicht zu stören.

Als nächstes fiel mir auf, daß seine Füße nackt waren. »Yaya, wieso hast du denn keine Schuhe an?« Yaya ging niemals barfuß, und auch uns war es verboten. Er wollte nicht, daß wir so rissige und schwielige Füße bekamen wie die Eisverkäufer. Immer wenn er uns ohne Schuhe erwischte, sagte er: »Wollt ihr später herumlaufen wie die Eisverkäufer?«

Doch diesmal hatte er wohl wichtigere Dinge im Kopf.

»Ich war in Eile«, erklärte er. »Ich habe vergessen, Schuhe anzuziehen. Ich mußte sofort zu dir. Ich bin gekommen, um dir zu sagen, daß du dir keine Sorgen zu machen brauchst, Fauziya. Alles wird gut. Also mach dir keine Sorgen, ja?« Er sah zu mir auf und wirkte so ruhig, so zuversichtlich, so sicher. Ich glaubte ihm jedes Wort.

»Okay, Yaya. Ich werde mir keine Sorgen machen.«

»Gut. Jetzt muß ich gehen. Aber ich komme wieder. Ich komme dich wieder besuchen, okay?«

»Okay, Yaya.«

Ich wachte auf meiner Pritsche in jenem Schlafsaal auf, in dem ich auch im Traum gewesen war. Einen Augenblick gab es keine Trennung zwischen Traum und Wirklichkeit. Und dann wußte ich wieder, wo ich war. Ich wußte, daß ich meinen Vater nie wiedersehen würde. Der Schmerz überwältigte mich, und ich weinte so bitterlich und so lange, daß eine Mitgefangene wach wurde. Sie wollte mich trösten, aber ich war untröstlich. Yaya war für immer von mir gegangen. Er war gestorben, und ich hatte ihm nicht ein letztes Mal sagen können, wie sehr ich ihn liebte. Er war gestorben, und ich hatte von ihm nicht Abschied nehmen können.

Der Name meines Vaters war Muhammad Kassindja. Die höfliche Anrede war »Alhaji«, ein Ehrentitel für muslimische Männer, die nach Mekka gepilgert sind. Diese Pilgerfahrt nennen wir die *hajj*. Seine Geschwister, meine Tante Hajia Mamoud und mein Onkel Malam Mouhamadou, nannten ihn Boni, das Tchamba-Wort für »Letztgeborener«. Meine Mutter und meine Geschwister und ich nannten ihn Yaya, was in der Hausa-Sprache »großer Bruder« bedeutet. Ich weiß nicht, wer ihm diesen Namen gab – vielleicht meine älteste Schwester Ayisha –, aber so nannten wir ihn eben. Alle, die ihn liebten, nannten ihn Yaya, nur Adjovi nicht, die ihren eigenen, liebevollen Spitznamen für ihn hatte. Sie nannte ihn Efo, das Ewe-Wort für »starker Mann«.

Yaya war über 1,80 groß und kräftig gebaut. Er hatte eine helle Haut, ein rundes Gesicht, eine spitze Nase, dunkle Augen und dunkles, volles Haar. Er rasierte sich zwar den Kopf, aber die Augenbrauen waren buschig, und sein Körper war stark behaart.

Über die Kindheit und Jugend meines Vaters weiß ich nicht viel, weil ich ihn nie danach gefragt habe. In Togo stellen Kinder den Erwachsenen nicht viele Fragen. Die Eltern lehren die Kinder durch Geschichtenerzählen alles, was sie ihrer Meinung nach wissen müssen. So erfuhr auch ich das meiste über meine Eltern aus ihren Geschichten.

Ich weiß, daß mein Vater an einem Sonntag geboren wurde, aber das genaue Geburtsdatum meines Vaters kenne ich nicht. Meine Mutter und ich kamen auch an einem Sonntag zur Welt. Einmal habe ich meine Mutter nach dem Geburtsdatum meines Vaters gefragt. Sie wußte es nicht, was nicht ungewöhnlich ist, weil man Geburtstage zu ihrer Zeit nicht besonders wichtig nahm. Viele Menschen in Togo tun das auch heute noch nicht. Wenn ich zurückrechne, wie alt meine älteste Schwester war, als mein Vater starb, und wie alt er nach Schätzung meiner Mutter war, als die beiden sich kennenlernten und heirateten, dann muß er ungefähr mit achtundfünfzig gestorben sein, folglich wäre er um 1935 zur Welt gekommen.

Ich kenne den Namen der Eltern meines Vaters, aber ich zweifle, ob es richtig ist, sie ohne die Erlaubnis ihrer Kinder hier zu nennen, und deshalb werde ich es nicht tun. Mein Großvater väterlicherseits ist so früh gestorben, daß ich keinerlei Erinnerung an ihn habe, aber meine Großmutter kannte ich gut, weil sie hin und wieder ihre Kinder in Kpalimé besuchte. Sie war knapp über 1,60 groß, hellhäutig und dick, und sie trug die Zeichen ihres Stammes, drei dünne, senkrechte Narben, auf beiden Wangen. Wenn sie zu uns kam, trug sie ihre Habseligkeiten in einem braunen Plastikeimer mit Deckel bei sich. Das war ihr Koffer. Was nicht in den Eimer paßte, knüpfte sie in einen Schal, den sie als Bündel in der anderen Hand trug. Bei uns weigerte sie sich stets, auf einer Matratze zu schlafen, weil sie meinte, Matratzen seien zu weich und würden sie krank machen. Also schlief sie auf einer Matte auf dem Boden. Den ganzen Tag war sie mit uns Kindern beschäftigt, knuddelte uns, kitzelte uns an den Nasen und Ohren und wollte uns immer eine Freude machen. Aber sie ließ nicht zu, daß wir etwas für sie taten. Wenn sie vom Markt zurückkam und wir sahen, daß sie ihren braunen Eimer mit den Einkäufen schleppte, rannten wir ihr entgegen, um ihr zu helfen – das ist bei Kindern in Togo eine Selbstverständlichkeit –, aber sie wollte das nicht. »Nein, nein«, sagte sie. »Das ist zu schwer für euch.«

Sie wurde immer wütend, wenn sie einen von uns Hausa sprechen hörte. Sie sprach Tchamba oder Koussountu, unsere Stammessprachen, und sie war der Meinung, daß auch wir nur Tchamba oder Koussountu sprechen sollten. Aber Hausa sprechen fast alle westafrikanischen Muslime. Es war die einzige Sprache, die meine Eltern beide konnten, als sie sich kennenlernten, und deshalb wurde bei uns zu Hause meist Hausa gesprochen. Mein Vater ließ seine Mutter über unseren Mangel an Stammesstolz lamentieren. »Ja, Mutter. Ja, Mutter.« Und dann bat er uns ganz beiläufig in Hausa, doch bitte die Tür zu schließen, um sie ein bißchen zu ärgern. Ja, so war er. Mein Vater neckte andere gern. Aber er liebte seine Mutter, und sie liebte ihn.

Von ihren drei Kindern war er ihr Liebling. Wenn sie nach Kpalimé zu Besuch kam, verbrachte sie die meiste Zeit bei uns. Sie starb sogar in unserem Haus. Als ich ungefähr dreizehn war, erkrankte sie schwer an Asthma, und Yaya holte sie zu uns nach Kpalimé, damit er sich um sie kümmern konnte. Er weinte, als sie starb. Es war das erste Mal, daß ich ihn weinen sah.

Die Mutter meines Vaters war eine Tchamba, sein Vater ein Koussountu. Nach der Landessitte wurde mein Vater Koussountu, denn beide Stämme glauben, Kinder gehören dem Vater. Aber mein Vater lehnte diese Tradition ebenso ab wie viele andere. Wenn er nach seinem Stamm gefragt wurde, antwortete er immer: »Ich bin Tchamba und Koussountu.« Er lehrte uns, daß zwei Menschen nötig sind, um ein Baby zu bekommen, und daß er stets beide Stämme in Ehren halten werde.

Der Vater meines Vaters war ein geachteter Imam, der großen Wert auf die Erziehung seiner Kinder legte – vor allem auf die religiöse Erziehung. Er schickte seine Söhne auf die Schule und sowohl seine Söhne als auch seine Töchter auf die *madrasah*, ob sie nun wollten oder nicht. Die Mutter meines Vaters entstammte der religiösen Aristokratie. Als Kind wurde mir erzählt, daß sie eine Art Königin war. Ihre Großeltern – also meine Ururgroßeltern – brachten dem Volk der Tchamba den Islam und wurden von diesem Stamm als die Begründer des Islams verehrt.

Mein Vater wuchs nicht in Tchamba, sondern in Koussountu auf, wo seine Familie lebte. Ich selbst war noch nie in Koussountu, aber einige Male in Tchamba, so daß ich eine ungefähre Vorstellung davon habe, wie mein Vater heranwuchs – und wie weit er sich von seiner Heimat entfernt hat. Man fährt sechs bis sieben Stunden von Koussountu nach Kpalimé, meist auf unbefestigten Straßen, doch die Reise, die ich meine, kann nicht in Stunden oder Meilen gemessen werden. Wenn man vom Heimatort meines Vaters nach Kpalimé reist, ist das eine Reise in eine andere Welt. Die meisten Menschen oben im Norden sind Bauern, aber der Boden dort ist nicht so fruchtbar wie auf der Hochebene. Der Ertrag deckt meist nur den Eigenbedarf, und die Bauern können nichts verkaufen. Sie leben in kleinen, strohgedeckten Häusern und Lehmhütten, viele sind fensterlos, von Strom oder fließendem Wasser gar nicht zu reden. Die Räume sind winzig, aber es gibt immer einen Raum, in dessen Boden man eine Grube ausgehoben hat. Das ist das Zimmer für die Geburten. Wenn eine Frau spürt, daß ihr Baby kommt, hockt sie sich einfach über die Grube.

Die Menschen in Koussountu und Tchamba sind arm. Doch der Vater meines Vaters war besser gestellt als die meisten. Er war nicht reich, aber seine Felder brachten einen guten Ertrag. Trotzdem habe ich meinen Vater, nach allem, was ich über seine Kindheit weiß, stets dafür bewundert, was er erreicht hat. Damit meine ich nicht seinen Erfolg als Geschäftsmann. Mein Vater kam aus einer sehr traditionellen, stammesorientierten Welt, und doch war er in vielerlei Hinsicht kein traditioneller Mensch. Im Islam darf ein Mann bis zu vier Frauen haben. Meine Mutter erzählte, daß der Vater meines Vaters drei Frauen hatte, die ihm elf Kinder gebaren. Drei davon brachte Yayas Mutter zur Welt. Auch mein Vater hätte mehrere Frauen heiraten können, aber er hatte schon früh beschlossen, nur eine Frau zu nehmen. Ich weiß nicht, wann oder warum er diese Entscheidung traf. Vielleicht schon in Koussountu als kleiner Junge, denn dort hatte er auch einen anderen Brauch kennengelernt – die *kakia*. Traditionell müssen die Mädchen in unserem Stamm ungefähr mit fünfzehn Jahren diese Tortur über sich ergehen lassen. Er muß also noch ein Junge gewesen sein, als seine ältere Schwester beschnitten wurde. Ich glaube, er hat einmal gesagt, er habe bei der Prozedur zugesehen, aber vielleicht hat er auch nur das viele Blut gesehen und miterlebt, welche Schmerzen seine Schwester erdulden mußte. Was immer er gesehen hat, er war jedenfalls entsetzt. Damals begann er, die *kakia* zu hassen. Er fragte seine Eltern: »Warum? Warum wird das gemacht?« Die einzige Antwort, die er bekam, lautete: »Das ist so Brauch. Das haben schon unsere Vorfahren gemacht. Und deshalb machen wir es auch.« Doch diese Begründung genügte ihm nicht.

Schon als Junge wußte mein Vater, welche Arbeit er als Erwachsener machen wollte. Er liebte Autos. Sie waren seine Leidenschaft. Weil sein Vater darauf bestand, ging Yaya in die *madrasah* und in die Grundschule, aber auf eine weiterführende Schule wollte er nicht. Seine erste Arbeitsstelle fand er bei einem Nigerianer aus dem Stamme der Yoruba, der in Togo lebte und einen Kleinbus zum Transport von Fahrgästen besaß, den er selber fuhr. Mein Vater mußte an der Tür des Busses stehen, das Fahrgeld kassieren und die Haltestellen ausrufen. So lernte mein Vater die Welt außerhalb seines Dorfes kennen.

Sein Chef zahlte ihm ein kleines Gehalt, und manchmal bekam er auch Trinkgeld. Abends ging er zum Haus seines Chefs, half ihm, den Bus zu waschen, oder erledigte andere Arbeiten. Er gab sich alle Mühe, weil er wollte, daß sein Chef mit ihm zufrieden war. Insgeheim hoffte mein Vater, sein Chef werde ihm das Autofahren beibringen, was er schließlich auch tat. Schon bald ließ der Chef, wenn er selbst keine Lust hatte zu arbeiten, meinen Vater hinters Steuer. Mein Vater war dann überglücklich, weil er gern fuhr und dabei auch noch ein bißchen mehr verdiente. Und je mehr er verdiente, desto mehr konnte er sparen und desto früher konnte er sich seinen eigenen Wagen kaufen.

Nach einiger Zeit hatte mein Vater sich genug Geld zusammengespart, um sich ein Auto zu kaufen. Diesen Wagen fuhr er selbst, und gleichzeitig fing er an, für den nächsten zu sparen. So baute er sein Geschäft auf – Schritt für Schritt. Zuerst kaufte er Pkws und Busse. Ungefähr als ich zur Welt kam, erkannte er, daß mit dem Transport von Gütern und Vieh gute Profite zu machen waren, und er verlegte sich zusätzlich auf das Speditionsgeschäft. Er war immer auf der Suche nach neuen Chancen, er setzte sich selbst ständig neue und ehrgeizige Ziele. Als ich ein kleines Mädchen war, besaß er schon drei Busse, drei Lastwagen und einen Kleintransporter. Außerdem hatte er etliche Wagen gekauft und wieder verkauft: einen cremefarbenen Renault, einen häßlich grünen VW, ein schönes braunes Auto, das entweder ein Honda oder ein Toyota war – ich weiß es nicht mehr –, und einen weißen Mercedes, in dem meine Mutter Autofahren lernte. Damit erntete er bei unseren Nachbarn einiges Stirnrunzeln. Aber das tat er ja ohnehin durch viele Äußerungen und Taten, sowohl als Ehemann als auch als Vater von fünf Mädchen.

Als mein Vater meiner Mutter begegnete, war er Ende Zwanzig und sie sechzehn oder siebzehn. Sie lernten sich an einer Tankstelle in der Nähe von Djougou in Benin kennen, wo meine Mutter aufgewachsen war. Djougou lag auf der Strecke, die mein Vater damals zwischen Togo und Benin fuhr. Meine Mutter hatte einen Stand an der Tankstelle und verkaufte Zigaretten, Nähzeug und Süßigkeiten. Sie gefiel ihm, und er gefiel ihr.

Mein Vater liebte ganz besonders den Gang meiner Mutter – sie schritt langsam und würdevoll, mit wogenden Hüften, und bewegte Arme und Hände in einem harmonischen Rhythmus. Wenn sie durch einen Raum ging, in dem mein Vater saß, unterbrach er manchmal seine Beschäftigung und betrachtete sie wohlgefällig. Ich beobachtete ihn oft, wie er sie beobachtete und dabei lächelte. »Herrlich«, sagte er dann manchmal, gerade so laut, daß sie es hören konnte. »Was diese Frau für einen Gang hat. Ist sie nicht wunderschön?« Sie winkte dann meist mit der Hand hinter dem Rücken ab, aber auch sie lächelte.

Meine Mutter ist schön. Sie ist größer als ich und hellhäutig. Früher war sie schlank, aber in den letzten Jahren ist sie ein wenig füllig geworden. Sie hat ein rundes Gesicht, dunkle Augen, dichte Augenbrauen und dunkles Haar, das sie meinem Vater zuliebe sehr lang trug. Der Prophet hat gesagt, daß die Schönheit einer Frau ihr Haar ist und daß sie es lang wachsen lassen soll, um ihren Gatten zu erfreuen. Mein Vater wollte, daß sie immer wunderschön aussah, aber sie war nicht besonders eitel. Sie rieb sich zwar sorgfältig die Füße mit Bimsstein ab und cremte sie mit Kakaobutterlotion ein, weil mein Vater uns ständig in den Ohren lag, daß wir ja unsere Füße nicht schwielig und häßlich werden lassen sollten (wie die Eisverkäufer!), aber andere Kosmetika benützte sie nicht.

Meine Mutter ist ein freundlicher und sanfter Mensch, der stets zuerst an andere denkt. Wenn sie hörte, daß jemand gestorben war, weinte sie, auch wenn sie den Verstorbenen gar nicht gekannt hatte. Als Mutter war sie gelassen, aber sie verlangte Respekt und sorgte dafür, daß sie ihn auch bekam. Wenn ich ihr bei einer Arbeit helfen sollte und sie mich mehrmals vergeblich gerufen hatte, stand sie plötzlich hinter mir und klopfte mir fest auf den Kopf.

»Auaaaaaa!«

»Wenn ich dich rufe, dann kommst du.«

Nachdem sie uns zurechtgewiesen hatte, verrauchte ihr Zorn rasch wieder. Bei mir ist das ähnlich – eine der Eigenschaften, die ich von ihr geerbt habe. Aber im Gegensatz zu mir spricht sie nicht viel, und meine Schwatzhaftigkeit ging ihr oft auf die Nerven. »Bitte«, sagte sie, wenn ich mal wieder endlos vor mich hingeplappert hatte. »Ich bin müde. Darf ich jetzt schlafen gehen?«

Meine Mutter ist eine eher stille Frau, aber sie lächelt viel – zumindest war das früher so – und sie lacht gern. Wenn sie lacht, sieht man ihre beiden oberen Schneidezähne golden aufblitzen, je ein Goldzahn für ihre beiden Reisen nach Mekka. Viele muslimische Frauen zeigen so, daß sie eine *hajj* gemacht haben und als »Hajia« angeredet werden möchten. Das ist ein Statussymbol, ein Zeichen des Wohlstands, weil eine Pilgerreise nach Mekka sehr viel Geld kostet. Manche, die gar nicht in Mekka gewesen sind, lassen sich auch einen Zahn mit Gold überkronen, um den Anschein von Reichtum zu erwecken. Mein Vater neckte meine Mutter gerne wegen ihrer Zähne. Wenn sie ihre Zähne vor dem Spiegel mit einem Stab reinigte, sagte er immer: »Oh! Ich spiegle mich in deinen Zähnen!« Ich mußte dann lachen, aber meine Mutter brachte mich sogleich mit einem strengen Blick zum Verstummen. »Über deine Schwestern darfst du lachen«, sagte sie dann. »Aber nicht über mich.«

Meine Mutter heißt Zuwera. Aber außer meinem Vater nannte sie niemand so, und er tat es auch nur, wenn er ihr ernste oder wichtige Dinge mitteilen wollte. Meistens nannte er sie Amariya, ein Hausa-Wort, das »Braut« bedeutet. Daher nannten auch alle anderen sie Amariya. Seit ihrem Hochzeitstag und ihrer Ankunft in Kpalimé hieß sie Amariya. Viele gute Bekannte wissen gar nicht, wie sie richtig heißt.

Ihre Mutter war eine Fulani, ihr Vater ein Dendi. Meine Mutter bezeichnete sich selbst als eine Dendi, weil man auch in diesen Stämmen glaubt, daß die Kinder dem Vater gehören. Ihr Vater, Malam Salifu, ist ein Imam – wie der Vater meines Vaters. Ich stamme also väterlicherseits und mütterlicherseits aus tief religiösen Familien. Der Vater meiner Mutter lebt noch, aber er ist jetzt sehr alt und der einzige noch lebende Angehörige seiner Generation. Großvater kam nicht oft zu Besuch, denn bei uns besuchen die Mütter ihre Kinder häufiger als die Väter.

Die Mutter meiner Mutter, Hajia Maimouna, war eine von mehreren Ehefrauen, ich weiß nicht von wie vielen. Sie besuchte uns oft an religiösen Festen. Inzwischen ist sie gestorben, aber ich denke oft an sie, weil ich sie sehr geliebt habe. Sie nannte mich »meine Freundin«. Ich nannte sie »meine Schwester«.

»Meine Freundin, liest du mir ein bißchen aus dem Koran vor?«

»Sehr gern, meine Schwester, wenn du mir eine *alfa* gibst.« Ich versuchte immer, eine Belohnung herauszuschlagen. Dann lachte sie und gab mir eine *alfa*, und ich las ihr vor. Danach sauste ich los, um mir geröstete Erdnüsse zu kaufen. Großmutter war liebevoll und gelassen wie meine Mutter, und sie lachte und scherzte gern. Wenn ich mich mit meiner Schwester Narhila gestritten hatte, lief ich immer zu ihr.

»Narhila hat mich gehauen!«

»Oh, wie kann sie meiner Freundin das antun. Ruf sie mal her. Ich schlag' sie für dich.«

Wenn ich dann Narhila rief, kam sie und stellte sich vor Großmutter hin. Sie wußte, daß Großmutter nur Spaß machte. Dann sagte Großmutter zu mir: »So, nun spuck mir in die Hand.« Ich spuckte ihr in die Hand, und sie tat so, als würde sie Narhila schlagen. Dann befahl sie Narhila: »So, nun weine«, und Narhila tat so, als würde sie weinen. Zuletzt sagte Großmutter dann: »Siehst du, ich hab' sie für dich geschlagen«, und meine Welt war wieder in Ordnung.

Meine Großmutter verkaufte Perlen. Bei jedem Besuch brachte sie mir neue Perlen mit. Bei mir zu Hause ist es Sitte, daß junge Mädchen Schnüre mit winzigen Perlen um die Taille tragen. Die Mütter legen sie ihren Töchtern an, wenn sie noch ganz klein sind. Angeblich hoffen die Mütter in Ghana, daß ihre Töchter dadurch wohlgerundete Hüften bekommen. Bei uns in Togo glaubt man das nicht. Wir finden es einfach schön, obwohl niemand die Perlenschnüre zu sehen bekommt, weil sie unter der Kleidung auf der Haut getragen werden. Manche Mädchen mögen die Perlen nicht und tragen sie nicht mehr, wenn sie älter werden. Ich mag sie und trage sie seit meiner frühesten Kindheit. Die Perlenschnüre sind so locker, daß ich sie über die Hüften abstreifen könnte, aber ich trage sie Tag und Nacht. Sogar unter der Dusche behalte ich sie an. Sie sind ein Teil von mir. Ich trage abwechselnd verschiedene Farben – schwarz, weiß, gold. Manchmal trage ich drei Schnüre, manchmal sogar fünf oder sechs. Jedesmal, wenn meine Großmutter uns besuchte, kontrollierte sie die Perlenschnüre. »Fauziya, zeig mir deine Perlen.« Wenn sie sah, daß sie abgewetzt waren oder daß die Schnur ausfranste, schenkte sie mir neue. Wahrscheinlich bedeuten sie mir deshalb so viel, weil ich sie von Großmutter bekam.

Die Eltern meiner Mutter schickten sie und all ihre Geschwister, insgesamt neun Kinder, auf die arabische Schule. Aber eine andere Schule durfte Amariya nicht besuchen, was schade ist, denn sie ist wirklich intelligent. Selbst jetzt noch kann sie viele Suren aus dem Koran aus dem Gedächtnis aufsagen. Ohne den geringsten Zwang lernte sie eifrig, weil sie im Gegensatz zu ihren Brüdern und Schwestern gern zur *madrasah* ging. Sie war eine gute Schülerin, und sie war die beste Tänzerin der Schule. Wenn die Mädchen auftraten, tanzte meine Mutter immer in der ersten Reihe, weil sie anmutig und schön war. »Die Leute sahen mir gerne zu«, sagte sie einmal in stolzer Erinnerung zu mir. Auch nach der Geburt von sieben Kindern bewegte sie sich immer noch wie eine Tänzerin, stolz und elegant – das genaue Gegenteil meines Vaters, der überhaupt nicht tanzen konnte. Wir Kinder amüsierten uns oft darüber, daß er so tolpatschig und unsere Mutter so anmutig war. Manchmal hörten wir zusammen Musik, und er saß in seinem Sessel und bewegte Arme und Oberkörper, aber ohne jedes Gefühl für den Rhythmus. Dann prusteten wir los, weil er so komisch wirkte, und er lachte mit uns.

Mein Vater konnte zwar nicht tanzen, aber er war ein gutaussehender Mann. Das war das erste, was meiner Mutter damals an der Tankstelle hinter ihrem Verkaufstisch an ihm aufgefallen war. Manchmal kaufte er Zigaretten bei ihr, aber er war zu schüchtern, um sie anzusprechen, und sie hielt es für unschicklich, ihn anzusprechen. Also beobachteten sie einander zunächst nur. Schließlich bat mein Vater eine Freundin meiner Mutter, ihr eine Nachricht von ihm auszurichten, und zwar, daß er sie liebe. Meine Mutter wollte wissen, ob er ernste Absichten hatte, und ließ ihm durch die Freundin folgende Antwort zukommen. »Sag ihm, daß er mir wirklich gut gefällt, aber ich will nicht seine Freundin werden. Wenn er es ernst meint, soll er zu meinen Eltern gehen und um meine Hand bitten.«

Das tat mein Vater unverzüglich. Natürlich ging er nicht selbst hin, weil sich das nicht gehört. Der Mann schickt jemanden aus seiner Familie, der für ihn spricht. Der Vater meiner Mutter sagte: »Tja, bevor ich nicht mit meiner Tochter geredet habe, kann ich nicht viel dazu sagen.« Damals arrangierten die meisten Eltern die Ehen ihrer Töchter, ohne sie zu fragen, aber die Eltern meiner Mutter waren anders.

Amariya bestätigte ihrem Vater, daß sie den jungen Mann heiraten wollte, die Eltern erkundigten sich über den potentiellen Bräutigam, und dann begannen die Vorbereitungen für die Hochzeit. Mein Vater schickte seine Verwandten zu Amariyas Eltern, um das *mahr* auszuhandeln, die Geschenke des Bräutigams an die Familie der Braut. Man wurde sich einig über den Brautpreis, und meine Eltern heirateten zehn Monate, nachdem sie sich kennengelernt hatten.

Einmal habe ich ihr Hochzeitsfoto gesehen. Man versteht sofort, warum mein Vater sich in Amariya verliebt hat. Sie war so schön auf dem Foto. Sie trug Weiß, nicht wegen der Hochzeit, sondern weil sie am selben Tag auf den Koran getauft wurde. Ihre Eltern waren so stolz, sagte sie, weil es damals für ein Mädchen recht ungewöhnlich war, auf den Koran getauft zu werden. Es ist auch heute noch ungewöhnlich – den meisten Mädchen ist es zu mühsam, den Koran auswendig zu lernen. Auch ihre Eltern wollen das nicht. Ihre Töchter sollen möglichst früh Geld verdienen, um all die Kleider und Kochtöpfe kaufen zu können, die ein Mädchen bei der Heirat ins Haus ihres Ehemannes mitbringen soll. Das tat auch meine Mutter, aber wenn sie nicht arbeitete, studierte sie weiter den Koran.

In der Familie meiner Mutter war keine Rede von *kakia* vor der Hochzeit. Der Stamm meiner Mutter, die Fulani, praktizieren die weibliche Beschneidung nicht. Zwar ist sie Brauch beim Stamm ihres Vaters, den Dendi, doch ihre Eltern ließen sie nicht verstümmeln, weil ihre Mutter dagegen war. Da auch mein Vater gegen die *kakia* war, stand sie nie zur Debatte. Es war auch kein Problem, daß mein Vater aus einem anderen Stamm und Land kam. Die Familie meiner Mutter kümmerte das nicht. Mein Vater war ein guter Muslim aus einer guten muslimischen Familie, und meine Mutter war bis über beide Ohren in ihn verliebt. Das war das einzige, was zählte.

In der Familie meines Vaters lagen die Dinge anders. Obwohl auch meine Mutter eine gute Muslimin aus guter Familie war und mein Vater bis über beide Ohren in sie verliebt, war sie ihnen nicht gut genug. Als mein Vater ihnen eröffnete, wen er zur Frau nehmen wollte, wollten sie ihm die Heirat ausreden. Sie waren von Anfang an gegen Amariya. Sie kannten meine Mutter nicht einmal, doch das war auch nicht nötig. Es genügte, daß sie zu einem anderen Stamm gehörte. Allein deshalb lehnten sie meine Mutter ab.

»Du solltest eine Frau aus deinem eigenen Volk heiraten«, sagten sie.

»Aber ich will sie«, erwiderte er.

Heftige Debatten folgten, aber er ließ sich nicht beirren. Er heiratete meine Mutter und holte sie nach Kpalimé, wo sie zu ihm in seine Mietwohnung zog. Vielleicht hoffte er, daß seine Angehörigen sie akzeptieren würden, wenn sie einander kennengelernt hatten. Seine Mutter fand sich nach einiger Zeit mit dieser Schwiegertochter ab, doch seine Geschwister blieben stur. Mein Onkel behandelte sie kühl, meine Tante war grausam zu ihr. »Laß dich von ihr scheiden«, sagte sie zu meinem Vater, als er mit seiner Frau nach Hause kam. »Verlasse sie. Heirate eine Frau aus deinem Volk.«

»Nein. Sie ist meine Frau. Ich liebe sie.«

»Laß dich scheiden. Sie war keine Jungfrau mehr.«

»Ich kenne meine Frau besser als du.«

»Sie ist eine Hure.«

»Eine Hure! Wie kannst du so was sagen?«

»Sie dir doch ihren Gang an. Sie ist eine Hure.«

Ich weiß nicht, warum meine Tante das sagte. Vielleicht war sie eifersüchtig auf meine Mutter. Es lag jedenfalls nicht daran, daß meine Mutter unhöflich oder unfreundlich gewesen wäre. In all den Jahren ließ meine Mutter die Beleidigungen meiner Tante klaglos über sich ergehen, weil sie ihr als der Schwester ihres Mannes wie der ganzen Familie ihres Mannes Respekt schuldete. Aber sie sagte meinem Vater, wie sehr diese Beleidigungen sie kränkten. Mein Vater riet ihr, meine Tante einfach zu ignorieren. »Wichtig ist doch, daß wir glücklich sind«, sagte er. Doch so glücklich sie auch waren, meine Tante versuchte beharrlich, einen Keil zwischen meine Eltern zu treiben.

Ein Jahr nach der Hochzeit wurde Ayisha geboren.

»Laß dich scheiden.«

Zwei Jahr gingen ins Land. Meine Eltern lebten noch in ihrer kleinen Wohnung. Dann kaufte mein Vater ein Stück Land und baute nach und nach ein Haus. Ein Kind, ein Raum. Ein zweites Kind, ein zweiter Raum. Ein drittes Kind, ein dritter Raum.

»Laß dich scheiden.«

Meine Mutter hatte drei Kinder zur Welt gebracht, als sie und mein Vater in unser Haus einzogen. Es war zwar noch nicht fertig, aber bewohnbar.

»Laß dich scheiden.«

»Ich werde mich nicht scheiden lassen. Ich liebe sie.«

Mein Vater verschob die Arbeiten an unserem Haus für einige Zeit, um sich auf sein anderes Ziel zu konzentrieren: Er sparte auf ein eigenes Auto. Nachdem er den Wagen gekauft hatte, und dann einen zweiten und einen Lastwagen, verdiente er genug Geld, um einen weiteren Raum an das Haus anzubauen. Noch ein Kind, noch ein Raum. Und dann noch mehr Kinder, noch mehr Räume. Trotzdem gab meine Tante nicht auf.

»Wenn du dich schon nicht scheiden lassen willst, dann nimm dir wenigstens eine zweite Frau.«

»Ich will keine zweite Frau. Sie ist die einzige Frau, die ich will. Sie macht mich glücklich.«

»Sie tut dir was ins Essen. Sie hat magische Kräfte. Sie hat dich verzaubert.«

In gewisser Weise hatte meine Tante recht. Mein Vater war verzaubert. Aber das war nicht *Voodoo*. Es war eine viel stärkere Macht. Eine tiefe Liebe hatte meinen Vater und meine Mutter bei ihrer ersten Begegnung erfaßt, und sie hatte all die Jahre ihrer Ehe Bestand.

Mir selbst wurde erst im Erwachsenenalter klar, wie ungewöhnlich die Ehe meiner Eltern war. Die Liebe zwischen ihnen war einfach eine konstante Größe, ein Geschenk, das meine Geschwister und ich für selbstverständlich hielten. Diese Liebe erkannte man an der Art, wie sie einander ansahen, einander neckten, miteinander scherzten. An der Art, wie meine Mutter den Arm ausstreckte und die Hand meines Vaters rasch und fest drückte, wenn er sie zum Lachen gebracht hatte. Diese Liebe zeigte sich darin, daß sie sich ihm als Familienoberhaupt widerspruchslos unterordnete oder daß er niemals von einer Geschäftsreise ohne ein Geschenk für sie heimkehrte. Sie zeigte sich darin, daß sie ihn lobte, wenn er Erfolg gehabt hatte. Und er eilte stets nach Hause, um ihr von seinen Erfolgen zu berichten, als ob sie erst wirklich und mit Sinn erfüllt würden, wenn er ihr von ihnen erzählte.

Wir sahen nicht oft, daß unsere Eltern einander berührten. Ich habe nie gesehen, wie sie sich küßten. Ich habe sie niemals von ihrer Liebe sprechen hören. Aber ich mußte es auch nicht hören, um zu wissen, wie groß ihre Liebe war.

Meine Eltern hatten getrennte Schlafzimmer, aber sie schliefen nicht immer getrennt. Das entdeckte ich schon früh, durch Zufall, weil mir meine Schlafstelle mißfiel. Meine vier Schwestern und ich teilten uns ein Schlafzimmer. Sie schliefen jeweils zu zweit in einem Bett. Weil ich die Jüngste war – zumindest bis mein Bruder Babs kam –, schlief ich auf einer Gummimatte auf dem Fußboden. Ich hätte niemals zu fragen gewagt, ob ich bei meinem Vater oder meinem älteren Bruder im Bett schlafen darf. Aber schließlich hatte ja auch meine Mutter ein Bett, das sie mit niemandem teilte. Warum mußte dann ausgerechnet ich auf einer Matte auf dem Boden schlafen? Sie wollte nicht, daß ich zu ihr ins Bett kroch – aber oft gelang es mir doch. Manchmal lugte ich in ihr Zimmer, und sie lag nicht in ihrem Bett. Bald kam ich dahinter, daß sie bei meinem Vater sein mußte. »Oh gut, sie ist in Yayas Zimmer«, dachte ich dann, kroch in ihr Bett, zog die leichte Decke über mich, machte es mir gemütlich und freute mich über mein Glück.

Ich war noch zu klein, um darüber nachzudenken, was Mutter und Vater außer schlafen in seinem Zimmer sonst noch machten. Ich war einfach glücklich, daß ich ein ganzes Bett für mich allein hatte. Heute weiß ich natürlich, was sie machten. Wir nennen es *anfani*, ein Hausa-Wort. Es bedeutet ungefähr: »den rechten Gebrauch von deiner Frau machen«.

In der *madrasah* bringt man Jungen und Mädchen bei, welche Bedeutung *anfani* hat. Die Mädchen lernen, daß sie ihrem Ehemann immer zu Diensten sein müssen. Die Jungen lernen, daß ein guter Muslim sanft und rücksichtsvoll zu seiner Frau ist. Er stellt keine unangemessenen Forderungen, und ihr Vergnügen ist ebenso wichtig wie sein eigenes. Meine Mutter und mein Vater haben beide die *madrasah* besucht, wo sie diese Dinge gelernt haben müssen, und sie waren beide gute Muslime. Ich und meine Geschwister waren die lebenden Beweise.

4
Alltag

Guten Morgen! Guten Morgen! Alles aufstehen! Zeit zum Gebet!«

Meine Mutter war immer als erste auf den Beinen. Jeden Morgen wurde ich von ihrer Stimme geweckt. Um fünf Uhr war es draußen noch dunkel. Alle Muslime stehen zum Morgengebet vor Tagesanbruch auf. Mutter kam in unser Zimmer und schaltete das Licht an. Ich zog mir dann immer die Decke über den Kopf und blieb noch ein Weilchen liegen. Meine Schwestern regten sich und seufzten, die Vögel begannen vor den Fenstern zu zwitschern und der Ruf zum Gebet erklang. Ich lag im warmen Bett, ließ den Ruf über mich hinweg- und durch mich hindurchgleiten, ich träumte, schwebte. Aber ich durfte auf keinen Fall das erste Gebet verschlafen. Dafür sorgte schon meine Mutter.

»Raus aus den Federn! Es ist höchste Zeit! Hört ihr die Vögel singen? Sogar die Vögel sind wach und danken Allah für diesen Tag. Habt ihr nicht einmal so viel Anstand wie die Tiere? Los, aufstehen! Zeit zum Gebet!«

Wir quälten uns also aus dem Bett und tappten Richtung Badezimmer, um uns zu waschen. Vor dem Gebet vollziehen wir Muslime eine rituelle Waschung, die *Voodoo*. Sie waschen Gesicht, Hände und Füße in einer bestimmten Reihenfolge und sagen dabei bestimmte Worte.

Wenn alle Kinder auf waren, weckte meine Mutter meinen Vater. Sie ließ ihn immer ein bißchen länger schlafen, und außerdem war er am schwersten wach zu kriegen. Er arbeitete viel und war ständig unterwegs. Wenn er zu Hause war, genoß er es sehr, in seinem eigenen Bett zu schlafen. Manchmal wollte er ganz einfach nicht aufstehen. Dann stellte sie einen Hocker in die Schlafzimmertür, setzte sich und zitierte Suren aus dem Koran, und zwar sehr laut. Meine Mutter rezitiert mit einer wunderbar klaren, kräftigen Stimme. Das klingt wie

Musik, es hört sich wunderschön an, und kein Mensch kann dabei weiterschlafen.

»Amariya, hör auf.«

Sie las weiter.

»Amariya, bitte hör auf.«

Sie las weiter.

So ging es meist eine Weile, bis er endlich seine Decke zurückschlug und sich im Bett aufsetzte. »Schon gut, schon gut, du kannst aufhören. Ich bin wach.« Er war verärgert, aber nur kurz. Auch er wollte das erste Gebet nicht versäumen, und er wäre auch von selbst aufgestanden, wenn er gemußt hätte. Aber genau wie wir wußte er, daß er sich darauf verlassen konnte, von Amariya morgens geweckt zu werden, also überließ er ihr diese Aufgabe. Mein Vater war das unbestrittene Familienoberhaupt, doch meine Mutter war das religiöse Herz.

Wir waren sieben Kinder, und meine Mutter weckte uns jeden Morgen zum Gebet. Amerikaner und Europäer würden das wohl eine kinderreiche Familie nennen, aber bei uns ist das anders. Bei uns wird von den Frauen erwartet, daß sie viele Kinder gebären. Frauen ohne Kinder werden bemitleidet, sie erlangen erst durch ihre Kinder Ansehen, und besonders durch Jungen.

Ayisha ist die Erstgeborene und vierzehn Jahre älter als ich. Sie ist groß, rundlich und hellhäutig und hat ein wirklich hübsches Gesicht. Ayisha ist sehr schüchtern und vermeidet es tunlich, Aufmerksamkeit auf sich zu ziehen. Sie ist ein sehr liebevoller Mensch, sehr zuvorkommend, rücksichtsvoll und hilfsbereit. Immer wenn sie Adjovi in der Küche arbeiten sah, übernahm sie das Kochen, weil sie meinte, daß Adjovi Hilfe brauchte. Manchmal erledigte sie auch Adjovis Arbeiten im Haus – wenn mein Vater sie nicht dabei erwischte –, wusch Wäsche, fegte die Böden, bezog die Betten frisch. Viele Menschen unterschätzen ihre Stärke, weil sie so lieb und sanftmütig ist. Aber Ayisha war immer stark, stets entschlossen, das zu tun, was sie für richtig hielt, egal, was andere darüber dachten.

So hatte Ayisha es sich zur Aufgabe gemacht, mich jeden Tag zur Schule zu bringen. Sie kümmerte sich um alle ihre Geschwister, aber mich bemutterte sie besonders, weil ich das jüngste Mädchen war. Tag für Tag half sie mir beim Duschen und Anziehen, sorgte dafür, daß ich mein Frühstück aß, bügelte meine Schuluniform, packte mein Schulbrot, meine Bücher und meine Stifte zusammen und begleitete mich zu Fuß zur Schule, die ungefähr eine halbe Meile hinter der Grenze zu Ghana lag, denn ich war noch zu klein, um allein zu gehen. Nach der Schule kam sie mich wieder abholen. Es war viel Arbeit für Ayisha, aber sie hat sich immer um mich gekümmert. Immer.

Narhila ist die Zweitälteste. Sie ist acht oder neun Jahre älter als ich, und charakterlich das genaue Gegenteil von Ayisha. Im Haus hat sie nie auch nur einen Finger gerührt. Ich übrigens auch nicht, es sei denn, ich wurde darum gebeten, und dann versuchte ich immer, Geld dafür rauszuschlagen. Aber wenn es um Arbeit ging, war Narhila völlig unbestechlich. Ich habe Narhila wirklich nur dann arbeiten sehen, wenn sie sich für einen besonderen Anlaß herausputzte. Dann wusch und bügelte sie ihre Kleider selbst, damit sie auch ganz bestimmt makellos waren, denn sie war sehr eitel. Narhila ist groß, schlank und sportlich, die hübscheste in unserer Familie, und besonders als kleines Kind war sie sehr in sich selbst verliebt. Meine Mutter nannte sie die Königin in der *kwasila*, was die Kunst des Protzens bedeutet. Ständig posierte sie in Unterwäsche oder nur in ein Handtuch gehüllt vor dem Spiegel und bewunderte sich selbst. »Sieh dir mal meine Arme an. Sind die nicht schön? Oh, und meine Beine. Ich mag meine Beine.« Mich machte das immer wütend, und ich sagte dann, daß sie zu dünn sei. Sie ließ sich von mir nicht beirren. »Wie bitte?« kam es zurück. »Sprichst du mit mir, du Ballon?« Sie nannte mich Ballon, weil ich damals dick war. Aber ich zahlte es ihr heim. Manchmal ging ich in ihr Zimmer, wenn sie gerade eines ihrer Kleider gebügelt hatte, und betatschte es mit schmutzigen Händen. »Ach! Willst du dieses Kleid heute abend anziehen?«

Dann kreischte sie: »Was machst du denn da? Ich bringe dich um!« Sie jagte hinter mir her, und wenn sie mich erwischte, schlug sie mir fest – Klatsch! – auf den Rücken. Ich schlug zurück, und sie schlug erneut, und das so ging weiter, bis die Eltern uns trennten. Wenn wir nicht gerade stritten, lernten wir manchmal Englisch miteinander. Narhila ist intelligent, das muß ich ihr lassen. Sie lernte leicht fremde Sprachen, und sie spricht Englisch und Französisch fließend.

Shawana ist das dritte Kind, fünf oder sechs Jahre älter als ich. Wir beide waren sehr wißbegierig, was uns einander näher brachte. Auch Shawana und ich sprechen mehrere Sprachen. Ich beherrsche Tchamba, Koussountu, Dendi, Hausa, Englisch und Twi, und ich verstehe Arabisch. Shawana spricht kein Twi, weil es eine ghanaische Sprache ist, die ich nur deshalb gelernt habe, weil ich in Ghana zur Schule ging. Dafür spricht sie andere Stammessprachen, die ich nicht kenne, Ewe und Kotokoli, und sie kann wirklich perfekt Französisch.

Es machte Shawana großen Spaß, mir Dinge beizubringen, bevor wir sie in der Schule lernen sollten. Wenn ich von der Schule nach Hause gerannt kam und ihr erzählte, daß ich im Unterricht mal wieder als einzige eine Aufgabe lösen konnte, die sie mir zuvor erklärt hatte, dann platzte sie fast vor Stolz. Sie war meine Lehrmeisterin. Meine Eltern legten zwar großen Wert auf meine Ausbildung, aber wenn ich Unterstützung bei den Schularbeiten brauchte, ging ich meist zu Shawana, denn mein Vater war viel unterwegs, und meine Mutter hielt es für selbstverständlich, daß ich gut in der Schule war, und kümmerte sich kaum um meine Leistungen.

In jungen Jahren war Shawana eine Einzelgängerin. Auch wir anderen Mädchen gingen nicht gerade häufig aus, aber Shawana hatte noch nicht einmal Freundinnen und ging auch nicht gelegentlich einkaufen wie wir anderen. Vielleicht hing ihre Sensibilität mit ihrer Zurückgezogenheit zusammen. Sie reagierte extrem sensibel auf das Leiden anderer. Wenn sie auf der Straße eine alte Frau sah, die Essen verkaufte, kam sie in Tränen aufgelöst nach Hause. »Ach, Amariya, da war so eine arme alte Frau, und die hatte noch nicht mal richtig was zu verkaufen, nur eine kleine Schüssel mit Spinatblättern. Die kauft doch bestimmt keiner. Ach, Amariya, ich wünschte, ich hätte so viel Geld, daß ich ihr was geben könnte, damit sie nach Hause zu ihrer Familie gehen kann und nie wieder etwas verkaufen muß.« Und dann schluchzte sie los. Die meisten Menschen nahmen die Armut in Kpalimé einfach hin. Shawana konnte das nicht.

Asmahu, die Vierte, ist vier oder fünf Jahre älter als ich. Von uns Mädchen war sie wahrscheinlich die kontaktfreudigste, legte dafür aber den geringsten Lerneifer an den Tag. Für sie war die Schule nur dazu da, sich mit ihren Freundinnen zu treffen. Zu Hause war sie ein richtiges Ekel, ständig beleidigt, immer streitsüchtig. Meine Mutter erzählte, daß sie mich einmal, als ich noch ein Baby war, schlafend auf ein Bett gelegt und das Zimmer verlassen hatte. Plötzlich fing ich an zu schreien, und als sie zurückgelaufen kam, um nach mir zu sehen, stand Asmahu über mich gebeugt. »Asmahu! Was ist passiert? Was hast du mit ihr gemacht?«

»Ich hab' sie gekniffen.«

»Du hast sie gekniffen? Wieso?«

»Sie hat mich beäugt!« Beäugen ist bei uns eine Beleidigung; man verdreht die Augen, wenn eine bestimmte Person mit einem spricht. Das war typisch Asmahu. Sie wartete nur darauf, daß jemand sie auslachte oder scheel ansah, und wenn es ein Baby war.

Dann kommt Alfa, das fünfte Kind und der erste Junge. Endlich hatte mein Vater einen Sohn. Er ist ungefähr drei Jahre älter als ich. Mein Vater liebte das jeweils jüngste Kind immer am meisten, aber er war überglücklich, daß er endlich einen Jungen hatte. Alfa ist ein wirklich gutaussehender Junge. Er ist groß und dunkel, mit buschigen Augenbrauen und vollem Haar wie mein Vater. Alfa liebte alle seine Schwestern, aber in mich war er ganz vernarrt, weil ich seine einzige jüngere Schwester war. Und ich vergötterte ihn fast so sehr wie meinen Vater, denn er war immer da, um mich zu beschützen, wenn ich etwas angestellt hatte.

Alfas größte Leidenschaft war Tanzen. Schon als kleiner Junge tanzte er. Er tanzte, wenn er angezogen wurde, er tanzte auf dem Weg zur Schule, er tanzte auf Rollschuhen. Er kannte sämtliche Tanzschritte aus dem *Thriller*-Videoclip von Michael Jackson, und jedesmal, wenn das Video kam, tanzte er vor dem Fernseher. Später, als Alfa schon etwas größer war, wurde er der beste Tänzer der ganzen Gegend. So schüchtern er auch ansonsten war, bei jedem Tanzwettbewerb machte er mit, und er gewann immer. Als ich ihn das letzte Mal sah, tanzte er noch immer in Clubs und auf Parties, aber er nahm nicht mehr an Wettbewerben teil.

Zum Teil trat Alfa in die Fußstapfen meines Vaters, zum Teil aber auch nicht. Der Beruf meines Vaters zwang ihn, ständig unterwegs zu sein. Das gefiel Alfa nicht, wie er rasch feststellte, nachdem er meinen Vater ein paarmal begleitet hatte. Allerdings faszinierten ihn die Lastwagen, und so wurde er schließlich Automechaniker. Heute lebt Alfa bei der Familie seines Chefs am Stadtrand von Kpalimé und arbeitet als Mechaniker für ein großes Lebensmittelgeschäft. Er wartet und repariert die Lieferwagen.

Nach Alfa kam ich, und dann, ungefähr drei Jahre später, das letzte Kind, mein kleiner Bruder Babs, den wir auch Baba nannten. Als ich Baba das letzte Mal sah, war er erst dreizehn, aber er war fast so groß wie ich, und er wuchs noch immer. Er ist groß, wie mein Vater, und er hat das Haar, die Hände, die Finger und die Füße meines

Vaters. Er geht sogar wie mein Vater, den rechten Fuß nach außen gedreht.

Alfa und ich waren fast unzertrennlich, aber Baba und ich hatten andauernd Streit. Er war die Strafe für all meine Streiche, die ich je meinen Schwestern gespielt hatte. Alles, was ich mit ihnen gemacht hatte, machte er jetzt mit mir. Er schnappte sich meine Schultasche und kippte den Inhalt auf den Boden, er lief mit meinem Portemonnaie davon, er benutzte meine Seife und Handtücher, er versuchte, Geld aus meinem Sparschwein zu klauen, er versteckte meine Kleider. Jedesmal, wenn ich ihn dabei erwischte, verpaßte ich ihm eine Tracht Prügel, aber das machte auf ihn so wenig Eindruck wie die Schläge, die ich von meinen Schwestern bezogen hatte, auf mich gemacht hatten.

Wir beide machten uns gegenseitig das Leben schwer. Wenn er beispielsweise in Yayas Zimmer ging, um ihn unter vier Augen etwas zu fragen, war ich meist auch da, weil ich immer versuchte, in Yayas Nähe zu sein. Einmal ging er zu Yaya, weil er Geld für einen neuen Fußball haben wollte. Das sagte er zumindest. Ich wußte es besser.

»Gib's ihm nicht, Yaya. Er will sich mit dem Geld bloß ein Fahrrad leihen.« Baba fuhr sehr gerne Fahrrad, doch Yaya erlaubte es keinem von uns, weil es in der hügeligen Gegend, in der wir wohnten, zu gefährlich war. Viele Kinder stürzten mit ihren Fahrrädern und verletzten sich böse.

»Willst du das Geld wirklich dafür?« fragte Yaya.

Langes Schweigen.

»Dann bekommst du es nicht.«

Während ich herzlos loskicherte, wurde Baba schrecklich verlegen und zornig. Immer kam ich ihm in die Quere, wenn er mal mit Yaya allein sein wollte. Das war der eigentliche Grund, warum Baba und ich uns soviel stritten – weil wir um die Aufmerksamkeit unseres Vaters wetteiferten. Baba war eifersüchtig auf mich, und ich kann ihn verstehen. Er hatte allen Grund dazu. Mein Vater liebte Baba. Er liebte alle seine Kinder. Aber wir wußten alle, daß er mich am meisten liebte. Ich war nun mal Yayas Lieblingskind.

5
Lieblingskind

Meine Mutter glaubte, daß ich meinem Vater Glück brachte. Ungefähr zu der Zeit, als sie mit mir schwanger wurde, beschloß er, einen Lastwagen zu kaufen, denn er hatte gehört, daß man mit dem Transport von Salz von Burkina Faso zur Elfenbeinküste viel Geld verdienen konnte. Er zahlte einen Toyota-Laster an und vereinbarte mit dem Besitzer, die Restsumme zu begleichen, wenn er das Fahrzeug abholte. Aber als mein Vater ihm das restliche Geld brachte, wollte ihm der Mann den Wagen nicht geben. Inzwischen waren nämlich andere Interessenten bei ihm gewesen und hatten mehr Geld geboten. Mein Vater war empört. Sie hatten ein Geschäft abgeschlossen. Geschäft war Geschäft, oder? Der Mann sagte weder ja noch nein. Er wollte sich die Sache durch den Kopf gehen lassen.

Mein Vater wartete ein paar Wochen und ging dann wieder zu ihm. Noch immer war der Mann unentschlossen. Er wollte noch mehr Zeit herausschinden. Das Ganze zog sich über Monate hin. Schließlich suchte mein Vater den Mann nicht mehr auf und wartete darauf, daß der ihm das angezahlte Geld zurückschickte.

Ich kam am Sonntag, dem 1. Januar 1977, zur Welt. Am nächsten Tag erhielt mein Vater endlich eine Nachricht von dem Mann. »Okay, Sie können Ihren Laster abholen.«

Er war überglücklich! »Das ist ein ganz neuer Anfang«, sagte er zu meiner Mutter. »Jetzt kommt mein Geschäft erst richtig in Schwung, ich weiß es. Dieses Mädchen hat mir Glück gebracht. Wie sollen wir sie nennen? Wir müssen einen passenden Namen für sie aussuchen.«

Irgend jemand schlug Fauziya vor – Größter Erfolg –, und meinem Vater gefiel der Name ausgezeichnet. Auch meine Mutter war begeistert. Aber als mein Vater meinen Namen auf den Lastwagen malen wollte, protestierte sie. »Willst du denn, daß jeder weiß, wie deine

Tochter heißt?« Nach alter Sitte hielten sie meinen Namen geheim, bis er vom Imam am Ende jener Zeremonie verkündet wurde, bei der einem Kinde sein Name verliehen wird.

Meine Mutter sagte, sie habe von Anfang an gewußt, daß ich etwas Besonderes sei. Ich begann früh zu tanzen, und ich begann früh zu sprechen. Und mein allererstes Wort war das für den Körperteil, mit dem ich anfing zu tanzen, noch bevor ich laufen lernte: *duwawu*. Alles war *duwawu*. Meine Mutter hat nie herausgefunden, wo ich das herhatte. Aber sie erinnert sich an meinen ersten »Tanz«. Sie und Ahmed waren in dem kühlen schattigen Durchgang hinter unserem Haus gerade dabei, *fufu* zu stampfen. Meine Mutter saß auf einem Hocker und wendete die Maniokstücke in einer großen Holzschüssel. Ahmed stand neben ihr und zerstampfte die Stücke in einem großen Holzmörser. *Wumm. Wumm. Wumm.* Das Stampfen war rhythmisch wie ein Trommelschlag. Ich war erst im Krabbelalter, aber plötzlich fing ich an, mit meinem kleinen *duwawu* unter dem Röckchen im Rhythmus der Musik hin und her zu wackeln. Meine Mutter sagte, sie wären fast geplatzt vor Lachen.

Sobald ich anfing zu sprechen, hörte ich gar nicht mehr damit auf. Mit zwei Jahren wiederholte ich bereits alles, was in meiner Gegenwart gesagt wurde. Ich war fröhlich, geschwätzig und sehr freundlich. Ich liebte alle, und alle liebten mich. Zunächst war ich Yayas Lieblingskind, weil ich das Neugeborene war. Wenn er von einer Geschäftsreise nach Hause kam, rief er immer zuerst nach dem jüngsten Kind. Aber auch nach Babas Geburt rief er weiter zuerst nach mir. »Wo ist mein Mädchen? Wo ist meine Kleine?«

»Yaya!«

»Da bist du ja!«

Ich rannte dann zu ihm, und er hob mich hoch. Ich war immer glücklich, wenn mich jemand auf den Arm nahm, aber am glücklichsten war ich in seinen Armen. Ich schlang meine kleinen Arme um seinen Hals, und er trug mich herum, während wir miteinander sprachen.

»Hallo, mein Kleines.«

»Hallo. Willkommen. Wie geht es dir?«

»Gut. Danke. Wie geht es dir?«

»Gut.«

»Bist du auch schön brav gewesen, so lange ich weg war?«

Darauf nickte ich immer heftig.

»Hast du dich heute schon mit irgendwem gezankt?«

»Bloß zweimal!«

Und dann lachte er.

Anschließend ließ er mich das Alphabet aufsagen oder meinen Namen buchstabieren oder das Einmaleins runterrasseln oder ein Bild für ihn malen. Er wollte immer wissen, was ich während seiner Abwesenheit gelernt hatte, und ich brannte darauf, es ihm zu zeigen.

Dann wollte er von mir wissen, was es Neues gab. »Was ist inzwischen passiert? War jemand hier, um mich zu besuchen?« Er und meine Mutter setzten sich später zusammen und unterhielten sich, aber ich wollte immer die erste sein, die ihm die Neuigkeiten mitteilte. Und er ließ sich auch gern alles zuerst von mir erzählen, weil mein Gedächtnis manchmal besser war als das meiner Mutter. Ich konnte mir die Namen von fast allen seinen Freunden merken.

Dann kam auch bald mein größtes Vergnügen: Ich berichtete ihm alles, was im Haus passiert war, jede Kleinigkeit, die ich mir gemerkt hatte, um sie ihm bei seiner Rückkehr zu verraten, besonders, wer sein Badezimmer benutzt hatte. Mein Vater mochte es nicht, wenn jemand sein Badezimmer benutzte. Nur meine Mutter durfte das, aber auch nur, wenn das andere Bad besetzt war. Ich war allerdings die Ausnahme, die die Regel bestätigte. Wir hatten da eine Geheimsprache. Er sagte: »Fauziya, würdest du bitte mein Badezimmer saubermachen? Und wenn du schon dabei bist, kannst du auch gleich duschen.« Dann lief ich ins Bad, tat ein Weilchen so, als würde ich putzen, aber dann duschte ich mit allem Komfort. Ich fand es herrlich. In seinem Badezimmer war alles neu, modern und verspiegelt. Aber ich benutzte es nie, wenn er nicht zu Hause war. So lange er unterwegs war, hütete ich das Bad, und ich nahm diese Aufgabe sehr ernst. Nur meine Mutter verpetzte ich nicht, weil ich meinte, daß sie elterliche Privilegien hatte, aber alle anderen wurden verraten. Meine Geschwister wollten mich mit allen möglichen Tricks überlisten. Eine meiner Schwestern hängte immer ein Kleid meiner Mutter an die Badezimmertür, damit ich glauben sollte, meine Mutter wäre unter der Dusche. Aber darauf fiel ich nicht rein.

»Narhila? Bist du das? Shawana? Asmahu? Wer ist da drin?«

Ich bekam nie eine Antwort. Meine Mutter sprach beim Duschen kein Wort. Sie glaubte, der Islam verbiete das. Wenn meine Schwestern also verbotenerweise duschten, waren sie mucksmäuschenstill. Aber auch darauf fiel ich nicht rein. Ich ging durchs Haus und suchte meine Mutter. Aha! Amariya war in der Küche. Ich wußte es. Der Rest war simpel: Ich brauchte nur zu subtrahieren.

»Amariya, wo ist Ayisha?«

»Die habe ich zum Markt geschickt.«

Damit blieben noch drei übrig. Ich suchte dann nach den anderen, fand Asmahu vielleicht im Hof und Shawana im Durchgang hinter dem Haus. Also mußte es Narhila sein! Ich sauste zurück ins Haus, bezog Posten vor der Badezimmertür und wartete still, bis sie sich öffnete.

»Aha! Ich hab' dich erwischt, Narhila! Ich hab' dich erwischt. Das sag' ich Yaya. Ooooh, jetzt kriegst du Ärger.«

Und ich petzte immer. Ich vergaß es nie. »Yaya, Narhila hat zweimal in deinem Badezimmer geduscht!«

»Tatsächlich?« Mehr Reaktion erntete ich nie mit meinen Berichten. Ich wollte, daß mein Vater wütend auf die Übeltäter wurde. Es verwirrte und erstaunte mich, daß er immer gelassen blieb. Aber ich fuhr unbeirrt mit meiner Berichterstattung fort.

»Und Shawana und Alfa haben sich gezankt.« Ich schilderte jeden Zank und Zwist zwischen den Geschwistern, die sich während seiner Abwesenheit ereignet hatten. Auch das betrachtete ich als meine Pflicht. Mein Vater wollte nicht, daß wir uns stritten. Er sagte: »Ihr seid zu siebt. Ihr solltet Freunde sein. Und Freunde streiten sich nicht.« Es lag ihm sehr am Herzen, daß wir uns immer beistehen und uns lieben sollten. Deshalb reagierte er auch heftiger, wenn ich ihm von Streitereien erzählte, zumal ich meistens übertrieb. Aber mein Vater konnte nie lange böse sein. Schon bald lachten er und meine Schwestern über meine melodramatischen Schilderungen, und damit war die Sache erledigt. Ich gab mir alle Mühe, weiterhin böse zu sein, aber Lachen machte nun mal mehr Spaß, und schon bald lachte ich mit.

Ich war ein gieriges kleines Mädchen, und besonders gierig war ich auf Essen. Und stets lebte ich in der Sorge, jemand könne mehr oder besseres Essen bekommen als ich oder mir vielleicht sogar einen Bissen wegnehmen. Gewöhnlich aßen wir nicht gemeinsam an einem Tisch, und es gab auch keine regelmäßigen Mahlzeiten. Wir aßen jeder für sich, wann immer wir Hunger hatten. Wenn wir doch einmal gemeinsam aßen, teilten sich die älteren und die jüngeren Kinder jeweils eine Schüssel. Mein Vater und meine Mutter hatten jeder eine eigene. Wenn man mit anderen aus einer Schüssel ißt, verlangen es die guten Manieren, daß man nur das nimmt, was unmittelbar vor einem in der Schüssel liegt. Aber ich teilte nicht gern und meinte, ich würde immer zu kurz kommen. »Ihr eßt zu schnell!« giftete ich meine Schwestern an. »Ihr nehmt euch das ganze Fleisch! Ihr laßt mir gar nichts übrig! Amariya, die essen zu schnell!« Dann fing ich an zu weinen und hörte nicht mehr auf, bis meine Mutter mich mit aus ihrer Schüssel essen ließ. Oder aber ich griff einfach über die Schüssel und schnappte mir die Brocken, die eigentlich einem anderen Kind zustanden.

»Fauziya! Was soll denn das?«

»Du hast viel mehr Fleisch!«

»Willst du hier auf der Seite essen? Von mir aus. Brauchst es bloß zu sagen.« Dann drehten meine Schwestern die Schüssel. Doch alsbald kam ich wieder zu dem Schluß, daß die besten Bissen noch immer vor jemand anderem lagen. Und wieder griff ich weit über die Schüssel.

»Fauziya!«

»Ihr habt das bessere Fleisch!«

Wieder wurde die Schüssel gedreht, und wieder und wieder.

Mein Gezeter gehörte einfach zu den gemeinsamen Mahlzeiten, und als ich älter wurde und mich allmählich zu beherrschen lernte, brauchte meine Mutter einige Zeit, um sich an die ungewohnte Ruhe zu gewöhnen. Als meine Schwestern und ich erstmals friedlich zusammen aßen, rief meine Mutter: »Ayisha? Shawana? Wo ist Fauziya? Will sie nichts essen?«

»Doch, Amariya, sie ißt schon. Sie sitzt hier.«

»Sie ist da?« Dann kam meine Mutter, um selber nachzusehen, und lachte erstaunt. »Ist das wirklich meine Fauziya?«

Ich war wirklich manchmal eine ziemliche Nervensäge. Aber ich war von Natur aus neugierig und ruhelos und mußte immer etwas zu tun haben. Viele Gegenstände im Haus gingen zu Bruch, wenn ich herumtollte.

Meine Mutter, Ayisha, Shawana und Alfa hatten viel Geduld mit mir, ganz im Gegensatz zu Narhila und Asmahu. Sie fuhren auf mich los, wenn ich eine ihrer Habseligkeiten kaputt gemacht hatte, genau, wie ich in ähnlichen Fällen auch auf Baba losging. Wenn mein Vater zu Hause war, flüchtete ich schnurstracks zu ihm. Es war ganz egal, was ich getan hatte. Ich wußte, daß er mich beschützen würde. Niemand konnte mir weh tun, wenn Yaya zu Hause war.

Meine Mutter wußte, wie sehr mein Vater mich liebte. Ich habe sie einmal gefragt, weshalb seine Gefühle für mich so stark waren. »Weil du so lieb zu ihm warst«, sagte sie. »Für ihn hattest du immer Zeit.« Das stimmt. Wenn ich wußte, daß er nach Hause kam, lief auch ich nach Hause, ganz gleich, wo ich gerade war, und ohne unterwegs zu trödeln. Irgendwann war ich zwar zu alt, um von ihm hochgehoben zu werden, aber ich wollte ihn weiterhin als erste begrüßen. »Yaya! Schön, daß du wieder da bist!« Wenn er nach Hause kam und ich war nicht da, fragte er meine Mutter: »Wo ist sie?«

Meine Mutter lachte dann und sagte nur: »Ach, sie kommt gleich, keine Sorge.« Zwei Sekunden später kam ich durch die Tür gestürmt. Mein Vater saß müde von der Reise in seinem Sessel, unterhielt sich mit meiner Mutter.

»Yaya!«

Er sah auf, lächelte und breitete die Arme aus. »Da bist du ja. Da ist ja mein Mädchen.« So nannte mein Vater mich immer. Ich war sein Mädchen.

War mein Vater daheim, verließ ich das Haus nur, wenn es nicht anders ging, und nicht länger als unbedingt nötig. Nach der Schule und der *madrasah* kam ich sofort zurück. Keine Unterhaltung mehr mit einem Lieblingslehrer nach dem Unterricht. Kein Herumbummeln und Plaudern mit Freundinnen. Keine Verzögerung, um geröstete Erdnüsse zu kaufen. Ich hatte keine Zeit für Freundinnen oder sonst etwas, wenn mein Vater zu Hause war. Wenn Yaya da war, wollte ich nur mit ihm zusammensein, und er wollte mit mir zusammensein. Wenn er vor dem Fernseher auf der Couch saß, saß ich neben ihm. Wenn er etwas in seinem Zimmer zu tun hatte, lümmelte ich mich auf seinem Bett herum. Wenn er Hunger bekam, rief er mich, ob ich mit ihm essen wollte, und ich aß, auch wenn ich gerade erst gegessen hatte und eigentlich satt war.

Oft durfte ich für ihn aussuchen, was er anziehen sollte. Das war eines unserer Lieblingsrituale. Ich öffnete dann seinen Schrank und betrachtete die Auswahl. »Mal sehen. Gestern hast du Gelb angehabt. Vorgestern Grün. Ich glaube, heute wäre ich für Blau.«

»Dann also Blau. Und welche Sandalen soll ich anziehen?«

Mein Vater hatte eine ganze Reihe schöner Ledersandalen. Ich musterte sie und suchte ein Paar aus.

»Eine gute Wahl.«

Wenn Yaya sich auf seinen Reisen neue Kleider oder Schuhe kaufte, inszenierten wir eine Modenschau. Aber nicht mein Vater führte mir seine neuen Kleider vor, sondern ich ihm. Dann streifte ich seinen neuen *patakari* oder *danshiki* über meine Kleidung, schlüpfte in das neue Paar Sandalen und schlurfte im Zimmer auf und ab, während mein Vater seine Einkäufe kritisch betrachtete. Ich war noch ein kleines Mädchen und er ein kräftiger Mann, also paßte mir natürlich nichts. Der Halsausschnitt war so breit wie meine Schultern, die Ärmel hingen bis auf den Boden, der Stoff bauschte sich über meinen Füßen, die Fersen der Sandalen ragten gut dreißig Zentimeter über meine hinaus. Aber er bevorzugte mich für diese Prüfung seiner Wahl, weil wir ähnliche Gesichtszüge und einen ähnlichen Hautton hatten. Wenn er zu dem Ergebnis kam, daß Farbe und Muster mir gut standen, ging er davon aus, daß sie auch ihm stünden. »Oh, das gefällt mir! Das sieht gut aus. Jawohl, das kann ich tragen.« Wenn ihm die Wirkung nicht gefiel, sagte er: »Mhmm. Nein, ich glaube nicht.« Er sonderte das verworfene Kleidungsstück aus und sagte meiner Mutter, sie solle es entsorgen – das hieß verschenken.

Mein Vater sprach ständig darüber, wie sehr wir uns ähnelten. Als ich klein war, nahm er mich manchmal auf den Schoß und sagte: »Ah, meine Tochter. Sieh dir das Gesicht an. Wem sieht sie ähnlich? Und die Nase. Ganz wie meine. Und erst die Ohren. Genau wie meine. Wir haben sogar die gleichen Zähne!«

Meine Mutter zog ihn gern damit auf. »Nein, ich finde, sie sieht mir ähnlicher.«

»Wie kannst du so was sagen? Sieh dir ihr Gesicht an. Sieh dir mein Gesicht an. Siehst du da etwa einen Unterschied?«

»Also ich finde, sie sieht aus wie ich.«

»Du brauchst eine Brille, Frau.«

Sogar die Tatsache, daß ich Asthma hatte, schien ihn zu bestätigen. Seine Mutter hatte Asthma. Er hatte Asthma. Und ich eben auch. Er freute sich nicht darüber, aber er scheute sich nicht, es als weiteren Beweis für die Ähnlichkeit zwischen uns zu nehmen. Außerdem war mein Asthma ein weiterer Grund für ihn, mich zu verwöhnen und zu bevorzugen.

Im Vergleich zu ihm hatte ich eher leichtes Asthma. Ich rang manchmal nach Luft, und mein Atem pfiff, wenn ich mich zu sehr anstrengte, zum Beispiel, wenn ich Baba jagte. Mein Vater hingegen litt an schwerem Asthma, und das seit seiner Kindheit, weshalb er auch nicht mehr rauchte. Zigarettenrauch, Staub, Parfüm, der Geruch von heißem Öl – all das reizte sein Asthma. Er nahm verschiedene Medikamente und verließ das Haus niemals ohne seinen Inhalator. In der Trockenzeit, also von Mitte November bis April, wurde es besonders schlimm. Dann hatte er manchmal Anfälle, die meistens drei Tage dauerten. Sie fingen ganz allmählich an und verschlimmerten sich zunehmend, bis er schließlich das Bett nicht mehr verlassen und weder sitzen noch schlafen konnte. Er litt entsetzlich unter diesen Anfällen. Wenn es besonders schlimm war, rief er uns alle an sein Bett und sagte: »Ach, ich sterbe, ich sterbe. Fauziya, sprich ein Gebet für mich.«

Und dann fing er an, seine irdischen Güter zu verteilen. »Amariya, du bekommst das Haus. Gib meine Kleidung den Armen.«

Wir Kinder fanden das eher lustig, wir lachten und beruhigten ihn. »Ach, Yaya, du stirbst noch nicht.«

»Ihr habt ja keine Ahnung. Ihr wißt nicht, wie sehr ich leide.«

Am dritten Tag fühlte er sich wieder besser, und ehe man sich's versah, war er wieder putzmunter. Einmal steckte er mir in seiner Not heimlich eine hohe Summe zu, rund 100 000 CFA-Francs in bar, das sind über 1 600 Dollar.

»Nimm«, sagte er. »Erzähl keinem, daß ich es dir gegeben habe. Es gehört dir. Ich möchte, daß du es behältst. Wenn ich sterbe, sollst du von dem Geld deine Ausbildung abschließen, verstanden?«

Ich nahm das Geld und versteckte es.

Zwei Tage später, als es ihm besser ging, rief er mich wieder an sein Bett. »Fauziya, du kannst mir das Geld jetzt zurückgeben.«

»Zurückgeben? Du hast es mir doch geschenkt. Du hast gesagt, ich könnte es behalten.«

»Ja ja, ich weiß, daß ich es dir geschenkt habe, aber doch nur, weil ich gedacht habe, ich würde sterben. Ich bin nicht gestorben, und deshalb sollst du es mir wiedergeben.«

Ich beschwerte mich bei meiner Mutter. »Yaya hat mir Geld geschenkt, und jetzt will er es wiederhaben.«

Sie lachte. »Siehst du? Das hast du nun davon, daß du so selbstsüchtig warst. Wenn du mir das Geld gegeben hättest, könnte ich es für dich verwahren.«

»Dir geben? Von wegen! Er hat es mir geschenkt!«

Auch ich hatte mitunter Asthmaanfälle, aber noch häufiger andere Erkrankungen. In Togo gibt es viele Krankheiten und keine gute medizinische Versorgung. Mein Vater sorgte sich um jedes seiner Kinder, wenn es krank war, aber am meisten war er um mich besorgt. Wenn ich nachts Fieber bekam oder Kopfschmerzen oder Bauchweh hatte, setzte er sich neben mich, legte meinen Kopf in seinen Schoß und massierte mir sanft den Rücken, bis ich einschlief. Und selbst dann legte er sich nicht schlafen. Wenn ich krank war, blieb er die ganze Nacht wach und sah alle paar Minuten nach mir.

Da ich eher von zarter Gesundheit war, sah mein Vater es nicht gern, wenn ich mich zu sehr anstrengte. Wenn ich auch nur leichte Arbeiten im Haus machte, wurde er zornig. Als kleines Kind sah ich einmal meiner Mutter in dem Durchgang hinter unserem Haus zu, wie sie *fufu* stampfte. Meistens übernahm Ahmed das Stampfen, aber wenn er nicht da war und auch sonst niemand helfen konnte, machte sie es selbst, wendete die Stücke mit einer Hand und stampfte mit der anderen. *Fufu* zu stampfen ist Schwerstarbeit. Ich stand dabei und konnte es kaum erwarten, daß sie fertig wurde, weil ich endlich essen wollte. Mein Vater saß auf seiner Veranda. Er hörte das Stampfen, wußte, daß ich bei meiner Mutter war, und wurde sehr wütend. »Amariya! Sie soll das nicht machen! Du weißt doch, daß das nicht gut für sie ist!«

»Sie macht ja gar nichts!«

Mein Vater kam, um sich davon zu überzeugen, daß ich nicht arbeitete, doch er war noch immer beunruhigt.

»Fauziya, komm da weg.«

Meine Mutter warf ihm einen entrüsteten Blick zu. »Also wirklich, Yaya. Soll sie denn ihr Lebtag keinen Handschlag tun? Vergiß nicht, daß sie eines Tages heiraten wird, und dann muß sie kochen können.«

»Soweit ist es noch lange nicht. Sie geht noch viele Jahre zur Schule, bevor sie überhaupt ans Heiraten denken darf. Das kann sie alles später lernen. Komm jetzt, Fauziya.«

Ich mochte es, wenn sie sich meinetwegen stritten, auch wenn es nur im Spaß war.

Mein Vater war ein dickköpfiger und eigensinniger Mann, und diese Charakterzüge hatte ich geerbt. Auch ich wußte stets genau, was ich wollte, und meist bekam ich es auch. Doch in Togo schätzt man den starken Willen eines Mädchens nicht. Viele Väter wollen jedes Anzeichen selbständigen Denkens bei ihren Töchtern unterdrücken, aber mein Vater war da ganz anders. Er bestärkte mich immer, nicht mit Worten, aber durch seine Reaktionen, wenn ich mich in einer Sache durchsetzen wollte. Meine Meinung interessierte ihn, ob es nun darum ging, welche Kleidung er anziehen oder welches Auto er kaufen sollte. Und er brachte mir schon früh bei, daß ich die Kraft und das Recht hatte, mich zu äußern und selbständig Entscheidungen zu treffen.

Außerdem bereitete mein Vater mich und meine Geschwister durch unsere Ausbildung auf ein unabhängiges und erfolgreiches Erwachsenenleben vor. Wie viele muslimische Mädchen wurden auch meine Schwestern und ich etwa vom sechsten Lebensjahr an in die *madrasah* geschickt. Die *madrasah* in Kpalimé war früher ein kleines Schulhaus gewesen, das nur aus einem Unterrichtsraum bestand, aber als ich ungefähr ein Jahr alt war, bekam unser Imam eine Spende – ich glaube, von den Saudis –, und eine größere Schule wurde gebaut. Auch der Lehrplan wurde erweitert, und als ich in die Schule kam, wurden auch einige weltliche Fächer wie beispielsweise Französisch unterrichtet. Vor dem Bau der neuen Schule konnten arme Eltern das Schuldgeld für ihre Kinder auch in Naturalien bezahlen. Als die neue Schule eröffnet wurde, mußten sie jedoch Geld bezahlen, weil die Schule Geld für Bücher und die Lehrergehälter brauchte. Obwohl die monatliche Gebühr minimal war, konnten manche sie nicht aufbringen. Schulgeld wird aber grundsätzlich nicht erlassen, weil wir glauben, daß Wissen wertvoll ist und nicht umsonst erhältlich sein sollte.

Eltern, die sich nur eine weltliche Ausbildung für ihre Kinder leisten konnten, schickten nur ihre Söhne auf die öffentliche Schule. Sie meinten, daß die Jungen eine Schulausbildung nötiger bräuchten, um später ihre Familie ernähren zu können, aber viele hielten es einfach für überflüssig, daß Mädchen etwas lernten. Sie waren sogar strikt dagegen, sahen es als gefährlich an. Nicht auszudenken, was für Flausen man einem Mädchen an diesen Schulen in den Kopf setzen konnte, mit was für Menschen es zu tun bekommen mochte, was für ein

Benehmen es sich aneignen konnte. Am Ende würde die Kleine noch auf falsche Wege geraten, ruinierte vielleicht ihren Ruf und brachte Schande über die Familie.

In meiner Welt waren diese Bedenken durchaus nicht lächerlich. Sie waren sehr ernst zu nehmen, und meine Eltern, die in Sachen Sitte und Moral so prüde und konservativ waren wie alle anderen, teilten sie voll und ganz. Mein Vater war der Auffassung, daß es ein ernsthaftes Risiko war, seine Kinder, vor allem aber die Mädchen, in Kontakt mit Menschen zu bringen, die andere Wertvorstellungen hatten als wir. Andererseits waren meine Eltern überzeugt, daß ihre Kinder sowohl die *madrasah* als auch die öffentliche Schule besuchen sollten. Für meinen Vater war eine gute Ausbildung für einen guten Muslim unerläßlich, denn der Islam betont, wie wichtig es ist, Wissen zu erlangen. Yaya war sich darüber im klaren, daß wir auch dann vom rechten Weg abkommen konnten, wenn wir keine Schule besuchten. Und ich glaube, er vertraute uns. Er und meine Mutter hielten nichts davon, uns ständig zu überwachen und zu kontrollieren. Sie machten einfach deutlich, was sie von uns erwarteten, und vertrauten darauf, daß wir sie nicht enttäuschen würden.

Während also die meisten meiner Kusinen höchstens ein oder zwei Jahre auf die öffentliche Schule gingen, erhielten meine Schwestern und ich eine weltliche und eine religiöse Ausbildung. Meine Schwestern absolvierten die sechsjährige Grundschule und wechselten dann auf die Berufsschule, wo sie beispielsweise Schneidern lernten oder zu Sekretärinnen ausgebildet wurden. Meine schulische Ausbildung dauerte länger – und sie hätte sogar noch viel länger gedauert, wenn mein Vater nicht gestorben wäre. Mit fünf kam ich in die Schule. Mittlerweile florierten die Geschäfte meines Vaters bereits, aber er war stets auf der Suche nach neuen Geschäftsfeldern. Deshalb wurde ich auch in Ghana auf die Schule geschickt. Mein Vater sprach viele Sprachen, aber Englisch konnte er nur verstehen. Lesen und schreiben konnte er es überhaupt nicht. Je größer sein Unternehmen wurde, desto nötiger brauchte er also jemanden, der ihm in Englisch half. Natürlich war ich die geeignete Kandidatin. Ich war aufgeweckt, stand kurz vor der Einschulung, warum sollte ich nicht im englischsprachigen Ghana zur Schule gehen? Wir wohnten nicht weit von einer guten Schule entfernt, die sowohl die sechsjährige Grundschule als auch die vierjährige Mittelschule zu bieten hatte. Da ich auch die

Mittelstufe absolvieren sollte, schickte mein Vater mich auf diese Schule.

Es lag ihm sehr am Herzen, daß ich Englisch lernte, und mir lag es sehr am Herzen, es für ihn zu lernen. Ich lernte eifrig. Wenn er von einer Geschäftsreise heimkehrte, konnte ich es kaum erwarten, ihn mit meinen Fortschritten zu beeindrucken. »Da ist ja mein Mädchen! Kannst du mir das Alphabet aufsagen?«

»H! I! J! K!«

»Gut! Gut!«

Sobald ich ganze Sätze lesen konnte, fing er an, mir Briefe zu geben, die ich ihm vorlesen sollte.

»Ich kann das lesen, Yaya«, sagte ich, »aber ich kann es nicht in unserer Sprache sagen.«

»Das macht nichts«, sagte er. »Wenn ich es höre, verstehe ich es schon.« Als ich älter wurde, bat er mich manchmal, Briefe an seine englischsprachigen Bekannten zu schreiben. Einfache Briefe. Testbriefe, so wurde mir später klar. Mein Vater war ein praktischer Mann. Er war immer erfreut, wenn ich mit guten Noten nach Hause kam, aber er wußte aus Erfahrung, daß gute Noten nicht gleichbedeutend sind mit praktischem Wissen. Er zeigte die Briefe, die ich geschrieben hatte, seinen englischsprachigen Bekannten, fragte sie nach ihrer Meinung und erstattete mir Bericht.

»Fauziya, du hast doch neulich einen Brief für mich geschrieben.«

»Ja, Yaya.«

»Tja, mein Bekannter war ganz beeindruckt. Er hat gesagt, der war richtig gut.«

Und ich war glückselig!

»Du hast brav gelernt, Fauziya. Du kannst stolz auf dich sein. Aber vergiß nicht, du kannst es immer noch besser machen.« Mein Vater geizte nie mit Lob, wenn ich etwas gut machte, und er sagte mir immer, daß ich noch besser werden könnte. Er lehrte mich, nach denselben Regeln zu leben, an die auch er sich hielt. So, wie er stolz auf seine Erfolge war, doch ohne sich lange auf seinen Lorbeeren auszuruhen, drängte er auch mich, mir immer weiter Mühe zu geben. Ich fühlte mich nie unter Druck gesetzt, sondern ich war stolz auf sein Vertrauen in mich. Und sein Stolz auf mich war mein Lebensinhalt.

6
Muslimisches Familienleben

Meine Brüder, Alfa und Babs, waren ständig unterwegs, und niemand wußte, wo sie waren. Sie verschwanden früh morgens und kamen spät abends wieder heim. Meine Mutter fragte dann: »Habt ihr was gegessen?« Mein Vater sagte: »Geht unter die Dusche.« Aber niemand fragte sie, wo sie gewesen waren oder was sie gemacht hatten. Sie waren Jungen, und Jungen stromerten nun mal draußen herum.

Meine Schwestern und ich blieben meistens zu Hause, wie es sich für Mädchen schickte. Aber wir blieben nicht im Haus, weil wir irgendwelche Arbeiten erledigen mußten. Nur Ayisha arbeitete, und das nur freiwillig. Wir mußten höchstens ab und zu einkaufen, beispielsweise wenn meine Mutter eine besondere Zutat für das Essen brauchte, aber das kam selten vor.

Unser Haus war nämlich der Dreh- und Angelpunkt der Geschäfte meines Vaters. Seine Last- und Lieferwagen fuhren zu den größten Märkten Westafrikas und kamen vollbeladen mit Nahrungsmitteln zurück, so daß unsere geräumige Speisekammer immer gut gefüllt war. Reis, Mais, Yamswurzeln, Paradiesfeigen und Zucker hatten wir im Überfluß, und Milch und Fleisch waren immer im Kühlschrank.

Auch Kleidung wurde nicht oft gekauft. Wenn meine Mutter und ich zufällig an einem Markttag in Kpalimé waren, an dem eine Ladung Secondhandkleidung aus Frankreich eintraf, bettelte ich darum, daß ich die Kleiderberge durchwühlen durfte. Manche Sachen waren alt und abgetragen, andere sahen fabrikneu aus. Wenn ich eine Seidenbluse sah, die mir gefiel, bat ich meine Mutter, sie mir zu kaufen. Und meist erfüllte sie meinen Wunsch, weil alles so billig war. Aber darüber hinaus kauften wir keine Kleidung, weil das mein Vater für uns erledigte. Nie kam er von einer Geschäftsreise ohne ein Stück

Stoff oder ein Kleidungsstück für meine Mutter zurück, und fast immer hatte er auch etwas für uns Kinder gekauft.

Mein Vater wollte seinen Kindern jeden Wunsch erfüllen und seiner Familie ein immer besseres Leben bieten. Mit Familie meine ich nicht nur seine Frau und uns Kinder, sondern auch unsere anderen Verwandten, von denen viele von seiner Großzügigkeit profitierten. Bei uns ist die Familie der Mittelpunkt der Welt. Sie und die Religion halten die Menschen in meiner Welt zusammen.

In meiner Kindheit war die Religion allgegenwärtig. Ich fing an zu beten, bevor ich überhaupt wußte, was ein Gebet ist. Ich ahmte die Bewegungen und Gesten meiner Eltern und älteren Geschwister nach, wenn sie beteten. Ich sagte Passagen aus dem Koran auf, bevor ich lesen und schreiben konnte oder auch nur eine Ahnung von der Bedeutung der Worte hatte. Ich wußte nur, daß es schön und tröstlich klang, wenn meine Mutter sie aufsagte, und daß ich das auch können wollte. Also brachte sie mir die Worte des Propheten bei. Sie war eine gute Lehrerin, unendlich freundlich und aufmunternd und geduldig. Schon bald sagten wir gemeinsam einfache Passagen auf, so, wie Kinder und Mütter zusammen Kinderverse aufsagen. Die Suren des Koran aufzusagen war etwas sehr Kostbares, das nur wir miteinander teilten.

Amariya. Wieder bei ihr zu sein, meine Familie wiederzusehen, wieder zu Hause in Kpalimé zu sein, besonders während des Ramadan. Manchmal kann ich an gar nichts anderes mehr denken.

Ramadan ist der Monat des Gebets, in dem von Sonnenaufgang bis Sonnenuntergang gefastet wird. Vielleicht erstaunt es, daß Menschen sich darauf freuen, aber wir taten es.

Wir Muslime glauben, daß Gott im Ramadan seine Engel auf die Erde herabsendet, um alles Übel zu tilgen und alle Sünde zu läutern. Wir glauben, daß sich die wilden Tiere für die Zeit des Ramadan in den Busch zurückziehen, daß Giftschlangen nicht beißen, daß man sogar mitten in der Nacht gefahrlos überall hingehen kann, weil Gottes Engel einen behüten. Wir glauben, wenn fromme Menschen in der Fastenzeit sterben, kommen sie direkt in den Himmel, weil sie ohne Sünden gestorben sind. Der Ramadan ist unser segensreicher, heiliger Monat, eine Zeit der Erneuerung und der Anbetung Gottes. Im Ramadan kam die ganze Gemeinde zusammen. Alle fühlten sich gereinigt, neu vereint und neugeboren.

Kurz vor dem Ramadan warteten wir alle in den letzten Neumondnächten auf die Ankündigung im Radio, daß der neue Mond des neunten muslimischen Monats im Westen über den Horizont gestiegen sei und die Fastenzeit beginne. Am Abend dieses Tages versammelten sich die Menschen zum vierten Gebet, dem *Salat al-Magrib*, in der Moschee. Danach gingen alle nach Hause, aßen zu Abend, kehrten aber zum fünften Gebet, dem *Salat al-Aisha*, und dann zu dem besonderen sechsten Gebet des Ramadan, dem *Salat al-Tarawih*, in die Moschee zurück. An diesem ersten Abend hießen wir den Ramadan willkommen und baten Gott um Vergebung all unserer Sünden, sowohl für die, deren wir uns bewußt sind, als auch für die, die uns nicht bewußt sind. Eine der Lehren des Islams besagt, daß wir nicht um alle Sünden wissen und auch nicht wissen können, die wir gegen Gott oder die Menschen begangen haben. Wir können Gott nur anflehen, sie zu vergeben und uns zu helfen, sie nicht abermals zu begehen.

Bevor wir an jenem Abend zu Bett gingen, verstaute meine Mutter immer das übriggebliebene Essen in besonderen doppelwandigen Plastikbehältern, um es warm zu halten. Es mußte nicht lange warm bleiben, weil wir am nächsten Morgen schon um halb vier aufstanden und aßen und tranken, bevor wir die ersten Gebete sprachen. Normalerweise sprachen wir unsere Morgengebete zu Hause, doch im Ramadan gingen wir oft in die Moschee, um gemeinsam mit anderen Muslimen das Fünf-Uhr-Gebet zu sprechen. Danach gingen wir wieder nach Hause und schliefen noch ein paar Stunden, bevor wir schließlich aufstanden und unser normales Tagwerk verrichteten, ohne Nahrung oder Wasser zu uns zu nehmen, bis wir nach Sonnenuntergang das Fasten beendeten. Dieser Ablauf wiederholte sich an allen neunundzwanzig oder dreißig Tagen des Ramadan. Doch obwohl wir fasteten und weniger Schlaf bekamen als gewöhnlich, gingen wir weiter zur Arbeit und zur Schule und erledigten die Arbeiten im Haus wie sonst auch. Weil ich so gerne aß, fiel mir das Fasten nicht leicht, aber ich hielt mich an die Gebote des Ramadan.

Jeden Tag endete das Fasten nach dem vierten Gebet. Dann gingen wir nach Hause zum Essen, und oft gab es etwas ganz Besonderes. Wenn mein Vater an dem Tag in Lomé gewesen war, hatte er manchmal ein Gericht mitgebracht, das es nur im Ramadan gab: scharf gewürzte, gebratene Hähnchen, und dazu gab es köstliches, weiches, frischgebackenes Brot. Schon bei dem Duft lief mir das Wasser im Munde zusammen, und mir knurrte der Magen. Dann dachte ich: »Hoffentlich ist es bald dunkel, und du kannst dich mit Hähnchen vollstopfen!« Aber ich konnte immer nur ein paar Bissen essen, weil mein Magen durch das Fasten geschrumpft war. Das wurmte mich ungemein, weil diese Hähnchen doch so köstlich waren.

Wenn der Ramadan zwei oder drei Nächte alt war, sahen wir zum erstenmal die dünne Sichel des neuen Mondes am Himmel. Wir beobachteten, wie sie ganz allmählich zum Vollmond heranwuchs und dann wieder abnahm. In der ersten Neumondnacht wuchs unsere Spannung, weil wir wußten, daß der Ramadan fast vorüber war. Wieder saßen wir vor dem Radio und warteten auf die offizielle Meldung: »Der neue Mond ist gesichtet worden. Der Ramadan ist zu Ende. Die Zeit des Fastens ist vorüber.«

Manchmal war ich in der Schule, wenn die Nachricht gesendet wurde. Dann kam ich nach Hause und sah Shawana oder Asmahu essen.

»Was macht ihr denn da?«

»Der Ramadan ist vorbei. Kam heute morgen im Radio.«

»Heute Morgen!« Und ich hatte den ganzen Tag geschmachtet! Aber ich hätte es nie gewagt, die Fastenzeit vorzeitig zu beenden.

Der erste Tag nach dem Ramadan heißt *Aid al-fitr*, das Fest des Endes der Fastenzeit. Was für ein Tag! Er begann mit besonderen Gebeten auf dem freien Feld hinter der *madrasah*. Die Moschee war nicht groß genug, um die herbeiströmenden Menschen zu fassen. Wir beteten gemeinsam auf dem Feld, verabschiedeten den Ramadan, dankten Gott für die Vergebung unserer Sünden und baten ihn, uns zu segnen, zu führen und im Glauben zu stärken. Und dann wurde gefeiert! Der Rest des Tages war ein einziges Fest. Meine Mutter bereitete ein üppiges Mahl, und wir luden Nachbarn zum Essen ein. Man ging von Haus zu Haus, besuchte Freunde und Verwandte, wünschte ihnen Glück und Segen und machte sich gegenseitig kleine Geschenke. Es war eine Zeit, in der Freundschaften erneuert und bekräftigt wurden, in der Groll und Mißgunst vergeben und vergessen waren, in der wir unser Verbundensein in Allah neu empfanden. Es war auch eine Zeit für Verwandtenbesuche, und häufig kam die Mutter meiner Mutter, um diesen Festtag mit uns zu feiern.

Aid al-fitr ist einer der beiden wichtigsten Festtage im muslimischen Kalender. Der andere folgt ungefähr zwei Monate später: *Aid al-adha*, das Opferfest am Ende der Zeitspanne, in der die Pilgerfahrt nach Mekka gemacht werden darf. An diesem Tag schlachtete mein Vater eine Kuh und einen Hammel. Das Rindfleisch teilten wir mit anderen muslimischen Familien, das Hammelfleisch wurde besonders gewürzt und zu kleinen Leckerbissen gebraten. Wir naschten den ganzen Tag von diesen Leckerbissen, vorausgesetzt, Asmahu hatte nicht alles aufgegessen.

Nach *Aid al-adha* kommt *Moulid*, der Geburtstag des Propheten. Das ist ein ruhigeres Fest, aber auch das gefiel mir. Ich wurde im Monat Moulid getauft, weil dies in meiner Gemeinde Tradition ist. Nicht jeder wird getauft. Eigentlich die wenigsten, denn man kann erst getauft werden, wenn man den ganzen Koran studiert hat, und das ist keine leichte Aufgabe. Zuerst muß man das arabische Alphabet buchstabieren lernen. Ich war gegenüber meinen Klassenkameraden im Vorteil, weil ich schon, bevor ich in die *madrasah* kam, zu Hause mit Amariya Passagen aus dem Koran aufgesagt hatte, doch der Lehrer ließ mich nicht gleich mit dem Studium beginnen. Er wollte sicher sein, daß ich reif genug war. Ich erinnere mich noch an den Tag, als er meinen Namen gemeinsam mit vier oder fünf anderen Klassenkameraden verlas.

»Fauziya, sag deiner Mutter, sie soll Almosen spenden und dich segnen und dir Geld für den Koran geben. Du bist jetzt soweit.«

Ich flog nach Hause.

»Amariya! Amariya! Malam sagt, daß ich mit dem Koran anfangen darf!«

»Oh, Fauziya! Oh, meine Tochter! Das ist wundervoll. Ich bin ja so glücklich!« Sie umarmte mich und herzte mich und fing an, zu weinen und Gott zu preisen.

Am nächsten Tag war ich die erste in der *madrasah*. Ich konnte es kaum erwarten! Als der Lehrer kam, war ich schon da, mit dem Geld in der Hand. Meine Mitschüler und ich begannen mit der ersten Sure: *Al Fatihah*, »die Öffnende«. Sie ist das muslimische Gegenstück zum christlichen Vaterunser, das erste Gebet, das alle Muslime lernen. Ich kannte es bereits und wollte möglichst rasch weiterlesen. Doch der Lehrer ließ uns alle eine Zeitlang im selben Tempo arbeiten. Wir rezitierten im Sprechchor, bis er das Gefühl hatte, daß wir alle richtig rezitierten, dann ließ er uns einzeln rezitieren. Ich gehörte immer zu den drei besten. Mein Freund Aziz war der einzige, der immer besser war als ich.

Je tiefer man in den Koran vordringt, desto länger und schwieriger werden die Suren. Ab einem gewissen Punkt beginnt ein natürlicher Ausleseprozeß. Wer von Anfang an langsam lernte, fällt nun zurück, und die Begabteren wollen schneller vorankommen. Unser Lehrer teilte uns in zwei Gruppen ein und arbeitete mit jeder Gruppe, um allen gerecht zu werden. Nun überflügelten Aziz und ich die anderen weit. Ich mochte den Wettkampf und liebte es, mich mit jemandem zu messen, der mir gewachsen war. Das stachelte meinen Ehrgeiz an.

Als ich zehn oder elf war, gewannen Aziz und ich einen arabischen Lesewettbewerb und bekamen ein Stipendium für eine Schule in Libyen. Meine Lehrer meinten, ich hätte eine Begabung für Arabisch, und wollten mich nach Libyen schicken. Doch mein Vater wollte mich nicht gehen lassen, obwohl er unglaublich stolz auf meinen Erfolg war. Er meinte, ich sei noch zu jung, um so weit von zu Hause weg zu sein, und ich wollte sowieso bei Yaya bleiben. Aber Aziz ging, und er fehlte mir sehr. Wir waren gute Freunde gewesen, als Klassenkameraden und als Konkurrenten.

Als ich getauft wurde, war Aziz noch in Libyen. Er war aber auch das einzige, was mir an dem Tag fehlte. Es wäre schön gewesen, gemeinsam mit jemandem getauft zu werden, dem ich mich so verbunden fühlte. Die Taufe ist nämlich ein ungemein wichtiges Ereignis im Leben junger Muslime und ihrer Familien. Meine Eltern waren besonders glücklich, weil sie beide getauft waren, und ich nun als erstes und einziges ihrer sieben Kinder ebenfalls getauft wurde.

Der Tag meiner Taufe war für mich und meine Eltern ein Ehrentag. Ich war zwölf oder dreizehn Jahre alt. Zwei Jahre zuvor hatte ich das Koranstudium abgeschlossen, aber man wird nicht unmittelbar danach getauft. So einfach geht das nicht. Der *malam*, der Lehrer in der *madrasah*, entscheidet, wann man reif ist für die Taufe. Ich hatte bereits den Arabisch-Wettbewerb gewonnen, in dem Gedächtnis, Vortrag und Beherrschung der Sprache geprüft wurden. Aber selbst das reichte meinem Lehrer nicht. Er nahm das Koranstudium sehr ernst und brachte uns bei, es ebenso ernst zu nehmen. Wir glauben, daß der Koran das Wort Gottes ist und daß das Rezitieren aus dem Koran einem Gebet gleichkommt. Deshalb sagte er oft: »Wenn ihr den Koran lest, hört Gott zu.«

Die Moulid-Feier der Taufe in unserer *madrasah* findet immer auf dem freien Feld hinter der Schule statt, und sie lockt stets viele Menschen an. Die Täuflinge sind ganz in Weiß gekleidet. Ich trug ein schönes weißes Kleid und einen schönen weißen *mayahfi*. An diesem Morgen halfen mir meine Schwestern beim Anziehen und Kämmen. Dann ging unsere ganze Familie zur Feier, die mit Gebet und Predigt begann. Unser *malam* saß auf einer Matte und las aus dem Koran, während wir Schüler, die wir auf Matten hinter ihm knieten, die Zitate gemeinsam nachsprachen. Danach sagte der *malam*: »In diesem Jahr können wir mit Stolz verkünden, daß fünf Schüler das Koranstudium abgeschlossen haben und heute getauft werden. Ihre Namen sind…«

Als er »Fauziya Kassindja« sagte, barg meine Mutter das Gesicht in den Händen und fing an zu weinen. Ich blickte zu meinem Vater auf. Er sah zu mir hinunter, lächelte, berührte meine Wange und legte mir eine Hand auf die Schulter. Der Stolz in seinem Lächeln, und die Liebe, die aus seinen Augen leuchtete, sagten mir mehr als alle Worte. Diesen Moment trage ich als kostbare Erinnerung in meinem Herzen.

Und dann herzten und küßten mich alle und gratulierten mir. Selbst Leute, die ich gar nicht kannte, freuten sich überschwenglich, weil ihr Glaube sie glücklich macht, wenn jemand den Koran so liebt, daß er den mühevollen Weg bis zur Taufe auf sich nimmt. Und dann auch noch ein Mädchen! Besonders die Frauen segneten mich immer wieder.

Unser Lehrer schenkte jedem von uns zur Taufe eine schöne Ausgabe des Koran. »Nun, Fauziya«, sagte er zu mir, als er mir meine überreichte. »Stell das Buch zu Hause nicht einfach ins Regal und vergiß es. Denke bloß nicht: ›Jetzt kenne ich den Koran.‹ Du mußt jeden Tag darin lesen. Wenn du den Koran einen Tag lang vergißt, vergißt er dich zehn Tage lang.«

»Jawohl, Malam.« Ich wollte den Koran gewiß nicht vergessen. Ich lese vielleicht nicht mit der gleichen Leidenschaft darin wie meine Mutter, aber fast.

Der *malam* gratulierte meinen Eltern, und dann gingen wir alle nach Hause. Auf dem Heimweg hielten uns immer wieder Leute an, um uns Glück zu wünschen. Wenn man getauft ist, wird man mit Hochachtung behandelt. Dann weiß jeder, daß man ein gutes muslimisches Mädchen ist, und ich war ein gutes muslimisches Mädchen. Genau wie meine Schwestern. Wir alle waren gute muslimische Mädchen.

7
Ein muslimisches Mädchen

Mein Vater war ein moderner Mensch in einer sehr traditionellen Kultur. Er lehnte diese Kultur weder ab, noch ließ er sich von ihr einengen. Er machte sich manche Elemente zu eigen, und andere lehnte er ab, und unablässig prüfte er seine eigene Haltung zu dem, was gut oder böse, was richtig oder falsch war. Stets hielt er am muslimischen Glauben fest. Und seine Töchter waren sein Ebenbild: teils modern, teils traditionsverbunden, doch vor allem gläubige Muslime.

Die Kleidung, die wir zu Hause trugen, war allerdings eindeutig modern: Shorts, T-Shirts, was uns gefiel. Doch wenn wir das Haus verließen oder wenn meine Eltern Besuch hatten, kleideten wir uns stets sittsam: nichts Ärmelloses oder mit tiefem Ausschnitt, keine kniefreien Röcke und natürlich keine Hosen. Wir trugen keinen Schleier, wie die Töchter meines Onkels, aber wir provozierten auch niemanden. Andernfalls hätte jeder Erwachsene der Gemeinde sich berechtigt gefühlt, uns abzukanzeln und eine Kopfnuß zu verpassen.

Die meisten muslimischen Lehren, die wir befolgen sollten, betrafen natürlich unser Verhalten und nicht unser Äußeres. Meine Schwestern und ich rauchten und tranken nicht, weil unsere Religion das verbietet. Wir logen nicht, betrogen nicht, stahlen und fluchten nicht (nur manchmal unter uns Geschwistern), und wir prahlten und tratschten nicht. Na ja, manchmal tratschten wir, obwohl unserem Vater jeder Klatsch zuwider war und er immer betonte, nur kleingeistige Menschen würden über andere reden. Aber wir baten Allah hinterher immer um Vergebung, weil wir wußten, daß wir gesündigt hatten.

Meine Schwestern und ich flirteten niemals mit Jungen. Unsere Eltern hatten es uns nicht verboten, aber sie gaben uns deutlich zu verstehen, daß sie von uns ein klares Urteilsvermögen erwarteten. So sagten sie beispielsweise: »Ihr wißt, was gut für euch ist. Wenn ihr also wirklich mit einem Jungen allein irgendwo hingehen wollt, ist das eure Sache. Wichtig ist, daß ihr genau wißt, was ihr tut.« Über Menstruation oder Sexualität sprachen sie niemals mit uns. Das brauchten sie auch nicht, denn die *malams* in der *madrasah* erklärten uns, was wir wissen mußten.

Die Unterweisung nennt man *phikihm*. Sie ist eine Mischung aus Sexualaufklärung und Religionsunterricht. Jungen und Mädchen werden zusammen aufgeklärt. Der *malam* begann mit der Unterweisung, als wir ungefähr zwölf waren. Er erklärte, daß uns allen bald Haare in den Achselhöhlen wachsen und daß die Mädchen bald ihre Menstruation bekommen würden. Mit diesen körperlichen Zeichen des Erwachsenseins seien wir dann in Gottes Augen keine Kinder mehr. Von da an müßten wir uns in acht nehmen, denn Gott werde unsere guten und bösen Taten aufschreiben.

Ich hatte schon jede Menge Übung im Fasten und Beten, also mußte ich mir deswegen keine Gedanken machen. Ich war so routiniert im Gebet, daß der *malam* oft sagte, er wünschte, ich wäre ein Junge, dann könnte ich ein hochgeachteter Imam werden wie mein Onkel. Aber Frauen können nun mal keine religiösen Würdenträger werden.

Der *malam* lehrte uns Mädchen auch, welche besonderen Verbote wir beachten mußten, wenn wir zur Frau wurden. Während der Menstruation dürfen Frauen nicht beten, weil sie als unrein gelten. Wir beten nicht, wir berühren den Koran nicht, und wir gehen nicht in die Moschee. Wenn wir beim Einsetzen der Periode die Kleidung tragen, die wir sonst zum Gebet anziehen, müssen wir sie waschen, bevor wir sie erneut zum Gebet tragen, weil sie nicht mehr rein ist. Selbst wenn die Kleidung nicht mit Menstruationsblut in Berührung gekommen ist, müssen wir sie waschen. Wenn wir während des Ramadan unsere Regel bekommen, fasten wir nicht länger. Aber wir müssen uns merken, wie viele Fastentage wir ausgelassen haben, um sie nach der Menstruation nachzuholen.

Bevor wir wieder beten dürfen, müssen wir eine rituelle Waschung, genannt *ghusl*, vornehmen. Zunächst baden oder duschen wir ganz normal, um uns zu reinigen. Dann wird der ganze Körper auf genau vorgeschriebene Weise mit frischem, fließendem Wasser gewaschen, und dabei werden bestimmte Gebete gesprochen. Manche Frauen benutzen dafür die *buta*, eine Art überdimensionaler Teekanne. Sie füllen sie mit sauberem Wasser und übergießen sich damit nach dem Baden. Allerdings müssen sie darauf achten, nicht mit der Hand in das *buta*-Wasser zu kommen, bevor sie mit dem Baden fertig sind, denn dann ist es nicht mehr rein, und sie müssen es wegschütten und frisches holen.

Im Islam gibt es eine ganze Reihe von Vorschriften zu rituellen Waschungen. Wir waschen uns vor jedem Gebet, und wir waschen uns auf besondere Weise vor dem *Salat al-Jumah*, dem Freitagsgebet. Zur Vorbereitung auf ein Totengebet ist ein besonderes Bad erforderlich. Frauen führen nach der Menstruation eine bestimmte Waschung durch, vor der Hochzeit eine andere und wiederum eine andere, nachdem sie ein Kind zur Welt gebracht haben. Männer und Frauen führen stets nach dem Liebesakt eine rituelle Waschung durch.

Der *malam* erzählte ausführlich von den sündigen und den heiligen Aspekten der Sexualität. Sex außerhalb der Ehe ist in unserer Religion *zina:* die schwerste Sünde. Der *malam* sagte, das sei, als töte man sieben Engel. Abtreibung und die Geburt eines unehelichen Kindes sind gleichfalls *zina*. Keuschheit und eheliche Treue spielen also eine ungemein wichtige Rolle. Uns Mädchen wurde insbesondere eingeschärft, daß wir unsere Jungfräulichkeit bewahren mußten. Der *malam* sagte: »Wenn euer Ehemann nach der Hochzeit feststellt, daß ihr noch Jungfrau seid, wird er euch immer lieben und ehren. Eure Eltern werden stolz und glücklich sein, und Gott wird euch loben und wohlgefällig sein.«

Die Sexualität in der Ehe ist ebenso heilig, wie Sexualität außerhalb der Ehe sündhaft ist. Man brachte uns bei, daß eine gute Muslimfrau ihren Mann ehrt und ihm gehorcht und sich ihm niemals verweigert. Der *malam* sagte, wenn ein Mann mitten in der Nacht mit seiner Frau schlafen will und die Frau sich weigert, verfluchen die Engel sie bis zum Morgengrauen. Eine gute Ehefrau bringt ihren Mann auch nicht dazu, sie zum Akt zu zwingen. In Amerika kann eine Frau ihren Mann wegen Vergewaltigung verklagen. In Togo würde man diese Frau auslachen: »Wie kann er dich vergewaltigen? Er ist doch dein Mann! Er hätte keinen Zwang anwenden müssen, wenn du dich ihm nicht verweigert hättest. Das ist die Strafe dafür, wenn eine Frau nein sagt.« Aber unsere Religion lehrt auch, daß ein guter Ehemann rücksichtsvoll mit seiner Frau umgeht. Der *malam* erklärte den Jungen: »Man kommt nicht einfach nach Hause, hängt seinen *patakari* auf und bespringt seine Frau. Sie ist kein Pferd. Ihr müßt ihr Achtung erweisen. Wenn sie müde von der Arbeit ist, solltet ihr sie ruhen lassen. Denkt nicht, ihr könnt sie nehmen, wann immer ihr Lust habt. Sie ist nicht eure Sklavin. Wenn sie nicht in der Stimmung dazu ist, solltet ihr versuchen, sie in die richtige Stimmung zu bringen. Macht Musik, tanzt, umarmt sie, scherzt, bringt sie zum Lachen. Spielt mit ihr.« Wir wurden alle immer sehr verlegen, wenn der *malam* solche Dinge sagte wie: »Spielt mit ihr.« Der *malam* sprach nicht über die *kakia*. Wäre sie eine Regel des muslimischen Glaubens, dann hätte der *malam* das uns gesagt. Aber er erwähnte das Wort nicht einmal.

Dagegen sprach er über die Polygamie. Er sagte: »Ihr wißt, wir Männer sind wie Teufel. Wir haben eine schöne Frau daheim, aber wir sind nie zufrieden. Wir gehen die Straße entlang und sehen eine andere schöne Frau und denken uns: ›Ach, sie gefällt mir besser als meine Frau.‹ Wir begehren sie und dann fangen wir an zu überlegen: ›Kann ich sie nicht als Freundin haben?‹ Aber was wollen wir in Wahrheit? Wir wollen verbotenen Sex. Wenn ihr also eure Begierde nicht bezähmen könnt, dann handelt, wie es sich ziemt. Erzählt eurer Frau von ihr. Nehmt sie in euer Haus, heiratet sie und macht sie zu eurer Zweitfrau. Wenn ihr die Mittel dazu habt und glaubt, sie alle gleich behandeln zu können, dürft ihr bis zu vier Frauen nehmen. Aber denkt gründlich nach, bevor ihr das tut. Nur weil es euch erlaubt ist, vier Frauen zu nehmen, heißt das noch lange nicht, daß ihr das tun solltet. Ihr müßt ihre Bedürfnisse ebenso bedenken wie die euren. Ihr müßt euch fragen, ob ihr euren Frauen ein guter Ehemann sein könnt, ob ihr sie ernähren und gleich behandeln könnt.«

Das habe ich nie verstanden. Wie kann ein Mann vier Frauen gleich lieben? Ich glaube, das ist unmöglich. Wer schon einmal in einem Land gelebt hat, in dem es viele polygame Haushalte gibt, der weiß, wieviel Groll und Verbitterung daraus erwachsen können.

Mein eindringlichstes Erlebnis mit einem solchen Haushalt hatte ich, als ich ungefähr zehn Jahre alt war. Ich spielte mit Freundinnen, als wir aus einem Nachbarhaus ein entsetzliches Kreischen hörten. Wir rannten alle hin und sahen zwei Frauen, die sich fürchterlich prügelten und einander die Haare ausrissen. Es kam uns vor wie eine Ewigkeit, bis endlich ein paar Erwachsene herbeieilten und die Frauen trennten. Die beiden waren die Ehefrauen des Hausbesitzers, und eine Frau hatte der anderen etwas gestohlen. Die hatte ihr daraufhin aus Rache kochendheißes Wasser über den Rücken geschüttet. Auch nachdem die Erwachsenen uns Kinder verscheucht hatten, hörten wir noch immer, wie die Frauen einander anschrien. Mein einziger Gedanke war: »Und die beiden müssen zusammen in einem Haus leben.« Von da an haßte ich die Vielweiberei.

Ich war noch ein Kind, und was ging mich das alles an – Freunde, Heirat, Sexualität. Ich fand es einfach ekelhaft. In der *madrasah* hatte ich eine Freundin, mit der ich mich nach der *phikihm* noch unterhielt. »Findest du das nicht widerlich?« fragte ich sie. »Wie kann man so was nur machen? Ich verliebe mich nie, und ich will auch nie mit einem Mann zusammensein.« Aber sie war anderer Meinung. Und nur wenige Jahre später heiratete sie schließlich einen der jungen *malams*. Wahrscheinlich war sie damals schon weiter als ich und hatte sich verliebt, während ich noch ein Kind war und der Gedanke an den Geschlechtsakt mich mit Entsetzen erfüllte. Sie wurde Ehefrau und Mutter, noch bevor ich zum ersten Mal einen Jungen geküßt – oder auch nur den Wunsch dazu verspürt hatte.

Aziz, mein Freund aus der *madrasah*, hätte vielleicht meine erste Liebe werden können. Aber er ging nach Libyen, bevor sich aus unserer Freundschaft mehr entwickeln konnte. Wäre er noch ein paar Jahre zu Hause geblieben, dann hätte ich meine Freundin vielleicht verstanden. Doch ich blieb weiterhin ein Kind, glücklich mit der elterlichen Liebe und jeder anderen Form der Liebe gegenüber gleichgültig.

Hochzeiten hingegen waren etwas anderes. Hochzeiten fand ich ganz toll! Hochzeiten waren einfach spitze.

8
Hochzeiten

Ayisha heiratete als erste von uns. Sie sollte einen Mann aus Lomé namens Abas heiraten. Was für ein Fest!

Hochzeiten können bis zu vier Tage dauern, je nachdem, was in der Familie Sitte ist. Bei uns dauerten Hochzeiten volle vier Tage, von Donnerstag bis Sonntag. Die Vorbereitungen beginnen meist schon an dem Tag, an dem die Familie des Bräutigams die Familie der Braut besucht, um das Einverständnis zu der Heirat einzuholen. In unserer Welt »geht« man nicht miteinander, jedenfalls nicht wir Muslime. Wenn zwei Menschen sich verlieben und heiraten wollen, dann läuft alles meist so ab wie bei meinen Eltern. Freilich nur, wenn die Eltern ihren Kindern erlauben, ihre Partner selbst auszusuchen. Manche Ehen werden ausschließlich von den Eltern arrangiert.

Heutzutage sucht ein junger Mann seine Braut immer häufiger selbst aus. Er wird der Auserwählten durch eine Freundin ausrichten lassen: »Ich habe dich beobachtet. Du gefällst mir sehr. Ich möchte dich heiraten.« Wenn sie seine Gefühle nicht erwidert, antwortet sie: »Ich werde darüber nachdenken.« Auf keinen Fall sagt sie: »Aber ich will dich nicht heiraten.« Sie wird höflich bleiben. Doch jedesmal, wenn er sie anspricht, wird sie wieder sagen: »Ich werde darüber nachdenken.« So lange, bis er begreift, daß sie kein Interesse hat. Falls er sie trotzdem will und glaubt, daß ihre Eltern auch ohne ihr Einverständnis zustimmen werden, was viele Eltern in meiner Gemeinde tun würden, bittet er die Eltern um ihre Hand. Aber die meisten jungen Männer tun das nicht. Sie wollen nur eine Frau, die sie auch will. Wenn die Auserwählte kühl bleibt, ziehen sie sich zurück.

Wenn das Mädchen zu verstehen gibt, daß sie nicht abgeneigt ist, berichtet der zukünftige Bräutigam seiner Familie, daß er heiraten möchte. Seine Eltern werden sich erkundigen, ob die Auserwählte eine ehrbare Muslimin aus einer ehrbaren Muslimfamilie ist. Wenn das der Fall ist, schicken die Eltern des Bräutigams einen seiner Brüder zur Familie der Braut und bitten um ein Treffen. Der Gesandte verrät den Zweck dieses Treffens nicht, doch die Eltern von Töchtern im heiratsfähigen Alter wissen natürlich sofort, worum es geht. Der Vater geht dann zu seinen Töchtern und fragt: »Kann mir eine von euch sagen, warum die Familie dieses jungen Mannes uns besuchen möchte?«

»Ja, Papa«, sagt dann eine der Töchter. »Ich habe ihm gesagt, daß seine Eltern jemanden schicken sollen, um mit euch zu reden.« Das heißt eindeutig, daß sie interessiert ist.

In modernen Familien forschen die Eltern ein wenig nach, wie es um die Gefühle ihrer Tochter bestellt ist. Bei meinen Schwestern fragte mein Vater immer neckend: »Willst du diesen Mann wirklich? Liebst du ihn?«

Meine schamhaften Schwestern waren dann sehr verlegen, daß mein Vater so persönliche Fragen stellte, aber er meinte es ernst: »Du darfst nein sagen, Schätzchen. Du mußt keinen Mann heiraten, den du nicht liebst.«

Nur wenn sie bei ihrem Wunsch blieben, zog er die üblichen Erkundigungen ein, die die Eltern des Bräutigams vermutlich über uns eingezogen hatten.

Viele Eltern nehmen nicht soviel Rücksicht auf die Gefühle ihrer Töchter. Sie laden die Eltern des jungen Mannes ein, wenn er ihnen akzeptabel erscheint, handeln mit seiner Familie den Brautpreis aus und arrangieren die Hochzeit, ohne die zukünftige Braut auch nur zu fragen.

Ich weiß nicht, wie Ayisha oder meine anderen Schwestern ihren Ehemann kennengelernt haben. Damals war mir das egal, weil Liebe und Heirat mich nicht interessierten, ganz im Gegensatz zu Hochzeiten!

Ich wußte, daß eine Hochzeit ins Haus stand, wenn der zukünftige Ehemann einer meiner Schwestern uns besuchte. Der Bräutigam darf nämlich seine Braut erst besuchen, wenn das Hochzeitsdatum feststeht. Sie dürfen miteinander plaudern und lachen, und vielleicht sogar aus derselben Schüssel essen. Aber sie dürfen das Haus der Braut nicht verlassen, auch nicht in Begleitung einer Anstandsdame. Der Bräutigam darf die Geschwister seiner Angebeteten zu einem Eis einladen oder auf ein Fest mitnehmen. Und die Frau darf sich mit seinen Geschwistern außerhalb des Hauses treffen. Aber die beiden Liebenden dürfen sich nur bei seinen Besuchen in ihrem Elternhaus treffen.

Diese Zeit der Werbung dauert meist einige Monate, in denen die Verliebten sich kennenlernen, aber die Hochzeitsvorbereitungen sind bereits in vollem Gang. Man braucht Zeit, um eine Hochzeit von der Größe zu arrangieren, wie Ayisha und meine Schwestern sie hatten. Da müssen Freunde und Verwandte benachrichtigt werden, die weit entfernt wohnen, damit sie genug Zeit für die Anreise haben. Da muß Essen eingekauft und zubereitet werden. Da muß für Musik und Unterhaltung und Unterbringung gesorgt werden. Manchmal beteiligt sich die Familie des Bräutigams auch über den Brautpreis hinaus an den Kosten. Das hängt davon ab, wie sie finanziell gestellt ist. Doch die Tradition verlangt, daß der Bräutigam zumindest die Utensilien für die rituelle Waschung der Braut stellt: Eimer, Kalebasse, Schwamm, Seife, Kerzen, Handtuch, Badeschuhe. Aber er darf ihr natürlich auch mehr schenken.

Die drei noch lebenden Schwestern meiner Mutter kamen zwei Wochen vor Ayishas Hochzeit aus Benin und Nigeria, um uns bei den Vorbereitungen zu helfen. Wie immer half auch Ayisha gerne bei der Arbeit. Sogar meine Schwestern und ich packten mit an. Es machte Spaß, in einem Schwarm von Frauen emsig zu kochen und zu putzen, zu plappern und zu lachen. Und alle wurden immer aufgeregter, je näher der Tag der Hochzeit rückte. Auch die Vorbereitungen waren ein langes Fest – ein Fest nur für Frauen. In dieser Zeit ließen sich mein Vater und meine Brüder kaum blicken. Hochzeiten sind Frauensache.

Diese fröhlichen Tage flogen nur so dahin, und dann kam der Donnerstag und die Festlichkeiten begannen. Die nächsten vier Tage arbeitete meine Mutter nicht mehr, sie öffnete nicht einmal mehr die Tür. Und auch Ayisha hielt bis Sonntag die *kara*, eine Zeit der bräutlichen Ruhe und Muße. Für die abendlichen Feiern wurde in unserem Hof ein Zelt aufgeschlagen. Die Trommler, Sänger und Musikanten kamen kurz nach sieben, und um acht war das Fest bereits in vollem Gange. Die Frauen tranken, klatschten im Rhythmus der Musik in die Hände und tanzten. Paarweise betraten sie einen Kreis aus Freunden, Nachbarn und Verwandten und tanzten für Ayisha, tanzten als Ausdruck ihrer Freude und Liebe für die frischvermählte Braut.

Nach alter Sitte versteckte sich Ayisha bei Sonnenuntergang im Haus, und alle Frauen der Familie machten sich auf die Suche nach ihr. Bald fanden wir sie und bewarfen sie mit einem klebrigen Brei aus *laylay* und Wasser, der ihr an Gesicht, Haaren und Kleidung haften blieb. Sie war von oben bis unten bekleckert! Dann duschte sie und zog sich um, während Haus und Zelt sich mit immer mehr Frauen füllten.

Wenn der Tanz im Hof einen gewissen Höhepunkt erreicht hatte, verkündete jemand: »Es ist Zeit, daß die *amariya* kommt und tanzt!« Ayisha war noch immer im Haus. Aller Augen richteten sich nun auf die Haustür. Großer Jubel brach los, als meine schöne Schwester durch die Tür trat und gemeinsam mit ihrer Brautjungfer in den Kreis schritt.

Und dann tanzte Ayisha. Meine Schwester, die doch sonst so schüchtern war, tanzte an diesem Abend inmitten der Menge. Die Frauen feuerten sie an, sie pfiffen und klatschten, und ich sah wie gebannt zu. Ayisha war geschmeidig, war samtig, war die Musik selbst. Sie war alles, was sie in diesem Augenblick empfand, all ihre Hoffnungen und ihre Träume von dem Leben, in das sie hineintanzte, und all ihre Liebe zu dem Leben, das sie nun hinter sich ließ. Kaum hatte sie ihren Tanz begonnen, da traten andere in den Kreis und überschütteten sie mit Münzen und Geldscheinen, und ihre beste Freundin und Brautjungfer sammelte das Geld in einer Schüssel auf. Ayisha sah so glücklich aus! Und ich war so glücklich für sie, ich dachte, mein Herz müsse zerspringen. Dann hörte die Musik auf, alle applaudierten begeistert, und Ayisha lachte und schlug die Hände vors Gesicht. Von einem Augenblick zum anderen war sie wieder schüchtern. Dann nahm sie ihren Ehrenplatz zwischen den Gästen ein und sah den folgenden Tänzen nur noch zu.

Auch am Freitag wird so gefeiert, aber der Bräutigam nimmt an diesen Festlichkeiten nicht teil. Wenn sie wohlhabend genug ist, veranstaltet seine Familie ein eigenes, kleineres Fest, aber im Hause der Braut bleibt der Bräutigam vorerst ein Phantom. Die Hochzeiter begegnen sich erst am Sonntagabend, wenn sie nach Brauch und Recht verheiratet sind und die Angetraute zum Haus ihres Mannes geleitet wird.

Am Samstag morgen kam die *nachane*. Diese alte Frau nimmt in unserer Gemeinde alle rituellen Waschungen bei Bräuten und Neugeborenen vor. »Guten Morgen! Guten Morgen! Wo ist die schöne Braut?« rief sie laut beim Betreten des Hauses. Die *nachane* begrüßte Ayisha und führte sie in unseren Vorratsraum, wo beim Auftragen der *laylay*-Färbepackung auch ein wenig verspritzt werden durfte. Sie rührte in einer Plastikschüssel die *laylay* mit Wasser zu einem Brei an. Dann strich sie den Brei auf Ayishas Hände und Füße und packte sie in Plastikfolie ein. Ungefähr eine Stunde mußte Ayisha dann ganz still sitzen, damit die Färbemasse wirken konnte. Wenn die *nachane* Ayishas Hände und Füße dann auswickelte, waren sie zuerst rot, doch nach dem Trocknen wurden sie tiefschwarz. Wenige Jahre später, als Shawana und Asmahu heirateten, war in Togo eine neue *laylay*-Technik Mode geworden, bei der sozusagen mit Schablone gearbeitet wurde. Die *nachane* brachte eine junge Frau mit, die sich auf diese Technik verstand. Die Frau schnitt schmale Streifen Klebeverband zurecht und bildete mit ihnen kunstvolle Muster an Händen und Füßen, bevor die Färbemasse aufgetragen wurde. Die Prozedur dauerte ewig, aber das Ergebnis war wirklich todschick, vor allem bei Asmahu. Als die Streifen entfernt wurden und die *laylay* getrocknet war, sah es aus, als hätte jemand mit einem winzigen Pinselchen feine Lilienmuster auf Asmahus Hände und Füße gemalt. Doch als Ayisha und Narhila heirateten, wurden ihre Hände und Füße noch einfarbig schwarz gefärbt.

Auch am Samstagabend wurde wieder getanzt und gegessen, aber der aufregendste Tag von allen war natürlich der Sonntag. An diesem Morgen mußte mich niemand wecken. Ich schlug schon lange vor Tagesanbruch die Augen auf. Endlich! Die *nachane* kam wieder ins Haus, um die rituelle Brautwaschung vorzunehmen. »Komm mit, mein schönes Mädchen«, sagte sie und nahm Ayisha bei der Hand. »Nun komm, und sei nicht schüchtern.« Arme Ayisha! Ich folgte ihnen bis zum Badezimmer, aber ich durfte nicht mit hinein. Bei der Waschung mußten die beiden allein sein. Ich lauschte an der Tür und konnte hören, wie die *nachane* Ayisha beruhigend zusprach und ihre Schönheit pries. *»Traore! Traore!«* Dann wurde die Dusche aufgedreht, und ich hörte sonst nichts mehr. Als Ayisha endlich wieder herauskam, trug sie ein Kopftuch.

»Ayisha! Wie siehst du denn aus!« neckte ich sie. Ayisha lächelte verlegen.

Die *nachane* warf mir einen mißbilligenden Blick zu, der halb ernst, halb scherzhaft gemeint war. »Nun hört euch dieses Mädchen an!« sagte sie und deutete auf mich. »Glaubst du womöglich, daß eine verheiratete Frau sich ohne Kopfbedeckung zeigt? Schäm dich! Natürlich trägt sie ein Kopftuch. Deine Schwester ist schließlich fast verheiratet.« Sie drohte mir mit dem Finger. »Warte nur«, sagte sie, während sie Ayisha bei der Hand nahm und wegführte. »Bald bist du auch eine verheiratete Frau.«

»Oh nein, ich nicht! Ich heirate nie!«

Die *nachane* lachte. »Das sagst du jetzt. Aber du wirst deine Meinung schon noch ändern.«

Dann wurde die Braut angekleidet und geschminkt. Einige Freundinnen Ayishas und ein paar von unseren Kusinen kamen, um meinen Schwestern und Tanten bei diesem Ritual zu helfen. Nur mit Mühe konnte ich mich noch ins Schlafzimmer drängen, denn allzu viele Frauen wirbelten um die Braut herum, halfen ihr beim Ankleiden, wickelten ihr Haar in einen kompliziert gebundenen Turban, um ihr ebenmäßiges Gesicht hervorzuheben, und putzten sie mit Schmuck und Schminke heraus. Als das Kunstwerk schließlich vollendet war und alle zurücktraten, um die Wirkung zu bewundern, bekam ich meine geliebte Schwester Ayisha zum erstenmal ganz als Braut zu sehen. Ich war sprachlos. Ich stand bloß staunend da und gaffte. Ayisha? War dieses bezaubernde Wesen wirklich meine Schwester? Ich hätte mir nicht träumen lassen, daß Ayisha an diesem Sonntag noch schöner aussehen könnte als in den vergangenen drei Tagen, aber sie war es.

Beim Ankleiden der Braut war in diesem Raum etwas geschehen, etwas Magisches. Diese Frau, die da vor mir stand und mich anlächelte, war nicht mehr einfach nur meine Schwester Ayisha. Sie, die doch schon immer hübsch gewesen war, hatte sich in die strahlend schönste Frau verwandelt, die ich je in meinem Leben gesehen hatte.

»Ayisha?« Meine Stimme war nur noch ein Flüstern.

Sie wandte sich mir zu und lächelte so entzückend und liebevoll wie immer.

»Fauzy?« Die Erscheinung sprach! Sie hatte mich angesprochen!

»Fauzy, bist du so lieb und holst mir ein Glas Wasser aus der Küche?«

Natürlich! Ich war außer mir vor Freude, daß ich ihr dienen durfte. Ausgerechnet mich hatte sie erwählt!

Im Lauf des Vormittags zogen wir unsere besten Sachen an, meine Eltern, meine Geschwister und ich. Der Rest des Tages war ein einziges, rauschendes Fest, das aus unserem Anwesen bis auf die Straße hinausschäumte. Alle waren eingeladen. Es gab zu essen und zu trinken, und die Gäste schenkten sich gegenseitig Kleinigkeiten, Seife oder Streichholzheftchen und dergleichen. Freunde und Verwandte kamen von weither. Alle, die an den ersten drei Tagen gefehlt hatten, kamen an diesem Sonntag noch hinzu.

Meine Mutter saß in ihrem Schlafzimmer und sah so wunderschön aus, wie mein Vater es sich nur wünschen konnte. Sie begrüßte einen nicht enden wollenden Strom von Bekannten, Nachbarn und Verwandten, nahm deren Geschenke und guten Wünsche für die Braut entgegen. Am Nachmittag fand die offizielle Trauungszeremonie in der Moschee statt, an der aber nur die Männer teilnahmen.

Der Abend kam, und der Trubel ging weiter. Die ersten Sterne zeigten sich, der Mond ging auf, und die Musik spielte unablässig. Und dann kam der traurige Teil – jedenfalls für mich. Ayisha sagte ihrer Familie Lebewohl und verließ unser Haus, um in ihr neues Heim zu ziehen, zu Abas und seiner Familie. Ayisha, meine Ayisha, verließ mich. Ich weinte. Sie drückte mich an sich und versuchte, mich zu trösten.

»Wein doch nicht, Fauziya. Du sollst dich für mich freuen.«

Das tat ich auch, aber mich selbst bedauerte ich.

»Aber, aber«, sagte sie. »Ich gehe doch nicht für immer fort. Ich bin doch ganz in deiner Nähe. Das weißt du doch.«

»Aber du bist dann nicht mehr hier! Wer soll sich denn um mich kümmern?«

Sie lachte. »Ich lasse dich nicht im Stich, Fauzy! Ich bin immer für dich da. Aber du kannst jetzt auf dich selbst aufpassen.«

Trotzdem konnte ich nicht aufhören zu weinen.

»Fauziya, Fauziya. Nicht doch. Willst du mich an meinem Hochzeitstag traurig machen?«

Ich riß mich zusammen und versuchte, für sie stark zu sein. So war es Brauch, das wußte ich. So mußte es sein. Am Sonntagabend verläßt die Braut ihr Elternhaus und wird dem weiblichen Oberhaupt der Familie ihres frisch Angetrauten vorgestellt – seiner Mutter oder Tante oder seiner ersten Frau, falls er polygam lebt –, bevor sie zu ihrem Bräutigam geführt wird. Sie nimmt nur die Kleidung mit, die sie am

Leibe trägt, um zu symbolisieren, daß sie ihr gesamtes früheres Leben zurückläßt. Die Geschenke, ihre Kleidung und ihre bewegliche Habe werden am folgenden Donnerstag oder Freitag abgegeben.

Und so ging Ayisha fort. Ich hatte gesehen, wie glücklich sie war, und ich fragte mich, ob die *nachane* im Hinblick auf mich vielleicht doch recht gehabt hatte. War es möglich, daß auch ich mich eines Tages so fühlen würde, wie Ayisha sich gefühlt hatte? Ich konnte es mir nicht vorstellen. Aber bei ihrem Anblick war mir klargeworden, daß sie bei Abas das gefunden hatte, was meine Eltern miteinander verband.

In den kommenden Jahren heirateten alle meine Schwestern. Narhila heiratete Sadque vom Stamme der Bassari. Shawana heiratete Mabruk, einen Kotokoli. Auch Amahu heiratete einen Mann vom Kotokoli-Stamm, nämlich Awal. Jede meiner Schwestern liebte den Mann, den sie heiratete, und jede war am Tag ihrer Hochzeit überglücklich.

Vielleicht finde ich ja eines Tages auch jemanden, den ich liebe, dachte ich, wenn ich mal wieder eine Schwester zu ihrem frischgebakkenen Ehemann ziehen sah. Dann würde auch ich heiraten. Aber wenn ich nicht den Richtigen fand, dann würde ich auch nie heiraten. Das glaubte ich fest.

9
Zwist

Es ist sehr schwierig, jemandem aus einer anderen Kultur zu erklären, was Familie in meiner Kultur bedeutet – wie weit wir diesen Begriff fassen und wie ernst wir ihn nehmen. Wo ich herkomme, steht die Familie an erster Stelle. Familie ist alles, und jeder ist Familie. Na ja, vielleicht nicht gerade jeder, aber fast. Meine engste Familie ist Familie. Meine erweiterte Familie ist Familie. Jeder, mit dem ich durch Blut, Stammeszugehörigkeit oder Heirat verwandt bin, zählt zur Familie, ganz gleich, wie weitläufig oder wie verworren die Verwandtschaft auch ist. Nehmen wir an, meine Mutter stellt mir ein Mädchen vor, das ich noch nie gesehen habe. »Fauziya, das ist die Tochter der Schwester der Frau meines Halbbruders.« Dann frage ich mich nicht: In welchem Grad ist sie mit mir verwandt? Ich nenne sie meine Schwester. Egal, wo ich auch bin, wenn ich eine Person kennenlerne, die auch nur ein winziges bißchen Fulani- oder Dendi- oder Tchamba- oder Koussountu-Blut in den Adern hat, nenne ich sie Bruder oder Schwester, denn das sind meine Stämme. Wenn meine Kusine einen Mann aus einem anderen Stamm heiratet, wird er mein Vetter. Wenn ich seinen Vater kennenlerne, nenne ich ihn meinen Onkel, und ich empfinde es auch so. Er und ich sind jetzt verwandt, und diese Beziehung ist stabil.

Auch Freunde zählen zur Familie. Ich nenne eine Freundin Tante oder Schwester oder Mutter, so, wie meine Großmutter Hajia Maimouna mich »meine Freundin« nannte. Wir nennen Menschen so, um auszudrücken, was wir für sie empfinden. Es spielt keine Rolle, ob eine Frau wirklich blutsverwandt mit mir ist. Wenn ich sie wie eine Schwester liebe, dann ist sie meine Schwester.

Natürlich sind nicht immer alle bereit, solche Bande zu knüpfen, nicht immer erfreut, einen Menschen in die Familie aufzunehmen.

Ich wünschte, es wäre so, aber leider sieht die Realität anders aus. Daß die Geschwister meines Vaters sich weigerten, meine Mutter zu akzeptieren, ist ein trauriger Beweis dafür.

Der Bruder und die Schwester meines Vaters wohnten in der Nähe, und beide spielten eine wichtige Rolle in unserem Leben. Aber es gab große Unterschiede zwischen meinem Vater und seinen Geschwistern. Meine Eltern waren bemüht, diese Unterschiede zu respektieren, doch meine Tante und mein Onkel waren dazu anscheinend nicht in der Lage, und deshalb herrschten Streit und Zwietracht zwischen den Familien.

Meine Tante Hajia Mamoud ist unsere Älteste im Bunde. Sie ist eine kräftige, dunkelhäutige Frau mit tiefer Stimme, eine imposante Erscheinung. Sie hat große Hände, dicke Finger und große Füße wie mein Vater. Ihr Ehemann starb, als ich ungefähr neun Jahre alt war. Sie war seine erste Frau und wohnte weiter gemeinsam mit seinen beiden anderen Frauen in seinem Haus. Zu dieser Zeit waren ihre neun oder zehn Kinder schon fast erwachsen. Ihr Mann hatte genug fruchtbares Land besessen und seiner Familie ein angenehmes Leben geboten.

Mein Onkel Malam Mouhamadou ist das mittlere Kind. Er hat ungefähr meine Größe; wir beide sind die kleinsten in einer sonst hochgewachsenen Sippe. Seine Haut ist nicht so dunkel, und er hat eine Lücke zwischen den Vorderzähnen. Er rasiert sich den Schädel wie mein Vater, aber er trägt einen struppigen Bart auf der Oberlippe und den Wangen. Er ist ein hochrangiger Imam und Leiter der *madrasah* – ein hochgeachteter religiöser Würdenträger in unserer Gemeinde. Einige Jahre hat er in Saudi-Arabien studiert und gelehrt, wo er auch einen akademischen Abschluß machte. Er hatte sechs oder sieben Frauen, auch die mitgerechnet, von denen er sich scheiden ließ. In meiner Kindheit wohnten drei von ihnen in Kpalimé und eine in Lomé, wo er auch ein Büro hatte, weshalb er ständig hin- und herreiste. Er hatte mindestens zehn, vielleicht sogar fünfzehn Kinder, auf alle Fälle waren es so viele, daß er fast den Überblick verlor.

Einmal wollte meine Tante meinen Vater besuchen, als er nicht zu Hause war. »Wo ist mein Bruder?« fragte sie meine Mutter, die gerade in der Küche das Essen zubereitete. Meine Mutter antwortete, daß er bald zurück sein werde. Daraufhin setzte sich meine Tante auf die Veranda und wartete auf ihn. Zufällig trat ich gerade auf die Veranda, als ein Geier sehr niedrig am Haus vorbeiflog. Meine Tante geriet völlig aus der Fassung. Sie zeigte auf den Vogel und schrie: »Ich sehe dich! Ich sehe dich!« Dann sprang sie auf und rannte ins Haus, ich hinter ihr her. In der Küche angekommen, schnappte sie sich einen Löffel und einen Topfdeckel und fing an, dicht vor dem Gesicht meiner Mutter darauf herumzutrommeln. Meine Mutter wich erschrokken zurück. »Ich hab' dich gesehen!« kreischte meine Tante. »Du bist eine Hexe!« In meiner Heimat glauben die Menschen, daß *Voodoo*-Zauberer Tiergestalt annehmen können und daß laute Geräusche böse Geister vertreiben. Meine Tante hämmerte weiter direkt vor der Nase meiner Mutter auf den Deckel und schrie: »Verschwinde, du Hexe! Verschwinde aus diesem Haus!«

Meine Mutter rührte sich nicht und schwieg. Aus Liebe und Achtung für ihren Mann ertrug sie diese Beleidigungen klaglos. Es war ihre Pflicht, seiner Familie Respekt entgegenzubringen. Und sie nahm diese Pflicht sehr ernst. Sie blieb einfach stumm da stehen, die Augen voller Tränen, bis meine Tante mit dem Hämmern und Schreien aufhörte.

Als mein Vater nach Hause kam, erzählte sie ihm von dem Vorfall und brach dabei in Tränen aus. Er wurde sehr wütend. Er liebte meine Mutter und war sehr bekümmert, wenn sie weinte. »Beachte sie einfach nicht«, sagte er. »Sie kann dir nichts tun. Ich habe dich in dieses Haus geholt. Keiner kann dich fortschicken.« Solche Szenen quälten meinen Vater sehr, weil er seine Frau liebte, aber eben auch seine Geschwister.

Es war auch für uns Kinder quälend, wenn wir unsere Mutter so leiden sahen. Aber genau wie unsere Mutter widersprachen wir ihnen nie, denn sie waren Erwachsene, die Familie unseres Vaters, und wir mußten sie respektvoll behandeln. Selbst meine Mutter hätte es niemals gutgeheißen, wenn wir ihnen gegenüber aufsässig geworden wären.

Anders als meine Tante begegnete unser Onkel meiner Mutter höflich, wenn mein Vater zu Hause war, aber wenn er uns in Abwesenheit meines Vaters besuchte, konnte auch er sehr grausam sein. »Du gehörst nicht in diese Familie«, sagte er dann. »Du wirst nie zu uns gehören.« Einmal, als mein Vater krank war und mein Onkel ihn besucht hatte, sprach er anschließend mit ihr. Er hielt ihr seinen *tsabih* vors Gesicht und sagte: »Bei diesem Rosenkranz schwöre ich, daß dein Mann sterben wird und du nicht das Geringste von seinem Besitz erben wirst. Er wird sterben, und du wirst kein Dach über dem Kopf haben und kein Geld, um dir ein Zimmer zu mieten.«

Meine Mutter neigte den Kopf. »Gott allein weiß, was geschehen wird«, sagte sie leise.

Ich sah meine Mutter weinen, und mir war, als würde mir ein Messer ins Herz gestoßen. Wenn mein Vater starb, konnte mein Onkel seine Drohung in die Tat umsetzen. Er wußte das. Meine Mutter wußte das. Wir alle wußten das. Nach Stammesrecht stand der gesamte Besitz meines Vaters seiner Familie zu. Sie konnten damit machen, was sie wollten. Es war schon schockierend genug, daß mein Onkel eine solche Drohung aussprach. Aber den Tod seines eigenen Bruders zu prophezeien! Wie konnte er nur so entsetzliche Drohungen ausstoßen?

Ich habe nie verstanden, daß zwei so verschiedene Männer die Kinder derselben Eltern sein können. Mein Onkel mißbilligte fast alles, was mein Vater tat, angefangen mit seiner Heirat außerhalb des Stammes bis zu der Tatsache, daß er nur eine Frau hatte. Er mißbilligte auch, daß wir so luxuriös lebten. Er meinte, wir würden den Weißen nacheifern. Sogar der finanzielle Erfolg meines Vaters mißfiel ihm anscheinend, und das, obwohl mein Vater ihm gegenüber sehr großzügig war, ihm einmal eine Reise nach Mekka ermöglichte und auch sonst viel für seine Familie tat. Selbst an der Großzügigkeit meines Vaters mäkelte er herum. »Er denkt, ich gehöre ihm, weil er mich nach Mekka geschickt hat«, sagte er einmal in einem Streit und deutete auf meinen Vater.

Wie meine Tante war auch mein Onkel dagegen, daß mein Vater uns Mädchen in die Schule schickte. Er mißbilligte, daß wir keine Schleier tragen mußten und daß mein Vater seine Töchter dazu ermunterte, sich ihre Ehemänner selbst auszusuchen. Er verurteilte sogar, daß mein Vater seinen Kindern, und besonders mir, seine Zuneigung zeigte. Er sagte oft: »Du spielst zuviel mit ihr. Du verwöhnst sie. Mach das nicht. Sie verliert den Respekt vor dir.«

Und doch, trotz dieser Kränkungen und trotz ihrer grundverschiedenen Wertvorstellungen gelang es den drei Familien, die meiste Zeit in Frieden zu leben. Manchmal wurde mein Vater wütend auf seine Geschwister. »Laßt meine Frau in Ruhe! Sie hat euch nichts getan! Wenn ihr sie so sehr haßt, dann bleibt eben weg!« Doch die Unwetter verzogen sich, und die Familien fanden wieder zueinander. Und dann, eines Tages, kam der Bruch.

Die beiden Brüder überwarfen sich wegen der *kakia,* der weiblichen Beschneidung, die meine Eltern verabscheuten und die von beiden Geschwistern meines Vaters befürwortet wurde. Sie hatten ihre Töchter ausnahmslos beschneiden lassen. Ayishas erstes Baby war kurz nach der Geburt gestorben. Nun munkelten die Dorfbewohner, das Baby sei gestorben, weil Ayisha nicht beschnitten worden war. Und als meine anderen Schwestern nicht gleich nach der Hochzeit schwanger wurden, meinten sie, ihre Unfruchtbarkeit sei Folge ihrer »Unreinheit«.

Als Kind wußte ich überhaupt nichts von dieser Prozedur. Aber ich erinnere mich, daß ich eines Abends meine Eltern in der Küche darüber reden hörte. Mein Vater hielt die Hand meiner Mutter, und meine Mutter weinte. Sie beweinte eine ihrer jüngeren Schwestern, meine Tante Amina, die kurz zuvor an den Folgen dieser Verstümmelung gestorben war, was ich damals allerdings nicht wußte. Meine Mutter sprach nicht gern über traurige Ereignisse. Erst viel später erzählte sie mir, weshalb Amina so jung gestorben war.

Tante Aminas erster Mann war gestorben. Sie war mittellos und mußte für ihre zwei Kinder sorgen. In Togo ist es sehr schwer für eine alleinstehende Frau, zwei Kinder zu ernähren, weshalb sie wieder heiraten mußte. Sie lernte einen Mann aus dem Dendi-Stamm kennen, der sie heiraten wollte, aber die *kakia* zur Bedingung für die Eheschließung machte. In ihrer Not erklärte sie sich bereit, die Beschneidung über sich ergehen zu lassen. Nach der Operation bekam sie Wundstarrkrampf und starb. Meine Mutter kam einfach nicht darüber hinweg, daß ihre Schwester so töricht gewesen war. Wenn sie von ihr sprach, sagte sie zuletzt immer: »Warum hat sie das gemacht?« Aber sie sprach nicht oft über den Tod ihrer Schwester, und sie beantwortete mir keine einzige Frage zur *kakia.*

Bis zum heutigen Tage weiß ich nicht genau, wie die Beschneidung von Frauen in meinem Stamm durchgeführt wird, weil kein Mensch darüber spricht. Wenn ich beschnittene Mädchen nach der *kakia* fragte, sagten sie nur: »Laß es doch bei dir selbst machen, wenn du es unbedingt wissen willst.« Vermutlich glaubten sie, eine Frau müsse diese Schmerzen erduldet haben, um eine richtige Frau zu werden.

Ich glaube, in unserem Stamm werden die Mädchen für gewöhnlich beschnitten, wenn sie zirka fünfzehn Jahre alt sind. Ich habe mehrere Mädchen gekannt, die an den Folgen der Operation gestorben sind. Ein Tchamba-Koussountu-Mädchen starb an Wundstarrkrampf, wie meine Tante Amina. Ein anderes Tchamba-Mädchen und ein Koussountu-Mädchen, die kurz vor der Hochzeit beschnitten wurden, sind verblutet. Die Befürworter der *kakia* erklären diese Todesfälle natürlich anders. Sie glauben, daß entsetzliche Dinge geschehen könnten, wenn ein Mädchen nicht beschnitten wird, und würden niemals zugeben, daß Mädchen tatsächlich unmittelbar an den Folgen der Prozedur sterben. »Allah hat sie zu sich genommen...« Das war ihr einziger Kommentar.

Meine Eltern und die Geschwister meines Vaters waren grundverschiedener Meinung zur *kakia*, aber beide Seiten mieden dieses heikle Thema, weil sie keinen sinnlosen Streit heraufbeschwören wollten. Doch eines Tages brach mein Onkel diese unsichere Waffenruhe, und zwar auf eine Weise, die mein Vater ihm nicht verzeihen konnte.

Mein Vater und seine Geschwister haben von den anderen Frauen ihres Vaters eine ganze Menge Halbgeschwister. Als ich ungefähr vierzehn oder fünfzehn war, kam Asana, die Tochter einer Halbschwester, ein aufgewecktes, hübsches Mädchen, aus dem Norden zu uns, um eine Weile bei uns zu leben. Damals war sie etwa neun oder zehn. Mein Vater war ganz vernarrt in sie. Wir alle waren das. Ich war gerade ins Internat gekommen und befürchtete, daß mein Vater ohne mich einsam sein würde. Ich liebte Asana und war froh, daß sie ihm nun Gesellschaft leistete, und er wollte sie gerne für immer bei uns behalten, wollte sie lieben und behüten wie seine eigenen Kinder. Ihre Eltern waren so traditionsverhaftet wie meine Tante und mein Onkel. Sie waren keineswegs begeistert davon, daß ihre Tochter bei uns lebte, weil sie wußten, daß meine Eltern andere Wertvorstellungen hatten als sie. Aber sie ließen Asana dennoch bei uns leben, wohl weil sie hofften, daß die Kleine bald von sich aus nach Hause wollen würde.

Asana wohnte zwar bei uns, ging aber auch im Haus meines Onkels ein und aus. Nach der Landessitte war er ebenso für sie verantwortlich wie mein Vater, und sie durfte jederzeit zu ihm kommen. Eines Tages, mein Vater war auf Geschäftsreise und meine Mutter außer Haus, ging Asana meinen Onkel besuchen. Die *nachane* wartete schon. Mein Onkel hatte bereits alles vorbereitet. Asana wußte von nichts, meine Mutter wußte von nichts, und garantiert wußte auch mein Vater von nichts.

In unserer Gemeinde spricht sich alles schnell herum. Meine Mutter erfuhr, was mein Onkel getan hatte, noch bevor sie wieder zu Hause war. Sie fing an zu weinen, aber sie konnte Asana nicht mehr helfen, ja sie durfte nicht einmal das Haus meines Onkels betreten und ihn zur Rede stellen. Wenn sie Asana wenigstens hätte pflegen dürfen, aber auch das verbietet die Tradition. Als dann mein Vater heimkehrte und erfuhr, was sein Bruder getan hatte, geriet er außer sich und eilte sofort zum Haus meines Onkels. Meine Mutter betete. Sie sagte später, sie habe meinen Vater noch nie so wütend erlebt.

Mein Vater stürmte in das Haus seines Bruders und holte Asana ab, denn ihr galt seine Hauptsorge. Er brachte sie direkt ins Krankenhaus, wo sie medizinisch versorgt wurde und eine Tetanusspritze bekam. Danach brachte er sie wieder in das Haus meines Onkels, wo ihre Wunden verheilen sollten. Anschließend führten die Brüder ein Gespräch unter vier Augen. Ihre Auseinandersetzung muß sehr heftig gewesen sein, denn später versuchten die Stammesältesten, den Streit zu schlichten, aber mein Vater blieb hart. »Ich habe meinem Bruder viel verziehen«, sagte er, »aber das werde ich ihm niemals verzeihen.« Und dabei blieb er.

10
Tragödie

Als Asana zu uns kam, lebte Babs als einziges Kind noch im Haus. Ich war auf dem Internat in Ho, einer Stadt in Ghana, die fast zwei Autostunden entfernt lag, und ich war weiter weg von meinem Vater, als ich es je zuvor gewesen war.

Es war meine Entscheidung gewesen, dorthin zu gehen. Nach sechs Jahren Grundschule hatte ich die Prüfung für die weiterführende Schule abgelegt. Danach kamen mein Vater und ich überein, daß ich meine Ausbildung in Ghana fortsetzen sollte. Ich hatte so lange eine englischsprachige Schule besucht, daß es unsinnig gewesen wäre, nun auf eine französischsprachige Schule in Togo zu wechseln. Aber alle weiterführenden Schulen in Ghana lagen so weit entfernt, daß ich aufs Internat mußte.

Das störte mich nicht, zumindest glaubte ich das. Ältere Schwestern meiner Freundinnen hatten aus ihrer Internatszeit ganz lustige Geschichten erzählt. Ich erwartete, in einer Schar von Mädchen in einer Art Pension zu leben, wo einem fern der Eltern niemand mehr sagte, was man zu tun und zu lassen hatte.

Im September 1991 wechselte ich auf das St. Prosper's College. Ich war wahnsinnig aufgeregt. Schon Tage vorher hatte ich meinen Koffer gepackt. Mein Vater brachte mich an einem Sonntag zum College.

Wir trafen gegen Mittag ein, und sogleich kamen mir leise Zweifel. Ich hatte mir ein großes, gemütliches Gebäude vorgestellt. Diese Schule war jedoch eine unpersönlich wirkende Institution mit drei separaten Gebäuden: ein Wohnhaus für Jungen, eins für Mädchen und die eigentliche Schule. Ich hatte gehofft, die Schule würde mitten in der Stadt liegen, mit vielen Menschen und Autos und Trubel drumherum. Statt dessen lag sie am Stadtrand inmitten von Feldern, und weil die meisten Schüler noch nicht eingetroffen waren, war auch der Campus sehr still. Er wirkte einsam, verlassen.

»Äh, ich glaube, ich hab' einen Fehler gemacht, Yaya. Ich glaube, hier will ich lieber nicht bleiben.«

Er lachte und tätschelte meine Hand. »Du wirst dich hier wohlfühlen.«

Wir stiegen aus dem Wagen und gingen zum Sekretariat, wo er einen Stapel Formulare ausfüllte und die Schulgebühr für mich entrichtete. Unterdessen mußte ich zu dem Wohnhaus der Mädchen, wo mir jemand helfen würde, mein Gepäck in den Schlafsaal zu tragen. Dieser Schlafsaal war ein großer Raum mit zwei Reihen von Etagenbetten auf beiden Seiten. Ein paar Betten waren bereits gemacht. Der Rest war nicht bezogen. Der Hausmeister teilte mir eines der unteren Betten zu und zeigte mir meinen Spind, der sich in einem anderen Raum befand. Wir sollten alles in unseren Spinden aufbewahren, alles, bis auf einige wenige persönliche Dinge wie Seife und Badelatschen. Ich wäre am liebsten davongelaufen, aber als ich das Badezimmer sah, wäre ich fast in Ohnmacht gefallen. Es gab nur Gemeinschaftsduschen, und nicht einmal Trennwände, von Türen ganz zu schweigen. Nackt vor den Augen der anderen Mädchen duschen? Kein Mensch hatte mich jemals nackt gesehen!

Als ich wieder bei meinem Vater ankam, war ich völlig deprimiert.

»Ich weiß nicht, Yaya. Ich glaube, ich schaffe das nicht.«

»Es wird dir hier gefallen, du wirst schon sehen. Jetzt ist das alles nur neu und fremd für dich.«

»Meinst du wirklich, daß es mir hier gefallen wird?«

»Ja, Fauziya, das meine ich. Ich schicke dich aufs Internat, weil ich dir vertraue.«

»Aber ich kenne hier keinen Menschen.«

»Du wirst Freundinnen finden, Fauziya. Ganz bestimmt.«

»Und wenn's mir gar nicht gefällt?«

»Wart erst mal ab. Wenn es dir in ein paar Tagen immer noch nicht gefällt, reden wir darüber.«

»Kommst du mich besuchen?«

Er lachte. »Natürlich komme ich dich besuchen. Und zwar oft. Denkst du denn, ich werde mein Mädchen nicht besuchen?«

Das erste Jahr war hart. Ich hatte vierzehn Fächer, darunter Geschichte, Englisch, Mathematik, Maschinenschreiben und Steno,

Buchführung, Betriebswirtschaftslehre und Volkswirtschaftslehre. Ich konnte gut mit Zahlen umgehen und interessierte mich für kaufmännische Dinge. Mein Vater und ich wollten, daß ich später Buchhalterin werden sollte. Die Anforderungen der Schule waren hoch, aber ich arbeitete hart, wie ich es meinem Vater versprochen hatte. Ich arbeitete so viel, daß meine Gesundheit darunter litt. Je besser meine Noten wurden, desto mehr verlor ich an Gewicht. Mein Vater bemerkte beide Entwicklungen. »Fauziya«, sagte er, »es ist gut, fleißig zu lernen, aber Essen und Schlafen sind auch wichtig.« Danach ließ mein Eifer ein wenig nach, aber nicht sehr, und mein Vater achtete weiterhin sehr genau auf meine Noten.

Nachdem mein Vater an jenem ersten Tag abgefahren war, ging ich zurück in den Schlafsaal, wo inzwischen mehrere andere Mädchen eingetroffen waren. An diesem Tag sprach keine von uns ein Wort, weil wir uns alle so einsam und verlassen fühlten. In der Nacht weinte ich so heftig, daß ich nicht einschlafen konnte. Um fünf Uhr morgens stand ich auf, betete und hastete dann in den Waschraum, bevor eines der anderen Mädchen aufgestanden war. Ich duschte immer ganz früh morgens, oder, wenn ich verschlafen hatte, spät nachmittags, wenn alle anderen in der Bibliothek waren oder noch Unterricht hatten, damit ich mich nicht vor Fremden ausziehen mußte.

Doch mein Vater behielt recht. Nach einiger Zeit lebte ich mich ein und schloß Freundschaften. Meine erste gute Freundin hieß Lisa. Sie kam aus Ghana, und sie fragte mich eines Tages, ob wir nicht zusammen Hausaufgaben machen könnten. Bald waren wir miteinander so vertraut, daß es mir sogar nichts mehr ausmachte, in ihrer Gegenwart zu duschen. Meinen Freund Okasha lernte ich dann im zweiten Jahr kennen, als der Lehrer uns nebeneinander setzte. Okashas Mutter kam aus Ghana und sein Vater aus dem Libanon. Er war groß und dünn und sehr weiß, der einzige Weiße, den ich bis dahin kennengelernt hatte. Ich hatte immer gedacht, Weiße wären irgendwie anders als ich, aber Okasha sagte: »Fauziya, meine Haut hat eine andere Farbe, aber das ist auch der einzige Unterschied zwischen uns. Sonst sind wir beide gleich.« Von ihm lernte ich, daß die Hautfarbe eines Menschen keine Rolle spielt. Wir haben alle das gleiche Herz.

Mein Vater freute sich über meine guten Leistungen. Und er hielt Wort und kam mich alle zwei oder drei Wochen besuchen. Meistens kam er ohne meine Mutter, weil sie ihren Laden hüten mußte, aber manchmal begleiteten ihn Alfa oder Asmahu. Fast immer gab ihm meine Mutter etwas Eßbares für mich mit.

Mindestens dreimal im Jahr fuhr ich an Weihnachten, im April und im Sommer in den Ferien nach Hause. In den Sommerferien ging ich erneut in die *madrasah*. Im ersten Sommer zu Hause hatte ich überlegt, ob ich mir einen Halbtagsjob in einem Büro suchen sollte, um das, was ich in der Schule gelernt hatte, in der Praxis zu üben, doch mein Vater redete mir das aus. Er wollte möglichst viel Zeit mit mir verbringen, und das wollte ich auch.

Außerdem wollte ich viel Zeit mit Amariya verbringen, deren Mutter, Hajia Maimouna, vor kurzem gestorben war. In diesem Sommer hatte mein Vater ihr eine Pilgerfahrt nach Mekka ermöglicht – wie Jahre zuvor seiner eigenen Mutter. Wir alle hatten uns so für sie gefreut. Meine Eltern gaben ihr noch zusätzlich Geld mit, damit sie auf der Reise einige Einkäufe machen konnte, und sie hatte jeden von uns gefragt, was sie uns mitbringen sollte. Ich hatte ihr gesagt, daß ich mir eine *choka* wünschte – eine eng anliegende Halskette –, und sie hatte versprochen, eine schöne für mich zu kaufen.

Am Tag ihrer planmäßigen Rückkehr fuhren wir alle nach Lomé, um sie am Flughafen abzuholen. Wir sahen eine Bekannte aus dem Flugzeug steigen, doch nach unserer Großmutter hielten wir vergeblich Ausschau. Wir fragten diese Bekannte, ob sie Hajia Maimouna gesehen hatte, und sie überbrachte uns die traurige Nachricht. Meine Großmutter hatte in Mekka einen kurzen Schwächeanfall gehabt, doch danach war sie wieder munter gewesen, hatte alle heiligen Stätten besucht, Einkäufe gemacht und die Reise genossen. Am Flughafen hatte sie vor dem Heimflug zu unserer Bekannten gesagt: »Ich werde mich ein Weilchen hinlegen. Weck mich, wenn wir an Bord gehen sollen.« Sie legte sich auf eine Matte auf dem Boden, schob sich ihre Handtasche als Kissen unter den Kopf und schlief ein. Als man versuchte, sie zu wecken, war sie verschieden. Sie war jetzt im Himmel. Wir glauben nämlich, daß jeder gläubige Muslim, der auf der Pilgerfahrt nach Mekka stirbt, sogleich in den Himmel kommt. Sie starb am 22. Juni 1992.

Meine Mutter durfte ihre Mutter nicht mehr sehen. Meine Großmutter wurde noch am selben Tag in Mekka begraben, denn unsere Religion schreibt vor, daß die Beerdigung am Sterbetag erfolgen muß. Die Geschenke, die sie in Mekka gekauft hatte, wurden ihr Abschiedsgruß an uns. Ich bekam eine schöne Halskette und dazu passende Ohrringe aus arabischem Kupfer mit hübschen roten Steinen. Ich weinte, als ich sie bekam, weil sie so schön waren und weil sie von ihr waren. Auf diese letzten Perlenschnüre wollte ich besonders gut aufpassen, denn ich hatte nun keine Großmutter mehr, die mir neue schenken würde.

Meine Mutter trauerte noch immer, als ich im September wieder ins Internat mußte, aber sie ist eine starke Frau, und sie versicherte mir, daß ich mir keine Sorgen zu machen brauchte. Aber sie muß sich in jenem Herbst sehr einsam gefühlt haben, denn auch Asana kehrte wenige Monate nach ihrer erzwungenen Beschneidung zu ihrer Familie in den Norden zurück, und mein Bruder Babs, das letzte Kind meiner Eltern, das noch im Haus gelebt hatte, kam zu mir nach Ho. Er ging dort auf eine Schule für Gestaltung, die nur wenige Minuten zu Fuß vom St. Prosper's College entfernt war. Die Schule war genau das Richtige für ihn, denn er hatte schon immer geschickte Hände gehabt, und Entwerfen und Bauen entsprachen genau seiner natürlichen Begabung.

In dieser Phase veränderte sich mein Verhältnis zu Babs von Grund auf. Da wir beide Heimweh hatten, besuchten wir einander ziemlich häufig. Anstatt uns zu streiten, waren wir nun wirklich gern zusammen. Ich glaube, wir wurden allmählich beide erwachsen.

In diesem Jahr ließ unser Vater uns vor Weihnachten von einem seiner Fahrer abholen. Am 1. Januar wurde ich sechzehn. Meine Mutter fastete an meinem Geburtstag, wie immer. Diesmal bekam ich kein Geschenk von meinem Vater. Zum fünfzehnten Geburtstag hatte er mir eine schöne goldene Armbanduhr mit winzigen Diamantsplittern im Zifferblatt geschenkt. »Weil du jetzt eine schöne junge Frau wirst«, hatte er gesagt, »und du schöne Dinge tragen sollst.« Diese Armbanduhr trug ich fast immer. In einem Schaufenster hatte ich einen tollen Wickelrock gesehen und meinen Vater gebeten, ihn mir zu meinem sechzehnten Geburtstag zu schenken, weil Ayisha einen ganz ähnlichen hatte. Mein Vater sagte, er würde ihn mir kaufen, war aber noch nicht dazu gekommen, als er Babs und mich am Ende unserer Ferien zurück zur Schule fuhr. Ich erinnerte ihn daran, als wir aus dem Wagen stiegen.

»Vergiß meinen Rock nicht, Yaya«, sagte ich, als er losfahren wollte.

»Bestimmt nicht. Ich bringe ihn bei meinem nächsten Besuch mit.«

»Versprochen?«

»Versprochen.«

Das war am Sonntag, dem 10. Januar 1993. Eine Woche später, am Montag, dem 18. Januar, saß ich morgens im Unterricht, als jemand in die Klasse kam und dem Lehrer leise etwas zuflüsterte. Der Lehrer nickte und rief dann meinen Namen.

»Fauziya?«

»Ja, Sir?«

»Du sollst sofort zum Direktor kommen.«

Warum wollte der Direktor mich sprechen? Ich konnte mir keinen Grund denken. Als ich sein Büro betrat, saß er hinter seinem Schreibtisch und hielt ein Blatt Papier in der Hand.

»Fauziya, bitte nimm Platz. Ich habe soeben ein Telegramm erhalten. Du sollst sofort nach Hause reisen ...«

Nach Hause? Warum? Irgend etwas war passiert. Etwas Schlimmes war passiert.

»Bitte Sir, sagen Sie mir, warum.«

Der Direktor wollte meiner Frage ausweichen und wiederholte sich. »Du wirst zu Hause dringend erwartet, Fauziya.«

»Bitte, Sir. Bitte, sagen Sie es mir. Was ist passiert?«

Schließlich straffte er sich: »Es tut mir unendlich leid, Fauziya, aber ich muß dir mitteilen, daß dein Vater gestorben ist.«

Nein. Nein. Das war unmöglich. Er mußte sich irren.

Weinend stürzte ich aus seinem Büro. Im Schlafsaal angelangt, schnappte ich nur rasch meine Handtasche und rannte dann das kurze Stück zu Babs' Schule. Noch immer weinend stürmte ich in das Büro des dortigen Direktors. »Bitte, Sir, bitte lassen Sie meinen Bruder rufen. Wir müssen nach Hause fahren.«

»Warum?«

Ich wollte es nicht aussprechen. Wenn ich es nicht aussprach, war es einfach nicht wahr. Und dann sprach ich es doch aus: »Unser Vater ist gestorben.«

Kurz darauf hetzten mein Bruder und ich zum Busbahnhof und nahmen den nächsten Bus nach Kpalimé. Es war die längste Busfahrt meines Lebens. Die ganze Zeit über redete ich mir ein, daß alles nur ein Irrtum war. Wir würden zu Hause ankommen, und Yaya wäre da und völlig verblüfft, uns zu sehen, und dann würden wir alle darüber lachen.

Als der Bus endlich in Kpalimé ankam, waren wir die ersten, die heraussprangen. Das letzte Stück bis nach Hause liefen wir mehr, als wir gingen. Schon in der Haustür sahen wir, daß das Haus voller Leute war. Meine Mutter saß in einem Sessel auf der anderen Seite des Raumes. Meine Schwestern und mein Bruder Alfa umringten sie. Beim Anblick ihres Gesichts verließ mich alle Hoffnung.

Ich spürte, wie ich schwankte. Jemand stützte mich und führte mich zu meiner Mutter. Ich sank vor ihr zu Boden und vergrub mein Gesicht in ihrem Schoß. »Nein, nein. Oh, Amariya, nein.«

Sie streichelte mein Haar. »Ach, mein armes Kleines. Es tut mir so leid.« Sie rief Babs zu sich herüber und hielt uns beide eine Weile in ihren Armen.

Am Freitagabend, als meine Eltern gerade zu Bett gehen wollten, hatte Yaya über Atemnot geklagt. Er fing an zu husten und zu keuchen und ließ sich seinen Inhalator geben. Meine Mutter war nicht sonderlich beunruhigt, denn er hatte schon vorher in der Trockenzeit im Januar schlimme Anfälle gehabt, und sie glaubte, auch dieser werde wieder vorbeigehen. Yaya legte sich ins Bett, konnte aber nicht schlafen. Immer wieder stand er auf, benutzte den Inhalator, legte sich wieder hin, stand erneut auf. »Ach, Zuwera, es wird wirklich schlimm.« Noch immer war meine Mutter nicht beunruhigt. Sie gab ihm stärkere Medikamente. Als auch das keine Linderung brachte und seine Atemnot immer größer wurde, bekam sie allmählich Angst. Eigentlich hätte er jetzt wieder melodramatisch seine irdischen Güter verteilen müssen. Aber diesmal hob er nur einen Arm und bedeutete ihr, sich neben ihn zu legen.

Da wußte sie es.

Meine Mutter legte sich neben ihn. Er nahm sie in den Arm und drückte sie an sich. Zwischen rasselnden Atemzügen sagte er leise zu ihr: »Ich segne dich, Zuwera. Du bist mir eine gute Frau gewesen. Gott segne dich und die Kinder. Möge Gott immer mit dir sein. Kümmere dich um die Kinder. Sei für sie stark. Verzage nicht. Vergiß nicht, wir sind eins. Ich werde dich immer lieben, und ich werde immer bei dir sein.«

Kurz darauf setzte die Atmung aus. Amariya drückte ihm die Augen zu und blieb neben ihm liegen, um eine letzte Nacht allein mit ihrem Mann zu verbringen. Mein Vater war gegen zwei oder drei Uhr morgens am Samstag, dem 16. Januar, gestorben.

Um fünf Uhr morgens stand meine Mutter auf und betete für ihn, dann machte sie bekannt, daß Alhaji gestorben war. Während Amariya die rituelle Waschung meines Vaters vornahm und ihn für die Bestattung ankleidete, grub Alfa mit der Hilfe anderer Männer sein Grab, was die Pflicht des ältesten Sohnes ist. Später am Tag wurde er beerdigt.

Ebenfalls am Vormittag hatte meine Mutter ein Telegramm geschickt und uns gebeten, sofort zu kommen, damit wir ihn noch sehen konnten, bevor er bestattet wurde. Aber das Schulsekretariat war am Wochenende nicht besetzt. Das Telegramm war also bis Montag liegengeblieben. Als wir zu Hause ankamen, war er bereits seit zwei Tagen unter der Erde. Ich würde sein Gesicht nie wieder sehen. Yaya war tot, und ich hatte ihm nicht Lebewohl sagen können.

Babs und ich blieben fast zwei Wochen zu Hause. Während der ersten Woche gingen ständig Leute bei uns ein und aus, die uns trösteten und Essen brachten. Das Haus war ständig voller Menschen, und doch wirkte es so leer, so fremd und schmerzlich leer. Wenn mein Vater früher wochenlang auf Geschäftsreise gewesen war, hatte sein Geist weiter das Haus erfüllt. Nun war sein Geist fort, und das Haus war leer und kalt, ganz gleich, wie viele Menschen sich in ihm aufhielten.

Im Juni hatte Amaryia ihre Mutter verloren und sechs Monate später ihren Mann. Aber so sanftmütig meine Mutter auch ist, so stark ist sie auch. Ihr Glaube verleiht ihr Kraft. Sie weinte, aber wenn sie uns weinen hörte, versuchte sie stets, uns zu trösten. Sie weckte die Erinnerungen in uns, so daß wir schon bald von glücklichen Zeiten mit Yaya sprachen, von den lustigen Streichen, die er uns gespielt hatte, und dann lachten wir plötzlich wieder. Auch wenn wir bald wieder weinten, half uns das Lachen doch über die schwersten Stunden hinweg.

Am folgenden Samstag fand ein zweiter, größerer Trauergottesdienst statt. Es ist üblich, ein oder zwei Wochen nach dem Tod eines Menschen eine zweite Trauerfeier abzuhalten, weil sich die Nachricht von seinem Tod dann weiter verbreitet hat. Bei diesem zweiten Trauergottesdienst für meinen Vater war die Moschee bis auf den letzten Platz gefüllt. Von überall her waren die Trauergäste gekommen. Es machte meine Mutter und uns Kinder sehr stolz, als wir sahen, wie viele Menschen ihn geliebt hatten. Hinterher kamen alle ins Haus, um uns ihr Beileid auszusprechen. Manche brachten Essen mit. Einige schenkten Babs und mir Geld, weil wir ihnen besonders leid taten. Wir waren eben die jüngsten und noch minderjährig, als unser Vater starb. Alle versuchten, uns zu trösten, indem sie uns versicherten, was für ein guter Mensch unser Vater gewesen war. »Versucht, nicht zu weinen. Vergeßt nicht, daß Allah euch liebt und daß Allah euren Vater geliebt hat. Wen er am meisten liebt, den ruft er früher zu sich.«

Später an diesem Nachmittag ließ mein Onkel meine Geschwister und mich in sein Haus rufen, wo er sich mit den Ältesten unserer Familie in dem kleinen Raum versammelt hatte, den er als Moschee nutzte. Wenn ein Mann stirbt, ist es üblich, daß die Familienältesten die Kinder zusammenrufen, um ihnen mit Rat und Tat zur Seite zu stehen. Wir wollten nicht hingehen, aber wir mußten. Mein Onkel war jetzt das Oberhaupt unserer Familie, und er war auch mein rechtmäßiger Vormund und der meines Bruders. Wir gingen also hin und setzten uns auf die Matten auf dem Boden. Ich saß neben Babs und hielt seine Hand. Ayisha weinte. Zunächst sprachen alle anderen Verwandten. Sie fanden freundliche Worte. »Seid nicht traurig. Versucht, stark zu sein. Denkt daran, wie sehr euer Vater euch geliebt hat. Und ihr seid nicht allein. Es wird sich alles zum Guten wenden.«

Dann ergriff mein Onkel das Wort. »Folgendes habe ich euch zu sagen«, begann er. »Euer Vater ist tot. Er ist tot, und er hat euch alle verwöhnt und verdorben. Besonders dich, Fauziya. Du bist am schlimmsten verdorben. Er hat dich behandelt wie ein schönes Kunstwerk, das er immer bewundert hat. Nun, damit ist jetzt Schluß.«

Mir war, als würde mir jemand das Herz aus der Brust reißen. Wie konnte er so mit uns reden? Wie konnte er so grausam sein? Hatte er denn gar kein Mitleid mit uns? Keine Liebe zu seinem eigenen Bruder? Ich wollte aufstehen und aus dem Zimmer stürzen, aber ich konnte nicht. Meine Geschwister und ich mußten ihm unsere Ehrerbietung bezeigen. Unserem Vater und unserer Mutter zuliebe mußten wir sitzenbleiben und zuhören. Ich vergrub das Gesicht in den Händen und schluchzte. Meine Schwestern weinten auch. Alfa und Babs sahen stoisch zu Boden.

»Warum weint ihr?« fragte mein Onkel. »Ich glaube nicht, daß euch meine Worte zum Weinen gebracht haben. Euer Vater ist nun einmal tot, und mit dem Verwöhnen ist jetzt ein für allemal Schluß.«

Diesen Trost und diesen Zuspruch hatte mein Onkel für uns in unserer Trauer, und er wirkte dabei auch noch sehr stolz. Unsere anderen Verwandten schwiegen alle, nur mein Schluchzen und das meiner Schwestern waren zu vernehmen. Vielleicht waren meine Verwandten von der Ansprache meines Onkels schockiert, aber sie hätten ihm niemals widersprochen. Er war das unumschränkte Oberhaupt unserer Familie.

Ayisha stand auf und ging stumm aus dem Raum, dann erhoben auch wir uns. Es war der Anfang vom Ende.

11
Alptraum

Zwei Tage nach der zweiten Trauerfeier fuhren Babs und ich zurück zu unseren Schulen. Ein Fahrer meines Vaters brachte uns hin. Ich wollte nicht abreisen, weil ich Amariya nicht allein lassen wollte, aber wir alle wußten, wie wichtig es Yaya gewesen war, daß wir eine gute Ausbildung bekamen. Meine Schwestern wollten sich um unsere Mutter kümmern, und außerdem waren Amariyas Schwestern gekommen, um eine Weile bei ihr zu bleiben. Daher fiel es mir nicht ganz so schwer, sie zu verlassen.

Ich besuchte brav den Unterricht und lernte, so gut ich konnte. Aber es war eine sehr schwere Zeit für mich. Ich war wie betäubt. Ich wollte aufpassen, aber ich konnte mich nicht konzentrieren. Immer wieder wanderten meine Gedanken an einen anderen Ort – einen Ort, wo mein Vater noch lebte. Mein Vater hatte mich hier vor der Schule abgesetzt – wie lange war das her? Gerade mal einen Monat. Ich hatte ihn häufig länger nicht gesehen. Er war bloß auf einer Geschäftsreise, er würde wiederkommen, ich würde ihn bald wiedersehen. Vielleicht schon dieses Wochenende, und er würde den neuen Rock mitbringen, den er mir versprochen hatte. Ja! Und er würde mir von neuen Kleidern erzählen, die er sich unterwegs gekauft hatte. »Ach, Fauziya, warte nur, bis du sie siehst. Die sind so schön, man glaubt es kaum.« Ach, Yaya, du bist so lustig.

Aber wie sehr ich mich auch gegen die Wahrheit sträubte, ganz konnte ich sie nie verdrängen. Nein, Fauziya. Dein Vater wird dich nicht dieses Wochenende besuchen, und auch nicht nächstes Wochenende. Er ist tot, Fauziya. Das mußt du akzeptieren. Er ist nicht mehr da.

In der Schule ließen mich alle in Ruhe, was mir sehr recht war. Mein Freund Oshaka war sehr lieb zu mir. Ich spürte, daß er wirklich

Mitleid mit mir hatte, aber er war so taktvoll, mich nicht auf meine Gefühle anzusprechen. Dafür war ich ihm sehr dankbar. Auch meine Freundin Lisa, die oft mit mir im Schlafsaal zusammensaß, hielt sich zurück. Aber wenn sie mich nachts weinen hörte, kam sie zu mir und nahm mich in den Arm. Bei Tage sah ich Babs, so oft es ging. Er war mein einziger echter Trost. Er war mein kleiner Bruder, aber er kümmerte sich um mich wie ein großer Bruder.

Im April fuhren wir erneut nach Hause. Derselbe Fahrer meines Vaters, der uns zurück zur Schule gebracht hatte, holte uns ab. Es war schön, meine Mutter wiederzusehen. Ich hatte mir Sorgen um sie gemacht. Niemand hatte uns in den vergangenen Monaten geschrieben, und ich wußte nicht, wie es ihr ging.

Als wir daheim ankamen, war das ganze Haus still und leer. Ahmed und Adjovi waren beide fortgegangen. Es gab keine Arbeit mehr für sie. Die süße kleine Asana war zu ihrer Familie zurückgekehrt. Meine Schwestern waren alle verheiratet. Alfa war zu der Familie seines Chefs gezogen, um in der Nähe seiner Arbeitsstelle am Stadtrand zu sein. Und jetzt war auch Babs in Ho, im Internat.

Als Kind war es mein Traum gewesen, einmal ein Bett für mich ganz allein zu haben. Jetzt hatte ich ein ganzes Schlafzimmer für mich, und mein einziger Wunsch war es, daß alles wieder so sein sollte wie früher, das Haus voller Geschwister, und daß ich wieder auf einer Matte auf dem Boden schlafen müßte.

Immerhin ließ meine Tante uns in Ruhe. In diesen Ferien sah ich sie kein einziges Mal. Das war ein Segen. Meinen Onkel sah ich, wenn ich in die *madrasah* ging, aber wir blieben auf Distanz. Wir grüßten uns höflich. Ansonsten sprachen wir nicht miteinander, was mich nicht im geringsten störte. Wir hatten doch immer nur gewollt, daß uns die beiden in Ruhe ließen. Nun sah es so aus, als würden sie das endlich tun.

Unsere Schulferien gingen zu Ende, und ich verabschiedete mich bedrückt von meiner Mutter. Als Babs und ich ins Auto stiegen, sagte sie zu uns, ganz gleich, was nun mit ihr geschehen werde, sie sei glücklich, weil ihr Mann sie gesegnet hatte, bevor er starb. Als der Wagen losfuhr, wandte ich mich um und winkte ihr zu, aber ich glaube, sie hat mich nicht gesehen. Sie hatte den Kopf gesenkt.

Zuerst waren meine Noten schlechter geworden, aber allmählich fing ich mich wieder. Ich maß meine Fortschritte daran, wie lange ich mich im Unterricht konzentrieren konnte, wie viele Absätze ich in einem Buch lesen konnte, ohne in Gedanken abzuschweifen, und wie viele Stunden ich durchhielt, ohne zu weinen. Manchmal behielt ich einen ganzen Tag die Fassung, aber nachts weinte ich immer. Immer wieder brach die Wunde in meinem Herzen auf in Augenblicken, in denen ich am wenigsten damit rechnete. Wenn ich auf dem Weg zum Unterricht jemanden sah, der ein besonders schickes Hemd trug oder einen besonders flotten Wagen fuhr, dachte ich: »Oh, Yaya wäre begeistert...« Und dann flossen die Tränen wieder, ob ich wollte oder nicht.

Am Beginn der Ferien wurden wir von einem unserer Verwandten abgeholt. Ich wollte unbedingt nach Hause. Wieder hatten wir keine Post bekommen, und ich freute mich darauf, meine Mutter zu sehen. Wir kamen am frühen Nachmittag an. Das Herz wurde mir schwer, als ich sah, daß ihr Laden noch immer geschlossen war. Ich hatte gehofft, daß sie sich inzwischen so weit gefangen hätte, daß sie wieder arbeiten konnte. Ich stieg aus dem Wagen und rannte ins Haus.

»Amariya! Wir sind zu Hause!«

Meine Tante, Hajia Mamoud, kam ins Zimmer. Oh Gott, was machte die denn hier? Ich grüßte sie höflich und eilte in die Küche, um meine Mutter zu suchen.

»Sie ist nicht da«, sagte meine Tante.

»Wie bitte?«

»Eure Mutter. Sie ist nicht hier.«

»Ach. Wo ist sie denn hin?« Vielleicht war sie ja auf dem Markt.

»Sie ist fort.«

»Fort? Was heißt das?«

»Sie ist zu ihrer Familie nach Benin. So lange sie fort ist, wohne ich hier.«

Ihre Worte trafen mich wie ein Faustschlag in den Magen. Alles um mich drehte sich. Meine Mutter war fort? Warum war sie einfach verschwunden, ohne uns Bescheid zu sagen? Hätte sie nicht warten können, bis wir nach Hause kamen? Ich spürte, wie mir die Tränen in die Augen stiegen. Meine Tante stand vor mir und belauerte mich. Nein! Vor ihr würde ich nicht zusammenbrechen. Ich drehte mich um und ging stocksteif aus dem Raum in mein Schlafzimmer, warf mich aufs Bett und weinte lange.

Als ich mich ein wenig beruhigt hatte, versuchte ich, das alles zu begreifen. Noch immer fühlte ich mich verraten, aber ich gab mir jetzt Mühe, mich in die Lage meiner Mutter zu versetzen. Alfa und meine Schwestern besuchten sie zwar, wenn sie konnten, aber sie führten nun mal ihr eigenes Leben. Babs und ich waren auch fort. Vielleicht hatte sie die Einsamkeit einfach nicht mehr ertragen und wollte einige Zeit bei ihrer Familie verbringen. Vielleicht hatte sie auch vorgehabt, vor unserer Ankunft wieder zurück zu sein, war aber aufgehalten worden. Doch alles Spekulieren war sinnlos, und ich durfte meine Wut und Enttäuschung nicht an meiner Tante auslassen. Mir blieb nur, zu warten, bis Amariya zurückkam.

Und das tat ich auch. Ich war meiner Tante gegenüber höflich und respektvoll. Ich schwieg sogar, als sie in das Schlafzimmer meiner Mutter zog, was mich wirklich verletzte. Auch in der *madrasah* war ich meinem Onkel gegenüber ehrerbietig. Aber wenn ich meine Schwestern oder Alfa besuchte, murrte ich. »Ich wünschte, sie hätte das nicht getan. Sie hätte doch wenigstens warten können, bis wir wieder zu Hause waren.«

Meine Schwestern und Alfa suchten nach Entschuldigungen für sie. »Wir wissen, wie du dich fühlst, Fauziya. Uns fehlt sie auch. Aber sie hat diesen Besuch bei ihrer Familie wirklich gebraucht. Du mußt jetzt stark sein und dich irgendwie mit der Awaye, der ›Tante‹ arrangieren.« Wir nannten sie immer nur die Awaye.

Sie hatten gut reden. Sie mußten ja nicht mit ihr unter einem Dach leben. Ich beschloß, Ayisha zu besuchen, weil ich das Warten nicht mehr aushielt. Seit ihrer Hochzeit hatte ich jedes Jahr in den Sommerferien eine Woche bei ihr in Lomé verbracht, und deshalb hatte meine Tante keine Einwände gegen meine Reise.

Wenige Wochen später fuhr ich also mit einem kleinen Reisebus nach Lomé – aber nicht mit einem meines Vaters. Die Fahrer meines Vaters waren mittlerweile alle auf der Suche nach einer neuen Arbeit.

Ayisha und ihr Mann lebten mit ihrem hübschen Sohn Ayatollah in einer winzigen Mietwohnung. So beengt wir auch waren, ich freute mich, Ayisha zu sehen. Wir begrüßten einander herzlich, und ich neckte sie, weil ihr Kopf unbedeckt war. »Ayisha! Wo ist dein Kopftuch?« Sie lachte. Ich zog sie immer damit auf. Sie hielt sich nicht an die Sitte, den Kopf auch zu Hause bedeckt zu halten. Sogar Besuch empfing sie barhäuptig. Unsere Mutter wußte das, aber es störte sie nicht. »Sie ist eine erwachsene Frau«, sagte Amariya oft. »Was sie zu Hause macht, geht nur sie und ihren Mann etwas an.«

Ich bewunderte die Toleranz meiner Mutter, aber ich war noch immer wütend auf sie. »Wie konnte sie uns einfach mit der Tante allein lassen?« fragte ich Ayisha empört.

Ayisha setzte sich mir gegenüber und sah mich sehr ernst an. »Fauziya, ich muß dir etwas sagen.«

Ich sah bockig zu Boden. Vielleicht hatte unsere Mutter mal Sehnsucht nach ihrer Familie gehabt und vielleicht mußte ich versuchen, mit unserer Tante auszukommen. Aber interessierte sich denn niemand für meine Gefühle, meine Sehnsucht?

»Fauzy. Amariya wollte nicht gehen. Sie mußte.«

»Warum mußte sie?«

Ayisha seufzte bekümmert auf. »Sie haben sie gezwungen zu gehen, Fauziya. Sie haben sie weggeschickt.«

So erfuhr ich die Wahrheit. Meine Schwestern und Alfa hatten es einfach nicht fertiggebracht, mir zu erzählen, was geschehen war. Außerdem war es Ayishas Aufgabe, weil sie die Älteste von uns war. Meine Tante wohnte nicht vorübergehend in unserem Haus, sie war für immer dort eingezogen. Tante und Onkel hatten getan, was sie schon immer hatten tun wollen und wozu sie nun auch die Macht hatten – sie hatten meine Mutter aus dem Dorf gejagt.

Nach Stammesrecht gehörte ihnen nun alles, was mein Vater besessen hatte – das Haus, die Fahrzeuge, das Geld. Sogar Babs und ich, die beiden minderjährigen Kinder, gehörten ihnen. Nach geltendem Stammesrecht hatten sie meiner Mutter gestattet, noch vier Monate und zehn Tage im Haus zu bleiben. Dann hatten sie ihr einen Anteil von Yayas Geld gegeben – die Witwe hat Anrecht auf ein Drittel – und sie aufgefordert zu verschwinden. Meine Mutter war nicht bei ihrer Familie, und sie würde nie wiederkommen. Ich hatte meinen Vater verloren, und jetzt auch noch meine Mutter. Sie hatten mir alles genommen.

»Wo ist sie?« fragte ich Ayisha. »Wo ist sie hin?«

Ayisha vermutete, daß sie nach Benin gegangen war, wo die meisten ihrer Verwandten lebten. Oder nach Nigeria, wo sie eine Schwester hatte? Amariya hatte Ayisha besucht, und ihr gesagt, daß sie zu ihrer Familie ziehen wollte, aber sie hatte nicht gesagt, zu wem. Schließlich wußte sie nicht, wer sie aufnehmen würde. Aber Togo mußte sie auf jeden Fall verlassen, denn meine Schwestern wohnten alle mit ihren Ehemännern in kleinen Mietwohnungen, und Alfa lebte im Haus seines Chefs. Sie konnten sich noch kein eigenes Haus leisten und hatten keinen Platz für meine Mutter. Außerdem hätten die Ehemänner meiner Schwestern das nicht gern gesehen. Meine Mutter wollte niemandem zur Last fallen oder Anlaß zu Streitereien bieten. Sie hatte Ayisha versprochen, sie zu benachrichtigen, sobald sie irgendwo untergekommen war, doch bislang hatte sie sich nicht gemeldet.

Meine Tante hatte also gelogen. Sie hatte Babs und mich absichtlich in dem Glauben gelassen, daß unsere Mutter uns einfach im Stich gelassen hatte! Ich wollte mit meiner Tante nichts mehr zu tun haben, aber mir blieb keine andere Wahl. Ich mußte zurück und im Haus meines Vaters mit ihr leben, bis die Schule wieder anfing.

Nach meinem Besuch bei Ayisha stellte ich meine Awaye nicht zur Rede, sondern behielt meine Gedanken und Gefühle für mich. Doch ich wußte nun die Wahrheit, und ohne Zweifel war ihr klar, was ich über ihr Verhalten dachte, denn sobald sich unsere Blicke trafen, sah sie beiseite.

Am Abend kam Babs von Freunden zurück, und ich erzählte ihm alles. Er konnte kaum fassen, daß unsere Tante so hinterhältig war. Aber er nahm die Nachricht viel gefaßter auf als ich, ohne Tränen oder Wutanfall, denn schließlich war er mit seinen fünfzehn Jahren schon fast ein Mann. Er tröstete mich, daß wir unsere Tante ja nur bis zum Schulbeginn im September erdulden mußten. Da Babs die meiste Zeit außerhalb des Hauses mit seinen Freunden verbrachte, machte ihm das natürlich auch viel weniger aus als mir.

Irgendwie überstand ich den Rest dieser Sommerferien. Ich blieb höflich, aber kühl. Bevor ich zu Ayisha gefahren war, hatte ich die Mahlzeiten mit der Tante eingenommen. Nun hielt ich mich nur gezwungenermaßen im selben Raum auf wie sie. Wenn sie mich rief, kam ich, tat wie geheißen und zog mich dann wieder in mein Zimmer zurück.

Meinen Onkel traf ich glücklicherweise nur, wenn ich zur *madrasah* ging.

Ich war möglichst viel mit meinen Schwestern zusammen. Ich besuchte sie, half ihnen beim Kochen, aß bei ihnen. Aber ich konnte nicht bei ihnen wohnen. Sie hatten einfach nicht genug Platz. Abends mußte ich immer nach Hause.

Ich zählte die Tage bis zum Schulanfang. Endlich kam der September, und Babs und ich stiegen in den Bus nach Ho. Ich wäre zu Fuß gegangen, wenn ich gemußt hätte. In der Schule fühlte ich mich zwar nicht wirklich wohl, aber doch wohler als zu Hause. Ich hatte meine Freunde und meine Aufgabe. Ich hatte Babs ganz in der Nähe, und ich hatte Mr. Bawa, meinen Lieblingslehrer, der mich gleich in meinem ersten Jahr ins Herz geschlossen hatte.

Im April hatte Ayisha endlich Nachricht von meiner Mutter bekommen. Amariya war in Nigeria bei ihrer Schwester. Sie wußte nicht, wie lange sie dort bleiben konnte, aber angeblich ging es ihr gut. Ich weinte vor Erleichterung, und ich dankte Allah dafür, daß sie wohlauf war.

Nach den Aprilferien arbeitete ich fleißiger als je zuvor. Die Schule war jetzt mein ein und alles. Ich hatte nun drei Jahre auf der höheren Schule hinter mir, und bis zum Abschluß lagen noch vier vor mir. Danach wollte ich auf die Universität. Niemand aus meiner Familie war je auf die höhere Schule gegangen, geschweige denn auf die Universität. Mein Vater und ich hatten darüber gesprochen, daß ich auch studieren dürfte. Wäre Yaya noch am Leben gewesen, hätte er mir gern ein Studium bezahlt. Bei meiner Tante und meinem Onkel sah die Sache anders aus. Ich mußte mir eine andere Möglichkeit der Finanzierung überlegen. Vielleicht konnte ich ein Stipendium bekommen. Falls nicht, mußte ich mir einen Job suchen. Aber darüber wollte ich mir später den Kopf zerbrechen. Vorläufig mußte ich mich auf meine schulischen Leistungen konzentrieren.

Die kleinen Reisebusse meines Vaters waren verschwunden, als Babs und ich am Ende des Schuljahres nach Hause kamen.

»Sie hat die Busse bestimmt verkauft«, sagte Babs, als wir darüber sprachen.

»Dann müßte Amariya ein Drittel des Erlöses bekommen, oder?«

»Ja, ich glaube schon.«

»Glaubst du, sie hat was davon gesehen?«

Babs zuckte die Achseln. Wir konnten nicht danach fragen. So etwas tut man in Togo einfach nicht. Wir würden es nie erfahren.

Ich verbrachte den Sommer wie gewöhnlich: Ich ging in die *madrasah*, lernte, war möglichst viel mit Alfa und meinen Schwestern zusammen. Noch immer hatte ich meiner Tante nicht verziehen, daß sie meine Mutter fortgeschickt hatte, doch nun, da ich wußte, daß es meiner Mutter gut ging, wurde ich etwas entspannter. Ich aß mit meiner Tante zusammen und setzte mich gemeinsam mit ihr vor den Fernseher. Es war nicht leicht, aber ich versuchte, Frieden zu halten. Doch jetzt jammerte sie immer häufiger, weil meine Eltern so viel Geld für die Schulausbildung meiner Schwestern vergeudet hatten.

»Und wofür das alles?« sagte sie dann. »Jetzt sind alle verheiratet.«

Ja, dachte ich bei mir, und abgesehen von Asmahu, die einen kleinen Laden vor ihrem Haus betreibt, haben sie alle Jobs, die sie nicht hätten, wenn sie nicht zur Schule gegangen wären. Narhila ist Sekretärin, Shawana arbeitet in einem Restaurant, und Ayisha ist Schneiderin.

»Es ist Geldverschwendung«, sagte sie eines Abends wieder, als wir vor dem Fernseher saßen. »Du kannst lesen und schreiben. Das reicht.«

Aha, jetzt ging es also um mich. Ich beachtete sie nicht. Es war mir gleichgültig, was sie dachte. Sie konnte jammern, soviel sie wollte, so lange sie nur meine Schulgebühren bezahlte.

»Überleg doch mal, Fauziya«, sagte sie wenige Tage später, als wir zusammen in der Küche aßen. »Am Ende heiratest du doch und verbringst dein Leben in der Küche. Du brauchst nicht länger zur Schule gehen. Du hast genug gelernt.«

Mir wurde flau im Magen. Das konnte doch nicht ihr Ernst sein. Sie durfte mir das nicht auch noch nehmen. Die Schule war doch mein ein und alles. Aber ich blieb ruhig. Vielleicht wollte sie nur vorfühlen, wie ich reagierte.

Etwa um diese Zeit begann meine Tante, von Ibrahim Ishaq zu sprechen, den sie anscheinend gerade erst kennengelernt hatte. »Er ist ein hochgeachteter Mann«, sagte sie immer wieder. »Ein sehr einflußreicher und geachteter Mann. Sehr wohlhabend, weißt du.«

Ich schüttelte den Kopf, denn ich hatte noch nie von ihm gehört.

»Oh, ja. Er ist der führende Kopf der Fakomé.«

Er war also nicht aus Kpalimé. Vielleicht hatte ich deshalb noch nie von ihm gehört.

»Allerdings. Alle dort wenden sich an ihn. Er bessert Straßen aus, er hilft Schulen bauen. Er spendet auch großzügig Geld für die *madrasah*.«

»Wirklich?«

»Und ob. Seine Wohltätigkeit ist allgemein bekannt. Er stiftet der Moschee Geld, hilft den Armen. Ich hoffe, du hast bald mal Gelegenheit, ihn kennenzulernen.«

»Ja, hoffentlich.«

Für mich hörte es sich so an, als hätte meine Tante sich verliebt und würde vielleicht bald heiraten. Gott, ich wagte es kaum zu hoffen. Wenn sie diesen Ibrahim Ishaq heiratete und zu ihm zog, durfte meine Mutter vielleicht nach Hause kommen. Ich bekam nicht heraus, aus welchem Stamm er war, aber ich ging davon aus, daß er ein Tchamba-Koussountu war, weil ich mir nicht vorstellen konnte, daß meine Tante jemanden aus einem anderen Stamm heiraten würde. Sie erzählte mir, daß Ibrahim fünfundvierzig Jahre alt war, also gut zehn Jahre jünger als meine Tante, was sie aber nicht zu stören schien. Ich konnte nur hoffen, daß er das genauso sah.

Eines Tages saß ich auf der Veranda und las, als ein großer, schlanker, sympathisch aussehender Mann auf unser Haus zutrat.

»Hallo, Fauziya«, sagte er.

Ich erschrak ein wenig. Den Mann hatte ich noch nie im Leben gesehen. Woher kannte er meinen Namen?

»Ich bin Ibrahim«, sagte er lächelnd. »Deine Tante hat mir schon viel von dir erzählt. Würdest du ihr bitte Bescheid sagen, daß ich da bin?«

Ich ging ins Haus und kehrte dann wieder auf die Veranda zurück, um den Verehrer meiner Tante nicht unhöflicherweise allein warten zu lassen. Als meine Tante kam, entschuldigte ich mich und ging rein.

»Sie ist wirklich schön«, hörte ich ihn im Weggehen sagen.

Ungefähr eine Stunde später rief meine Tante nach mir. »Fauziya! Kommst du bitte mal? Ibrahim möchte dir auf Wiedersehen sagen.«

Hatte meine Tante wirklich »bitte« gesagt? Offensichtlich gab sie sich alle Mühe, einen guten Eindruck auf ihn zu machen.

Ich trat auf die Veranda, und nachdem wir ein paar Höflichkeiten ausgetauscht hatten, drückte er mir ein paar Geldscheine in die Hand. Donnerwetter, vielleicht war er ja wirklich reich. Er war beileibe nicht die imposante Gestalt, die ich mir nach den Erzählungen meiner Tante vorgestellt hatte, aber anscheinend hatte er Geld, und er wirkte ganz sympathisch. Ich dankte ihm und ging wieder ins Haus, damit die beiden sich ungestört voneinander verabschieden konnten.

Kaum war er gegangen, da folgte mir meine Tante auch schon ins Haus. »Na? Wie findest du ihn?«

Ich konnte es kaum fassen. Sie benahm sich wie ein verliebtes Schulmädchen.

»Er wirkt sehr nett«, sagte ich, und das war meine ehrliche Meinung.

Meine Tante freute sich. »O ja, das ist er«, sagte sie. »Er ist ein sehr netter Mann.«

Danach kam er ungefähr einmal die Woche zu Besuch. Oft bat er mich, ihm ein Glas Wasser zu holen, und wenn ich es ihm brachte, lobte er mich meiner Tante gegenüber. »Sie ist so ein wohlerzogenes Mädchen.« Und er war immer freundlich. »Wie geht es dir heute? Wie war es in der *madrasah*?« Ich gab ihm dann höflich Antwort und zog mich zurück, bis meine Tante wieder nach mir rief, damit ich ihm auf Wiedersehen sagte.

»Nun, was meinst du?« fragte meine Tante nach jedem Besuch. Und ich antwortete immer positiv, weil ich alles in meiner Macht Stehende tun wollte, um diese Beziehung zu fördern. Ich hoffte, daß sie über Ibrahim meine Schulausbildung vergessen würde, aber vergebens. Wenn sie mir nicht gerade von Ibrahim vorschwärmte, jammerte sie über die Kosten für meine Ausbildung. Schon bald debattierten wir jeden Tag darüber, ob ich zur Schule zurückkehren sollte, und die Wortwechsel wurden immer heftiger. Die neue Liebe schien ihr Herz nicht milder zu stimmen, sondern es eher noch zu verhärten.

Anfang Juli saßen wir am Tisch und aßen, nachdem Ibrahim gerade gegangen war.

»Ich habe ihm gesagt, daß du nicht zurück auf die Schule gehst«, sagte meine Tante.

Warum hatte sie ihm das gesagt? Was ging ihn das an? Ich geriet in Panik. »Wieso soll ich nicht wieder auf die Schule? Ich muß doch meinen Abschluß machen!«

»Nein. Das brauchst du jetzt nicht mehr.«

»Das brauche ich nicht mehr? Was redest du denn da?«

»Sieh mal, du sagst doch selbst dauernd, daß Ibrahim ein netter Mann ist.«

Ich sah sie nur verwundert an.

»Nun, du gefällst ihm auch. Er will dich heiraten.«

»Mich heiraten!« schrie ich entsetzt.

Meine Tante wurde wütend.

»Das ist kein Witz. Ich meine es ernst.«

»Aber ich will nicht heiraten! Und ihn schon gar nicht!«

»Schluß jetzt. Das meinst du doch nicht wirklich. Du magst ihn. Das hast du oft genug gesagt. Ständig beteuerst du, was für ein netter Mann er ist.«

»Aber doch nur, weil ich gedacht habe, du wolltest ihn heiraten!«

Meine Tante war verblüfft. »Ich?«

»Jawohl! Ich hab' gedacht, er wollte dich heiraten.« Es wäre zum Lachen gewesen, wenn es nicht so schrecklich gewesen wäre.

Meine Tante schwieg einen Moment. »Also. Er ist ein netter Mann, und er wird gut für dich sorgen, und mit der Zeit wirst du ihn lieben lernen.«

Das konnte doch nur ein böser Traum sein. »Auf gar keinen Fall! Ich heirate nicht.«

Meine Tante blieb eisern. »Du wirst ihn heiraten, Fauziya. Er ist fünfundvierzig und kann für dich sorgen. Es wird so schlimm nicht sein. Er hat schon drei andere Frauen.«

Ich riß die Augen weit auf. »Drei Frauen! Er hat drei Frauen?«

Sie beachtete mich gar nicht und redete einfach weiter. »Und wenn du erst mal beschnitten bist, wirst du ihn auch lieben.«

Ich war fassungslos vor Entsetzen. »Was? Nein! Ich will nicht beschnitten werden. Awaye, meine Eltern hätten mir das niemals angetan. Warum verlangst du das von mir?«

»Deine Mutter war hier, und ich habe ihr alles erzählt.«

Ich war wie vor den Kopf geschlagen. »Amariya war hier? Du hast mit Amariya gesprochen?« Ganz sicher log sie, wie schon so oft.

»Es ist mir egal, ob du mir glaubst oder nicht. Tatsache ist, daß du Ibrahim heiraten wirst und daß deine Mutter über alles Bescheid weiß.«

Wenige Tage später fuhr ich Ayisha besuchen. Würde sie mir das gleiche sagen wie meine Tante?

Ja und nein. Meine Tante hatte die Wahrheit gesagt. Aber sie hatte einiges ausgelassen, erklärte Ayisha. Wie ich erfuhr, hatte die Tante meiner Mutter eine Nachricht zukommen lassen und sie aufgefordert, nach Kpalimé zu kommen. Meine Mutter war mittlerweile wieder in Benin und folgte der Aufforderung sofort. Sie durfte nur kommen, wenn sie gerufen wurde, und nur solange bleiben, wie man es ihr erlaubte. Bei ihrem Besuch teilte meine Tante ihr mit, daß mich jemand heiraten wolle. Ayisha erzählte mir, daß unsere Mutter meine Tante anflehte, mich erst die Schule abschließen zu lassen. Aber meine Tante erklärte nur, sie brauche weder die Erlaubnis noch die Einwilligung meiner Mutter. Tatsächlich war mein Onkel als gesetzlicher Vormund der einzige, der seine Einwilligung erteilen oder verweigern konnte. Ich glaube, meine Tante hat meine Mutter vor allem zu sich bestellt, weil sie sie leiden sehen wollte.

Amariya fuhr schnurstracks zu Ayisha, um sich mit ihr zu beraten. Aber was hätten sie schon für mich tun können? Meine Mutter hatte kein eigenes Zuhause mehr, und meine Geschwister konnten mich nicht verstecken. Meine Tante und mein Onkel würden mich finden und zurückholen. Ich gehörte nun ihnen. Sie konnten mit mir machen, was sie wollten.

Aber ich wollte gegen das Stammesgesetz aufbegehren. Das war meine einzige Chance. Ich dachte mir, wenn ich mich entschieden genug zur Wehr setzte, würde meine Tante schließlich nachgeben und mich wieder auf die Schule schicken, nur um mich loszuwerden.

Von nun an mied ich Ibrahim, wenn er zu Besuch kam. Ich blieb in meinem Zimmer, bis er wieder ging. Wenn meine Tante mich rief, während er da war, reagierte ich einfach nicht. Wenn ich von der *madrasah* nach Hause kam und sah, daß er mit meiner Tante auf der Veranda saß, machte ich kehrt und ging in die andere Richtung. Ich wollte, daß sie sich über meine Gefühle im klaren war. Und er auch.

Es wurde August. Zeit für meine Tante, die Sachen zu kaufen, die Babs und ich für das kommende Schuljahr benötigten – Schuhe und Schuluniformen und Lehrbücher. Meine Tante kaufte sie nur für Babs. Sie meinte es ernst. Sie meinte es wirklich ernst!

»Bitte! Bitte! Ich muß wieder in die Schule! Ich muß einfach!«

Wir saßen in der Küche.

»Nein, Fauziya. Mit der Schule ist es aus. Du heiratest.«

»Nein! Nein!« schrie ich sie an, kreischte unbeherrscht. »Ich heirate nicht! Niemals!«

Nie zuvor hatte ich meine Tante angeschrien. Sie war empört und trat mit voller Wucht gegen meinen Stuhl, so daß ich nach hinten kippte. Mein Hinterkopf schlug hart auf den Boden auf.

»Wage es nicht noch einmal, die Stimme gegen mich zu erheben!«

Ich stand vom Boden auf und rannte weinend, die Hände gegen den Kopf gepreßt, in mein Zimmer.

Die Tante fing an, mich auf die Ehe vorzubereiten. Sie ließ mich kochen und putzen und Wäsche waschen. Ich stellte mich nicht sonderlich geschickt an. Ich führte ihre Anweisungen aus, aber nachlässig, was sie erboste. Allmählich wurde ich immer respektloser und aufsässiger. Früher war ich immer sofort gekommen, wenn sie mich rief. Nun reagierte ich häufig gar nicht. Schon bald führten wir einen regelrechten Kleinkrieg. Babs geriet zwischen die Fronten. Meine Tante schrie mich nur noch an, und sie begann, auch Babs anzuschreien. Er gab zwar keine Widerworte, aber jedesmal, wenn sie ihn anraunzte, starrte er sie trotzig an, bis ihr unbehaglich zumute wurde, und dann drehte er sich um und verließ das Haus. Er konnte sich das erlauben, weil er ein Junge war. Nein, eigentlich schon fast ein Mann.

Es wurde September. Babs fuhr wieder zur Schule. Ich brachte ihn zum Busbahnhof. Den ganzen Weg über war ich wie betäubt. Er drückte mich fest an sich, bevor er in den Bus stieg. Tränen stiegen mir in die Augen.

»Fauziya, kommst du klar?«

Ich zuckte die Schultern.

»Du mußt stark sein.«

Als Babs sich umdrehte und einstieg, fing ich an zu weinen. Der Bus fuhr los, und ich lief neben ihm her, die Augen unverwandt auf Babs' Gesicht hinter der Scheibe gerichtet, bis der Bus schließlich in einer Staubwolke verschwand. Und dann blieb mir nichts anderes übrig, als umzukehren und nach Hause zu gehen.

Ibrahim kam nicht mehr zu Besuch, aber offensichtlich hatte das nichts zu bedeuten. Meine Tante redete noch immer von meiner Heirat. Sie hatte ihre Meinung nicht geändert, aber ihren Ton.

»Du wirst glücklich werden, Fauziya«, säuselte sie immer wieder. »Ganz bestimmt.«

»Ich heirate nicht!«

»Hab keine Angst. Wenn du erst beschnitten bist, denkst du anders darüber. Danach bist viel ruhiger. Und wenn du dann erst mit deinem Ehemann zusammenlebst, wirst du anfangen, ihn zu lieben, und dich gar nicht mehr daran erinnern können, daß es einmal eine Zeit gegeben hat, in der du ihn nicht heiraten wolltest. Du wirst dich wirklich zu ihm hingezogen fühlen, und du wirst ihn respektieren und ihm gehorchen wollen. Du wirst keinen anderen mehr begehren, nur ihn.«

Doch ich begehrte keinen anderen, und Ibrahim schon gar nicht. »Ich will nicht heiraten! Ich bin noch zu jung!«

»Viele Mädchen sind viel jünger, wenn sie heiraten, Fauziya.«

»Aber ich will zur Schule gehen!«

Diese Debatten zogen sich endlos hin, bis ich mir schließlich die Ohren zuhielt und aus dem Zimmer rannte. Warum durfte sie mich zwingen, einen Mann zu heiraten, den ich nicht liebte? Einen Mann, der fast dreißig Jahre älter war als ich und der schon drei Frauen hatte?

»Bitte, bitte«, flehte ich immer wieder. »Tu mir das nicht an. Laß mich noch zwei Jahre zur Schule gehen. Bitte.«

Aber sie ließ sich nicht erweichen.

Es wurde Ende September. Ich ging weiter auf die arabische Schule. Sie war nun alles, was ich noch hatte. Ich betete und studierte den Koran und verbrachte soviel Zeit wie irgend möglich mit meinen Geschwistern. Und ich widersetzte mich weiter. Jedesmal, wenn meine Tante das Thema Hochzeit anschnitt, blieb ich bei meinem Nein.

Und sie wiederholte beharrlich: »Du wirst heiraten.« Allerdings nannte sie niemals einen Zeitpunkt für die Heirat. Sie wartete wohl darauf, daß ich endlich nachgeben würde. Aber da konnte sie lange warten. Ewig! Sie wird dich nicht zwingen, hoffte ich im Stillen. Solange du bei deinem Nein bleibst, wird sie warten. An diese Hoffnung klammerte ich mich, bis ich eines Morgens aufwachte und den Schmuck und die Kleider sah, die für mich bereitgelegt worden waren.

12
Heirat

Am Montag, dem 17. Oktober 1994, wachte ich wie gewöhnlich gegen halb sechs auf, um meine rituelle Waschung vorzunehmen und zu beten. Danach legte ich mich wieder ins Bett, schlief noch ein paar Stunden, stand dann auf, zog mich an und ging aus dem Zimmer. Meine Tante rief mich aus ihrem Schlafzimmer. Dem Schlafzimmer meiner Mutter. Sie hatte es neu gestrichen und eingerichtet. Jetzt war es ihr Zimmer.

»Fauziya! Komm her!«

Die Tür stand offen. Meine Tante war schon angezogen und stand neben dem Bett. Sie hielt die Hände vor der Brust gefaltet und hatte eine zufriedene Miene aufgesetzt.

»Sieh mal!« sagte sie und zeigte auf das Bett.

Da lagen, hübsch arrangiert, schöne Frauenkleider und Accessoires: zwei elegante Kleider aus sehr feinem Tuch, eines aus gelbem Samt, das andere aus blauer Baumwolle mit goldgewirkter Spitze; zu jedem gab es ein passendes Kopftuch; zwei Handtaschen und zwei Paar Schuhe; neue Unterwäsche, Büstenhalter und Schlüpfer; und eine Sammlung kostbar und edel aussehender Schmuckstücke aus Gold: Armreife, Halsketten, Ringe, Ohrringe. Außerdem sah ich eine Kerze, einen wunderschönen Schleier und Badeschuhe.

»Gefällt's dir?« fragte meine Tante strahlend. »Das ist alles für dich.«

»Was?«

»Es gehört alles dir. Von deinem Mann!«

»Ich habe keinen Mann!«

»Aber bald, Fauziya. Du heiratest heute.«

»Aber heute ist doch Montag!«

Hochzeiten finden nicht am Montag statt. Sie beginnen am Donnerstag oder Freitag oder Samstag oder auch Sonntag, aber niemals am Montag!

»Ja, ich weiß«, sagte meine Tante vergnügt. »Aber dein Mann möchte nun mal, daß die Zeremonie heute stattfindet.«

»Nein! Nein!« Das war unmöglich. Erst gestern war ich wieder explodiert. Seit Monaten stritten wir uns tagtäglich, weil ich nicht heiraten wollte. Aber sie hatte mir mit keiner Silbe zu verstehen gegeben, daß sie bereits den Tag der Hochzeit bestimmt hatte. Sie hatte mich wieder hinters Licht geführt.

Ich fing an hysterisch zu schluchzen. »Bitte nicht! Tu mir das nicht an.«

»Na, na«, sagte sie leichthin und winkte ab. »Du brauchst dich nicht aufzuregen, Fauziya. Du wirst bestimmt glücklich werden. Und keine Angst wegen der Beschneidung. Die machen wir heute nicht. Damit warten wir bis Mittwoch. Heute und morgen haben wir viel zu tun.« Sie faltete wieder die Hände vor der Brust und blickte auf das Bett. »Sieh dir nur die schönen Sachen an, Fauziya. Du wirst wunderschön aussehen!«

Es war ein Alptraum. Ein grausamer Alptraum! Ich rannte heulend in mein Zimmer, knallte die Tür hinter mir zu, warf mich aufs Bett, umklammerte mein Kissen und rollte mich ganz klein zusammen.

Meine Tante klopfte an die Tür. »Fauziya.«

»Laß mich in Ruhe!«

Sie öffnete die Tür und kam herein. »Fauziya, du hast Besuch«, sagte sie heiter.

Die *nachane* trat ein, dieselbe *nachane*, die auch meine Schwestern an ihren Hochzeitstagen gewaschen hatte.

»Wo ist denn die kleine Braut? Ah, da ist sie ja! Wie schön sie doch ist!«

Ich fing an zu wimmern. Sie trat neben mein Bett, lächelte und murmelte beruhigend. »Ach, meine Kleine. Mein Schätzchen. Nicht weinen. An deinem Hochzeitstag solltest du glücklich sein.« Sie wollte meine Hand nehmen. »Nun komm. Du weißt doch, was wir zu tun haben.«

Ich klammerte mich an mein Kissen. »Nein! Nein!«

»Schluß jetzt, Fauziya!« sagte meine Tante ungeduldig. »Sie will dich nur waschen!«

Die *nachane* verstand, was meine Tante damit andeuten wollte. Sie schnalzte mit der Zunge. »Aber, aber. Keine Angst. Du brauchst wirklich keine Angst zu haben. Heute machen wir das nicht. Heute ist dein Hochzeitstag! Du wirst viel Ruhe brauchen.« Wieder griff sie nach meiner Hand und zog daran, sacht, aber bestimmt. »Und nun komm. Ich werde dir bestimmt nicht weh tun.«

In diesem Moment ging ich fort. Niemand merkte es. Niemand sah es. Ich war noch da, aber eigentlich war ich nicht mehr da. Der Teil von mir, der nicht fliehen konnte, blieb, wo er war. Der andere Teil entfloh an einen anderen Ort und betrachtete ungesehen, unberührt, wie die *nachane* mich hochzog, auf die Beine stellte und mich widerstandslos durch den Flur zur Speisekammer führte. Dort war die jüngere Frau, die Shawana und Asmahu so kunstvoll Hände und Füße gefärbt hatte, bereits damit beschäftigt, die *laylay* anzurühren. Als meine Schwestern heirateten, war in dem Raum gerade mal Platz für einen Stuhl für die Braut gewesen. Ich hatte mich auf einen Sack Reis setzen müssen, inmitten von anderen Säcken und Vorratskisten, die wir dort ständig auf Lager hatten. Aber nun war auch dieser Raum völlig verändert. Früher war er zum Bersten gefüllt gewesen, jetzt war er nur noch ein kleiner, kahler Raum mit einem winzigen Fenster, leeren Regalen, einem staubigen Zementboden und einigen Eimern, Schrubbern und Besen in einer Ecke. Leere – alles war nur noch Leere.

Die *nachane* plapperte und stieß beruhigende Laute aus, während die jüngere Frau sich an meinen Händen und Füßen zu schaffen machte. Ich sagte nichts. Ich war eine Stoffpuppe. Ich ließ sie machen, was sie wollten.

Danach mußte ich still sitzenbleiben, bis die *laylay* getrocknet war. Die *nachane* und die *laylay*-Künstlerin saßen eine Weile bei mir und versuchten, mich in eine fröhliche Plauderei zu verwickeln. Als ich keinerlei Reaktion zeigte, wurden sie still. »Vielleicht möchtest du ein Weilchen allein sein«, sagte die junge Frau. Noch immer reagierte ich nicht. Sie verließen den Raum. Ich betrachtete meine Hände und Füße. Jetzt war ich eine verheiratete Frau. Die religiöse Zeremonie hatte zwar, soweit ich wußte, noch nicht stattgefunden, aber nach Stammessitte war ich jetzt die Ehefrau eines Mannes. Die *laylay*-Muster sind wie ein Brandzeichen. Sobald sie aufgetragen sind, gilt eine Frau als verheiratet.

Meine Tante hatte gewonnen. Schlaff ließ ich die Hände in den

Schoß sinken, lehnte mich gegen die Betonwand und starrte an die Decke. Ich versuchte, mir meine Situation klarzumachen. Ich würde nie wieder zur Schule gehen. Dieser Lebensabschnitt war zu Ende, so, wie meine Tante gesagt hatte. Das hier war nun mein Leben. Ich mußte es akzeptieren. Viele Mädchen heirateten ungeliebte Männer. Irgendwie wurden sie damit fertig, und ich mußte auch damit fertig werden. Nein! So durfte ich nicht denken. Ich mußte mich wehren. Sie wollten mich beschneiden. Es würde entsetzlich weh tun. Vielleicht würde ich sogar daran sterben. Jäh übermannte mich der Gedanke an den Tod. Mal fürchtete ich ihn, mal sehnte ich ihn herbei, weil ich ihn für den einzigen Ausweg hielt.

So vergingen eine Stunde, zwei Stunden, drei Stunden. Vielleicht waren es aber auch nur zehn Minuten. Ich verlor jedes Zeitgefühl. Die ersten Gäste waren gekommen. Frauen kamen in den Vorratsraum, um einen Blick auf mich zu werfen. »Ah, da ist sie ja! Nun seht nur, ist sie nicht schön? Ach, und schaut euch die schönen Muster an! Ich wünschte, die hätte es schon gegeben, als ich geheiratet habe. Sind die nicht hübsch? Ach, ich freu' mich so für dich!« Ich starrte sie geistesabwesend an. Sie gingen wieder.

Die *nachane* kam zurück. »So, meine Freundin«, sagte sie heiter. »Jetzt müssen wir duschen.« Sie führte mich ins Badezimmer und schloß die Tür hinter uns. Eimer, Kalebasse, Handtuch, Badeschuhe, Seife, Schwamm und all die anderen Utensilien für die rituelle Waschung der Braut lagen schon bereit. Als Sitzgelegenheit für mich stülpte sie einen Eimer über den Abfluß der Dusche. Sie klopfte darauf. »So, Liebes. Hier setzt du dich hin. Zieh deine Sachen aus.«

Ich wich zurück. Mich ausziehen? In der Schule hatte ich zwar im Beisein meiner Freundin Lisa nackt geduscht, aber sonst hatte mich noch niemand nackt gesehen. Die *nachane* drängte mich sanft und plapperte die ganze Zeit über unentwegt, um mich zu beruhigen. »Ach, Schätzchen. Ich weiß, ich weiß. Kinder sind immer schamhaft. Ich war auch schamhaft an meinem Hochzeitstag. Na, nun komm. Keine Bange. Ich mache das schon seit Jahren. Genier dich nicht.«

Ich zog mich aus, setzte mich auf den Eimer und beugte mich tief nach vorn über die Knie, um meine Blöße zu bedecken. »Na, siehst du? So schwer war das gar nicht, oder? Oh, und sieh nur, wie schön du bist. Dein Ehemann wird sich sehr freuen! Was für eine allerliebste Braut.« Sie fing an, mich zu rühmen. »*Traore. Traore.*« Dann tauchte sie die Kalebasse ins Wasser und begann mit der rituellen Waschung, wobei sie betete und mit Gott sprach, während sie mir das Wasser, Kalebasse für Kalebasse, über Kopf, Hände, Füße und andere Körperteile goß. »Oh Gott, wir reinigen dieses Mädchen, auf daß es eine gute Frau und Ehefrau werde. Wir waschen es, auf daß es eine gute Mutter werde...« Das meiste nahm ich gar nicht wahr. Meine Gedanken schweiften immer wieder ab. Als sie fertig war, verkündete sie: »Jetzt bist du kein Mädchen mehr. Du bist die Frau eines Mannes. Als du ein Mädchen warst, hast du mit deinen Freundinnen geplaudert und gelacht und gespielt. Aber nun bist du eine verheiratete Frau. Du mußt deinen Ehemann achten und ihm gehorchen...« So ging das noch eine ganze Weile weiter. Ich sah, wie sich ihre Lippen bewegten, aber ihre Worte drangen nur selten an mein Ohr.

Sie ließ mich allein, damit ich mich noch einmal duschen konnte, und holte mir frische Kleidung. Als sie zurückkam, hatte sie einen langen Rock und eine langärmelige Bluse aus meinem Schrank und den langen Schleier dabei, den ich auf dem Bett meiner Tante gesehen hatte. Sie half mir beim Anziehen und beim Anlegen des Schleiers, so daß nur noch Gesicht und Hände unbedeckt waren. So verhüllte ich mich selbst fünfmal täglich zum Gebet. Ich hatte schon zahllose Male den Schleier angelegt. Was war diesmal so anders daran? Ich hob den Arm, um die Schwere des Stoffes zu spüren. Er war leicht, so wie der Schleier, den ich beim Beten trug, und doch hatte ich das Gefühl, als laste nun das Gewicht der ganzen Welt auf mir.

Die *nachane* nahm meine Hand und führte mich aus dem Badezimmer in den Raum meiner Tante, wo die *laylay*-Frau wartete. Sie nahmen mir den Schleier ab, ließen mich in einem Sessel Platz nehmen und plapperten munter vor sich hin, während die junge Frau mir die Haare kämmte, mich schminkte und meinen Turban wickelte und feststeckte. Dann halfen mir die beiden in das schöne gelbe Kleid. »So, nun stell dich hin.« Ich stand auf. »Heb mal das eine Bein.« Ich hob ein Bein. »Breite die Arme aus.« Ich breitete die Arme aus. Sie spielten mit einer Anziehpuppe, die auf Kommando reagierte. »Ach, sieh nur, ist sie nicht wunderschön?« Unablässig schwatzend legten sie mir Armreife, Halskette, Ring und Ohrringe an und schoben meine Füße in ein Paar Schuhe. »Die Schuhe passen ja wie angegossen. Ach, dieser Mann kennt seine Braut.« »Das Kleid steht ihr wunderbar. Genau ihre Farbe. Ach, ihr Mann kennt genau ihren Geschmack.« »Und erst der Schmuck. Oh, er begehrt sie wirklich. Meine Güte! Was für Kostbarkeiten.«

Es waren wirklich Kostbarkeiten, das Kleid, die Schuhe und der Schmuck. Alles war sehr schön und sah teuer aus, schöner als alles, was meine Schwestern von ihren Männern bekommen hatten. Es war höchst ungewöhnlich, daß ein Mann seiner Braut mehr schenkte als die rituellen Utensilien für die Waschung.

Dann kam meine Tante ins Schlafzimmer, um nach mir zu sehen. »Klappt hier drin auch alles?« rief sie fröhlich von der Tür aus. Ich hob die Augen und blickte in ihre, als sie gerade im Türrahmen auftauchte und ins Zimmer treten wollte. Sie blieb stehen und machte dann einen Schritt rückwärts. Ich hielt ihrem Blick stand, sah, wie sich ihre Miene verhärtete und Angst in ihre Augen trat. So ist es gut. Sieh genau hin. Sieh es dir gut an. Die Tochter deines Bruders an ihrem Hochzeitstag. Sieh, was ich in diesem Moment empfinde. Für meinen Mann. Für die Hochzeit. Für dich. Siehst du es? Ja, so ganz allmählich. Ich sehe es in deinen Augen. Weiter, meine Tante, fühle, wie ich fühle, wenn du es ertragen kannst.

Sie konnte es nicht. Sie wandte sich ab und ging. Der Türrahmen war wieder leer, ich war wieder leer. Leer, hohl und taub. Die *nachane* und ihre Helferin führten mich zurück in mein Zimmer, wo ich den Rest des Tages verbringen sollte. Gesprächsfetzen drangen vom Wohnzimmer herüber, wo sich immer mehr Freundinnen meiner Tante einfanden, um ihr zu gratulieren.

Ein Mädchen aus der Nachbarschaft, das ich kaum kannte, kam, um mir zu gratulieren, ansonsten blieb ich allein. Weil ich in Ghana zur Schule gegangen war, hatte ich in meinem Heimatort keine richtige Freundin. Außerdem, welche Freundin hätte mir an so einem schrecklichen Tag gratulieren wollen? Ich fragte mich, ob meine Schwestern es schon erfahren hatten.

Dann kamen unversehens Ibrahims drei Frauen hintereinander ins Schlafzimmer marschiert, und zwar in der Reihenfolge ihrer Rangordnung: erste Frau, zweite Frau, dritte Frau. Die erste und die zweite sahen wesentlich älter aus als ich, die dritte war wohl ungefähr in meinem Alter.

»Ach, seht nur die Kleine«, sagte die erste Frau, als sie eintrat. »Ist sie nicht schön?« Seltsam. Sie klang wie eine Mutter, die ihre Tochter preist. Aber ich war nicht ihre Tochter. Ich war die neue Frau ihres

Ehemannes. Sie kam herein und setzte sich auf die andere Seite des Bettes, mit dem Rücken zu mir und dem Gesicht zur Wand. Die zweite Frau setzte sich vor mir auf eine der Matten, die meine Tante für Besucher auf dem Boden ausgebreitet hatte. Die dritte setzte sich rechts neben mir aufs Bett, legte ihren Arm um mich und redete augenblicklich los.

»Wir beide sind ja fast gleichaltrig! Und wir sehen uns sogar ähnlich. Meine Güte, wir könnten Schwestern sein! Ach, ich bin ja so froh, daß unser Mann gerade dich ausgesucht hat! Das wird herrlich mit uns! Wir werden uns bestimmt gut verstehen!«

Die zweite Frau lächelte zu mir hoch. »Willkommen in unserer Familie, Fauziya. Du wirst unsere neue Schwester sein. Es wird dir bei uns gefallen. Unser Ehemann ist so wunderbar und fürsorglich. Wenn du ihn respektierst, wird er dich lieben.«

»Du mußt nur deinem Mann gehorchen und tun, was er verlangt«, sagte die dritte Frau. »Dann wird alles gut. Und sieh dich doch an. Du bist wunderschön. Er wird dich immer sehr lieben! Na, ich wette, du bekommst von ihm alles, was du dir wünschst.« Sie stupste mich freundschaftlich. »Und wenn ich etwas haben möchte, bitte ich dich, ihn darum zu bitten, und du bekommst es dann für mich!« Sie und die zweite Frau lachten ausgelassen. So ging das eine ganze Weile weiter.

Ich starrte sie bloß an. Sie klangen so glücklich. Verstanden und mochten sie sich wirklich? Und sie schienen ganz begeistert darüber zu sein, daß ihr Ehemann beschlossen hatte, mich zu heiraten. War das ihr Ernst? Ich war die neue Frau! Ihr Mann würde mit mir schlafen. Er würde mich zumindest eine Weile bevorzugen, weil ich neuer und jünger war. Sie wußten es, ich wußte es, und doch waren sie anscheinend kein bißchen eifersüchtig. War das möglich? Oder spielten sie mir nur etwas vor, um mich zu trösten? Ich konnte es mir nur damit erklären, daß sie beide froh waren, noch jemand herumkommandieren zu können. Als neue Frau würde ich allen gehorchen müssen, meinem Mann wie auch den drei älteren Frauen. Vielleicht wirkte die dritte Frau gerade deshalb so glücklich, daß ich in die Familie kam. Endlich würde sie nicht mehr die Unterste in der Hierarchie sein.

Die erste Frau beteiligte sich nicht an den Scherzen und dem Gekicher. Sie blieb stumm auf dem Bett sitzen und ließ die beiden anderen reden. Als sie schließlich etwas sagte, verstummten die beiden augenblicklich. Es war völlig klar, wer in ihrem Haus das Sagen hatte.

»Nun, Fauziya, ich bin nicht hier, um mit dir zu scherzen oder herumzualbern«, sagte sie langsam mit tiefer, ernster Stimme, noch immer mit dem Gesicht zur Wand. »Ich heiße dich in unserem Haus willkommen, aber du mußt wissen, welche Aufgaben dich erwarten. Du bist kein Kind mehr. Du bist eine verheiratete Frau. Du beginnst ein neues Leben. Das Leben, das du im Haus deiner Eltern geführt hast, ist vorbei.«

Ihre Worte trafen mich wie ein Stich. Ja, es war vorbei. Es war fast auf den Tag genau vor einundzwanzig Monaten zu Ende gegangen, an dem Tag, als mein Vater starb.

»Von nun an mußt du deinen Mann mit der gleichen Achtung und dem gleichen Gehorsam behandeln wie deinen Vater«, sagte sie. »Und du mußt die anderen Frauen deines Mannes mit der gleichen Achtung behandeln wie deine Mutter. Du mußt uns genauso ehren und uns gehorchen wie ihr. Vor allem mir mußt du Vertrauen und Achtung entgegenbringen. Wenn du das tust, brauchst du dich vor nichts zu fürchten. Natürlich wirst du arbeiten müssen. Du wirst kochen, putzen, zum Markt gehen, spülen. Du wirst ein eigenes Zimmer haben, so wie wir, das du sauberhalten mußt, und du wirst das Zimmer deines Ehemannes sauberhalten, aber die Arbeit ist nicht schwer. Wenn dich etwas bedrückt oder stört, muß du zu mir kommen und mit mir darüber reden. Du brauchst keine Angst davor zu haben, zu mir zu kommen und mit mir zu reden, bloß weil ich älter bin. Wenn du dich an diese Regeln hältst, werden wir alle zusammen glücklich sein.«

Nach dieser Rede schwieg ich. Schließlich kamen ein paar Freundinnen meiner Tante herein und schwatzten mit den drei Ehefrauen. Dann kam jemand mit einem Fotoapparat, und die erste Frau setzte sich für das Bild ans Fußende des Bettes, das Gesicht noch immer von mir abgewandt. Und dann, auf ein Handzeichen der ersten Frau, verschwanden die drei so schnell, wie sie gekommen waren.

Eine Stunde verstrich, vielleicht auch zwei Stunden, und endlich kamen die drei Frauen, die ich mit ganzem Herzen herbeigesehnt hatte: meine Schwestern, Narhila, Shawana und Asmahu. Sobald sie im Türrahmen auftauchten, brach ich in Tränen aus. Sie drängten sich um mich, umarmten mich, weinten mit mir.

»Ach, Fauziya, es tut uns so leid«, schluchzte Shawana. »Ich wünschte, wir könnten dir helfen! Aber wir sind machtlos.«

Das wußte ich, aber es war so tröstlich, sie in meiner Nähe zu haben, daß ich Allah für seine Güte dankte. Sie würden mich verlassen müssen, bevor der Tag zur Neige ging. Aber jetzt waren sie da. Weiter wollte ich im Moment nicht denken.

Wir saßen zusammen und redeten. Wir lachten sogar ein bißchen. Meine Schwestern konnten nicht umhin, mein Kleid und meinen Schmuck zu bewundern. Als Kind hatte ich immer versucht, sie neidisch zu machen. Jetzt hatte ich wirklich schönere Sachen als sie. Ihre Hochzeitskleider waren nicht annähernd so kostbar gewesen. Aber alle meine Schwestern waren bei ihrer Hochzeit glücklich gewesen. Und das wären sie auch gewesen, wenn sie in Lumpen hätten gehen müssen. Ich war ausstaffiert wie eine Prinzessin und sehnte mich nur noch nach dem Tod. Das Leben, das ich mir erträumt hatte, war vorbei. Ich war nicht für eine Hochzeit gekleidet, sondern für eine Beerdigung. Für meine eigene.

Während meine Schwestern immer wieder um Verständnis dafür flehten, daß sie mir nicht helfen konnten, kam mir der Gedanke, wie seltsam es doch war, daß in einer so großen Familie wie der unsrigen nur eine von neun Personen Macht besessen hatte. Und nun, da diese eine Person tot war, zählten wir anderen zusammen nichts im Vergleich zu der Person, auf die diese Macht übergegangen war: mein Onkel. Mein Vater hatte einige Sitten und Traditionen unseres Stammes in Frage gestellt und abgelehnt, aber an der Berechtigung des Patriarchats hatte er nicht die leisesten Zweifel gehabt. Und ich genausowenig, jedenfalls bis zu diesem Augenblick.

Meine Schwestern blieben, so lange sie konnten. Aber schließlich mußten sie doch nach Hause und das Abendessen für ihre Männer kochen.

»Ach, Fauziya, sei stark«, sagte Asmahu weinend beim Abschied. »Du bist doch immer eine Kämpferin gewesen. Laß dich jetzt nicht unterkriegen.«

»Ich bete für dich«, sagte Shawana mit tränenfeuchten Augen.

»Wir beten alle für dich«, sagte Narhila. »Du wirst das überstehen, und wir halten zu dir, was auch passiert. Wir haben immer noch uns.«

Wir umarmten uns ein letztes Mal, und dann waren sie fort. Die Erstarrung kehrte zurück, und ich empfand nichts mehr.

Ich saß still da und sah zu, wie die Dämmerung hereinbrach. Allmählich verabschiedeten sich auch die Freundinnen meiner Tante, und das Stimmengewirr aus dem Wohnzimmer wurde schwächer, bis das ganze Haus still war. Die Stille wurde durchbrochen, als meine Tante in mein Schlafzimmer stolzierte, ein Blatt Papier in der Hand. Diesmal hatte sie sich gewappnet. Das sah ich in ihren stahlharten Augen. Sie baute sich vor mir auf und hielt mir das Blatt hin.

»Unterschreib hier«, sagte sie.

»Was ist das?«

»Deine Heiratsurkunde. Dein Mann hat unterschrieben. Der Imam hat unterschrieben. Alle haben unterschrieben. Und du mußt hier unterschreiben.« Sie hielt mir das Blatt unter die Nase. »Mach schon.«

Ich wich zurück. Ich sagte nichts, rührte mich nicht.

Sie warf mir das Blatt entgegen. Es beschrieb einen Bogen in der Luft und schwebte zu Boden. »Unterschreib die Urkunde, Fauziya! Wenn ich zurückkomme, will ich deine Unterschrift darauf sehen.«

Damit wandte sie sich um und schritt aus dem Zimmer. Sie hatten also auch die Zeremonie in der Moschee abgehalten! Jetzt war ich nicht nur nach Stammesrecht verheiratet. Jetzt war ich auch nach den Gesetzen unserer Religion verheiratet. Falls mein Mann es wünschte, konnte ich noch heute abend in sein Haus gebracht werden. Das würde nur deshalb nicht passieren, weil ich noch nicht beschnitten war. Das war das einzige, was nun noch fehlte.

Ich liebte meinen Mann nicht. Ich wollte nicht seine Frau werden. Niemals würde ich diese Urkunde unterschreiben. Niemals. Dazu konnten sie mich nicht auch noch zwingen. Ich ließ das Blatt auf dem Boden liegen.

Eine Minute war vergangen oder eine Ewigkeit, als ich ein Klopfen an der Tür hörte. Ein leises Klopfen, nicht das meiner Tante. Wer war das?

»Fauziya? Bist du wach?«

Ayisha! Ich warf mich in ihre Arme, noch ehe sie ganz im Zimmer war.

»Ach, Fauziya, es tut mir leid, Herzchen. Es tut mir leid, daß ich so spät komme. Ich bin sofort gekommen, als ich es erfahren habe.«

»Wer hat es dir gesagt?«

Der Tchamba-Stamm ist klein. Jeder kennt jeden, und jeder weiß fast alles über den anderen. Am frühen Morgen hatte jemand sie in Lomé auf dem Markt gefragt, warum sie nicht auf der Hochzeit ihrer Schwester sei.

Ayisha war sprachlos. Niemand hatte ihr etwas gesagt. Auch meinen anderen Schwestern hatte offenbar niemand aus der Familie etwas gesagt. Sie hatten es alle nur durch Zufall »erfahren«. Meine Tante hatte alle Vorbereitungen mit großer Heimlichkeit getroffen.

»Hör auf zu weinen und erzähl mir, was heute passiert ist«, sagte Ayisha.

Sie blickte sehr ernst, als sie das sagte, und ich riß mich zusammen. »Gleich nach dem Aufstehen hat mir die Awaye die Kleider auf dem Bett gezeigt.«

»Und dann?«

»Und dann ist die *nachane* gekommen und hat mich gewaschen. Sie hat gesagt, sie würde mich erst am Mittwoch beschneiden.«

»Also übermorgen. Bist du sicher?«

»Ja. Die Awaye hat das auch gesagt.«

»Gut. Erzähl weiter.«

Ich schilderte ihr, was weiter passiert war, bis zu dem Augenblick, als meine Tante mit der Heiratsurkunde kam und meine Unterschrift verlangte.

»Hast du unterschrieben?«

»Nein.«

Ayisha hob das Blatt vom Boden auf. Sie überflog es. »Nein, hast du nicht. Gut so. Das ist gut so, Fauziya.« Sie faltete es zusammen und steckte es in ihre Handtasche.

»Ach, Ayisha. Was soll ich nur tun?«

Sie setzte sich neben mich und nahm meine Hände. »Fauziya, hör mir jetzt gut zu.«

Ich blickte zu ihr auf, sah den Mut in ihren Augen und wurde ruhiger.

»So ist es schon besser. Und nun noch einmal. Die Tante hat gesagt, daß die Beschneidung erst Mittwoch sein soll?«

Ich nickte.

»Hab keine Angst. Ich hole dich vorher hier heraus.«

Ich lachte verbittert auf. »Und wohin willst du mich bringen? Zu dir nach Hause? Ayisha, ich bin jetzt verheiratet! Es ist zu spät! Du kannst mich nicht verstecken. Sie werden mich finden, das weißt du doch.«

»Fauziya, vertrau mir. Niemand wird dir weh tun. Das lassen wir nicht zu.«

»Wer ist wir?«

»Amariya und ich.«

»Amariya! Ist sie hier?«

»Nein, Fauzy, das ist sie nicht. Amariya kann nicht zu dir kommen, das weißt du. Aber sie wird nicht zulassen, daß sie dir weh tun. Hast du verstanden?«

Ich nickte. Ich hatte überhaupt nichts verstanden. Aber ich wußte, daß Ayisha mich niemals anlügen würde. Wenn sie sagte, daß sie mir helfen würde, dann stimmte das auch.

»Paß gut auf. Ich fahre heute abend nicht zurück nach Lomé. Ich bleibe hier in Kpalimé. Morgen komme ich wieder her. Ich will, daß du für mich ruhig und stark bleibst, ist das klar?«

»Klar.«

»Du sagst nichts. Du tust nichts. Wenn ich mich verabschiede, gehst du einfach schlafen. Wenn du morgen aufstehst, tust du alles, was die Awaye sagt. Schaffst du das?«

»Ja.«

»Gut. Ich sage jetzt der Awaye auf Wiedersehen. Ich werde sie fragen, ob du mich bis zum Tor begleiten darfst. Ich möchte, daß du mich bis zum Tor begleitest und dann zurückgehst, ihr eine gute Nacht wünschst und dich schlafen legst. Klar?«

»Klar.«

Wenige Minuten später kam Ayisha zurück. Ich begleitete sie nach draußen, bis zum Tor unseres Anwesens. Weiter durfte ich nun nicht mehr gehen. Erst wenn ich zu meinem Mann gebracht worden war und mein neues Leben als seine Frau begonnen hatte, durfte ich mich wieder in der Öffentlichkeit zeigen. Als wir am Tor ankamen, umarmte Ayisha mich.

»Morgen komme ich wieder«, sagte sie. »Halte dich bereit. Bleib stark.«

Mit diesen Worten verabschiedete sie sich, und ich ging zum Haus zurück. Nichts hatte sich geändert, und doch hatte ich jetzt wieder Hoffnung.

13
Flucht

Am nächsten Tag war meine Tante sehr nett zu mir. Sie redete mit mir und behandelte mich mit einer Freundlichkeit, Wärme und Fürsorge, wie ich es noch nie bei ihr erlebt hatte. Ich könnte heulen, wenn ich daran denke.

Als ich an jenem Morgen nach dem Duschen zurück in mein Zimmer kam, lagen das zweite Kleid, Kopftuch, Schuhe und Unterwäsche, die mir jener Mann geschenkt hatte, der nun offiziell mein Gatte war, sorgfältig arrangiert auf meinem Bett. Dieses Kleid war blau, aus edlem, leichtem Tuch mit golddurchwirkter Spitze. Ich kleidete mich an, verhüllte mein Haar, legte den Hochzeitsschmuck an und setzte mich aufs Bett. Wenige Minuten später kam meine Tante ins Zimmer.

»Guten Morgen, Fauziya«, sagte sie sanft. Meine Tante wünschte mir sonst nie einen guten Morgen. »Ich dachte, du wärst noch unter der Dusche. Wie geht es dir heute?« Ihre Stimme, ihre Augen, ihr Gesichtsausdruck, ihr ganzes Auftreten verrieten echte Besorgnis.

»Es geht mir gut.«

»Möchtest du frühstücken?«

»Nein, danke.«

»Du mußt etwas essen, Fauziya. Soll ich dir Haferflocken mit warmer Milch machen.«

»Na schön.«

»Gut, ich bin gleich wieder da.«

Als sie mit dem Teller kam, nahm ich ihn höflich an und wartete, daß sie ging. Sie blieb einen Moment vor mir stehen, zögerte, seufzte dann laut und setzte sich neben mich aufs Bett. Eine Weile sagte keine von uns ein Wort. Es herrschte Stille. Eine traurige Stille. Ich spürte, daß auch sie traurig war.

»Du wirst glücklich werden, Fauziya«, wiederholte sie freundlich. »Ganz bestimmt.«

Sie bemühte sich um mich. Und ich fühlte, wie ich darauf ansprach, sogar gegen meinen Willen. Bedauerte sie, was sie getan hatte? Jetzt, wo es zu spät war, um es rückgängig zu machen? Wollte sie, daß ich ihr verzieh? Das konnte ich nicht. Ich schwieg. Sie blieb noch einen Moment sitzen, und die Stille zwischen uns wurde immer bedrückender, bis sie schließlich aufstand und leise aus dem Zimmer ging.

An diesem Morgen kamen keine Besucher. Meine Tante blieb in ihrem Zimmer. Ich blieb in meinem und wartete auf Ayisha. Sie hatte nicht gesagt, wann sie kommen würde. Aber ich hatte ihre Worte im Ohr: »Halte dich bereit.«

Gegen Mittag kam meine Tante mit ein paar gebratenen Yamswurzeln für mich. »Du hast heute morgen deine Haferflocken nicht angerührt, Fauziya. Du mußt wirklich etwas essen.«

»Danke.«

»Ich hab' dir auch frisches Wasser mitgebracht.«

Ich hielt den Blick gesenkt und sagte nichts.

Sie seufzte. »Ruf mich, wenn du etwas brauchst, ja?«

Sie ging und zog die Tür behutsam hinter sich zu.

Ich liebe gebratene Yamswurzeln, und ich war halb verhungert, aber ich konnte nichts essen. Ich war zu nervös. Wo blieb nur Ayisha?

Es wurde ein Uhr. Zwei Uhr. Ich lenkte mich ab, indem ich in alten Schulbüchern blätterte. Meine geliebten Bücher. Vielleicht konnte Ayisha sie in mein Versteck bringen. Vielleicht durfte ich sogar wieder zur Schule gehen. Nein. Die Schule war zu teuer für Ayisha. Ich sah mich im Zimmer um, betrachtete meine Schulbücher und Hefte und meine Schultasche. Vielleicht sah ich diese Dinge nie wieder. Meine Tante würde wahrscheinlich alles wegwerfen, wenn ich fort war.

Wo blieb Ayisha?

Kurz vor drei sah meine Tante erneut nach mir. Ich lag auf dem Bett und las noch immer in meinen Büchern. Die Schlafzimmertür war geschlossen. Sie klopfte vorsichtig, öffnete die Tür nur ein Stück und steckte den Kopf herein. »Fauziya, es ist fast drei«, sagte sie sanft. »Willst du nicht beten?«

»Doch, danke.«

»Gut. Ich wollte dich nur daran erinnern.«

Ich betete: »Gott, der du alles weißt und alles bestimmst. Bitte hilf mir, stark zu sein.« Ayisha hatte gesagt, daß ich stark sein müßte. Wo blieb sie nur?

Es wurde vier Uhr. Fünf Uhr. Sechs Uhr. Die Dämmerung brach herein.

Sie kam nicht mehr. Irgend etwas war schiefgegangen.

Halb sieben: Die Tante steckte wieder den Kopf durch die Tür. »Fauziya, du hast Besuch.«

Ayisha!

Ich wollte schon aufspringen, doch da fiel mir ein, daß ich ruhig und gelassen wirken mußte, um uns nicht zu verraten. Die Tante durfte auf keinen Fall Verdacht schöpfen.

Ayisha kam in mein Zimmer und schloß die Tür.

»Warum kommst du so spät?«

»Sprich leise!«

Ich senkte die Stimme. »Ich hab schon gedacht, du kommst nicht mehr!«

»Sei vernünftig! Wir können erst weg, wenn es richtig dunkel ist.«

»Und dann?«

»Dann verschwinden wir.«

»Wo bringst du mich hin?«

»An einen Ort, wo sie dich nicht finden werden, Fauziya. Vertrau mir einfach und stell keine Fragen ...«

Ayisha sagte, sie habe das Geld dabei, das meine Mutter bekommen hatte, bevor sie aus dem Haus gejagt worden war. Amariya hatte Ayisha gebeten, das Geld zu verwahren, bis sie ein neues Zuhause gefunden hatte. Aber nachdem sie erfahren hatte, welches Schicksal mir drohte, hatte sie Ayisha gebeten, mir zu helfen und mir das Geld zu geben, falls ich es für meine Flucht brauchte.

Ayisha sagte, ihr Ehemann Abas sei wütend auf sie. Als sie ihm gestern erzählt hatte, daß ich verheiratet werden sollte und sie nach Kpalimé fahren wollte, um mit mir zu reden, hatte er es ihr untersagt. »Misch dich da nicht ein, Ayisha. Das ist eine Familienangelegenheit. Laß dich da nicht mit reinziehen.«

Sie war trotzdem gekommen. Sie war ihrem Mann ungehorsam gewesen. In unserem Land ist es sehr schlimm, wenn eine Frau ihrem Mann ungehorsam ist. Abas würde ihr das nicht so schnell verzeihen, wenn überhaupt. Sie wußte das, und ich wußte es auch.

»Was wird er wohl tun?« fragte ich voller Sorge um sie.

Sie seufzte. »Ich weiß es nicht«, und drückte meine Hand. »Aber mach dir keine Sorgen um mich. Ich komme schon zurecht. Außerdem mußte ich einfach kommen. Schließlich konnten Amariya und ich nicht einfach tatenlos zusehen, wie sie dich verstümmeln. Fauziya, wir sind jetzt in Gottes Hand. Was auch immer passiert, wir haben wenigstens versucht, dir zu helfen.«

In diesem Moment öffnete meine Tante die Tür und spähte ins Zimmer.

»Alles in Ordnung mit euch beiden?«

»Ja, uns geht's gut«, sagte Ayisha.

»Habt ihr vielleicht Hunger? Soll ich euch was zu essen bringen?«

»Nein, danke«, sagte Ayisha lächelnd. »Aber lieb, daß du fragst.«

»Na schön. Meldet euch, wenn ihr etwas braucht.« Sie schloß die Tür. Mittlerweile war es draußen fast ganz dunkel. Ich blickte Ayisha fragend an.

»Bald«, sagte sie.

Ich sah mich im Zimmer um. »Darf ich irgendwas mitnehmen?«

»Auf keinen Fall!«

Ein paar Minuten saßen wir schweigend da und warteten, daß es völlig dunkel wurde. Ayisha hielt die Hände im Schoß gefaltet. Schließlich stand sie auf. »Okay«, sagte sie. »Ich gehe jetzt und sage der Tante auf Wiedersehen. Dann komme ich dich holen. Wir werden das Haus leise verlassen. Wenn wir draußen sind, gehen wir in ganz normalem Schrittempo zum Tor hinaus und die Straße hinunter. Hast du verstanden?«

Ich nickte erneut.

Sie ging aus dem Zimmer und ließ die Tür halb geöffnet. Ich blickte mich hektisch um, mit klopfendem Herzen. Meine Ausweise. Ich verließ das Haus nie ohne meinen Schülerausweis und den normalen Ausweis. Das Kleid, das ich trug, hatte keine Taschen. Also steckte ich meine Papiere in die Falten meines Turbans. Was noch? Die Halskette und die Ohrringe, die meine Großmutter in Mekka für mich gekauft hatte, und ein Paar Ohrringe, ein Geschenk von Ayisha in glücklicheren Tagen – die konnte ich nicht zurücklassen. Auch sie stopfte ich in die Falten des Turbans. Durch die offene Schlafzimmertür konnte ich hören, wie Ayisha sich von meiner Tante verabschiedete.

Dann war sie zurück. »Also los. Gehen wir!«

Ich blieb wie angewurzelt stehen.

»Fauziya, komm! Wir müssen gehen!«

Ich konnte mich nicht von der Stelle rühren.

Sie trat hinter mich, packte mich an den Schultern und schob mich vorwärts. »Los, Fauziya. Wir müssen gehen. Sofort!«

Rasch und leise schlichen wir am Zimmer meiner Tante vorbei und aus dem Haus. Dann wurden wir langsamer und gingen zum Tor. Selbst wenn die Awaye uns zufällig sah, würde sie sich vermutlich nichts dabei denken, weil ich Ayisha ja schon am Vorabend zum Tor gebracht hatte und brav wieder zurückgekommen war. Wir erreichten das Tor, gingen hinaus, wandten uns nach links und schlenderten langsam im Schutz der Dunkelheit die Straße hinunter. Ich paßte meine Schritte Ayishas an, unterdrückte den Impuls loszurennen, machte mich darauf gefaßt, jeden Moment die Stimme meiner Tante zu hören.

Sie rief nicht. Wir gingen weiter, an einem Haus vorbei, an noch einem, bogen um die Ecke. Ein Wagen stand bereit.

»Steig ein«, sagte Ayisha.

Der Fahrer, dessen Identität ich niemals preisgeben und den ich für immer in alle meine Gebete einschließen werde, brachte uns zur Grenze. Kurz vor dem Kontrollpunkt stiegen wir aus, an einer Stelle, von der aus viele Menschen die Grenze illegal überqueren. Wir hätten auch legal nach Ghana einreisen können. Aber Ayisha hatte sich alles gut überlegt. Sie wußte, daß meine Tante und mein Onkel nach mir suchen lassen würden, und sie wollte verhindern, daß sich einer der Grenzposten an uns erinnerte. Wir gingen durch den Busch hinüber nach Ghana. Ich war noch nie nachts im Busch gewesen, und ich fürchtete mich sehr. Schließlich erreichten wir eine Straße und gingen zurück in Richtung Kontrollpunkt, um dort einen Wagen zu nehmen. An den Grenzübergängen warten immer viele Privattaxis auf Fahrgäste. Allerdings nehmen die meisten so viele Leute mit wie nur möglich, weil die Fahrer pro Fahrgast abrechnen. Ayisha wollte einen Wagen nur für uns, um unsere Spuren zu verwischen. Sie ging die Straße entlang und schaute in die Autos. Ich folgte ihr auf den Fersen. Ein Wagen nach dem anderen füllte sich und fuhr davon. Es wurde immer dunkler, und ich bekam immer mehr Angst. Bald würde hier keine Menschenseele mehr sein. Und wenn wir nun keinen Wagen fanden? Schließlich kam ein leeres Auto angefahren und hielt neben uns.

Ayisha ging zu dem offenen Fenster an der Fahrerseite, bückte sich leicht, die gekreuzten Unterarme lässig aufs Autodach gelegt, und unterhielt sich eine Weile mit dem Fahrer. Dann winkte sie mich heran. »Komm!«

Wir stiegen hinten ein, und der Wagen fuhr los.

»Wohin fahren wir?«

»Nach Accra.«

Accra! Die Hauptstadt von Ghana. Wir hatten dort Verwandte. Sollte ich bei ihnen wohnen? Nein, natürlich nicht. Das war ausgeschlossen. Ich konnte nicht bei Familienangehörigen unterkommen, nicht einmal bei entfernten Verwandten. Meine Tante und mein Onkel wußten, wo sie nach mir suchen mußten, und jeder, der mich aufnahm, würde Schwierigkeiten bekommen. In Togo hilft man keiner entlaufenen Ehefrau.

Wo also sollte ich hin? Wieder sagte Ayisha, ich sollte ihr vertrauen und keine Fragen stellen. Ich biß mir auf die Zunge. Die Fahrt durch die Dunkelheit dauerte lange. Als wir den Stadtrand von Accra erreicht hatten, beugte Ayisha sich vor und sagte zu dem Fahrer: »Zum Flughafen.«

Zum Flughafen!

»Ayisha! Wo soll ich hin?«

»Ich weiß es noch nicht genau, Fauziya, aber du mußt tapfer sein. Ich bringe dich außer Landes. Wenn du hier bleibst, werden sie dich finden.«

Mein Herz machte einen Satz. Sie sagte nicht: »Du mußt Togo verlassen.« Das meinte sie nicht, und ich wußte es. Ich konnte nicht in Togo bleiben, nicht in Benin und auch nicht in Ghana. Zwischen diesen drei Staaten bewegte sich ein stetiger Strom von Menschen, und die Informationen flossen so ungehindert, wie wir durch den Busch nach Ghana gelangt waren. Innerhalb der Grenzen dieser drei Länder gab es keinen Ort, wo meine Tante, mein Onkel oder mein Mann mich nicht aufspüren würden.

Ich hatte noch nie in einem Flugzeug gesessen. Der Gedanke ans Fliegen jagte mir Angst ein. Jedesmal, wenn ich ein Flugzeug am Himmel sah, dachte ich: Wie bleibt das Ding bloß da oben?

Gegen elf Uhr abends kamen wir am Flughafen an. Als wir ausstiegen, ergriff Ayisha meine Hand und führte mich ins Flughafengebäude. Dort herrschte geschäftiges Treiben wie auf dem Markt in Lomé, aber es kam mir nicht so vertraut und freundlich vor wie der Markt. Ayisha drehte sich zu mir um. »Warte hier«, sagte sie. »Rühr dich nicht vom Fleck. Bleib einfach hier stehen, bis ich zurückkomme.«

Ich blieb wie erstarrt stehen und sah ihr nach. Sie ging auf eine Person zu – ich möchte verschweigen, ob es ein Mann oder eine Frau war –, deutete auf mich, unterhielt sich kurz und kam dann wieder. Sie erklärte mir, daß jemand zu uns kommen würde, jemand, der uns vielleicht würde helfen können. Mittlerweile bebte ich am ganzen Körper vor Angst.

Ayisha umarmte mich. Sie drehte mein Gesicht so, daß ich sie ansah. »Sieh mir in die Augen, Fauzy. Wir können zurück, wenn du das möchtest. Es ist deine Entscheidung. Aber du mußt dich jetzt entscheiden. Hör auf zu weinen und sag mir, was du willst.«

Ich wußte, was mich erwartete, wenn ich zurückging. Ich konnte nicht zurück. Ich mußte Gott vertrauen und fortgehen. Ins Ungewisse.

»Ich werde gehen.«

»Gut. Dann laß uns beten, daß diese Person uns helfen kann.«

Wir hielten einander bei den Händen und warteten. Der Flughafen wurde allmählich leerer und ruhiger. Schließlich winkte ein Mann Ayisha zu sich. Sie drückte mir die Hand. »Warte hier.« Sie stand auf, ging zu ihm, und die beiden sprachen lange miteinander.

Als sie zurückkam, sagte sie: »Es ist alles geregelt, Fauziya. Der Mann da hilft Menschen, das Land zu verlassen. Er hat mir gesagt, daß er heute nacht noch andere außer Landes bringt und daß er dich mitnehmen kann. Ich habe ihm Geld gegeben, das er für deinen Paß und ein Ticket braucht. Heute geht noch ein Flug nach Deutschland«, sagte Ayisha. »Und da bringt er dich hin.«

»Deutschland!«

»Es wird klappen, Fauziya. Er hat gesagt, daß er sich um dich kümmern wird, aber ich muß dir einige Instruktionen geben. Du mußt ihn genau beobachten und tun, was er sagt, aber du darfst ihn nicht ansprechen. Wenn er dir etwas sagen muß, wird er auf dich zukommen. Ansonsten mußt du so tun, als würdest du ihn nicht kennen. Hast du verstanden?«

»Ja, ich glaube schon.«

»Gut. Er wird auch in dem Flugzeug sein, aber er wird nicht neben dir sitzen. Du bist auf dich gestellt. Nach der Ankunft wird er dich und die anderen durch die Paßkontrolle bringen, und dann bringt er dich dorthin, wo du hinwillst. Er hat so was schon oft gemacht, und es dürfte eigentlich keine Probleme geben. Aber wenn du aus irgendwelchen Gründen nicht durchkommst, wird er dir nicht helfen.«

»Was heißt das?«

»Wenn du an der Paßkontrolle festgehalten wirst, darfst du nicht sagen, daß du ihn bezahlt hast, damit er dir hilft.«

»Und was passiert mit mir, wenn ich festgehalten werde?«

»Er hat gesagt, sie stecken dich ins nächste Flugzeug und schicken dich zurück. Das Risiko müssen wir eingehen, Fauziya. Er hat gesagt, bis jetzt wäre das noch nie vorgekommen, aber es sei deine Entscheidung?«

»Gut. Einverstanden.«

Deutschland! Ich wußte absolut nichts über Deutschland! Meine Angst vorm Fliegen war vergessen. In meinem Kopf rasten die Fragen, was ich machen sollte, wenn ich *aus* dem Flugzeug stieg. Wie war Deutschland? Und wie waren die Menschen dort? Wen würde ich dort kennenlernen? Wie sollte ich mich verständigen? Ich konnte kein Deutsch. Wo sollte ich leben, und wie?

Ayisha öffnete ihr Portemonnaie und nahm ein dickes Bündel Geldscheine heraus. »Das ist von Amariya. Dreitausend Dollar. Der ganze Rest des Geldes, das sie nach Yayas Tod bekommen hat.«

Ich war zu Tränen gerührt. »Nein! Das will ich nicht. Es ist ihr Geld. Sie braucht es.«

Ayisha nahm meine rechte Hand, legte sie in ihren Schoß, öffnete meine Finger, legte mir das Geld in die Handfläche, schloß die Finger darüber und hielt sie fest. »Nimm es, Fauziya. Du wirst es brauchen, und Amariya hat gesagt: ›Ich bitte Fauziya inständig, das für mich zu tun. Sag ihr, daß es mich glücklich machen wird. Sag ihr, außer meiner Liebe ist es das einzige, was ich ihr geben kann.‹ Und das hier soll ich dir auch noch geben…«

Ayisha öffnete ihre Tasche und zog eines der kostbarsten Besitztümer meiner Mutter hervor, den *tasbih*, den sie von ihrer zweiten Reise nach Mekka mitgebracht hatte. Ich war so bewegt, daß ich nicht sprechen konnte. Wie viele Male hatte ich sie beobachtet, wenn sie die 99 Perlen durch die Finger gleiten ließ. Diese herrlichen, handbemalten Elfenbeinperlen zu berühren war, als berührte ich Amariya selbst – ein unendlich kostbares Geschenk.

Eine Lautsprecherdurchsage forderte die Passagiere des Fluges der Ghana Airways auf, an Bord zu gehen.

»Das ist deine Maschine, Fauziya«, sagte Ayisha leise. »Du mußt jetzt gehen.«

Nein! Noch nicht! Ich sah mich nach dem Mann um und entdeckte ihn ein Stückchen entfernt. Er erwiderte meinen Blick, nickte und wandte sich ab. Ich war unfähig, mich zu bewegen.

Ayisha stand auf, nahm meine Hände und zog mich hoch. »Komm jetzt, Fauzy. Es ist Zeit.«

Immer mehr Passagiere standen vor einem Ding Schlange, das aussah wie ein freistehender Türrahmen. Der Mann ging langsam darauf zu. Er hatte Ayisha gesagt, daß ich immer vor ihm sein sollte. Sie legte mir einen Arm um die Taille und führte mich zu der Menschenschlange. Als wir fast da waren, blieb sie stehen, wandte sich mir zu, nahm mein Gesicht in beide Hände und sah mir lange und voller Zärtlichkeit in die Augen. Unsere Gesichter waren tränenüberströmt. Wir schlangen die Arme umeinander und drückten uns ganz fest.

»Sei stark, Fauziya«, flüsterte sie. »Versprich mir, daß du stark sein wirst.«

»Ich verspreche es«, flüsterte ich.

Ich löste mich von ihr. Das war das Schwerste, was ich je in meinem Leben getan hatte. Dann trat ich in die Schlange. Der Mann stand zwei Personen hinter mir. Ich schlurfte vorwärts, die Augen auf Ayisha gerichtet, bis ich unmittelbar vor dem Türrahmen stand. Ich wußte nicht, was ich machen sollte. Ein Wachmann stand daneben. Ich dachte, ich sollte mich ausweisen. Also blieb ich stehen und wollte meine Ausweise aus dem Turban holen.

»Heh, geht das nicht ein bißchen schneller da vorn?« dröhnte eine Stimme von hinten. Mir war sofort klar, daß es die Stimme des Mannes war und daß er mir sagen wollte, was ich zu tun hatte: einfach weitergehen. Und dann trat ich durch den Türrahmen in den Warteraum, und Ayisha war fort.

Ich stand in einem langen, schmalen Raum mit Sitzreihen und einer Glastür, die auf die Rollbahn führte. Ich setzte mich und wartete. Der Mann schlenderte scheinbar ziellos herüber und blieb einen Moment neben mir stehen. Wortlos reichte er mir ein Ticket und schlenderte weiter. Die Glastür ging auf, und die Leute strömten nach draußen auf das wartende Flugzeug zu. Ich stand auf und reihte mich ein, darauf bedacht, daß der Mann hinter mir war. Im Innern der Maschine standen links und rechts vom Eingang ein Mann und eine Frau in Uniform. Ich sah, daß die Leute vor mir ihnen ihre Tickets zeigten, und als ich an der Reihe war, hielt ich ihnen meines entgegen.

»Erster Gang rechts«, sagte die Frau. Und bevor ich recht wußte, wie mir geschah, war ich tatsächlich in einem Flugzeug!

Ich ging den Gang hinunter und suchte meine Reihe. Ich hatte einen Fensterplatz, aber ich würde wohl nicht den Mut aufbringen, während des Fluges hinauszusehen. Ich konnte ja kaum hinaussehen, obwohl wir noch auf dem Boden waren.

Etliche Durchsagen kamen über die Bordlautsprecher, jemand half mir beim Anlegen des Sicherheitsgurtes, und kurz darauf setzte sich die Maschine in Bewegung. Wenige Minuten später spürte ich, wie mein Magen tiefer sackte. Das Flugzeug wurde immer schneller und erhob sich schließlich in die Luft. Um Himmels willen! Ich flog!

Als die Maschine den Steigflug beendet hatte und in gleichmäßiger Höhe weiterflog, schoben uniformierte Männer und Frauen kleine Wägelchen durch die Gänge und servierten eine Mahlzeit. Ich wußte schon gar nicht mehr, wann ich das letzte Mal etwas gegessen hatte, aber jetzt war ich zu nervös dazu. Erschöpft sah ich, wie eine Frau ein paar Plätze vor mir zu einer leeren Sitzreihe im mittleren Teil der Maschine ging, die Armlehnen hochklappte und sich quer über die Sitze legte, als wären sie ein Bett. Es gab noch mehr leere Reihen in der Mitte, und ich beschloß, es ihr gleichzutun. Das nächste, was ich mitbekam, war eine Durchsage, daß wir bald in Italien landen würden.

Italien! dachte ich. Meine Güte! Ich war schon nicht mehr in Afrika. Bald war ich in Deutschland, wo nur Weiße lebten. Wie würden sie mich behandeln?

»Setz dich hin und schnall dich an«, sagte eine schroffe Männerstimme. Ich sah auf. Es war der Mann. Ich setzte mich hin, und er nahm neben mir Platz.

»Weißt du, wer ich bin?« fragte er.

»Ja. Sie werden sich um mich kümmern.«

»Okay, gut. Ich werde dir jetzt einiges erklären und danach nicht mehr mit dir sprechen, also hör gut zu. Wenn du alles genau so machst, wie ich es dir sage, gibt es keine Probleme. Wenn wir in Deutschland landen, laß dir Zeit mit dem Aussteigen. Laß alle anderen vor. Behalte mich im Auge und achte darauf, daß ich hinter dir bin, klar?«

»Ja.«

»Außer dir sind noch sechs andere Mädchen in der Maschine. Ihr werdet alle vor mir sein. Achte darauf, daß ich unmittelbar hinter euch bin. Wenn wir uns aus den Augen verlieren, mußt du allein zurechtkommen.«

»Okay.«

»Wir werden als Schülergruppe durchgehen. Ich habe die Pässe. Wenn wir an der Paßkontrolle sind, sagst du kein Wort. Du machst gar nichts. Bleib einfach ruhig da stehen. Ich kümmere mich schon um alles, okay?«

»Okay.«

»Sobald wir durch die Kontrolle sind, mußt du für dich selber sorgen.«

»Wirklich?«

» Hat dir deine Schwester das nicht gesagt?«

»Nein. Sie hat gesagt, Sie würden sich um mich kümmern.«

»Ich kümmere mich nur darum, daß du in Deutschland einreisen kannst.«

»Aber ich weiß doch nicht, was ich da machen soll.«

»Das mußt du eben selbst rausfinden. Mach alles so, wie ich es dir gesagt habe.«

Er stand auf und ging.

Ich mußte allein sehen, wie ich zurechtkam! Was sollte ich bloß tun? Wie sollte ich überleben?

»Sei stark«, hatte Ayisha gesagt, als wir uns das letzte Mal umarmten. Ich hatte es versprochen, aber ich hatte eine panische Angst.

Das Flugzeug landete in Italien. Leute stiegen aus. Andere stiegen ein. Dann starteten wir erneut. Ich betete. Und dann kam die Durchsage über die Lautsprecher, in Deutsch, Französisch und Englisch.

Wir landeten in Düsseldorf. Ich war angekommen.

14
Deutschland

Das Flugzeug landete am Mittwoch, dem 19. Oktober 1994, gegen neun Uhr morgens in Düsseldorf. Ich verhielt mich so, wie der Mann gesagt hatte, und wartete auf meinem Platz, bis die meisten Passagiere an mir vorbeigegangen waren. Dann stand ich auf und bewegte mich Richtung Ausgang. Als ich an seinem Platz vorbeikam, stand er auf und folgte mir. Fünf oder sechs andere Mädchen sammelten sich zu einer lockeren Gruppe um mich.

Wie hat er uns durch die Paßkontrolle gebracht? Ging er nach vorn, als wir uns in die Reihe stellten? Ich weiß es nicht mehr. Ich erinnere mich aber, daß er an dem Schalter stand, als ich drankam. Der Beamte hatte vor sich einen Stapel Pässe liegen, blaue und grüne, darunter wahrscheinlich auch den Paß, der angeblich mir gehörte. Aber gesehen habe ich ihn nie. Der Mann unterhielt sich mit dem Beamten in einer Sprache, die für mich wie eine willkürliche Aneinanderreihung von Lauten klang. Und dann sprach der Beamte mich auf englisch mit einem seltsamen Akzent an.

»Sind sie Schülerin?«

Ich schielte zu dem Mann hinüber. Er nickte kaum merklich.

»Ja.«

»Machen Sie hier Ferien?«

Ein weiteres Nicken.

»Ja.«

»Haben Sie Geld?«

Erneutes Nicken.

»Ja.« Ich reichte dem Beamten das Bündel Geldscheine. Er zählte sie: zwanzig Hundert-Dollar-Scheine und zehn Fünfzig-Dollar-Scheine.

Der Beamte zog die Augenbrauen hoch, während er zählte. Er sah mich neugierig an. »Sie wollen hier wohl einkaufen?«

»Ja.«

Der Beamte nahm den obersten Schein zwischen Daumen und Zeigefinger, sah kurz zu mir auf und zwinkerte mir zu. »Darf ich einen behalten?«

Ich lächelte verlegen. »Oh neiiin.«

Er lächelte und gab mir das Geld zurück. »Bewahren Sie das Geld sorgfältig auf, junge Dame. Und angenehmen Aufenthalt.«

Ein Wink seiner Hand, und ich war in Deutschland. Was nun? Ein paar andere Mädchen aus der Gruppe gingen zum Gepäckband und warteten auf ihre Koffer. Der Mann ging ihnen nach. Ich folgte ihm, weil ich nicht wußte, was ich sonst machen sollte.

»Tja, das war's«, sagte er, ohne mich anzusehen. »Mach's gut und viel Glück.« Er ging weg.

Ich stand allein da, sah dem Mann hinterher und überlegte, was ich als nächstes tun sollte. Er blieb in einiger Entfernung stehen und wartete, bis die Mädchen alle ihr Gepäck hatten, und führte sie zu den Menschenschlangen vor der Zollkontrolle. Ich stellte mich in eine Schlange. Der Mann und die anderen Mädchen waren vor mir an der Reihe. Nachdem ihr Gepäck kontrolliert worden war, blieb ich zurück, und sie verschwanden zwischen den Menschen, die durch eine große Tür gingen.

»Kein Gepäck?« fragte der Zollbeamte, als ich an die Reihe kam.

»Nein.«

Hat er irgend etwas sehen wollen? Habe ich ihm irgendwas gezeigt? Hat er irgendwas abgestempelt, mir irgendwas gegeben? Ich weiß es nicht mehr. Ich war wie eine Schlafwandlerin. Gemeinsam mit anderen gelangte ich durch die große Tür in eine weite Vorhalle. Hinter einer Absperrung drängten sich Menschen, die auf die gerade angekommenen Passagiere warteten. Manche winkten, riefen laut irgendwelche Namen, umarmten und küßten einander, lachten. Die meisten Gesichter waren weiß, nur wenige schwarz, und natürlich war kein vertrautes Gesicht darunter. Niemand winkte mir oder rief meinen Namen. Es sah mich noch nicht einmal jemand an. Ich war unsichtbar.

Wohin jetzt? Was jetzt?

Die Halle war riesig, modern, sauber, überfüllt. Nie zuvor hatte ich etwas Vergleichbares gesehen. Menschen hasteten in alle Richtungen, schoben volle Gepäckkarren, sprachen eine Sprache, die ganz anders klang als alle Sprachen, die ich kannte oder auch nur gehört hatte. Alle trugen warme Kleidung: Pullover, Jacken, Hosen, Röcke, Socken, Schuhe, Stiefel. Ich trug ein dünnes, kurzärmeliges Baumwollkleid und flache Schuhe, die an den Seiten offen waren. Arme, Beine und Füße waren nackt. Mir war kalt.

Die Halle war ringsum von Geschäften gesäumt. Buchhandlungen, Süßwarenläden, Spielzeugläden, Bekleidungsgeschäfte, Souvenirläden ... Da ich nicht wußte, was ich sonst machen sollte, spazierte ich herum, sah mir die Schaufenster an, betrachtete die Menschen, die an mir vorbeieilten, hoffte darauf, jemanden zu entdecken, der afrikanisch aussah oder englisch sprach. Aber ich sah bloß ein Meer von weißen Gesichtern und hörte nichts als Deutsch. Schließlich ging ich in ein Geschäft, in dem Bücher und Ansichtskarten verkauft wurden, und sah die Karten durch, nur um etwas zu tun. Einige wenige Karten hatten einen englischen Text. Ich nahm eine in die Hand, klappte sie auf, und es ertönte Musik! Eine musikalische Grußkarte! Nicht zu fassen. Eine Verkäuferin sprach mich an. »Kann ich Ihnen helfen?«

»Verzeihung, ich spreche kein Deutsch.«

Sie runzelte die Stirn und wandte sich ab. Offensichtlich war ich unerwünscht, also ging ich wieder. Als nächstes ging ich in ein Geschäft, wo verschiedene Käse- und Brotsorten angeboten wurden. Auf dem Flug von Italien nach Deutschland hatte ich versucht, ein Sandwich zu essen, aber mir war schlecht geworden, und ich war auf die Toilette gegangen und hatte mich übergeben. Ich war halb verhungert, aber das Essen sah so fremd aus. Ich konnte keine Fragen dazu stellen, weil ich die Sprache nicht beherrschte, und außerdem hatte ich nur amerikanisches Geld, also hätte ich ohnehin nichts kaufen können. Ich wanderte weiter, von Laden zu Laden zu Laden, bis ich das Ende der Halle erreichte. Dann ging ich zur gegenüberliegenden Reihe von Geschäften und wanderte wieder zurück. Als ich meine Besichtigungstour beendet hatte, setzte ich mich gegenüber von einem Porzellanladen. Ein Mann und eine Frau, die sich in dem Laden unterhielten, blickten zufällig zu mir hinüber, als ich sie gerade ansah, und die Frau lächelte in meine Richtung. Ich drehte mich um, um nachzusehen, wen sie anlächelte. Es war niemand da. Oh, mich. Aber als ich sie wieder ansah, war sie schon wieder ins Gespräch vertieft. Ich wünschte mir jemanden, mit dem ich hätte reden können. Ich beobachtete die beiden noch ein Weilchen, dann stand ich auf und schlenderte weiter herum.

Ungefähr eine halbe Stunde später sah ich die Frau aus dem Porzellangeschäft vor einem anderen Laden stehen, erneut im Gespräch mit jemandem. Wieder sah sie kurz zu mir hinüber und lächelte, dann redete sie weiter. Ich wanderte ziellos weiter, noch immer auf der Suche nach jemandem, der englisch sprach oder afrikanisch aussah. Und dann fiel mein Blick erneut auf diese Frau, die jetzt allein am Tisch in einem Cafeteriabereich saß und eine Tasse Kaffee trank. Sie war klein und untersetzt, mit langen, lockigen, mittelbraunen Haaren, zirka Mitte Dreißig. Sie hatte ein nettes Gesicht, ein freundliches Gesicht, und sie lächelte mich an, bevor sie weiter in ihrer Zeitschrift las. Eine Menge Leute hatten mich angesehen. Niemand hatte mit mir gesprochen. Sie war der einzige Mensch, der mir zugelächelt hatte. Und das schon dreimal. Ich mußte versuchen, mit jemandem ins Gespräch zu kommen. Vielleicht konnte sie mir helfen, Leute aus Afrika zu finden, bei denen ich bleiben konnte. Ich trat auf sie zu.

»Verzeihen Sie«, sagte ich auf englisch.

Sie sah auf und lächelte erneut.

»Hallo. Ich heiße Fauziya. Ich dachte, vielleicht könnten Sie mir sagen, wo ich Leute aus Afrika finde.«

Sie strahlte mich an. »Afrika! Ach, hallo! Herzlich willkommen in Deutschland! Nett, Sie kennen ...«

»Bitte, es tut mir leid, ich verstehe Ihre Sprache nicht.«

»Oh. Englisch? Okay. Hallo. Wie geht es dir?«

Ihr Englisch war ziemlich holprig und klang sehr deutsch.

»Hallo. Können Sie mir sagen, wo ich Leute aus Afrika finde?«

»Oh, Afrika ist schön! Sehr schön!«

»Danke. Würden Sie mir vielleicht helfen...«

»Ja! Ja! Gern.« Sie deutete auf den leeren Stuhl neben sich. Ich setzte mich. »Hast du eine Adresse?«

»Nein.«

»Telefonnummer?«

»Nein.«

Sie sah mich verwirrt an. »Hast du Verwandte hier? Ich bringe dich hin.«

»Keine Verwandten, keine Adresse, keine Telefonnummer.«

Sie lehnte sich zurück und runzelte die Stirn. Aber dieses Stirnrunzeln schien nicht zu sagen »Verschwinde!« wie das der Verkäuferin in der Buchhandlung. Sie wirkte eher verwundert. »Keine Verwandten, keine Adresse, keine Telefonnummer«, wiederholte sie. »Warum bist du in Deutschland?«

Es wäre schon schwierig genug gewesen, das jemandem zu erklären, der dieselbe Sprache sprach, und ihr Englisch war miserabel. Aber sie hatte gefragt. Sie schien ehrlich interessiert zu sein. Ich mußte es versuchen. Es war für uns beide ein schwieriges Unterfangen. Wir schafften es über »Allein hergekommen – aus Afrika – Familienprobleme – weiß nicht, wo ich hinsoll – keine Adresse – keine Telefonnummer.« Ich wollte gerade erneut fragen, wo ich vielleicht Leute aus Afrika finden könnte, da hob sie die Hand. Sie hatte genug gehört.

»Ich nehme dich mit zu mir nach Hause«, sagte sie.

Ich war verblüfft und wußte nicht recht, ob ich sie richtig verstanden hatte. »Zu Ihnen?« Ich zeigte auf sie, und dann zeigte ich auf mich. »Zu Ihnen nach Hause?«

»Ja! Alles gut.«

Ich sollte bei einer Weißen übernachten? Daran hatte ich keine Sekunde gedacht. Und ich kannte diese Frau doch gar nicht. Sie wirkte sympathisch, aber sie war eine Fremde. Sollte ich wirklich mit zu ihr nach Hause gehen?

Aber hatte ich überhaupt eine andere Wahl? Wo sollte ich sonst hin. Ich kannte niemanden in Deutschland und mußte das Risiko eingehen, jemandem zu vertrauen. Vielleicht war das meine einzige Chance. Sie war so nett gewesen, sich mit mir zu unterhalten, hatte mir geduldig zugehört. Sie mochte Afrikaner, soviel war klar.

»Okay«, sagte ich. »Ja.«

»Okay, schön«, sagte sie. »Gehen wir.«

Ihr Name war Rudina. Allah hatte sie mir geschickt. Sie stand auf und bedeutete mir, ihr zu folgen. Ich hatte Mühe mit ihr Schritt zu halten, so schnell fegte sie durch die Hallen. Die Leute starrten mich an. Ich wußte, daß ich seltsam aussah. Alle trugen warme Winterkleidung, ich dagegen hastete in meinem blauen Baumwollkleid mit der golddurchwirkten Spitze an ihnen vorbei, trug einen Turban und meinen Hochzeitsschmuck, und Rudina rief dauernd nach mir. Ich kam mir vor wie ein Zirkuspferd, das seinem Dompteur folgt.

Schließlich gelangten wir zu einer Rolltreppe – so etwas hatte ich noch nie gesehen –, die uns abwärts auf einen Bahnsteig beförderte, wo es von Menschen nur so wimmelte. Ein Zug fuhr ein, die Türen öffneten sich, Menschen stiegen ein und aus. Rudina bedeutete mir nein. »Wir warten.« Ich bestaunte den Zug. Er war glatt, stromlinienförmig und hochmodern – ganz anders als die Züge in Togo. Deutschland war schon ein wundersamer Ort! Züge, Treppen, die sich bewegten, schicke Geschäfte, Menschenmassen, alles und alle bewegten sich so rasch. Ich war ganz benommen.

Wieder fuhr ein Zug in den Bahnhof ein, Rudina ergriff meine Hand und stieg mit mir ein. »Wir fahren zu meinem Wagen«, sagte sie. »Dann geht's nach Hause.« Sie hob die Arme, als hielte sie ein Lenkrad. Ein uniformierter Mann, den ich für einen Polizisten hielt, kam auf uns zu. Panik erfaßte mich. Sie hatten mich erwischt! Er wollte mich bestimmt festnehmen! Der Mann blieb vor uns stehen. Ich erstarrte. Rudina öffnete ihr Portemonnaie, nahm eine kleine Karte heraus, zeigte sie ihm und sagte irgend etwas auf deutsch. Er musterte mich mit einem kühlen Blick, wußte offensichtlich nicht recht, was er von mir halten sollte, und ging dann weiter. Ein Schaffner, der die Fahrkarten kontrollierte. Kein Polizist! Trotzdem schlug mir das Herz noch etliche Minuten bis zum Hals.

Als die Angst sich allmählich legte, kam die Kälte. Der Zug hatte den Tunnel verlassen, indem wir vor der Kälte geschützt gewesen waren, und fuhr jetzt an einer belebten Straße entlang. Mir war eiskalt. Als ich meine nackten Arme rieb, um mich zu wärmen, fielen mir die *laylay*-Muster an Händen und Füßen auf. Die hatte ich vollkommen vergessen. Kein Wunder, daß der Schaffner mich skeptisch beäugt hatte.

Nach etwa einer halben Stunde erreichten wir die Haltestelle, in deren Nähe Rudina ihren Wagen geparkt hatte. Als wir aus dem Zug ins Freie traten, dachte ich, ich würde sterben. Es war bitterkalt und windig. Noch nie hatte ich eine solche Kälte gespürt. Rudina zog mich mit sich, rannte fast über den riesigen Parkplatz. Ich wollte rennen, konnte aber nicht, weil meine offenen Schuhe mir ein wenig zu groß waren und mir dauernd von den kältestarren Füßen rutschten. Nach einer halben Ewigkeit gelangten wir endlich zu ihrem Wagen. »Mein Auto!« verkündete sie, als sie die Türen aufschloß. Als wir losfuhren, drehte sie die Heizung auf und allmählich bekam ich wieder Gefühl in meine Gliedmaßen. Zum erstenmal, seit ich in Ghana das

Flugzeug bestiegen hatte, spürte ich wieder so etwas wie behagliche Wärme.

Wir fuhren in nördlicher Richtung nach Bochum, wo Rudina wohnte. Staunend betrachtete ich die vielen Menschen und Autos und Häuser und Geschäfte. Alles sah so edel aus. Jedes Taxi ein Mercedes. Nicht zu fassen. In Togo besaßen nur reiche Leute wie mein Vater einen Mercedes. Und dann sah ich das Verwunderlichste überhaupt, nämlich einen Zug, der einfach so in der Straßenmitte fuhr. Er hielt neben uns an einer Ampel. »Straßenbahn«, erklärte Rudina, als ich darauf zeigte. »Eine Art kleiner Zug.« Ich betrachtete ihn ehrfürchtig. Er war glatt und schimmerte und schien geräuschlos dahinzugleiten.

Wir ließen die Innenstadt hinter uns und kamen in eine ruhige Gegend mit schmalen Straßen und zwei- bis dreistöckigen Häusern. Rudina parkte in der Nähe eines Hauses, in dem sie eine kleine Wohnung im zweiten Stock hatte, die genauso schick und sauber und modern war wie alles andere, was ich bislang hier gesehen hatte. Im Wohnzimmer standen ein schönes, rosenfarbenes Ecksofa, ein gläserner Couchtisch, Fernseher, Stereoanlage, Videorecorder und in einer Ekke ein Hometrainer. Ich sah auch einen Schrank voller Figürchen, Perlen und anderer hübscher Dinge und viele gerahmte Fotos von Rudina mit anderen Menschen, vermutlich ihre Verwandten. Und sie hatte eine holzgeschnitzte afrikanische Tierkopfmaske an der Wand hängen. Sie war meinem Blick gefolgt. »Mein Freund war aus Afrika«, sagte sie. »Aus Nigeria. Mein Exfreund.« Sie zuckte die Schultern. »Afrika ist schön.« Deshalb mochte sie also Afrikaner.

Sie zeigte mir ihr Schlafzimmer und die Küche. Alle Zimmer waren sehr klein. Als sie mir das Badezimmer zeigte, machte sie deutlich, daß ich duschen könnte. Ich sehnte mich nach einer Dusche. Es war mittlerweile Nachmittag geworden, und seit dem Morgen des Vortages hatte ich mich nicht mehr gewaschen. Ich ging ins Bad, zog mein Hochzeitskleid aus und stieg unter die Dusche. Das heiße Wasser war herrlich. Ich untersuchte meine Perlenschnüre, ob sie auch nicht zu reißen drohten. Ich trug die letzten, die meine Großmutter mir geschenkt hatte. Ich wusch mir die *laylay*-Muster ab, jedenfalls das meiste davon. Jetzt klopfte Rudina an die Tür, öffnete sie einen Spalt und legte einige Kleidungsstücke auf den Toilettendeckel. »Fauziya, die sind für dich«, sagte sie. Nachdem ich mich abgetrocknet hatte, zog ich mir die Sachen an: ein Paar enge Stretchshorts als Unterwäsche, schwarze Socken, eine Jeans und zwei Pullover, ein dünner und ein dicker. Die Jeans paßte mir in der Taille, war aber zu kurz. Egal. Alles war besser, als weiter in diesem Hochzeitskleid herumzulaufen.

Rudina saß im Wohnzimmer und sah fern, als ich aus dem Bad kam. Ob ich Hunger hätte, wollte sie wissen, untermalt von lebhafter Zeichensprache.

»Ja«, sagte ich, ahmte ihre Zeichensprache nach und nickte. »Großen Hunger.«

Sie stand auf und ging in ihre kleine Küche, um mir etwas zu kochen. Als es fertig war, rief sie mich und stellte mir einen Teller mit Essen hin: einen Klumpen aus zusammengepappten, flachen, weißen Nudeln mit einer Art Creme oder Käse obendrauf. Es schmeckte mir nicht sonderlich, aber ich war so ausgehungert, daß ich es hinunterschlang. Mein Magen rebellierte. Ich lief ins Bad und erbrach mich. Als ich wieder rauskam, half mir Rudina auf die Couch. Ich fühlte mich so schlecht. »Ach, Fauziya! Tut mir leid. Wirklich.« Sie bot mir verschiedene Medikamente an, aber nichts half. Dann ging sie zum Telefon, wählte und fing an, rasch auf Deutsch zu reden. Nachdem sie aufgelegt hatte, mischte sie in einem Glas etwas Salz und Zucker mit warmem Wasser und reichte es mir. Woher kannte sie dieses Rezept?

»Gut«, sagte ich, trank und lächelte schwach. »Danke.« Ich tätschelte meinen Bauch, um zu zeigen, daß es mir besser ging. Jedenfalls meinem Magen. Er beruhigte sich sofort. Die Mixtur, die Rudina mir verabreicht hatte, gab mir auch meine Mutter immer, wenn ich mir den Magen verdorben hatte. Als die Übelkeit nachließ, packte mich das Heimweh. Ich war so weit weg von daheim, von allen, die ich liebte.

Nachdem mein Magen sich beruhigt hatte, kehrte der Hunger zurück, aber ich traute mich nicht, noch mehr von den Nudeln zu essen. Rudina blickte mich besorgt an. »Was ißt du?« fragte sie.

»Reis«, sagte ich.

»Hähnchen?« fragte sie.

»O ja.«

»Hähnchen. Okay. Warte, ich hole was.« Sie setzte Reis auf, nahm dann ihre Jacke und verließ die Wohnung. Zehn Minuten später kam sie mit einem Brathähnchen zurück, das sie irgendwo in der Nähe gekauft hatte. Es duftete köstlich! Als der Reis fertig war, rief sie mich wieder in die Küche, ließ mich Platz nehmen und servierte mir einen Teller mit Brathähnchen, gebuttertem Reis und Pommes mit Mayonnaise. Ich hatte noch nie Pommes gegessen, und Mayonnaise auch nicht. Aber alles schmeckte unglaublich gut. Es war mein erstes richtiges Essen seit Tagen. Rudina sah mir beim Essen zu und lächelte zufrieden.

Dann unterhielten wir uns wieder. Sie stellte Fragen, und ich beantwortete sie. Beide waren wir bemüht, uns mit Zeichensprache und rudimentärem Englisch verständlich zu machen. Wir fingen mit meinem Alter an.

»Wie alt?« fragte sie.

»Siebzehn.«

Ihre Augenbrauen schnellten in die Höhe. »Jung!« sagte sie. »Wo kommst du her?«

»Togo«, sagte ich.

Sie nickte. Sie schien den Namen meines Heimatlandes zu kennen.

»Hast du Familie in Togo?«

Ich nickte wieder. »Ja. Brüder und Schwestern.«

»Vater?«

»Nein.«

»Keinen Vater?«

Ich schüttelte den Kopf, legte meine Hände wie im Gebet zusammen und hob das Gesicht gen Himmel. Ach, Yaya.

»Ohhhh«, sagte sie leise und blickte traurig. »Mama?« fragte sie sanft.

»Ja«, sagte ich. »In Togo.« Das stimmte zwar nicht ganz, mußte aber reichen.

Sie sah mich fragend an. »Wieso bist du hier? Schule?«

Ich schüttelte den Kopf. »Nein.«

»Warum dann?«

Wir arbeiteten uns gemeinsam durch. »Vater tot. Die Schwester meines Vaters hat meine Mutter aus dem Haus gejagt und mich verheiratet.«

»Nein!« sagte Rudina. »Du bist zu jung!«

»Ja«, sagte ich. »Ich wollte nicht heiraten. Der Mann hatte drei andere Frauen. Meine Schwester hat mir geholfen zu fliehen. Nach Deutschland. Nun bin ich hier.« Von der *kakia* sprach ich erst gar nicht.

»Ach!« sagte sie wütend, hob die Hände und schlug sich klatschend auf die Oberschenkel. »Mein Gott!« Sie sah mich an, und in ihrem Gesicht las ich Zorn und Mitgefühl. »Okay«, sagte sie. »Du bleibst erst mal bei mir. Keine Sorge, weil ich weiß bin und du schwarz bist. Weiß, schwarz, ist egal. Du bleibst hier, bis du einen Ort gefunden hast, wo du bleiben kannst. Kein Problem.« Sie lächelte mich warmherzig an.

»Okay?«

Ich brachte kein Wort heraus. Ich starrte sie an, diese gute, freundliche Frau, die mir da gegenüber saß, mich anlächelte und auf meine Antwort wartete. Mir stiegen Tränen in die Augen. Ich sprach ein stummes Dankgebet an Allah den Barmherzigen, meinen Beschützer. Ich nickte. »Ja«, sagte ich heiser flüsternd. »Ja, das würde ich gern.«

Rudina strahlte übers ganze Gesicht. »Okay. Gut!«

Und so begann mein Leben mit Rudina. In dieser Nacht schlief ich auf der Couch, die mein Bett wurde, und am nächsten Tag versorgte sie mich mit dem Notwendigsten. Sie durchstöberte ihre Schubladen und Schränke und holte Kleidungsstücke heraus. »Für dich. Kannst du behalten.« Sie schenkte mir Blusen, Jeans, Pullover, Socken und kurze Stretchhosen, die ich als Unterwäsche trug. Außerdem einen alten Koffer, den ich zur Kommode umfunktionierte. Sie zeigte mir, wo die schmutzige Wäsche hinkam und wie man die verschiedenen Haushaltsgeräte bediente. Sie zeigte mir die Lebensmittelvorräte in den Schränken und im Kühlschrank und beteuerte, daß ich mich einfach bedienen sollte, wenn ich Hunger hatte. Das gefiel mir. So behandelten wir Gäste auch in meiner Heimat. Sie brachte mir die Hausordnung bei, die hauptsächlich darin bestand, Ordnung zu halten. Sie war sehr ordentlich und reagierte sehr gereizt, wenn ich es nicht war, also war ich bemüht, alles genau so zu machen wie sie.

Rudina verließ morgens die Wohnung, bevor ich aufgestanden war, ich vermute, um zur Arbeit zu gehen. Stets deckte sie den Frühstückstisch für mich mit und legte ein wenig Geld neben meinen Teller. Geld wofür? Wo sollte ich irgendwas kaufen? Ich hatte keine Ahnung, wie ich irgendwohin kommen sollte und wo die Geschäfte waren. Wenn ich mir Frühstück gemacht und das Geschirr abgewaschen hatte, ging ich ins Wohnzimmer und setzte mich eine Weile vor den Fernseher. Aber alles war auf deutsch. Schließlich fand ich einen Sender, den ich kannte – MTV! Mittags von zwölf bis eins kam eine Sendung, die ich mir jeden Tag ansah. Aber ich ließ den Fernseher auch dann eingeschaltet, wenn ich nicht hinsah, einfach um Gesellschaft zu haben. Ich versuchte, mich zu beschäftigen, machte den Abwasch, saugte und wischte Staub, wienerte das Badezimmer, bis es nur so blitzte, aber die Wohnung war so klein und so sauber, daß immer alles schnell erledigt war.

Das war mein Leben in den ersten paar Wochen. Und dann schrieb ich einen Brief an Ayisha, in dem ich ihr mitteilte, daß ich gut angekommen war und bei einer sehr netten Frau wohnte, die ich am Flughafen kennengelernt hatte. Sobald ich den Brief zu Ende geschrieben hatte, fing ich an zu weinen. Ich dachte an meine Familie, wie sehr ich sie vermißte, fragte mich, wie es ihnen wohl ging, während ich in Deutschland, in der Wohnung einer Fremden, MTV guckte.

In dieser Zeit verließ ich die Wohnung ausschließlich in Begleitung von Rudina, was sie mit Sorge erfüllte. Sie wollte, daß ich mich auch allein aus dem Haus wagte. Mit ihr zusammen ging ich zum Supermarkt und in die Fußgängerzone, und manchmal nahm ich an ihrem Aerobic-Kurs teil – aber allein setzte ich keinen Fuß vor die Tür.

Immer wieder sagte sie mir, daß ich keine Hausarbeit zu machen brauche. Aber ich wollte ihr meine Dankbarkeit für ihre Gastfreundschaft zeigen und mich außerdem einfach irgendwie beschäftigen. Hausarbeit und Fernsehen, mehr hatte ich nicht, um mir die Zeit zu vertreiben. Und Gebete. Ich konnte nicht ohne Gebete leben. Unmittelbar nach meiner Ankunft war ich zunächst zu durcheinander und deprimiert gewesen, um zu beten. Doch mittlerweile betete ich wieder und benutzte ein weites Hemd, das Rudina mir geschenkt hatte, als *mayahfi*.

Rudina hatte mir einen Wohnungsschlüssel gegeben, damit ich jederzeit kommen und gehen konnte, wenn sie nicht da war, aber ich hatte ihn noch nie benutzt. Jeden Abend, wenn sie nach Hause kam, fragte sie mich, was ich an dem Tag gemacht hatte, und jedesmal runzelte sie die Stirn, weil ich so wenig zu erzählen hatte. »Fauziya, du mußt mal raus«, drängte sie. Sie erklärte mir, wie ich mit Bus und Straßenbahn zum Einkaufszentrum kam. »Geh einkaufen«, sagte sie. »Das ist ganz leicht.«

Ich hatte Angst. Und wenn ich nicht wieder zurückfand?

»Ach«, winkte sie ab. »Du bist doch schlau.«

»Nein. Ich verlaufe mich bestimmt.«

»Schreib dir die Telefonnummer auf«, sagte sie. »Wenn du anrufst, komm ich dich abholen.«

Ich zögerte. Sie drängte. »Fauziya, du mußt mal raus.«

Sie hatte recht. »Okay«, sagte ich. »Morgen gehe ich.«

Sie strahlte und tätschelte mir begeistert die Hand. »Gut! Gut! Los mit dir!«

Am nächsten Tag sah ich mir von zwölf bis eins MTV an, betete, zog mir meine neuen warmen Sachen an, holte einmal tief Luft und verließ das Haus zum erstenmal allein. Ich hatte solche Angst! Aber ich schaffte es. Ich schaffte es bis zum Einkaufszentrum, machte dort einen mehrstündigen Schaufensterbummel und kehrte dann zurück. Als Rudina an diesem Abend nach Hause kam, fragte sie mich wie üblich, was ich gemacht hatte, und ich erzählte ihr, daß ich geputzt, ferngesehen und gebetet hatte. Dann fragte sie, wie immer: »*Und?*« Darauf hatte ich gewartet.

»*Und* ich war im Einkaufszentrum.«

Sie klatschte in die Hände. »Oh, Fauziya!« Dann drückte sie fest meine Hand. »Schön für dich! Schön für dich!«

Ich platzte fast vor Stolz. Jetzt hatte ich ein Ziel, einen Grund, das Haus zu verlassen. Kein besonders triftiger Grund, aber immerhin. Ich mußte noch etwas anderes tun als fernsehen, weinen und mich nach meiner Familie sehnen. Ich brauchte Ablenkung, Beschäftigung. Und ins Einkaufszentrum gehen wurde meine Beschäftigung. Von da an war ich jeden Tag dort. Jeden Tag zwang ich mich, weiter und immer weiter von den Geschäften nahe am Eingang wegzugehen, wo ich mich bei meinem ersten Besuch ausschließlich aufgehalten hatte. Schließlich hatte ich das Gefühl, das Einkaufszentrum wie meine Westentasche zu kennen.

Meine täglichen Ausflüge dorthin brachten mich für ein paar Stunden aus dem Haus und lenkten mich von meinen Sorgen ab: Wie lange würde ich bei Rudina bleiben können? Was, wenn sie meiner überdrüssig wurde und mich bat zu gehen? Was für ein Leben war denn das, selbst wenn sie es nicht tat? Wie lange wollte ich noch auf einer Couch schlafen, Fernsehen gucken, nicht zur Schule gehen? Ich mußte etwas tun. Aber was? Wieso hörte ich nichts von Ayisha? Hatte sie meinen Brief nicht bekommen? War ihr etwas zugestoßen? Hatte meine Familie mich vergessen?

Die täglichen Trips zum Einkaufszentrum lösten keines dieser Probleme. Aber sie halfen mir, sie für ein paar Stunden zu vergessen. Also fuhr ich tagtäglich mit der Straßenbahn dorthin und wieder zurück.

Und so lernte ich Charlie kennen.

15
Charlie

Ich war wie gewöhnlich unterwegs zum Einkaufszentrum. An diesem Tag war die Straßenbahn überfüllt, so daß ich stehen mußte. Der Mann, der auf dem Platz vor mir saß, stand auf, tippte mir auf den Arm und sagte: »Möchten Sie sich setzen?«

Ich nahm dankend Platz und wunderte mich, daß jemand so freundlich zu mir war.

Er war groß, dünn und schwarz, ein sympathisch aussehender Mann Ende Zwanzig. Er war nicht der erste Schwarze, den ich in Deutschland sah, aber der erste, mit dem ich ein Wort gewechselt hatte. Der Mann stand neben mir und hielt sich an der Rückenlehne meines Sitzes fest. Ich saß da und sah aus dem Fenster.

Vielleicht sollte ich versuchen, mit ihm ins Gespräch zu kommen, dachte ich. Er war schwarz, er sprach Englisch, aber er war ein Fremder. Und er war ein Mann. In meiner Heimat gilt es als sehr unschicklich, wenn ein Mädchen einen Mann anspricht. Ich hatte es noch nie getan. Ich wußte gar nicht, wie.

»Ich heiße Charlie«, sagte er, als hätte er meine Gedanken erraten. Er hatte eine tiefe Stimme.

Ich blickte auf, unsicher, ob er wirklich mich meinte. Er lächelte. Ich lächelte zurück. »Ich heiße Fauziya.«

»Fauziya«, sagte er. »Das ist ein hübscher Name.«

»Danke.«

»Wo kommst du her, Fauziya?«

»Togo.«

»Togo«, sagte er lächelnd. »Das ist ja toll. Da sind wir fast Nachbarn. Ich bin aus Nigeria.« Er hatte ein nettes Lächeln und schöne, ebenmäßige, weiße Zähne. »Warst du schon mal in Nigeria?«

»Ja«, sagte ich. »Eine Tante von mir wohnt dort.«

»Wirklich? Wo denn?«

»In Ediaraba.«

»Ach ja. Die Gegend kenne ich. Da leben viele Hausa. Bist du eine Hausa?«

»Nein. Tchamba.«

»Ich komme aus Bandar State. Bist du da schon mal gewesen?«

»Nein. Ist das Ibo-Land?«

»Ja. Das ist mein Volk.« Er lächelte. »So, wie du aussiehst, könntest du eine Ibo sein.«

»Das kriege ich oft zu hören. Nigerianer sagen mir dauernd, daß ich wie eine Ibo aussehe.«

Ich sprach tatsächlich mit einem Afrikaner! Oh Gott, es tat so gut, mit einem Afrikaner zu sprechen. Ein paar Haltestellen weiter stand die Frau neben mir auf, und Charlie setzte sich. Wir redeten und redeten und redeten. Über Nigeria. Über Togo. Er fragte, wie lange ich schon in Deutschland sei und warum ich hier sei.

»Das ist eine lange Geschichte.«

»Willst du sie mir nicht erzählen?«

»Lieber nicht.«

»Okay, akzeptiert. Und wo wohnst du, Fauziya?«

»Hier, in Bochum.«

»Bei Verwandten?«

»Nein, bei einer Freundin.«

»Eine Afrikanerin?«

»Nein, sie ist Deutsche. Du stellst aber viele Fragen!«

Er lachte. »Ja, stimmt. Tut mir leid. Ich freue mich nur so, mit einer Schwester aus Afrika zu sprechen.«

So fuhren wir weiter, redeten und lachten. Es war schön, wieder zu lachen. Ich hatte so lange nicht mehr gelacht.

»Wo fährst du denn jetzt hin, Fauziya?« fragte er nach einer Weile.

»Zum Einkaufszentrum.«

»Darf ich dich begleiten?«

Begleiten? Ich wußte nicht, was ich sagen sollte. »Mußt du denn nicht irgendwohin?«

»Nein, eigentlich nicht. Ich hab' gerade einen Freund besucht. Wie wär's? Ich hab' sonst nichts vor, und ich würde mich gern weiter mit dir unterhalten.«

Ich wollte mich auch gern weiter mit ihm unterhalten.

»Tja… Okay.«

Also begleitete er mich zum Einkaufszentrum, und wir spazierten herum, bummelten durch die Läden und unterhielten uns. Die Zeit verging wie im Fluge. Nach ungefähr zwei Stunden erklärte ich, daß ich müde und hungrig sei und nach Hause wollte.

»Bleib doch noch«, sagte er. »Laß uns irgendwo was essen.« Er führte mich in ein kleines Restaurant. Ich hatte noch nie in einem Restaurant gegessen. Zwar hatte ich mir schon mal einen Saft oder eine Cola gekauft, aber niemals wäre ich in ein Restaurant gegangen.

»Was möchtest du essen?«

»Hähnchen, wenn sie das haben.« Die Speisekarte konnte ich selbst nicht lesen.

Er bestellte mir Hähnchen und Pommes frites mit Mayonnaise, das gleiche Essen, das mir Rudina an meinem ersten Abend in Deutschland serviert hatte. Während wir aßen, erkundigte er sich erneut, warum ich in Deutschland war.

»Es gab Probleme zu Hause«, sagte ich. »Aber ich möchte lieber nicht darüber reden.«

Er wollte Näheres über die Freundin wissen, bei der ich wohnte.

»Sie ist eine Weiße«, sagte ich. »Sie heißt Rudina.«

»Eine Weiße? Mhm. Würdest du nicht lieber mit einem Afrikaner zusammenleben? Du könntest bei mir wohnen.«

Ich lachte.

»Das ist mein Ernst«, sagte er lächelnd.

»Nein, ich kann doch nicht bei dir wohnen!«

»Warum denn nicht?«

Ich lachte erneut. »Ich kenne dich doch gar nicht! Und überhaupt, schließlich bist du ein Mann.«

»Na und? Wir wären wie Bruder und Schwester.«

»Es gefällt mir da, wo ich bin«, sagte ich. »Wir sind wie Schwester und Schwester.«

»Okay«, lächelte er. »War nur eine Frage.«

Als der Kellner die Rechnung brachte, bestand Charlie darauf, mich einzuladen, was ich sehr nett fand, und dann bot er an, mich zur Haltestelle zu begleiten. Dort fragte er, ob wir uns wiedersehen könnten. Ich überlegte, ob das eine gute Idee war. Die Bahn kam. Ich mußte mich entscheiden.

»Na? Was meinst du?«

Es hatte mir großen Spaß gemacht, mit ihm zu plaudern. Er machte einen sehr sympathischen Eindruck. Und er hatte mich sogar zum Essen eingeladen.

»Okay. Morgen gegen halb drei bin ich wieder hier.«

»Prima«, sagte er. »Ich auch.«

Als Rudina an diesem Abend nach Hause kam, hatte ich etwas Neues zu berichten.

»*Und* ich bin zum Einkaufszentrum gefahren. *Und* auf der Fahrt dahin habe ich einen netten Afrikaner kennengelernt. Er heißt Charlie und kommt aus Nigeria.«

»Ach, Fauziya, du hast einen Freund gefunden!« Sie klatschte in die Hände. »Wie schön für dich.«

Als ich am nächsten Tag vor dem Einkaufszentrum aus der Bahn stieg, wartete Charlie schon auf mich. Danach trafen wir uns regelmäßig, nicht jeden Tag, aber oft. Offenbar war Charlie ein wenig verliebt in mich, aber ich machte ihm klar, daß ich ihn nur als Freund betrachtete.

Ich wußte weder, wo er wohnte, noch, womit er sein Geld verdiente, noch, wie er mit Nachnamen hieß. Er erzählte es nicht von sich aus, und ich fragte ihn auch nicht. In meiner Heimat gilt es als unhöflich, so direkt zu fragen. Außerdem war er älter als ich und ein Mann. Junge Mädchen dürfen älteren Menschen, vor allem älteren Männern, keine Fragen stellen. Also hielt ich mich zurück. Er dagegen bombardierte mich mit Fragen, aber nie wollte er meinen Nachnamen wissen. Ich war froh darüber. Da er aus Nigeria kam und schon in Togo gewesen war, hatte er Bekannte in meiner Heimat. Es war mir lieber, daß er meinen Nachnamen nicht wußte. So war es für mich weniger riskant, ihm Dinge anzuvertrauen.

Zunächst erzählte ich ihm nicht viel von mir, sondern überließ ihm das Reden. Er erzählte, daß er seit ungefähr sieben Jahren in Deutschland war. Sein Vater lebte noch in Nigeria, seine Mutter war bei einem Autounfall ums Leben gekommen. Ich war voller Mitgefühl, als er mir das erzählte. Er hatte in der Schweiz und in Holland gelebt, bevor er nach Deutschland gekommen war, und kannte viele europäische Städte. Er wirkte weltläufig und gebildet. Ich war beeindruckt. Er hatte eine Schwester, die verheiratet war und in England lebte. Und eine andere Schwester, die früher mit ihm zusammengewohnt hatte, aber vor kurzem mit ihrem frischangetrauten Gatten nach Frankreich gegangen war. Er erklärte, daß er mich deshalb auch gefragt hatte, ob ich bei ihm einziehen wolle. Er war jetzt allein und fühlte sich einsam. Ich kannte das Gefühl.

»Und was ist mit dir?« sagte er oft. »Ich will nicht immer nur über mich reden. Erzähl mir was von dir.«

Nach ein paar Wochen faßte ich Vertrauen zu ihm und erzählte ihm alles. Sogar die Sache mit der Beschneidung. Er hörte zu, ohne mich zu unterbrechen. Als ich fertig war, schüttelte er den Kopf.

»Das ist ja furchtbar, Fauziya. Du hast viel durchgemacht.«

Wir gingen eine Weile schweigend nebeneinander her. Ich war dankbar für das Schweigen. Ich brauchte Zeit, um die Fassung zurückzugewinnen, weil ich all die Trauer in mir neu geweckt hatte. Aber ich war froh, daß ich mich ihm anvertraut hatte.

»Hast du schon Asyl beantragt?« wollte Charlie wissen.

»Was ist Asyl?«

»Das bedeutet, daß du ein Land bittest, dich aufzunehmen und dich zu schützen. Das nennt man Asyl beantragen. Menschen machen das, wenn sie ihre Heimat verlassen müssen, so wie du. Du gehst auf ein Amt und sprichst da mit den Leuten. Du erzählst ihnen, daß du ohne Papiere eingereist bist, und erklärst ihnen, warum. Du schilderst ihnen deine Geschichte, so wie mir gerade, und bittest sie, bleiben zu dürfen. Wenn sie ja sagen, bekommst du Papiere und darfst hier leben und arbeiten.«

»Und wenn sie nein sagen?«

»Dann schicken sie dich zurück nach Hause. Aber ich glaube nicht, daß sie nein sagen, Fauziya. Sie könnten, aber ich glaube es nicht. Und wenn sie ja sagen, dann kümmern sie sich um dich. Du bekommst eine Wohnung und Geld für Lebensmittel. Du könntest wieder zur Schule gehen und deine Ausbildung abschließen.«

»Ich kann doch kein Deutsch.«

»Ich habe auch Deutsch gelernt.«

»Kannst du Deutsch lesen?«

»So halbwegs.«

»Könntest du ein Schulbuch lesen? Könntest du eine Klassenarbeit schreiben?«

»Äh ... okay. Ich verstehe, was du meinst. Es würde eine Weile dauern.«

»Es würde Jahre dauern.«

»Wie wär's dann mit England? Da spricht man Englisch. Du könntest nach England gehen.«

»Und wie? Ich habe keine Papiere, vergiß das nicht. Außerdem kenne ich dort keinen Menschen.«

»Hier kanntest du auch keinen Menschen, als du angekommen bist. Du lernst Leute kennen. Du solltest wirklich nach England gehen.«

»Nein, Charlie. Ich weiß nichts über England. Noch nicht mal, wo es liegt.«

Er überlegte einen Moment.

»Und Amerika?« sagte er.

Ich hatte gerade an Amerika gedacht, denn ich hatte einen Onkel dort. Na ja, keinen richtigen Onkel, aber unsere Familien waren sehr eng befreundet. Er war nach Amerika gezogen, als ich ungefähr zwölf war, und seine Frau und die beiden Kinder waren ihm wenige Jahre später gefolgt, aber unsere Familien hatten immer Kontakt gehalten. Sie wohnten jetzt in New Jersey, wo immer das sein mochte.

Außerdem hatte ich einen Halbvetter in Amerika, der Sohn einer Halbschwester meiner Mutter. Er hieß Rahuf, aber ihn kannte ich nicht so gut. Er war ungefähr in Ayishas Alter, vielleicht sogar noch älter. Als ich klein war, kam er uns oft besuchen. Er und mein Vater unterhielten sich viel über Autos. Er wohnte in einem kleinen Ort zwischen Kpalimé und Tchamba, deshalb sah ich ihn nicht regelmäßig, aber er war immer freundlich und lieb zu mir. Er ging nach Amerika, als ich acht oder neun war. Da war er bereits verheiratet und hatte zwei Töchter. Nach seiner Abreise kam seine Frau oft zu uns zu Besuch. Alle paar Wochen rief sie ihn per R-Gespräch an. Dann mußte ich mit zur Post gehen und ihr helfen, weil sie kein Englisch konnte. Ich nannte der Telefonvermittlung in Amerika die Nummer, die wir wollten, und den Namen der Anruferin. Die Nummer hatte ich so oft aufgesagt, daß ich sie auswendig konnte, aber ich wußte nicht, wo er in Amerika lebte. Er war ein Verwandter, aber aus der entfernten Verwandtschaft, und noch dazu mütterlicherseits, wo die Bindungen lokkerer waren als in der Verwandtschaft väterlicherseits. Dennoch, wenn ich Rahuf mitzählte, hatte ich drei Verwandte in Amerika.

»Ich kenne ein paar Leute in Amerika«, sagte ich zu Charlie. »Verwandte von mir. Wenn ich irgendwohin könnte, würde ich nach Amerika gehen.«

»Dann mach das, Fauziya«, sagte er begeistert. »Geh nach Amerika.«

»Ich habe doch keine Papiere.«

»Die brauchst du gar nicht. Hab' ich dir doch gesagt. Du fliegst rüber und bittest um Asyl.«

»Und wie soll ich das machen? Ich kann Deutschland doch nicht verlassen. Ich bin illegal eingereist. Wenn ich versuche auszureisen, erwischen sie mich bestimmt und schicken mich zurück nach Togo.«

Er lächelte ein zufriedenes Lächeln. »Mach dir darüber mal keine Sorgen, Fauziya«, sagte er. »Ich kann dir helfen.«

»Wie das?«

»Ich habe einen Paß für dich.«

»Wessen Paß?«

»Den Paß meiner Schwester, die jetzt in England lebt. Damit kannst du nach Amerika fahren.«

»Nein, kann ich nicht. Er gehört mir nicht.«

»Doch, du kannst, Fauziya. Wenn du drüben ankommst, gibt du ihn einfach bei der Paßkontrolle ab, sagst, daß es nicht deiner ist, und bittest um Asyl.«

»Ich weiß nicht, Charlie.«

»Fauziya, das ist ganz leicht. Ehrlich. Du erzählst denen einfach deine Geschichte, und sie lassen dich einreisen. Sag ihnen, daß du Verwandte dort hast. Dann rufen sie deine Verwandten an, daß sie dich abholen sollen.«

»Glaubst du wirklich?«

»Fauziya, vertrau mir. Das klappt.«

Vielleicht hatte er recht. Vielleicht sollte ich nach Amerika gehen. Nach allem, was ich gehört hatte, war es ein gutes Land. Meine Lehrer in der Schule hatten gesagt, Amerika sei ein großes Land, in dem die Menschen an Gerechtigkeit glaubten. Wenn ich ihnen erzählte, was mir widerfahren war, hatten sie bestimmt Mitleid mit mir. Charlie beobachtete mich gespannt und wartete auf meine Antwort. Sollte ich sein Angebot annehmen? Ich hatte Angst. Am liebsten hätte ich nein gesagt. Aber ich hatte auch Angst gehabt, als Rudina mir anbot, bei ihr zu wohnen. Damals hatte ich keine andere Wahl, und auch jetzt nicht. Wenn ich nein sagte, mußte ich in Deutschland bleiben, wo ich keine Zukunft hatte. Ich sprach ein stummes Stoßgebet zu Allah und nahm mein Schicksal in die Hand.

»Würdest du mir wirklich den Paß deiner Schwester geben, Charlie?«

»Fauziya, du mußt dich nicht jetzt entscheiden. Denk übers Wochenende drüber nach«, sagte er. »Wenn du möchtest, treffen wir uns Montag wieder. Dann sprechen wir noch mal über alles, okay?«

Das war gut. Heute war Freitag. So hatte ich zwei Tage Zeit, mir die Sache durch den Kopf gehen zu lassen. Wir vereinbarten, daß wir uns Montag nachmittag wieder treffen würden.

Als ich am Montag am Einkaufszentrum ankam, wartete Charlie schon auf mich. Er lächelte und begrüßte mich freundlich. Seit Freitag hatte ich viel nachgedacht. Ich wollte den Paß, aber ich hatte beschlossen, daß ich für ihn bezahlen wollte, damit ich ihm keine Gefälligkeit schuldete. Zunächst wirkte er gekränkt, als ich ihm den Vorschlag machte, doch schließlich nannte er die Summe von 600 Dollar. Bis Mittwoch wollte er sich nach Flügen erkundigen, die ich nehmen konnte.

Am Mittwoch brachte ich mein ganzes Geld mit. Charlie wartete schon. »Es gibt einen Flug in die Vereinigten Staaten, der jeden Samstag geht. Ich kann versuchen, dir ein Ticket für diesen Samstag zu besorgen, wenn du möchtest. Wir können aber auch noch eine Woche warten. Es liegt bei dir. Wieviel Zeit brauchst du?« sagte er.

Ich mußte fast lachen. Zeit wofür? Um Fernsehen zu gucken? In Einkaufszentren herumzuspazieren? Allein in einer Wohnung zu hokken, mich nach meiner Familie zu sehnen und all die Dinge zu beweinen, die ich verloren hatte?

»Diesen Samstag«, sagte ich.

»Okay.«

Er nannte mir den Preis für das Ticket. Umgerechnet 720 Dollar. Ich hatte nur Hundert- und Fünfzig-Dollar-Scheine. Ich gab ihm 750 Dollar. Zusammen mit den 600 Dollar für den Paß, den er an dem Tag nicht dabei hatte, verfügte er nun über 1350 Dollar von meinem Geld, und ich wußte noch immer nicht, wie er mit Nachnamen hieß, kannte weder seine Anschrift noch seine Telefonnummer. War ich verrückt, ihm so zu vertrauen? Rückblickend weiß ich, daß ich es war. Aber meine Lage war verzweifelt, und er war meine einzige Hoffnung.

»Okay, ich versuche, für Samstag ein Ticket zu kriegen«, sagte er.

»Wenn das nicht klappt, nehme ich eins für den nächsten Samstag. Morgen sage ich dir Bescheid.« Er brachte mich zur Bahn.

Würde er wirklich kommen? Oder würde ich ihn und mein Geld nie wiedersehen?

»Da ist ja meine schöne Schwester!« begrüßte er mich am nächsten Tag. »Gute Neuigkeiten, Fauziya. Du fliegst diesen Samstag. Ich hab' das Ticket.«

»Charlie! Das ist ja wundervoll! Hast du es dabei?«

»Nein. Ich bringe es zusammen mit dem Paß am Samstag mit, wenn wir zum Flughafen fahren.«

»Begleitest du mich?«

»Aber natürlich.« Er umfaßte meine Schultern und drückte mich einmal fest. »Du bist doch meine schöne afrikanische Schwester, Fauziya«, sagte er. »Ich muß mich um dich kümmern.«

Wir schlenderten umher und besprachen alles. Mein Lufthansa-Flug ging gegen ein Uhr über Frankfurt nach Newark. Ich hatte keine Ahnung, wo Newark lag, aber es klang so ähnlich wie New Jersey, wo mein Onkel wohnte. Vielleicht war es ja ganz in der Nähe.

»Hast du Angst, Fauziya?« fragte Charlie.

Ich überlegte. Ja, ich war aufgeregt. Aber ich war nicht so verängstigt wie an dem Tag, als ich Togo verließ.

Ich wußte nicht, was mich erwartete, aber zumindest hatte ich Verwandte in Amerika, Menschen, von denen ich wußte, daß sie mir helfen würden, und ich konnte die Sprache des Landes. Außerdem ging ich diesmal aus freien Stücken. Wieder lag das Unbekannte vor mir, aber ich hatte es selbst gewählt. Das war das Entscheidende.

»Nein, Charlie, ich habe keine Angst«, sagte ich schließlich.

Als Rudina an diesem Abend nach Hause kam und wir zu dem Teil unserer täglichen Unterhaltung gelangten, an dem sie unweigerlich »*Und?*« sagte, hatte ich ihr viel zu erzählen.

»*Und* ich ziehe aus, Rudina. Schon Samstag morgen.«

»Was?« Sie sah mich besorgt an. »Wo willst du denn hin? Weißt du, wo du unterkommst?«

Sie befürchtete, daß ich den Eindruck hätte, sie wolle mich loswerden. »Du mußt nicht gehen, Fauziya«, sagte sie. »Wenn du möchtest, okay. In Ordnung. Aber du kannst bleiben.«

»Ich weiß, Rudina. Danke. Ja, ich weiß, wo ich unterkomme.«

»Aber wo ...« Sie sah mich vielsagend an und fing an zu lächeln. »Aaaah«, sagte sie, »dein nigerianischer Freund.«

Charlie hatte mir geraten, ihr nicht die Wahrheit zu sagen, weil sie sich dann nur Sorgen machen würde. Rudina war felsenfest davon überzeugt, daß ich bei Charlie einzog. Und weil ihr das zu gefallen schien, ließ ich sie in dem Glauben.

Am nächsten Tag half sie mir, meine Sachen in den Koffer zu pakken, den sie mir geschenkt hatte. Viel war da nicht zu packen: eine Jeans, ein paar Blusen und Pullover, die meisten von Rudina ausrangiert, Unterwäsche, Socken, Hautcreme, Lippenstift, mein Hochzeitsschmuck, die Halskette und die Ohrringe, die meine Großmutter mir in Mekka gekauft hatte, und den *tasbih*, den meine Mutter Ayisha für mich mitgegeben hatte. Jedesmal, wenn ich seine Perlen durch die Finger gleiten ließ, spürte ich, wie ihre Liebe mich umhüllte, ihr Glaube mir Schutz gab. Amariya. Wo war sie?

Am dem 17. Dezember 1994 wachte ich gegen halb sechs Uhr morgens auf, wusch mich, betete, duschte und zog mir eine Jeans und einen pfirsichfarbenen Pullover an. Dann setzten Rudina und ich uns zum letzten Mal an den Frühstückstisch. Dann war es Zeit zu gehen. Ich war um zehn Uhr mit Charlie verabredet. Ich wollte früh genug aufbrechen, damit ich es auch bestimmt rechtzeitig zum Bahnhof schaffte. Ich zog die braunen Stiefel an, die ich mir von meinem ersten gewechselten Geld gekauft hatte, und schlüpfte in eine ausgediente Jacke Rudinas. Mein Koffer stand neben der Tür. Als Rudina mich umarmte, mußte ich weinen.

»Nein, Fauziya!« sagte sie. »Freu dich doch.« Aber auch ihr standen Tränen in den Augen.

Ich wollte ihr danken. Aber wie konnte ich das? Sie hatte mich aufgenommen, als ich nicht wußte, wohin. Wie dankt man jemandem, der einem das Leben gerettet hat?

»Danke, Rudina. Danke für alles. Gott segne dich.«

»Gott segne dich, Fauziya. Wenn du mal wieder eine Bleibe brauchst, melde dich, okay?«

»Okay.«

Sie öffnete die Tür und schob mich lächelnd hinaus. »Und jetzt geh. Viel Glück.«

»Alles klar für Amerika?« fragte Charlie mich lächelnd, als wir uns am Bahnhof trafen.

»Alles klar.«

»Na, dann los«, sagte er und nahm meinen Koffer.

Wir stiegen in den Zug und suchten uns einen Platz für die lange Fahrt zum Flughafen. Charlie zog das Ticket und den Paß aus der Innentasche seiner Jacke und reichte mir beides. Ich schlug den Paß auf und sah das Foto einer Frau, die mir ganz und gar nicht ähnlich sah. Ihr Haar war kürzer, die Haut dunkler. Nase, Augen und Kinn, alle Gesichtszüge waren anders. Nach der Beschreibung im Paß war sie 1,62 groß und fünfundzwanzig Jahre alt. Ich war fast 1,68 groß und wurde in zwei Wochen achtzehn. Aber ich war so aufgeregt, daß ich mir keine großen Gedanken darüber machte, ob es jemandem auffallen würde, daß ich nicht die Frau auf dem Foto war.

Als wir am Flughafen ankamen, hatten wir noch reichlich Zeit und spazierten eine Weile an den Schaufenstern entlang. Es war eigenartig. Ich tat haargenau das gleiche wie an dem Tag meiner Ankunft, nur diesmal in umgekehrter Reihenfolge. Charlie kaufte mir ein englisches Taschenbuch als Reiselektüre. »Es ist ein langer Flug«, sagte er lächelnd.

Wir stellten uns in eine lange Schlange vor dem Check-in. Charlie kümmerte sich um alles. Er ging mit mir zu dem Gate in der Abflughalle und blieb bei mir, bis der Aufruf kam, daß die Passagiere an Bord gehen sollten. Er schrieb mir seine Adresse auf ein Stück Papier und reichte es mir. »Schreib mir, wenn du angekommen bist, okay?«

Da mein Adreßbuch im Koffer war, den ich schon abgegeben hatte, steckte ich den Zettel in die Jeanstasche. Die Leute fingen an, durch das Gate zu gehen, und Charlie überreichte mir Paß und Ticket. Das war's. Wir standen auf und stellten uns in die Schlange.

»So, nun mach dir keine Sorgen«, sagte er. »Mach einfach alles so, wie ich gesagt habe, dann klappt das schon. Wenn du drüben gelandet bist, gibst du ihnen den Paß und...«

»Ich weiß, Charlie. Ich weiß.«

Er lächelte und umarmte mich. »Du wirst mir fehlen, Fauziya.«

»Du mir auch, Charlie. Danke für alles.«

Kurz bevor ich an Bord der Maschine ging, sah ich mich noch einmal nach Charlie um. Er lächelte und winkte. Er hatte wirklich ein tolles Lächeln.

Der Flug nach Frankfurt war kurz, und schon bald bestieg ich eine erheblich größere Maschine nach Amerika. Der Flug war ausgebucht. So viele Menschen, die nach Amerika flogen, und ich war dabei.

Die Maschine setzte sich in Bewegung, rollte rückwärts, vorwärts, zuerst langsam, dann mit immer größerer Geschwindigkeit. Schneller und schneller und schneller. Und dann waren wir in der Luft.

Ich hatte es geschafft! Ich war unterwegs. Ich dankte Allah, während die Maschine immer höher stieg. Wieder lag das Ungewisse vor mir. Ich betete: »Allah, ich vertraue auf Dich. Du, der Du alles weißt und alles bestimmst, bitte behüte und geleite mich in meinem neuen Leben.«

16
Meiner Schwester Hüterinnen

Ich war auf dem Weg nach Amerika. Es war der Wille Allahs. Kummer, Leid, Zufall und Glück, alles, was dazu geführt hatte, daß ich in diesem Flugzeug saß, war sein Werk gewesen. Bei diesem Flug hatte ich auch keine Angst mehr. Ich war neugierig und voller Hoffnung. Ich dachte, ich hätte das Schlimmste hinter mir, und hoffte, noch am selben Tag bei meinen Verwandten zu sein. Ich hatte ja keine Ahnung, wie sehr ich mich irrte, aber auch das war Gottes Wille, obwohl wir seine Gründe nicht immer verstehen. Ich glaube, daß er mich aus einem bestimmten Grund in dieses Flugzeug setzte und später Layli Miller Bashir und Karen Musalo und mich zusammenbrachte. Lange Zeit erkannte ich nicht, wie gut Gott die beiden vorbereitet hatte, bevor er mein Schicksal in ihre Hände legte. Heute weiß ich es, und es erfüllt mich mit Ehrfurcht.

Ich muß diese beiden Frauen jetzt vorstellen, da sie für den weiteren Verlauf meiner Geschichte eine wichtige Rolle spielen. Ich beginne mit Layli, weil sie die erste war. Layli ist persisch und bedeutet »die innig Geliebte«. Und genau das ist sie für mich. Sie wurde am 24. März 1972 geboren und ist fünf Jahre älter als ich. Sie war erst vierzehn Jahre alt, ein magerer, unbeholfener Backfisch mit krausem Haar, und lebte bei ihrer Familie in Atlanta, als sie den Lebensweg wählte, der meinen kreuzen sollte. Schon in sehr jungen Jahren war Layli jener ernste, aufrichtige, leidenschaftliche Mensch, den ich fast zehn Jahre später kennenlernen sollte.

Ich glaube, daß Laylis ernsthaftes Wesen zum großen Teil mit der Religion ihrer Familie zusammenhängt – dem Bahai-Glauben. Die Bahai haben sich einer weltumspannenden Vision von globalem Frieden und Gerechtigkeit für alle Menschen verschrieben, und sie setzen sich unermüdlich für ihren Glauben ein. Ein Motto der Bahai ist: »Geh deinen spirituellen Weg auf praktischen Füßen.« Die Bahai glauben, daß Gott durch viele göttliche Boten zur Menschheit spricht, um uns in unserer spirituellen Entwicklung zu fördern. In mancherlei Hinsicht hat ihre Religion eine starke Ähnlichkeit mit dem Islam, aber es gibt auch große Unterschiede. Die Bahai erkennen zwar den Koran als heiliges Buch und Mohammed als einen Propheten Gottes an, aber sie befolgen die Lehren Baha Allahs, der Mitte des 19. Jahrhunderts in Persien lebte und predigte. Wie für die Muslime ist für sie das Gebet eine tragende Säule ihres Glaubens, und sie fasten einmal im Jahr. Sie machen auch eine Pilgerfahrt, aber nicht nach Mekka, sondern nach Haifa in Israel. Wie wir trinken sie keinen Alkohol, und sie fordern Keuschheit vor der Ehe. Ihre Religion ist bei weitem nicht so stark von Ritualen geprägt wie der Islam. Sie gehen nicht in die Moschee, und sie haben auch keinen Klerus. Sie wählen einzelne Personen in lokale und nationale Entscheidungsgremien, die »Spirituelle Versammlungen« heißen, und in eine internationale Körperschaft, ihren »Universalen Gerichtshof«. Alle Entscheidungen werden erst getroffen, wenn in den anstehenden Fragen ein Konsens gefunden wurde, ein, wie Layli sagt, meist sehr langwieriger Prozeß, an dessen Ende aber ein befriedigendes Gefühl der Einigkeit herrscht. Die Harmonie zwischen allen Rassen ist den Bahai sehr wichtig, und ebenso die Gleichberechtigung der Geschlechter. Beides wird als unerläßliche Voraussetzung dafür angesehen, daß die Gesellschaft ihre nächsthöhere Entwicklungsstufe erreichen kann. Aber die Gleichberechtigung der Geschlechter ist von besonderer Bedeutung. Wie die Muslime glauben auch die Bahai, daß Eltern verpflichtet sind, ihren Kindern eine gute Ausbildung zu ermöglichen. Wenn sie jedoch aus Geldmangel zwischen dem Sohn und der Tochter wählen müssen, entscheiden sie sich für die Tochter. Sie sind nämlich der Meinung, daß die Ausbildung der Mädchen, da sie später Mütter werden und Mütter in erster Linie die Kinder erziehen, besonders wichtig ist, und zwar gleichermaßen für das Wohlergehen der Familie und der Gemeinschaft.

Die Bahai waren im Iran aufgrund ihres Glaubens grausamen Verfolgungen ausgesetzt. Als die islamischen Fundamentalisten im Jahre 1979 die Macht ergriffen, verboten sie die Religion der Bahai, erklärten deren Ehen für ungültig und ihre Kinder für unehelich, entweihten ihre heiligen Orte und legalisierten das Töten eines Bahai. Zehntausende wurden gefoltert und ermordet, und Tausende flohen aus dem Iran. Die Bahai wissen aus eigener Erfahrung, was Verfolgung, Leiden und Vertreibung bedeuten. Deshalb meine ich auch, daß der Bahai-Glaube ein Grund für Laylis Ernsthaftigkeit ist. Diese Themen beschäftigten sie schon als Kind.

Layli erinnert sich noch genau daran, wie sie sich zum erstenmal einer guten Sache verschrieben hat. Eine schwarze Amerikanerin namens Wilma Ellis, die Generalsekretärin des Internationalen Gemeindebüros der Bahai bei den Vereinten Nationen war, hielt im Haus von Laylis Familie einen Vortrag über die furchtbare Ungerechtigkeit in der Welt und sprach davon, wie wichtig es sei, sich für Gleichberechtigung und den Weltfrieden einzusetzen. Layli hörte der Frau fasziniert zu und kam zu dem Schluß, daß sie sich allmählich ernsthaft Gedanken darüber machen mußte, was sie mit ihrem Leben anfangen wollte. Und das mit vierzehn Jahren! Im folgenden Sommer arbeitete sie bei einem sozioökonomischen Entwicklungsprojekt im Süden Georgias mit und organisierte ein Bahai-Projekt für Jugendliche. Dabei lernte sie auch Roshan Bashir, ihren späteren Ehemann, kennen. Er war damals zweiundzwanzig, studierte Medizin im ersten Semester, sang in einer populären Bahai-Band aus Washington, D. C., und spielte Keyboard. Als Layli telefonisch anfragte, ob die Band bei einem Jugendkonzert auftreten könne, unterhielten Roshan und sie sich noch eine ganze Weile länger. Sie klang ernsthaft, reif, älter, als sie tatsächlich war. In den Wochen darauf rief Roshan sie immer wieder an, nur um mit ihr zu plaudern, und als er ihr schließlich begegnete und erfuhr, wie jung sie war, fiel er aus allen Wolken. Aber er war entschlossen, voll Ungeduld auf sie zu warten.

Layli betrachtete Roshan lediglich als guten Freund. In den Sommerferien darauf absolvierte sie ein Praktikum im Bahai-Büro bei den Vereinten Nationen und reiste anschließend mit einer Jugendgruppe in die Sowjetunion. Sie wollte die Welt sehen und zugleich verbessern. Im Sommer darauf machte Layli ein Praktikum in der Abteilung für Menschenrechte des *Jimmy Carter Center* in Atlanta. Mittlerweile hatte Roshan ihr seine Liebe gestanden, und Layli erwiderte sie. 1989 nahm sie seinen Heiratsantrag an. Nachdem sie das Einverständnis ihrer Eltern eingeholt hatten, wie es die Bahai-Religion verlangt, verlobten sie sich. Aber Layli ging noch auf die High-School und war noch nicht bereit für die Ehe. Sie wollte nach dem Schulabschluß erst noch zwei Pläne verwirklichen, die ihr sehr am

Herzen lagen: ein Semester lang auf einem Uni-Campus leben und nach Afrika reisen. Aus unerfindlichen Gründen träumte Layli seit langem von Afrika. Roshan schlug vor, daß sie seine ältere Schwester Sherry besuchen sollte, eine Zahnärztin, die mit ihrem Mann in Gambia wohnte.

Layli verbrachte drei Wochen dort, und einen Teil der Zeit reiste sie mit zwei einheimischen Koordinatoren eines landwirtschaftlichen Bahai-Entwicklungsprojektes von Dorf zu Dorf und pflanzte Bananenstauden. Sie gewöhnte sich schnell an das karge Leben in diesem verarmten Land. Sie lernte, »Danke« zu sagen und nicht »Nein, das kann ich wirklich nicht annehmen«, wenn ihr als Gast bei einer Familie das einzige Ei oder die einzige Banane angeboten wurden. Die Gastfreundschaft, die sie in diesem bettelarmen Land kennenlernte, überwältigte sie. In Amerika waren die Menschen habgierig, und Amerikaner waren doch so reich! Doch Layli romantisierte das Dorfleben nicht. Sie war keine Touristin, die durch die Fenster eines klimatisierten Reisebusses einen flüchtigen Blick auf das Leben der »Eingeborenen« wirft. Sie lebte und arbeitete dort. Sie sah die Armut und den Hunger. Sie sah, daß Frauen in dieser typisch patriarchalischen afrikanischen Gesellschaft häufig mißhandelt und ausgebeutet wurden. Sie sah mit eigenen Augen die Eifersucht und Feindseligkeit zwischen Frauen, die sich einen Ehemann teilen mußten. Sie sah viel Leid und Kummer, aber deshalb liebte sie das Land und seine Menschen nur um so mehr.

In jenem Sommer hörte sie auch zum erstenmal, daß Frauen beschnitten wurden. Einige Frauen auf dem Markt sprachen darüber, ohne auf anatomische Einzelheiten einzugehen. Layli verstand nur, daß irgendwelche Schnitte im Genitalbereich vorgenommen wurden. Weil die Frauen so sachlich darüber sprachen, war Layli nicht sonderlich beeindruckt. Die Feierlichkeiten bei den Beschneidungsfesten schienen den Frauen das Wichtigste zu sein. Sie erzählten munter und fröhlich von Festen und Geschenken, und Layli freute sich für sie.

Als sie wieder nach Hause fahren mußte, weinte sie. Sie wollte in Gambia bleiben. Obwohl die Menschen bittere Armut litten, hatten sie im Gegensatz zu Amerikanern einen anderen Reichtum – eine Wärme, Freundlichkeit und Großzügigkeit, wie Layli sie nie zuvor erlebt hatte.

Ich danke Allah dafür, daß er Layli in meine Welt geschickt und ihr

Herz auf diese Weise vorbereitet hat. Denn sechs Jahre später sollte sie einer jungen Frau aus Togo begegnen, die ihr erzählte, daß sie Togo nie verlassen wollte und nie in die Vereinigten Staaten gekommen wäre, wenn sie nicht um ihr Leben gefürchtet hätte.

Im Januar 1990 nahm Layli ihr Studium am *Agnes Scott College* in Atlanta auf, und sechs Monate später heiratete sie Roshan. Sie wohnten in Atlanta, wo er als Assistenzarzt an der *Emory University Medical School* arbeitete. Layli fragte ihn, ob er etwas über die Beschneidung von Mädchen wisse, von der sie in Gambia gehört hatte. Roshan hatte noch nie davon gehört, aber er fand in einer Fachzeitschrift einen Artikel über die »Verstümmelung weiblicher Genitalien« (»Female Genital Mutilation«, in den USA häufig kurz FGM genannt), und kopierte ihn für Layli.

Sie erinnert sich noch heute genau an die Beschreibungen und Diagramme der unterschiedlichen Beschneidungsverfahren: Abschneiden der Klitoris; Abschneiden der Klitoris und der inneren Schamlippen; Abschneiden der Klitoris, der inneren Schamlippen und eines Teils der äußeren Schamlippen sowie Zusammennähen der Schamlippen, wobei eine kleine Öffnung in der Nähe des Anus belassen wird, damit Urin und Blut abfließen können. Sie las, daß die Beschneidungsprozedur meist unter extrem unhygienischen Umständen erfolgt, ohne Betäubung oder Antiseptika. Häufig werden für die Beschneidung Messer, Rasierklingen und Glasscherben verwendet. Wie zu erwarten war Layli entsetzt.

Roshan betrachtete die Beschneidung aus medizinischer Sicht: Die Genital-Verstümmelung birgt große gesundheitliche Risiken, unter anderem extreme Blutungen, Schmerzen, Schock, psychische Schäden, Infektionen, Entstellung, Narbenwucherung, Verlust der sexuellen Empfindungsfähigkeit und zahlreiche weitere Komplikationen, die eben auch tödlich sein können. Layli sah in erster Linie eine Verletzung der Menschenwürde. In den achtundzwanzig Ländern Schwarzafrikas, in denen die Beschneidung am stärksten verbreitet ist, wird sie meist an jungen Mädchen unter sechzehn und manchmal sogar an Kleinkindern vorgenommen.

Ich war vierzehn und ging gerade aufs Internat, als Layli diese Artikel las. Auch ich lehnte die Beschneidung ab. Zumindest für mich. Was die anderen machten, war schließlich deren Sache. Layli hatte da eine ganz andere Haltung. Sie dachte an andere und lernte gerade, ihren spirituellen Weg auf praktischen Füßen zu gehen. Während des gesamten Studiums engagierte sie sich weiter für die Bahai, machte erneut ein Praktikum am *Jimmy Carter Center* und arbeitete als Freiwillige für das *Martin Luther King Jr. Center*, das sich für gewaltfreie soziale Veränderungen einsetzt. Beruflich wollte sie im Bereich internationale Beziehungen tätig sein, und sie hatte erkannt, daß ein Jurastudium dabei von Nutzen sein konnte. Andererseits hegte Layli von jeher ein tiefes Mißtrauen gegenüber Anwälten, denn allzu häufig säten sie Zwietracht, statt sie zu beheben. Waren sie nicht eher Teil des Problems als dessen Lösung? Nicht immer, versicherte Roshan ihr. Sie können sich auch für die Menschenrechte einsetzen und ihr Wissen und ihr berufliches Ansehen im Dienste der Gerechtigkeit einsetzen.

Roshan überzeugte sie schließlich, Jura zu studieren, aber sie wollte zugleich einen Magister in Politikwissenschaft machen. Roshan sollte bald an die *Georgetown University School of Medicine* in Washington, D.C., wechseln; deshalb schrieb Layli sich an der dortigen *American University* ein. Kurz vor Semesterbeginn, im Sommer 1993, schwankte sie noch immer, ob sie ihr Jurastudium überhaupt anfangen und sich nicht doch lieber nur auf den Magisterstudiengang konzentrieren sollte.

Zwei Wochen vor Semesterbeginn war Layli noch immer unschlüssig.

»Versuch's doch einfach«, sagte Roshan. »Besuch ein paar Seminare. Schreib ein paar Arbeiten. Aufhören kannst du immer noch.«

Layli belegte ihre ersten Seminare in Jura. Es gefiel ihr, und sie war gut. Am Ende ihres ersten Jahres wurde sie für das *Journal of Gender and the Law* benannt, eine Auszeichnung, die im Anschluß an einen Schreibwettbewerb vergeben wird. Die Auserwählten müssen einen Artikel für das *Journal* schreiben. Die Aufsätze werden von den Studenten bewertet, und der beste wird im *Journal* abgedruckt. Im Sommer 1994 machte Layli ein Praktikum im Informationszentrum der Vereinten Nationen in Washington und überlegte, über welches Thema sie schreiben sollte. Roshan versorgte sie weiter mit medizinischer Literatur zur Beschneidung von Frauen, und je mehr sie darüber las, desto größer wurde ihr Entsetzen. Tag für Tag wurden Tausende junger Mädchen verstümmelt. Und warum? Angeblich, damit sie rein blieben, in Wahrheit, um ihr sexuelles Verlangen zu ersticken und sie unter männlicher Kontrolle zu halten, weil das Männern gefiel. Vielleicht sollte sie darüber schreiben.

In ihrem zweiten Studienjahr belegte Layli ein Seminar in Strafrecht. Die Studenten mußten ein Referat zu einem Thema ihrer Wahl schreiben. Layli wußte genau, worüber sie schreiben wollte. Die Beschneidung von Frauen mußte verboten werden. Gab es bereits Länder, in denen die Verstümmelung weiblicher Genitalien als Verbrechen galt? Darüber wollte sie ihr Referat schreiben. Sie beschaffte sich Literatur zu dem Thema; damals waren bereits über sechzig Aufsätze erschienen. Sie fand heraus, daß die Beschneidung von Frauen in Großbritannien und Schweden verboten war, daß es in Frankreich eine entsprechende Gesetzesvorlage gab und daß die Praxis auch in einigen afrikanischen Ländern untersagt war. Die meisten Gesetze waren erst in jüngerer Zeit erlassen worden, aber manche auch schon in der Kolonialzeit. Dennoch gab es in den meisten Staaten keine rechtlichen Mittel gegen die Beschneidung, und dort, wo es diese Mittel gab, wurden sie offensichtlich nicht angewendet.

An jenem Dezembertag, an dem ich Charlie in Deutschland 600 Dollar für einen Paß gab, mit dem ich nach Amerika reisen konnte, notierte Layli sich in ihrem Kalender: »Konzentrierte Arbeit an Referat über weibliche Beschneidung«. Am Freitag, dem 16. Dezember, dem letzten Tag vor Beginn der Weihnachtsferien, gab sie das Referat ab. Am nächsten Tag bestieg ich das Flugzeug nach Newark.

Nun zu Karen. Ungefähr zur gleichen Zeit überlegte Karen Muslo, eine bekannte Anwältin, die sich für die Belange von Flüchtlingen einsetzte, ob sie für den kommenden Herbst einen Lehrauftrag an der *American University* annehmen sollte. Karen hatte sich seit 1983 einen Namen als Expertin für Asylrecht gemacht. Man hatte ihr für ein Jahr die Leitung der Abteilung für internationales Menschenrecht an der *American University* angeboten. Dieses Institut zählt zu den besten des Landes und bietet Studenten die Gelegenheit, praktische Erfahrungen in Prozessen mit Asylanten zu sammeln. Der Leiter der Abteilung, Professor Richard Wilson, hatte sich für ein Jahr beurlauben lassen und wollte Karen die Vertretung übertragen, weil sie die erforderliche Sachkenntnis besaß. Doch scheute sie zuerst den Umzug von der Westküste an die Ostküste.

Auch Layli war nicht sicher gewesen, ob sie an die *American Uni-*

versity gehen wollte. Aber Allah hatte es so gewollt, und nun war sie da, und er wollte auch Karen dorthin führen.

Karen hatte wie Layli schon in jungen Jahren ein offenes Auge für das Leiden und die Ungerechtigkeit in der Welt. Sie war Gegnerin des Vietnamkrieges, und mit fünfzehn, als ihr Bruder eingezogen werden sollte, unterstützte sie vehement seine Verweigerung des Kriegsdienstes. Später las sie viel über Gewaltfreiheit und sozialen Wandel, wobei sie die Autobiographie Mahatma Gandhis besonders beeindruckte. Nach ihrem Abschluß am *Brooklyn College*, wo sie an Antikriegsdemonstrationen teilgenommen hatte, zog sie an die Westküste und arbeitete dort als Redakteurin und Journalistin für eine kleine Lokalzeitung, die sich vor allem mit Umweltthemen und Tierschutz beschäftigte. 1978 nahm sie ihr Jurastudium mit Schwerpunkt Umweltrecht auf. Nach dem Examen erhielt sie ein auf ein Jahr befristetes Forschungsstipendium im Bereich Umweltrecht bei der *Public Interest Research Group* in Boston. Aber Karen fühlte sich an der Ostküste nicht wohl und ging ein Jahr später nach Kalifornien zurück.

Dort arbeitete sie in der kostenlosen Rechtsberatung für Bedürftige mit und hatte erstmals mit Asylrecht zu tun. Zu Beginn der achtziger Jahre flohen Zigtausende von Menschen vor der politischen Unterdrückung und den Bürgerkriegen in Mittelamerika. Viele besaßen bei ihrer Ankunft in Kalifornien nicht viel mehr als die Kleider, die sie am Leibe trugen. Eine Organisation, die damals den Flüchtlingen bei ihren Asylanträgen rechtlichen Beistand leistete, war das *Lawyer's Committee for Civil Rights* in San Francisco. Das *Lawyer's Committee* sprach mit frisch eingetroffenen Asylsuchenden, bewertete ihre Erfolgsaussichten und verschaffte mittellosen Mandanten mit berechtigten Ansprüchen einen Anwalt. Eines Tages trug das Komitee Karen den Fall eines jungen Flüchtlings aus San Salvador an, der im Gefängnis von Oakland in Haft gehalten wurde. Die Todesschwadrone in seiner Heimat hatten seinen Neffen, seinen Vetter und zwei seiner Brüder ermordet und dann nach ihm gesucht. Er hatte sich in einem Schrank versteckt und konnte später in die USA fliehen. Die Regierung wollte ihn zurückschicken. Konnte Karen ihm helfen? Sie sprach kein Spanisch. Sie hatte sich nie mit Einwanderungs- oder Asylrecht beschäftigt. Aber andererseits: Konnte sie nein sagen?

Es war ein unglaublich schwieriger Fall, aber Karen ließ sich nicht unterkriegen, und am Ende wurde ihrem Mandanten Asyl gewährt. Dieser erste Fall hatte Karens Leben verändert. Das war ihre Berufung! Von da an konzentrierte sie ihre gesamte Energie auf Asylsuchende und Menschenrechte, und das in verschiedenen Funktionen, mal als Anwältin an vorderster Front, mal als Dozentin an verschiedenen juristischen Fakultäten. Außerdem engagierte sie sich aktiv in einem Bereich des Asylrechts, der in den achtziger Jahren erstmals das öffentliche Interesse auf sich zog: auf die vielen Arten der Unterdrükkung und Folter, unter denen gerade Frauen und Mädchen leiden, auf Vergewaltigung, sexuelle Nötigung, erzwungene Abtreibung und Sterilisation, auf Gewalt in der Familie und auf Beschneidung von Mädchen. Sie schloß sich den Menschen an, die sich in den USA dafür einsetzten, daß Verbrechen gegen Frauen als Verstöße gegen die Menschenrechte eingestuft und folglich als hinreichende Gründe für die Gewährung von Asyl anerkannt wurden, auch wenn diese Verbrechen auf den ersten Blick nicht politisch motiviert erscheinen. Vergewaltigung beispielsweise galt lange Zeit nicht als »politische« Tat. Als jedoch ein Mitglied einer Menschenrechtsorganisation 1993 ins ehemalige Jugoslawien reiste und einen Bericht veröffentlichte, der die massenhaften Vergewaltigungen muslimischer Frauen durch Serben anprangerte, half Karen mit zu beweisen, daß Vergewaltigung durchaus eine politische Tat sein kann. Die Vertreter der Menschenrechtsorganisation sprachen sich entschieden dafür aus, Vergewaltigung als Kriegsverbrechen einzustufen und weiblichen Flüchtlingen, die vor solchen Verbrechen fliehen, Asyl zu gewähren. Kanada war das erste Land, das 1993 offizielle Richtlinien herausgab, in denen bestimmte geschlechtsspezifische Formen der Verfolgung als Grund für die Gewährung von Asyl anerkannt wurden.

Als ich Karen kennenlernte, hatte sie bereits die besten Voraussetzungen, um mich rechtlich zu vertreten. Sie war nicht nur eine erfahrene und clevere Anwältin, die seit Jahren Asylverfahren bearbeitete, sondern sie kämpfte auch schon längere Zeit für eine Änderung bestehender Gesetze zugunsten verfolgter Frauen. Ich sehe das Wirken Allahs sowohl in den verschiedenen Zufällen, die sie an die *American University* führten, als auch darin, daß ihre Erfahrung als Anwältin haargenau auf meine Bedürfnisse abgestimmt schien. Karen würde das anders sehen. Sie spricht nicht von Gott, sondern davon, ›in eine

Situation gestellt zu werden, in der man Gelegenheit hat, etwas Gutes zu bewirken‹. Aber Tatsache ist, daß ich im Dezember 1994 über den Atlantik flog und Karen über einen ganzen Kontinent, bis sich unsere Lebenswege kreuzten.

17
Amerika

Auf dem Flug nach Amerika las ich ein bißchen, schlief ein bißchen und unternahm ein paar vergebliche Anläufe, mit den Männern zu plaudern, die rechts und links von mir saßen. Keiner von beiden sprach Englisch. Ich dämmerte vor mich hin, zwischen Wachen und Schlafen, als endlich eine Stewardeß über Lautsprecher ansagte, daß die Maschine in fünfundvierzig Minuten landen würde. Wir waren fast da! Ich sah auf die Uhr; Viertel nach zehn Uhr abends deutscher Zeit. Meine Uhr. Die schöne Uhr, die mein Vater mir zum fünfzehnten Geburtstag geschenkt hatte. Ich hatte auch meine Perlen, die letzten vier Schnüre, die meine Großmutter mir geschenkt hatte. Außerdem trug ich ein Stück von meinem Hochzeitsschmuck, einen Ring, sowie die Kette und Ohrringe, die ich von Ayisha bekommen hatte. Ich berührte meine Ohrläppchen, tastete nach den langen Kupferohrringen und dem dicken Kupferkreuz an einem schwarzen Band, Geschenke meiner geliebten Ayisha. Ayisha – auf meinen Brief aus Deutschland hatte sie nicht geantwortet. Hatte sie ihn überhaupt bekommen? Sobald ich bei meinem Onkel war, würde ich ihr wieder schreiben.

Pling. Ich sah auf. Die Anzeige *Fasten Seat Belts* leuchtete auf. Wieder sprach die Stewardeß über Lautsprecher: »Wir beginnen jetzt den Landeanflug auf Newark International Airport. Es ist vier Uhr Ortszeit.« Das war ja prima! Wenn alles glattging, konnte ich zum Abendessen bei meiner Tante und meinem Onkel sein.

Die Maschine ging tiefer, immer tiefer, und dann setzten wir holpernd auf. Das war's. Ich schloß die Augen. Allah. Der Du alles weißt und alles lenkst. Ich vertraue auf Dich. Mein Schicksal liegt in Deinen Händen.

Ich folgte den anderen Passagieren aus dem Flugzeug, durch mehrere Türen hindurch in einen großen, offenen Raum, an dessen gegenüberliegender Wand sich eine lange Reihe von Schalterhäuschen für die Paßkontrolle befand. Ein Mensch in Uniform, der die Flut der Passagiere regelte, schickte mich zu einem Schalter, hinter dem eine weiße Beamtin saß. Allah stand mir bei, dachte ich. Ich wollte meine Geschichte sehr viel lieber einer Frau erzählen als beispielsweise dem Mann, der hinter dem anderen Schalter für Nichtamerikaner saß. Eine Frau würde Mitleid haben und mich verstehen.

Ich war an der Reihe. Mit klopfendem Herzen trat ich an das Häuschen heran und reichte der Beamtin den Paß. »Hallo«, begrüßte sie mich. Sie hatte kurzes, bräunliches Haar und wirkte weder freundlich noch unfreundlich.

»Waren Sie schon einmal in den Vereinigten Staaten?« fragte sie.

»Nein, bitte.« Ich wollte besonders höflich sein.

»Sie waren noch nicht hier?«

»Nein, bitte.«

»Aber die Person, der dieser Paß gehört, war schon mal in den Vereinigten Staaten.«

»Oh, ich bitte um Verzeihung. Das ist nicht mein Paß.«

»Können Sie mir dann sagen, was Sie mit diesem Paß hier machen?« fragte die Beamtin ruhig.

»Oh ja, ich bitte um politisches Asyl.« Charlie hatte mir diesen Satz eingeschärft.

Sie musterte mich einen Augenblick. Ich wußte nicht recht, was ich tun sollte. Ihr meine Geschichte erzählen? Oder lieber abwarten, bis sie mich dazu aufforderte? Vielleicht mußte ich meine Geschichte ja auch gar nicht erzählen. Vielleicht würde sie mich einfach durchwinken.

Statt dessen schüttelte sie leicht den Kopf, zog ein Formular hervor, und nahm einen Stift in die Hand, um sich meine Geschichte zu notieren, wie ich meinte.

»Haben Sie ein Rückflugticket?« fragte sie.

»Nein.« Wieso sollte ich das haben?

»Haben Sie Geld bei sich?«

»Ja.«

»Würden Sie mir sagen, wieviel?«

»Ich weiß nicht genau.«

»Würden Sie es bitte zählen?«

Ich holte das Geld hervor, zählte es und nannte ihr die Summe: 595 Dollar.

»Geben Sie es mir bitte.« Sie streckte mir die flache Hand entgegen und trug gleichzeitig etwas in das Formular ein.

Ach so! Das war ein Scherz. Wie von dem Beamten in Deutschland, bevor er mich durchgewunken hatte.

Sie blickte von dem Formular auf, die Hand noch immer ausgestreckt. »Geben Sie es mir bitte.« Sie lächelte nicht. Das war kein Scherz. »Keine Sorge«, sagte sie. »Sie bekommen es wieder. Ich habe den Betrag hier notiert.« Ich gab ihr das Geld. Sie nahm das Formular, den Paß und das Ticket in die Hand. »Nehmen sie dort Platz«, sagte sie und zeigte auf einen Wartebereich mit mehreren Bankreihen. »Ich komme gleich wieder zu Ihnen.«

»Ja, bitte.« Ich würde meine Geschichte also doch erzählen müssen. Hätte ich mir ja auch denken können. Ich sah mich nach einem Telefon um, konnte aber keins entdecken. An der Wand mir gegenüber waren ein paar Türen, und rechts ging ein kleiner Gang ab. Wenn die Beamtin wiederkam, wollte ich sie nach einem Telefon fragen. Ich wußte die Telefonnummer meines Onkels nicht. Vielleicht würde sie mir helfen, sie rauszukriegen und ihn anzurufen.

Ich sah, wie die Beamtin mit einem Kollegen sprach, der anschließend auf mich zukam. »Würden Sie bitte mitkommen? Wir müssen ein Foto von Ihnen machen und Fingerabdrücke nehmen«, sagte er. »Das geht ganz schnell.« Er stellte mich vor eine Wand, nahm einen Fotoapparat und machte ein Foto von mir. Dann traten wir an einen Tisch, er ergriff meine Hand und führte meine Daumen vom Stempelkissen zum Blatt. Dann gab er mir ein Papiertaschentuch, damit ich die Tinte abwischen konnte. »Sie können sich wieder setzen.« Donnerwetter! Ich war sehr beeindruckt. Die stellten mir gleich hier einen Paß aus! Ich hatte zwar noch nie gehört, daß man für einen Paß Fingerabdrücke brauchte, aber wofür sollte das Foto sonst sein? Alles lief wie geschmiert. Amerika war schon ein tolles Land!

Etwa eine Stunde später hatten sie die Menschenschlange abgefertigt, die noch hinter mir gewesen war. Die Beamtin öffnete eine der Türen an der Wand gegenüber und führte mich in einen klitzekleinen Raum mit einem Tisch und zwei Stühlen. Wir setzten uns einander gegenüber an den Tisch, und sie nahm einen Stift und ein paar Blätter zur Hand.

»Okay, jetzt wollen wir uns mal unterhalten«, sagte sie. »Ich möchte, daß Sie mir genau erzählen, warum Sie hergekommen sind und was Sie in den Vereinigten Staaten wollen. Ich möchte, daß Sie mir alles erzählen, und zwar wahrheitsgemäß, okay?«

»Wie schreibt man Fauziya Kassindja?«

Ich buchstabierte ihr meinen Namen.

Ich sah, daß sie »Kassinga« schrieb, wußte aber nicht, ob es ratsam war, sie zu korrigieren, also ließ ich es. Sie fragte nach meinem Geburtsdatum und -ort. Ich antwortete ihr. Sie schrieb »Kpalome« anstatt »Kpalimé«. Aber auch das verbesserte ich nicht. Sie fragte nach meiner Staatsangehörigkeit. Und dann wollte sie wissen, warum ich nach Amerika gekommen war.

Ich erzählte ihr meine ganze Lebens- und Leidensgeschichte, aber ich erzählte ihr nichts von der *kakia*. Sie war zwar eine Frau, aber sie war eine Weiße und Amerikanerin. Wie sollte ich die *kakia* jemandem erklären, der vermutlich noch nie davon gehört hatte? Vielleicht hätte sie geglaubt, daß ich das alles nur erfand. Und es war eine so entsetzlich persönliche, intime Sache. Ich brachte es einfach nicht über mich, darüber zu sprechen. Es war zu beschämend. Ich hatte ihr genug erzählt, dachte ich. Mehr als genug. Jeder Mensch mit einem fühlenden Herzen mußte einfach Verständnis für meine Situation haben.

»Ist das alles?« fragte sie, als ich fertig war.

Ich nickte, und sie gab mir das Blatt Papier, das ich durchlesen und unterschreiben sollte. Sie hatte nicht viel aufgeschrieben: Name, Geburtsdatum und -ort, Staatsangehörigkeit, daß ich den Paß von Charlie gekauft hatte und daß ich in die Vereinigten Staaten gekommen war, weil »meine Tante mich mit jemandem verheiraten will, den ich nicht mag«. Das war zwar nicht die ganze Wahrheit, aber es stimmte halbwegs. Vielleicht brauchte sie nicht mehr für ihre Unterlagen. Ich unterschrieb und gab ihr das Blatt zurück. Daraufhin öffnete sie die Tür und bat einen anderen Beamten herein, der anscheinend ihr Vorgesetzter war. Er überflog das Blatt mit meiner Unterschrift und wandte sich dann stirnrunzelnd an mich.

»Das ist kein Grund, Ihnen Asyl zu gewähren«, sagte er zu mir.

»Wie bitte?« Ich hatte ihn falsch verstanden. Ich mußte ihn falsch verstanden haben.

»Möchten Sie zurück nach Deutschland?«

»Nein, ich will nicht zurück nach Deutschland. Ich möchte politisches Asyl.«

»Möchten Sie nach England?«

»Nein. Da kenne ich niemanden.«

»Möchten Sie wieder nach Togo?«

»Togo! Nein! Ich kann nicht zurück nach Togo! Ich möchte hierbleiben! Ich möchte politisches Asyl!«

»Tja, tut mir leid, aber für uns liegt kein Grund vor, Ihnen politisches Asyl zu gewähren. Ich würde vorschlagen, Sie fliegen zurück nach Deutschland. Wenn Sie hierbleiben, kommen Sie nämlich ins Gefängnis. Möchten Sie das?«

Gefängnis! Ich verstand kein Wort mehr. Das konnte doch nicht sein Ernst sein. Er wollte mir Angst einjagen. Aber warum? Mir drehte sich der Kopf.

Plötzlich war noch eine Frau im Zimmer. Sie hatte ein dunkles Kostüm an. War jemand aus dem Zimmer gegangen, um sie zu rufen? Ich kann mich nicht erinnern. Sie trug meinen Koffer und hielt etwas in der Hand, das aussah wie ein kleines schwarzes Radio. Ich glaube, der Beamte sagte, sie sei Kapitän des Flugzeuges, mit dem ich hergekommen war. Zu dem Zeitpunkt war ich schon so in Panik, daß ich nicht mehr klar denken konnte. »Sie wird sie zum Flugzeug nach Deutschland bringen«, sagte er. »Der Flug geht in ein paar Stunden.«

Die Dame in dem Kostüm lächelte: »Kommen Sie mit mir«, sagte sie. »Ich sorge dafür, daß Sie wohlbehalten wieder zurückkommen.«

»Nein! Ich will politisches Asyl!« wiederholte ich verzweifelt. Vielleicht wollten sie mich bloß auf die Probe stellen, und wenn ich es nur oft genug wiederholte, würden sie schließlich »okay« sagen und mich gehen lassen. Und dann schoß mir plötzlich ein entsetzlicher Gedanke durch den Kopf. Oh Gott! Das hatte ich auch bei meiner Tante gedacht – wenn ich nur immer wieder beteuerte, daß ich nicht heiraten, sondern zur Schule gehen wollte, würde sie am Ende doch ein Einsehen haben. Ich mußte mir etwas anderes einfallen lassen. Mein Onkel! Vielleicht hatte ich nicht deutlich genug gemacht, daß ich Verwandte in den USA hatte. »Ein Onkel von mir lebt in New Jersey«, erklärte ich dem Beamten. »Darf ich ihn anrufen. Er wird mich abholen.«

»Nein, Sie dürfen ihn nicht anrufen. Sie dürfen überhaupt nicht telephonieren.«

Sollte das ein Witz sein?

»Wenn Sie nicht nach Deutschland zurückgehen, müssen Sie ins Gefängnis«, wiederholte er.

»Nein! Nein! Ich will nicht zurück nach Deutschland! Ich will politisches Asyl!« Mir kamen die Tränen.

Die Dame in dem Kostüm zuckte die Schultern und ging. Die Beamtin warf ihrem Vorgesetzten einen vorwurfsvollen Blick zu und sprach ruhig auf mich ein. »Hören Sie, wir können Ihnen kein Asyl gewähren. Das kann nur ein Gericht.«

»Dann möchte ich einen Richter sprechen! Geht das jetzt gleich?«

»Nein, das geht nicht. Sie müssen warten.«

»Wie lange denn?«

»Das kann ich Ihnen nicht sagen.«

»Zuerst müssen Sie jedenfalls ins Gefängnis«, sagte der Beamte.

»Aber ich will nicht ins Gefängnis! Ich war noch nie im Leben im Gefängnis!« Wieder brach ich in Tränen aus.

Die Beamtin sah ihren Vorgesetzten erneut tadelnd an. Er schüttelte den Kopf und ging. »Beruhigen Sie sich«, sagte sie zu mir. »Das Gefängnis ist nicht so schlimm. Außerdem sind dort auch noch andere Afrikaner. Und Sie bleiben auch nicht lange dort«, fuhr sie fort. »Nur bis Montag. Ein Anwalt aus Ihrem Land wird mit Ihnen reden, und dann können Sie auch Ihre Verwandten anrufen und zu ihnen fahren.«

Ein anderer Beamter betrat den Raum. Auch er wirkte wie ein Vorgesetzter.

»Sie sagt, sie ist aus Togo?« fragte er die Frau und deutete mit dem Kinn in meine Richtung. Sie nickte. Er sah mich an. »Parlez-vous français?«

Ich verstand die Frage, aber zu viel mehr reichte mein Französisch nicht. Ich antwortete also, ich könne kein Französisch.

»Und Sie wollen aus Togo sein?«

Aber ich war doch in Ghana zur Schule gegangen. Das hatte ich der Beamtin auch gesagt. Ich war verängstigt und durcheinander und kam gar nicht auf die Idee, es noch einmal zu erklären.

Er legte mir Papier und Bleistift hin. »Können Sie Ihre Landesflagge zeichnen?« fragte er. Ich nahm den Stift. Meine Hand zitterte. Ich zeichnete die Fahne: fünf waagerechte Streifen und ein Stern in einem Kasten in der oberen rechten Ecke, nein der linken Ecke. Das hatte ich schon immer verwechselt. Ich wußte, wie meine Fahne aussah, aber die von Ghana war mir vertrauter.

»Das ist nicht die Flagge von Togo«, stellte er anklagend fest.

»Ich hab' mich vertan. Der Stern muß in die andere Ecke.«

»Was für Farben hat die Flagge.«

»Die Streifen sind grün und gelb, und der Stern ist weiß auf rotem Grund.«

»Das sind nicht die Farben.«

»Doch, das sind sie!« Den Stern hatte ich vielleicht auf die falsche Seite gemalt, aber ich wußte ganz genau, welche Farben unsere Flagge hatte!

»Sie sprechen kein Französisch, Sie kennen Ihre Flagge nicht.« Er schnaubte. »Die ist nicht aus Togo«, sagte er zu der Beamtin. »Sie lügt. Wahrscheinlich ist sie aus Nigeria.«

Der Zorn übermannte mich. »Ich lüge nicht!« schrie ich. »Ich weiß, aus welchem Land ich bin! Ich komme aus Togo!«

Er zuckte die Achseln. »Wie Sie meinen. Nehmen Sie draußen Platz.« Ich stand auf, ging hinaus in den Wartebereich und setzte mich. Ich war wie betäubt. Das Ganze war einfach zu verrückt. Sie würden mich nicht wirklich ins Gefängnis stecken. Ich hatte doch nichts getan!

Während ich dort saß, schrieben die beiden Beamten ihren Bericht. Dieses Schriftstück sollte ich erst sehr viel später zu Gesicht bekommen. Hier ein Auszug:

Die Antragstellerin behauptet, in Togo geboren zu sein. Sie hat keinerlei Kenntnisse über Togo (Geographie, Sprache). Spricht kein Französisch. Bittet um Asyl, damit sie hier leben und studieren kann. Die Antragstellerin weiß nicht, wie die Flagge von Togo aussieht, und kennt die Nationalfarben nicht. Möchte lieber dem Einwanderungsrichter vorgeführt werden, als zurück nach Frankfurt zu fliegen. Mit großer Wahrscheinlichkeit abzulehnen ...

Andere Beamte der Einwanderungsbehörde gingen in das Zimmer, kamen wieder heraus und betrachteten mich. Eine Frau fragte mich sogar, wo ich herkomme. Als ich es ihr sagte, schnalzte sie mißbilligend mit der Zunge. »Wieso können diese Menschen nicht einfach da bleiben, wo sie hingehören?« Ich war sprachlos und mich fröstelte plötzlich. Hier war alles anders, als ich erwartet hatte.

Nach einer Weile betrat eine kleine, massige schwarze Frau in einer hellblauen Bluse und schwarzer Hose den Wartebereich und kam auf mich zu. Ich hatte bemerkt, daß die Beamten der Einwanderungsbehörde alle weiße Hemden trugen. Sie gehörte also nicht dazu. »Okay, gehen wir.«

»Wohin denn?«

»Zum Arrestraum.«

»Soll ich meinen Koffer mitnehmen?«

»Nein.« Ich ließ den Koffer stehen, um dessen Griff der Trageriemen meiner Handtasche gewickelt war, und folgte ihr über einen kurzen Gang in einen anderen Raum, der größer war als der erste. Dort standen aber weder Tisch noch Stühle, nur eine Metallbank an einer Wand. Hinten war eine abgeteilte Toilette, die einen widerlichen Gestank verströmte. Die Wärterin trat hinter mir ins Zimmer, schloß die Tür und wies mich an, meine Jacke auf die Bank zu legen. Ich tat es.

»Tragen Sie einen Gürtel?« fragte sie.

»Ja.« Was für eine seltsame Frage.

»Ziehen Sie ihn bitte aus.«

»Meinen Gürtel ausziehen?«

Sie sah mich kühl an. »Ich möchte nicht alles zweimal sagen...«

Ich zog den Gürtel aus.

»Auf Ihre Jacke.«

Ich legte ihn auf meine Jacke.

Dann mußte ich Schuhe, Ohrringe, Kette, Uhr und Ring ablegen.

»Jetzt Ihre Jeans.«

Meine Jeans! Ich geriet in Panik. War das hier das Gefängnis? Wollten sie mich hier festhalten. In diesem stinkenden Raum?

»Ich sagte, Jeans!«

»Socken.«

»Pullover.«

»Unterhemd.«

»BH.«

»Mein BH! Nein! Bitte!«

»Ausziehen.«

Ich zog ihn aus und verschränkte die Arme vor der Brust.

»Hände an die Seiten.«

Ich ließ die Arme sinken und beugte den Kopf, schamesrot.

»Unterhose.«

»Nein! Bitte! Nicht meine Unterhose! Bitte! Ich habe meine Tage! Ich benutze Binden!«

»Runter!«

Ich zog meine Unterhose aus und stand nackt vor ihr, die gebrauchte Binde sichtbar, tiefer beschämt, als ich mit Worten ausdrücken kann.

»Okay, jetzt hinsetzen und husten.«

Ich hatte keine Ahnung, was das sollte. Ich ging rasch in die Knie, hustete und sprang wieder auf.

»Nicht so. Schön langsam. Hinhocken, unten bleiben, dreimal husten und wieder hochkommen.« Ich tat wie geheißen. »Jetzt umdrehen, und das Ganze noch mal. Mit dem Rücken zu mir.« Ich drehte mich um und machte es noch einmal. Jetzt war es mir egal. Das war nicht ich. Ich war gar nicht mehr da. Ich war weggegangen, weit weg.

»Okay, anziehen. Alles außer dem Gürtel, Schuhe und Jacke.«

Ich zog mich an. Sie nahm meinen Gürtel, die Schuhe und die Jakke, verließ den Raum und schloß die Tür hinter sich ab. Ich setzte mich auf die Metallbank.

Mir wurde kalt. Ich legte die Arme um mich und rieb die Füße aneinander, um warm zu bleiben. Ich fröstelte. Ich hatte Hunger. Ich mußte zur Toilette, aber der Gedanke an diesen stinkenden Abort war mir unerträglich. Wann würde die Wachfrau wiederkommen? Würden sie mich die ganze Nacht hier drin lassen? Und wenn sie mich sogar bis Montag hier festhielten? Wenn sie mich für immer hier festhielten? Kein Mensch wußte, wo ich war. Niemand würde mich je finden. Nein! So durfte ich nicht denken. Das würden sie nicht tun. Und wenn doch? Oh Gott, ich wurde langsam irre.

So verbrachte ich ungefähr vier Stunden, allein, unfähig, klar zu denken. Es war nach zehn Uhr abends, als dieselbe Wärterin mit meinen Stiefeln, Gürtel und Jacke zurückkam. Sie legte alles auf die Bank.

»Anziehen.« Das mußte sie mir nicht zweimal sagen. Ich war völlig durchgefroren. »Okay, gehen wir«, sagte sie und hielt die Tür auf. »Raus.« Als ich aus dem Raum trat, sah ich draußen einen Wachmann stehen, einen großen, korpulenten Schwarzen, und neben ihm stand mein Koffer. Der Handtaschenriemen war noch immer um den Griff gewickelt.

Die Wärterin griff in ihre Gesäßtasche und holte ein Paar Handschellen heraus. Sie packte mein rechtes Handgelenk. »Bitte!« schrie ich hysterisch auf. »Nein! Legen Sie mir die nicht an. Bitte! Bringen Sie mich nicht ins Gefängnis. Ich will nicht ins Gefängnis.«

Sie ließ die eine Handschelle um mein Gelenk zuschnappen und faßte nach der anderen Hand.

»Bitte! Bitte nicht!« schluchzte ich.

»Ich mache nur meine Arbeit.« Sie ließ auch die andere Handschelle zuschnappen und drückte sie fest zusammen.

»Das tut weh. Sie sind zu eng!«

Sie lockerte sie. »Besser so?«

Ich nickte schluchzend, Tränen strömten mir übers Gesicht. Der Wachmann stand stumm daneben und starrte zu Boden, als die Wärterin mir eine schwere Metallkette um die Taille schlang. Dann legte sie je eine Kette um meine beiden Fußgelenke und verband sie mit der Kette um die Taille. Schließlich befestigte sie noch eine Kette zwischen beiden Füßen. Ich wurde in Ketten gelegt wie eine Mörderin.

»Nehmen Sie Ihren Koffer«, sagte sie.

Ich bückte mich, packte den Griff mit beiden Händen und hob den Koffer an, so daß er flach an meinen Beinen anlag. Es war die einzige Möglichkeit, wie ich ihn tragen konnte. Sie und der Wachmann stellten sich rechts und links hinter mich und führten mich einen langen Gang entlang. Beide hielten mich von hinten an den Oberarmen fest. Durch die schweren, klirrenden Ketten um die Fußgelenke konnte ich nur unsicher gehen. Der Koffer war schwer und schlug mir bei jedem Schritt gegen die Knie. Immer wieder rutschte er mir nach rechts oder links weg, und ich mußte alle paar Schritte stehenbleiben, um ihn wieder hochzuhieven. Schließlich traten wir in eine dunkle Nacht hinaus. Ein Kleinbus parkte am Straßenrand. Die Wachfrau schob die Seitentür auf. »Einsteigen«, sagte sie. Ich versuchte, den Koffer in den Wagen zu wuchten, aber ich schaffte es nicht. Ich war völlig erschöpft. Es war elf Uhr abends Ortszeit, fünf Uhr morgens nach deutscher Zeit. Ich war seit fast vierundzwanzig Stunden auf den Beinen. Als ich einen zweiten Versuch unternahm, verlor ich das Gleichgewicht und stürzte beinahe. Schließlich hielt der Wachmann mich am Arm fest, nahm mir den Koffer ab und stellte ihn mühelos in den Wagen. Dann half er mir einzusteigen und schloß die Tür. Eine Minute später waren wir schon unterwegs, der Mann saß am Steuer, die Frau neben ihm. Durch die getönten Scheiben konnte ich nicht viel sehen, dunkle Umrisse von vorbeifahrenden Autos, einige Lichter. Anscheinend waren wir auf einem Highway. Ich wußte, daß ich auf dem Weg ins Gefängnis war.

Nach kurzer Fahrt verließ der Fahrer den Highway, bog ein paarmal ab und hielt schließlich vor einem riesigen Metalltor. Er sagte etwas in ein schwarzes tragbares Radio hinein: »G-Fünf öffnen.« Das Tor ging ratternd auf. Wie ich heute weiß, hatte er in ein Walkie-talkie gesprochen und jemanden im Wachhaus angewiesen, das Tor per Knopfdruck zu öffnen. Damals hatte ich noch kein Walkie-talkie gesehen und war fassungslos ob dieses Wunders: ein Tor, das Befehle verstand! Er fuhr den Wagen auf einen dunklen Hof und dann eine schräge Einfahrt hinunter. Hinter uns ratterte das Tor wieder zu, schloß uns ein.

Die Wachfrau stieg aus und öffnete meine Tür. »Okay, aussteigen.« Ich wußte nicht, ob ich mit den vielen Ketten am Körper aussteigen konnte, ohne dabei hinzufallen. Ich zögerte, der Wachmann kam um den Wagen herum, half mir aus dem Wagen und nahm meinen Koffer. Wir standen in einer Art Garage, in der noch andere Kleinbusse parkten. Die Wachfrau packte meinen rechten Oberarm und führte mich einige Stufen hinauf vor eine Metalltür. Der Mann kam mit meinem Koffer hinterher. Die Frau holte ihr eigenes Walkie-talkie heraus und sprach hinein. »Siebzehn öffnen.« Mit einem lauten metallischen *Klong* glitt die Tür vor uns auf und schloß sich sofort wieder hinter uns. Vor uns war eine weitere Tür. »Achtzehn öffnen.« *Klong.* »Neunzehn öffnen.« *Klong. Klong, klong, klong, klong*, eine Tür nach der anderen, ein Gang nach dem anderen, gingen wir durch einen grell beleuchteten, weißen, totenstillen und menschenleeren Raum. Überall an den Wänden waren Kameras montiert. Nichts war zu hören, außer dem Klirren meiner Ketten beim Gehen. Es war wie in einem Alptraum. Und dann wurde mir klar, daß es ein Alptraum war – mein eigener.

»Okay, stehenbleiben«, sagte die Wachfrau. Der Wachmann verschwand durch eine Tür, und die Frau nahm mir die Handschellen und Ketten ab. Dann schob sie mich durch eine weitere große Metalltür. Jetzt stand ich in einem kalten, übelriechenden, kahlen Raum, der jedoch viel größer war als der im Flughafen. Eine Metallbank verlief an drei Wänden entlang, und am hinteren Ende des Raumes befanden sich ohne jeden Sichtschutz eine Toilette und ein Waschbecken aus Metall. Es gab ein einziges schmales, senkrechtes Fenster, das in dem oberen Teil der Tür eingelassen war.

»Jacke ausziehen.«

Oh Gott, nein! Bitte nicht noch einmal!

»Na los, ein bißchen dalli. Es ist spät. Ich bin müde. Ich will nach Hause.«

Und abermals mußte ich mich splitternackt ausziehen.

Ich legte meine Habseligkeiten auf die Bank und versuchte dabei erfolglos, die blutverschmierte Binde zu verdecken, ohne dabei etwas zu beschmutzen. Ich fühlte mich so erniedrigt und gedemütigt, daß ich die Hände vors Gesicht schlug und anfing zu weinen.

»Von der Bank wegtreten.«

Ich stand nackt und barfuß in der Mitte des Raumes auf dem kalten Betonfußboden und sah, wie sie zur Bank ging, meine Sachen aufhob und den Raum verließ. Die Tür fiel mit einem so lauten Krach hinter ihr ins Schloß, daß die Wände erbebten. Ich fror. Und ich war schwach vor Erschöpfung. Ich mußte mich setzen. Aber es gab kein Klopapier oder irgend etwas anderes, das ich als Binde hätte benutzen können, und ich wollte die Bank nicht mit meinem Menstruationsblut beschmutzen. Also mußte ich mich auf die Toilette setzen. Ich setzte mich auf die kalte Metallbrille der verdreckten Toilette, verschränkte die Arme vor der Brust und beugte mich tief nach unten auf die Knie, um mich zu bedecken und ein wenig zu wärmen. Ich schwankte zitternd vor und zurück, und mein Verstand verselbständigte sich, brach aus, flog weg, bis ich nicht mehr da war.

Ein Klopfen an der Tür. Ich sah auf. Ein Männergesicht war in dem schmalen Fenster zu sehen. Der Wärter starrte mich an, wie ich nackt auf der Klobrille saß. Oh, Gott. Ich senkte den Kopf und vergrub das Gesicht in den Händen. Mein Körper gehörte mir nicht mehr. Jeder durfte ihn anstarren. Ich war wie ein Tier im Zoo ausgestellt worden. Ich hielt mein Gesicht bedeckt. Das wenigstens konnte ich noch bedecken.

Er klopfte erneut und rief durch die Tür. »Entschuldigen Sie, Ma'am! Haben Sie schon was zu essen bekommen?«

Ich hielt den Kopf gesenkt. »Nein!«

»Haben Sie Hunger? Möchten Sie was essen?«

Essen. Ich hatte nicht mehr an Essen gedacht. Das Entsetzen hatte den Hunger vertrieben, aber jetzt kehrte er zurück. Seit dem Frühstück mit Rudina hatte ich nichts mehr gegessen. War das erst heute morgen gewesen? Das alles erschien mir unendlich weit weg. Im Flugzeug war ich zu aufgeregt gewesen, um etwas zu essen. War das wirklich ich gewesen? Dieses unschuldige, bescheidene, naive junge Mädchen? Oder war ich dieses bebende, müde, verängstigte, dreckige, hungrige, nackte Wesen, das in einer Gefängniszelle auf einer Klobrille kauerte.

»Ja!« brachte ich mühsam heraus.

Ungefähr zehn Minuten später kam der Mann zurück. Wieder klopfte er. »Da bitte, Ma'am.« Er öffnete die Tür einen Spalt, streckte einen Arm hinein und stellte eine kleine braune Papiertüte auf den Boden. Dann schloß er die Tür und ging. Diesmal sah er nicht wieder durchs Fenster.

Die Tüte enthielt ein Sandwich in Plastikverpackung und zwei kleine Tüten Milch. Ich packte das Sandwich aus: zwei Scheiben dünnes, wabbeliges Weißbrot, eine Scheibe Käse und eine Scheibe kräftig riechender, roter Aufschnitt. Vom Schwein? Ich wußte es nicht. Ich esse kein Schweinefleisch. Und dieses seltsame Fleisch bekam ich ohnehin nicht herunter. Ich legte das Sandwich beiseite, machte die Milch auf und trank. Der Geschmack verblüffte mich. Das sollte Milch sein? Bei uns zu Hause tranken wir süße Kondensmilch. Diese Milch hier war dünn und wäßrig. Aber ich hatte seit über sieben Stunden keine Flüssigkeit mehr zu mir genommen, also trank ich sie trotzdem, ich stürzte sie so rasch hinunter, wie ich nur konnte. Das war ein Fehler. Denn kaum hatte sie meinen Magen erreicht, kam sie schon wieder hoch. Ich lief zum Klo, kniete auf den nackten Boden und erbrach mich in die stinkende Schüssel. Immer und immer wieder mußte ich mich übergeben, mein Körper wurde von Krämpfen geschüttelt, mein Gesicht war schweißnaß, und ich würgte so lange, bis nichts mehr in mir drin war außer dem Entsetzen. Dann spuckte ich in die Schüssel und versuchte, den sauren Geschmack aus dem Mund zu bekommen. Aus dem Hahn am Waschbecken kam kein Wasser, es gab kein Handtuch, nichts, womit ich mich hätte saubermachen können. Ich wischte mir den Mund mit der Hand ab, erhob mich vom Boden und setzte mich schlaff, entkräftet und zitternd wieder auf die Klobrille. Stechende Schmerzen schossen mir durch den Bauch. Ich schlang die Arme um mich und betete. »Gib mir Kraft. Oh, Allah, laß mich das hier überleben. Mach, daß es bald vorbei ist.«

Wieder ein Klopfen an der Tür. Eine Wärterin trat in den Raum. Eine andere, nicht die, die mich hergebracht hatte. Ein Walkie-talkie und ein großer Schlüsselbund hingen an ihrem Gürtel. Sie blieb einen Augenblick stehen, eine Hand auf ihre ausladende Hüfte gestemmt, und sah mich bloß an. Ihr Gesichtsausdruck war hart und böse.

»Aufstehen.«

Ich stand auf, blieb gebeugt und zitternd stehen, die Arme vor der Brust verschränkt. Sie musterte mich kühl. »Wie heißt du?«

»Fauziya.« Das Wort kam nur als dünnes, bebendes Flüstern heraus.

»Sprich lauter!« dröhnte sie.

Ich fing an zu weinen. »Fauziya. Ich heiße Fauziya.«

Sie gab mir eine Tüte mit meinen Sachen und sagte, ich sollte mich anziehen. Dann ging sie mit wogendem Gesäß zur Tür und winkte mich angewidert durch. »Los jetzt. Unter die Dusche. Tempo!« Sie zeigte auf die andere Seite des Ganges. Wir betraten einen großen, beige gekachelten Raum mit einer Reihe von Duschen an einer Wand. Als ich mich wieder ausgezogen hatte, fragte ich mit zittriger Stimme: »Können Sie mir sagen, wo ich meine Binde wegwerfen kann?«

»Keine Ahnung. Iß sie doch auf.«

Nein. Das konnte sie nicht gesagt haben. »Wie bitte?«

»Von mir aus kannst du sie aufessen!«

Mir wurde schwindelig. Wie konnte eine Frau etwas so Ekelhaftes zu einer anderen Frau sagen?

»Unter die Dusche! Los jetzt!«

Als ich das Wasser aufdrehte, kam es eiskalt aus dem Duschkopf geschossen. Ich schrie auf und sprang zurück.

»Los, zurück unter die Dusche!«

Widerstrebend schob ich mich Stückchen für Stückchen unter den eiskalten Strahl, bemüht, der Wachfrau möglichst den Rücken zuzuwenden. Als ich fertig war, reichte sie mir ein ausgefranstes, fleckiges Handtuch. Ich nahm das Handtuch und schnüffelte daran. Es roch gebraucht. »Mach schon, mach schon, ich habe nicht die ganze Nacht Zeit.« Ich trat aus der nassen Duschwanne, drehte ihr den Rücken zu und fing an, mich abzutrocknen. Plötzlich spürte ich ein leichtes Zupfen an meinen Perlenschnüren. Ich sah nach unten. Sie befingerte eine der Schnüre. Am liebsten hätte ich ihre Hand weggeschlagen, mich rasch aus ihrer Reichweite entfernt. Aber ich konnte nicht. Wenn ich das machte, würde die Schnur reißen, und meine kostbaren Perlen würden sich auf dem ganzen Boden verteilen. Ich zwang mich, ruhig zu bleiben.

»Was zum Teufel ist das?« fragte sie.

»Das sind meine Perlen«, sagte ich leise. »Das ist bei mir zu Hause Sitte.«

Sie ließ die Perlen los. »Na von mir aus.«

Ich durfte sie anbehalten. Erst später erfuhr ich, daß das ungewöhnlich war. Sie hätte sie mir wegnehmen können, aber sie tat es nicht. Später, sehr viel später, sollte ich mich an diese freundliche Geste erinnern. Die einzige freundliche Geste.

Ich trocknete mich ab und griff nach meinen Kleidern. »Nein, die nicht«, sagte sie. »Die da.« Und dann reichte sie mir ein Kleidungsstück nach dem anderen aus einem Haufen Sachen, den ich vorher gar nicht bemerkt hatte. Dabei faßte sie jedes Stück nur mit spitzen Fingern an. Und ich verstand auch, warum. Der Schlüpfer, den sie mir hinhielt, war dunkelgrün und im Schritt gelb verfärbt. Allein die Vorstellung, ihn am Körper zu tragen, war ekelerregend.

»Bitte«, sagte ich. »Darf ich meine eigene Unterwäsche anziehen?«

»Nein, du darfst deine eigene Unterwäsche nicht anziehen«, sagte sie spöttisch mit einer weinerlichen Singsangstimme. »Zieh den hier an.«

»Aber der ist zu groß. Kann ich einen Kleineren haben?«

»Anziehen!«

Ich zögerte. »Entschuldigung, ich brauche eine Binde. Ich habe meine Tage.«

»Dafür bin ich nicht zuständig. Morgen früh kriegst du Binden.« Im Duschraum war nichts, was ich als Ersatzbinde hätte benutzen können, kein Klopapier, keine Papierhandtücher. Ich zog die Unterhose an. Sie war so groß, daß ich den Gummizug um meine Perlen schlagen mußte, damit sie nicht wieder runterrutschte.

Sie reichte mir einen ausgeleierten, vergilbten BH, ebenfalls viel zu groß. Der Haken am Rückenteil war abgebrochen.

»Der ist kaputt«, sagte ich. »Ich kann ihn nicht anziehen.«

»Dann eben nicht. Ist mir scheißegal.«

Ich legte ihn beiseite.

Als nächstes kam ein hellblaues, kurzärmeliges Hemd aus Polyester mit V-Ausschnitt, ebenfalls viel zu groß. Ich zog es kommentarlos über. Die passende Hose mit elastischem Gummizug war zu klein und saß von der Taille bis zu den Knien unbequem eng. Auch die abgetragenen weißen Socken waren zu klein, und in der rechten war ein großes Loch, durch das mein großer Zeh herausragte. Am allerschlimmsten waren die braunen Plastiksandalen, die sie mir gab. Es waren zwei rechte, beide zu groß und die Schnallen und die Riemen über den Spann waren gerissen. Als ich sie anzog, tauchte kurz eine süße Erinnerung in mir auf, wie ich meine kleinen Kinderfüße in die riesigen Sandalen meines Vaters geschoben und ihm meine neue Kleidung vorgeführt hatte. Was meinst du, Yaya? Wie sehe ich aus? Gefall' ich dir in diesen Sachen? Sieh nur, wie dein kleines Mädchen jetzt aussieht.

»Okay, gehen wir. Jetzt noch ein paar Formalitäten.« Ich schlurfte vor ihr her den Gang entlang, bis wir schließlich zu einer Art Theke gelangten. Daneben stand eine große Personenwaage, auf die ich mich stellen mußte. Ich machte einen Schritt und fiel fast vornüber. Meine Füße rutschten aus beiden Sandalen. Ich schlüpfte wieder hinein und schlurfte auf die Wärterin zu. »Na los. Mach schon!« Ich trat aus den Schlappen und auf die Waage. Sie maß meine Größe und mein Gewicht und notierte: 1,67 m, 74 kg.

Sie ging auf die andere Seite der Theke und zog meine Jacke und die Stiefel aus einer Tüte.

»Gehört das dir?«

»Ja.«

»Ist das dein Koffer?«

Ich lugte um die Ecke. »Ja.«

Sie beschriftete ein Schildchen und befestigte es am Koffer. Ein weiteres machte sie an einem großen Netz fest, in das sie den Inhalt meiner Kleidertüte leerte, die außerdem meine Uhr und meinen Schmuck enthielt. Danach schrieb sie meinen Namen und die Nummer 100761 auf einen Plastikstreifen, den sie mir ums linke Handgelenk legte und dann mit einer Zange festknipsen wollte. Aber die Zange rutschte ab und klemmte mir statt dessen die Haut ein. Ich schrie auf und riß den Arm zurück.

Keine Reaktion, keine Entschuldigung, nichts – sie packte einfach erneut meinen Arm und drückte ihn flach auf die Theke. An der Stelle, wo sie meine Haut erwischt hatte, bildete sich eine riesige Blase. »Zweiter Versuch. Stillhalten.« Ich gehorchte. Sie befestigte das Plastikarmband ganz eng und ließ meinen Arm los. Dann stapelte sie auf der Theke verschiedene Gegenstände, die ich für das Leben im Gefängnis brauchen würde – Decke, Laken, Kopfkissenbezug, Handtuch, alles alt, abgewetzt, verfärbt, sowie Plastiktasse, Löffel und Gabel. »Nimm dein Zeug und komm.« Sie stieß mir in den Rücken und schob mich durch weitere geräuschlose Gänge, durch weitere Metalltüren, die prompt aufklickten, wenn sie ihre Kommandos ins Walkietalkie sprach, bis sie mich schließlich durch eine letzte Tür – »K öffnen« – in einen abgedunkelten Raum treten ließ. Sie folgte mir und ließ die Tür hinter sich zuknallen. *Rumms!*

Ich hörte leises Ächzen und bemerkte, daß sich rechts von mir etwas bewegte. Dort an der Wand stand eine Reihe von Betten. Das Türenknallen hatte wohl einige Schlafende geweckt. »Bett zwei!« donnerte sie und zeigte auf das zweite Bett an der Wand. Meine Augen gewöhnten sich allmählich an die Dunkelheit, und ich sah, daß das Bett leer war. Abgezogen und leer. »Das ist dein neues Zuhause, weil ihr einfach nicht da bleibt, wo ihr hingehört«, sagte sie mit dröhnender Stimme. Dann sprach sie laut ins Walkie-talkie. »Kontrolle. K öffnen.« Die Tür klickte auf. Sie öffnete sie, trat hinaus und wieder: *Rumms!*

Weiteres leises Ächzen. Körper bewegten sich in den Betten. Ich blieb starr vor Entsetzen stehen und presste meine Sachen an mich. Ich war in einem dunklen Raum eingesperrt, zusammen mit... Ja, mit wem eigentlich? Männern? Frauen? Mördern? Prostituierten? Wer waren sie? Ich war kurz vor dem Zusammenbruch, schwach vor Hunger und Erschöpfung. Ich mußte mich setzen, bevor ich umfiel. Also schlurfte ich so leise wie möglich zu dem Bett. Die Matratze war dünn und hart und hatte einen Plastiküberzug, der knisterte, als ich mich darauf setzte. Außerdem lag da ein schmales, dünnes Kissen, ebenfalls mit einem Überzug aus Plastik. Ich bezog mein Bett nicht. Ich legte mich nicht hin. Ich tat das einzige, wozu ich in der Lage war. Ich schlüpfte aus den Schuhen, lehnte den Rücken gegen die Wand, zog die Knie an, beugte den Kopf und bedeckte das Gesicht mit den Händen, um mein Schluchzen zu dämpfen.

»Wie heißt du?«

Ich blickte auf und sah in ein Gesicht. Ein freundliches schwarzes Frauengesicht. Afrikanerin nahm ich an. Ich wischte mir über die Augen und sah erneut hin. Eine untersetzte Frau, die etwa Mitte Zwanzig sein mochte, stand vor mir, bekleidet mit einem eigenartig aussehenden Nachthemd. Sie lächelte mich an.

»Wie heißt du?« fragte sie erneut.

»Fau... Fauziya.«

»Fauziya«, wiederholte sie leise. »Das ist ein schöner Name.« Sie setzte sich neben mich. »Wann bist du angekommen?«

»Heute. Heute nachmittag.«

»Wo kommst du her?«

»Togo.«

»Aus Togo! Da sind wir ja Nachbarn. Ich bin aus Ghana.«

»Ich bin in Ghana zur Schule gegangen«, sagte ich.

»Hast du da Englisch gelernt? Du sprichst sehr gut.«

»Danke...«

»Ich heiße Mary. Wie alt bist du?«

»Siebzehn. Fast achtzehn.«

»Ach, du armes Ding. Und dann bringen sie dich hierher. Hast du Verwandte in Amerika?«

»Ja. Einen Onkel. Und einen Vetter.«

»Hast du sie anrufen dürfen?«

»Nein, sie haben mich nicht gelassen.«

»Na, keine Sorge. Wir rufen sie morgen an. Ich helfe dir dabei.«

»Ist denn hier irgendwo ein Telefon?«

»Ja. Gleich da vorne.«

»Wo?«

»Psssst. Die anderen schlafen. Es ist da drüben. Siehst du?«

Ich blinzelte in die Richtung und sah ein Telefon an der gegenüberliegenden Wand.

»Kann ich jetzt anrufen?«

»Nein, nachts wird es abgestellt. Wir müssen bis morgen warten. Und jetzt solltest du schlafen. Steh mal auf. Ich mach' dir dein Bett.«

Die Freundlichkeit dieser Frau brachte mich wieder zur Besinnung. Mein Kopf wurde ein wenig klarer. »Wo bin ich hier eigentlich?« fragte ich leise, während sie das Laken über die Matratze zog.

»In Esmor. Eine Haftanstalt.«

Esmor. Das bedeutete also das Wort, das auf jedem einzelnen Kleidungsstück stand, das ich anhatte.

»Wie ist es hier?«

»Das Essen ist gräßlich«, sagte sie und stopfte das Laken fest. »Und wir sind ständig in diesen Räumen eingesperrt. Man kommt nie an die frische Luft.« Sie war mit dem Laken fertig und griff nach dem Kopfkissenbezug. »Sie behandeln uns nicht wie Menschen. Sie machen nur Geld mit uns. Hier kommt keine raus. Sie halten uns so lange hier fest, bis sie uns wieder nach Hause schicken können.« Das Kissen war bezogen, und sie griff nach der Decke.

»Warum kommt hier keine raus?«

»Na ja, keine ist übertrieben. Aber fast keine.« Sie war mit der Decke fertig. »Da. Bitte sehr.«

»Aber die Beamtin am Flughafen hat gesagt, Montag käme ich raus. Sie hat gesagt, ich dürfe mit einem Anwalt sprechen, und dann würden sie mich gehen lassen.«

»Das haben sie dir also auch erzählt?« Sie schüttelte den Kopf. »Das sagen sie allen. Mir auch, und ich bin schon seit vier Monaten hier.«

Ich sank aufs Bett. »Vier Monate!«

»Und bis heute habe ich noch keinen Richter gesehen.« Sie setzte sich wieder neben mich und lachte leise. »Ich war es satt zu warten. Deshalb bin ich hier.«

»Hier in Esmor?«

»Nein, in diesem Schlafsaal. »Das hier ist K. Vorher war ich zusammen mit etlichen anderen Frauen aus Ghana in N untergebracht. Zur Strafe haben sie mich verlegt.«

»Strafe wofür?«

Sie lachte wieder. »Ich habe einen Fluchtversuch gemacht. Aber sei jetzt still. Das erzähl' ich dir morgen. Ich bin müde, und du solltest auch schlafen. Keine Angst. Hier passiert dir nichts.« Sie deutete auf das Bett direkt neben meinem, das der Tür und einem großen Fenster am nächsten stand. »Ich bin in Bett eins. Gleich neben dir, okay? Die Toilette ist dahinten, falls du mal mußt.« Sie deutete in den hinteren Teil des Raumes. »Hinter der Halbwand ist auch ein Waschbecken und eine Dusche.«

»Liegen da vielleicht auch Binden?«

»Brauchst du eine?«

»Ich habe die Wärterin darum gebeten, aber sie hat gesagt, ich müßte bis morgen früh warten.«

»Die, die dich hergebracht hat?«

»Ja.«

»Das ist Kim. Bei der mußt du aufpassen.« Sie lachte. »Eine ganz Schlimme.«

»Sie war richtig gemein zu mir.«

»Sie ist zu allen gemein, aber nicht alle sind so. Ein paar von ihnen sind ganz nett. Moment. Ich hol' dir eine Binde.« Sie ging zu ihrem Bett, zog eine Plastikkiste darunter hervor, suchte kurz und kam dann mit einer Binde zurück. »Wir reden morgen weiter, okay?«

»Vielen Dank, Mary.«

»Schon gut. Versuch zu schlafen.«

Sie ging wieder zu Bett. Nachdem ich in den Toilettenbereich gegangen war, um meine Binde anzulegen, legte ich mich angekleidet aufs Bett. Das Kissen knisterte. Die Matratze knisterte. Der Raum war kalt. Ich wickelte mich in die dünne Wolldecke. Sie kratzte auf der Haut. Ich lag da, erschöpft, starrte dumpf an die Decke und grübelte.

Mary irrte sich. Sie mußte sich einfach irren. Vielleicht hatte sie keine Verwandten in Amerika. Vielleicht hielten sie Mary deshalb hier fest. Morgen würde ich meinen Onkel anrufen, und sie würden mich rauslassen. Jawohl. Das würden sie.

18
Esmor

Meine Mutter kam ins Schlafzimmer, um uns zu wecken. »Guten Morgen! Guten Morgen, die Damen!« Ihre Stimme klang fremd. »Los, los! Zeit zum Aufstehen!« Amariya, warum schreist du so? »Raus aus den Betten!« Ein blendendes Licht. Ein metallisches Scheppern. »Wer ist heute mit Putzen dran?« Ich öffnete die Augen. Die Lichter waren so grell. Was machten diese dicken Röhren da oben an der Decke? Wieso schlief ich in den Kleidern? Wo war ich?

Und dann kam die Erinnerung zurück, und ich setzte mich auf. Die Matratze knisterte. Mir tat der Rücken weh, und ich fror. Ich rieb mir die Arme und wollte mich umsehen. Wohin ich auch blickte, von überall her blendete mich das Licht der Neonlampen, die in allen vier Ecken des Raumes an der Decke befestigt waren. Das waren keine normalen Lampen. Das waren Lampen, wie man sie in Togo für Hochzeiten und andere Feste mietete, weil sie die Nacht zum Tage machten. Ich kniff die Augenlider zusammen.

Ein Fernseher dröhnte in voller Lautstärke los, von hoch oben an der gegenüberliegenden Wand. Eine dünne schwarze Wärterin stand mit dem Rücken zu mir davor und stellte ihn etwas leiser. »Wer zum Teufel ist heute mit Putzen dran?« rief sie.

»Ich komm' ja schon.« Mary setzte sich in ihrem Bett auf. Sie sah, daß ich wach war und lächelte mir zu. »Guten Morgen, Fauziya.«

»Guten Morgen, Mary.« Es war kein guter Morgen. Aber es tat gut, ihr liebes Gesicht zu sehen. Ich dankte Allah für diese Gnade.

Die Wärterin ging aus dem Raum. Mary stand auf, rieb sich den Rücken, ging zur Tür, nahm einen Besen, der dort neben einem Schrubber und einem Eimer und anderen Putzutensilien an der Wand lehnte, und fing an zu fegen. Ich schirmte erneut meine Augen ab und sah mich zum erstenmal richtig um. Rechts von mir standen vier weitere Betten an der Wand. Frauen schliefen darin oder versuchten es wenigstens. Sie stöhnten und bewegten sich unruhig. Wie konnte man in diesem grellen Licht und lauten Krach nur schlafen? Wie konnten Menschen auf diesen harten, knisternden Matratzen schlafen? Bei dieser Kälte?

Ich ließ meinen Blick durch den Raum wandern. Es war ein langgestreckter, schmaler Raum mit Betonboden. Wände, Boden und Decke waren allesamt mattweiß gestrichen. Ein Gewirr von riesigen Röhren verlief an der Decke. Irgendwo dazwischen war ein kleines Oberlicht in die Decke eingelassen, und dort summte ein großes Klimagerät. Kein Wunder, daß der Raum so kalt war. Das einzige Fenster ging auf den Gang hinaus, und vor dem Fenster standen ein länglicher Metalltisch und sechs Metallstühle, die alle fest am Boden verschraubt waren. Dusche, Waschbecken und Toilette befanden sich an der rückwärtigen Wand. Davor verlief eine halbhohe Trennwand, die zwar gegen Blicke vom Gang her schützte, aber im Schlafraum selbst keinen Sichtschutz bot. Das Telefon war an der Wand links von mir.

Das Telefon! Endlich konnte ich meinen Onkel anrufen. Ich eilte auf den Apparat zu.

»Noch nicht, Fauziya«, sagte Mary, als sie sah, wo ich hinwollte. »Das wird erst um acht freigeschaltet.«

»Wieviel Uhr haben wir jetzt?«

»Kurz nach sechs. Wecken ist um sechs.«

Zwei Stunden! Was sollte ich in den zwei Stunden machen?

»Leg dich einfach noch ein bißchen hin. Frühstück gibt's erst um sieben. Ich weck' dich dann.«

»Nein, ich kann nicht schlafen.«

Mary, immer noch im Nachthemd, arbeitete weiter. Ich sah zu, wie sie den Boden mit raschen, kräftigen Bewegungen fegte. Sie war gedrungen und kräftig gebaut, wirkte stark und schwer, aber nicht dick. Ihre Haut war sehr schwarz, aber sie hatte ein glattes, rundes, schönes Gesicht mit hübschen Zügen.

»Darf ich dir helfen?«

Sie hörte mit Fegen auf. »Wenn du möchtest ...«

Sie lächelte. Zwischen ihren oberen Schneidezähnen war eine Lükke. »Okay. Siehst du da drüben neben der Tür die Spraydose und den Lappen? Du kannst Tisch und Fenster damit saubermachen.«

Nachdem ich das erledigt hatte, zeigte sie mir, wie man den Mopauswringer benutzte, der an dem Eimer befestigt war, und ich wischte den Boden, während sie Dusche, Toilette und Waschbecken putzte. Als wir fertig waren, stellten wir die Gerätschaften wieder neben die Tür, und sie klopfte ans Fenster. Dieselbe Wärterin tauchte auf der anderen Seite auf. »Fertig!« rief Mary durch die Scheibe. Die Wärterin nickte, öffnete die Tür und nahm Schrubber und Eimer mit.

»Wird das jeden Morgen gemacht?« fragte ich Mary, nachdem die Wärterin verschwunden war.

»Jeden Morgen«, sagte sie. »Und rate mal, wer morgen früh dran ist.«

»Ich?«

Sie lachte. »Genau. Aber keine Bange. Ich helfe dir.«

Morgen. Morgen war Montag. Morgen wurde ich bestimmt entlassen. Länger mußte ich nicht durchhalten. Einen Tag und eine Nacht noch.

Die anderen Frauen im Raum lagen noch in ihren Betten. Mary machte ihr Bett, zog eine Schachtel darunter hervor und nahm ein Handtuch und einige Kleidungsstücke heraus. Ich sah unter meinem Bett nach. Auch dort stand eine Schachtel. Mein Handtuch, Tasse, Gabel und Löffel lagen darin. Mary mußte sie letzte Nacht dort verstaut haben. Sie ging in den hinteren Teil des Raumes, Richtung Dusche.

»Wie spät ist es jetzt?« fragte ich.

»Zwanzig vor sieben.« Erst zwanzig vor sieben! Warum verging die Zeit so langsam?

Ich setzte mich auf mein Bett, während sie duschte, um sie nicht zu stören. Sie hielt den Rücken dem Fenster zugewandt. Die halbhohe Wand verdeckte den unteren Teil ihres Körpers, aber nicht den Oberkörper, und sie war klein! Von mir würde diese Wand noch weniger verbergen. Sie blieb unter dem Wasserstrahl stehen. Das Wasser konnte also nicht kalt sein. Das war gut. Ich sehnte mich nach einer heißen Dusche. Aber nicht hier, wo alle zusehen konnten. Ich wollte bis morgen warten, bis ich endlich im Haus meines Onkels war.

Mary war mit dem Duschen fertig und kam wieder zu ihrem Bett. Jetzt trug sie eine blaue Hose, so wie meine, und ein gelbes T-Shirt. Es war viel schöner als das blaue Hemd, das ich trug. Der Stoff sah weicher aus. Ich fragte sie, wo sie das herhatte.

»Hast du denn kein T-Shirt?«

»Nein.«

»Ja. Eigentlich kriegt man zwei. Das blaue Hemd müssen wir nur tragen, wenn wir nach draußen auf den Gang gehen. Im Schlafraum dürfen wir T-Shirts tragen. Hat Kim dir keins gegeben?«

»Nein.«

Sie schüttelte den Kopf, zog die Schachtel unter ihrem Bett hervor und reichte mir ihr anderes T-Shirt. »Da, nimm eins von mir. Das ist bequemer. Morgen, wenn Miss Jones kommt, besorgen wir dir eins.«

»Wer ist Miss Jones?«

»Eine von den Wärterinnen.«

»Verteilt sie auch die Nachthemden?«

Mary lachte. Sie hatte ein nettes, melodisches Lachen. »Nein, Fauziya, wir bekommen hier keine Nachthemden. Wir schlafen in unseren T-Shirts.«

»Aber du hast doch ein Nachthemd.«

Wieder lachte sie. »Das ist kein Nachthemd. Das ist ein Krankenhauskittel.«

»Ein Krankenhauskittel.« Ich war verwirrt. »Wo hast du denn einen Krankenhauskittel her?«

»Was meinst du wohl, du Dummchen?«

»Aus einem Krankenhaus?«

»Kluges Mädchen!«

»Warum warst du im Krankenhaus?«

»Weil ich ein Magengeschwür habe.« Jetzt lachte sie nicht mehr.

»Tut das sehr weh?«

Sie zuckte die Achseln. Sie sagte nicht ja und nicht nein. Ich wußte, was das bedeutete. Wo ich herkomme, belasten die Menschen einander nicht mit ihren Problemen. Mary hatte nicht gesagt, daß sie Schmerzen hatte, aber sie hatte es auch nicht verneint. Mir war klar, daß sie litt.

»Jedenfalls steht dir der Kittel gut«, sagte ich.

In meiner Heimat ist das ein Gebot der Höflichkeit. Die Menschen werden verlegen, wenn das Gespräch auf ihre Probleme kommt, also versuchen wir, das Thema zu wechseln, einen Scherz zu machen, einen unbeschwerteren Ton anzuschlagen.

Ich hörte ein Rumpeln auf dem Gang, und dann klopfte jemand heftig gegen die Tür.

»Frühstück!« rief Mary laut. Die Frauen in den anderen Betten stöhnten und setzten sich dann eine nach der anderen auf. Die Tür wurde geöffnet, die Wärterin trat ein und reichte Mary immer je zwei Tabletts, die sie dann auf den Metalltisch stellte. Als die Tür sich wieder geschlossen hatte, sah ich dic Wärtcrin vor dem Fenster vorbeigehen. Sie schob einen großen Metallkarren rumpelnd vor sich her.

»Essen wir hier drinnen?« fragte ich Mary.

»Frühstück, Mittag- und Abendessen.«

»Bleiben wir immer in diesem Raum?«

»So ziemlich.«

»Ist das ein Witz!«

»Das ist kein Witz!«

Den ganzen Tag eingesperrt in diesem eiskalten Raum, mit dem grellen Licht und dem ohrenbetäubenden Fernseher? Den ganzen Tag ohne frische Luft, ohne auch nur mal nach draußen sehen zu können? Ich wußte nicht, ob ich das aushalten würde, noch nicht mal einen einzigen Tag.

Mary setzte sich auf einen Metallstuhl und klopfte mit der flachen Hand auf den Tisch. »Komm, hol deine Gabel und deinen Löffel, setz dich und iß, solange es noch warm ist. Das ist wahrscheinlich die einzige halbwegs anständige Mahlzeit, die du heute kriegst.«

Ich hatte keinen Hunger. Aber ich ging zum Tisch und setzte mich Mary gegenüber, allerdings mehr, um ihr Gesellschaft zu leisten. Die Tabletts waren in einzelne Abschnitte eingeteilt. Das Essen wurde einfach auf dem Tablett serviert, ohne Teller oder Schüsseln. Auf fünf Tabletts war das gleiche Essen: eine kleine Portion graue Haferflokken, eine dünne, gummiartige trockene Scheibe Toast, ein wenig Honig in einer Vertiefung im Tablett, vier Päckchen Zucker, ein kleiner Plastikbecher mit blassem Orangensaft, ein kleiner Apfel oder eine Orange und eine kleine Tüte Milch. Auf Marys Tablett lag eine dünne Scheibe trockenes Weißbrot, ein kleines Häufchen einer gelben Masse, Rührei aus Eipulver, wie ich später erfuhr, eine Portionspackung Corn-flakes und ein Teebeutel. Sie hatte meinen Blick bemerkt.

»Ist wegen meinem Magengeschwür«, sagte sie und schob sich einen Löffel von dem gelben Zeug in den Mund.

Ich probierte die Haferflocken, dann schob ich mein Tablett weg.

»Fauziya, du mußt essen.«

Aber ich konnte nicht. Mary kam um den Tisch herum und setzte sich neben mich. Sie nahm meine Hand. »Na, na, nicht weinen. Das hilft nicht.« Oh Gott. Jetzt klang sie wie Ayisha. Ich mußte noch heftiger weinen. Die anderen Frauen im Schlafsaal waren inzwischen zum Tisch gekommen und löffelten Haferflocken in ihre Tassen, um sie in den Schachteln unter den Betten zu verstauen, zusammen mit der Milch und dem Obst. Sie hoben das Frühstück für später auf, und später machte ich es genauso.

Ich lernte diese vier Frauen kennen und schätzen. Lola kam aus Kuba, Jasmin aus Honduras, Maria aus Brasilien und Rosa aus Guatemala. Sie betrachteten mich mitfühlend, wie ich dasaß und weinte. Mary versuchte, mich zu trösten. Als das keinen Erfolg hatte, probierte sie es mit Witzeleien. »Nun komm schon, Fauziya. Wenn du nicht aufhörst zu weinen, muß ich dir was vorsingen, und das wird dir garantiert nicht gefallen.« Ich zwang mich zu einem Lächeln.

»Schon besser«, sagte sie. Sie griff über den Tisch und nahm die Toastscheibe von ihrem Tablett. »Da, iß wenigstens den Toast. Los, nimm einen Bissen, sonst fang' ich an zu singen.«

Ich biß hinein. Das Brot war trocken, kalt, fade und blieb mir im Halse stecken. Sie reichte mir den Becher mit Orangensaft. »Trink einen Schluck.« Ich nippte daran. Er schmeckte wie Wasser mit Orangengeschmack.

»Wieviel Uhr haben wir jetzt?«

Sie sah auf ihre Armbanduhr. »Zwanzig nach sieben.«

Himmel. Würde es den nie acht Uhr werden?

»Du solltest duschen«, sagte Mary. »Danach fühlst du dich besser.«

»Nein, das kann ich nicht«, erwiderte ich. »Da kann mich doch jeder sehen. Und ich habe keine sauberen Sachen. Ich habe noch nicht mal eine frische Binde.«

»Ich kümmere mich drum«, sagte sie. Sie klopfte ans Fenster. Dieselbe Wärterin erschien. »Wir brauchen eine Binde!« rief Mary. Die Wärterin brachte eine.

»Das ist Miss White«, sagte Mary und reichte mir die Binde. »Sie ist eine von den Netteren.«

Man mußte ans Fenster klopfen und eine Wärterin rufen, wenn man etwas brauchte, so erklärte sie mir, aber manche von ihnen ignorierten einen einfach. Miss White war nicht so, sagte Mary. Sie war nett, und meistens half sie einem.

Mary überredete mich schließlich zu duschen. Sie versprach, sich als zusätzlichen Sichtschutz vor die halbhohe Trennwand zu stellen. Ich hatte keine Zahnbürste, spülte den Mund mit Wasser aus und betrachtete mich in dem Spiegel über dem Waschbecken. Es war kein richtiger Spiegel, nur eine wellige, matte Metallplatte. Ich wollte immer noch nicht glauben, daß ich hier war. Aber nach der Dusche fühlte ich mich tatsächlich besser.

Viertel vor acht. Ich testete das Telefon. Kein Freiton. Mary und ich saßen am Tisch und unterhielten uns. Wir wechselten von Englisch zu Twi, einer ghanaischen Sprache, die ich in der Schule gelernt hatte. Auch Mary war geflüchtet, um einer grausamen Stammessitte zu entfliehen, und sie war in die Vereinigten Staaten gekommen, weil hier eine Schwester von ihr wohnte.

»Du hast Verwandte hier, und trotzdem behalten sie dich im Gefängnis?«

Ihr Gesichtsausdruck wurde weich. »Ach, du hast gedacht...« Sie lächelte traurig. »Nein, Fauziya. So einfach ist das hier nicht.«

Die Gedanken in meinem Kopf überschlugen sich. Mary hatte eine Schwester hier. Vielleicht war das die Erklärung. Vielleicht hatten Frauen in Amerika nichts zu sagen. Vielleicht war es hier wie in Togo, wo alle Entscheidungen von Männern getroffen wurden. Das mußte es sein. Aber ich hatte hier einen Onkel. Er würde mich rausholen. Noch einmal hob ich den Hörer ab. Endlich, das Freizeichen!

Mary kam zum Telefon und nahm mir den Hörer ab. Es war kein normales Telefon. Man mußte eine komplizierte Prozedur hinter sich bringen, um jemanden anzurufen. Dabei kamen Ansagen vom Band, man mußte bestimmte Knöpfe drücken, mit der Vermittlung sprechen und alle möglichen Dinge beachten. Man konnte nur R-Gespräche führen, und man mußte der Vermittlung die Nummer nennen, die man anrufen wollte. Mary fragte mich nach der Nummer meines Onkels. Ich wußte sie nicht.

»Er wohnt in New Jersey«, sagte ich. »Bitte doch die Vermittlung, sie rauszusuchen.«

»Das machen sie nicht. Du mußt die Nummer wissen. Gibt es sonst noch jemanden, den du anrufen kannst?«

»Ja! Meinen Vetter! Ich habe einen Vetter!« Seine Nummer wußte ich auswendig. Manchmal, wenn ich seiner Frau geholfen hatte, ihn aus Togo anzurufen, hatte er Nachrichten an meinen Onkel und meine Tante weitergeleitet. Er mußte also ihre Nummer kennen.

Ich nannte Mary die Nummer meines Vetters. Sie meldete das Gespräch an. Ich wartete. Ich betete. Gott, bitte mach, daß er noch immer dieselbe Nummer hat. Bitte mach, daß er da ist. Daß er zu Hause ist. Laß jemanden abheben! Mary reichte mir den Hörer.

»Rahuf!«

»Der ist nicht da«, sagte eine Männerstimme. »Wer spricht denn da?«

»Fauziya!«

»Fauziya? Tja, er ist nicht da, Fauziya. Er ist noch bei der Arbeit.«

»Wann kommt er nach Hause?«

»In zwei Stunden. Kann er zurückrufen?«

»Mary! Welche Nummer haben wir hier?«

»Er kann hier nicht anrufen, sag ihm, daß du es später noch mal probierst.«

»Ich rufe wieder an. Könnten Sie ihm sagen, daß ich angerufen habe, und ihn bitten, nicht wegzugehen, bevor ich mich wieder gemeldet habe? Es ist wichtig.«

»Okay. Ich werd's ihm ausrichten.«

Ich legte auf. Gott sei Dank! Es war noch immer dieselbe Nummer. Er würde bald nach Hause kommen.

Ich wartete genau zwei Stunden und rief dann wieder an. Er meldete sich sofort und akzeptierte das R-Gespräch, obwohl er sich zuerst nicht an mich erinnerte.

»Rahuf, Ich bin's, Fauziya! Yayas jüngste Tochter!«

»Ach! Yayas Tochter! Wo bist du denn?«

»Ich bin hier, in Amerika.«

»In Amerika? Wo?«

»Im Gefängnis Esmor, in Elizabeth, New Jersey. Rahuf, ich bin im Gefängnis! Du mußt mir helfen. Bitte hol mich hier raus!« Ich brach in Tränen aus.

»Fauziya! Beruhige dich und erzähl mir erst mal, was passiert ist.«

Aber ich konnte nicht aufhören zu weinen. Schließlich sagte Rahuf energisch: »Fauziya! Laß mich mal mit jemand anderem sprechen.«

Ich reichte Mary den Hörer. Sie hörte eine Weile aufmerksam zu. »Nein, das geht nicht«, sagte sie. »Sie muß vor Gericht. Sie braucht einen Anwalt.« Einen Anwalt! Was sie sonst noch sagte, konnte ich nicht verstehen. Dann gab sie mir den Hörer zurück. »Fauziya, er will dich noch mal sprechen. Beruhige dich und sprich mit ihm. Die Leitung wird bald unterbrochen.«

Ich riß mich zusammen, nahm den Hörer und erzählte ihm rasch die ganze Geschichte. Der Hintergrund war ihm bekannt. Er wußte um die Spannungen zwischen meinem Vater und seinen Geschwistern. Er wußte, daß mein Vater gestorben war. Ich schilderte ihm, was danach geschehen war. »Rahuf, bitte, du mußt mir helfen!«

»Das werde ich, Fauziya. Aber du mußt jetzt stark sein.« Er hatte Mary gefragt, ob er mich gegen Kaution freibekommen könnte, aber das war nicht möglich. Ich mußte vor Gericht erscheinen, und ich brauchte einen Anwalt. Das Gericht würde entscheiden, ob ich auf freien Fuß gesetzt oder abgeschoben werden sollte. Wahrscheinlich würde ich nicht am nächsten Tag entlassen werden, sondern eine ganze Weile hierbleiben müssen.

»Oh Gott! Nein!« Wieder fing ich an zu weinen.

»Fauziya, bleib ruhig! Hast du deinen Onkel angerufen?«

»Nein! Ich weiß seine Nummer nicht. Hast du sie?«

Ja, er hatte sie, und zu meinem Glück wohnte mein Onkel in Newark, ganz in der Nähe des Gefängnisses.

»Ruf ihn an und sag ihm, daß du mit mir geredet hast«, sagte Rahuf. »Sag ihm, daß du einen Anwalt brauchst. Sag ihm, daß ich die Kosten mit übernehme. Wenn du mit ihm gesprochen hast, rufst du mich wieder an?«

»Okay. Danke.«

Anschließend versuchte Mary, meinen Onkel anzurufen, aber aus irgendwelchen Gründen kamen wir nicht durch, und ich mußte Rahuf erneut anrufen, um ihn zu bitten, daß er sich mit meinem Onkel in Verbindung setzte. Er war einverstanden und sagte, ich sollte mich in einer halben Stunde wieder bei ihm melden.

Das tat ich, und er hatte gute Neuigkeiten für mich. Er hatte mit meinem Onkel gesprochen, und der kannte einen guten Anwalt. Er konnte den Anwalt zwar nicht sofort anrufen, weil Sonntag war, aber er wollte ihn am nächsten Tag anrufen und ihm sagen, daß er mich hier rausholen sollte. Rahuf sagte, mein Onkel werde ein Schriftstück unterzeichnen, in dem er bestätigte, daß ich bei ihm wohnen konnte. Er würde sich um mich kümmern. Morgen kam ich raus – also doch!

Ich legte auf und fiel Mary um den Hals. »Ach Mary! Ich komme raus! Mein Onkel bürgt für mich. Er schickt morgen seinen Anwalt, der mich hier rausholt.«

Sie erwiderte meine Umarmung kaum. »Das hoffe ich, Fauziya«, sagte sie leise. »Das hoffe ich.«

Ich war so erleichtert, daß ich den Zweifel in ihrer Stimme gar nicht hörte. »Du brauchst einen Anwalt, Mary!« sagte ich glücklich. »Sag deiner Schwester, daß sie dir einen Anwalt besorgen soll, damit du hier rauskommst.«

Sie setzte sich wieder an den Tisch und sah mich traurig an. »Ich habe eine Anwältin, Fauziya.«

Das konnte nicht sein! Mir zog sich der Magen zusammen. »Aber ... warum bist du dann noch hier?«

Sie seufzte erneut. »Darüber entscheidet der Richter. Der Anwalt vertritt nur deinen Fall vor dem Gericht. Du mußt warten, bis dein Fall vor Gericht verhandelt wird.«

»Aber du wartest doch schon seit vier Monaten.«

»Ein paar von den Frauen warten sogar schon länger.«

Voller Panik rief ich Rahuf an. »Rahuf! Mary sagt, alle hier haben einen Anwalt! Sie sagt, ich komme nicht raus! Sie sagt, ich muß hierbleiben, bis ich einem Richter vorgeführt werde.«

Wieder beschwor Rahuf mich, Ruhe zu bewahren. Vielleicht hatten Mary und die anderen Frauen keine guten Anwälte. Mein Onkel hatte gesagt, daß er mich rausholen würde. Warum sollte er so was sagen, wenn es nicht stimmte?

»Du hast recht. Tut mir leid. Ich habe es bloß mit der Angst bekommen.«

»Versuche, ruhig zu bleiben, okay?«

»Ja.«

»Also gut. Ich muß jetzt weg, komme aber später wieder. Ruf mich heute abend noch mal an, damit ich weiß, daß es dir gutgeht.«

Das war an diesem Tag mein drittes R-Gespräch mit ihm gewesen, und R-Gespräche sind teuer. Rahuf hatte nur wenig Geld, was ich aber damals noch nicht wußte.

Als ich den Hörer auflegte, ging es mir besser.

Den Rest des Tages verbrachte ich mit Mary, plauderte, lernte Dominospielen, sah fern. Gegen halb zwölf gab es Mittagessen: Salzkartoffeln, Tomatensauce und Kohl. Die Kartoffeln waren kalt und matschig, die Tomatensauce wässrig, der Kohl verkocht und ohne jeden

Geschmack. Ich schob das Tablett weg. Mary schob es mir wieder hin. »Wenn du auf ein anständiges Essen wartest, wirst du hier verhungern.«

Ich aß, um ihr eine Freude zu machen. Danach schaute ich mir einen Film im Fernsehen an. Aber ich konnte nicht lange hinsehen. Das grelle Licht, das aus jeder Ecke des Raumes flimmerte, tat mir in den Augen weh.

»Kann man denn hier nur fernsehen?« fragte ich Mary.

»Es gibt noch einen Aufenthaltsbereich, in dem ein paar Fitneßgeräte stehen. Aber der ist noch nicht fertig, deshalb lassen sie uns nicht oft dorthin.«

»Lassen sie euch denn nie raus.«

»Nein.«

»Man kann die anderen Schlafsäle besuchen. Ich darf das nicht mehr, als Strafe, aber du darfst es. Und man kann in der Wäscherei arbeiten. Ich habe das auch gemacht, aber jetzt lassen sie mich nicht mehr. Das solltest du machen. Der Mann, der die Wäscherei leitet, ist richtig nett, und außerdem vergeht bei der Arbeit die Zeit schneller. Du solltest Miss Jones Bescheid sagen, daß du das machen willst.« Sie lächelte. »Natürlich nur, wenn du hierbleibst. Aber wahrscheinlich bist du morgen schon wieder weg.« Sie glaubte nicht daran, aber sie wollte nett zu mir sein.

»Erzähl mir doch, wie du versucht hast zu fliehen«, sagte ich, um das Thema zu wechseln.

Sie hatte einen Wärter bestochen, ihr bei einem ihrer regelmäßigen Besuche im Krankenhaus, wo ihr Magengeschwür behandelt wurde, zur Flucht zu verhelfen. Aber sie war erwischt worden, weil der Fahrer des Fluchtwagens in Panik geriet und sich weigerte, sie mitzunehmen. Die Wärter erwischten sie auf dem Beifahrersitz des stehenden Wagens, wo sie gerade den Fahrer anschrie. Sie brachten sie in ihrem Krankenhauskittel zurück und steckten sie für dreißig Tage in Einzelhaft. Danach wurde sie aus ihrem alten Schlafraum hierher verlegt, um sie von den anderen ghanaischen Frauen zu trennen. Sie lächelte, als sie geendet hatte. »Und da bin ich nun.« Ihre Anwältin hatte gesagt, daß ihr Asylantrag nun mit Sicherheit abgelehnt werden würde, und ihr geraten, zurück nach Ghana zu gehen. Die Anwältin nahm auch ihre Anrufe nicht mehr entgegen. »Auch die von meiner Schwester nicht«, sagte sie. »Meine Schwester hat ihr viel

Geld bezahlt, über viertausend Dollar. Und jetzt will sie nicht mal mehr mit uns reden.«

Rahuf hatte recht, dachte ich. Sie hat eine schlechte Anwältin. Mein Onkel hatte einen guten Anwalt. Ich würde rauskommen.

»Und was willst du jetzt machen?« fragte ich.

Sie seufzte. »Ich kann nicht ewig hierbleiben, das weiß ich«, sagte sie. »Nicht hier. Deshalb habe ich ja versucht zu fliehen.« Sie zuckte die Achseln. »Wahrscheinlich muß ich zurück.«

»Zurück nach Ghana?« fragte ich.

Sie zögerte kurz. »Mir wird schon was einfallen.«

Mary erzählte mir, was für Frauen in den anderen Schlafsälen untergebracht waren. Frauen aus China, Albanien, Jugoslawien, Ghana, Nigeria, von der Elfenbeinküste, aus Zaire, Uganda, Somalia, Guatemala, El Salvador, Honduras, Haiti, Frauen aus der ganzen Welt.

»Sind auch muslimische Frauen dabei?« erkundigte ich mich.

»Ein paar, glaube ich. Warum? Bist du Muslimin?«

»Ja.«

»Ich denke, hier sind mehr muslimische Männer als Frauen«, sagte sie.

»Wie viele Menschen sind in Esmor eingesperrt?«

»Ungefähr dreihundert.«

Gütiger Himmel! In meinem Internat waren insgesamt nur etwa hundertfünfzig Schüler gewesen, und das war mir schon enorm viel vorgekommen!

Gegen sieben rief ich wie besprochen erneut bei Rahuf an, und er sagte, ich solle ihn am nächsten Morgen ab zehn Uhr wieder anrufen. Dann war er von seiner Nachtarbeit zurück und hatte meinen Onkel gefragt, wann mich der Anwalt besuchen würde.

Kurz bevor das Licht ausgeschaltet wurde, warnte Mary mich: »Heute nacht hat Kim Dienst. Die kommt immer spät nachts rein und zählt durch. Dann macht sie einen Riesenkrach und packt dich am Arm oder an den Beinen.«

»Wieso zählen die uns?«

Sie lachte. »Du weißt doch, hin und wieder versucht mal eine zu fliehen.«

»Ach so... Wird immer nur nachts gezählt?«

»Nein, eigentlich dauernd. Aber die meisten Wärterinnen lassen uns in Ruhe. Nur Kim...« Sie schüttelte den Kopf. »Sie ist schlimm. Manchmal reißt sie dir die Decke weg, packt dich am Arm, schlägt dich vielleicht sogar auf den Hintern oder die Füße.«

»Macht sie das mit allen?«

»Mit allen. Sie tut einem nicht richtig weh. Aber wir haben Angst vor ihr.«

Und wirklich, als Kim in der Nacht reinkam, mit lautem Türenknallen und plärrendem Walkie-talkie, trat sie an Marys Bett, zog ihr die Decke weg, packte sie am Handgelenk und riß ihr den Arm hoch. Als sie zu mir kam, zog sie mich grob am Fuß. Dann ging sie zum nächsten Bett und schlug der Frau neben mir mit der Faust auf die Fußsohle. *Klatsch!* Die Frau jaulte auf. Und so ging es weiter die Reihe entlang. Als sie durch war, verließ sie den Raum und ließ die Tür krachend hinter sich ins Schloß fallen. *Rumms!*

Ich lag im Bett und kochte vor Wut. Hier wurden Menschen behandelt wie Tiere. Kein Wunder, daß Mary versucht hatte zu fliehen.

Ehe ich's mich versah, war es wieder sechs Uhr morgens, der Fernseher dröhnte, und der Raum war in gleißendes Licht getaucht. »Auf geht's! Auf geht's!« Ich schoß kerzengerade im Bett hoch. Eine Wärterin stand neben dem Metalltisch und hämmerte mit einem Gummiknüppel darauf herum. Diesmal war es nicht Miss White, sondern eine dünne, kleine, blasse, ältere Frau mit dunklen, intelligenten Augen. Es war Miss Jones, wie ich bald erfahren sollte. Sie erschreckte mich mit ihrem Hämmern und Schreien. Sie war laut, streng und sehr hart. Niemand legte sich mit Miss Jones an.

»Auf geht's! Auf geht's!« rief sie im Rhythmus des Gummiknüppels. »Wer ist heute mit Putzen dran?«

»Ich«, sagte ich. Meine Stimme bebte vor Furcht.

Sie trat an mein Bett, blieb vor mir stehen, die Hände in die Hüften gestemmt, und sah auf mich herab. »Eine Neue«, sagte sie.

»Jawohl«, sagte ich leise. Ich stieg aus dem Bett und trat beiseite, weil sie sich bückte, die Schachtel unter meinem Bett hervorzog, mein Handtuch rausnahm und es mir reichte. »Hast du zwei Handtücher bekommen?«

»Jawohl.« Ich war zu verängstigt, um irgend etwas anderes zu sagen.

»Nein, hat sie nicht«, sagte Mary. »Sie hat bloß eins gekriegt.«

»Hast du zwei T-Shirts bekommen?«

»Jawohl.«

»Nein!« sagte Mary.

»Hast du zweimal Unterwäsche bekommen?«

»Jawohl.«

»Nein!« sagte Mary. Sie lachte. »Du mußt es ihr sagen, Fauziya, damit sie dir bringt, was du brauchst.« Ich brachte kein Wort über die Lippen, also sagte Mary zu ihr: »Sie braucht noch ein Handtuch, einen Waschlappen und noch ein Laken. Sie hat von allem jeweils nur eins.«

»Okay. Was noch?«

»T-Shirts. Sie hat gar keins gekriegt. Noch einen Satz Unterwäsche und noch eine Uniform. Sie hat nämlich bloß eine.« Miss Jones stand direkt vor mir, förmlich unter meiner Nase, und hatte den Kopf in Marys Richtung gewandt, während Mary die Liste aufzählte. Ich konnte ihr Parfüm riechen. Es duftete leicht und frisch. Ich atmete es ein und wünschte, ich hätte ein bißchen davon. Die Luft im Raum war so stickig.

»Und einen BH«, sagte Mary. »Ihrer ist kaputt. Und noch ein Paar Socken. Und ein paar Binden. Sie braucht Binden.«

Miss Jones nickte und wandte sich mir zu. »Okay. Geh jetzt duschen. Los, los! Ich besorge dir die Sachen.« Sie verließ den Raum, ohne die Tür zu knallen. Ich eilte Richtung Dusche. Mir blieb nichts anderes übrig. Ich haßte diese Dusche. Die Trennwand davor verdeckte noch nicht mal mein Gesäß. Aber ich tat wie geheißen und das schnell. Wenn Miss Jones einem etwas befahl, dann tat man es. Das war mir sofort klar geworden. Meine Mitbewohnerinnen lagen noch in den Betten, Gott sei Dank. Ich zog mich aus und drehte das Wasser an. Wenigstens war es warm. Miss Jones kam zurück, während ich noch duschte, und betrachtete mich eine Weile, bevor sie wieder ging. Ich mochte das nicht. Aber allmählich konnte ich nicht mehr zählen, wer mich alles nackt gesehen hatte.

Mary brachte mir frische Sachen von dem Kleiderberg, den Miss Jones auf mein Bett gelegt hatte. BH und Schlüpfer waren noch immer zu groß, das T-Shirt abgetragen und verschlissen, die Hose ein wenig knapp, aber alles in allem paßten mir die Sachen besser. Miss Jones mußte mich unter der Dusche wohl taxiert haben, um meine Kleidergröße zu schätzen.

An diesem Morgen putzten Mary und ich gemeinsam, was das quälende Warten bis zehn Uhr etwas erleichterte. Dann rief ich wieder Rahuf an, und er sagte mir, daß er mit meinem Onkel gesprochen hatte. Mein Onkel hatte seinen Anwalt bereits verständigt. Die Dinge kamen ins Rollen.

»Kommt der Anwalt noch heute?«

»Das hat er jedenfalls gesagt. Ruf mich in einer Stunde wieder an. Bis dahin müßte ich es genau wissen.«

Ich wartete eine Stunde, eine der längsten Stunden meines Lebens. Als ich Rahuf wieder anrief, sagte er, mein Onkel wisse noch immer nicht, wann der Anwalt kommen würde. Rahuf sollte ihn in einer Stunde noch einmal anrufen.

Und so ging es weiter, Stunde um Stunde, Anruf um Anruf, den ganzen Tag. Mary saß am Tisch und betrachtete mich mit weichem, traurigem Blick. Ich wollte diesen Blick nicht sehen. Ich würde heute rauskommen. Ich wußte es.

Damals wußte ich nicht, daß Rahuf sich extra einen ganzen Tag frei genommen hatte, um mir zu helfen. Eigentlich konnte er sich das gar nicht leisten, aber er tat es trotzdem.

Nach dem Mittagessen hörte ich plötzlich ein lautes Rumpeln auf dem Gang. »Mann in Sicht!« rief jemand. Der Anwalt! Er war da! Endlich!

Nein. »Waschtag«, sagte Mary. Sie hatte es mir schon erklärt, aber ich hatte es vergessen. Das Geräusch war das Rumpeln des Wäschekarrens. »Komm, Fauziya, hol deine schmutzigen Handtücher und Sachen. Ich ziehe dein Bett ab.«

»Nein danke, ist schon gut.« Ich blieb am Tisch sitzen. Ich brauchte keine frische Wäsche. Ich kam heute raus. Ganz sicher.

Meine Mitbewohnerinnen zogen ihre Betten ab und rollten die Schmutzwäsche in die Laken ein. Als Mary mit ihren Sachen fertig war, machte sie dasselbe mit meinen. Der Wäschekarren tauchte vor unserem Fenster auf. Ein Mann schob ihn, ein großer, massiger Schwarzer mit einem runden, freundlichen Gesicht, er war Ende Dreißig, vielleicht Anfang Vierzig. Er lächelte mir zu, und ich lächelte zurück. Mary reichte die sechs Rollen Schmutzwäsche hinaus und erhielt im Gegenzug sechs saubere Rollen.

»Das ist Mr. Williams«, sagte Mary, während der Wäschekarren weiter den Gang entlangrumpelte. »Er leitet die Wäscherei.«

»Er hat ein nettes Gesicht«, sagte ich.

»Er ist sehr nett. Die Arbeit bei ihm fehlt mir.« Sie seufzte achselzuckend. »Aber was will man machen?« Sie drückte meine Hand. »Wirklich, Fauziya, du solltest Miss Jones sagen, daß du gerne in der Wäscherei arbeiten möchtest.« Mir fiel auf, daß sie diesmal nicht hinzufügte: »Falls du hier bleibst.«

Ein oder zwei Stunden später öffnete sich die Tür, und Miss Jones kam herein, einige Blatt Papier in der Hand. Der Anwalt war da! Das mußten meine Entlassungspapiere sein! Sie würde mich jetzt zu ihm bringen.

Nein. Sie legte nur die Blätter auf den Tisch. »Bitte sehr, die Damen. Ich hole das später wieder ab.« Sie verließ den Raum, und das Schloß verriegelte sich klickend hinter ihr. Mary setzte sich mit einem Stift in der Hand neben mich. »Das ist die Bestelliste«, sagte sie. Ich warf einen Blick darauf. Da standen alle möglichen Sachen mit dem entsprechenden Preis aufgelistet: Shampoo, Seife, Körperlotion, Süßigkeiten und Kekse, Briefpapier, Briefmarken, Umschläge, Kugelschreiber. Mary studierte die Liste und machte Häkchen hinter manchen Artikeln. »Diese Kekse sind lecker«, sagte sie und zeigte auf einen Artikel auf meiner Liste. »Verstehst du? Du hakst ab, was du gerne hättest, und sie ziehen dir das Geld von deinem Konto ab. Die Sachen sind ziemlich teuer, und du kriegst auch nicht immer alles, was du willst, aber immer noch besser als nichts. Besucher dürfen dir nämlich nichts mitbringen.« Sie widmete sich wieder ihrer Liste. Ich schob meine weg. »Willst du irgendwas, Fauziya? Wie wär's mit Schokolade?«

»Nein.« Ich kam heute raus. Ganz sicher.

Wieder rief ich Rahuf an. Der Anwalt würde es heute nicht mehr schaffen, aber morgen würde er kommen.

Morgen! Ich legte auf und weinte. Noch eine Nacht in diesem Gefängnis! Noch eine Nacht!

Den Rest des Tages erlebte ich wie im Nebel. Als ich mich abends schlafen legte, betete ich zu Gott. Bitte, mach, daß der Anwalt morgen kommt. Bitte, bitte, bitte...

Ich war gerade dabei einzuschlafen, als die Tür aufflog und das Licht aufflammte.

»Raus! Raus! Durchsuchung! Alles raus hier! In den Fitneßraum!«

Ich fuhr erschrocken hoch. Zwei Wärterinnen standen in der Tür und brüllten Kommandos. Mary und die anderen schlugen ihre Dekken zurück und sprangen aus den Betten. Mary hielt mir ihre ausgestreckte Hand hin. »Komm, Fauziya.«

Ich nahm ihre Hand und folgte ihr barfuß an den Wärterinnen vorbei zur Tür hinaus. Der Gang war voller Frauen. Überall standen Wärter und Wärterinnen, die herumschrien und kommandierten. Sie führten uns durch die Gänge in eine Art Aufenthaltsraum mit Betonboden, in dem eine Tischtennisplatte und ein paar Fitneßgeräte standen.

»Was ist denn los?« fragte ich Mary.

»Durchsuchung der Schlafsäle«, sagte sie. »Sie überraschen uns gern. Aber das ist das erste Mal, daß sie es nachts tun.«

»Was suchen sie denn?«

»Sachen, die wir nicht haben dürfen. Essen. Extra Handtücher, Kleidung. Egal, was sie finden.«

Der Fitneßraum war jetzt voller Menschen. Ich betrachtete die anderen Frauen. So viele schöne, interessante Gesichter! Einige Frauen lehnten mit geschlossenen Augen an der Wand. Andere hockten oder saßen auf dem Boden und unterhielten sich leise mit ihren Freundinnen. Eine Gruppe von Wachleuten stand in der Tür und beobachtete uns.

»Wie lange halten die uns hier fest?« fragte ich Mary.

Sie lachte. »Bis sie fertig sind. Das kann man nie genau sagen.«

Einige Frauen schliefen ein, während wir warteten, aber mir war zu kalt, um zu schlafen. Nach einer langen, langen Zeit verließen die Wärter den Raum, und ihre Kolleginnen erteilten schroff neue Kommandos: »Aufstehen! Aufstehen! Hoch mit euch. In einer Reihe aufstellen!« Wir bildeten eine lange Reihe, die sich durch den Raum schlängelte.

»Und was kommt jetzt?«

»Leibesvisitation«, sagte sie.

Oh Gott! Nicht schon wieder! Vor all den Leuten!

Die Wärterinnen begannen mit den Frauen, die der Tür am nächsten standen, jeweils drei Wärterinnen und drei Frauen. »Hose runter! Hemd hoch!« Die Frauen taten wie geheißen. Dann wurden sie am ganzen Körper abgetastet. »Umdrehen!« Die Frauen wandten sich um und wurden erneut abgetastet. »Okay, raus!« Eine andere Wärterin machte ihnen die Tür auf, und die Frauen marschierten hinaus. Dann kamen die nächsten drei Frauen an die Reihe, dann die nächsten und so weiter. Als Jasmine, Mary und ich endlich aus dem Fitneßraum gehen durften, war es Viertel vor eins. Sie hatten uns über zwei Stunden festgehalten. Unser Schlafsaal war durchwühlt worden. Laken und Decken waren von den Betten gerissen und einfach liegengelassen worden. Man hatte alle Schachteln unter den Betten hervorgezogen und den Inhalt einfach auf den Boden gekippt. Mary seufzte nur, ging zu ihrem Bett und fing an, die Sachen wieder in ihrer Schachtel zu verstauen. Ich dagegen brach in Tränen aus. Bitte, Gott. Mach, daß der Anwalt morgen kommt. Ich kann hier nicht bleiben.

Am nächsten Morgen rief ich schluchzend Rahuf an. »Ich muß hier raus! Wann kommt der Anwalt?«

Rahuf wußte es nicht. Er hatte mit meinem Onkel gesprochen. Mein Onkel hatte gesagt, heute ganz bestimmt, aber er wußte noch nicht genau, wann. Rahuf sollte ihn wieder anrufen.

Immer wieder rief ich Rahuf an. Immer wieder rief Rahuf meinen Onkel an. Immer wieder antwortete mein Onkel, er solle später noch einmal anrufen. Der Anwalt kam nicht an diesem Tag. Auch nicht am nächsten. Auch nicht am übernächsten. Mein Onkel ließ mich fünf Tage lang in qualvoller Anspannung warten, bevor er Rahuf schließlich am Freitag nachmittag, einen Tag vor Heiligabend, eröffnete, daß er seinen Anwalt nicht schicken würde. Mein Onkel wollte mir überhaupt nicht helfen. Er sagte, die Leute von der Einwanderungsbehörde sollten mich ruhig wieder zurück nach Togo schicken.

Rahuf war außer sich. Aber er sagte meinem Onkel nicht die Meinung, weil wir älteren Menschen stets mit Respekt begegnen. Ich war fassungslos, daß der Mann, den ich seit meiner Kindheit kannte, der für mich wie ein Onkel war, mir seine Hilfe verweigerte, als ich sie am nötigsten brauchte. Doch nun wollte Rahuf mir einen Anwalt besorgen.

»Fauziya! Hol dir was zu schreiben«, sage Rahuf, »dann gebe ich dir alle nötigen Informationen.«

Der Anwalt war darauf spezialisiert, Asylbewerbern zu helfen. Er hatte ein Büro in Washington, D.C., wo auch Rahuf wohnte. Rahuf hatte bereits mit ihm gesprochen, und der Anwalt war bereit, meinen Fall zu übernehmen. Er hieß Eric Bowman. Rahuf gab mir die Telefonnummer durch, doch es war mittlerweile nach fünf Uhr, zu spät, um an diesem Tag noch anzurufen. Rahuf sagte mir, ich solle bis

Montag warten, dem Tag nach Weihnachten. Mein erstes Weihnachten in Amerika würde ich im Gefängnis verbringen.

Während ich jene schrecklichen Tage in Esmor verlebte, war Layli in Washington, D.C., und nutzte ihre Weihnachtsferien, um für ihren Artikel über Genital-Verstümmelung zu recherchieren. Karen war in Kalifornien und machte Urlaub von ihrer Dozentenstelle an der *Santa Clara University.* Noch immer erwog sie Rick Wilsons Einladung, im folgenden Herbst an der *American University* zu lehren.

Keine von uns war den beiden anderen jemals begegnet, aber wir bewegten uns an jenem Freitag nachmittag, dem Tag vor Heiligabend, einen weiteren Schritt aufeinander zu. Mein Onkel hatte mich meinem Schicksal überlassen. Eric Bowman war Teil meines Schicksals. Über ihn würde ich schließlich Layli und über Layli auch Karen kennenlernen. Eric wurde das Bindeglied.

19
Bowman

Am Montag morgen rief ich Eric Bowman an. Meine Stimme zitterte, und ich konnte nur flüstern. Noch nie in meinem Leben hatte ich mit einem Anwalt zu tun gehabt. Nachdem ich seiner Sekretärin meinen Namen genannt hatte, meldete sich eine tiefe Männerstimme am Telefon.

»Hallo, Fauziya«, sagte er. »Schön, daß Sie anrufen. Ich habe Ihren Anruf schon erwartet. Haben Sie das Wochenende gut überstanden?« Er klang verständnisvoll, freundlich, nett. Ich entspannte mich ein wenig.

Er plauderte noch ein Weilchen mit mir, damit sich meine Befangenheit legte, und dann kam er zur Sache. Es war an der Zeit, meine Geschichte zu erzählen. »Ich werde Ihnen jetzt einige Fragen stellen, und ich möchte, daß Sie sie so vollständig und ehrlich wie möglich beantworten, okay?«

»Okay.«

»Bitte sprechen Sie laut und deutlich, damit ich alles richtig verstehe, ja?«

»In Ordnung.«

»Falls die Leitung unterbrochen wird, legen Sie einfach auf und rufen mich wieder an, okay?« Offensichtlich kannte er sich mit Gefängnistelefonen aus.

Wir fingen damit an, wie und von wem ich meinen Paß bekommen hatte, wieviel ich dafür bezahlt hatte und was ich den Beamten von der Einwanderungsbehörde am Newark Airport erzählt hatte. Er sagte, er müsse alle Einzelheiten kennen. Ich schilderte ihm alles, woran ich mich erinnerte. Daß sie versucht hatten, mich nach Deutschland zurückzuschicken, daß sie geglaubt hatten, ich käme in Wahrheit gar nicht aus Togo. Dann sprachen wir darüber, warum ich nach Amerika gekommen war und warum ich um Asyl gebeten hatte. Nach den ersten fünfzehn Minuten wurde einmal die Leitung unterbrochen, aber wir sprachen fast eine halbe Stunde miteinander. Ich erzählte ihm alles, auch von der *kakia*.

»Okay«, sagte er, als wir fertig waren. »Als erstes müssen Sie sich jetzt eine Kopie der Unterlagen von der Einwanderungsbehörde besorgen. Die Leute, mit denen Sie am Flughafen gesprochen haben, haben doch ein paar Formulare ausgefüllt, stimmt's?«

»Ja. Und sie haben mich fotografiert und meine Fingerabdrücke genommen.«

»Genau, und das alles kommt in eine Akte beim INS, der Einwanderungsbehörde. Das ist die Regierungsstelle, die sich um Immigranten und Flüchtlinge kümmert. Und für diese Behörde arbeiten die Einwanderungsbeamten. Sie schreiben einen Bericht – zum Beispiel, ob sie meinen, daß Sie die Wahrheit gesagt haben…«

»Ich *habe* die Wahrheit gesagt!«

»Das glaube ich Ihnen, Fauziya. Aber Sie müssen nachsehen, was genau die geschrieben haben. Das lesen nämlich die Leute vom INS, und das wird auch der Richter lesen, wenn wir ihn darum bitten, Ihnen Asyl zu gewähren. Ich muß wissen, was in dem Bericht steht, damit ich mir eine Strategie überlegen kann, wie ich Ihren Fall in der Verhandlung am besten darstelle. Aber bis dahin wird es noch eine Weile dauern. Ich werde versuchen, vorher schon eine bedingte Haftentlassung für Sie zu erwirken.«

»Meinen Sie, daß Sie das schaffen?«

»Versprechen kann ich nichts. Aber ich werde tun, was ich kann.«

»Wann werden Sie es wissen?«

»Das kann ich nicht genau sagen. In einer Woche, in ein paar Wochen.«

Ein paar Wochen! Oh Gott!

Wieder teilte uns eine Bandansage mit, daß die fünfzehn Minuten fast um waren.

»Ich muß hier raus«, sagte ich mit so zugeschnürter Kehle. »Bitte helfen Sie mir.«

»Rahuf wird Sie auf dem laufenden halten, wie sich die Dinge entwickeln. Wenn ich wieder mit Ihnen sprechen möchte, sage ich Rahuf Bescheid, ja?«

»Ja«, flüsterte ich. Ein paar Wochen!

»Es tut mir leid, Fauziya. Sie müssen eine Weile durchhalten. Schaffen Sie das?«

»Ich glaube schon.«

Ich legte auf, preßte die Stirn gegen die Wand und schluchzte. Ich spürte eine Hand auf meiner Schulter.

»Ach, Fauziya.« Mary legte mir einen Arm um die Taille und führte mich zu meinem Bett. Sie setzte sich neben mich und hielt mich einfach fest, während ich mir die Augen ausweinte. Schließlich hörte ich auf zu schluchzen und seufzte nur noch, wischte mir die Augen ab, saß einfach schlaff und leer da und starrte auf den Boden.

Um zehn Uhr rief ich Rahuf an und erzählte ihm von meinem Gespräch mit Bowman.

»Ich mag ihn«, sagte ich. »Er war sehr nett. Und er war ehrlich. Er hat mich nicht angelogen.«

»Er ist ein guter Mann«, sagte Rahuf.

Damals wußte ich es noch nicht, aber Bowman hatte sich bereit erklärt, meinen Fall gegen ein sehr viel geringeres Honorar zu übernehmen, als er normalerweise verlangte. Doch selbst das war mehr, als Rahuf aufbringen konnte. Trotzdem hatte er eingewilligt. Einige seiner Freunde, die auch von Togo nach Amerika gekommen waren, halfen ihm, die ersten fünfhundert Dollar zusammenzubringen. Auch sie hatten nicht viel Geld, aber sie gaben ihm, was sie entbehren konnten.

Bowman erklärte Rahuf, daß wir meine Geschichte »dokumentieren« mußten – Briefe herbeischaffen, Papiere, alles, was beweisen konnte, daß ich die Wahrheit sagte. Rahuf sagte, daß er bereits einige Verwandte in Togo informiert hatte, daß sie Ayisha eine Nachricht zukommen lassen sollten.

Ayisha! »Oh, Rahuf, finde heraus, wie es ihr geht. Ich habe nichts mehr von ihr gehört, seit ich aus Togo weg bin. Ich habe ihr aus Deutschland geschrieben, aber sie hat nicht geantwortet. Sag ihr aber nicht, daß ich im Gefängnis bin, bitte! Tu das nicht! Du hast doch deinen Verwandten nicht erzählt, daß ich im Gefängnis bin, oder?« Der Gedanke, daß meine Familie das erfuhr, war für mich unerträglich.

»Nein. Ich habe nur gesagt, daß du hier bist, daß ich dir helfe, deine Papiere in Ordnung zu bringen, und daß ich mit ihr reden muß.«

Papiere...

»Rahuf! Frag Ayisha, ob sie die Heiratsurkunde noch hat!«

»Was für eine Heiratsurkunde?«

»Sie haben eine Heiratsurkunde aufgesetzt! Alle haben unterschrieben, nur ich nicht. Ayisha hat sie mitgenommen. Vielleicht hat sie die noch.«

»Gut, ich werde sie danach fragen. Fällt dir sonst noch was ein?«

Was noch? Im Geiste ging ich diesen furchtbaren Tag noch einmal durch. Ich war aufgestanden, Awaye hatte mir die Kleider gezeigt, die *nachane* hatte mich gebadet, sie und ihre Helferin hatten mich angezogen, Ibrahims drei Frauen waren gekommen, jemand hatte ein Foto gemacht.

»Es gibt ein Foto«, sagte ich.

»Was für ein Foto?«

»Von dem Besuch der anderen drei Frauen. Da hat jemand ein Foto von uns gemacht, wie wir auf dem Bett sitzen, aber ich weiß nicht mehr, wer das war.«

»Meinst du, Ayisha könnte an das Bild rankommen?«

»Ich weiß nicht.«

»Ich werde sie fragen. Und ich werde sie bitten, sich mit Amariya in Verbindung zu setzen. Bowman meint, wir müssen versuchen, alles zu belegen, was dir und ihr widerfahren ist, wie du geflohen bist, woher du das Geld hattest…«

»Aber was kann Amariya schon machen?«

»Vielleicht kann sie einen Brief schreiben, in dem sie bestätigt, daß sie dir das Geld geschenkt hat.«

»Sie kann doch kein Englisch.«

»Ich glaube nicht, daß sie ihn tatsächlich selbst schreiben muß. Sie kann ihn diktieren und von jemand anders schreiben lassen. Sie muß ihn nur unterschreiben, denke ich. Kann Ayisha Englisch?«

»Nicht gut genug. Alfa und Babs sprechen Englisch, aber ich weiß nicht, ob sie zu Amariya können. Vielleicht wissen sie nicht mal, wo sie ist.«

»Keine Sorge, Fauziya. Wir finden schon eine Möglichkeit.«

Ich hatte meine Mutter seit einem Jahr und acht Monaten nicht mehr gesehen. Ich wußte nicht einmal, wo sie war. Sie hatte soviel von ihrem Erbe geopfert, um mir zur Flucht zu verhelfen. Und wo war ich gelandet? Es würde ihr das Herz brechen, wenn sie es erfuhr.

Als Miss Jones später die Bestellisten brachte, bat ich Mary um einen Stift. Eine banale Kleinigkeit, die Bitte um einen Stift, und doch bekam ich feuchte Augen, als ich sie aussprach. Es war ein unerträglich schmerzlicher Augenblick für mich – der Augenblick der Wahrheit. Mit dem Ausfüllen der Bestelliste gestand ich ein, daß ich im Gefängnis bleiben würde. Mary reichte mir den Stift und sagte nichts. Aber sie verstand. Ich setzte mich neben sie.

»Letzte Woche hast du die Kekse gekauft«, sagte ich. »Diese Woche kaufe ich sie.«

»Dann bestelle ich die heiße Schokolade.«

Als ich später den Wäschekarren über den Gang rumpeln hörte, zog ich mein Bett ab und rollte meine schmutzige Wäsche selbst ein. Mary übergab die Rollen an Mr. Williams.

»Das ist Fauziya«, sagte Mary, als sie die sauberen Rollen entgegennahm. »Fauziya, das ist Mr. Williams.«

Er nickte höflich. »Hallo, Fauziya. Wie geht es dir heute?« Er betonte das *dir* – wie geht es *dir* heute. Das gefiel mir.

»Danke, gut«, sagte ich schüchtern.

»Du kümmerst dich ein bißchen um sie, Mary?«

»Aber ja.« Mary lächelte mir zu. »Sie ist meine Tochter. Nicht wahr, Fauziya?«

Mr. Williams nickte. »Das ist gut«, sagte er ernst. »Das hier ist kein guter Ort für ein so junges Mädchen.«

Hatte er das wirklich gesagt? Kein Mensch hier hatte ein Wort über mein Alter verloren. »Das ist aber ein netter Mann«, sagte ich zu Mary, nachdem er fort war.

»Ja, das ist er«, sagte sie. »Fauziya, du solltest in der Wäscherei arbeiten, dann mußt du nicht den ganzen Tag hier rumsitzen. Außerdem ist Mr. Williams ein angenehmer Chef. Und du wirst dafür bezahlt.«

»Wirklich? Man bekommt Lohn?«

»Einen Dollar pro Tag.« Sie grinste. »Aber das würde für die Kekse reichen.«

Als Miss Jones später kam, um die Bestellisten einzusammeln, sagte Mary ihr, daß ich in der Wäscherei arbeiten wollte. Das stimmte, aber ich war zu verschüchtert, um es ihr selbst zu sagen.

»Nein«, sagte sie schroff. »Mr. Williams braucht im Moment keine neuen Leute. Und sie ist erst seit einer Woche hier. In der Wäscherei kann man erst arbeiten, wenn man mindestens drei Wochen hier war.«

»Du hättest lieber warten sollen«, sagte ich zu Mary, nachdem Miss Jones wieder gegangen war. »Jetzt ist sie wütend.«

»Nein, ist sie nicht. Das ist nun mal ihre Art. Du mußt früh damit anfangen, sie zu fragen, und sie immer wieder darauf ansprechen. Sonst vergißt sie es und nimmt eine andere, wenn Bedarf besteht.«

Im Laufe der Zeit wurde mir Miss Jones sympathischer. Sie war zwar kühl und schroff zu Neuankömmlingen, und sie schrie alle an, aber sie war auch freundlich, fair und fürsorglich. Man mußte sich ihre Achtung und ihr Vertrauen verdienen, aber wenn einem das gelang, konnte man Freundschaft mir ihr schließen. Ich jedenfalls schloß Freundschaft mit ihr. Sie war ein warmherziger Mensch.

Da meine Periode vorbei war, konnte ich wieder anfangen zu beten. Aber ich hatte keinen Gebetsteppich. Amariyas *tasbih* war in meinem Koffer, an den ich nicht rankonnte. Ich wußte nicht genau, in welcher Richtung Osten lag. Aber ich mußte mich behelfen. Ich legte Zeitungen auf dem Boden neben meinem Bett als Teppich aus, wusch mich, wickelte mir eines meiner sauberen Handtücher um den Kopf, trat barfuß auf das Zeitungspapier, wandte mich vom Fenster ab in die Richtung, von der ich hoffte, daß sie Osten war, und bat Allah, mir meine Fehltritte zu vergeben und meine Gebete zu erhören. Meine Mitbewohnerinnen saßen reglos und still auf den Betten, um mich nicht zu stören. Ich bat Allah, mir Kraft zu geben, Kraft im Geiste, Kraft im Glauben. »Oh, Allah, der du alles weißt und alles lenkst. Ich weiß nicht, warum du beschlossen hast, mich so leiden zu lassen. Hilf mir, es zu verstehen. Hilf mir, Frieden zu finden. Du hast mich an diesen Ort geführt, und nur du kannst mich wieder befreien. Dein Wille geschehe.« Das Gebet half mir, mich in das Gefängnisleben einzugewöhnen.

Ich schrieb an Ayisha, um meiner Familie mitzuteilen, daß es mir gutging. Ich schrieb, daß ich in Amerika war. Ich schrieb, daß Rahuf mir dabei behilflich war, meine Papiere in Ordnung zu bringen, und daß ich vorläufig in einem Haus namens Esmor wohnte, das ich als eine Art Fremdenheim darstellte. Ich schrieb, daß ich mit fünf Frauen auf einem Zimmer wohnte, die alle sehr nett seien, und daß ich mich mit einer von ihnen, Mary aus Ghana, sehr gut angefreundet hatte. Ich schilderte alles in einem unbeschwerten Ton, weil ich nicht wollte, daß sie sich Sorgen machten. Ich gab meine Adresse an und bat sie inständig, mir zu schreiben und Fotos von allen zu schicken.

Tagsüber weinte ich nicht mehr soviel. Meistens saß ich einfach nur mit Mary zusammen. Tag für Tag für Tag. Sie durfte den Schlafsaal nicht verlassen. Da ich niemanden in den anderen Schlafsälen kannte, hatte ich keinen Grund, unseren zu verlassen. Wir unterhielten uns, spielten Domino, sahen fern. Die Talkshows schockierten mich. Sex, Sex, nichts als Sex. In Amerika war anscheinend jeder darauf aus, sein Sexualleben vor irgendeiner Fernsehkamera auszubreiten. Aber es gab eine Sendung, die ich heiß und innig liebte: *Video Music Box*. Für diese Sendung lebte ich – sechzig Minuten Musik und Tanz. Sie fing um halb fünf an, wenn gerade unser Abendessen gebracht wurde. Aber ich tanzte lieber. Während meine Mitbewohnerinnen am Tisch saßen und aßen, tanzte ich für mich allein. Sie lachten. Manchmal standen Wärterinnen vor dem Fenster und beobachteten mich. Es war mir egal. Eine kurze Stunde am Tag, von Montag bis Freitag, ließ ich mich von der Musik ergreifen, erheben, hinaustragen, aus dem Gefängnis, aus mir selbst.

In jenen ersten Tagen hielt ich engen Kontakt zu Rahuf. Manchmal rief ich ihn zwei- oder dreimal am Tag an, manchmal sogar noch öfter.

»Irgendwas Neues, Rahuf?«

Nein, noch nichts. »Wie geht es dir, Fauziya? Stehst du es durch?«

Ich hatte Rückenschmerzen von der harten Matratze. Mir brannten und tränten die Augen von dem grellen Licht. Der Raum war kalt. Ich hatte Miss Jones um eine zweite Decke gebeten. Sie hatte abgelehnt. Der Raum war fensterlos, stickig. Ich konnte Rahuf vor lauter Krach oft kaum verstehen. Das Essen war widerwärtig. Ich bekam einen juckenden roten Hautausschlag am ganzen Körper.

»Ich wünschte, ich könnte dich besuchen kommen, Fauziya«, sagte er eines Tages, »aber du bist so weit weg, und ich habe zwei Jobs gleichzeitig.«

»Mach dir keine Sorgen. Ich komme klar. Wie geht es dir?«

»Ach, ich arbeite, ich zahle Rechnungen. Du würdest staunen, wie schnell man in Amerika sein Geld loswird. Essen, Miete, Telefon. Irgendeine Rechnung muß man immer bezahlen.«

Als ich jene erste beiläufige Erwähnung seiner Telefonkosten mitbekam, schämte ich mich. Ich war so mit meinen eigenen Problemen beschäftigt gewesen, daß ich noch nicht mal einen Gedanken daran verschwendet hatte, wieviel meine Anrufe Rahuf wohl kosten mochten. Mit dieser Bemerkung gab er mir vorsichtig zu verstehen, daß wir uns nicht zu viele Anrufe leisten konnten. Niemals hätte er das offen gesagt, und ich hätte niemals zu ihm gesagt: »Ich habe dich nicht angerufen, weil dich das zuviel kostet.« Aber künftig versuchte ich, meine Anrufe auf das Notwendigste zu beschränken, und außerdem war es sinnlos, Rahuf von Problemen zu erzählen, die er nicht lösen konnte.

Tatsächlich hatte ich allmählich das Gefühl, daß keiner mir helfen konnte. Ich wurde immer deprimierter. Die ewig gleichen, endlos langen Tage im Gefängnis hatten mich so elend gemacht, daß ich das Zeitgefühl verlor. Schon jetzt kam es mir vor, als wäre ich seit einer Ewigkeit im Gefängnis. Eines Nachts lag ich wie üblich frierend im Bett und kratzte mich, als ich hörte, wie viele Leute ganz laut rückwärts zählten.

»Zehn! Neun! Acht! Sieben!«

Was sollte das?

»Drei! Zwei! Eins! Frohes Neues Jahr!!!«

Nein. Das konnte doch nicht sein. Ich hörte lauten Jubel, Pfeifen, Klatschen. Sonntag, der erste Januar 1995. Mein achtzehnter Geburtstag. Frohes Neues Jahr. Und herzlichen Glückwunsch zum Geburtstag. Ich mußte lachen. Na Fauziya, wie gefällt dir dein Geburtstag bisher?

Der einzige Trost waren meine Gebete. Aber irgendwann wurde mir klar, daß die Zeitungen, die ich zum Gebetsteppich umfunktioniert hatte, inakzeptabel waren. In Zeitungen gibt es Bilder, und der Islam verbietet es, während des Gebets Bilder zu betrachten.

»Was soll ich denn da machen?« fragte ich Mary.

»Wie wär's mit einem zweiten Laken?« sagte sie. »Das könntest du doch dann als Kopftuch nehmen und dein Extrahandtuch als Gebetsteppich benutzen.«

»Aber ich habe kein zweites Laken.«

»Tja, dann müssen wir dir eben eins besorgen.«

»Miss Jones wird mir keins geben, Mary. Sie hat doch schon abgelehnt, als ich sie um eine zweite Decke gebeten habe.«

»Ich habe ja auch nicht gesagt, daß wir um eins bitten sollten. Ich habe gesagt, wir müssen dir eins besorgen.«

Sie schaffte es. Eine Freundin von ihr, Elsie aus Schlafsaal N, arbeitete in der Wäscherei, und mitunter schob sie den Wäschekarren über die Gänge und verteilte die sauberen Rollen. Sie steckte mir heimlich ein Laken zu, in einer Rolle mit sauberer Wäsche. Es wurde bei einer Durchsuchung gefunden und konfisziert. Kein Problem. Mary informierte Elsie, die mir ein Neues schickte. Nach über vier Monaten in Esmor war Mary abgehärtet, einfallsreich und äußerst geschickt darin, Vorschriften sehr weit auszulegen oder ganz zu umgehen. Sie war meine erste Lehrerin in der Kunst des Überlebens im Gefängnis.

Ein Bereich, wo sie mir jedoch nicht helfen konnte, war die ärztliche Versorgung in Esmor. Ungefähr um diese Zeit suchte ich zum erstenmal einen Gefängnisarzt auf, in der Hoffnung, daß er mir ein Medikament gegen meinen Ausschlag geben würde. Als der Doktor mich fragte, was ich für Beschwerden hätte, zeigte ich ihm meine Arme, die mit winzigen, juckenden, roten Pusteln bedeckt waren.

»Hmmmm«, sagte er und drehte meine Arme sacht mal in die eine, mal in die andere Richtung. »Hast du das nur auf den Armen?«

»Nein, überall. Es juckt wie verrückt.«

»Juckt es ständig?«

»Ja. Besonders nach dem Duschen. Dann scheint es noch schlimmer zu werden.«

»Wie oft duschst du?«

»Einmal am Tag.«

Er nickte. »Dusch nur einmal die Woche«, sagte er. »Das ist das einzige, was ich empfehlen kann. Medikamente wären nämlich teuer, und ich kann sie nicht einfach so verteilen.«

Ich dachte, er macht Witze. »Aber ich brauche irgendwas«, sagte ich. »Es juckt. Was soll ich denn machen?«

»Wenn weniger duschen nicht hilft«, sagte er, »dann lies in der Bibel, wenn der Juckreiz schlimmer wird.«

»Ich bin Muslimin«, sagte ich kühl. »Ich lese nicht in der Bibel.«

»Dann eben im Koran. Konzentrier dich darauf, bis das Jucken nachläßt.«

Es erschien mir müßig, ihn darauf hinzuweisen, daß ich im Gefängnis gar keinen Koran hatte, selbst wenn ich bereit gewesen wäre, ihn auf derart respektlose Weise zu mißbrauchen. Ich stand auf, und eine Wärterin brachte mich wieder zurück in meinen Schlafsaal. Ich war fassungslos, daß mir ein Arzt tatsächlich den Rat gegeben hatte, entweder nicht zu duschen oder mich zu kratzen.

Esmor war wirklich ein absurder Ort. Manche Menschen dort waren bösartig, manche waren nett, manche waren mal so, mal so. Man wußte nie, worauf man sich einzustellen hatte. Irgendwann im Verlauf jener Woche kam eine Wärterin in den Schlafsaal und bemerkte, daß ich mich kratzte.

»Wie lange hast du den Ausschlag schon?« fragte sie.

Ich erzählte es ihr.

»Juckt das die ganze Zeit?«

»Ja, aber besonders nach dem Duschen.«

»Welche Seife benutzt du?«

Ich sagte es ihr. Es war eine der Marken, die auf der Bestelliste standen.

»Wahrscheinlich kriegst du davon den Ausschlag.« Das war eine so einfache, offensichtliche Erkenntnis. Wieso hatte mich der Arzt nicht nach der Seife gefragt? Sie betrachtete meine Arme. »Deine Haut ist ganz trocken. Du solltest Körperlotion benutzen. Hast du welche?«

»Ich habe mir eine bestellt, aber die nutzt nichts«, sagte ich und kratzte mich erneut. »Davon scheint es noch schlimmer zu werden. Die ich sonst immer nehme, gibt es hier nicht.«

»Welche nimmst du denn?«

Ich nannte ihr die Marke und fügte hinzu: »Ich habe welche in meinem Koffer.« Wir durften nichts aus unserem Gepäck nehmen.

»Komm mal mit«, sagte sie. Sie ging mit mir zur Aufnahme und verschwand im Hinterzimmer. Ich wartete. Sie kam mit meinem Koffer zurück und stellte ihn vor mir auf den Boden. »Nimm dir deine Lotion.«

»Wirklich?«

Sie verstieß gegen die Vorschriften, und wir wußten beide, daß sie Ärger bekommen konnte, aber sie tat es trotzdem. Ich sah sie an. Einen Moment lang erwiderte sie meinen Blick, dann sah sie weg, versuchte, ihre Gefühle zu verbergen. »Nun mach schon. Beeil dich.« Aber ich hatte ihren Blick gesehen. Für sie war ich nicht bloß eine Gefangene, für sie war ich ein Mensch.

Ich öffnete meinen Koffer, nahm die Lotion heraus und liebäugelte noch einen Moment mit einer kleinen Tube Hautcreme. »Darf ich?«

Sie nickte, und ich nahm die Hautcreme, meinen Kamm, mein Deo, mein kleines Adreßbüchlein, meinen Eyeliner-Stift, meine Armbanduhr und den *tasbih* meiner Mutter. Kleinigkeiten, aber für mich die kostbarsten Schätze der Welt. Alles, was ich war, und alle, die ich liebte, kamen zu mir zurück, als ich meine Reichtümer betrachtete. Die Wärterin hatte mir ein Geschenk von unschätzbarem Wert gemacht. Aber ich darf ihr hier nicht namentlich danken, weil sie das in Schwierigkeiten bringen könnte.

Irgendwann in derselben Woche rief ich erneut Rahuf an. »Bowman möchte, daß du ihn anrufst«, sagte er.

Reg dich nicht auf, sagte ich zu mir, als ich Bowmans Nummer wählte, aber ich war aufgeregt.

»Gute Neuigkeiten, Fauziya!«

Bei diesen Worten tat mein Herz einen Sprung. Aber das, was dann kam, erfüllte nicht meine hochgesteckten Erwartungen. Es waren keine schlechten Neuigkeiten, es waren keine guten Neuigkeiten. Meiner Meinung nach waren es überhaupt keine Neuigkeiten, denn es ging nicht darum, daß ich entlassen werden sollte. Als mir das klar geworden war, hörte ich Bowman nur noch mit halbem Ohr zu. Er würde mich am nächsten Montag besuchen, und wir würden gemeinsam zu meiner »Voruntersuchung« gehen. Das war nicht die eigentliche Verhandlung, sondern nur ein vorläufiges Erscheinen vor einem Richter am Gericht in Esmor. Die eigentliche Verhandlung würde später stattfinden, aber er wußte nicht, wann.

»Am Montag werden wir dem Richter nur erzählen, daß du Asyl beantragst, und dann hören wir dem Anwalt der INS zu, wenn er die Anklage gegen dich vorträgt.«

»Anklage? Welche Anklage?«

»Daß du versucht hast, durch arglistige Täuschung ins Land zu gelangen.«

»Was bedeutet das: arglistige Täuschung?«

»Daß du so tun wolltest, als wäre der Paß, den du bei dir hattest, wirklich deiner.«

»Aber das habe ich nicht!«

»Ich weiß, Fauziya. Und das werden wir dem Richter bei der Voruntersuchung auch erklären. Die INS trägt ihre Anklage vor, wir geben unsere Erwiderung ab, und dann wird die richtige Verhandlung festgesetzt.«

Vor mir lag also noch ein Wochenende, das es irgendwie zu überstehen galt. Und danach befand ich mich noch immer erst in der Phase der Voruntersuchung. An diesem Wochenende schrieb ich einen Brief an Rudina, in dem ich ihr verspätete Weihnachts- und Neujahrsgrüße sandte. Die Worte *Merry Christmas and a Happy New Year* würde sie bestimmt verstehen, bei dem Rest würde sie sich wahrscheinlich von jemandem helfen lassen müssen. Auch ihr verschwieg ich, daß ich im Gefängnis war, weil ich mich zu sehr schämte. Ich bat sie um einen Gefallen. Am Tag meines Abfluges hatte ich vor lauter Aufregung beim Packen meinen Togo-Ausweis und meinen Schülerausweis vergessen. Ob sie mir die bitte schicken konnte? Bowman hatte gesagt, daß wir Dokumente brauchten, um zu beweisen, daß ich die Wahrheit sagte.

Am Montag morgen um halb acht stand plötzlich Miss Jones in unserer Tür und schrie: »Sieben Sechs Eins!« Ich blickte mich um, weil ich sehen wollte, wie meine Mitinsassinnen reagierten, aber die machten einfach mit dem weiter, was sie gerade taten. Also kümmerte ich mich auch nicht weiter drum. Miss Jones trat in den Raum und blieb verärgert stehen, die Hände in die Hüften gestemmt. »Sieben Sechs Eins! Sieben Sechs Eins!« bellte sie.

»Fauziya«, rief Mary mir vom Tisch aus zu. Ich sah zu ihr hinüber. Sie hielt das linke Handgelenk hoch und zeigte auf ihr Plastikarmband. »Guck mal, welche Nummer du hast.« Ich sah nach: 761. Miss Jones rief mich. Ich hatte keinen Namen mehr. Ich war nicht mehr Fauziya Kassindja, nicht mal mehr Kassinga. Ich war Sieben Sechs Eins.

»Verzeihung, Miss Jones, das bin ich«, sagte ich und stand hastig auf.

Sie kam auf mich zu, blieb dicht vor mir stehen und blickte mich finster an. »Was glaubst du eigentlich, wer du bist?« bellte sie. »Eine afrikanische Prinzessin?« Sie winkte mit einer Hand. »Gehen wir! Du hast Besuch.«

Besuch. Ich? Hatte sie die richtige Nummer genannt? War denn heute Sonntag, also regulärer Besuchstag? Ich hatte gedacht, wir hätten Montag. Ständig kam ich mit den Wochentagen durcheinander. Und dann fiel es mir wieder ein. Bowman hatte gesagt, daß er am Montag kommen wollte. Ich hatte es vergessen. Um mich selbst zu schützen, denke ich. Meine erste Woche in Esmor hatte ich damit verbracht, auf den Anwalt zu warten, den mein Onkel mir schicken wollte. Der Mann war nie gekommen. Vielleicht brachen jetzt bessere Zeiten an. Bowman hatte gesagt, er würde heute kommen, und er war gekommen.

Eine Wärterin wartete vor der Tür, um mich zu dem winzigen Raum zu bringen, wo ich mit Bowman zusammentreffen sollte. Sie ließ mich dort allein, an einem kleinen Tisch sitzend, mit Blick durch das Fenster auf den Wachmann, der im Gang draußen postiert war. Ich war nervös. Nach wenigen Minuten kam ein Mann mit einer Aktentasche in der Hand herein. Er lächelte und hielt mir seine Hand hin. »Hallo, Fauziya«, sagte er. »Ich bin Eric Bowman.«

Sprachlos ergriff ich seine Hand. Das war mein Anwalt? Er war sehr groß, sehr gutaussehend, eine gepflegte Erscheinung, und er trug einen gut geschnittenen dunklen Anzug. Und er war schwarz. Ich hatte einen Weißen erwartet. Mein Anwalt war schwarz! Ich war überglücklich. Er setzte sich mir gegenüber und lächelte. Ich konnte einfach nicht aufhören, ihn anzustarren, und war verschüchtert, erleichtert, nervös, verängstigt, begeistert, alles zur gleichen Zeit.

»Du brauchst nicht nervös sein, Fauziya«, sagte er sanft. »Ich bin hier, um dir zu helfen. Wir haben jede Menge Zeit.«

Vielleicht duzte er mich, weil ich so jung war, vielleicht wollte er rascher mein Vertrauen gewinnen. »Nein danke, es geht schon.«

»Hast du irgendwelche Fragen, bevor wir anfangen?«

»Wann komme ich raus?«

Die schlechte Nachricht kam also zuerst. Noch nicht. Am Freitag hatte er den offiziellen Bescheid von der INS erhalten, daß mein Antrag auf bedingte Haftentlassung abgelehnt worden war.

Es war wie ein Fausthieb in die Magengrube. »Abgelehnt? Warum?«

Wie ich später erfuhr, konnte damals die Leitung der Einwanderungsbehörde des jeweiligen Verwaltungsbezirks nach eigenem Gutdünken entscheiden, ob einer Person, deren Inhaftierung nicht im öffentlichen Interesse lag, bedingte Haftentlassung gewährt wurde. Ich kann mir nicht vorstellen, daß meine Haft dem öffentlichen Interesse diente. Ich weiß nur, daß in Esmor ein Bett frei war, als ich am Flughafen von Newark ankam. Esmor ist ein Privatunternehmen, dem die INS für die Leitung der Haftanstalt in Elizabeth, New Jersey, über neun Millionen Dollar jährlich zahlte. Neun Millionen Dollar, und wir bekamen scheußliches Essen und abgewetzte, verfärbte und zerrissene Kleidung. Neun Millionen Dollar, und ich bekam noch nicht einmal eine zweite Decke. Neun Millionen Dollar, und der Arzt konnte mir kein Medikament gegen meinen Ausschlag geben.

Ich fing an zu weinen.

»Wir geben nicht auf«, sagte Bowman freundlich. »Ich werde versuchen, dich in ein Gefängnis in Baltimore verlegen zu lassen, da wird schneller bedingte Haftentlassung gewährt. Dort haben wir wahrscheinlich größere Chancen, dich rauszukriegen.«

»Wann wird das sein?«

»Ich weiß noch nicht mal, ob es mir überhaupt gelingt. Der Leiter des Bezirks Newark muß die Überführung befürworten. Ich kann nichts versprechen, aber ich werde es versuchen.«

»Wann werden Sie es wissen?«

»Selbst das kann ich dir nicht sagen. Nur daß ich wirklich alles, alles versuchen werde.«

»Dann muß ich also hierbleiben?«

Sein Blick war traurig. »Eine Weile.«

Ich legte den Kopf auf die Arme und weinte.

Er strich mir sacht über den Arm und ließ mich weinen.

»Verzeihen Sie«, sagte ich, nachdem ich mich ausgeweint hatte.

»Du mußt dich nicht entschuldigen«, sagte er. »Weine nur.«

In Togo sagen die Menschen so etwas nicht. Sie sagen das, was Rahuf und Ayisha immer gesagt haben, wenn ich weinte: »Hör auf. Weinen hilft dir nicht.« Aber Amerikaner sagen so etwas. In den leidvollen Monaten, die noch vor mir lagen, sollte ich diesen Satz zahllose Male hören, aber irgendwie klang er in meinen Ohren immer seltsam und fremd.

»Nein«, sagte ich schniefend und wischte mir über die Augen. »Weinen ist auch keine Lösung.«

»Kannst du mir jetzt ein paar Fragen beantworten?«

Ich nickte, und er legte seine Aktentasche auf den Tisch, öffnete sie und holte einen Kassettenrecorder heraus, einen Packen Papier, ein Notizbuch und einen Stift. »Ich werde unser Gespräch aufnehmen, und wir gehen jetzt alles noch einmal haarklein durch. Ich werde dir viele Fragen stellen. Bitte entspann dich und laß dir für die Antworten ruhig Zeit. Du mußt dich nicht beeilen. Erzähl mir einfach alles ganz genau so, wie du es in Erinnerung hast, okay?«

Und so redeten wir. Ich erzählte ihm alles, was ich ihm schon einmal erzählt hatte, aber sehr viel ausführlicher. Mir brannte das Gesicht vor Scham, und meine Stimme erstarb zu einem Flüstern, als ich über die *kakia* sprach. Ständig mußte er mich bitten, etwas lauter zu sprechen. Aber er war freundlich und geduldig, und ich faßte Vertrauen zu ihm.

Zuletzt fragte er mich, ob es außer Amerika noch eine Alternative für mich gab. »Was ist mit Benin? Wärst du da in Sicherheit?«

»Nein, in Benin würden sie mich finden.«

»Und Ghana?«

»Nein, da würden sie mich auch finden. Werden sie mich zurückschicken?«

»Das habe ich nicht gesagt.«

»Das dürfen sie nicht. Wir haben in ganz Westafrika Verwandte. Mein Onkel und meine Tante würden mich überall finden. Ich muß hierbleiben! Sie müssen mir Asyl gewähren! Sie müssen einfach!«

»Ich wünschte, dem wäre so, Fauziya, aber leider verhält es sich anders«, sagte er. »Die Entscheidung liegt beim Richter. Er kann ja oder nein sagen. Darauf mußt du dich gefaßt machen.«

Der Wachmann kam nun ins Zimmer. In einer Hand hielt er eine schwere Metallkette. Ich dachte, er wollte uns darauf hinweisen, daß unsere Zeit um war. Statt dessen kam er auf meine Seite des Tisches, bückte sich, packte mich am Fußknöchel, wickelte die Kette darum und befestigte sie am Tischbein. Wie eine gemeingefährliche Kriminelle wurde ich in Anwesenheit meines Anwalts in Ketten gelegt.

Bowman war empört: »Was machen Sie denn da?«

»Ich mache nur meine Arbeit, Sir.«

»Das ist doch ungeheuerlich! Ich bin ihr Anwalt! Wir haben hier ein vertrauliches Mandantengespräch!«

»Tut mir leid, Sir. Ich habe meine Vorschriften.«

Der Wachmann ging. Bowman schäumte. Ich weinte, weil ich mich so gedemütigt fühlte.

»Das ist doch grotesk«, sagte er, und in seiner Stimme schwang zugleich Wut auf den Wachmann und Mitgefühl für mich mit. Dann bückte er sich und untersuchte die Kette. »Nicht zu fassen«, sagte er, als er sich wieder aufrichtete. »Sieh dir das an, Fauziya.« Er packte den Tisch und zog daran. »Der ist noch nicht mal am Boden verschraubt. Ich könnte ihn einfach anheben und die Kette abstreifen.« Wir sahen uns an und mußten beide über die Absurdität der Situation lachen, und dieses Lachen tat unendlich gut.

Da mein Englisch so gut war, fragte Bowman mich, ob ich auch englisch schreiben könnte. Als ich das bejahte, gab er mir ein siebenseitiges Formular. Es war der Asylantrag. Er bat mich, ihn auf irgendwelche Unklarheiten hin durchzulesen, die er mir jetzt gleich erklären wollte. Ich fand keine, und er gab mir einen an ihn adressierten und frankierten Umschlag. »Falls du doch noch Fragen hast, ruf mich an.« Der Antrag sah kompliziert aus, aber ich versprach, ihn auszufüllen und noch am selben Tag abzuschicken.

Wir unterhielten uns noch ein Weilchen, dann sah Bowman auf die Uhr. Es war fast halb neun. »Die Voruntersuchung ist um neun«, sagte er. »Brauchst du noch etwas Zeit, um dich fertig zu machen?«

»Ja. Ich habe noch nicht geduscht.«

»Okay.« Er klopfte ans Fenster. Der Wachmann erschien. Bowman winkte ihn ins Zimmer. »Wir sind jetzt fertig.« Der Wachmann nickte und bückte sich, um meine Kette abzunehmen. Über seinen Kopf hinweg lächelten Bowman und ich uns zu, und beinahe wären wir wieder in Gelächter ausgebrochen.

Die Voruntersuchung dauerte ungefähr zehn Minuten. Die Richterin fragte nach meinem Namen, ob Mr. Bowman mein Anwalt sei, ob er berechtigt sei, mich zu vertreten. Bowman erklärte, daß wir Asyl beantragten. Sie erkundigte sich, wie wir uns zu den drei Anklagepunkten äußerten. Der erste lautete, daß ich mich »durch arglistige Täuschung in den Besitz eines Visums oder eines vergleichbaren Dokumentes« gebracht hätte. Bowman bestritt dies. Der zweite lautete, daß ich kein gültiges Visum besaß. Das bejahte Bowman. Der dritte lautete, daß ich versucht hätte, mich als die Person auszugeben, deren Paß ich bei der Einreise vorgelegt hatte. Auch dies bestritt Bowman. »Okay«, sagte die Richterin. »Ich gewähre Ihnen eine Frist bis zum 19. Januar, um den Antrag auf politisches Asyl einzureichen.« Und das war's.

Bis dahin waren es nur noch zehn Tage! Ich jubelte innerlich. In zehn Tagen würde meine Verhandlung sein! Das war zu schön, um wahr zu sein! Was hatte ich doch für einen prima Anwalt! Mir war vor Freude ganz schwindelig.

Nach der Voruntersuchung fuhr Bowman wieder nach Washington, und ich kehrte in meinen Schlafsaal zurück, wo Mary schon darauf brannte, die Neuigkeiten zu erfahren.

»Mary, kneif mich mal!«

Sie lachte und sagte: »Was ist los? Erzähl schon.«

»Du wirst es nicht glauben. Rate mal, wann meine Verhandlung ist?«

»Wann?«

»In zehn Tagen! Ich muß nur noch zehn Tage warten!«

Ihre Augen wurden ganz groß. »Du machst Witze!«

»Nein! Am 19. Januar! Stell dir das mal vor! Ist das nicht unglaublich? In zehn Tagen bin ich hier raus, und dann kannst du deiner Schwester sagen, sie soll Bowman anrufen, damit er dich auch schnell hier rausholt.«

»Zehn Tage«, sagte sie leise. »Erstaunlich. Wie hat er das gemacht?«

»Er ist ein richtig guter Anwalt. Du mußt ihn unbedingt engagieren, Mary. Er ist toll.«

Ich setzte mich an den Tisch und machte mich sofort daran, meinen Asylantrag auszufüllen. Eine Menge davon verstand ich nicht, aber ich füllte ihn aus, soweit ich konnte, und konzentrierte mich auf zwei Fragen auf einer Seite, auf die Bowman mich besonders hingewiesen hatte. Die Frage oben auf der Seite lautete: »Warum beantragen Sie Asyl? (Erklären Sie ausführlich die Gründe – fügen Sie, falls nötig, Zusatzblätter ein.)« Ich verstand die Frage, aber nicht den Satz, der dahinter stand. Ich dachte, meine Antwort müsse in die obere Hälfte der Seite passen. *Ich beantrage Asyl*, so schrieb ich in meinem unsicheren Schriftenglisch, *weil ich ein junges Mädchen von achtzehn Jahren bin, und als mein Vater, der mein gesetzlicher Vormund war, verstarb, wurde ich ohne meine Einwilligung und gegen meinen Willen verheiratet. Dieser Mann, den ich heiraten soll, ist alt genug, um mein Vater zu sein, hat viele Frauen und besteht darauf, daß ich beschnitten werde.* Die zweite Frage lautete: »Was wird Ihrer Meinung nach mit Ihnen geschehen, wenn man Sie in das Land zurückschickt, in dem Sie, wie Sie behaupten, verfolgt werden? (Möglichst ausführliche Darstellung – fügen Sie, falls nötig, Zusatzblätter ein.)« Ich schrieb: *Man wird mich zwingen, einen alten Mann zu heiraten, und ich werde beschnitten.* Mehr gab es schließlich nicht zu sagen. Ich steckte das Formular in den Umschlag, klebte ihn zu und übergab ihn einem Wachmann. Dann rief ich Rahuf an, wohlwissend, daß er gerade von seinem Tagesjob nach Hause gekommen war und nur wenig Zeit hatte, bevor er zu seinem Nachtjob mußte. Ich konnte es kaum erwarten, ihm die frohe Botschaft mitzuteilen.

»Halt dich fest, Rahuf! Meine Verhandlung ist am 19. Januar! Schon in zehn Tagen! Wahrscheinlich komme ich in zehn Tagen raus!«

Rahuf freute sich für mich. Er lachte und jubelte vor Erleichterung.

Als ich ihn jedoch einige Tage später erneut anrief, klang er sehr ernst. Er hatte mit Bowman gesprochen. »Deine Verhandlung ist nicht am 19. Januar, Fauziya.«

»Doch! Das hat die Richterin gesagt.«

»Nein, Fauziya. Ich habe mit Eric gesprochen. Du hast die Richterin falsch verstanden. Sie hat gesagt, du mußt deinen Asylantrag bis dahin einreichen.«

»Den habe ich doch sofort ausgefüllt und abgeschickt.«

»Wenn sie den Antrag haben, müssen sie erst einen Verhandlungstermin festsetzen.«

»Haben sie denn schon einen festgesetzt?«

Schweigen.

»Bist du noch dran?«

»Sie haben einen Termin festgesetzt...«

»Und wann ist der?«

»Die Verhandlung ist am 22. Juni.«

»Nein! Das kann nicht sein! Das kann nicht sein!«

»Es tut mir leid, Fauziya, aber so ist es nun mal.«

Im Juni! Ich zählte die Monate. Januar, Februar, März, April, Mai...

Und dann wurde alles um mich dunkel. Ich fiel nicht in Ohnmacht, ich sah einfach nur noch Dunkelheit um mich herum. Es war die Dunkelheit meiner Zukunft, ein finsterer, endloser Tunnel, an dessen Ende ich kein Licht sah. Das war das Ende. Mein Todesurteil.

20
Gefängnisleben

Nachdem ich erfahren hatte, wann meine Verhandlung sein würde, war ich eine Zeitlang einfach fort, irgendwo außerhalb von mir, an einem Ort weit weg von Esmor. Dort war es schön. Friedlich. Dort mußte ich nicht durchhalten und stark sein. Eine Weile blieb ich dort, und dann, eines Tages, kam ich zurück. Irgendwie hatte ich in meinem umnachteten Zustand doch erkannt, daß ich überleben mußte.

Ich fing wieder an, meine Gebete zu sprechen. Jeden Morgen stand ich um fünf Uhr auf, breitete ein Handtuch auf dem Boden aus, wusch mich, hüllte mich in das zusätzliche Laken, das Elsie mir zugesteckt hatte, legte den *tasbih* meiner Mutter auf das Handtuch, trat barfuß auf das Tuch und betete. »Vertraue auf Gott«, hatte meine Mutter immer gesagt. »Gott wird dich behüten.« Wenn es Gottes Wunsch war, daß ich durchhielt und überlebte, würde ich durchhalten und überleben.

Ich hielt durch. Ich überlebte.

Mir wurde schon bald klar, daß ich etwas finden mußte, um mir die Zeit zu vertreiben. Arbeit jedoch gab es nur in der Wäscherei. Aber Miss Jones hatte schon einmal nein gesagt, und ich war zu eingeschüchtert, um sie noch einmal zu fragen. Aber ich bin von Natur aus ein Mensch, der gerne arbeitet, und ich beschloß, dadurch ihre Gunst zu gewinnen. Miss Jones mochte Menschen, die gern arbeiteten.

Sie selbst arbeitete gern und viel. Sie hatte montags bis freitags von sechs Uhr morgens bis nachmittags um zwei Dienst und machte häufig Überstunden. Unter anderem gab sie das Frühstück und das Mittagessen aus. Eines Tages erklärte ich mich bereit, die Tabletts auszuteilen und wieder einzusammeln. Sie nahm mein Angebot an. Es war für beide Seiten von Vorteil. Ich kam mal für eine Weile aus dem Schlafsaal heraus, und sie mußte nicht mehr soviel arbeiten.

»Danke, Sieben Sechs Eins.«

»Gern geschehen, Miss Jones.«

»Möchtest du mir morgen wieder helfen?«

»Ja, gern.«

Ich hatte zwar immer noch keinen Namen, aber wenigstens einen Job.

Ungefähr eine Woche später kam es in der Wäscherei zu einem Engpaß. Es mußte ein Riesenberg Wäsche innerhalb eines Tages gewaschen, getrocknet und zusammengelegt werden. Das alles war von den Frauen, die dort arbeiteten, unmöglich zu bewältigen, und so fragten Miss Jones und Mr. Williams mit einem Wagen frischer Wäsche herum, wer Wäsche zusammenlegen wollte. In unserem Schlafsaal fragte Mr. Williams Mary, weil sie schon für ihn gearbeitet hatte, aber sie lehnte ab. Sie war zu müde, müde vom Nichtstun. Auch ich spürte allmählich, wie die gleiche Müdigkeit in mir hochkroch wie eine Krankheit, aber ich war fest entschlossen, sie zu bekämpfen.

»Ich helfe Ihnen«, sagte ich und stand von meinem Bett auf.

»Danke, Sieben Sechs Eins«, sagte Miss Jones.

Sie warf schwungvoll einen großen Berg Männerkleidung auf den Tisch, und ich machte mich an die Arbeit. Mary guckte weiter Fernsehen, aber die anderen Frauen kamen, um mir zu helfen. Wir waren im Handumdrehen fertig. Ich klopfte ans Fenster, damit Miss Jones die Wäsche abholte.

Sie war beeindruckt. »Das ging aber fix. Wollt ihr noch mehr machen?«

»Klar!«

Mr. Williams brachte uns noch einen Wäscheberg.

»Bekommen wir denn auch Lohn dafür?« fragte ich ihn scherzhaft.

»Sicher«, sagte er. »Wenn du bei mir in der Wäscherei arbeitest, zahle ich dir einen Dollar pro Tag. Im Augenblick brauche ich niemanden, aber man kann nie wissen...«

Wie recht er damit hatte, wußte er zu dem Zeitpunkt selbst noch nicht. An jenem Tag hatte er noch ein vollständiges Team – Marys Freundin Elsie und fünf andere Frauen aus Schlafsaal N. Und dann hatte er plötzlich keine einzige mehr.

Der Grund dafür war ein Vorfall, der sich rund eine Woche nach unserem Gespräch ereignete. Von einer Minute auf die andere wurden wir aus unserem stumpfsinnigen Alltagstrott herausgerissen, und ehe wir noch recht wußten, wie uns geschah, wimmelte es in unserem Schlafsaal von uniformierten Wachleuten, die mit großen Hunden an der Leine hereingestürmt kamen.

»Los, los! Alle an die Wand! Tempo!« brüllten sie. Wir sprangen von unseren Betten und drängten uns verängstigt unter dem Fernseher an der Wand zusammen, während die Hunde schnüffelnd im ganzen Raum herumliefen. Was immer sie auch gesucht haben, es war jedenfalls nicht in unserem Schlafsaal und, soweit ich weiß, auch in keinem anderen. Aber die Belegschaft von Schlafsaal N bekam an dem Tag großen Ärger. Während die Frauen dort während der Durchsuchung an der Wand standen, hatte einer der Wachmänner zu einem anderen gesagt. »Was meinst du? Sollen wir bei denen eine kleine Leibesvisitation vornehmen?« Der andere hatte gelacht. »Das würde dir wohl Spaß machen, was?« Sie gingen offenbar davon aus, daß keine der Frauen gut genug Englisch konnte, um ihre anzüglichen Reden zu verstehen. Aber Elsie hatte sie verstanden. Sie übersetzte ihren Mitbewohnerinnen, was die Männer gesagt hatten, und sie beschloß, gemeinsam mit ein paar von ihren Wäschereikolleginnen zurückzuschlagen. Auf ein Zeichen von ihr ließen alle die Hosen fallen und rissen die Hemden hoch, so daß sie in BH und Schlüpfer dastanden. Die Wachmänner fühlten sich ertappt und zogen verlegen ab.

Ich konnte kaum glauben, daß Elsie so etwas Dreistes getan hatte, aber insgeheim bewunderte ich sie dafür. Als jedoch Miss Jones am nächsten Morgen davon erfuhr, war sie so erbost, daß sie das gesamte Wäschereiteam auf der Stelle feuerte. Plötzlich brauchte Mr. Williams eine komplett neue Belegschaft. Miss Jones machte die Runde und fragte, wer dort arbeiten wollte.

»Sieben Sechs Eins, hast du Lust, in der Wäscherei zu arbeiten?«

Ich sprang von meinem Bett. »Ja!«

Und so fing ich in der Wäscherei an.

Das neue Team bestand aus mir, Lola, Jasmine, Maria und Rosa sowie zwei Chinesinnen aus Schlafsaal J, Siu Sing und Wang. Der arme Mr. Williams. Er mußte uns alles von der Pike auf beibringen, und das war nicht wenig, denn eine so große Institution mit frischer Wäsche zu versorgen, erforderte einen ungeheuren Aufwand. Es gab in Esmor neun Männerschlafsäle, von A bis I, und fünf erheblich kleinere Frauenschlafsäle, von J bis N. Insgesamt waren dort 300 Häftlinge untergebracht, davon 54 Frauen. Da ich die einzige in unserem Team war, die Englisch sprach, wurde ich bald Mr. Williams rechte Hand. Ich lernte schnell, und er wußte, daß er sich auf mich verlassen konnte. Wir freundeten uns an, und er nannte mich fortan »Fauz« und ich ihn »Frank«.

Die Arbeit in der Wäscherei war eine gute Schule. Die Kleidung, die man den Menschen hier in Esmor gab, war wirklich erbärmlich. Da es nicht genug Damenunterwäsche für die Frauen gab, wurden sie teilweise mit Herrenunterwäsche ausgestattet. So war es nicht verwunderlich, daß viele Frauen sich nicht an die Vorschrift hielten, mit der Schmutzwäsche auch die Unterwäsche abzugeben, sondern halbwegs ordentliche Unterwäsche einfach behielten und selbst wuschen. Die Männer taten mir besonders leid. Ihre Anstaltsuniformen waren noch zerschlissener und fleckiger und in noch knapperen Mengen vorhanden als die der Frauen. Und ihre Unterwäsche war wirklich ekelerregend. Frank sagte, daß er seine Vorgesetzten immer wieder auf diesen unhaltbaren Zustand aufmerksam machte, daß sie aber einfach nichts dagegen unternahmen.

Ich war sehr froh über meine Arbeit in der Wäscherei. Sie lenkte mich ein wenig ab, und die Zeit verging einfach schneller. Doch selbst wenn ich angestrengt arbeitete, konnte es passieren, daß mich der Kummer überwältigte. Manchmal, wenn ich gerade mit irgendwas beschäftigt war und plötzlich das Gesicht meines Vaters vor mir sah oder an Amariya dachte, fing ich haltlos an zu schluchzen. In solchen Augenblicken kam Frank zu mir und legte mir beruhigend den Arm um die Schultern. Ich durfte mich an seiner Brust ausweinen.

Meine Kolleginnen und ich wußten, was für ein Glück es für uns war, diesen Wäschereijob zu haben, und wir wollten uns unser Glück nicht wieder nehmen lassen.

»He, Fauz! Ich brauche zehn Rollen!«

»Okay-la.«

Das sagten Siu Sing und Wang, meine chinesischen Kolleginnen, immer: »Okay-la.« Auch ich gewöhnte es mir an. Sie brachten mir ein paar Brocken Chinesisch bei, und ich ihnen Englisch. Aber ihre Aussprache brachte mich immer zum Lachen. »Fonsinya« nannten sie mich. Wenn ich etwas machte, das sie lustig fanden, sagten sie zu mir, ich sei »vellückt«.

Frank brachte uns sogar einen Kassettenrecorder mit, damit wir Musik bei der Arbeit hatten. An dem Song von Whitney Houston »I Will Always Love You« aus dem Film *Bodyguard* konnte ich mich einfach nicht satt hören. Was für ein Song! Was für eine Stimme! Manchmal, wenn gerade nichts zu tun war, drehten wir die Lautstärke auf und tanzten. Frank saß dann dabei, sah zu, lachte und klatschte.

»Los, Fauz! Ach, Fauz, was kannst du tanzen!«

Manchmal kam Miss Jones herein, wenn wir gerade tanzten oder Karten spielten. Sie hatte nichts dagegen. Wenn wir unsere Arbeit machten, störte es sie nicht, wenn wir uns auch ein wenig amüsierten.

Sie schien wirklich bemüht, unser Leben erträglicher zu machen. Einmal kam sie mit einem Fläschchen Parfüm in unseren Schlafsaal. Sie hatte bemerkt, daß eine der Frauen nicht so oft duschte, wie wir anderen es gern gehabt hätten – und die Schlafsäle wurden nicht gelüftet. Miss Jones ging herum und versprühte Parfüm. Es war der gleiche frische Duft, den ich an meinem ersten Montag in Esmor an ihr gerochen hatte. Sie zwinkerte mir zu, als sie wieder ging. Ein paar Tage lang lag dieser Duft noch in der Luft, dann war er wieder verflogen. So war das Leben in Esmor nun mal. Ein flüchtiger Hauch von Parfüm, eine Stunde Tanz, wenn *Video Box Music* im Fernsehen kam, an den Wochentagen ein paar Stunden Arbeit in der Wäscherei, und dann wieder zurück in denselben stickigen, fensterlosen und grell beleuchteten Raum, in dem es nichts zu tun gab, außer grübeln und weinen, Stunde um Stunde, Tag für Tag.

Aber es kam eine Zeit, da dieser Schlafsaal mir wie das Paradies erscheinen sollte. Mary hatte mich vor der Einzelhaft gewarnt, und schon bald sollte ich lernen, was sie damit gemeint hatte. Nachdem ich einige Wochen in Esmor war, bekamen wir Anweisung, daß wir nicht vor sechs Uhr morgens duschen durften. Ich duschte zwar nicht früh, aber ich stand jeden Morgen um fünf Uhr auf, um meine Waschung vorzunehmen und zu beten. Die brutale Kim war häufig noch um fünf Uhr morgens im Dienst. Eines Morgens kam sie zur Tür hereingestürmt, als ich gerade meine Waschung beendete.

»Dreh das Wasser ab!« brüllte sie. »Vor sechs Uhr wird nicht geduscht!«

»Ich dusche doch gar nicht«, sagte ich. »Ich wasche mich für meine Gebete.« Ich stand am Waschbecken, vollständig angezogen. Es war offensichtlich, daß ich nicht duschte. Ich wusch mich weiter und sprach dabei lautlos die Worte, die wir Muslime als Vorbereitung zum Gebet sprechen, wenn wir die verschiedenen Körperteile waschen. Sie trat an das Waschbecken und stellte das Wasser ab. Weil ich mir noch die Füße waschen mußte, drehte ich das Wasser wieder auf.

»Ich habe gesagt, dreh das Wasser ab!« bellte sie. Sie ließ die Tür hinter sich zuknallen, obwohl die anderen noch schliefen, und ich sprach meine Morgengebete.

Am nächsten Morgen hatte sie wieder Dienst. In dem Augenblick, als ich das Wasser aufdrehte, kam sie in den Raum gepoltert.

»Abstellen!«

»Aber ich muß mich vor dem Gebet waschen«, sagte ich ruhig.

»Vor sechs Uhr wäscht sich hier niemand!«

Das war nicht Vorschrift. Die Vorschrift bezog sich aufs Duschen. »Entschuldigung, aber ich muß mich waschen«, sagte ich. »Das gehört zu den Vorbereitungen zum Gebet.«

»Willst du etwa frech werden?«

»Nein, ich muß mich nur vor dem Gebet ...«

»Das reicht!« Mit ihrer Linken packte sie grob mein rechtes Handgelenk, zog ihre Handschellen aus dem Gürtel und ließ sie um mein Handgelenk zuschnappen. »Du kriegst ein Einzelzimmer!«

»Nein!« Ich drehte mich in die Richtung, aus der der Ruf gekommen war. Mary saß kerzengerade in ihrem Bett, die Hände vor den Mund geschlagen. In ihren Augen las ich Entsetzen, Trauer. Dann schleifte mich Kim aus dem Schlafsaal.

Sie stieß mich durch ein Labyrinth von weißen Gängen, blieb vor einer Metalltür stehen, nahm mir die Handschellen ab, öffnete die Tür, stieß mich hindurch und schloß hinter mir ab. Ich befand mich in einer winzigen Betonzelle. Der Raum war leer, außer einem Metallbett, einer Toilette und einem Waschbecken. Das schmale Glasfenster in der Mitte der Tür war so klein, daß ich nicht mal den Gang hinunterschauen konnte. Ich setzte mich wie unter Schock aufs Bett. Die Matratze war die gleiche wie im Schlafsaal. Auf dem Bett lag ein dünnes Kissen, auch mit Plastiküberzug, eine dünne Decke und ein Laken. Es war kalt in der Zelle, und das Licht war grell. Ich fröstelte.

Ich war ganz allein in einem kalten Betonkasten eingesperrt! Nein, das konnte nicht sein. Kim wollte mir nur Angst einjagen. Sie würde mich ein paar Stunden hier schmoren lassen und dann wieder rausholen. Ganz bestimmt.

Die Stunden vergingen. Ich hatte keinen Fernseher, keine Uhr, nur nackte Wände, ein Bett, eine Toilette und ein Waschbecken. Irgendwann im Verlauf des ersten Tages führte mich eine Wärterin in Handschellen zu dem großen Duschraum, demselben Raum, in dem ich am Abend meiner Ankunft eiskalt geduscht hatte. Die Handschellen wurden abgenommen, und ich durfte duschen (diesmal konnte ich wenigstens die Wassertemperatur einstellen).

Dreimal an diesem Tag öffnete sich die Zellentür, und ich bekam eine Mahlzeit auf einem Kunststofftablett hereingereicht. Irgendwann gegen Abend ging das Licht aus. Irgendwann, eine Minute oder eine Ewigkeit später, ging es wieder an. Licht aus, Licht an. Ein Tag – und wie viele lagen noch vor mir? Licht aus, Licht an. Zwei Tage. Ich weinte. Und wenn sie mich für immer hier behielten? Nein! Sie mußten mich doch rauslassen! Ich hatte doch nichts getan! Licht aus, Licht an. Drei Tage. Ich fror, hatte Panik. Mein Gott, vielleicht mußte ich einen Monat hier drin bleiben. Solange war Mary nach ihrem Fluchtversuch hier gewesen. Ich würde verrückt werden! Was, wenn ich hinterher nicht mehr in der Wäscherei arbeiten durfte wie Mary? Licht aus, Licht an. Vier Tage.

Am fünften Tag wurde ich in Handschellen einem Beamten vorgeführt, der hinter einem Schreibtisch saß. Ich wurde beschuldigt und verurteilt. »Du hast die Vorschriften nicht beachtet und einer Beamtin Widerstand geleistet«, sagte er. Ich hatte keines von beidem getan, aber ich schwieg. Die Wahrheit spielte hier keine Rolle. Hier gab es keine Gerechtigkeit. Ich war im Gefängnis, wo Menschen in Uniform mit mir machen konnten, was sie wollten. »Du wirst mit fünf Tagen Einzelhaft bestraft«, sagte der Beamte. »Du hast deine Strafe abgesessen und kannst jetzt wieder in deinen Schlafsaal.« Die Wärterin führte mich zurück zum Schlafsaal, nahm mir die Handschellen ab, öffnete die Tür und winkte mich hinein. Mary saß auf ihrem Bett, als ich eintrat. Sie kam auf mich zu und schlang die Arme um mich. Sie weinte. Ich erwiderte ihre Umarmung nicht, sondern ging zu meinem Bett, setzte mich, zog die Knie hoch und starrte auf den Fernseher. Fernsehen. Ich konnte fernsehen. Ich mußte nicht denken. Ich mußte nichts fühlen. Ich konnte einfach fernsehen. Und das tat ich.

In jener Nacht hatte Kim Dienst. Das bedeutete, daß sie auch am nächsten Morgen noch da sein würde. Ich stand um fünf Uhr auf, um mich für die Gebete zu waschen. Ich ging zum Waschbecken und drehte den Hahn ganz vorsichtig auf, bis ein wenig Wasser in meine rechte Handfläche tröpfelte. Dann drehte ich ihn wieder zu, während ich mich wusch. Anschließend drehte ich ihn erneut ein wenig auf und wusch mir die linke Hand. Ich vollzog die Waschung, so leise ich nur konnte, mit so wenig Wasser wie möglich, inständig hoffend, daß Kim nichts hören würde. Entweder sie hörte wirklich nichts, oder sie ignorierte es. Ich dankte Gott. Und so wusch ich mich von da an. Ich gab weder die Waschungen noch die Gebete auf. Nichts und niemand sollte mich daran hindern.

Ich durfte auch wieder in der Wäscherei arbeiten, und ich dankte Allah für seine große Güte. Ich dankte in meinem Herzen auch Frank und Miss Jones. Die Einzelhaft war vorbei, und ich wollte nicht darüber reden, ich wollte nur vergessen.

Und dann geschah etwas Wunderbares. Ich bekam einen Brief von Ayisha. Ich riß ihn auf und entfaltete zwei dünne Bögen Papier. Dazwischen steckten zwei Fotos. Auf einem war meine Mutter, meine schöne Amariya. Das andere war ein Schnappschuß von mir und meinen Schwestern, aufgenommen, als ich ungefähr neun Jahre alt war, während des Festes *Aid al-fitr.* Das Herz ging mir über. Da waren wir alle fünf, schön angezogen und mit glücklichen Gesichtern. Meine Schwestern. »Wir haben immer noch uns«, hatte Narhila zum Abschied gesagt. Ich hatte sie nicht mehr. Aber nun hatte ich dieses Bild. Ich konnte ihre lieben Gesichter ansehen. Ich wischte mir die Tränen ab und betrachtete sie, eine nach der anderen. Ayisha. Meine schöne Ayisha. Narhila, die *kwasila*-Königin. Die scheue Shawana. Die quirlige Asmahu. Und ich. War ich das? Dieses hübsche, gutgekleidete, stolz dreinblickende Mädchen? Oder war ich das nur einmal gewesen? Ich fühlte mich nicht mehr stolz, würdig oder selbstsicher. Jetzt starrte ich mein Gesicht auf dem Foto an. Hatten meine Schwestern mich so in Erinnerung? Würden sie mich überhaupt noch wiedererkennen?

Ich küßte die beiden Fotos, drückte sie an mein Herz, legte sie neben mich aufs Bett und nahm die beiden dünnen Blätter. Zwei Briefe, einer von Ayisha und einer von meiner Mutter. Meine Mutter! Seit fast zwei Jahren hatte ich nichts von ihr gehört. Der Brief war in Hausa verfaßt. Ich las ihn begierig das erste Mal von Hunderten, Tausenden von Malen. Während meiner Zeit in Esmor las ich diesen Brief so oft, daß ich ihn auswendig konnte. Und das war gut so, denn es kam der Tag, an dem dieser Brief mir, wie so vieles andere, weggenommen werden sollte.

Meine geliebte Tochter, schrieb meine Mutter. *Ich bin ja so glücklich darüber, daß Du in Amerika bist. Ich danke Gott, daß Du in Sicherheit bist. Du mußt dort bleiben, wo Dir niemand etwas tun kann. Komm nicht zurück. Du kannst nicht zurückkommen und diese entsetzliche Sache mit Dir machen lassen. Du mußt dort bleiben. Dein Vater hätte es so gewollt. Ich bin stolz auf Dich, meine Tochter. Und auch Dein Vater wäre stolz. Vergiß das nicht. Es wird Dir Kraft geben. Ich liebe Dich und vermisse Dich. Du bist stets in meinen Gebeten. Möge Gott Dich segnen und schützen. Deine Dich liebende Mutter, Amariya.*

Meine Mutter schrieb nicht, wo sie war. Noch nicht einmal, wie es ihr ging. Aber sie lebte. Sie liebte und vermißte mich. Sie war stolz auf mich und betete für mich. Das mußte mir vorläufig genügen.

Dann las ich Ayishas Brief, den sie in englisch geschrieben hatte. Sie sagte nichts darüber, ob ihr Mann ihr verziehen hatte, daß sie ihm ungehorsam gewesen war und mir gegen seinen Willen geholfen hatte. Aber seine Prophezeiung, daß sie Ärger bekommen würden, hatte sich bewahrheitet. Sie schrieb, daß mein Onkel zur Polizei gegangen war und mich als vermißt gemeldet hatte. Die Polizei war auf der Suche nach mir zu Ayisha nach Hause und an ihren Arbeitsplatz gekommen. Meine Schwester hatte ihnen gesagt, daß sie nicht wisse, wo ich sei. Aber sie kamen immer wieder und drohten ihr. Sie sagten, daß sie die Ehefrau eines Mannes gestohlen hätte und ins Gefängnis müßte, wenn sie mich nicht auslieferte. Aber Ayisha blieb standhaft. Ich war nicht bei ihr, so erklärte sie, und sie wußte auch nicht, wo ich war. Schließlich ließen sie die Polizisten in Ruhe. Sie erzählte mir das alles nur, weil sie eine Kopie des Polizeiberichts an Rahuf geschickt hatte. Außerdem hatte sie ihm zwei Briefe geschickt, die von meiner Mutter diktiert und unterschrieben worden waren, sowie die Heiratsurkunde. Und jetzt war sie gerade dabei, sich einen Abzug des Fotos von der Hochzeit zu beschaffen. Sobald sie das Bild hatte, würde sie es

Rahuf schicken. Ach, Ayisha! Ich mußte laut auflachen. Sie würde sich dieses Foto beschaffen, da war ich ganz sicher. Ja, dieses Mädchen auf dem Bild, das war ich!

Wenige Tage später erhielt ich wieder einen Brief. Einige männliche und weibliche Häftlinge schrieben einander, und die netteren Wachleute überbrachten die Briefe. Einer von den Häftlingen hatte irgendwem einen kurzen Brief geschrieben, der wohl versehentlich bei mir gelandet war. Ich schickte ihn mit der höflichen Mitteilung zurück, daß der Brief falsch abgegeben worden war. Daraufhin bekam ich einen weiteren Brief, in dem mir der Häftling ein wenig von sich erzählte, unter anderem, daß er Muslim war, und höflich anfragte, ob wir nicht Brieffreunde werden könnten. Ich freute mich, einem Menschen meines Glaubens schreiben zu können. Aus seinem Brief ging hervor, daß er tiefgläubig und sehr stolz auf seinen Glauben war. Deshalb teilte ich ihm mit, daß es mir eine Ehre wäre, seine Brieffreundin zu werden, und erkundigte mich, ob er wisse, wann der Ramadan anfing. Er schrieb zurück, das werde in wenigen Tagen sein, am 1. Februar, und er schickte mir einen muslimischen Kalender.

Ich war gerührt und wollte ihm einen kurzen Dankesbrief schreiben, doch der Brief wurde immer länger und länger. Ich schüttete mein Herz aus, erzählte von meinem Kummer und meinen süßen Erinnerungen. Ich schilderte ihm, wie der Ramadan bei mir zu Hause in Togo begangen wurde und welche köstlichen Leckereien meine Mutter und Adjovi am Ende der Fastenzeit für uns zubereitet hatten. Ich erzählte ihm, wie wir vor dem Morgengrauen in der Dunkelheit zur Moschee gegangen waren, alle zusammen, die ganze Familie. Und wie wir dann gespannt auf die Ankündigung im Radio gewartet hatten: »Der neue Mond ist gesichtet worden! Der Ramadan ist vorüber!« Ich erzählte ihm, wie die ganze Gemeinde gefeiert hatte, wie alle gemeinsam beteten, jeder sich erneuert, erquickt und neu geboren fühlte.

Als ich diesen Brief schrieb, war ich wieder zu Hause, mein Vater am Leben, unsere Familie zusammen. Am liebsten hätte ich nie wieder aufgehört zu schreiben. Schließlich faltete ich die Blätter zusammen, ging zu meinem Bett und verstaute sie in der Schachtel darunter. Morgen würde ich einen anderen Dankesbrief schreiben. Den hier wollte ich behalten. Ich war jetzt im Gefängnis. Diese Erinnerung war nun alles, was ich hatte. Ich legte mich aufs Bett und schloß die

Augen. Tränen rannen mir über die Wangen, und ich weinte. Yaya muß mein Schluchzen gehört haben, denn in jener Nacht träumte ich, daß er mich im Gefängnis besuchen kam. Ich war so glücklich in diesem Traum, aber als ich dann aufwachte und mir wieder klar wurde, daß er für immer von mir gegangen war, schien es, als hätte ich ihn ein zweites Mal verloren.

Kurz danach ging Mary zurück nach Ghana. Ich war untröstlich. An meinem ersten Tag in Esmor hatte sie mir erzählt, daß sie überlegte, wieder zurückzugehen. Damals war mir das egal gewesen. Doch je besser ich sie kennenlernte und je mehr sie mir ans Herz wuchs, desto mehr war es auch meine Sache geworden. Mit wem sollte ich reden, wenn sie nicht mehr da war, wer würde auf mich aufpassen?

Sie hatte Briefe an ihre Anwältin geschrieben, an ihre Schwester, an die INS, in denen sie ihnen mitteilte, daß sie wieder zurückwollte. Sie konnte es kaum erwarten, daß jemand von der INS kam, um sie abzuholen.

»Worauf warten sie denn noch?« hörte ich sie eines Tages am Telefon zu ihrer Schwester sagen. Sie klang zornig. In letzter Zeit verlor sie immer häufiger die Beherrschung. »Na, dann ruf eben noch mal an! Jawohl, heute! Nein, ich habe keine Lust mehr, geduldig zu sein! Und erzähl mir nicht, ich soll mich beruhigen! Ich bin jetzt sechs Monate hier! Ich kriege keinen Richter zu sehen, keine Verhandlung! Sie lassen mich nicht aus diesem Raum hier! Und jetzt wollen sie mich nicht wieder nach Hause lassen? Was soll der Irrsinn? Ruf wieder an!«

Sie weinte jetzt nachts manchmal leise. Wenn ich es hörte, ging ich zu ihr und nahm sie in den Arm.

»Es tut mir leid, Fauziya«, sagte sie oft unter Tränen. »Ich will dich nicht verlassen. Das weißt du doch. Aber ich breche allmählich zusammen.«

»Ich weiß«, sagte ich dann leise und drückte sie. »Ist schon gut. Ich verstehe dich.«

Sie war seit etwas mehr als sechs Monaten in Esmor. Ich war im Dezember angekommen, und meine Verhandlung sollte erst im Juni sein. Sechs Monate. Sie hatte nach weniger als sechs Monaten aufgegeben. Würde ich das auch tun?

Als die Leute von der INS schließlich kamen, um sie zu holen, brach ich in Tränen aus. Wir umarmten uns, küßten uns und klammerten uns aneinander. Ich wollte sie nicht gehen lassen. Die Vorstellung, sie zu verlieren, war mir unerträglich. »Was soll aus dir werden?« schluchzte ich. »Wo willst du hin? Was willst du tun?«

»Ich weiß es nicht«, sagte sie leise, den Kopf an meiner Schulter. »Aber egal, was passiert, schlimmer als hier kann es nicht sein.« Sie befreite sich sanft aus meiner Umarmung, hob die Hand und legte sie warm an meine linke Wange. Sie lächelte, und ihr Augen leuchteten liebevoll. »Mach dir keine Sorgen um mich«, sagte sie sanft. »Ich komme schon klar. Ich werde dir schreiben und dir sagen, wohin es mich verschlagen hat.«

»Versprochen?« Ich weinte immer noch.

»Versprochen, aber du mußt mir dafür auch etwas versprechen.«

»Was denn?«

»Du mußt mir versprechen, daß du stark bleibst.«

»Ach, Mary!« Ich schlug die Hände vors Gesicht.

Sie zog mir die Hände vom Gesicht, sanft, aber bestimmt, und zwang mich, ihr in die Augen zu sehen. »Es ist mein Ernst, Fauziya«, sagte sie. »Du hast gute Chancen. Gib nicht auf und geh nicht zurück. Ganz gleich, wie lange es dauert. Bleib stark.«

Wir umarmten uns ein allerletztes Mal. Und dann führte eine Wärterin sie aus dem Schlafsaal. Ich habe Mary nie wiedergesehen.

Der Ramadan endete am 1. März. Der nächste Tag war *Aid al-fitr*, das Fest zum Ende der Fastenzeit. Bei uns zu Hause versammelte sich dann immer die ganze Gemeinde und betete gemeinsam. Aber einen Feiertag allein zu begehen ist etwas ganz anderes. Aus diesem Grund bat ich zusammen mit einer anderen Muslimin, einer Somalierin, die inzwischen auch in der Wäscherei arbeitete, um die Erlaubnis, daß sich alle Musliminnen zum Feiertagsgebet im Frauen-Fitneßraum versammeln durften. An jenem Tag waren wir immerhin zehn. Ich hatte gar nicht gewußt, daß wir so viele waren. Ich war zwar nicht die Älteste von den Anwesenden, aber es wurde trotzdem beschlossen, daß ich vorbeten sollte, weil die anderen gehört hatten, daß ich das ganz gut konnte. Ich freute mich und fühlte mich geehrt. Zunächst dankte ich Allah, daß wir alle zusammen seinen Namen preisen und den Trost empfangen konnten, den die gemeinsame Anbetung Gottes spendet. Ich schloß mit einem Gebet für uns alle. »Möge Allah geben, daß wir im nächsten Jahr alle woanders sind, an einem schöneren Ort, wo wir mit Freude im Herzen feiern können.«

»*Insh-Allah*« (Gottes Wille geschehe).

Danach umarmten wir uns alle, vereint im Kummer, verbunden durch die Liebe zu Gott. Und dann trennten wir uns wieder und kehrten zurück in unsere Schlafsäle. Wie sich herausstellte, waren wir tatsächlich alle beim nächsten Ramadan an einem anderen Ort, und vielleicht konnten einige von ihnen dann auch mit Freude im Herzen feiern. Ich jedoch befand mich zu diesem Zeitpunkt an einem Ort, der sehr viel schlimmer war als Esmor.

Die Tage und Wochen vergingen. Die Wochenenden waren am schlimmsten. Dann war die Wäscherei geschlossen, und nichts konnte mich von meinen Problemen ablenken. Viele Frauen bekamen Besuch. Ich sah sie voller Vorfreude an unserem Schlafsaal vorbeigehen. Aber mich kam niemand besuchen. Rahuf wohnte zu weit entfernt und arbeitete außerdem an den Wochenenden. Und mein Onkel aus Newark kam natürlich nicht.

Manchmal rief ich Frank am Wochenende zu Hause an. Er hatte mir seine Nummer gegeben und gesagt, ich könne ihn jederzeit anrufen, wenn ich jemanden zum Reden brauchte. Um seine Telefonrechnung nicht in die Höhe zu treiben, rief ich ihn nicht oft an, aber allein die Möglichkeit zu haben bedeutete mir unendlich viel. Ich hatte das Gefühl, daß jemand sich um mich kümmerte, mich beschützte, daß ich ein bißchen weniger einsam war. Die Anrufe gaben mir wirklich das Gefühl, zu einer Familie zu gehören. Frank ist Katholik, ein guter Christ im besten Sinne des Wortes. Er erinnerte mich an Ayisha. Er hatte die gleiche sanfte Art, die gleiche Güte und die gleiche innere Stärke. Ayisha war mir eine zweite Mutter, Frank ein zweiter Vater. Ich lebte nur auf die Montage hin, wenn ich wieder in die Wäscherei gehen und Frank wiedersehen durfte.

Kurz nach Mary wurden zwei weitere Mitbewohnerinnen ausgewiesen. Immer wieder wurden Frauen in ihre Heimatländer zurückgeschickt, und jedesmal wurden ihre Betten neu belegt. Glücklicherweise waren die Neuen, die diesmal zu uns verlegt wurden, meine beiden chinesischen Kolleginnen aus der Wäscherei, Siu Sing und Wang. Eine andere Frau aus meinem Schlafsaal, eine Afrikanerin aus Kamerun namens Laura, durfte mit in der Wäscherei arbeiten.

Frank brauchte noch eine Arbeiterin. Miss Jones entschied sich für eine junge Frau namens Esther. Sie war gerade aus Ghana gekommen und mit den anderen Ghanaerinnen in Schlafsaal N untergebracht worden. Nie werde ich unsere erste Begegnung vergessen. Es gab in Esmor viele hübsche Frauen, aber Esther war eine Augenweide. Sie war fünfundzwanzig Jahre alt, ungefähr so groß wie ich, schlank und wohlgeformt, mit weicher dunkler Haut, feingeschnittenem Gesicht und langen, glänzenden schwarzen Haaren. Sie hatte etwas Frauliches an sich, das mir völlig fehlte, und eine majestätische Haltung, die mich ein wenig an Narhila erinnerte. Auch ihr leichter Hochmut erinnerte mich an Narhila. Als ich sie besser kennenlernte, nahm ich sie manchmal deswegen auf den Arm. Sie war wie eine Prinzessin, eine gutherzige, sanftmütige, schöne Prinzessin. Später erfuhr ich, daß sie tatsächlich eine Prinzessin war. Zuhause wäre sie in Samt und Seide gehüllt und mit Juwelen behängt worden, doch hier in Esmor trug sie die gleiche zerschlissene Kleidung wie wir alle. Im Gegensatz zu uns anderen sah sie jedoch schön darin aus. Sie hatte Ähnliches hinter sich wie ich, aber die genauen Gründe für ihre Flucht möchte ich hier lieber nicht darlegen.

Zuerst war ich von ihrer Schönheit so eingeschüchtert, daß ich mich nicht traute, sie anzusprechen. Aber sie war so lieb, so warmherzig und natürlich, daß wir uns rasch anfreundeten. Eines Nachmittags besuchte sie mich in Schlafsaal K. »Igitt«, sagte sie. »Der Schlafsaal gefällt mir aber gar nicht. Der ist viel zu klein. Wie eine Zelle.«

Ich lachte. »Finde ich nicht.«

»Ist er aber. Komm doch das nächste Mal zu mir.«

Danach besuchte ich sie häufig. In Schlafsaal N gab es ein Fenster. Es war zwar so schmal, daß man nicht viel sehen konnte, aber gelegentlich erspähte ich ein Flugzeug, und wenn es niedrig flog, hörte ich das Düsengeräusch. Das bißchen, was ich sehen konnte, sog ich begierig in mich auf. Da draußen vor dem Fenster war eine andere Welt. Ich fragte mich, wie sie wohl sein mochte.

Ich litt sehr darunter, nicht ins Freie zu können – ich sehnte mich nach frischer Luft, nach Tageslicht. Von dem grellen Licht im Gefängnis brannten mir die Augen, und sie tränten furchtbar, vor allem, wenn ich lesen oder Fernsehen gucken wollte. Schließlich stellte ich erneut den Antrag, zum Gefängnisarzt zu dürfen. Ich hoffte vergebens, daß es ein anderer Arzt sein würde. Ich beschrieb ihm meine Beschwerden. Er empfahl mir, nicht soviel zu lesen. Solchen ärztlichen Rat hatte ich schon einmal von ihm bekommen: »Nach dem Duschen hast du Juckreiz? Dann dusch nicht.«

Mein Gesundheitszustand schien sich allgemein zu verschlechtern. Ich litt zum erstenmal seit Jahren wieder unter Furunkeln, und die meiste Zeit hatte ich Rückenschmerzen. Die Gründe dafür lagen auf der Hand. Das Licht im Gefängnis war zu grell, meine Matratze zu hart und dünn. Ich hatte zuwenig Bewegung, keine frische Luft. Das Essen war grauenhaft. Eigentlich ernährte ich mich nur von Kohlenhydraten und bekam nur hin und wieder ein Stück Obst. Noch immer spielte Kim ihre gemeinen nächtlichen Spielchen mit uns. Ich war krank vor Heimweh und wurde von Zukunftsängsten geplagt.

Ich wußte, daß ich stark sein mußte, aber mein Körper rebellierte. Und Allah erbarmte sich meiner. Er hat mein Flehen gehört, als ich eines Nachts wegen eines sehr schmerzhaften Furunkels hinten am Bein wimmernd auf dem Bauch im Bett lag und nach meiner Mutter rief. Er sandte mir nicht meine Mutter. Aber er sandte mir statt dessen Sylvie. Esther und Sylvie – Gott sandte mir beide zur gleichen Zeit, eine wunderbare Freundin und eine liebevolle zweite Mutter.

Sylvie kam aus Liberia und besuchte öfters eine Freundin, die in meinen Schlafsaal verlegt worden war. Manchmal sah ich sie dort, manchmal aber auch, wenn ich Esther in Schlafsaal N besuchte, wo auch Sylvie untergebracht war. Sie war eine kleine, schwere, dunkelhäutige Frau von achtunddreißig Jahren mit langem, schwarzem Haar, verschmitzten Augen und einem herrlichen Lächeln. Sie lächelte immer, jedenfalls wenn sie mich ansah. Gleich bei unserer ersten Begegnung faßte sie eine besondere Zuneigung zu mir. »Ach, und wen haben wir da?« sagte sie und strahlte mich dabei an. »Was für ein hübsches junges Ding!« Sie kam zu mir und setzte sich neben mich aufs Bett. »Wie heißt du denn, Schätzchen?« Ich nannte meinen Namen. »Fauziya«, sagte sie lächelnd und strich mir übers Haar. »Was für ein schöner Name. Ein schöner Name für ein schönes Mädchen. Ich habe eine Tochter in deinem Alter. Magst du ein Milky Way?« Ich nickte schüchtern und ein wenig verunsichert. »Gut! Ich habe ein paar Riegel in meiner Kiste. Morgen bringe ich dir welche mit, okay?« Es war Mutterliebe auf den ersten Blick.

Von da an brachte sie mir bei jedem Besuch etwas zum Naschen mit. Und jedesmal, wenn ich Esther und Sylvie in Schlafsaal N besuchte, bestand sie darauf, daß ich mir irgendeine Leckerei aus ihrer Kiste nahm. Sie nannte mich »Kleines«, und ich nannte sie »Mom«. Sylvie trug etliche Schnüre mit wunderschönen bunten Perlen an beiden Fußgelenken. Eines Tages sagte ich ihr, wie schön ich ihre Perlenschnüre fand, und erzählte, daß ich selbst welche um die Taille trug. Sie auch, sagte sie. Sie bat mich, ihr meine Perlen zu zeigen, und zeigte mir dann ihre. Sie waren sehr schön, wie die, die sie an den Fußgelenken trug.

»Möchtest du welche haben?« fragte sie.

Diese Perlen waren kostbar, und sie waren ihr so lieb und teuer wie mir meine. »Oh nein, das kann ich nicht annehmen.«

Sie setzte sich auf ihr Bett und klopfte neben sich auf die Matratze. Ich setzte mich. Sie beugte sich vor und schnitt sich eine Schnur vom linken Fußgelenk ab. »Gib mal deinen Fuß her«, sagte sie. Ich hob meinen linken Fuß aufs Bett. Sie nahm ihn in den Schoß, band die Perlenschnur um den Knöchel und drückte meinen Fuß liebevoll. Sie hob den Blick und sah mich zärtlich an. Wir saßen einen Moment still da, lächelten einander an, mein Fuß in ihrem Schoß. Unsere Freundschaft war besiegelt. Jetzt war sie unbestreitbar meine »Mom«.

Meine Mitbewohnerin Lola wurde gemeinsam mit ihrem Mann, der in der Männerabteilung untergebracht war, nach Miami verlegt. Nach mehreren anderen Verlegungen kam Sylvie zu mir in Schlafsaal K. Jetzt war meine Mom Tag und Nacht bei mir. Kurz darauf zog noch eine Frau, die für mich wichtig werden sollte, bei uns ein – Oche aus Nigeria. Sie war achtundzwanzig, groß und kräftig gebaut und hatte eine helle Haut. Vor ihrer Flucht aus Nigeria hatte sie einen Universitätsabschluß gemacht. Sie mußte fliehen, weil ihre Familie sich politisch engagiert hatte und deshalb in Schwierigkeiten geraten war. Ich bewunderte sie, weil sie so gebildet war und ausgezeichnet Englisch sprach, aber anfänglich war sie mir unsympathisch. Sie kam mir ein wenig eingebildet vor, viel zu überzeugt von sich. Wir waren beide stur, beide eigensinnig, beide stolz, manchmal ein wenig zu stolz. Zunächst gerieten wir aneinander, doch bald mochten und respektierten wir uns.

Sylvie und eine weitere Chinesin aus meinem Schlafsaal fingen ebenfalls in der Wäscherei an. Damit arbeiteten dort jetzt fünf der sechs Frauen aus Schlafsaal K – alle außer Oche. Wir waren der Schlafsaal der Arbeiterinnen, Franks Spezialtruppe und Miss Jones' Lieblinge. Nach Gefängnismaßstäben ging es uns gut. Wir konnten uns als erste T-Shirts, Socken und Unterwäsche aussuchen. Wir hatten von allem eine zweite Garnitur: Unterwäsche, Gefängnisuniformen, Handtücher, Laken, Decken. Wir breiteten weiße Laken über unsere Bettdecken, damit die Betten zu den weißen Wänden paßten, um den Schlafsaal wohnlicher zu gestalten. Wir arbeiteten hart und waren höflich und rücksichtsvoll. Wir hielten unseren Schlafsaal makellos sauber. Wir waren der Vorzeigeschlafsaal. Wenn offizielle Besucher einen Rundgang durch Esmor machten, zeigte Miss Jones ihnen Schlafsaal K. Manchmal fand die Besichtigung statt, wenn wir gerade in der Wäscherei arbeiteten und der Raum still und leer war. Einmal kamen wir von der Arbeit zurück und wurden von zwei Wärterinnen, die an der offenen Tür standen, daran gehindert, unseren Schlafsaal zu betreten. Drinnen war Miss Jones mit zwei Besuchern, einem Mann und einer Frau, und vier Frauen aus anderen Schlafsälen. Ich kannte diese Frauen. Sie zählten zu den freundlichsten, schüchternsten, besterzogenen Frauen im Gefängnis. Sie saßen am Tisch und spielten Dame, taten so, als wären sie in ihrem eigenen Schlafsaal, während der Mann Videoaufnahmen von ihnen machte und die Frau sie interviewte.

»Wie ist denn das Essen hier?« fragte sie, während Miss Jones direkt daneben stand.

»Das ist in Ordnung.«

»Wie werden Sie hier behandelt?«

»Ganz okay.«

»Haben Sie irgendwelche Klagen?«

»Nein.«

Mir wurde regelrecht schlecht. Sagt ihnen die Wahrheit! schrie ich innerlich. Sagt ihnen doch, wie das Essen hier ist! Sagt ihnen, wie sie uns behandeln! Sagt ihnen auch all das, wonach sie nicht fragen! Sagt ihnen, wie zerschlissen und verfärbt unsere Unterwäsche ist. Erzählt ihnen, daß wir ohne Sichtschutz duschen müssen. Erzählt ihnen von den nächtlichen Durchsuchungen der Schlafsäle. Erzählt ihnen von der Einzelhaft. Von dem fabelhaften Arzt. Sagt ihnen, daß ihr am Tisch angekettet werdet, wenn ihr mit euren Anwälten sprecht. Daß man monatelang warten muß, bis man einem Richter vorgeführt wird. Erzählt ihnen von Kim! Sagt ihnen, daß das gar nicht euer Schlafsaal ist!

Aber so wütend ich auch war, ich hielt den Mund. Wir hielten alle den Mund. Wir waren Flüchtlingsfrauen aus Ländern, wo man Frauen beibringt, daß sie folgsam und unterwürfig zu sein haben. Und da wir im Gefängnis waren, fühlten wir uns noch dazu eingeschüchtert und hilflos.

Dennoch gab es jemanden, der kein Blatt vor den Mund nahm. Damals wußte ich nichts davon, aber es waren Klagen über Esmor nach draußen gedrungen. Später wurde mir klar, daß das der Grund gewesen sein könnte, warum diese Besucher gekommen waren. Nach und nach kam die Wahrheit ans Licht, wie Häftlinge in dieser Haftanstalt behandelt wurden. Immer mehr Häftlinge beschwerten sich bei ihren Anwälten. Anwälte und Bürgerinitiativen, die sich für Flüchtlinge einsetzten, übten Druck auf die INS und die Leitung von Esmor aus, diesen Beschwerden nachzugehen und entsprechende Maßnahmen zu ergreifen.

Innerhalb der Anstalt baute sich gleichzeitig ein anderer Druck auf. Mein Brieffreund schrieb mir in einem seiner Briefe, daß die Bedingungen in den Männerschlafsälen katastrophal seien. »Du kannst dir nicht vorstellen, wie man uns hier behandelt«, schrieb er. »Einige der Männer sind mit ihrer Geduld am Ende und außer sich vor Wut. Ich bete zu Allah, daß wir beide hier rauskommen, bevor etwas Schlimmes passiert.«

Kaum zu glauben, daß ich diese Zeit später als die erträglichste Zeit im Gefängnis betrachten sollte. Tatsächlich gab es eine Phase, in der sich die Situation eine Weile besserte, bevor alles wieder hundertmal schlechter wurde. Ein neuer Verwaltungschef, Willard Stovall, trat seinen Dienst an. Kleine Veränderungen und Verbesserungen wurden eingeführt, nicht genug, um den Druck in den Männerschlafsälen abzubauen, aber immerhin tat sich etwas. Die Frauen bekamen neue Unterwäsche und T-Shirts. Ich bekam endlich ein besseres Paar Schuhe. Die ganze Zeit über hatte ich die kaputten Plastiksandalen getragen, die beide für den rechten Fuß waren. Wir durften uns bestimmte Artikel von draußen mitbringen lassen: Seife, Körperlotion, Binden und andere notwendige Dinge. Das Beste von allem war jedoch, daß die Turnhalle der Männer nun erstmals auch für uns geöffnet wurde. Zunächst durften die Frauen nur vormittags hinein, und da mußte ich in der Wäscherei arbeiten, aber später war sie auch nachmittags geöffnet, so daß auch ich sie nutzen konnte. Sie war größer als die beiden anderen Fitneßräume, und das Dach war offen, so daß frische Luft hineinkam. Es war fast wie unter freiem Himmel. Sport! Basketball, Volleyball! Ich fand es toll, zu rennen und ins

Schwitzen zu geraten und endlich wieder meine Muskeln zu spüren. Volleyball machte mir am meisten Spaß.

In dieser Zeit kamen Miss Jones und Miss White, eine der nettesten Wärterinnen, auf die Idee, einen Aerobic-Kurs für die Frauen anzubieten. Sylvie, Oche, Esther und ich meldeten sich sofort an. Jeden zweiten Morgen machten wir nun dreißig Minuten lang Aerobic im Fitneßraum gegenüber den Schlafsälen L und M. Anschließend ging es dann in die Wäscherei. Miss White leitete den Kurs und brachte auch einen Kassettenrecorder mit. Wenn der Kurs vorbei war, gingen wir hinaus auf den Gang und tanzten! Miss White legte dann ein Band mit Tanzmusik auf, wir nahmen auf beiden Seiten des Ganges Aufstellung, alle klatschten, und immer jeweils zwei traten vor und tanzten in der Mitte, ganz wie früher bei uns zu Hause. Es machte großen Spaß. Miss Jones tanzte immer mit mir. Wenn Frank dann kam, um uns in die Wäscherei zu holen, und Miss Jones und mich tanzen sah, lachte er, klatschte im Rhythmus mit und skandierte: »Go, Fauz! Go, Fauz! Go!«

Das waren die guten Zeiten. Sie sollten nicht einmal sechs Wochen dauern, von Ende April bis ungefähr um Mitternacht am Samstag, dem 17. Juni. Die Dinge sahen freundlicher aus, dachte ich. Ich hatte es tatsächlich fast bis zu dem Tag geschafft, auf den ich sechs Monate lang gewartet hatte.

In jenen Wochen besserte sich meine Stimmung merklich. Mir wurde klar, daß nicht alle ausgewiesen wurden, daß es vielleicht Hoffnung für mich gab. Anfang Mai erhielt eine Frau namens Susan aus Schlafsaal N Asyl und wurde freigelassen. Auch mein Brieffreund, der gegen die richterliche Entscheidung erfolgreich Berufung eingelegt hatte, wurde etwa um dieselbe Zeit freigelassen. Allah hatte seine Gebete erhört! Er teilte mir die gute Neuigkeit in einem Brief mit, und gemeinsam mit diesem Brief schickte er mir seinen Koran. *Er hat mir Kraft gegeben*, schrieb er. *Ich möchte, daß Du ihn behältst. Du kannst ihn mir ja nach Deiner Freilassung zurückgeben.* Ich weinte vor Freude.

Ungefähr in der dritten Maiwoche kam Miss Jones in unseren Schlafsaal und fragte, ob wir Interesse hätten, bei einer Modenschau mitzumachen.

»Eine Modenschau!« platzte ich heraus. »Sie meinen, mit echten Kleidern und allem?«

Sie lachte. »Echte Kleider und alles.« Sie und Miss White wollten die Kleider besorgen. Miss White würde mit uns proben, uns beibringen, wie man richtig geht, posiert und sich dreht. Natürlich nur, wenn genügend Frauen Interesse hatten.

Und ob wir Interesse hatten! Eine Modenschau! Ich konnte mir kaum einen besseren Zeitvertreib bis zur Entlassung vorstellen. Ich brannte darauf, Ayisha davon zu schreiben. Ich hatte einen weiteren Brief von ihr erhalten, mit Fotos von Babs und Alfa. Ich würde ihr schreiben und von der Modenschau berichten und ihr mitteilen, daß sie mir nicht mehr schreiben sollte, bis ich ihr meine neue Adresse mitteilen konnte. Rahufs Adresse. Die Briefe brauchten Wochen, bis sie bei mir ankamen. Wieso sollte sie mir noch einmal hierher schreiben, wo es doch nur noch wenige Wochen bis zu meiner Verhandlung waren und die Richterin mir Asyl gewähren und mich freilassen würde? Oder sollte ich ihr die gute Nachricht lieber von Rahuf aus mitteilen? Bei dem bloßen Gedanken daran wurde ich ganz aufgeregt.

21
Layli

Während ich in Esmor einsaß und die Tage bis zu meiner Verhandlung zählte, bereitete auch Layli sich auf meine Verhandlung vor, wenngleich ihr das selbst nicht bewußt war. Später, sehr viel später erzählte sie mir, was sie damals gelesen, geschrieben, erarbeitet und gedacht hatte, und wir staunten beide über dieses unwahrscheinliche Zusammentreffen.

Die Weihnachtsferien in ihrem zweiten Jahr an der juristischen Fakultät waren lang, fast einen Monat. Sie und Roshan waren beide erschöpft, sie vom Studium, er von der Arbeit in den letzten Monaten seines medizinischen Forschungsauftrags. Aber Layli arbeitete weiter an ihrem Artikel über »Die Verstümmelung weiblicher Genitalien« für die juristische Fachzeitschrift, und sie wollte soviel wie möglich zu diesem Thema forschen, bevor die Seminare im Januar wieder anfingen. Sie wollte unbedingt auf eine besonders grausame Verletzung der Menschenrechte aufmerksam machen.

Ursprünglich hatte sie vorgehabt, einfach ihr Referat für das Strafrechtsseminar auszuarbeiten. Sie wollte die Informationen, die sie zu der Frage gesammelt hatte, was andere Länder gegen die Genital-Verstümmelung unternahmen – oder nicht unternahmen –, als Grundlage für eine Erörterung darüber verwenden, was ihre eigene Regierung tat, um die Praxis der Beschneidung in den Vereinigten Staaten abzuschaffen, denn Einwanderer hatten diese Sitte aus ihren Ländern in die USA gebracht und praktizierten sie hier. Layli war besorgt über diese Entwicklung und hatte mittlerweile in Erfahrung gebracht, daß es anderen Leuten ebenso ging, so beispielsweise der Kongreßabgeordneten Patricia Schroeder aus Colorado, die 1993 eine Gesetzesvorlage in den Kongreß eingebracht hatte, um diese Praxis unter Strafe zu stellen und die Aufklärungsarbeit zu fördern.

Zu Anfang ging es Layli dabei ausschließlich um den strafrechtlichen Aspekt. Aber je mehr sie über die Genital-Verstümmelung las, desto mehr dachte sie auch über den Asylaspekt des Themas nach. Bei ihren Recherchen war sie auf Aufsätze von Leuten wie Deborah Anker und Nancy Kelly von der Harvard University gestoßen. Beide kritisierten die Einwanderungsbehörde, weil sie nicht anerkannte, daß Verbrechen, die nur an Frauen begangen wurden – Vergewaltigung, Zwangsheirat, sexuelle Sklaverei, Gewalt in der Familie, Genital-Verstümmelung –, Formen von Verfolgung sind, vor denen Frauen geschützt werden müssen. Sie vertraten die Meinung, daß auch diese Verbrechen als hinreichende Gründe für die Gewährung von Asyl eingestuft werden sollten. Die Artikel, die Layli las, führten keine Beispiele an, wie amerikanische Richter bei Asylanträgen entschieden hatten, die mit der Flucht vor dieser Praxis begründet worden waren. Laylis Nachforschungen ergaben, daß es bislang anscheinend keinen solchen Fall gegeben hatte.

Layli kehrte an die Uni zurück, wo sie ein Seminar über Asylrecht belegt hatte. Ihr Professor war ein bekannter Menschenrechtler namens William Van Wyke. Von anderen an der Fakultät hatte Layli erfahren, daß er sich bereits für Flüchtlinge aus El Salvador und Guatemala eingesetzt hatte. In der ersten Sitzung forderte Van Wyke die Studenten auf, sich vorzustellen und kurz darzulegen, ob und wie sie bislang mit Flüchtlingsarbeit in Berührung gekommen waren. Layli erzählte von dem unbezahlten Praktikum im Bahai-Büro für Auswärtige Angelegenheiten in Washington und von der Resolution an den Kongreß, in der die anhaltenden Verfolgungen im Iran verurteilt wurden. Fast alle Studenten hatten etwas getan oder waren gerade an einem Projekt beteiligt, um Flüchtlingen zu helfen. Eine Studentin namens Cindy Lewis schilderte ihre Arbeit im Büro eines Rechtsanwalts, der sich darauf spezialisiert hatte, Flüchtlingen aus Afrika zu helfen. Cindy schwärmte von dieser Arbeit, und Layli erkannte, daß sie zu ihrem Thema praxisbezogen arbeiten und Flüchtlingen helfen konnte, denn in Afrika war die Genital-Verstümmelung noch am weitesten verbreitet.

Van Wyke erklärte den Studenten, daß sie für dieses Seminar zwei Arbeiten schreiben müßten, eine kurze und eine lange. Als er die Themenliste verteilte, suchte Layli vergeblich nach ihrem Thema. Sie sagte Van Wyke, sie habe sich bereits entschlossen, über die »Verstümmelung weiblicher Genitalien« zu schreiben. Er erwiderte, das Thema sei ziemlich neu und zudem äußerst komplex. Es sei gerade erst als Grund für die Gewährung von Asyl in die Debatte geraten, und Richter und Anwälte fingen gerade erst an, sich damit zu beschäftigen. Aber er akzeptierte das Thema.

Das kurze Referat stand zuerst an. Layli hatte einige der Argumente studiert, die gegen die Gewährung von Asyl an Frauen auf der Grundlage geschlechtsspezifischer Verfolgung angeführt wurden. Eines der Hauptargumente war, daß damit die »Schleusen« geöffnet würden. Amerika konnte es sich angeblich nicht leisten, allen Frauen Asyl zu gewähren, die unter diesen weitverbreiteten Formen der Verfolgung litten. Jahr für Jahr werden Millionen von Frauen und Mädchen zur Heirat gezwungen, vergewaltigt, in sexuelle Sklaverei verkauft und von ihren Ehemännern geschlagen oder gar getötet. Jedes Jahr werden mindestens zwei Millionen Mädchen genital verstümmelt. Das sind sechstausend Mädchen pro Tag, oder fünf Mädchen pro Minute. Amerika kann es sich nicht leisten, jedem weiblichen Wesen, das vor dieser Mißhandlung fliehen möchte, Asyl zu gewähren.

In ihrem Referat wandte sich Layli gegen das »Schleusen«-Argument, das besonders im Hinblick auf die Beschneidung von Frauen ins Feld geführt wurde. Zunächst wies sie darauf hin, daß von einer Million Menschen, die pro Jahr nach Amerika kommen, nur rund ein Zehntel Asylsuchende sind und von diesen wiederum weniger als ein Drittel Frauen. Außerdem stellte sie klar, daß in den Ländern, in denen die weibliche Beschneidung an der Tagesordnung ist, überwiegend Mädchen betroffen sind, die erst fünfzehn Jahre oder jünger sind, häufig sogar sehr viel jünger. Die meisten dieser Mädchen leben in armen afrikanischen Ländern mit einer hohen Analphabetenquote unter Frauen. Sie haben kein Geld, keinen Besitz, keinen erlernten Beruf. Sie könnten gar nicht fliehen, selbst wenn sie wollten, und die meisten wollen es nicht, weil sie dann alles aufgeben müßten, was ihnen vertraut ist. Außerdem wird die Beschneidung in den meisten Ländern von der überwiegenden Mehrheit der Frauen befürwortet. Als weiteren Beleg dafür, daß die gefürchteten Menschenmassen nicht plötzlich ins Land strömen würden, wies Layli darauf hin, daß Frankreich und Kanada die Flucht vor Beschneidung kurz zuvor als Asylgrund anerkannt hatten und nicht sofort von Schutz suchenden

Frauen überflutet worden waren. Wenn Amerika sich weigerte, den wenigen Frauen, die sich der Praxis widersetzten und denen die Flucht gelang, Asyl zu gewähren, und zwar wegen der unbegründeten Befürchtung, daß Millionen ihrem Beispiel folgen würden, dann wäre das, so Laylis Schluß, eine himmelschreiende Ungerechtigkeit. Sie bekam für ihr Referat eine Eins von Van Wyke.

In ihrer zweiten Arbeit konzentrierte sich Layli auf die Frage, ob der Asylantrag einer Frau, die vor der Beschneidung geflohen ist, theoretisch auch nach bestehendem amerikanischen Asylrecht bewilligt werden könnte. Wie Layli mir später in sehr viel einfacheren Worten erklärte, muß jeder Flüchtling (ob Mann oder Frau) eine Reihe von Dingen beweisen, um Asyl zu erhalten. Zunächst muß eine »begründete Angst vor Verfolgung« glaubhaft gemacht werden. Dann muß bewiesen werden, daß die Verfolgung entweder von der jeweiligen Regierung ausgeht oder von jemandem, den die Regierung nicht kontrollieren kann oder will. Schließlich muß der Nachweis erbracht werden, daß die Verfolgung aufgrund von Rasse, Religion, Nationalität, politischer Überzeugung oder Zugehörigkeit zu einer bestimmten sozialen Gruppe droht – das sogenannte Fünf-Gründe-Kriterium. Letzteres war für einen weiblichen Flüchtling am schwersten zu erfüllen. Frauen sind keine Rasse, Religion oder Nationalität, Frausein ist keine politische Überzeugung. Unter Verweis auf die Arbeiten einiger Wissenschaftler vertrat Layli jedoch die Ansicht, daß durch die drohende Verfolgung einer Frau deren Zugehörigkeit zu einer bestimmten sozialen Gruppe entstehe.

Noch bevor Layli Gelegenheit hatte, Van Wyke ihre Arbeit vorzulegen, gab er jedoch seine Tätigkeit an der *American University* auf und wurde zum Richter für Asylrecht ernannt. Es tat Layli leid, daß er die Uni verließ, aber sie wußte, daß seine Ernennung von den Freunden und Unterstützern der Bewegung zum Schutz von Flüchtlingen begrüßt wurde. Schließlich waren die meisten Richter für Asylrecht erst nach einer jahrelangen Tätigkeit für die INS ernannt worden und hatten folglich wenig Mitgefühl für die Flüchtlinge und Häftlinge, die in die Mühlen des Systems gerieten. Als Anwälte der Behörde hatten sie gelernt, uns gegenüber eine ablehnende Haltung einzunehmen. Je mehr Menschen wie Van Wyke zu Richtern ernannt wurden, desto besser.

Nach Van Wykes Fortgang bekam Layli einen neuen Dozenten,

Owen »Bo« Cooper, den stellvertretenden Justitiar und Leiter der Abteilung für Asyl- und Flüchtlingsrecht in der INS, der zudem als außerordentlicher Professor an der Uni lehrte. Tagsüber arbeitete Bo Cooper in der Einwanderungsbehörde, abends hielt er ein Seminar über Asylrecht. Er war versiert, lebhaft und begeisterte sich für sein Thema. Layli sah, daß er seine Arbeit wirklich liebte. Aber er arbeitete für die Einwanderungsbehörde! Die INS, das waren doch die Bösen!

Bo war es nicht. Er hatte Layli gleich zu Anfang gesagt, er halte ihr Thema für interessant und wichtig. Er diskutierte ausführlich mit ihr darüber und schlug weitere Informationsquellen vor, darunter einen Bericht über die Genital-Verstümmelung, den das INS-Informationszentrum im Juli 1994 herausgegeben hatte. Dieser Bericht enthielt unter anderem die wertvolle Information, daß in den kanadischen Richtlinien zu »geschlechtsspezifischen Formen der Verfolgung« aus dem Jahre 1993 ausdrücklich festgestellt wurde, daß Frauen, die von Verfolgung bedroht werden, eine soziale Gruppe konstituieren können. Allein die Tatsache, daß man sich jetzt in der Einwanderungsbehörde mit dem Thema der Beschneidung von Frauen auseinandersetzte, überraschte sie.

Layli war zufrieden mit ihrer zweiten Arbeit, und Bo Cooper ebenfalls. Das ermutigte sie, den Umfang ihres Artikels für die juristische Fachzeitschrift zu erweitern. Ursprünglich hatte sie sich ausschließlich auf die rechtlichen Bemühungen konzentrieren wollen, die Beschneidung von Frauen und Mädchen in den USA unter Strafe zu stellen. Nun arbeitete sie Material aus ihrer Seminararbeit ein und konnte so auch auf den asylrechtlichen Aspekt des Themas eingehen.

Konnte eine Frau, die vor der Beschneidung geflohen war, den Anforderungen entsprechen, die für die »Asylgewährung nach richterlichem Ermessen« galten? Layli argumentierte in ihrem Artikel, der Anwalt der Frau könne belegen, daß deren Angst vor Verfolgung »begründet« sei, indem er Expertenmeinungen und seriöse Studien und Berichte vorlegt, die einerseits den sozialen Druck dokumentieren, der auf die Mädchen ausgeübt wird, dieses Ritual über sich ergehen zu lassen, und andererseits nachweisen, wie viele Mädchen in ihrem Land, ihrem Stamm oder ihrer ethnischen Gruppe auf diese Weise verstümmelt werden. Wie Studien belegen, so schrieb Layli, wird in manchen Ländern, wie beispielsweise Somalia, die schlimmste Form der Beschneidung, bei der praktisch alles abgeschnitten und zugenäht wird, an fast allen Frauen vollzogen. In anderen Ländern liegt der Prozentsatz niedriger, aber der Prozentsatz in der jeweiligen ethnischen Gruppe der Frau kann immer noch hoch sein. Um zu belegen, daß diese Form der Verfolgung eine »ernste Bedrohung von Leib und Leben oder persönlicher Freiheit« darstellt, könnte der Anwalt der Frau medizinische Untersuchungen vorlegen, die die unmittelbaren und die langfristigen Folgen der Verstümmelung dokumentieren: Schmerz, Blutung, Schock, Tod, Infektion, Wundstarrkrampf, Wundbrand, Schmerzen beim Geschlechtsverkehr und so weiter. Der Anwalt könnte auch auf eine Reihe von UN-Resolutionen und internationale Abkommen verweisen, die die Genital-Verstümmelung als »schwere Menschenrechtsverletzung« verurteilen, die Frauen an der »gleichberechtigten Beanspruchung und Ausübung der Menschenrechte und grundsätzlichen Freiheiten« hindert, beispielsweise die Freiheit, sexuelle Lust zu erleben und den Geschlechtsverkehr zu genießen. Um nachzuweisen, daß die drohende Verfolgung entweder von der Regierung ausgeht oder von jemandem, den die Regierung nicht kontrollieren kann oder will, könnte der Anwalt Studien und Unterlagen vorlegen, ähnlich denen, die Layli bei ihren Recherchen für den Artikel »Die internationale Kriminalisierung der Beschneidung von Frauen« zusammengetragen hatte. Daraus ging hervor, daß die fraglichen Länder nicht viel taten, um die Praxis zu unterbinden. Layli zitierte dabei aus dem INS-Bericht, auf den Bo Cooper sie aufmerksam gemacht hatte: »Frauen haben kaum rechtliche Möglichkeiten und laufen Gefahr, ihre Freiheit zu verlieren oder gesellschaftlich ausgegrenzt zu werden, wenn sie sich weigern, diese schädliche traditionelle Praxis zu erdulden, oder wenn sie ihre eigenen Töchter davor bewahren wollen.«

Um zu belegen, daß die gefürchtete Verfolgung aufgrund von »Rasse, Religion, Nationalität, politischer Meinung oder Zugehörigkeit zu einer bestimmten sozialen Gruppe« droht, verwies Layli auf die in den Vereinigten Staaten und weltweit immer stärker verbreitete Haltung, daß Frauen häufig verfolgt werden, eben weil sie einer bestimmten sozialen Gruppe angehören. In den Richtlinien, die 1993 von der kanadischen Einwanderungs- und Flüchtlingsbehörde herausgegeben worden waren, war bereits akzeptiert worden, daß es eine geschlechtsspezifische Form der Verfolgung gibt. Amerika hatte diesen entscheidenden rechtlichen Schritt noch nicht getan.

Layli war jedoch der Ansicht, es gebe nach US-Recht zwei Definitionen des Begriffs »soziale Gruppe«, die auf Frauen zutrafen, die vor der Beschneidung geflohen waren. Die eine war in einer Entscheidung des Berufungsausschusses für Asylanträge, einer Art Oberster Gerichtshof für Asylgerichte, formuliert worden. Im »Fall Acosta« hatte der Berufungsausschuß befunden, daß eine »soziale Gruppe« wie folgt definiert werden könne: »Eine Gruppe von Personen, die alle ein gemeinsames unveränderliches Charakteristikum haben, das sie entweder nicht verändern können oder zu dessen Veränderung sie nicht gezwungen werden sollten, weil es grundlegend für ihre jeweilige individuelle Identität oder für ihr Gewissen ist.« Layli argumentierte, daß diese Definition auf eine Frau zutrifft, die vor der Beschneidung fliehen will, aber einer Stammesgruppe oder ethnischen Gruppe angehört, die ihre Mitglieder dazu zwingt. Der Stamm oder die ethnische Gruppe einer Frau ist ein unveränderliches Charakteristikum. Daran kann die Frau nichts ändern. Ein unversehrter Genitalbereich und Sexualtrieb sind gleichfalls unveränderliche Charakteristika, zu deren Veränderung sie nicht gezwungen werden sollte.

Die zweite juristisch akzeptierte Definition des Begriffs »soziale Gruppe« war in dem Verfahren *Sanchez-Trujillo gegen INS* vom Neunten Bundesberufungsgericht festgelegt worden. Hier wurde der Begriff »soziale Gruppe« als ein »Verband von Personen« ausgelegt, die sich freiwillig solidarisieren und »eng verbunden« sind, weil sie »ein gemeinsames Ziel oder Interesse« haben. Nach Laylis Ansicht traf diese Definition auch auf eine Frau zu, die vor der Beschneidung flieht, weil sie sich durch die Ablehnung der Sitten ihrer Gemeinschaft »freiwillig« mit anderen in ihrer Gemeinschaft solidarisiert, die als unmoralisch gelten, als Abtrünnige, als Gegner der Normen dieser Gemeinschaft. Zudem solidarisierte sie sich freiwillig mit anderen Frauen in ihrem Stamm oder ihrer Gemeinschaft, die diese Praxis aus dem »gemeinschaftlichen Glauben« heraus ablehnen, daß sie gefährlich ist und nicht ausgeübt werden sollte. »Auf Grundlage der zitierten Gerichtsbeschlüsse«, so schrieb Layli, »erfüllt eine Frau, die nachweisen kann, daß sie aufgrund ihres Geschlechts und ihrer Nationalität... oder ihres Geschlechts und anderer Charakteristika, beispielsweise Stamm, Religion oder andere gemeinschaftliche Glaubensformen... beschnitten worden ist oder beschnitten werden sollte, die Anforderungen für eine Asylgewährung nach richterlichem

Ermessen.« Abschließend legte sie dar, daß »die Anerkennung der drohenden Beschneidung als Grund für die Gewährung von Asyl, und zwar basierend auf dem Begriff der in diesem Fall geschlechtsspezifisch definierten sozialen Gruppe, ein wichtiger Schritt für die Entwicklung des US-Asylrechts wäre, der die wachsende Sensibilität der Vereinigten Staaten für die weltweite Unterdrückung und Unterjochung von Frauen, die einer Verfolgung gleichkommt, widerspiegelt.«

Ende April 1995, zwei Wochen vor Abschluß ihres zweiten Jahres an der juristischen Fakultät, legte Layli den Artikel ihren Kommilitonen vor, die mit ihr zusammen die Zeitschrift *The American University Journal of Gender and Law* herausgaben. Er wurde gelesen und auf Platz eins einer Liste mit ausgewählten Arbeiten gesetzt, die zur Publikation vorgesehen waren.

Damals gab es keinen bekannten Fall, der ihre Theorie hätte belegen können. Layli wollte nun eine Frau suchen, die Asyl beantragt hatte, weil ihr in ihrer Heimat die Beschneidung drohte... Der perfekte Testfall. Mein Fall.

Nach Abgabe ihres Artikels mußte Layli sich einen bezahlten Job für die Sommerferien suchen. Sie und Roshan lebten von seinem Stipendium, und das Geld reichte hinten und vorne nicht. Auf Arbeitssuche fiel ihr Cindy Lewis wieder ein, die Frau, die an jenem ersten Seminartag so interessant von ihrer Arbeit in der Kanzlei eines auf Asylfälle spezialisierten Anwalts erzählt hatte.

Bald darauf traf sie Cindy Lewis zufällig in der Universität. Das war ihre Chance. Cindy freute sich, daß Layli sich so interessiert nach der Arbeit in der Kanzelei erkundigte. Sie unterhielten sich eine ganze Weile. Ein Job für die Sommerferien? Vielleicht hatte Layli Glück. Der Anwalt, für den Cindy arbeitete, hatte erwähnt, daß er noch jemanden für die Sommermonate einstellen wollte. Am nächsten Tag brachte Layli ihre Bewerbungsunterlagen mit einer Kopie ihrer Arbeiten zu Cindy.

»Prima«, sagte Cindy. »Ich bringe sie Eric gleich heute.«

Ihr Arbeitgeber war – Eric Bowman.

Bowman war beeindruckt von Laylis Bewerbung und lud sie zu einem Vorstellungsgespräch ein. Bowman sagte später zu mir, das Thema Genital-Verstümmelung sei ihm sofort ins Auge gesprungen, als er ihre Bewerbung las, und einer der Gründe gewesen, warum er an ihrer Mitarbeit interessiert war. Meine Verhandlung rückte näher. Seine Versuche, mich in ein anderes Gefängnis verlegen zu lassen, waren allesamt gescheitert. Jemanden mit Laylis Sachkenntnis konnte er gut gebrauchen. Gegen Ende der Woche bot er ihr den Job an. Sie konnte entweder ein unbezahltes Praktikum machen, das ihr auf ihr Studium angerechnet würde, oder er würde sie bezahlen, dann würde ihr die Arbeit nicht auf das Studium angerechnet. Das Gehalt, das Bowman ihr anbot, entsprach nach Laylis Meinung der Bezahlung für zwanzig Stunden die Woche, nicht vierzig.

Layli ging nach Hause und besprach die Sache mit Roshan. Sie wollte den Job, wollte Erfahrungen sammeln, und außerdem schien Eric Bowman ein netter Chef zu sein. Aber die Bezahlung war schlecht, und schließlich brauchten sie Geld. Vielleicht sollte sie sich nach einem besser bezahlten Job umsehen.

»Aber du möchtest doch da arbeiten.«

»Ja, das möchte ich wirklich.«

»Dann nimm den Job an.«

Layli machte Bowman ein Gegenangebot. Zwanzig Stunden die Woche gegen entsprechende Bezahlung und zwanzig Stunden, die fürs Studium angerechnet wurden. Er war einverstanden. Auf diese Weise würde sie für das Gehalt, das er zahlen konnte, Vollzeit für ihn arbeiten. Wenn die Uni keine Einwände hatte, war die Sache geritzt.

Damit für ein Praktikum Semesterwochenstunden gutgeschrieben werden können, muß es von einem Fakultätsmitglied kontrolliert werden. Layli sprach Professor Lauren Gilbert an, die Leiterin des Projektes *Frauen und Internationales Recht*, die sich dazu bereit erklärte. Jetzt war alles geregelt. Am 30. Mai 1995 fing Layli in Bowmans Büro an, vier Tage nachdem die Einwanderungsbehörde endlich dem Beispiel Kanadas gefolgt war und ihre eigenen Richtlinien zur Verfolgung aufgrund von Geschlechtszugehörigkeit veröffentlicht hatte: »Empfehlungen für die Beurteilung von Asylanträgen von Frauen.« Layli und Karen erzählten mir später, daß die Mitarbeiter und Freunde von Menschenrechts-, Frauenrechts- und Flüchtlingshilfsorganisationen ganz aus dem Häuschen waren. All die viele Arbeit, die Leute wie Nancy Kelly, Deborah Anker und andere geleistet hatten, um die INS zu diesem Schritt zu bewegen, hatte endlich Früchte getragen. Die Richtlinien informieren die zuständigen Beamten nicht nur über die vielen grausamen Leiden, die Frauen erdulden müssen, einfach nur weil sie Frauen sind, sondern sie weisen auch darauf hin, wie schwer es diesen Frauen oft fällt, Fremden von ihrem Leid zu erzählen. Besonders wenn das, was sie erlitten haben, zutiefst traumatisch oder intimer sexueller Natur ist und wenn sie vor fremden Männern darüber sprechen müssen. Wenn die Leute, mit denen ich in Newark nach meiner Ankunft zu tun hatte, durch diese INS-Richtlinien sensibilisiert worden wären, hätte ich vielleicht ganz andere Erfahrungen gemacht.

Bowman kam am Dienstag, dem 6. Juni 1995, mit einer Akte in der Hand aus seinem Büro und trat an Laylis Schreibtisch.

»Sehen Sie sich das mal an«, sagte er. »Die Verhandlung ist in zwei Wochen.«

Layli hielt die dünne, leichte Akte in der Hand, drehte sie seitlich, um den Namen darauf zu lesen: »Kasinga, Fauziya.« Sie legte sie auf den Schreibtisch und klappte sie auf. Viel war nicht drin. Eine Kopie meines Asylantrags. Getippt. Bowman hatte ihn anscheinend haargenau so abtippen lassen, wie ich ihn ausgefüllt hatte. Layli las sich meine Antworten auf die Fragen, warum ich Asyl beantragte und was passieren würde, wenn ich nach Togo zurückkehrte, durch und war ziemlich verwirrt. Die Antworten waren schlecht formuliert und voller Rechtschreibfehler. Sie kannte sich nicht mit allen Regeln und Vorschriften für Asylanträge aus. Vielleicht müssen sie genau so eingereicht werden, wie die Antragstellerin sie ausgefüllt hat, dachte sie. Es gab eine Kopie der Vermißtenmeldung, die mein Onkel bei der Polizei gemacht und die Ayisha aus Togo geschickt hatte. Die Meldung war in französisch und nicht übersetzt. Auch die Heiratsurkunde befand sich in der Akte. Sie war auf französisch und arabisch. Eine englische Übersetzung lag bei. Und es gab zwei Briefe von meiner Mutter an Rahuf, in englisch verfaßt und in arabisch von meiner Mutter unterschrieben. Ich wußte zwar von diesen Briefen, sollte sie aber erst viel später zu Gesicht bekommen. Der erste war auf den 27. Dezember 1994 datiert, keine zwei Wochen nach meiner Ankunft in Amerika. Da wir in Togo nach dem muslimischen Kalender leben, ist der Brief möglicherweise falsch datiert, aber das weiß ich nicht sicher. Hier der Inhalt des Briefes: *Hi, im Haus passiert etwas Schlimmes. Die Familie von Fauziyas Vater will sie beschneiden und dann mit einem alten Mann verheiraten. Was Fauziya und ich nicht wollen. Also ich gebe ihr Geld, damit sie weggehen kann. Seit sie weggegangen ist, weiß ich gar nicht wo sie ist. Und dann sagt die Schwester ihres Vaters mir, daß sie ist in Amerika.* Meine Mutter meinte wohl Ayisha, meine Schwester. Ich glaube nicht, daß meine Tante wußte, wo ich war, aber vielleicht hatte sie irgendwie über Rahufs Verwandte etwas erfahren. Neuigkeiten und Gerüchte verbreiten sich schnell in Togo. Deshalb konnte ich nicht wieder zurück. *Ich war sehr froh als ich das gehört,* ging der Brief weiter. *Sie hat mir sogar gesagt, das sie ihr Ausweis und Heiratsurkunde geschickt hat.* Auch das muß Ayisha ihr erzählt haben. *Also alles gute für sie, bye! Fauziyas Mutter.*

Bye! So ein fröhliches *bye!* Aber vermutlich war meine Mutter fröhlich gewesen, als sie diesen Brief diktierte. Sie glaubte, ich wäre in einer Art Fremdenheim. Sie glaubte, ich wäre glücklich und in Sicherheit. Sie wußte ja nicht, daß ich im Gefängnis saß.

Der zweite Brief war auf den 30. Dezember 1994 datiert. *Am 20. Oktober haben sie gemerkt, daß sie weggelaufen ist. Und am 21. [oder] 22. Oktober haben sie das gemeldet, so daß die Polizisten sie suchen, und weil sie jetzt in Amerika ist, weiß ich, daß sie sie nicht kriegen können. Was mich am meisten gequält hat, ist die Beschneidung vor der Hochzeit, und er ist auch noch ein alter Mann. Ich wünsche allen eine frohe Weihnachten, bye, Fauziyas Mutter.*

Mehr war nicht in meiner Akte – mein Asylantrag, eine nicht übersetzte Vermißtenanzeige bei der Polizei, eine übersetzte Kopie meiner Heiratsurkunde und zwei Briefe von meiner Mutter. Keine klar gegliederte Zusammenfassung aller Fakten in meinem Fall und, soweit Layli sich erinnern kann, keine Transkription meines ausführlichen, auf Band aufgenommenen Gesprächs mit Bowman. Aber für Layli war es mehr als genug. Ihr Herz pochte wie wild, weil ihr mit einem Mal alles klar wurde. Plötzlich wußte sie, wozu das alles gut gewesen war. Gott hatte sie darauf vorbereitet, mir zu helfen.

Sie ging in Bowmans Büro, und die beiden erörterten den Fall. Er sagte ihr, sie solle für die Verhandlung in einem kurzen Schriftsatz alle relevanten Fakten des Falles und der darauf anwendbaren Gesetze zusammenfassen.

»Ich muß mit Fauziya reden«, sagte sie zu Bowman. »Ich muß mehr über den Fall wissen.« Sie hatte keinerlei Erfahrung, aber ihr war klar, daß meine Akte nicht genug Informationen enthielt, um daraus eine brauchbare Zusammenfassung für das Gericht zu machen.

»Das ist ein Problem«, sagte Bowman. »Wir müssen warten, bis sie uns anruft.«

»Und wenn sie das nicht tut?« sagte Layli. »Ich muß sie dringend sprechen. Gibt es denn keine Möglichkeit, sie zu erreichen?«

»Sie hält Kontakt mit ihrem Vetter. Ich werde Rahuf sagen, daß sie uns anrufen soll. Aber warten Sie nicht darauf. Fangen Sie gleich mit den Vorbereitungen an. Der endgültige Termin für die Einreichung der Zusammenfassung ist bald.« Bowman sah in seinem Terminkalender auf dem Schreibtisch nach. »Montag, der zwölfte.«

Montag, der zwölfte! Das war am Abend des 6. Juni. Layli hatte keine sechs Tage mehr! Layli arbeitete bis spät in die Nacht, stand dann am nächsten Morgen früh auf, um noch ein paar Stunden mehr zu haben, bevor sie wieder ins Büro ging. Immerhin hatte sie ein umfassendes Hintergrundwissen zu dem Thema, und sie konnte ihren Zeitschriftenartikel als Grundlage für die Argumente nutzen, die sie in der Zusammenfassung anführen wollte. Das war zwar alles schön und gut, aber eben nicht genug. Sie mußte die Zusammenfassung um die speziellen Fakten meines Falles herum aufbauen. Wenn sie doch nur mit mir reden könnte.

Und dann rief ich an, just in dem Moment, als sie es am dringendsten brauchte. Wahrscheinlich hatte Rahuf mir Bescheid gesagt, aber daran kann ich mich nicht mehr erinnern. Als ich am Telefon Bowman sprechen wollte, meldete sich Layli.

»Hallo, Fauziya?« fragte eine liebenswürdige Mädchenstimme.

Layli erinnerte sich später, daß sie nervös und aufgeregt war. Mein Anruf hatte sie unvorbereitet getroffen. Sie hatte noch nicht alle Fragen beisammen. Sie weiß auch noch, daß sie sich über den Lärm wunderte, der durchs Telefon drang. Sie erinnert sich an die störenden Ansagen vom Band, die unser Gespräch ständig unterbrachen. Sie erzählte mir, daß sie Jurastudentin sei und versuchen wollte, mir zu helfen. Daß sie mir einige Fragen stellen mußte, um eine Zusammenfassung meines Falles zu schreiben. Damals wußte ich nicht, wozu eine solche Zusammenfassung gebraucht wurde, aber ich glaubte ihr, daß sie mir helfen wollte.

»Ich habe mich mit dem Problem der Verstümmelung weiblicher Genitalien beschäftigt«, sagte sie. »Mit der Beschneidung von Frauen. Es gibt verschiedene Formen in verschiedenen Ländern«, erklärte sie weiter. Das war mir neu. Ich wußte nicht, daß andere Völker das auch machten. »Ich muß wissen, wie es in deinem Stamm gehandhabt wird«, sagte sie. »Kannst du mir was darüber erzählen?« Sie wollte so viele Details wie nur möglich wissen, um ihr Argument zu untermauern, daß die Beschneidung von Frauen als Asylgrund einzustufen sei.

Viel konnte ich ihr nicht sagen. »Ich weiß es nicht genau«, sagte ich. »Ich habe nie dabei zugesehen. Ich weiß, daß es von einer alten Frau gemacht wird. Ich glaube, sie nimmt dafür ein Messer. Und dann wird man von der Taille bis zu den Knien eingewickelt und muß vierzig Tag so bleiben, damit die Wunde Zeit zum Heilen hat. Das weiß ich genau.«

Layli erzählte mir später, daß meine Beschreibung sich stark nach Infibulation anhörte, der schlimmsten Form von Genital-Verstümmelung, bei der alles abgeschnitten und dann zugenäht wird. Aber sie konnte es natürlich nicht mit Sicherheit sagen. Sie fragte mich nach dem Namen meines Stammes. Meiner Stämme, korrigierte ich sie. Tchamba und Koussountu. Sie bat mich, die Namen zu buchstabieren und fragte mich, in welchem Teil Togos diese Stämme leben. Wie sie mir später erklärte, wollte sie recherchieren, welche Form der Beschneidung diese Stämme praktizieren.

Worüber sprachen wir noch bei diesem ersten Telefongespräch? Keine von uns konnte sich später daran erinnern, aber gegen Ende der Unterhaltung bat Layli mich, am nächsten Tag erneut anzurufen, damit sie mir weitere Fragen stellen konnte. Bei diesem zweiten Gespräch erzählte ich ihr, daß mein Onkel zur Polizei gegangen war, als er und meine Tante gemerkt hatten, daß ich fort war, daß die Polizei Ayisha schikaniert hatte, daß sie mir mit dem Geld meiner Mutter zur Flucht verholfen hatte.

»Woher hattest du den Paß?« fragte sie.

»Den habe ich von einem Mann namens Charlie gekauft«, antwortete ich.

»Wer ist Charlie?«

»Jemand, den ich in Deutschland kennengelernt habe.«

»Deutschland? Du warst in Deutschland?«

Wie sie mir später erzählte, war sie darüber entsetzt, weil ihr sofort klar war, daß das problematisch werden konnte. Wenn ein Asylsuchender auf dem Weg nach Amerika durch ein anderes Land gereist ist, kann der Richter einwenden: »Sie hätten auch dort Asyl beantragen können.«

»Hast du in Deutschland einen Asylantrag gestellt?« fragte Layli.

»Nein.«

»Warum nicht?«

»Weil ich dort niemanden kannte und kein Deutsch kann. Ich möchte doch zur Schule gehen und meine Ausbildung abschließen.«

Am nächsten Tag sprachen wir wieder miteinander. Bis zu meiner Verhandlung waren es keine zwei Wochen mehr. Keine zwei Wochen! Layli sagte mir, daß sie die Zusammenfassung am Wochenende schreiben würde. Sie mußte Montag eingereicht werden. Sie wünschte mir viel Glück bei der Verhandlung. Sie würde nicht dabeisein. Damals waren wir noch in dem Glauben, daß wir einander nie von Angesicht zu Angesicht sehen würden.

»Ich bete für dich, Fauziya.«

Das tat sie wirklich. Die Art, wie sie das sagte, verriet es mir.

»Danke, Layli. Ich werde auch für dich beten.«

Das ganze Wochenende über arbeitete Layli fieberhaft an der Zusammenfassung. Dabei orientierte sie sich an einem Muster, das Cindy ihr gegeben hatte. Zunächst verwies sie darauf, daß ich in einem Ausschlußverfahren steckte, was bedeutete, daß ich nie offiziell in die Vereinigten Staaten eingereist war, da man mich bereits am Flughafen festgehalten hatte. Ich war »ausgeschlossen«. Die Unterscheidung erschien mir unsinnig. Ich saß in einem amerikanischen Gefängnis, aber nach dem Gesetz hatte ich Amerika gar nicht betreten, und ich hatte somit auch nicht dieselben Rechte wie ein Immigrant, der illegal in den Vereinigten Staaten gelebt hatte und dann entdeckt worden war – ganz zu schweigen von den Rechten eines amerikanischen Bürgers. Dann legte Layli die Fakten meines Falles dar und führte schließlich die Argumentation für meinen berechtigten Anspruch auf Asyl an, die sich im wesentlichen mit der Argumentation in ihrer Arbeit für die Uni und in dem Artikel für die Fachzeitschrift deckte.

Am 12. Juni überreichte Layli morgens Bowman die Zusammenfassung. Nachdem er sie durchgesehen hatte, machte er noch ein paar Verbesserungsvorschläge, aber alles in allem fand er ihre Arbeit hervorragend. Sie nahm die Verbesserungen vor, gab ihm den Schriftsatz zurück, damit er ihn ein letztes Mal durchlesen konnte, und schickte ihn dann ab – gerade noch termingerecht. Fertig, dachte Layli. Das war's. Jetzt kann ich nur noch beten. Aber Bowman hatte eine weitere Aufgabe für sie: Sie sollte eine Liste der Fragen zusammentragen, die er mir bei der direkten Befragung vor Gericht stellen würde, um alle wichtigen Einzelheiten meiner Geschichte zur Sprache zu bringen.

Am 14. Juni packte Layli ihre Tasche. Am nächsten Morgen sollte sie nach Atlanta in Georgia fliegen, um dort an einer Anwaltstagung zum Thema Asyl- und Einwanderungsrecht teilzunehmen. Außerdem wollte sie die Gelegenheit nutzen und ihre Familie besuchen. Sie war gespannt auf diese Tagung. Sie würde Gelegenheit haben, Anwälte kennenzulernen, die sich auf dem Gebiet profiliert hatten. Später erzählte sie mir, daß sie mit vielen kompetenten Leuten gesprochen hatte, die ihr nützliche Tips gaben. Zufällig traf sie auch ihren alten Lehrer Bo Cooper wieder und erzählte ihm von meinem Fall. Sie lernte auch Deborah Anker kennen, eine der beiden Frauen aus Harvard, der es hauptsächlich zu verdanken war, daß die Einwanderungsbehörde die neuen Richtlinien herausgegeben hatte. Deborah Anker war sehr an meinem Fall interessiert. Sie organisierte eine informelle Diskussionsrunde zum Thema geschlechtsspezifischer Begründungen für Asylanträge, und dabei lernte Layli noch etliche andere Leute kennen, die sich mit diesen Problemen auseinandersetzten. Layli war ihr dafür dankbar. Sie wußte, daß viele Asylanträge abgelehnt wurden und daß gegen die meisten dieser Entscheidungen automatisch Berufung eingelegt wurde. Sie hoffte zwar inständig, daß mir Asyl gewährt wurde, aber sie wollte gerüstet sein, um mir gegebenenfalls bei der Berufung zu helfen. Sie dachte bereits an die Zukunft.

Dieser Donnerstag war für mich der Tag der Modenschau. Es war mein schönster Tag in Esmor, mein schönster Tag im Gefängnis überhaupt. Wir hatten die beiden letzten Wochen fleißig geprobt. Esther hatte mich unter ihre Fittiche genommen und stundenlang versucht, mir beizubringen, wie ein Mannequin zu gehen – oder wenigstens wie eine Frau. Ich hätte einen Gang wie ein Mann, sagte sie ständig. Immer wieder schwebte sie mit solcher Eleganz durch den Raum, daß ich nicht einmal mehr die blaue Gefängnisuniform sah, die sie trug. In meinen Augen trug sie Seide und Geschmeide wie die Prinzessin, die sie im früheren Leben gewesen war. Jetzt konnten wir alle für diesen einen kurzen Moment unsere Gefängnisuniformen ablegen und die Kleider anziehen, die Miss Jones und Miss White für unsere Modenschau besorgt hatten.

Als wir auf den Gang kamen, den wir an diesem Tag zum Laufsteg machen wollten, sahen wir, daß er mit Blumen und Luftballons geschmückt war. Miss White hatte wieder ihren Kassettenrecorder mitgebracht. Sie und die anderen Wärterinnen hatten rund zwanzig Stühle auf beiden Seiten des Ganges aufgestellt, fürs Publikum – einige andere Häftlingsfrauen und die anderen Wärterinnen. Miss Jones brachte Make-up und Spiegel für uns mit. Sie ließ alles in Schlafsaal N bringen, den wir als Umkleideraum nutzten. Es war fast wie in einem Schlafsaal in einem Internat, einem Schlafsaal voller Frauen, die sich für ein schönes Fest herausputzten. Was für eine Verwandlung ging nun mit uns vor. Wir starrten uns verwundert mit großen Augen an, als hätten wir einander noch nie zuvor gesehen.

Dann kam Miss Jones herein: »Wenn ihr wollt, dürft ihr die Kleider nach der Modenschau behalten!«

»Sie behalten?«

Sie stand direkt neben mir und zwinkerte mir zu. »Was meinst du dazu, Fauzy?«

Was für eine Frage! Ich war vollkommen glücklich! Ich hatte mich für ein elegantes Abendkostüm entschieden, mit einem kurzen, schwarzen, spitzenbesetzten Rock und einem rosa Blazer mit Goldknöpfen und schwarzen, ebenfalls spitzenbesetzten Ärmeln. Das zweite Abendkostüm, das ich mir ausgesucht hatte, bestand aus einem langen, grauen Stretchrock und einem grauen Top mit einem Blumenmuster aus Perlen auf der Brust. Ich konnte mich förmlich sehen, wie ich in meiner eleganten Garderobe in meinem neuen Leben herumspazierte.

Miss Jones hatte noch eine Überraschung parat. Falls nach der Modenschau noch Zeit war, würde sie für alle von draußen Reis mit Hühnchen holen. Reis mit Hühnchen! Das war zu schön, um wahr zu sein! Wir jubelten vor Begeisterung.

Sie lachte. »Jetzt beeilt euch, es ist höchste Zeit.«

Als Miss Jones hinaus auf den Gang trat, sah ich, daß auf den Stühlen für das Publikum Männer und Frauen Platz nahmen, deren Gesichter ich noch nie gesehen hatte. Aber ich war zu aufgeregt, um mich zu fragen, wer die Leute wohl sein mochten. Dann setzte die Musik ein, und Miss Jones hieß das Publikum willkommen. Und dann ging es los. »Jetzt sehen Sie…«

Die beiden ersten Frauen traten hinaus in den Gang. Die Leute klatschten, als die beiden den »Laufsteg« entlangschritten, klatschten weiter, als sie stehenblieben und die Posen einnahmen, die wir geübt hatten, und hörten nicht auf zu klatschen, bis die Frauen den ganzen Weg zurückgegangen waren, mit vor Aufregung glühenden Gesichtern. Ich starb fast vor Aufregung. Esther war als nächste dran. Sie trug eine weite, fließende schwarze Hose und ein trägerloses Top, und sie sah absolut phantastisch aus. Ich war froh, daß ich nicht mit ihr zusammen auftreten mußte. Ich glaube, niemand hatte auch nur einen flüchtigen Blick für ihre Partnerin. Alle Augen ruhten auf Esther. Die Leute applaudierten, pfiffen und gerieten völlig aus dem Häuschen. Esther kam lächelnd zurückgeschwebt. Die Leute auf dem Gang applaudierten noch immer.

Und jetzt war ich dran. Plötzlich kam ich mir halbnackt vor in meinem kurzen schwarzen Rock. Es war eine Sache, meinen Gang vor ein paar Freundinnen zu üben, vor all diesen Menschen herumzuspazieren, war etwas ganz anderes. Als Esther mir sagte, daß sie Frank im Publikum entdeckt hatte, verlor ich vollends die Nerven.

»Ich kann nicht!« wimmerte ich. »Ich kann so nicht da raus gehen, vor Frank!«

Esther lachte. »Keine Bange. Du machst das bestimmt ganz toll. Denk nur immer dran: langsam und anmutig. Nicht trampeln, nicht mit den Fersen aufstampfen, okay?«

Ich fürchte, ich wurde der vielen Mühe, die Esther sich mit mir gegeben hatte, nicht gerecht. Aber ich bekam meinen Applaus und amüsierte mich so gut, daß ich die ganze Zeit über lachen mußte. Ach, es war einfach herrlich.

Und dann war es vorbei. Es war Zeit, meine schönen Sachen abzulegen und wieder in die blaue Gefängnisuniform zu schlüpfen. Die anderen Mannequins und ich fingen an, uns umzuziehen. Langsam. Wir hatten keine Wahl. Ich hörte, daß ein paar von den Ghanaerinnen, die mit vorgeführt hatten, untereinander nörgelten. Sie waren aus irgendeinem Grund verärgert. Ich wußte nicht, warum. Aber ich erfuhr es, als Miss Jones zu uns in den Schlafsaal kam, nachdem die Gäste sich verabschiedet hatten. Sie war bester Stimmung und froh, daß wir alle so gut gewesen waren. »Das war toll!« sagte sie. »Ihr wart alle prima. Hat es euch Spaß gemacht?«

Ein Chor begeisterter Zustimmung, ich mittendrin. Und dann ein zorniges »Nein« von einer Ghanaerin.

Ich war verblüfft. Miss Jones ebenfalls.

»Nein?« fragte sie. »Wieso denn nicht?«

»Was waren das für Leute im Publikum? Die arbeiten nicht hier. Sie haben gesagt, außer uns wären nur ein paar von den Wärterinnen dabei. Wen haben Sie eingeladen?«

Die warmherzige, fröhliche Miss Jones verwandelte sich im Handumdrehen in die harte Miss Jones, in die Gefängnisaufseherin. »Ich habe sie nicht eingeladen«, sagte sie kühl. »Ich wußte nicht, daß sie kommen würden.«

»Wer hat sie dann eingeladen? Was waren das für Leute?« Die Ghanaerin trieb die Sache auf die Spitze und verdarb uns die Stimmung. Aber ich konnte ihren Standpunkt verstehen. Ich dachte an den Tag, als wir aus der Wäscherei zurück in unseren Schlafsaal gekommen waren und Miss Jones mit einigen Frauen aus den anderen Schlafsälen und zwei Besuchern darin gewesen war. Ich war mir ziemlich sicher, daß die Leute im Publikum nicht hier arbeiteten. Waren sie Vertreter der Einwanderungsbehörde? Wer auch immer sie waren, sie hatten eine gute Show gesehen. Wenn der Verdacht der Ghanaerinnen begründet war, hatte man uns ausgenutzt. Wir hatten diesen Besuchern gezeigt, wie glücklich wir Frauen hier in Esmor waren, wieviel Spaß wir hatten, wie angenehm das Leben hier war. Das hatten sie gesehen, und es war eine Lüge. Heute war ein schöner Tag gewesen. Ein Tag in sechs Monaten war fröhlich gewesen. An jedem anderen Tag erlebten wir den eintönigen, tristen Gefängnisalltag. Die Besucher wußten das nicht und würden es wahrscheinlich auch nie erfahren.

»Wer waren die?« bohrte die Ghanaerin.

»Kein Reis mit Hühnchen«, stellte Miss Jones trocken fest.

Später bekamen wir dann doch unseren Reis mit Hühnchen. Er war schon bestellt gewesen, und sie schickte ihn nicht zurück. Aber die Stimmung war uns verdorben, und am folgenden Tag verfielen wir wieder in den alten, stumpfsinnigen Trott.

Aber das war nicht schlimm. Schließlich war das mein letztes Wochenende in Esmor. In jener Nacht lag ich im Bett und dachte über diese herrliche, unglaubliche Tatsache nach. Es waren nur noch fünf Tage bis zu meiner Verhandlung. Dann würde der Richter mir Asyl gewähren, und ich wäre frei. Bowman konnte mich mit nach Washington nehmen, zu Rahuf, und Rahuf würde mit mir ausgehen und feiern. Ich könnte eines von meinen neuen Kostümen tragen.

Das schwarze mit der Spitze. Aber nicht mit Gefängnislatschen, sondern mit hochhackigen Schuhen und Nylonstrümpfen.

Washington ... Außerhalb dieses Gefängnisses lag ein ganzes Land, eine ganze Welt, die ich noch nie gesehen hatte. Ich würde sie bald sehen. Jetzt war es fast soweit, fast. Alles würde gut werden, genau wie Yaya gesagt hatte. Ich schloß die Augen, schlummerte allmählich ein. Vielleicht würde ich heute nacht wieder von Yaya träumen. Vielleicht würde er mich noch einmal im Gefängnis besuchen. Ein letztes Mal, bevor ich frei war.

22
Revolte!

Später in der Nacht machte Kim ihren üblichen Rundgang, ging türenknallend von Schlafsaal zu Schlafsaal, trampelte von Bett zu Bett, riß Decken herunter und zerrte an Handgelenken und Füßen. Als sie mit der Zählung fertig war und Schlafsaal J verließ, den letzten auf ihrer Tour, trat Ruhe ein. Ich sank langsam in den Schlaf, getröstet von der Vorstellung, daß die Zeit der Prüfung fast vorüber war. Fast vorüber. Nur noch fünf Tage …

Plötzlich wurde ich von einem Geräusch aufgeschreckt, das wie eine laute Explosion klang, als wäre eine Bombe explodiert. Ich lag still in der Dunkelheit, lauschte – hörte aber nichts. Stille. Ich hatte wohl geträumt.

Da – wieder ein lautes Krachen.

Ich saß kerzengerade im Bett. Und dann explodierte die Nacht, die Dunkelheit, die Stille in einem entsetzlichen, lärmenden Chaos: splitterndes Glas, das Scheppern von Metall auf Metall, brüllende Männer, gellender Feueralarm, schreiende Frauen.

»Sylvie! Was ist das!«

»Ein Aufstand!« schrie sie. In ihrer Stimme lag Panik.

Dann hörte ich Männer vor der Tür zum Frauenflügel, die mit schweren Metallobjekten auf die Tür einschlugen, um sie aufzubrechen.

Und dann wimmelte es auf dem Gang von Männern. Überall waren Männer, die in der Dunkelheit herumrannten, schrien, brüllten, auf alles einschlugen.

»Oh Gott. Die wollen uns vergewaltigen. Oh mein Gott!« schrie Sylvie.

Plötzlich waren Männer vor unserem Schlafsaalfenster. »Bleibt zurück!« brüllten sie. »Haltet euch die Augen zu!« Sie fingen an, mit langen Metallstäben auf das Fenster einzuschlagen. Die Scheibe zersprang, und Glassplitter flogen durch den Raum.

Die Männer riefen uns zu, daß wir rauskommen sollten. »Raus! Alle raus!«

Ich fing an, unkontrolliert zu zittern. Meine drei chinesischen Mitbewohnerinnen klammerten sich aneinander und weinten hysterisch. Wir weinten alle, außer Oche, die wie versteinert dastand. Ich schloß die Augen und sprach ein letztes Gebet. »Bitte, Allah, schenke mir einen schnellen Tod.«

»Kommt raus! Schnell!« befahlen die Männer.

Wieder splitterte irgendwo Glas. Die Frauen in den anderen Schlafsälen schrien. Ich weiß nicht, wie wir bei all dem Krach, der Dunkelheit, der Panik und dem Chaos überhaupt etwas verstehen konnten, aber irgendwie machten die Männer uns klar, daß sie uns nichts tun wollten. Sie wollten uns in die Sporthalle der Männer bringen, wo wir sicherer wären. Wir kamen aus unserer Ecke und näherten uns dem Fenster, das nun ein klaffendes, von spitzen Scherben gerahmtes Loch war. Jemand legte gefaltete Decken über die scharfkantigen Scherben unten im Rahmen, und wir kletterten eine nach der anderen hinaus. Die Männer manövrierten uns durchs Fenster und halfen uns beim Sprung in den Gang. Der Boden war naß von Wasser, das die Wände herablief.

Es war so dunkel, daß wir kaum erkennen konnten, was eigentlich los war, aber wir hörten den heulenden Feueralarm und das Geräusch, wie mit harten Gegenständen auf Wände und Fenster eingedroschen wurde. Auf allen Seiten waren wir von einem Mob aus wütenden, schreienden Männern umringt, die uns schoben und stießen. Die Männer, die zu unserem Schlafsaal gekommen waren, bahnten einen Weg durch das Chaos und führten Gruppen von weinenden, verängstigten Frauen in Richtung Sporthalle. Sylvie, Oche, meine chinesischen Mitbewohnerinnen und ich, wir wurden in eine Gruppe eingeordnet. Ich packte Sylvies Hand, damit sie in meiner Nähe blieb. Der Feueralarm. Irgendwo im Gebäude mußte es brennen! Wir hatten Todesangst.

Ich sah, daß vor einer Tür, die zum Haupteingang führte, Tische und Stühle aufgestapelt worden waren. Eine Barrikade! Wir steckten mitten in einer Gefängnisrevolte!

Wir klammerten uns aneinander und taumelten vorwärts, bis wir schließlich in der Sporthalle anlangten, durch deren Drahtdach man den Himmel sehen konnte. Frauen saßen in Grüppchen auf dem Boden, lehnten an den Wänden. Ein sehr großer Mann bewachte die Tür. Er war mit einem Schlagstock bewaffnet, ließ die Frauen herein und sorgte dafür, daß die anderen Männer draußen blieben. Ich weiß nicht, wo er den Schlagstock herhatte. Und dann sah ich James, den lieben, schüchternen James, einen Küchengehilfen, den ich immer gern damit geneckt hatte, weil er so klein war. Auch er stand als Wache neben der Tür. So klein er auch war, als zwei wesentlich kräftigere Männer sich hinter uns in die Sporthalle drängen wollten, versperrte er ihnen den Weg. »Hier kommen keine Männer rein!« rief er. »Nur für Frauen!« Er sagte das so entschlossen, daß die Männer sich zurückzogen.

Sylvie und ich entdeckten Oche und die drei Chinesinnen und setzten uns zu ihnen auf den Boden. Ich weiß nicht, wie lange das Wüten anhielt, aber endlich verstummten die Sirenen. Der Krach nahm ab. Noch immer hörten wir von weither Rufen und Schreien, und das Gurgeln des Wassers, das aus den zerbrochenen Leitungen strömte, aber nach und nach wurde es so ruhig, daß wir unsere eigenen klagenden und betenden Stimmen wieder vernehmen konnten. Die Wut der Männer schien sich erschöpft zu haben.

»Oh Gott«, stöhnte Sylvie. »Dafür werden wir bezahlen müssen. Sie wissen nicht, was sie getan haben! Sie wissen nicht, wie es in einem richtigen Gefängnis zugeht. Ich weiß es. Ich bin in einem gewesen! Bald kommt die Polizei, und dann schicken sie uns alle dahin.«

Das machte unter den Frauen rasch die Runde und löste eine weitere Welle der Verzweiflung aus. Wohin würden sie uns schicken? Was würden sie mit uns anstellen?

James kam zu uns und erkundigte sich, ob mit uns alles in Ordnung sei.

»Warum hast du das gemacht?« fragte ich ihn zornig. »Warum?«

»Ich war das nicht«, sagte er. »Ich und eine ganze Menge von den anderen Männern wollten nichts damit zu tun haben.«

Nach einer Weile fragten einige Männer uns, ob wir etwas aus unseren Schlafsälen holen wollten. Wenn wir es jetzt nicht holten, konnte es vielleicht bald zu spät dafür sein. Wir froren alle, und wir hatten Hunger. Jede wollte etwas aus den Trümmern retten – Kleidung, Essen, persönliche Dinge –, und viele Frauen nahmen das Angebot an, darunter auch Sylvie und Oche. Da ich nicht einen Augenblick von Sylvie getrennt werden wollte, beschloß ich, mit ihnen zu gehen. Wir baten James, uns zu begleiten, weil wir wußten, daß wir ihm vertrauen konnten.

Er führte uns zurück durch die dunklen, nassen, mit Trümmern übersäten Gänge zu unserem Schlafsaal, zurück durch das geborstene Fenster. Sylvie und Oche machten sich gleich daran, ihre Sachen einzusammeln. Ich konnte mich kaum entscheiden, was ich mitnehmen wollte, so durcheinander war ich, aber schließlich zwang ich mich, in Ruhe zu überlegen. Über das, was ich bereits anhatte, zog ich zwei T-Shirts, zwei Paar Socken und meine zweite Gefängnisuniform. Ich fand meine Uhr und legte sie an. Ich nahm meinen *tasbih* und meinen Koran, steckte beides in einen Kopfkissenbezug und warf noch ein paar Lebensmittel hinterdrein. Was noch? Ich steckte mein Adreßbüchlein, meine Ausweise, die Briefe, die ich von Rudina und Mary bekommen hatte, und das Kostbarste von allem, die Briefe und Fotos von Ayisha und Amariya, in einen kleinen braunen Umschlag. Den Umschlag schob ich mir in den BH.

James half uns, wieder aus dem Fenster zu klettern, und wir machten uns auf den Weg zurück zur Sporthalle. Irgend jemand rief, daß das Telefon im Personalraum der Frauenabteilung noch funktionierte. Sylvie und Oche gingen weiter, aber ich wollte unbedingt Rahuf verständigen. James und ich liefen zum Personalraum.

Als wir dort ankamen, stellten wir fest, daß der Raum geplündert worden war. Schreibtische waren umgekippt, und Papiere lagen auf dem Boden verstreut. Eine Menge Häftlinge waren schon da und versuchten, Freunde und Verwandte anzurufen. Als ich endlich an der Reihe war, redete ich los, sobald Rahuf sich meldete.

»Hier ist ein Aufstand im Gange!«

»Ist mir dir alles in Ordnung?«

»Mir ist nichts passiert. Die Männer schlagen alles kurz und klein, und wir wissen nicht, was werden wird.«

»Ich rufe Bowman an!« sagte Rahuf. »Fauziya, sei vorsichtig!«

James und ich gingen zurück zur Sporthalle, und ich setzte mich zu Sylvie und Oche. Esther und die übrigen Frauen aus der Wäscherei waren jetzt auch bei uns. Wir warteten ab, was weiter mit uns geschehen würde. Bei Tagesanbruch sah ich dann drei Männer in dunklen

Uniformen, die auf den hohen Seitenwänden der mit Drahtgeflecht überdachten Sporthalle standen und auf uns herabblickten. Sie hatten Gewehre! Ich begann, hysterisch zu weinen. Sylvie schüttelte mich. »Ganz ruhig! Die werden nicht auf uns schießen, solange sie nicht wissen, was passiert ist. Wenn sie das wollten, hätten sie schon längst geschossen.« Natürlich hatte sie recht. Die Männer standen einfach da, beobachteten uns zirka fünfzehn oder zwanzig Minuten und verschwanden dann.

Eine Gruppe männlicher Häftlinge tauchte an der Tür auf. Sie wollten mit uns sprechen. »Hört mal alle her«, sagten sie. Irgendwie mußten wir hier rauskommen, und sie hatten sich einen Plan zurechtgelegt. Alle sollten zusammen rausgehen, aber sie wollten, daß wir Frauen als erste gingen. »Wir sind direkt hinter euch. Wenn ihr zuerst geht, tun sie euch nichts«, sagten sie.

Die Frauen zuerst? Von wegen! Waren die verrückt geworden? »Wir haben nicht damit angefangen!« schrien die Frauen. »Das wart ihr! Geht ihr doch zuerst! Redet ihr mit der Polizei!«

Die Männer versuchten, uns zu überzeugen. Auch unter ihnen gab es viele, die keine Revolte gewollt hatten, aber das würde die Polizisten nicht interessieren. Wenn die Männer zuerst rausgingen, würde die Polizei einfach auf sie eindreschen. Wenn dagegen die Frauen vorangingen, würde die Polizei nicht gewalttätig werden, weil man wußte, daß die Frauen nichts mit der Revolte zu tun hatten und keine Gefahr darstellten. Aber wir weigerten uns. Wir hatten genausoviel Angst vor der Polizei wie sie. Und keiner konnte mit Sicherheit sagen, daß die Polizisten uns nicht auch verprügeln würden. Also wurde beschlossen, daß wir alle gemeinsam rausgehen sollten, aber durch den Notausgang in Schlafsaal N. Wir hofften, daß dort kein so großes Polizeiaufgebot wartete.

Die Frauen standen zögernd auf und gingen zusammen mit den Männern zu Schlafsaal N. Jede von uns hatte nur einen einzigen Gedanken: nichts wie raus hier!

Um zu Schlafsaal N zu gelangen, mußten wir alle durch den Personalraum und dann durch das zerbrochene Fenster klettern. In Schlafsaal N drängelten sich verängstigte Männer und Frauen. Als schließlich alle drin waren, warteten wir auf das Signal zum Aufbruch. Das Herz schlug mir bis zum Halse, weil ich wußte, daß vor dem Gebäude Polizisten waren. Was würden sie mit uns machen? Wir waren Fremde in diesem Land, und wir hatten in ihrem Gefängnis randaliert. Natürlich nicht wir alle, aber wir wußten nicht, ob wir Gelegenheit haben würden, das zu erklären.

Jetzt öffneten sie die Tür. Die ersten drängten durch den Ausgang, aber sofort schoß ihnen ein Strahl aus einem Wasserwerfer entgegen, der so stark war, daß die Männer es zuerst nicht schafften, die Tür wieder zu schließen. Dann brach die Hölle los. Alle schrien und brüllten durcheinander, alle liefen drängelnd und schubsend von der Tür weg. »Zurück in die Sporthalle!« rief jemand. »Zurück in die Sporthalle!«

Ich wurde von der Menge mitgerissen, die sich durch die engen Gänge schob, um zurück in die Turnhalle zu gelangen. Als ich gerade wieder den Hauptgang erreicht hatte, hörte ich vor mir zwei ohrenbetäubende Schüsse. Entsetzensschreie gellten. Die Polizei war im Gebäude, und sie schoß! Ich flüchtete mich in den nächstgelegenen Raum, das Vorratslager. Der Boden war mit Keksen und Süßigkeiten übersät. Ich stolperte über andere, die vor mir dort Deckung gesucht hatten, während Menschen in Panik hinter mir nachdrängten.

»Unten bleiben!« rief einer der Männer im Raum. »Unten bleiben. Nicht bewegen!«

Plötzlich wurde der Türrahmen des Vorratslagers von den massigen Gestalten zweier Polizisten ausgefüllt, die über uns aufragten. Sie hielten schwere Schlagstöcke in den Händen und trugen Helme und Gasmasken mit großen Plastikaugen und animalisch wirkenden Mundstücken. »Keiner rührt sich vom Fleck!« schrie einer der beiden. Und dann hörte ich plötzlich das zischende Geräusch von entweichendem Gas, die Polizisten stürmten aus dem Raum und schlossen die Tür hinter sich. Ich konnte nicht atmen. »Oh Gott! Meine Augen. Mir brennen die Augen!« Wir alle würgten, husteten, weinten. Die Polizisten ließen uns in dem Raum zurück, blind von unseren eigenen Tränen, um Atem ringend.

Nach ein paar Minuten wurde die Tür wieder geöffnet, und einer der Polizisten prügelte wahllos mit dem Schlagstock um sich. Bam! Bam! Bam! Laute Schmerzensschreie. Ich kauerte mich noch mehr zusammen, schob den Kopf zwischen die Knie und legte die Arme über den Kopf, um mich vor den drohenden Schlägen zu schützen. Der Polizist arbeitete sich durch den Raum vor und prügelte auf meinen Freund ein, der mich mit seinem Körper schützen wollte. Ein brutaler Schlag traf mein linkes Handgelenk, aber ich dachte, besser die

Hände als der Kopf. Zum Glück war der Polizist ohnehin mit mir fertig. Sein Schlagstock traf den Mann neben mir: Bam! Bam! Alle bekamen einen oder mehr Schläge ab. Ich hatte Glück, Glück und meinen tapferen Beschützer neben mir.

Jetzt wurden die Häftlinge vorwärtsgestoßen und geprügelt, vorwärts Richtung Tür. Männer und Frauen wurden wahllos geschlagen. Dann kam ich an die Reihe. »Du da! Raus!« brüllte mich einer der Polizisten an. Ich rappelte mich hoch und taumelte zur Tür, hielt mit der rechten Hand mein linkes Handgelenk, hustete, keuchte, weinte. Ich sah nicht, wo ich hintrat, stolperte und stürzte. Als ich versuchte aufzustehen, trat mich der Polizist fest in den Lendenbereich. Ich fiel nach vorn und kroch auf allen vieren zur Tür hinaus.

Draußen auf dem Gang wartete der andere Polizist. »Auf den Boden!« schrie er hinter seiner Maske. »Flach auf den Bauch! Beine auseinander! Hände auf den Rücken!« Der Boden war mit Unrat bedeckt. Er trat meine Beine auseinander, stand breitbeinig über mir, drehte meine Arme nach hinten und fesselte mich mit einer Plastikfessel. Er zog das Plastikband so fest an, daß es ins Fleisch einschnitt. Ich schrie auf.

»Scheiße, noch eine Frau«, war seine Antwort. Er rief einer Polizistin zu, daß sie mich abholen sollte. »Los, aufstehen!« Weil mir die Hände auf dem Rücken gefesselt waren, kam ich nicht hoch. Er zerrte mich auf die Beine und übergab mich einer Polizistin, die gerade den Gang herunterkam. »Hier, schaff sie raus«, sagte er. Die Polizistin packte meinen linken Arm und zog mich mit. Ich stolperte neben ihr her, und sie führte mich zum Haupteingang und hinaus in einen Junitag. Es war Sonntagmorgen, der 18. Juni 1995.

»Hinsetzen!« zischte sie, nachdem wir uns ein Stück von dem Gebäude entfernt hatten, und versetzte mir einen so harten Stoß gegen die Schulter, daß ich auf den Betonboden stürzte. Undeutlich konnte ich Gruppen von Frauen ausmachen, die in langen, geraden Reihen dasaßen, die Hände auf dem Rücken gefesselt, wie ich. Ich hatte starke Schmerzen, wie wohl viele von ihnen, denn ich hörte sie stöhnen. Aber ich lebte. Barmherziger Gott, ich lebte.

»Sieben Sechs Eins! Was ist denn bloß passiert?«

Ich sah auf und blinzelte. Alison Johnson, eine der nettesten und beliebtesten von unseren Aufseherinnen, hockte weinend vor mir. Ich bat sie, mir die Augen abzuwischen.

»Was ist passiert?« fragte sie erneut und wischte mir behutsam die Augen mit einem Taschentuch ab.

»Tränengas«, schluchzte ich.

»Geht's jetzt besser?« Ich nickte schwach. »Erzähl mir, was hier passiert ist.«

»Ich weiß es nicht«, wimmerte ich. »Die Männer haben das gemacht, und wir müssen leiden. Wissen Sie, was die mit uns vorhaben?«

»Leider nein, Sieben Sechs Eins. Ich wünschte, ich wüßte es«, sagte Alison leise, »aber ich habe wirklich keine Ahnung.« Danach ging sie hinüber zu ihren Kollegen.

Inzwischen tränten meine Augen nicht mehr so stark, und ich konnte etwas klarer sehen. Wir waren wohl in einem Gewerbegebiet – Lagerhäuser, Zäune und Beton, wohin ich auch blickte. Überall standen Polizeiautos, Krankenwagen und Feuerwehrwagen, alle möglichen Sorten von Lastern, PKWs, Bussen und Kleintransportern. Ich schätze, es waren mindestens hundert Polizisten vor Ort, aber auch viele Beamte und Wachleute, die meisten in schwarzen Uniformen. Menschen riefen und schrien durcheinander, Funkgeräte und Walkie-talkies krächzten und schnarrten. So etwas hatte ich noch nie gesehen. Einige Esmor-Aufseher unterhielten sich kopfschüttelnd, hatten die Hände in die Hüften gestemmt. Ich sah Polizisten, die männliche Häftlinge in Handschellen aus dem Gebäude führten, einen nach dem anderen, und Menschen mit Kameras, die die Männer filmten, wie sie das Gefängnis verließen. Auf uns Frauen schien niemand zu achten.

Es war ein sonniger Tag, und ich war das erste Mal seit sechs Monaten und einem Tag im Freien. So also sollte ich endlich das Sonnenlicht wiedersehen. Aber was würde nun mit mir geschehen? Mir ging immer nur eine Frage durch den Kopf: Würden wir jetzt alle in unsere Heimatländer zurückgeschickt werden?

Oche! Eine Polizistin führte Oche auf meine Gruppe zu. Sie sah mich und kam zu mir. Kurz darauf sahen wir Esther herauskommen, sie war weit nach vorne gebeugt, Schultern und Rücken hoben und senkten sich vor Schluchzen. Dann kam auch Sylvie. Tränen standen ihr in den Augen. Die beiden wurden zu einer anderen Gruppe von Frauen geführt.

Wir saßen lange da, eine Stunde, vielleicht zwei. Dann kamen drei Männer – ich weiß nicht, was für Männer das waren, denn sie trugen keine Uniformen – und nahmen unsere Namen auf, fragten jede von uns nach Alter, Herkunftsland und Tag der Ankunft in den Vereinigten Staaten. Jetzt war ich überzeugt, daß wir alle zurückgeschickt wurden. Einer der drei, ein großer, stämmiger Mann mit dunkler Sonnenbrille, zählte eine Gruppe von uns ab. »Eins! Zwei! Drei! Vier! Aufstehen!« sagte er und zählte weiter, bis er zwölf Frauen beisammen hatte. »Rüber zu dem Wagen da!« Wir kamen mühsam auf die Beine, und ein paar Polizistinnen eskortierten uns zu dem Kleinbus, auf den er gedeutet hatte. Oche war bei mir.

»Wohin werden wir gebracht?« fragte ich eine Polizistin, die neben dem Wagen stand.

»Weiß nicht«, lautete die knappe Antwort. Ich sah, daß Sylvie und Esther einer Gruppe zugeordnet wurden, die man zu einem großen Bus brachte.

»Okay, jetzt alle mal herhören«, rief die Polizistin, die ich angesprochen hatte. »Wer irgendwelche persönlichen Gegenstände bei sich trägt, muß sie beim Einsteigen abgeben!« In dem ganzen Chaos hatte ich irgendwann den Kopfkissenbezug verloren, aber im BH hatte ich noch immer den Umschlag, in den ich das Adreßbüchlein, die Ausweise, Briefe und Familienfotos gesteckt hatte. Als ich schließlich mit Einsteigen an der Reihe war und gefragt wurde, ob ich persönliche Gegenstände bei mir trug, amtwortete ich törichterweise mit Ja. Ich wollte nicht durchsucht werden wie die anderen.

»Ich habe einen Umschlag im BH«, sagte ich. »Da komme ich nicht dran.«

»Okay.« Die Polizistin griff in mein Hemd und zog den Umschlag heraus.

»Was machen Sie denn damit?« erkundigte ich mich.

»Keine Sorge«, sagte sie. »Sie bekommen die Sachen wieder.« Sie fragte nach meiner Nummer und schrieb sie auf den Umschlag, bevor sie ihn neben ihre Füße auf das Häuflein mit anderen bereits eingesammelten Sachen warf.

»Sie haben aber meinen Namen nicht draufgeschrieben«, sagte ich.

»Keine Sorge, wir machen das schon«, sagte sie. »In den Wagen.«

Ein anderer Polizist stützte mich, als ich durch die Seitentür in den Kleinbus stieg. Ich sollte auch diesen Umschlag niemals wiedersehen. Die Briefe von Ayisha und meiner Mutter, die Bilder, mein Adreßbuch, meine Ausweise …

Als der Kleinbus sich in Bewegung setzte, fragte ich den Fahrer, wo wir hinfuhren.

»Ihr verdammtes Gesindel«, explodierte er. Nicht jeder im Wagen verstand Englisch, aber man mußte die Sprache nicht verstehen, um seinen Haß zu spüren. Es traf uns alle wie eine Ohrfeige. »Ich kann euch sagen, wo es hingeht!« brüllte er. »Ihr werdet alle zurück in eure verdammten Heimatländer geschickt!«

Ich glaubte ihm und war entsetzt. Es sollte eine Zeit kommen, in der ich mich an diese Situation erinnern und mir wünschen würde, der Fahrer hätte mich wirklich zum Flughafen gebracht und in ein Flugzeug nach Togo gesetzt. Statt dessen brachte er uns zur Strafanstalt von Hudson County in Kearny-Hackensack in New Jersey. Später erfuhr ich, daß Hudson, oder Kearny-Hackensack, wie die Anstalt häufig genannt wird, auf einen Gerichtsbeschluß hin gebaut wurde, um das überfüllte alte Gefängnis von Hudson County zu entlasten. Am 4. Juni 1994 wurde Hudson mit einer offiziellen Höchstbelegung von eintausendfünfhundert Insassen eröffnet. Als ich am 18. Juni 1995 dort eintraf, war das Gefängnis bereits überbelegt, und man hatte sowohl Gefangene aus dem County als auch Gefangene des Bundesstaates dort untergebracht.

Wie sich herausstellte, hatte Sylvie in der Sporthalle prophetische Worte gesprochen. »Diese Idioten! Die wissen doch gar nicht, wie es in einem richtigen Gefängnis zugeht.« Ich sollte es bald lernen.

In Hudson angekommen durchliefen wir die übliche Aufnahmeprozedur. Es gibt kleinere Unterschiede von Gefängnis zu Gefängnis, aber im großen und ganzen läuft das immer gleich ab. Wir wurden in einen Raum geführt, wo man uns die Plastikfesseln abnahm. Ich jaulte vor Schmerzen auf, als eine Beamtin mir die Arme auf dem Rücken hochriß, um die Fesseln zu lösen. Ein dumpfer Schmerz pochte in Rücken und Schultern, wo mich der Tritt des anderen Polizisten getroffen hatte. Mein Handgelenk war geschwollen und blau verfärbt.

»Ausziehen«, befahl eine Beamtin. Das Kommando wirkte wie ein Schlag ins Gesicht. Wir alle zusammen? »Ausziehen!« wiederholte sie. Bis zu diesem Augenblick hätte ich es nicht für möglich gehalten, daß mein Geist oder Körper eine noch schlimmere Erniedrigung erdulden mußte. Aber hier wurden zwölf Frauen gezwungen, sich voreinander auszuziehen, in die Hocke zu gehen, zu husten, sich umzudrehen, wieder in die Hocke zu gehen und zu husten, und das alles unter den Augen einer fremden Gefängnisaufseherin. Aber hatten wir eine andere Wahl? Wir taten wie geheißen.

Nachdem wir uns wieder angezogen hatten, wurden wir gewogen und gemessen. Man machte Fotos von uns, nahm unsere Fingerabdrücke und gab uns neue Erkennungsmarken, diesmal keine Plastikbänder, die man am Handgelenk trug, wie in Esmor, sondern Schildchen mit dem jeweiligen Foto darauf, die an unsere Uniformen gehakt wurden.

»Bitte«, sagte ich zu dem Beamten, als ich an die Reihe kam, und hielt ihm mein linkes Handgelenk hin. »Das tut weh. Kann ich zu einem Arzt?« Tränen schossen mir in die Augen.

Er untersuchte mein Handgelenk. »Das sieht böse aus«, sagte er. »Im Moment geht das nicht, aber ich mache einen Vermerk, daß Sie verarztet werden müssen.«

Dann wurden wir hintereinander in einen großen Raum geführt. Wir setzten uns auf Metallbänke, stumm und wie betäubt. Noch immer wußten wir nicht, in welchem Gefängnis wir waren. Ich weiß nicht, wie lange wir da saßen. Schließlich brachte man uns das Abendessen. Es sah aus wie das Essen in Esmor – ein magerer, halb roher Hähnchenschenkel mit etwas Undefinierbarem als Beilage. Ich weiß nicht, ob es so schlecht schmeckte, wie es aussah, weil ich zu aufgewühlt war, um etwas zu essen.

Schließlich kamen zwei Wärterinnen herein und führten uns in die Wäschekammer, wo wir unsere Esmor-Uniformen gegen andere eintauschten. Jede von uns bekam zwei dunkelgrüne Uniformen, die zwar nicht neu, aber doch in besserem Zustand waren und besser saßen als die in Esmor. Der Stil war jedoch derselbe: kurze Ärmel, Hemd mit V-Ausschnitt und Hosen mit Gummizug in der Taille. Wir bekamen drei Garnituren Unterwäsche – richtig neue, das muß ich der Wahrheit halber sagen. Außerdem erhielten wir die üblichen Gefängnisutensilien: eine dünne Decke, zwei Laken, einen Kopfkissenbezug, zwei Handtücher, einen Waschlappen, eine Zahnbürste und eine kleine Tube Zahncreme sowie Eß- und Trinkgeschirr aus Plastik. Schuhe und Socken durften wir behalten.

Der Häftling, der in der Wäschekammer arbeitete, erklärte uns, daß wir alles abgeben müßten, das nicht dem Hudson-Gefängnis gehörte. Als ich meine Uhr abnahm, fiel mir auf, daß sie falsch ging. Ich hielt sie ans Ohr. Sie tickte nicht mehr. Ich versuchte, sie aufzuziehen.

Die Aufziehwelle war ins Gehäuse gedrückt und verbogen. Plötzlich wurde mir klar, daß die Uhr bei dem Stockhieb auf mein Handgelenk einen guten Teil der Wucht abgefangen haben mußte. Yaya wachte also noch immer über mich.

Als nächstes wurden wir zurück zur Aufnahmestelle geführt, und von dort ging es durch ein Labyrinth von Gängen, durch etliche doppelwandige, rasselnde Metallschiebetüren bis zu einer Reihe von Aufzügen und hinauf in den zweiten Stock. Schließlich gelangten wir in einen großen, hellgelben Raum mit annähernd dreieckigem Grundriß und hoher Decke. Eine Treppe führte zu einer Art Empore hinauf, die an zwei Wänden entlanglief. Was wir vor uns sahen, war der sogenannte Aufenthaltsraum. Über uns, unterhalb der Empore, wurden die Wände von jeweils sechzehn schmalen eisernen Zellentüren unterbrochen. Jede hatte einen vertikalen Fensterschlitz, und über dem Fenster stand eine Zahl in schwarzer Schrift. Ich konnte die Wangen, Nasen oder Augen von Frauen erkennen, die gegen die Fenster in den Zellentüren gepreßt waren, und ich hörte den gedämpften Klang von Stimmen aus den Zellen.

Im Aufenthaltsraum waren einige Frauen, die wohl gerade ihren Putzdienst absolvierten und sich laut unterhielten. Andere Frauen saßen auf den Betten, die entlang den Wänden zwischen den Zellentüren standen. Drei oder vier Frauen saßen auf Betten, die an der dritten Wand standen. Diese erstreckte sich von dem dunkelgetönten Fenster einer leicht erhöhten Aufsichtskabine, die sich direkt an den Aufenthaltsraum anschloß, bis zu einem an der Wand montierten Fernseher und weiter bis zu sechs Wandtelefonen. Einige Frauen saßen einfach still da. Andere riefen und brüllten und schrien. Eine Frau saß auf einem Bett unmittelbar unter den Telefonen, eine dünne, schwarze Frau mit einem halb kahl rasierten Schädel, die kreischte und wild gestikulierte und sich aufführte wie eine Wahnsinnige. Unsere Wärterinnen schienen sie nicht einmal zu registrieren. Aber eine von ihnen hatte uns zuvor gewarnt, daß ein paar von den Gefängnisinsassen verrückt seien. Oh Gott! Sollten wir hier etwa schlafen? In einem der Betten in diesem großen Raum? Inmitten von Irren?

Und dann spürte ich noch etwas: Rauch. In diesem Raum wurde geraucht. Ich vertrage keinen Rauch. Er verschlimmert mein Asthma und macht mich richtig krank. Der Raum war eisigkalt. Kalt und übelriechend. Es stank nach Zigarettenrauch und anderen Gerüchen, die ich nicht identifizieren konnte und wollte. Am hinteren Ende des Raumes waren sieben große, achteckige Metalltische in zwei Reihen am Boden verschraubt, drei in der einen, vier in der anderen Reihe. Die Tische hatten blaßgrüne Untergestelle, die sich baumartig zu vier runden, glänzenden Metallsitzen verzweigten.

Ich wußte es noch nicht, aber ich sah diesen Raum in seinem Bestzustand. Wir kamen während der »Ruhezeit« an, in der die Gefangenen aus den Zellen, die die Wände zu beiden Seiten des Aufenthaltsraumes säumten, in ihren Zellen eingeschlossen waren, und die Gefangenen, denen ein Bett im Aufenthaltsraum zugeteilt war, auf ihren Betten bleiben mußten. Schon jetzt kamen mir vor Angst die Tränen, wenn ich mir vorstellte, wie das Leben hier wohl sein würde. Die Wirklichkeit sollte sich als noch viel schlimmer erweisen, wie ich bald herausfand.

Glücklicherweise wurden uns keine Betten im Aufenthaltsraum zugewiesen, und man steckte uns auch nicht mit anderen Häftlingsfrauen in eine Zelle. Die Beamten führten uns über die Treppe auf die Empore und teilten uns in Zweiergrüppchen auf. »Du und du. Du und du.« Ich kam mit einer Chinesin zusammen und wurde zu Zelle 607 in der linken Wand geführt, Oche mit einer Frau aus Pakistan zu Zelle 610 in der anderen Wand.

Eine Wärterin brachte die Chinesin und mich bis zur Zellentür, schloß auf und winkte uns hinein. »Später kommt dann jemand und sieht nach, ob ihr auch alles habt«, sagte sie und schloß die Tür hinter uns. Der Riegel schnappte mit einem lauten Klacken zu. Wir standen in einer winzigen Zelle, die sogar noch kleiner war als die Einzelhaftzelle in Esmor, gut zwei Meter breit und drei Meter lang. Die Wände bestanden aus beigefarbenen Schlackensteinen, die Decke war niedrig. Toilette und Waschbecken waren auf kleinstem Raum gleich neben der Tür untergebracht. Darüber befand sich ein Spiegel, und zudem gab es einen Tisch mit Hocker, eine Lampe über dem Tisch und ein schmales Etagenbett an der rückwärtigen Wand. Die gesamte Einrichtung war aus Metall. Die beiden Betten hatten jeweils eine dünne Matratze mit Plastiküberzug und ein Kissen. In der rückwärtigen Wand befand sich hinter dem oberen Bett ein schmaler vertikaler Schlitz als Fenster, ebenso wie in der Tür. Die Zelle war genauso kalt wie der Aufenthaltsraum und genauso verräuchert. Die Toilette stank. Meine Zellengenossin und ich konnten uns nicht bewegen, ohne gegeneinander zu stoßen. Ich gab meiner Zellengenossin per Zeichensprache zu verstehen, daß sie sich ein Bett aussuchen sollte. Sie erwiderte gestikulierend, ich solle mich zuerst entscheiden. Ich legte meine Sachen auf das untere Bett und setzte mich auf die harte Matratze. Sie legte ihre Sachen auf das obere Bett und setzte sich neben mich.

Ungefähr eine Stunde später kam eine Aufseherin und brachte mich in die Krankenstation, wo ein Arzt mein Handgelenk untersuchte. »Kein Bruch«, sagte er. »Nur ein schwerer Bluterguß. Das wird schon wieder.«

Danach brachte mich die Wärterin wieder zurück in meinen Zellenbereich. Ich ging durch die Tür und betrat die Hölle. Während meiner Abwesenheit waren die Zellentüren geöffnet worden. Jetzt drängten sich an die sechzig schreiende, kreischende, rauchende und tobende Frauen im Aufenthaltsraum. Der Fernseher lief. Einige Frauen standen oder saßen direkt darunter auf braunen Plastikstühlen. Daß der Fernseher lief, erkannte ich nur an den Bildern auf der Mattscheibe, zu hören war er nicht bei dem ganzen Krach. Es war wie in einem Irrenhaus!

In Esmor waren insgesamt etwa sechzig Frauen gewesen, so viele wie jetzt hier in diesem einen Raum. Die Frauen in Esmor waren allesamt INS-Fälle gewesen. Bei diesen Frauen wußte ich nicht, wer oder was sie waren. Die Frauen in Esmor waren nach Amerika gekommen, weil sie vor irgendwelchen Gefahren geflohen waren. Diese Frauen waren jedoch hier, weil sie etwas verbrochen hatten. Allein deshalb hätten sie mir angst gemacht, noch bevor ich ihnen überhaupt begegnet war. Was ich jetzt sah, machte mir noch mehr angst. Es waren keine Aufseherinnen im Raum, um Ordnung in das Tollhaus zu bringen. Sie saßen alle sicher hinter dunkel getöntem Glas in der Aufsichtskabine. Oh Gott, steh mir bei! Steh mir bei! Ich hielt den Blick gesenkt und wollte rasch zur Treppe gehen.

»He! Bist du eine von den Flüchtlingen?« rief eine große Schwarze mir zu, als ich an ihr vorbeiging.

Ich hob nicht den Kopf. »Ja.«

»Was macht ihr hier?« Die Frage klang wütend.

Ich wich einen Schritt zurück und schüttelte den Kopf. »Ich weiß nicht.«

»Verdammt!« sagte sie und stemmte fest die Fäuste in die Hüften.

»Dann sag denen allen mal, daß ihr schnell wieder verduften sollt! Verstanden?« Sie schüttelte die Faust in meine Richtung. »Sag denen, daß ihr nicht hierhergehört!« Ich nickte, wich weiter zurück. Ich hatte Angst vor ihr, aber sie hatte vollkommen recht. Wir gehörten nicht hierher.

Als ich die Treppe hinaufeilte, sah ich Oche vor ihrer Zelle stehen. Ich rannte zu ihr, und wir beide suchten Zuflucht in ihrer Zelle, die sich kaum von meiner unterschied. Ihre Zellengenossin war nicht da. Oche sagte, sie habe sich auf die Suche nach der anderen Frau aus Pakistan gemacht.

»Oh Gott, Oche! Was sollen wir bloß tun?« sagte ich.

Sie saß wie versteinert da. »Ich weiß es nicht«, flüsterte sie. »Ich weiß es nicht.«

»He, Esmor! Esmor!« hörten wir Frauen aus dem Aufenthaltsraum rufen.

Oche und ich sahen einander an. »Geh du«, sagte sie.

Ich trat hinaus auf die Empore. Drei Frauen, darunter die Schwarze, die mich zuvor angesprochen hatte, standen unterhalb von Oches Zelle und winkten hektisch Richtung Fenster. »Esmor! Da kommt was über den Aufstand!«

Ich rannte zurück in die Zelle. »Oche, im Fernsehen bringen sie was über den Aufstand.«

Wir liefen hinunter in den Aufenthaltsraum, wo schon einige Frauen aus unserer Gruppe unter dem Fernseher standen. Andere kamen hinter uns die Treppe hinunter.

In den Nachrichten wurde gezeigt, wie die Männer in Handschellen aus dem Gebäude geführt wurden. Manche sahen verängstigt aus. Die meisten trotzig, teilnahmslos. Von den Frauen, die rausgebracht wurden, gab es keine Bilder. Warum zeigten sie nicht, wie wir herausgeführt wurden, ein paar unschuldige, verschreckte Frauen, die hustend und nach Luft schnappend ins Freie taumelten? Warum zeigten sie nicht, was die Revolte und die Polizei uns angetan hatten? Einige Häftlinge schrien und johlten, während wir die Nachrichten sahen. »He! Ist das euer Gefängnis? Warum habt ihr es kurz und klein geschlagen?«

Das waren nicht wir gewesen, sondern die Männer. Und was das Warum betrifft, so erfuhr ich später, daß die Einwanderungsbehörde sich dieselbe Frage stellte. Ein Ermittlungsausschuß verfaßte einen

Bericht, der knapp einen Monat nach der Gefängnisrevolte veröffentlicht wurde.

Diesem Bericht zufolge hatten Anwälte und Verwandte von Flüchtlingen, sogar einige Esmor-Angestellte, die ungenannt blieben, sich schon einige Zeit vor der Revolte über die Zustände in Esmor beschwert. Am 30. Mai 1995, zwei Wochen vor dem Aufstand, hatte Doris Meissner, die Leiterin der INS, aufgrund dieser Beschwerden eine Untersuchung angeordnet. Ungefähr um den 30. Mai herum hatte Miss Jones uns gefragt, ob wir Lust hätten, an einer Modenschau teilzunehmen. Zufall? Der Untersuchungsausschuß überprüfte Esmor vom 7. bis zum 10. Juni. Ich habe nichts davon gemerkt, aber so steht es in dem Bericht. Waren vielleicht die Fremden, die sich am 15. Juni unsere Modenschau ansahen, Mitglieder dieses Untersuchungsausschusses? Ich weiß es nicht.

In dem Bericht heißt es, daß der Untersuchungsausschuß vor dem »Störfall« rund vierundzwanzig Häftlinge, Angehörige des Wachpersonals sowie sonstige Beschäftigte von Esmor und der INS befragte. Ich weiß nicht, wer die befragten Häftlinge gewesen sein sollen. Mir ist nie zu Ohren gekommen, daß jemand befragt worden wäre – es sei denn, man rechnet die Frauen dazu, die einmal in meinem Schlafsaal auf Video aufgenommen wurden, im Beisein von Miss Jones, die jedes Wort mithörte. Die meisten von uns wären, wie diese Frauen, ja, wie ich, viel zu verängstigt gewesen, um offen und ehrlich zu antworten, selbst wenn man sie befragt hätte. Aber irgendwer hat den Mund aufgemacht – anscheinend sogar recht viele Leute –, denn der Bericht enthält eine lange Liste von Mißständen und Beschwerden. Praktisch jede Scheußlichkeit, die ich in Esmor erlebt hatte, wurde in diesem Bericht wahrheitsgemäß geschildert.

Der Bericht bemängelte, daß das Wach- und Verwaltungspersonal weder von der Esmor-Leitung noch von der INS für einen »Störfall« ausgebildet worden war. Offenbar hatte niemand damit gerechnet. Als der Aufstand dann losbrach, wußten die Wachleute nicht, was sie tun sollten. Und obwohl sie mit Helmen, Schutzschilden und Schlagstöcken ausgestattet waren, gerieten sie in Panik und flüchteten aus dem Gebäude.

Die Strafgefangenen im Tagesraum lachten schallend, als der Fernsehbericht zu Ende war. »Donnerwetter, den Laden habt ihr aber gründlich auseinandergenommen!« Ich ging weinend weg. In den ganzen sechs Monaten in Esmor hätte ich niemals gedacht, daß der Tag kommen würde, an dem ich mich dorthin zurücksehnen würde. Aber jetzt wollte ich wieder bei meinen Freunden sein. Ich wollte wieder bei Frank und Miss Jones sein.

Frank! Ich konnte ihn anrufen! Seine Nummer kannte ich auswendig! Ich eilte zu den Telefonen. Ich mußte Frank anrufen! Er machte sich bestimmt schon Sorgen um mich. Aber als ich wählte, kam über Band eine Ansage, daß die Nummer von diesem Telefon aus nicht angerufen werden konnte. Was? Ich versuchte es erneut. Das mußte ein Irrtum sein. Die gleiche Ansage. In dem Augenblick hörte ich mehrmals hintereinander ein lautes Klacken. Eine Wärterin in der Kontrollkabine öffnete und schloß die Zellentüren. Ich sah, daß alle wieder in ihre Zellen zurückkehrten, also legte ich auf und ging mit dem Strom von Frauen, die sich drängten und schubsten und schlugen, die Treppe hinauf. Als ich in meine Zelle kam, lag meine Mitbewohnerin schon auf dem oberen Bett und weinte leise. Ich schloß die Tür und legte mich auf mein Bett. Kurz darauf schlossen sich die Metallverriegelungen in den Türen. Nicht alle gleichzeitig, sondern in rascher Folge, als würden Bomben in einer ohrenbetäubenden Kettenreaktion explodieren: Peng! Peng! Peng! Peng! Peng! Peng! Peng! Wir waren für die Nacht eingeschlossen.

Am selben Tag kehrte Layli von ihrer Reise nach Atlanta zurück. Zu Hause angekommen, schaltete sie den Fernseher ein und erfuhr in den CNN-Nachrichten von der Revolte in Esmor. Später erzählte sie mir, daß ihr, noch während die Nachrichten liefen, klar wurde, wie wenig sie eigentlich über diese »Sicherheitsverwahrung« wußte, in der wir gehalten wurden. Nie hätte sie gedacht, daß in einer Anstalt wie Esmor derartig schlechte Haftbedingungen herrschen könnten, daß die Insassen bis zur Revolte getrieben wurden. Schließlich waren diese Menschen keine hartgesottenen Kriminellen, sondern Flüchtlinge in Sicherheitsverwahrung.

Am nächsten Morgen eilte sie zur Arbeit und ging schnurstracks in Bowmans Büro, um ihn zu fragen, ob er mehr über den Aufstand wußte, doch er hatte noch nicht einmal die Nachrichten gesehen. Die beiden versuchten hektisch herauszufinden, was mit mir geschehen war. Wo war ich? Wie ging es mir? Und sollte meine Verhandlung noch immer am Freitag stattfinden? Bowman rief in Esmor an. Es meldete sich niemand, obwohl er es immer wieder versuchte. Dann probierte er es an irgendeiner anderen Stelle, wo man ihm sagte, er solle wiederum eine andere Stelle anrufen, wo ihm jemand empfahl, wieder eine andere Stelle anzurufen. Keiner wußte etwas. Keiner konnte ihm irgend etwas sagen. Ich war einfach verschwunden.

Gegen vier Uhr morgens begann mein erster voller Tag in der Anstalt Hudson, und zwar durch ein Geräusch, das klang, als würden tausend Eisenriegel mit Wucht zurückgeschoben. Die Frauen drängten aus den Zellen, doch meine Zellengenossin und ich blieben, wo wir waren. Wir wußten nicht, was vor sich ging, bis eine Wärterin kam und uns erklärte, daß wir zum Frühstück runter in den Aufenthaltsraum mußten. Ich trat auf die Empore und sah unter mir, wie die Frauen sich vor einem großen Essensausgabewagen in einer Reihe aufstellten. Als ich mit meiner Zellengenossin gerade auf die Treppe zuging, rief Oche mir von ihrer Zelle aus zu, ich solle ihr doch bitte ein Tablett mitbringen. Sie wollte nicht da runter, was ich gut verstand. Um halb fünf Uhr morgens war der Aufenthaltsraum bereits das reinste Tollhaus und die Luft war geschwängert von Zigarettenrauch. Die Frauen schrien durcheinander, brüllten sich an, klapperten mit Tabletts und Tassen und bewarfen sich gegenseitig mit Essen und Geschirr. Ich hielt den Blick auf den Boden gerichtet, schlurfte langsam in der Reihe nach vorn, nahm zwei gelbe Tabletts und schaffte es zurück bis zu Oches Zelle. Ich wollte so schnell wie möglich da weg, nicht bloß wegen der Kriminellen, vor denen ich mich fürchtete, sondern auch wegen des beißenden Zigarettenqualms.

Wir zogen uns in Oches Zelle zurück, ließen aber die Tür auf, damit es nicht ganz so klaustrophobisch darin war, aber wir hatten auch Angst, solange die Tür offen stand. Was sollten wir machen, wenn ein paar von diesen Irren hereinkamen und uns angriffen? Im Zellenbereich waren keine Wärterinnen. Die hatten sich alle nach draußen, hinter die dicke Glaswand der Aufsichtskabine zurückgezogen.

Wir aßen unser Frühstück, oder zumindest das, was wir runterkriegten. Nach dem Frühstück ging ich in den Aufenthaltsraum, um dort aus dem großen Fenster zu schauen. In der Nähe waren Lagerhäuser zu sehen, und unmittelbar unter uns befand sich ein eingezäunter, asphaltierter Platz mit einem Basketballkorb. Plötzlich schrie eine Gefangene mich an: »Paß bloß auf, daß du nicht hinter der Linie erwischt wirst!« Ich verstand nicht, was sie meinte. Doch dann fiel mir eine rote Linie auf, die vor dem Fenster auf den Boden gemalt war. Aha. Wir durften also noch nicht mal aus dem Fenster schauen.

Bald war »Ruhezeit!«, und wir mußten zurück in unsere Zellen. Ich kletterte auf das obere Bett, um durch den winzigen Fensterspalt zu sehen, und sah blauen Himmel. Ich wollte in diesen Himmel hineinschweben. Ich wollte bei Yaya sein. Ich wollte sterben.

Als die Türen wieder entriegelt wurden, wappnete ich mich innerlich und lief hinunter in den Aufenthaltsraum, um zu telefonieren. Ich mußte hier raus. Bowman mußte mir helfen! Aber alle Telefone waren schon belegt. Ich wartete, bis ich an die Reihe kam. Die telefonierenden Frauen mußten schreien, um sich über den Lärm hinweg verständlich zu machen. Dieselbe verrückte Frau, die ich schon am Vortag gesehen hatte, kam in den Aufenthaltsraum. Wieder schrie und tobte sie. Schließlich legte eine Lateinamerikanerin aus meiner Gruppe tränenüberströmt den Hörer auf. Ich nahm ihn und versuchte, Bowman zu erreichen. Eine Ansage vom Band teilte mir mit, daß ich die Nummer von diesem Telefon aus nicht anwählen konnte. In Panik rief ich Rahuf an. Dieser Anruf ging durch. Und er war zu Hause!

»Fauziya! Wo bist du?«

»In der Hölle! Hol mich hier raus!«

»Fauziya, sag mir, wo du bist!«

»Ich weiß nicht. Du mußt mir helfen!« Ich hörte ein Krachen, einen Aufschrei. Wenige Schritte von mir entfernt hatte die Verrückte einer anderen Frau mit einem Eimer auf den Kopf geschlagen! Die Geschlagene wehrte sich, und die beiden gingen mit Fäusten aufeinander los, rissen sich an Kleidung und Haaren. Andere Gefangene drängten sich johlend um die beiden. Vor Schreck verschlug es mir die Sprache, ich knallte den Hörer auf die Gabel und rannte zurück in meine Zelle.

Später erfuhr ich, daß Rahuf umgehend Bowman anrief, um ihm mitzuteilen, daß ich mich gemeldet hatte, aber am Telefon hysterisch gewesen war und ihm nicht hatte sagen können, wo ich mich aufhielt. Bowman hatte also immer noch keinen Anhaltspunkt, wo er mich suchen sollte. Und ganz gleich, wen er auch anrief, keiner konnte ihm etwas sagen. Ich war irgendwo im System verschütt gegangen.

Nachdem Bowman drei Tage lang herumtelefoniert hatte, bekam er am Mittwoch endlich jemanden von der Einwanderungsbehörde an den Apparat, der ihm erklärte, daß der Gerichtssaal in Esmor demoliert worden sei und meine Verhandlung mit Sicherheit nicht termingerecht stattfinden würde. Alle Verhandlungen waren bis auf weiteres vertagt, und sämtliche Asylbewerber waren in andere Gefängnisse verlegt worden. Der Beamte wußte allerdings nicht, in welchem Gefängnis ich war.

Nachdem ich Rahuf am Montag angerufen hatte, meldete ich mich nicht mehr bei ihm. Auch nicht bei Bowman. Ich hatte zuviel Angst davor, zu den Telefonen zu gehen. Ich ging auch nicht mehr in den Aufenthaltsraum, außer um für Oche und mich Tabletts mit Essen abzuholen. Ich hielt mich ausschließlich oben auf – aß, schlief, duschte, betete dort. Einmal sah ich von oben, wie zwei Frauen mit braunen Plastikstühlen aufeinander einschlugen, während die anderen Gefangenen einen Kreis um sie bildeten, johlten und sie anfeuerten. Die Wärterinnen in der Aufsichtskabine riefen zur Unterstützung einige ihrer Kollegen herbei. Eine der streitenden Frauen fiel auf den Boden, die andere sprang auf sie und prügelte weiter auf sie ein. Schließlich kamen die Wärter, trennten die beiden und schleppten sie fort. Wahrscheinlich in Einzelhaft.

An diesem Mittwoch kehrte ich aus Oches Zelle in meine Zelle zurück, um mich für das Gebet zu waschen und sah, daß einer der beiden Äpfel, die ich mir von einem ansonsten ungenießbaren Essen aufgehoben hatte, verschwunden war. Ich hatte beide auf den Metalltisch gelegt. Er war gestohlen worden. Ich nahm den anderen vom Tisch, ging zu meinem Bett, bückte mich und wollte ihn in der Ritze zwischen Wand und Matratze verstecken.

»He! Wo ist der andere Apfel?«

Ich fuhr zusammen und stieß mir den Kopf an der Eisenkante des oberen Bettes. Ich wandte mich um in der Erwartung, eine Wärterin in der Tür stehen zu sehen. Aber in meiner Zelle stand eine Strafgefangene, eine gefährlich dreinblickende Schwarze. Ihr Haar war auf der einen Seite zu Zöpfen geflochten.

»Wo ist der andere Apfel?«

»Was für ein Apfel?« sagte ich. Jetzt wußte ich, wo der erste geblieben war.

»Der hat auf dem Tisch gelegen. Gib ihn mir.«

»Nein, das ist meiner.«

Sie machte einen drohenden Schritt auf mich zu, so daß ich mit dem Rücken gegen das Bett gedrückt stand.

»Gib mir den Apfel«, knurrte sie. Sie stand so dicht vor mir, daß ich ihren stinkenden Atem roch. »Entweder du gibst mir den Apfel, oder du schläfst mit mir. Wie du willst.«

Was meinte sie damit? In ihrer Zelle schlafen? Und dann klingelte es bei mir. Sie meinte Sex. Ich hatte den Ausdruck in Esmor im Fernsehen gehört. Und ich hatte gehört, daß er auch auf Frauen angewandt wurde. Einmal hatten einige Ghanaerinnen aus Schlafsaal N darüber getuschelt, daß eine Aufseherin mit einer Flüchtlingsfrau schlief. So etwas war mir nie zuvor zu Ohren gekommen. Ich hatte gehört, daß Männer mit Männern schliefen, aber niemals, daß Frauen auch mit Frauen schliefen.

»Na?« knurrte die Frau vor mir. »Was ist dir lieber?«

Ich gab ihr den Apfel.

Sie riß ihn mir aus der Hand und kam mit dem Gesicht noch näher. »Du hältst gefälligst den Mund«, sagte sie. »Verstanden? Du sagst den Wärterinnen kein Sterbenswörtchen, sonst lernst du mich kennen, hast du kapiert?«

Nicht so ganz. Den Ausdruck »du wirst mich kennenlernen« hatte ich auch noch nie gehört. Aber ich verstand die Bedeutung. Ich nickte. Sie verließ die Zelle, und ich rannte völlig verstört zu Oche, die mich in die Arme nahm und wiegte, bis ich mich wieder beruhigt hatte.

Später durften wir dann für eine halbe Stunde an die frische Luft und uns auf dem asphaltierten Platz bewegen, den ich von dem Fenster im Aufenthaltsraum aus gesehen hatte. Ich stand mit Oche an eine Wand gelehnt und atmete tief die frische Luft ein. Es war eine richtige Wohltat. Der Qualm in unserem Zellentrakt machte mich krank. Ich hustete, keuchte, mir war schwindelig und übel. Mein Asthma wurde immer schlimmer. Ich sah zu, wie die Sonne in der Ferne sich allmählich auf die Berge senkte und dachte über das Verstreichen der Zeit nach. Morgen war Donnerstag, der 22. Juni 1995. Der Tag, auf den ich gewartet hatte, um den ich gebetet hatte, sechs traurige Monate lang. Der Tag meiner Verhandlung. Ich schloß die Augen und betete um ein Wunder.

Am nächsten Tag kam niemand mich abholen. Ich wartete den ganzen Tag, abwechselnd weinend und betend. Am Abend saß ich noch immer im Gefängnis.

Später erzählte mir Layli, daß auch sie an diesem Tag gebetet hatte.

Es war der Tag meiner Verhandlung, und Bowman und sie wußten noch immer nicht, wo ich war. Wie ein fehlgeleitetes Gepäckstück war ich einfach verschwunden. Layli war besorgt und empört. War das die Art, wie sich der Staat um Asylbewerber kümmerte? Zeigte er so seine Fürsorge und Verantwortung? Gütiger Himmel! Das war ein Skandal! Ich ging ihr nicht mehr aus dem Sinn, und sie machte sich unablässig Sorgen um mich. Roshan riet ihr immer wieder, ein bißchen mehr Distanz zu wahren, sich nicht emotional zu engagieren. Um meinetwillen und um ihretwillen, meinte er, und weil sie sonst nicht wirklich professionell arbeiten könne. Aber Layli war bereits emotional engagiert, und daran war nichts mehr zu ändern.

Freitag, 23. Juni. Irgendwann vor vier Uhr morgens kam eine Wärterin in meine Zelle. »Packt eure Sachen«, befahl sie. »Ihr werdet verlegt!«

»Wohin denn?« fragte ich.

»Nach Atlanta.«

»Ist das in der Nähe von Washington?«

»Ja«, sagte sie und war schon wieder draußen.

Verlegt! Meine Zellengenossin und ich fielen uns in die Arme und hüpften vor Freude auf und ab. Wir kamen hier raus! Endlich! Und man brachte uns irgendwo in die Nähe von Washington, wo mein Anwalt war!

Wir zogen unsere Betten ab, falteten das Bettzeug zusammen und packten die Kleidung und sonstige gefängniseigene Utensilien ein. Als die Wärterin wiederkam und uns abholte, sah ich, daß auch die übrigen Frauen aus unserer Gruppe aus ihren Zellen kamen. Wir wurden erneut zur Wäschekammer geführt und bekamen dort unsere Esmor-Uniformen und unsere persönlichen Habseligkeiten zurück. Von dort aus ging es in eine große Zelle, wo wir frühstückten. Ich rührte den Fraß nicht an, ich war zu nervös. Ich betete zu Allah. »Oh Gott, bitte, mach, daß in dem neuen Gefängnis nur Flüchtlinge sind und keine Strafgefangenen.«

Nach dem Frühstück kamen INS-Beamte herein. Sie hatten schwere Ketten dabei. Wieder wurde ich in Ketten gelegt wie ein wildes Tier. Wieder hatte ich Ketten um Fußgelenke und Taille, diesmal jedoch noch eine weitere Kette, mit der Oche und ich an den Handgelenken zusammengebunden wurden. Und dann saß ich wieder in einem INS-Transportwagen und wurde zu einem anderen Gefängnis verfrachtet. Die Aufseherin, die mir gesagt hatte, wir kämen nach Atlanta, hatte sich geirrt oder gelogen. Wir wurden zu einem Gefängnis in Pennsylvania gebracht. Und Allah hatte mein Gebet nicht erhört. Das Gefängnis, das uns erwartete, war nicht besser.

beschäftigt, daß mir der Verband an ihrem linken Bein gar nicht auffiel. Später erfuhr ich, daß sie bei der Revolte verletzt worden war. Man hatte sie von Esmor aus ins Krankenhaus geschafft und von dort direkt nach York. Aber jetzt war wieder alles »okay-la«, wie sie sagen würde. Wang ging hinter mir her auf meine Zelle zu, drehte sich aber dabei ständig um und sagte: »Wache. Wache.« Ach so, endlich verstand ich, was sie meinte. Wir durften nicht die Zellen anderer Insassen besuchen. War es das? Ja. Also ging ich mit Wang statt dessen in den Aufenthaltsraum, wo wir uns zu einer Gruppe von Flüchtlingsfrauen aus Esmor gesellten. Dieses Zusammensein gab uns ein gewisses Gefühl von Sicherheit. Außerdem hatten wir uns viel zu erzählen. Wir hatte alle während der Revolte unsere eigenen Schreckenserlebnisse gehabt und berichteten einander nun, wie es uns anschließend ergangen war. Dulcie war gemeinsam mit Sylvie und Esther in ein Gefängnis namens Varick in New York City gebracht worden. Sie meinte, dort sei es sehr viel besser gewesen als in York, weil man sie dort wie Menschen behandelt hatte und nicht wie Kriminelle. Aber am Dienstag waren sie dann hierher verlegt worden. Zuerst hatte man sie alle im Hochsicherheitstrakt untergebracht, doch Sylvie, Esther und die meisten anderen aus der Gruppe waren früher am Tag in den normalen Sicherheitstrakt verlegt worden, während Dulcie und die beiden Haitianerinnen hierbleiben mußten.

Ich dachte darüber nach, daß Sylvie und Esther verlegt worden waren. Das bedeutete, daß auch ich hier rauskommen konnte! Nein, Moment mal. Vielleicht auch nicht. Dulcie und die beiden Haitianerinnen hatten hierbleiben müssen. Aber ich mußte unbedingt hier weg! Ich konnte einfach nicht hierbleiben! Der Qualm würde mich umbringen! Und ich wollte mit Sylvie und Esther zusammensein!

Ich erkundigte mich, ob es eine Möglichkeit gab, die Verlegung in den normalen Trakt zu erreichen. Dulcie sagte, die Amerikanerinnen hier im Gefängnis hätten ihr gesagt, das läge im Ermessen der Gefängnisanwältin, also hatte sie sie angesprochen. Die Gefängnisanwältin hatte ihr gesagt, daß sie im Moment noch niemanden verlegen könnte, daß sie aber Dulcies Namen auf die Liste setzen würde. Und wie bekommt man einen Termin bei der Gefängnisanwältin? »Du mußt ans Fenster klopfen«, sagte Dulcie, »dir von den Wachen ein Antragsformular geben lassen, es ausfüllen und einer Aufseherin geben, die es dann in den entsprechenden Postkasten legt.«

Bitte, schrieb ich, sobald ich mir das Formular besorgt hatte. *Ich muß verlegt werden. Ich habe Asthma und vertrage keinen Rauch. Ich werde krank davon.*

Ich fragte Dulcie, ob es irgendeine Möglichkeit gab, Sylvie und Esther zu treffen, während ich noch im Hochsicherheitstrakt war. Sie erklärte mir, daß die Frauen aus den unterschiedlichen Trakten sich nicht gegenseitig besuchen durften. »Aber morgen triffst du sie.« Die Frauen aus unserem Trakt durften nämlich morgens für eine halbe Stunde nach draußen auf ein kleines abgesperrtes Areal, wenn das Wetter gut und die Wärter freundlich waren. Die Frauen aus dem normalen Gefängnisbereich durften jederzeit zwischen acht Uhr morgens und acht Uhr abends nach draußen, und ihr Areal war größer.

»Zählung!«

Himmel, nein! In Hudson wurde man während der Zählung in die Zelle gesperrt. Ich wollte aber nicht mit Bernice eingesperrt werden. Trotzdem ging ich zurück zu meiner Zelle und versuchte, mich innerlich zu wappnen. Bernice stand vor der Tür. Sie hielt mich auf, als ich hineingehen wollte. »Du mußt nicht reingehen«, sagte sie. »Wir müssen nur vor der Tür stehen.« Gott sei Dank. Wir standen rechts und links von der Tür, während eine Wärterin mit einem Klemmbrett in der Hand herumging und unsere Namen abhakte. Eine andere Aufseherin stand an der Eingangstür zu unserem Trakt und überwachte das Ganze. Während der Zählung, wenn die Wachen im Trakt waren, herrschte Totenstille. Jedes Gespräch war untersagt, und sogar der Fernseher wurde ausgeschaltet. Kaum waren die Wärter wieder weg, brach der Lärm erneut los.

Ich fragte Bernice, wie oft wir in den Zellen eingeschlossen wurden. »Nur nachts«, sagte sie, »von elf bis sieben Uhr morgens.« Tagsüber waren die Türen immer auf. Also mußte ich nur nachts mit ihr in einem Raum sein. Ich wußte zwar nicht, wie ich das aushalten sollte, aber zumindest würde ich nicht etliche Stunden am Tage mit ihr eingesperrt sein.

In der ersten Nacht in York stellte ich fest, daß Bernice schnarchte. Wenn sie schlief, hielt mich ihr Schnarchen wach. Wenn sie wach war, peinigte mich der Rauch ihrer Zigaretten. Ich lag in meinem Bett und konnte durch das Licht, das vom Aufenthaltsraum in die Zelle fiel, sehen, wie der Rauch aufstieg. Alle halbe Stunde kam ein Wärter vorbei und leuchtete mit einer Taschenlampe in die Betten. Die Zelle war kalt, meine Decke war dünn, meine Matratze und das Kissen waren hart und knisterten. Das Licht im Aufenthaltsraum blieb auch nachts an und drang durch das Türfenster in unsere Zelle. An Schlaf war nicht zu denken.

Als die Türen am nächsten Morgen aufgesperrt wurden, hatte ich rasende Kopfschmerzen, und mein Mund schmeckte nach Zigarettenrauch. Ich mußte mit Bernice reden. Ich nahm meinen ganzen Mut zusammen.

»Bitte, Bernice. Kannst du mir einen Gefallen tun?«

Sie sah mich nicht an, saß einfach ganz ruhig da.

Ich zwang mich weiterzusprechen. »Ich habe Asthma, und der Zigarettenrauch macht mich richtig krank. Könntest du bitte nachts nicht mehr rauchen?«

Sie runzelte die Stirn, spitzte die Lippen, hob den Blick und sah mich finster an. Ich wußte nicht, was auf mich zukam. Schließlich war sie eine Strafgefangene, und ich nahm an, daß sie nicht ohne Grund im Hochsicherheitstrakt war. Es war also ziemlich kühn von mir, sie zu bitten, das einzige aufzugeben, was ihr hier im Gefängnis Genuß und Befriedigung bot. Wie würde sie reagieren? Würde sie wütend werden und mich verprügeln? In Hudson hatte ich solche Reaktionen häufiger beobachtet. Solche und schlimmere. Wenn ihr danach war, konnte sie mir sehr weh tun, denn die Wachen waren draußen auf dem Gang. Ich stand mucksmäuschenstill und wartete.

Sie seufzte. »Okay«, sagte sie. »Ich will's versuchen.«

»Danke, Bernice.«

Aber ich mußte noch etwas mit ihr besprechen. Ich wollte beten, und dazu brauchte ich einen sauberen Platz. Im Aufenthaltsraum konnte ich nicht beten, weil der nicht abgeschieden genug war. Und er war schmutzig. Ich mußte in der Zelle beten, also bot ich ihr ein Geschäft an. Wenn ich mir einen Platz zum Beten ausbedingen durfte, würde ich dafür die Zelle putzen.

»Nein, das wirst du nicht«, sagte sie. »Du rührst meine Sachen nicht an. Mach deinen Teil sauber. Aber laß die Finger von meinem Teil.«

Wir einigten uns darauf, welcher Zellenteil ihrer und welcher meiner war. Welchen ich saubermachen durfte und welchen nicht. Ich bekam mein Bett zugesprochen, einen Teil des Tisches und ein kleines Stück Boden vor der rechten Wand, wo ich beten konnte. Ich bat sie, nicht mit Schuhen über die Stelle zu gehen, wo ich beten wollte, und sie war einverstanden.

»Antreten zum Frühstück! Antreten zum Frühstück!« Ich hörte die Lautsprecheransage und ging in den Aufenthaltsraum zu meinen Freundinnen. Ich hatte zwar keinen Appetit, aber Dulcie empfahl mir, doch etwas zu essen, weil das Frühstück normalerweise die beste Mahlzeit des Tages war.

Es war nicht gut, aber eßbar – Waffeln, Sirup, Obst, Milch. Beim Mittag- und Abendessen wußte man nie, ob man es essen konnte oder was da überhaupt auf dem Teller lag. Wir Muslime essen kein Schweinefleisch, und da ich keine Ahnung hatte, woraus die meisten Fleischgerichte zubereitet worden waren, ließ ich sie meist unangetastet. Ich aß Hühnchen, wenn es nicht allzu unappetitlich aussah, und Obst, falls wir welches bekamen. Aber hauptsächlich ernährte ich mich von Kohlenhydraten – Corn-flakes, Waffeln, Pfannkuchen, Brot, Kartoffeln, Reis. Das tat ich auch in York, obwohl ich mich wegen dieser einseitigen Ernährung aufgedunsen, dick und schlapp fühlte.

Nach dem Frühstück war ich gespannt, ob man uns nach draußen in den Hof lassen würde. Am Morgen hatte ich gleich als erstes aus dem Zellenfenster geschaut und festgestellt, daß es ein schöner Tag war. Ich sehnte mich so danach, ins Freie, an die frische Luft zu kommen, wo ich Sylvie und Esther wiedersehen würde. Gegen halb zehn führte uns die Wachfrau aus unserem Trakt über einen Gang zu einer Tür am hinteren Ende und winkte uns hinaus.

Oh Gott, ich war draußen, an der frischen Luft und in der Sonne. Ich stand auf richtigem Gras. Es erinnerte mich an Kpalimé, meine üppige, grüne, verlorene Heimat. Ich ließ mich auf alle viere sinken und steckte die Nase ins Gras, atmete tief ein, füllte meine Lunge, mein Herz, meine Seele mit dem süßen Duft der Erde. Wang lachte. »Fonsinya! Du vellückt!« Dulcie tippte ihr auf den Arm. »Laß sie ruhig«, sagte sie. Sie verstand mich. Ich stand wieder auf, riß ein Büschel Gras aus der Erde, zerrieb die Halme zwischen den Fingern und roch daran. Es roch nach Zuhause.

Oche war auch da. Sie war mit einigen anderen aus Trakt B gekommen. Wir traten an den Zaun und hielten nach Sylvie und Esther Ausschau. Ich hatte mir vorgestellt, daß ich nur durch einen Zaun von Sylvie und Esther getrennt sein würde, einen Zaun, durch den wir uns hätten berühren können. Aber ich hatte mich geirrt. Wir befanden uns in einem umzäunten Areal, das einige Meter von dem größeren Hof entfernt lag, in dem sich die Frauen aus dem normalen Trakt aufhielten. Wir würden uns nicht berühren können. Wir würden uns durch laute Rufe verständigen müssen.

In der anderen Umzäunung waren einige Frauen, aber nicht Sylvie und Esther. Ein paar von ihnen trugen normale Kleidung, die anderen hatten Gefängnisuniformen an. Später erfuhr ich, daß die Strafgefangenen in dieser Abteilung ihre eigenen Sachen tragen durften, die Asylbewerberinnen jedoch nicht – eines von vielen Beispielen dafür, daß die Strafgefangenen in York besser behandelt wurden als wir. Ich winkte einer der Frauen zu, die ich von Esmor her kannte, und rief: »Hallo! Hallo!« Sie sah auf und kam an den Zaun. »Hol Sylvie! Bitte, hol Sylvie! Sag ihr, daß Fauziya hier ist!« Sie nickte, winkte und ging hinein. Ich wartete. Und dann sah ich sie – meine Mom. Sylvie. Sie kam weinend auf mich zugelaufen. »Ach, mein Kleines! Mein Schätzchen!«

Und hinter ihr kam Esther über den Hof geschlendert, lächelte und winkte, sah auch in dieser Gefängnisuniform schön aus. Sah aus wie die Prinzessin, die sie auch war.

Wir standen am Zaun – Wang, Dulcie, Oche und ich – weinten, lachten, unterhielten uns rufend. Sylvie und ich hatten uns am meisten zu erzählen, weil wir unbedingt voneinander wissen wollten, wie es uns nach dem Gefängnisaufstand ergangen war und wie die Dinge jetzt standen. Als ich Sylvie erzählte, daß ich in einem Rauchertrakt untergebracht war, sagte sie, sie würde mit der Gefängnisanwältin sprechen, ob ich nicht verlegt werden könnte.

»Ich sage ihr, daß du meine Tochter bist! Du mußt bei mir sein!«

Ich lachte. »Okay, Mom. Sag ihr das!«

»He, Fauziya!« rief Esther. »Ich habe mit Frank gesprochen!«

Ach, wie ich Frank vermißte. »Geht's ihm gut? Ich hab' versucht, ihn von Hudson aus anzurufen, bin aber nicht durchgekommen.«

»Ruf ihn an! Er macht sich Sorgen um dich!« Sie nannte mir seine Telefonnummer, und es stellte sich heraus, daß ich die falsche Nummer gewählt hatte.

»Wer ist sonst noch bei euch?« wollte ich wissen.

Sylvie rief mir die Namen zu. So viele Freundinnen aus Esmor. Sie waren alle zusammen in dem Trakt mit normalen Haftbedingungen!

Der Wärter, der in einem Häuschen außerhalb des Zaunes saß, blies schrill auf seiner Pfeife. »Weg vom Zaun. Den Zaun nicht anfassen.« Und kurz darauf kam eine Wachfrau heraus und kommandierte alle zurück in den Hochsicherheitstrakt. Es kam mir so vor, als wäre ich gerade eben erst herausgekommen.

Ich wandte mich vom Zaun ab, ging zurück über die weiche Erde und das grüne Gras, hob mein Gesicht der Sonne entgegen, sog noch ein paarmal tief die frische, klare Luft ein und ging wieder hinein.

Sobald ich wieder im Aufenthaltsraum war, rief ich Frank an.

»Hallo, Fauz!« sagte er, als er meine Stimme hörte. Ach, es war so schön, wieder mit Frank zu reden. Er erzählte mir, daß seine Mutter ihn am Sonntag morgen nach der Revolte angerufen und ihm erzählt hatte, was passiert war. Er war sofort hingeeilt, hatte uns aber verpaßt. Als er dann so lange nichts von mir hörte, war er ganz krank vor Sorge gewesen. Man hatte die Wachleute und Beamten nach dem Aufstand und vor dem Eintreffen der Putzkolonnen ins Gebäude gelassen. »Mein Gott, Fauz. Da ist alles kaputt.«

»Ich weiß.«

»Aber die Wäscherei haben sie nicht angerührt«, sagte Frank. »Einfach unglaublich. Da liegt alles in Trümmern, und dann gehe ich in die Wäscherei, und da sieht es aus, als wäre nichts gewesen. Das ist mir ein Rätsel.«

»Weil du ein guter Mensch bist, Frank, und weil das jeder wußte. Die Männer waren nicht wütend auf dich, deshalb haben sie die Wäscherei nicht verwüstet.«

Aber er hatte mir etwas anderes zu erzählen. Er und Miss Jones waren in Schlafsaal K gewesen und hatten nach Sachen gesucht, von denen sie glaubten, daß sie sie für uns verwahren sollten, bevor die Putzkolonnen kamen. Unter anderem hatten sie auch meinen Koran und meinen *tasbih* gefunden. »Ich habe die Sachen hier, Fauz. Das freut dich doch bestimmt.«

Mein *tasbih*! Den schönen *tasbih* meiner Mutter! Ich legte das Gesicht an die Wand, hielt den Hörer ans Herz gepreßt und weinte vor Freude.

»Soll ich sie dir per Post schicken?«

»Nein!« Sie könnten verlorengehen, oder vielleicht würde man sie mir wegnehmen. »Nein. Bewahre sie für mich auf, bis ich rauskomme?«

»Klar, Fauz. Ich behalte sie hier.«

»Danke, Frank. Gott segne dich.«

»Dich auch, Fauz.«

»Bestell doch bitte Miss Jones vielen Dank von mir.«

»Mach' ich. Sie hat sich auch Sorgen um dich gemacht, weißt du.«

Miss Jones. Ach, wie sehr sie mir fehlte.

Unsere Zeit war fast um.

»Ruf mich an, wann immer du möchtest, und verschwinde nicht wieder einfach so von der Bildfläche, hörst du?«

Als nächstes rief ich Rahuf an.

»Fauziya! Alles in Ordnung mit dir?«

»Ja.« Er sagte, Bowman habe ihn am Freitag angerufen, um ihm zu sagen, daß ich mich gemeldet hatte. Er war so erleichtert gewesen. Er hatte sich Sorgen gemacht und sehnsüchtig darauf gewartet, etwas von mir zu hören. Und jetzt hatte er eine Überraschung für mich.

»Fauziya, ich komme dich bald besuchen.«

Eigentlich war das eine wunderbare Neuigkeit, aber zuerst konnte ich es nicht glauben. Mein einziger Gedanke war der, daß die Frauen hier im Hochsicherheitstrakt keine »Kontaktbesuche« haben durften, bei denen man im selben Raum mit dem Besucher sitzt. Wir mußten in Kabinen sitzen und konnten uns nur per Telefon mit den Besuchern unterhalten. Ich wollte mit Rahuf nicht durch eine Scheibe sprechen – es erschien mir zu erniedrigend –, und deshalb versuchte ich, ihn davon abzubringen.

»Es ist doch eine viel zu weite Fahrt, um nur durch eine Scheibe mit mir reden zu können.«

»Nein, ich habe mir das gut überlegt«, sagte Rahuf. »Ich möchte dich sehen, und ich komme, sobald ich kann. Schließlich habe ich dich nicht mehr gesehen, seit du ein kleines Mädchen warst.«

»Das stimmt«, sagte ich und zwang mich zu lachen. Er war bemüht, mich aufzumuntern, das wußte ich. Die Höflichkeit verlangte, daß ich darauf einging.

»Ich erinnere mich noch an das letzte Mal, damals in Kpalimé.«

»Ja, ich auch.« Es war eine schöne Erinnerung. Ich kann nicht älter als acht oder neun gewesen sein. Mein Vater hatte gerade einen schönen braunen Wagen gekauft, und Rahuf war gekommen, um ihn zu besichtigen. Ich stand neben meinem Vater im Hof, während er stolz seine neue Errungenschaft vorführte. Rahuf war um das Auto herumgegangen, hatte es bewundert und sich alles genau angesehen. »Ein Prachtstück, wirklich«, hatte er gesagt. Mein Vater hatte gelächelt und mir zugeblinzelt. »Fauziya hat ihn ausgesucht, stimmt's, Fauziya?« Ach, was war ich damals stolz! Ich fühlte mich so einzigartig, geliebt, glücklich. Jetzt erschien mir das alles wie ein Traum.

Unsere Zeit war fast um. Die Leitungen wurden hier schon nach zehn Minuten unterbrochen.

»Paß auf dich auf«, sagte Rahuf. »Ruf mich nächste Woche wieder an, okay?«

»Okay.«

Der Rest des Tages versank in Lärm und Rauch. Ich sah fern. Ich stand bei der Essensausgabe an. Ich stellte mich für die Zählung auf. Ich sah weiter fern. Ich überstand den Tag. Ich überstand die Nacht. Ich hatte gelernt, auch hier zu überleben.

Wir konnten die Zellentüren nicht selbst schließen, weil sie von der Wachkabine aus gesteuert wurden. Wenn ich also die Toilette in meiner Zelle benutzen wollte, mußte ich hinunter in den Aufenthaltsraum gehen, dort ans Kabinenfenster klopfen und die diensthabende Wärterin bitten, die Tür zu meiner Zelle zu schließen. Anschließend mußte ich durch die Tür rufen und jemanden bitten, unten Bescheid zu sagen, daß sie die Tür wieder öffnen sollte. Es war erniedrigend, meine Toilettengänge einer Aufseherin ankündigen zu müssen und zu wissen, daß sie in ihrer Kabine wartete, bis ich fertig war. Aber immer noch besser als bei geöffneter Tür auf die Toilette zu gehen, wie es die meisten taten.

Ich mußte auch Bescheid sagen, wenn ich duschen wollte, denn die Duschen waren vom Gang aus einsehbar. Wenn ein Mann durch den Trakt ging und man gerade unter der Dusche stand, wurde man von einer Wärterin da rausgeholt, auch wenn man noch von oben bis unten voller Seife war. Es war ja schon schlimm genug, daß es für zweiunddreißig Frauen nur zwei Duschen gab, aber wir konnten uns noch nicht mal darauf verlassen, daß wir auch zu Ende duschen konnten, wenn wir endlich einmal die Gelegenheit dazu hatten.

An dem Montag nach meinem ersten Wochenende in York ertönte plärrend mein Name aus dem Lautsprecher: »Kasinga! Im Sanitätsraum melden!« Dort wurde mein allgemeiner Gesundheitszustand überprüft. Das kannte ich schon aus Esmor.

Der Doktor war ein Weißer im mittleren Alter. Er nahm eine Blutprobe, untersuchte mich auf TB, stellte ein paar Fragen.

»Nehmen Sie irgendwelche Medikamente?«

»Nein.«

»Sind Sie schwanger?«

»Nein.«

»Haben Sie je einen Selbstmordversuch unternommen?«

»Nein.« Ich war hergekommen, um mein Leben zu retten, nicht, um es zu beenden.

Er kreuzte ein paar Kästchen auf einem Formular an.

»Bitte«, sagte ich. »Ich muß verlegt werden. Ich bin in einer Raucherabteilung, und ich vertrage keinen Rauch. Ich habe Asthma. Ich werde krank davon.«

»Tut mir leid«, sagte er und kreuzte weiter Kästchen an. »In diesem Trakt wird nun mal geraucht.«

»Im ganzen Gefängnis?« fragte ich.

»Tut mir leid«, sagte er.

Er hatte meine Frage nicht beantwortet.

»Gibt es hier denn keine Nichtraucherabteilung?«

»Tut mir leid«, sagte er nur. »So, das war's. Sie können gehen.«

Ich kehrte in meinen übelriechenden Trakt zurück. Ich war total verzweifelt. Dulcie sah mich kommen. Sie saß an einem der Tische und starrte auf den Fernseher. York, Hudson, Esmor. Überall das gleiche. Nichts zu tun außer sitzen, nachdenken, grübeln, weinen und fernsehen.

»Fauziya!« Sie winkte mich zu sich. Dann bemerkte sie den Ausdruck in meinem Gesicht. »Was ist denn? Was ist los?«

Ich setzte mich neben sie. »Ach, Dulcie, was soll ich nur machen? Der Doktor sagt, hier gibt es keinen Nichtrauchertrakt, und wenn ich mit Rauchern zusammenwohnen muß, sterbe ich. Ich muß hier raus.«

»Hör nicht auf den. Es gibt einen Nichtrauchertrakt, und ich glaube, auch in den Schlafsälen darf nicht geraucht werden, zumindest in einem nicht. Du hast doch schon den Antrag auf ein Gespräch mit der Gefängnisanwältin gestellt, nicht? Der mußt du dein Problem schildern. Sie scheint ganz nett zu sein. Sag ihr, daß sie dich wenigstens in Trakt A verlegen sollen. Die dürfen dich nicht hier lassen, wenn du davon krank wirst.«

Das glaubte sie. Das glaubte ich. Wir irrten.

Ein Vorteil von York war die Sporthalle. Wir durften jeden Morgen für dreißig Minuten hinein. Dafür war ich dankbar, wie ich für jede Gelegenheit dankbar war, mal aus dem verrauchten Aufenthaltsraum rauszukommen. Das erste Mal ging ich mit Dulcie hin. Wärterinnen eskortierten uns zur Tür hinaus und an der Aufsichtskabine vorbei, von der aus man alle vier angrenzenden Trakte A, B, C und D überblickte. Als wir an unserem Ziel anlangten, sah ich, daß die Sporthalle richtig überdacht war. Es gab einen Basketballkorb, ein Volleyballnetz, einige Fitneßgeräte. Ich saß einfach da, beobachtete die anderen Frauen, die herumrannten, und genoß die rauchfreie Luft. Nach einer Weile gesellte sich Dulcie zu mir.

»Wie sind denn hier die Wärterinnen?« fragte ich sie. Wir sprachen Twi, damit uns niemand belauschen konnte.

»Manche sind okay, bei anderen mußt du vorsichtig sein. Zum Beispiel Jean Brown.«

»Welche ist das?«

»Die ist dick, weiß und sieht böse aus. Weißt du, welche ich meine? Das ist die Schlimmste.«

»Gibt es denn auch Nette?« fragte ich.

»Arlene«, sagte Dulcie. »Sie ist die Netteste von allen. Die kleine Weiße mit kurzem dunklem Haar. Sie behandelt uns menschlich. Einige von den anderen dagegen...« Sie spitzte die Lippen.

»Wer ist denn die, die bei uns die Leibesvisitation gemacht hat? Ziemlich dünn.«

»Ah, das ist Geena. Sie ist ganz in Ordnung, redet nur zuviel. Steckt ihre Nase in anderer Leute Angelegenheiten.«

Wie ich bald feststellte, stimmte das. Geena tratschte gern. Aber manchmal hatte sie auch interessante Informationen. Eines Tages erzählte sie mir, daß in York mindestens einhundert Asylbewerber in Sicherheitsverwahrung waren.

Mindestens einhundert! »Alle aus Esmor?« fragte ich.

»Nein, wir haben jede Menge Chinesen von Gott weiß woher«, sagte sie. Später erfuhr ich, daß sie von dem Frachter *Golden Venture* kamen, der in der Nacht vom 6. Juni 1993 vor New York auf eine Sandbank gelaufen war. An Bord waren 286 chinesische Männer, Frauen und Kinder, von denen viele vor Zwangssterilisation und Zwangsabtreibung geflohen waren, wodurch in China das Bevölkerungswachstum unter Kontrolle gehalten wird. Seitdem waren manche zurück nach China geschickt, manche in andere Länder abgeschoben und wieder andere auf freien Fuß gesetzt worden. Aber viele saßen noch immer im Gefängnis, so auch vierzig Männer hier in York. Als ich ankam, waren sie also bereits seit zwei Jahren im Gefängnis.

Irgendwann in der ersten Woche wurde ich in das Büro der Gefängnisanwältin gerufen. Sie war eine kleine, gedrungene Weiße namens Amy Jefferson.

»Was kann ich für Sie tun?« fragte sie munter.

»Bei mir im Trakt wird geraucht. Ich habe Asthma. Der Rauch macht mich krank. Bitte, können sie mich in den normalen Trakt verlegen? Da sind Freundinnen von mir. Ich wäre gerne mit ihnen zusammen.«

Sie war nett, freundlich, fröhlich. Sie sagte das gleiche zu mir, was sie schon zu Dulcie gesagt hatte. »Im Moment kann ich niemanden verlegen, aber ich werde Sie auf die Liste setzen.«

»Aber ich habe Asthma«, sagte ich und kämpfte gegen die Tränen an. »Ich kriege da drin keine Luft. Bitte. Kann ich denn nicht wenigstens in einen Nichtrauchertrakt verlegt werden?«

»Ich setze Sie auf die Liste, mehr kann ich nicht tun.«

Ich wartete den ganzen Tag. Nichts passierte. Sie verlegten mich nicht. Ich wartete den ganzen nächsten Tag und den nächsten und den nächsten. Morgens ging ich hinaus und jammerte mich bei Sylvie aus, die sich so hartnäckig für meine Verlegung einsetzte, daß die Gefängnisanwältin schließlich verärgert war und ihr sagte, sie solle ihr nicht mehr auf die Nerven gehen. Und ich blieb, wo ich war. Die ganze Woche.

Layli erzählte mir später, daß Bowman in derselben Woche bei allen erdenklichen Stellen nachgefragt hatte, ob neue Verhandlungen anberaumt wurden, um mir einen Termin zu besorgen. Gegen Ende der Woche, etwa zur selben Zeit, als ich begriff, daß ich nicht in nächster Zukunft verlegt werden würde, wurde Bowman klar, daß auch meine Verhandlung nicht in nächster Zukunft stattfinden würde. Das war schlecht für mich, aber gut für Bowman und Layli. Dadurch hatten sie um so mehr Zeit, meinen Fall vorzubereiten. Layli konzentrierte sich auf die »Beweisstücke«, die zur Untermauerung der bereits eingereichten Zusammenfassung vorgelegt werden sollten. Als Beweisstücke können Untersuchungen, Aufsätze, Briefe, eidesstattliche Erklärungen und andere Dokumente dienen, die ein Anwalt der Zusammenfassung beifügt, um zu belegen, daß der Flüchtling die Wahrheit sagt, daß sein Asylantrag gerechtfertigt ist und daß dem Antrag stattgegeben werden sollte. Jetzt hatte Layli Zeit gewonnen und konnte auch einige Informationen nutzen, die sie eine Woche zuvor auf der Anwaltskonferenz in Atlanta gesammelt hatte.

Layli hängte sich ans Telefon, rief überall an und sammelte Anregungen und neue Informationen. Schon bald trafen immer mehr dikke Pakete mit Material zu geschlechtsspezifisch begründeten Asylanträgen in Bowmans Büro ein, alle zu Laylis Händen. Roshan half ihr, Aufsätze zur Genital-Verstümmelung in medizinischen Fachzeitschriften zu beschaffen, darunter auch einen von Dr. Nahid Toubia von der *Columbia University*. Der Artikel war im *The New England Journal of Medicine* im September 1994 veröffentlicht worden und enthielt ein Farbfoto, auf dem deutlich zu sehen war, was von den Genitalien eines siebenjährigen sudanesischen Mädchens nach der Infibulation übriggeblieben war. Layli wollte von dem Foto Farbkopien machen lassen, um die Leute aufzurütteln. Sie wollte, daß der Richter und die Prozeßanwälte der Einwanderungsbehörde sahen, was Verstümmelung der weiblichen Genitalien wirklich bedeutete. Die Kopien würden viel Geld kosten, weil die Beweisstücke in vielfacher Ausfertigung vorgelegt werden mußten. Layli sprach mit Bowman darüber. Er schätzte Laylis Engagement und den Idealismus, mit dem sie sich für meinen Fall einsetzte, und wollte beides nicht im Keim ersticken. Auch er hielt das Foto für sehr eindrucksvoll, und da er wußte, daß Rahuf sich die Kopiekosten keinesfalls leisten konnte, übernahm er sie selbst.

Layli versuchte, Statistiken zur Beschneidung von Frauen in Togo zu finden, aber leider gab es keine richtigen Statistiken. Es gab Schätzungen, Mutmaßungen, aber keine umfassenden Erhebungen oder Studien, wie sie in anderen Ländern durchgeführt worden waren.

Sie rief Universitäten an, um einen Experten zu finden, der schriftlich bestätigen konnte, daß meine Berichte über meine Stämme zutreffend waren. Mein Land ist klein. Meine Stämme sind klein. Es war nicht leicht, jemanden zu finden, der sich mit der Thematik auskannte. Doch schließlich machte Layli einen Anthropologen der *Duke University* namens Charles Piot ausfindig, der drei Jahre im Norden Togos gelebt und den Kabye-Stamm studiert hatte. Piot hatte sich nicht schwerpunktmäßig mit der Beschneidung von Frauen beschäftigt, aber er wußte, daß sie praktiziert wurde. Über das Ausmaß wußte er allerdings nichts. Aufgrund seiner Kenntnisse der anthropologischen Fachliteratur zu den Stammesvölkern in Nordtogo konnte er jedoch bestätigen, daß die Tchamba tatsächlich von ihren Frauen erwarten, daß sie beschnitten sind, und er hielt es für sehr wahrscheinlich, daß ein Mann von seiner zukünftigen Frau die Beschneidung verlangte.

Das Ergebnis von Laylis Bemühungen war schließlich ein dicker Packen von neuen Beweisstücken, die in fünf Kategorien geordnet waren: Allgemeine Informationen zur Verstümmelung der weiblichen Genitalien; Stellungnahmen der Einwanderungsbehörde zu dem Thema; Stellungnahmen der Vereinten Nationen; Stellungnahmen des Kongresses; Stellungnahmen von medizinischer Seite. Sie fügte Dr. Toubias Artikel aus dem *New England Journal of Medicine* bei, einen weiteren, ebenfalls von Dr. Toubia verfaßten ausführlichen Bericht über die Genital-Verstümmelung mit dem Titel: »*Female Genital Mutilation: A call for Global Action*«; eine Ausgabe der INS-Richtlinien zu geschlechtsspezifisch begründeter Verfolgung; die Kopie des INS-Berichts zur Beschneidung von Frauen, den Bo Cooper ihr gegeben hatte; die Kopie eines Artikels vom 7. Dezember 1994, in dem berichtet wurde, daß sich der amerikanische Ärzteverband für ein gesetzliches Verbot der Genital-Verstümmelung ausgesprochen hatte. Layli fügte zudem den Text der Gesetzesvorlage bei, die Pat Schroeder im Kongreß einbringen wollte. Am 14. Februar 1995 hatte Schroeder sie nach zwei gescheiterten Versuchen in den Vorjahren zum dritten Mal eingebracht.

Bowman sah, wie die Stapel auf Laylis Schreibtisch immer höher wurden. Eines Tages, als Layli ihm alle Unterlagen zeigte, die sie bis dahin zusammengetragen hatte, fragte er: »Hätten Sie nicht Lust, den Fall zu übernehmen?«

Layli zögerte keine Sekunde. Die große Verantwortung war zwar etwas furchteinflößend, aber mein Fall lag ihr viel zu sehr am Herzen. Sie nahm die Herausforderung freudig an.

In der zweiten Woche bekam ich einen hartnäckigen Husten, der mir Schmerzen in Brust und Hals verursachte. Wieder bat ich die Gefängnisanwältin dringend, mich doch zu verlegen. Wieder war sie freundlich und aufmunternd. Aber diesmal erklärte sie mir, daß sie niemanden verlegen könne, weil die Gefängnisverwaltung Flüchtlinge nicht ohne Genehmigung der Einwanderungsbehörde verlegen durfte. Es wurden immer wieder Insassen verlegt! Das wußte ich doch! Wieso erzählte sie mir so etwas?

In dieser Woche ging ich auch erneut zum Arzt. Diesmal war es ein anderer als bei der allgemeinen Untersuchung. Ich hatte ein weiteres Furunkel bekommen, das immer größer und schmerzhafter geworden war, bis es schließlich aufplatzte und eiterte. Der Doktor säuberte es, tat Salbe darauf, legte einen Verband an und verschrieb mir Antibiotika. Auch diesen Arzt bat ich, mich wegen meines Asthmas zu verlegen. Nichts geschah. In dieser Woche mußte ich beinahe täglich zum Arzt oder zu einer Krankenschwester, um den Verband wechseln zu lassen. Mittlerweile hustete ich schon Blut.

Verzweifelt rief ich erneut Bowman an.

»Wann kriegen wir denn einen neuen Termin?«

»Ich weiß es nicht, Fauziya. Bis jetzt ist noch keine neue Verhandlung anberaumt worden.«

Oh nein! »Ist mein Fall denn inzwischen weitergegeben worden?«

Zu dieser Frage hatte er Neuigkeiten. Er bemühte sich, sie positiv klingend darzustellen. Mein Fall war weitergeleitet worden, aber nicht nach Baltimore, sondern nach Philadelphia. Dort würde auch meine Verhandlung stattfinden.

Ich wußte nichts über Philadelphia, aber ich hatte beängstigende Dinge über einen Richter gehört, der bei Verhandlungen in Esmor den Vorsitz gehabt hatte. Sein Name war Ferlise. Wie ich wußte, hatte er keinem einzigen Flüchtling Asyl gewährt.

»Wissen wir schon, wer der Richter sein wird?«

»Nein, Fauziya. Wir haben ja noch nicht mal einen Gerichtstermin. Rufe regelmäßig bei Rahuf an. Sobald ich was weiß, sage ich ihm Bescheid.«

Jetzt hatte ich mehr Angst als je zuvor, denn nun hatte ich zum erstenmal Grund, die Verhandlung zu fürchten. Was, wenn ich Ferlise bekam? Ich ging durch den Aufenthaltsraum zurück in meine Zelle, kletterte in mein Bett, verkroch mich unter der Decke. Fröstelnd rollte ich mich auf die Seite, von einer Kälte erfaßt, die in mir drin zu stecken schien, irgendwo in der Magengrube. Ich betete.

Layli arbeitete sich immer intensiver in meinen Fall ein und beriet sich laufend mit Bowman. So wollte sie ihn beispielsweise unbedingt einmal zu einer Asylverhandlung begleiten, bevor sie meinen Fall vertrat. Auch er hielt die Idee für gut und versprach, sie zu informieren, wenn sein nächster Fall zur Verhandlung kam.

Und es gab noch etwas anderes, worüber sie mit ihm reden mußte. Layli war einmal dabeigewesen, als Cindy Lewis ausführlich einen Mandanten befragte. Anschließend hatte Cindy sämtliche Fakten und die Chronologie seiner Geschichte zu einer eidesstattlichen Erklärung zusammengefaßt, die der Mandant durchgelesen und unterschrieben hatte. Anschließend hatte sie das Dokument zusammen mit anderen Unterlagen eingereicht. Sollte Layli auch für mich eine solche Erklärung aufsetzen? Bowman hielt das nicht für notwendig, weil Layli ja bereits sämtliche Umstände meines Falles in der Zusammenfassung dargestellt hatte und weil ich selbst vor Gericht aussagen würde. Gut, dachte Layli, ein Punkt weniger, über den ich mir Gedanken machen muß. Sie konnte sich also auf all die anderen Dinge konzentrieren, die sie zu tun hatte. Schließlich war ich ihr erster Fall, und sie wußte es nicht besser. Auch Bowman wußte es nicht besser. Er wußte nicht, welchen Richter ich bekommen würde. Er verließ sich auf seine Erfahrung, und er ging davon aus, daß ich reichlich Gelegenheit haben würde, meine Geschichte vor Gericht zu erzählen. Und Layli verließ sich auf ihn.

Layli nahm also an Bowmans nächster Asylverhandlung teil, die in Arlington in Virginia stattfand. Sie machte sich sorgfältig Notizen. Der Richter war freundlich, respektvoll, aufmerksam. Er ließ Bowman ausreichend Zeit, seinen Mandanten gründlich zu befragen, ließ dem Mann ausreichend Zeit, seine Geschichte in aller Ruhe zu erzählen und seinen Asylantrag so gut wie möglich zu begründen. Der Richter wies sogar den Anwalt der Einwanderungsbehörde zurecht, als der versuchte, den Mann einzuschüchtern. Layli war beeindruckt. So läuft das also ab, dachte sie immer wieder. Anschließend zog sich der Richter zur Entscheidungsfindung zurück. Bowman hatte getan, was er konnte, aber der Fall stand auf schwachen Beinen. Als der Richter in den Saal zurückkam, erklärte er detailliert, wie er zu seiner Entscheidung gekommen war, und gab sie dann bekannt: Asylantrag abgelehnt. Layli tat der Mann zwar leid, aber sie hielt die Entscheidung des Richters für gerecht. Das machte ihr Mut im Hinblick auf meinen Antrag. Wenn ich einen ebenso gewissenhaften und aufmerksamen Richter bekommen würde, so würde sie ihn bestimmt davon überzeugen können, daß mein Asylantrag begründet war.

Für all das brauchte Layli mich nicht, aber für den Teil ihrer Aufgabe, bei dem sie auf meine Mitarbeit angewiesen war, wünschte sie, ich wäre leichter zu erreichen. Es ist üblich, daß Anwälte ihre Mandanten auf deren Verhandlungen vorbereiten, indem sie die Fragen, die sie ihnen vor Gericht stellen werden, sorgfältig mit ihnen durchsprechen, und zwar schon einige Zeit vor der Verhandlung, damit die Mandanten sich sicher fühlen, wenn es schließlich soweit ist. Die Antworten auf die Fragen erzählen die Geschichte des Mandanten. Da ich im Gefängnis war und nicht zum Vorgespräch ins Büro kommen konnte, blieb Layli nichts anderes übrig, als mich telefonisch vorzubereiten.

Damals holte sie sich auch den Rat einer guten Freundin namens Denise Wolf, der Chefredakteurin der *Law Review*, der angesehensten Fachpublikation der Fakultät. »Medieninteresse«, empfahl Denise. »Berichte in den Zeitungen.« Layli sollte versuchen, Journalisten für meinen Fall zu interessieren. Die Sympathien der Öffentlichkeit könnten mir nützen. Denise nannte Layli den Namen einer Freundin, die als Journalistin für eine Zeitung in Philadelphia arbeitete. »Sie schreibt über Frauenthemen und könnte dir vielleicht helfen. Bestelle ihr Grüße von mir.«

Layli sprach mit Bowman darüber. Auch er war der Ansicht, daß die Medien hilfreich sein könnten. Layli rief also diese Journalistin an und hinterließ eine Nachricht auf dem Anrufbeantworter. Die Frau rief jedoch nicht zurück, und so beschloß Layli, andere Reporter von Lokalzeitungen anzurufen. Auch von denen rief niemand zurück. Ihre ersten Versuche, die Medien einzubeziehen, waren gescheitert.

Ohne auch nur zu ahnen, wie engagiert Layli an meinem Fall arbeitete, saß ich im Gefängnis, wurde von Tag zu Tag depressiver, fühlte mich vollkommen hoffnungslos und allein. Ich war in der Hölle, aber ich betete trotzdem zu Gott. Ich betete in meiner Zelle, barfuß auf einem Handtuch stehend, in der kleinen Ecke, die Bernice mir bewilligt hatte, Kopf und Haare in ein Laken gehüllt, das ich mir von den Arbeitern in der Wäscherei erbettelt hatte. Aber Gott hörte mich nicht.

Eines Sonntag morgens war ich im Hof und wartete auf Oche. Ich bat eine andere Flüchtlingsfrau aus Oches Abteilung, Oche herauszuholen.

»Oh, die ist weggebracht worden«, erwiderte die Frau. »Heute morgen.«

Oh Gott! Oche! »Wohin? Wo hat man sie hingebracht?«

»Zu ihrer Verhandlung, aber ich weiß nicht, wo die ist.«

Oche war die erste von meinen Freundinnen, die unerwartet aus York abtransportiert wurde. Danach hatte ich den Eindruck, daß fast jeden zweiten Tag ein paar Leute verschwanden. Wir vermuteten, daß sie zu ihren jeweiligen Verhandlungen gebracht wurden, aber niemand sagte uns etwas Genaues. Ich wollte mich auf meine Verhandlung vorbereiten können. Rahuf fragte oft bei Bowman nach, aber bislang war noch kein Termin festgesetzt.

Was mich aufrecht hielt, waren die dreißig Minuten, die ich jeden Morgen nach draußen auf den Hof durfte, wo ich saubere Luft atmen und mich durch Zurufe mit Sylvie, Esther und meinen anderen Freundinnen im Normaltrakt unterhalten konnte. Und die Telefongespräche. Ich zählte die Tage, bis ich Frank oder Rahuf wieder anrufen konnte.

Mittwoch, 26. Juli 1995. Der vierte Tag meiner fünften Woche in einer Raucherabteilung im Hochsicherheitstrakt. Ich nahm meine Tasse und stellte mich in die Reihe, die sich langsam vorwärtsbewegte. Eine der Frauen, die das Essen ausgaben, eine Amerikanerin, reichte mir ein Tablett und bestellte mir eine Nachricht.

»Deine Mom ist auf dem Gang. Sie wird weggebracht. Sie hat gesagt, du sollst ans Fenster kommen und nach ihr Ausschau halten. Sie will sich verabschieden.«

Sylvie! Mir blieb das Herz stehen. Ich schob mein Tablett auf den nächstbesten Tisch, rannte zum Fenster und sah den Gang hinunter in die Richtung des Warteraums, durch den Häftlinge bei der Aufnahme oder bei der Entlassung geschleust wurden.

Und da war sie. Eine Wärterin führte sie gerade heraus.

»Mom, wo gehst du hin?« rief ich, so laut ich konnte.

Sie hörte mich, wandte sich um, lächelte und rief: »Ich weiß nicht. Auf Wiedersehen, Kleines! Ich hab' dich lieb, Kleines! Ich schreibe dir.« Und dann wurde sie weggeführt.

Später ging ich wie betäubt nach draußen zum Zaun und rief jemandem im Normaltrakt zu, doch bitte Esther zu holen. Sie kam und erklärte mir, daß auch Sylvie zu ihrer Verhandlung gebracht worden war, aber sie wußte nicht, wohin. So wurde das in York gehandhabt – ja, in allen Gefängnissen, die ich kennengelernt habe. Am Morgen hatte man ihr gesagt, sie solle ihre Sachen packen. So erfuhr sie, daß sie fortging. Würde ich Sylvie je wiedersehen?

»Kasinga! Kasinga!«

Es war gegen halb fünf am Nachmittag desselben Tages.

»Kasinga! Kasinga!«

Oh Gott, was denn nun? Ich kletterte aus meinem Bett und ging hinaus in den Aufenthaltsraum. Eine Wachfrau stand im Gang. Sie winkte mich zur Tür, öffnete sie.

»Pack deine Sachen«, sagte sie. »Du wirst verlegt.«

Oh Gott, danke! Danke! Ich rannte in meine Zelle, schnappte meine Tasse, Zahnbürste und Ersatzuniform. Dann rannte ich zurück in den Aufenthaltsraum und rief lachend: »Ich werde verlegt! Ich komme in den Normaltrakt!« Wang saß an einem Tisch. Sie sprang auf und fiel mir um den Hals. »Oh, Fonsinya! Guuta!« Wang. Ich hätte sie gern mitgenommen. Aber das ging nicht. Ich umarmte sie rasch und lief dann zur Tür, wo die Wärterin darauf wartete, mich zu meinem neuen Zuhause zu führen.

Es war ein großer Schlafsaal, einer von den zwei Schlafsälen, die es in York gab. Es gab acht lange Reihen mit Etagenbetten, und hinter der letzten Reihe waren mehrere Fenster mit Blick ins Freie. Im Raum waren zirka zwei Dutzend Frauen, die auf den Betten saßen oder lagen, sich unterhielten, lasen oder einfach zum Fenster hinaussahen. Wieder auf dem Bett sitzend aus einem richtigen Fenster blicken zu können, was für ein Glück! Die Frauen waren teils Flüchtlinge, teils Strafgefangene. Aber die Strafgefangenen im Normaltrakt waren hoffentlich weniger gefährlich. Eine der ersten, die ich wiedererkannte, war Khadija. Sie war eine Muslimin aus Somalia. In Esmor hatten wir oft gemeinsam gebetet.

Sobald Khadija mich erblickte, sprang sie von dem Bett auf, auf dem sie gelegen hatte, kam auf mich zugelaufen und umarmte mich. Dann führte sie mich herum. Nach Gefängnismaßstäben war ich hier im Himmel. Auf beiden Seiten des Raumes befanden sich zwei schmale Spindreihen, ein Spind pro Person. Wir durften sogar Geld im Spind aufbewahren, falls wir welches hatten. Mein Geld aus Esmor war inzwischen hierher überwiesen worden. Hier im Normaltrakt würde ich es bei mir haben können.

Es gab ein separates Badezimmer, das man von beiden Schlafsälen aus betreten konnte. Im Badezimmer befanden sich vier Toiletten, vier Waschbecken und vier Duschen. Die Duschen hatten Vorhänge und die Toiletten Türen. Ein separates Badezimmer erschien mir nun als unglaublicher Luxus.

Die Frauen konnten nach Belieben rein- und rausgehen. Die Tür des Schlafsaals war offen. Sie wurde nur nachts geschlossen und verriegelt, sagte Khadija. Als wir zur Tür hinausgingen und niemand uns aufhielt, konnte ich es einfach nicht fassen. Zum erstenmal seit meiner Ankunft in Amerika hatte ich die Freiheit, durch eine Tür zu gehen. Die Tür führte in einen großen Aufenthaltsbereich, der von beiden Schlafsälen genutzt wurde. Ich sah normale Tische und Stühle, zwei kleine Sofas, einen Fernseher und Verkaufsautomaten. Verkaufsautomaten! Mir drehte sich alles. An einer Wand waren zwei Telefone. Man konnte immer nur zehn Minuten telefonieren, aber wenn sonst niemand wartete, konnte man erneut anrufen. Es waren aber noch immer Gefängnistelefone, und bei einem zehnminütigen Telefongespräch wurde man dreimal durch die Ansage unterbrochen, daß der Anruf aus der Strafanstalt York kam. An einer Seite gab es einen Küchenbereich mit einem Spülstein und einem Kühlschrank. Im Hochsicherheitstrakt war es uns nicht erlaubt gewesen, Essen zu verwahren, was manche aber trotzdem getan hatten. Hier jedoch durfte man Lebensmittel verwahren – Obst, Milch, Kakaopackungen. Khadija sagte, man dürfe sich beim Essen einen Nachschlag holen, ihn im Kühlschrank lagern, auf dem Herd aufwärmen und essen, wann man wollte. Wann man wollte!

Von dem großen Aufenthaltsbereich ging ein kleinerer Raum ab, in dem eine Tischtennisplatte stand, und es gab einen Fernseher und etliche Bücher. Hier würde ich die meiste Zeit verbringen, wenn ich nicht im Schlafsaal war, denn hier hielten sich auch die anderen Frauen meist auf, und es war ein Nichtraucherraum. Auch im Schlafsaal durfte nicht geraucht werden. Nur in dem großen Aufenthaltsraum war Rauchen erlaubt.

All die Freiheiten schienen mir einfach unglaublich. Man durfte Päckchen von draußen bekommen – Bücher, Zeitschriften, alles Mögliche. Es gab einen kleinen separaten Waschraum mit Waschmaschinen und Trocknern, wo man seine Wäsche selbst waschen konnte! Zwischen acht Uhr morgens und abends konnte man nach draußen gehen, wann immer man wollte und solange man wollte. Zu den Mahlzeiten und den Zählungen mußte man reinkommen, aber ansonsten hatte man freien Zugang zum Hof. Man mußte sich nur am Aufsichtsschalter abmelden. Ich konnte nach draußen! Wann immer ich wollte!

»Und wir dürfen auch Kontaktbesuch haben«, sagte Khadija. Anders als die Frauen im Hochsicherheitstrakt mußte man hier nicht in einer Kabine sitzen und sich mit Freunden oder Verwandten per Telefon durch eine Trennscheibe unterhalten. Hier durften die Frauen mit ihren Besuchern im Aufenthaltsbereich sitzen. Sie konnten einander berühren, sich umarmen, küssen. Mein Gott, das war das höchste Maß an Freiheit, das ich seit meiner Ankunft in Amerika erlebt hatte. Ich konnte mein Glück kaum fassen, daß ich im Normaltrakt sein würde, wenn Rahuf mich besuchte.

An der Wand hing eine große Uhr. Neun Uhr abends. Rahuf mußte inzwischen von der Arbeit zu Hause sein. Ich ging zum Telefon, wartete, bis ich an die Reihe kam. Ich keuchte vor Aufregung, als er sich meldete.

»Ich bin im Normaltrakt! Sie haben mich endlich verlegt! Heute!«

»Ach, Fauziya! Das ist ja toll!«

»Ich bin in einem Nichtraucher-Schlafsaal! Ich kann nach draußen! Und weißt du was? Wenn du mich jetzt besuchen kommst, müssen wir uns nicht per Telefon unterhalten!«

»Wunderbar! Ich komme diesen Samstag. Ein Freund von mir hat ein Auto. Er und ein anderer Freund bringen mich hin. Wir sehen uns in drei Tagen.«

Samstag! Diesen Samstag! Oh Gott, das war einfach zuviel. Einfach unfaßlich, unglaublich, wundervoll.

Die nächsten drei Tage verbrachte ich damit, meine neuen Freiheiten auszukosten. Ich duschte, ohne damit rechnen zu müssen, unter der Dusche weggeholt zu werden. Ich spielte Tischtennis. Ich besuchte Esther in ihrem Schlafsaal, obwohl ich das eigentlich nicht durfte. Die Frauen aus den beiden Schlafsälen sollten im Aufenthaltsbereich zusammenkommen, aber es war ihnen verboten, den jeweils anderen Schlafsaal zu betreten. Ich saß mit den anderen Frauen zusammen, plauderte, schaute aus dem Fenster, schloß neue Bekanntschaften. Ich flocht anderen Frauen Zöpfe. Ich bat eine Insassin, die ich beim Stricken beobachtet hatte, mir doch zu zeigen, wie ich einen Gürtel und einen Pullover stricken konnte. Sie schenkte mir Stricknadeln und Wolle und brachte mir das Stricken bei. Ich verwahrte Obst und Milch im Kühlschrank und aß, wann immer ich Lust dazu hatte. Ich ging nach draußen, wenn mir danach war. Ich kam wieder rein, wenn ich wollte. Es war fast wie früher im Internat.

Früher. Auch Rahuf gehörte zu diesem »Früher«. Es gab hier tägliche Besuchszeiten. Offiziell erlaubt waren höchstens drei halbstündige Besuche pro Tag, was für ein Gefängnis ziemlich liberal war. Aber nur dreißig Minuten pro Besuch! Dreißig Minuten, ganz gleich, wer der Besucher war oder wie weit er gereist war. Allerdings waren die Wärter manchmal großzügig und ließen Besucher zwei oder sogar alle drei halben Stunden am Stück bleiben. Ich hoffte, daß die Wärter am Samstag großzügig sein würden. Rahuf nahm sich extra den Tag frei, verdiente also kein Geld, das er doch so dringend brauchte, und fuhr zwei Stunden von Washington nach York in Pennsylvania. Mein gütiger, lieber, wunderbarer Vetter nahm vier Stunden Autofahrt auf sich, um vielleicht nur dreißig Minuten mit mir zu verbringen.

Rahuf kam am 29. Juli gegen drei Uhr nachmittags. Ich eilte in den Aufenthaltsbereich. Ich war schrecklich aufgeregt! Vor ungefähr zehn Jahren hatte ich ihn das letzte Mal gesehen. Hatte er sich verändert? Würde ich ihn erkennen? Würde er mich erkennen?

Ich stand mit zwei Freundinnen an der Wand, als er mit seinen beiden Freunden in den Aufenthaltsbereich kam. Rahuf. Ich erkannte ihn sofort. Er hatte ein bißchen zugenommen. Und er kam mir kleiner vor, was er natürlich nicht war. Ich war bloß größer geworden. Aber ansonsten sah er aus wie früher. Ich beobachtete ihn, wie er seinen Blick durch den Raum wandern ließ, wollte sehen, ob er mich erkannte. Nein. Er sah einfach an mir vorbei. Ich winkte ihm zu. Rahuf drehte sich zu seinem Freund um und sagte: »Wer ist das Mädchen? Sie scheint mich zu verwechseln.« Dann ging ich auf ihn zu.

Sein Blick kehrte zu mir zurück, zu dieser Fremden, die da auf ihn zukam. Ich war sehr viel größer und auch um einiges schwerer. Ich trug die häßliche blaue Gefängniskleidung, und mein Gesicht war voller Pickel. Die Monate im Gefängnis hatten mich verändert. Er starrte mich einen Moment lang an, suchte in der Gefangenen, die ihm zugewinkt hatte, das hübsche, fröhliche Mädchen, an das er sich erinnerte.

»Fauziya?« fragte er. »Bist du das?« In seinen Augen sah ich Verwirrung und Trauer. Ich senkte den Kopf, verlegen und beschämt.

»Ja, ich bin's.«

»Fauziya. Ach, Fauziya.« Er nahm meine Hand, und seine Augen füllten sich mit Tränen. Rahuf. Mein Vetter. Mein Fleisch und Blut. Mein ganzer Kummer, alles, was ich verloren hatte, all mein Schmerz und meine Angst stiegen in diesem Augenblick in mir auf. Ich brach völlig zusammen.

Als ich schließlich aufhörte zu weinen, führte er mich zu einem Tisch, wo wir uns setzten. Ich konnte seine Hand einfach nicht loslassen. Er war mein Vetter, meine Familie, meine einzige Verbindung zu dem, was ich verloren hatte. Er stellte mir seine beiden Freunde vor. Der eine kam aus Togo, der andere aus Ghana. Wir unterhielten uns, vier Menschen aus Afrika. Rahuf und ich unterhielten uns in Koussountu. Unsere Sprache. Was für ein Glück, was für eine Freude, mit einem Mitglied meiner Familie in einem Raum zu sitzen und Koussountu zu reden. Wir plauderten, und ich fing an, mich zu erinnern. Meine Erinnerungen. Sie waren nicht bloß Träume. Sie waren real! Dieser Mann war mein Vetter, und auch er erinnerte sich. Er wußte, wer ich war. Die jüngste Tochter von Alhaji Muhammad und Hajia Zuwera Kassindja. Ich war der Liebling meines Vaters, Yayas Mädchen. Ich hatte ein Leben gehabt, eine Familie, eine Kultur, ein Land, eine Identität, bevor ich nach Amerika gekommen war. Rahuf gab sie mir zurück. Rahuf gab mir mein Ich zurück.

Wir redeten und redeten, und die ganze Zeit ließ ich Rahufs Hand nicht los. Worüber redeten wir? Ich weiß es nicht mehr. Es spielte keine Rolle. Rahuf war da. Das war das einzige, was zählte. Rahuf war da, mein Blutsverwandter, und er hielt meine Hand.

Ich gab Rahuf das ganze Geld, das endlich von Esmor hierher überwiesen worden war, ungefähr 450 Dollar, als meinen Beitrag zu den Anwaltskosten. Er wollte es zuerst nicht nehmen, aber er hatte ja selbst wenig Geld.

»Fauziya, du mußt ein bißchen was für dich behalten.«

Rahuf suchte in seinen Taschen, zog ein paar zerknitterte Dollarscheine und eine Handvoll Münzen – für die Automaten – heraus und gab sie mir.

Ich nahm es. »Danke, Rahuf.«

Und dann war die Besuchszeit um. Wir standen verlegen auf, und keiner von uns wußte so recht, was er sagen sollte. Rahuf blickte mich zärtlich an.

»Ich werde versuchen, dich wieder zu besuchen, Fauziya«, sagte er. »Aber ich weiß nicht, wann. Du verstehst schon, die Arbeit und so.«

»Ich verstehe das, Rahuf. Ist nicht schlimm, wirklich. Du bist heute gekommen. Das allein zählt. Ich kann dir gar nicht sagen, wieviel mir das bedeutet. Ich weiß nicht, wie ich dir danken soll. Gott segne dich.«

»Dich auch, Fauziya. Ich werde für dich beten. Meinst du, du kommst hier klar?«

»Ja, jetzt ja. Das Wiedersehen mir dir...« Es gab keine Worte dafür. Ich konnte es ihm nicht sagen. Aber er verstand es. Das sah ich in seinen Augen. Er lächelte. »Ich komme schon zurecht.«

Er zog mich an sich, und wir umarmten uns. Und dann war er fort.

Ich ging zurück in meinen Schlafsaal und legte mich aufs Bett. Glücklich. Alles würde gut werden, so, wie Yaya es versprochen hatte. Ich hatte wieder Hoffnung und Zuversicht. Ich war nicht mehr im Hochsicherheitstrakt. Rahuf hatte mich besucht. Das Blatt wendete sich allmählich. Allah hatte meine Gebete nun doch erhört. Er war barmherzig gewesen. Das Schlimmste lag hinter mir. Da war ich sicher.

So sicher, so sicher...

24
Lehigh

Am Mittwoch, dem 26. Juli, war ich nachmittags aus dem Hochsicherheitstrakt verlegt worden. Zum erstenmal seit meiner Ankunft in York, eigentlich zum erstenmal seit der Gefängnisrevolte, war ich glücklich und voller Hoffnung. Das sollte sich schon eine Woche später ändern.

»Aufwachen.« Eine Hand rüttelte mich an der Schulter. »Los, aufstehen.«

Ich öffnete die Augen. Es war noch dunkel. Eine Wärterin stand neben meinem Bett.

»Los, aufstehen. Pack deine Sachen. Du wirst verlegt.«

»Wohin?«

»Ich weiß nur, daß du deine Sachen packen sollst.«

Nein, dachte ich. Sie hat das falsche Bett erwischt. Sie hat mich verwechselt. Meine Verhandlung ist noch nicht so bald. Ich habe gerade mit Rahuf gesprochen. Ich habe noch keinen Termin.

»Verzeihung, aber das muß ein Irrtum sein«, sagte ich.

»Keine Diskussionen. Du stehst auf der Liste. Mach schon.«

Ich fing an zu weinen, tat aber wie geheißen. Ich stand auf, wusch mich rasch und zog mich an. Dann ging ich zu Dulcies Bett und weckte sie.

Sie zuckte zusammen, sah mich weinend neben ihrem Bett stehen und setzte sich auf. »Fauzy, was ist?«

»Ach, Dulcie! Sie bringen mich weg!« Jetzt wachten allmählich auch die anderen auf. Khadija half mir packen, und ich schenkte ihr die Münzen, die Rahuf mir für die Automaten gegeben hatte. Dann ging ich noch rasch in den anderen Schlafsaal und weckte Esther. Ich gab ihr Rahufs Telefonnummer und bat sie, ihn für mich anzurufen. Als ich in meinen Schlafsaal zurückkehrte, umarmte

Khadija mich und küßte mich auf die Wange. Alle wünschten mir Glück.

»Gehen wir!« rief die Aufseherin, und ich eilte zur Tür.

Sie führte mich und eine andere Frau aus Esmor namens Juliet in den Warteraum. Juliet kam aus Tansania. Sie war groß, hübsch, dunkelhäutig und hatte langes, schwarzes Haar. Sie war erst siebzehn.

»Wohin bringen sie uns?« fragte sie mich. Ihre Stimme bebte.

»Wahrscheinlich zu unseren Verhandlungen«, sagte ich, um sie zu beruhigen.

»Aber ich hab' doch noch nicht mal einen Anwalt«, entgegnete sie.

Man brachte uns das Frühstück. Wir bekamen beide kaum einen Bissen runter. Ich aß einen Apfel, konnte aber die Pfannkuchen und die Corn-flakes nicht essen. Ich war zu nervös. Während ich wartete und betete, überschlugen sich meine Gedanken. Was, wenn meine Verhandlung heute war? Mein Gott, vielleicht kam ich heute frei! Alles könnte heute vorbei sein! Ich könnte heute vielleicht aus einem Gerichtssaal spazieren und müßte nie wieder ein Gefängnis betreten!

Die Tür ging auf. »Okay, dann mal los.« Der Wachmann führte uns in den Vorraum, wo INS-Beamte uns Handschellen anlegten, bevor sie uns zu dem kleinen Bus brachten. James, mein Freund aus Esmor, der uns bei dem Aufstand geholfen hatte, und ein anderer Mann saßen bereits im Wagen. Ich sah, daß James Narben im Gesicht hatte. Von den Verletzungen, die er bei dem Aufstand erlitten hatte.

Es war früh morgens am Mittwoch, dem 2. August 1995. Am 7. Dezember 1994 war ich in Amerika angekommen. Seit fast acht Monaten war ich in diesem Land und die ganze Zeit im Gefängnis. Jetzt war ich unterwegs zu meinem vierten Gefängnis. Wir fuhren zwei Stunden, drei Stunden, ich weiß nicht, wie lange. Und dann kamen wir am Gefängnis von Lehigh County an. Wir mußten die übliche Aufnahmeprozedur über uns ergehen lassen. »Ausziehen, hinhocken, husten.« Wir duschten. Wir wurden mit Desinfektionsmittel eingesprüht. Wir bekamen saubere Gefängniskleidung, diesmal war sie braun, Laken und Handtücher. Wir wurden gemessen und gewogen. Ich wog 72,5 Kilo. Man nahm unsere Fingerabdrücke und machte Fotos von uns. Unsere Erkennungsarmbänder von York wurden abgeknipst und durch neue Lehigh-Armbänder mit unseren Fotos ersetzt. Und dann saßen wir da und warteten darauf, in unsere Zellen geführt zu werden. An der Wand des Warteraumes war ein Telefon.

Ich rief Bowman per R-Gespräch an.

»Fauziya! Wo sind Sie?«

»Ich bin in Lehigh. Sie haben mich verlegt und gesagt, meine Verhandlung soll heute sein!«

»Ja, ich habe es gerade erfahren.«

»Sie wissen es? Seit wann? Warum hat mir keiner was gesagt?«

»Beruhigen Sie sich, Fauziya. Die Verhandlung ist nicht heute.«

Mir drehte sich alles. »Ich verstehe gar nichts mehr«, sagte ich. »Ist sie nun heute oder nicht?«

»Nein.« Bowman sagte, er sei gerade informiert worden, daß die Verhandlung heute sein sollte. »Ich habe denen gesagt, daß sie vertagen müssen.« Er hatte schon einen anderen Verhandlungstermin für den heutigen Tag. »Sie müssen mir bis nächste Woche Zeit lassen«, sagte er.

»Wann nächste Woche?«

»Das weiß ich noch nicht. Aber sie werden mich verständigen.«

Benommen legte ich auf, ging zurück zur Bank und setzte mich neben Juliet. Ein Wärter befahl Juliet und mir aufzustehen. Man gab uns einen Passierschein und eine Wegbeschreibung zu unserem Zellentrakt. Als wir dort ankamen, war der Aufenthaltsbereich völlig menschenleer. Anscheinend war gerade Ruhezeit. An zwei Wänden waren die Zellentüren. Die Wärterin, die uns hereinließ, zeigte uns unsere Zellen. Meine war in der Ecke, direkt gegenüber der Wachkabine. Juliets Zelle war gleich nebenan. Mir zog sich der Magen zusammen, als ich meine sah. Die Zellentür hatte in Kopfhöhe eine schmale, vergitterte Öffnung und unten eine kleine Metallklappe. Es war eine Einzelzelle. Warum steckten sie mich da rein?

Der winzige, klaustrophobische Raum hatte Betonwände mit einem kleinen Fenster in der hinteren Wand, genau wie die Isolationszelle in Esmor. Gleich hinter der Tür links stand ein Metallbett, und an der rechten Wand war ein Metallregal angebracht. Außerdem stand rechts ein Metalltisch mit Stuhl, und in der hinteren rechten Ecke waren Toilette und Waschbecken. Während ich mein Bett bezog, kam eine Wärterin und erklärte, daß die ganze Abteilung aus Einzelzellen bestand.

»Bitte«, sagte ich. »Ich habe doch nichts getan. Warum muß ich denn hier sein?«

»Tut mir leid«, sagte sie. »Vorschriften. Nur für ein paar Tage, bis

Sie Ihre medizinische Untersuchung hinter sich haben. Die muß zuerst gemacht werden. Damit sich hier keine ansteckenden Krankheiten ausbreiten.«

Nachdem sie wieder fort war, sah ich mich in Ruhe um und bemerkte Dinge, die mir zunächst nicht aufgefallen waren. In der Wand war eine Sprechanlage. Und das kleine Fenster ging auf eine Straße hinaus, so daß ich Autos und Häuser sehen konnte. Ich setzte mich auf das Bett, wieder eine dünne, harte, knisternde Matratze. Durch die Wand hörte ich, daß in Juliets Zelle ein Fernseher lief. Über die Sprechanlage fragte ich die Wachfrau, ob ich auch einen haben könnte. Sie sagte, sie würde mir einen Apparat bringen, sobald einer frei würde.

Nun ja, vielleicht war es so schlimm doch nicht. Zumindest gab es ein Fenster. Ich war allein in der Zelle, aber das war immer noch besser als mit einer Raucherin. Und der Trakt war wohltuend ruhig.

Es stellte sich heraus, daß Juliet und ich unsere Zellen verlassen durften, um mit den anderen Insassinnen im Aufenthaltsbereich unsere Mahlzeiten einzunehmen. Kurz nach dem Abendessen plärrte der Lautsprecher in meiner Zelle: »Miss Kasinga. Kommen Sie in die Sanitätsstation.« Das Türschloß klickte, und ich konnte die Tür öffnen. Als ich aus meiner Zelle trat, kam Juliet aus ihrer, und wir gingen gemeinsam in die Sanitätsstation. Ich mußte also die dritte medizinische Untersuchung seit meiner Ankunft in Amerika über mich ergehen lassen, meine zweite in etwas mehr als einem Monat.

Die Krankenschwester stellte mir einige Fragen und füllte ein paar Formulare aus. Ich sagte ihr, daß ich asthmakrank sei. Aber ich weiß nicht mehr, ob ich meinen Husten erwähnte und daß ich ein paarmal Blut gespuckt hatte. Nach meiner Verlegung in den Nichtraucher-Schlafsaal war mein Husten besser geworden, und ich mußte mich auch nicht mehr so oft übergeben, daher dachte ich eigentlich nicht mehr daran. Die Schwester nahm mir Blut für einen erneuten HIV-Test ab, machte einen weiteren TB-Test und klebte dann ein großes, viereckiges, rosafarbenes Pflaster auf die Einstichstelle an meinem Oberarm. Ich fragte mich, was wohl diesmal geschehen würde. Bei dem ersten TB-Test in Esmor war mein Arm hinterher angeschwollen. Aber die Krankenschwester dort hatte mir gesagt, daß das schon mal vorkam. Manche Leute reagierten einfach überempfindlich, aber das mußte nichts heißen. Bei dem TB-Test in York hatte ich überhaupt keine Reaktion gezeigt.

Als ich ging, sagte mir die Schwester noch, daß ich das Pflaster nicht abnehmen dürfe. »Wir rufen Sie dann am Freitag wieder«, erklärte sie.

Donnerstag, 3. August, mein zweiter Tag in Einzelhaft, war Laylis letzter Arbeitstag bei Bowman. Er erzählte ihr, daß ich nach Lehigh verlegt worden war, daß er aber noch keinen Gerichtstermin für mich hatte. Wieder hieß es: herumtelefonieren und warten und herumtelefonieren. Layli wollte mich noch immer bei der Verhandlung vertreten, obwohl sie nicht mehr für Bowman arbeitete. Er war einverstanden. Sie sagte ihm, daß sie kommende Woche zu Hause Urlaub machen würde und dann ab dem 13. August tagsüber an der Uni wäre, wo Besprechungen für die juristische Fachzeitschrift stattfanden und sie ihre Teilzeitstelle als wissenschaftliche Hilfskraft antrat. Am 21. August fingen die Seminare wieder an. Layli hatte vor, eine Woche nach Semesterbeginn für zwei Wochen nach Peking zu fliegen, um dort an der Vierten Weltfrauenkonferenz der Vereinten Nationen teilzunehmen. Sie wollte am Sonntag, dem 27. August, fliegen und am Dienstag, dem 12. September, zurückkommen. Sie und ihre Mutter sollten als Mitglieder einer Bahai-Delegation an dieser Konferenz teilnehmen. Dadurch verpaßte sie zwar zwei Wochen lang ihre Seminare, aber sie meinte, daß sie das schon irgendwie nachholen könnte. Die Chance, an einer UN-Frauenkonferenz in Peking teilzunehmen, würde sich ihr so schnell nicht wieder bieten.

Aber mein Verhandlungstermin bereitete ihr wirklich Sorgen. Was, wenn sie gerade dann in China war? Bowman bemühte sich noch immer um einen Termin für die kommende Woche, aber die Chancen standen schlecht. Damit blieben dann nur noch zwei Wochen bis zu Laylis Abflug. Sie bat Bowman, ihr sofort Bescheid zu geben, wenn er den Termin erfuhr.

Freitag, der 4. August, war Laylis erster Ferientag. Es sollte eigentlich auch mein erster Tag in begrenzter Freiheit werden. Am Nachmittag wurde ich wieder über Lautsprecher in die Sanitätsstation beordert. Ich nahm meinen Passierschein, und Juliet und ich zogen erneut los. Wir freuten uns! Keine Isolation mehr! Nach dem Gesundheitscheck würden sie uns verlegen. Wir nahmen im Wartezimmer Platz.

»Wir können ja fragen, ob wir in eine Zelle dürfen«, sagte ich zu Juliet.

»Meinst du?«

»Keine Gespräche«, sagte eine der Wärterinnen.

»Fragen können wir doch«, sagte ich.

»Keine Gespräche!«

Juliet wurde als erste hereingerufen. Sie kam strahlend zurück. »Alles klar!«

Ich war dran. Ich ging ins Behandlungszimmer. Die Krankenschwester bedeutete mir, Platz zu nehmen. Ich setzte mich. Sie zog das Pflaster von meinem Arm.

»Hmmm«, sagte sie.

Hmmm? Ich sah hin. Mein Arm war um die Einstichstelle herum geschwollen und grünlich verfärbt.

Die Schwester untersuchte meinen Arm genau. »Könnte auch einfach eine überempfindliche Reaktion sein«, sagte sie.

»Das hatte ich schon mal.«

»Eine Schwellung?«

»Ja. Beim ersten Mal in Esmor. Aber die ist wieder weggegangen.«

»Tja«, sagte sie. »Ist wahrscheinlich harmlos, aber wir müssen eine Röntgenaufnahme machen, um ganz sicherzugehen.«

Sie konnten erst am Montag röntgen, und dann würde es noch mal gut drei Tage dauern, bis das Ergebnis vorlag. In der Zwischenzeit durfte ich nicht mit den anderen Insassinnen zusammenkommen. Das bedeutete weitere fünf Tage in Isolation. Und ich durfte auch nicht mehr meine Mahlzeiten mit den anderen einnehmen.

Als ich zurück in meinen Trakt kam, reichte mir die Wärterin an der Tür einen weißen Mundschutz aus Papier, mit langen Bändern daran. »Aufsetzen«, sagte sie, bevor sie sich wieder in ihre Kabine zurückzog. Es war ein Mundschutz, wie ich ihn schon im Fernsehen bei Chirurgen gesehen hatte. Aber ich hatte keine Ahnung, wie er zu benutzen war. Ich hielt das Ding noch in der Hand, als die Wärterin mir per Lautsprecher aus ihrer Kabine schneidend zurief: »Aufsetzen!« Ihr Kommando traf mich wie eine Ohrfeige. Dann – peng! – war ich wieder in meiner winzigen Zelle. Da das vergitterte Türfenster direkt auf die Kabine der Wärterin ging, konnte sie mich beobachten. Als sie sah, daß ich den Mundschutz noch immer nicht trug, schrie sie mich erneut an: »Leg den Mundschutz an!«

»Ich weiß nicht, wie!«

»Die Bänder werden hinter dem Kopf verknotet«, schrie sie. Da saß ich nun also allein in meiner winzigen Zelle und atmete durch einen Mundschutz. Es war erstickend. Es war lächerlich! Schließlich war hier niemand außer mir! Ich nahm ihn ab. Die Wärterin kam aus der Kabine. Sie spähte durchs Fenster. Der Mundschutz lag neben mir auf dem Bett. Ich nahm ihn in die Hand, stand auf und machte einen Schritt auf die Tür zu.

»Zurück!« schrie sie. »Bleib vom Fenster weg!«

Schockiert taumelte ich zurück. Mein Gott! Sie hatte Angst vor mir! Panik, mir zu nahe zu kommen!

»Nein, in der Zelle mußt du das nicht tragen!« rief sie. »Aber setz es auf, bevor du an die Tür kommst! Es soll sich niemand anstecken!« Sie ging weg.

Ich war sprachlos, bestürzt. Anstecken? Ich hatte keine ansteckende Krankheit! Ich hatte eine überempfindliche Reaktion auf meinen TB-Test gehabt, mehr nicht. Hatte die Krankenschwester ihr das nicht gesagt? Aber warum hatte sie solche Angst vor mir?

Mittagessen. Die Klappe unten in der Tür wurde geöffnet und ein Papptablett hereingeschoben. Ich sah kein Gesicht. Ich sah noch nicht mal eine Hand. Ich ging zur Tür und bückte mich, um mit der Person auf der anderen Seite zu sprechen, während die Klappe noch auf war.

»Verzeihen Sie ...«

»Zurücktreten!« rief eine Frauenstimme. »Zurücktreten, bis ich die Klappe geschlossen habe.«

Zurücktreten! Was sollte das? Ich nahm das Essenstablett und wich von der Tür zurück, und die Wärterin schloß die Klappe mit einem lauten Knall. »Wirf es einfach in den Müll, wenn du fertig bist. Wirf einfach alles weg«, schrie sie im Weggehen.

Sie behandelten mich wie ein aussätziges Tier im Käfig. Ich ging zurück zu meinem Bett, setzte mich und fing an zu weinen. Warum taten sie mir das an? Ja, natürlich. Ich hatte eine ansteckende Krankheit.

Ich lag auf dem Bett und starrte an die Decke. Montag, hatte die Krankenschwester gesagt. Am Montag würden sie mich röntgen. Der Sonntag kam und ging. Der Montag kam und ging. Der Dienstag kam und ging. Einmal am Tag wurde ich herausgelassen und durfte zehn Minuten lang duschen. Den Rest der Zeit blieb ich in meiner Zelle. Ich bekam keine Kleidung zum Wechseln. Zahncreme und Seife gingen zur Neige, und wie oft ich auch um neue bat, ich bekam keine. Die Wärterinnen versprachen es, aber es geschah nichts. Manchmal versuchte ich fernzusehen, um alles andere zu vergessen, um die Panik niederzukämpfen. Der Empfang war schlecht, und ich bekam nur einen Sender rein. Aber ich mußte Stimmen hören, menschliche Stimmen. Ich ertrug die Einsamkeit nicht. Ich spürte, wie ich allmählich durchdrehte, immer panischer wurde. Wieso kam mich niemand holen? Was stimmte nicht mit mir? Würden sie mich in alle Ewigkeit hier drinlassen?

Mittwoch. Ich drückte den Knopf an der Sprechanlage.

»Ja?«

»Fragen Sie bitte in der Sanitätsstation nach! Ich sollte geröntgt werden!«

»Okay. Später.«

»Nein! Jetzt! Bitte! Fragen Sie jetzt nach!«

»Okay, okay. Moment.«

Kurz darauf verkündete die Stimme über die Sprechanlage in meiner Zelle: »Du mußt in die Sanitätsstation! Du mußt geröntgt werden.«

»Ich weiß«, sagte ich. »Ich sollte eigentlich schon am Montag geröntgt werden.«

»Sie haben gesagt, das hätten sie auch gemacht, aber du hättest dich geweigert.«

Das war doch wohl ein Scherz! »Wie kommen Sie darauf? Mich geweigert? Wie kann ich mich denn weigern? Ich sitze hier in der Zelle, und niemand ist hier gewesen!«

»Tja, das haben sie aber gesagt!«

»Dann lassen Sie mich jetzt gehen. Ich gehe sofort.«

Im Nu öffnete eine Wärterin die Tür, ließ mich heraus und stellte mir einen Passierschein aus. Mit dem Mundschutz marschierte ich schnurstracks zur Sanitätsstation. Ein Techniker machte eine Röntgenaufnahme von meiner Lunge. Ich war noch nie in meinem Leben geröntgt worden. Ich mußte mir eine kalte Metallplatte vor die Brust halten. Dann trat er hinter einen Wandschirm. »Stehen Sie ganz ruhig«, sagte er. »Nicht atmen.« Ich hielt die Luft an. »Okay, das war's.« Das war alles? »In drei oder vier Tagen müßten wir das Ergebnis haben«, sagte er. Ganz beiläufig. Nur drei oder vier Tage. Tage, die ich allein in einer winzigen Zelle verbringen mußte!

Donnerstag kam und ging. Und Freitag. Und Samstag. Und Sonntag.

Am Montag drückte ich den Knopf an der Sprechanlage.

»Ja.«

»Bitte, ich möchte ein Antragsformular für die Sanitätsstation.«

Die Klappe in meiner Zellentür öffnete sich. Eine Hand griff hindurch und ließ ein paar Formulare auf den Boden fallen.

»Warten Sie, bitte!«

»Wirf's einfach durchs Fenster!«

Ich füllte einen Vordruck aus: *Ich möchte bitte das Ergebnis meiner Röntgenuntersuchung wissen.* Ich warf das Blatt durchs Fenster. Ich wartete und wartete und wartete. Nichts geschah. Ich blieb, wo ich war.

Am Dienstag füllte ich ein weiteres Formular aus. Ich behielt die Klappe unablässig im Auge, wartete, daß sie sich öffnete. Als sie es schließlich tat, rannte ich ans Fenster, steckte meine Nase zwischen den Gitterstäben hindurch und rief: »Bitte! Rufen Sie die Sanitätsstation an!«

»Weg vom Fenster!« Eine Wärterin stand vor der Tür.

»Bitte! Ich will das Ergebnis der Röntgenuntersuchung wissen! Ich muß es wissen!«

»Zurücktreten!«

»Fragen Sie nach! Irgend jemand muß für mich nachfragen! Wenn ich schwer krank bin, dann geben Sie mir Medizin!«

»Okay! Okay! Gedulde dich!«

Ich war jetzt seit fast zwei Wochen in Isolation. Zwei Wochen ohne jeden Kontakt zu anderen Menschen, mit Ausnahme meiner Besuche in der Sanitätsstation. Niemand kam auch nur in die Nähe meiner Zelle, höchstens um Tabletts mit Essen durch die Türklappe zu schieben. Ich hatte niemanden, mit dem ich reden konnte, niemanden außer mir selbst und den verschwommenen Phantomen in dem Schwarzweißfernseher. Ich ließ den Fernseher rund um die Uhr laufen.

Die Wärterin kehrte zurück. Sie war wütend. »Hör mal, erzähl mir keinen Blödsinn.«

»Verzeihung«, sagte ich, »aber ich weiß nicht, was Sie meinen.«

Sie hatte bei der Sanitätsstation nachgefragt. Es gab keine Röntgenaufnahme von mir. Und angeblich hatte es auch nie eine gegeben.

Ich wurde hysterisch. »Sie lügen! Ich bin geröntgt worden! Ich war da! Bringen Sie mich hin! Ich zeig' Ihnen, wer die Aufnahme gemacht hat!«

Die Wärterin drehte sich um und ging.

Ich sank gegen die Wand und rutschte zu Boden. Ein Großteil der folgenden Tage und Nächte sind fast völlig aus meinem Gedächtnis gelöscht. Ich erinnere mich an Bruchstücke, Fragmente. Ich weiß noch, daß ich vor dem Metallwaschbecken stand, mein eigenes verzerrtes Spiegelbild in dem welligen Metallspiegel anstarrte, mit mir selbst sprach. Ich stand da, sah, wie mir Tränen über das verzerrte Gesicht rannen, um dann in hysterisches Gelächter auszubrechen. Ich wurde verrückt.

Meine Verhandlung. Irgendwann kam ich plötzlich wieder so weit zu Verstand, daß ich mich an die Verhandlung erinnerte. Ich sollte doch eine Verhandlung bekommen, oder? Wann? Letzte Woche? Diese Woche? Nächste Woche? Welcher Tag war heute? Welche Woche? Oh Gott, ich mußte Bowman anrufen! Ich drückte den Knopf an der Sprechanlage.

»Ich muß meinen Anwalt anrufen! Ich muß wissen, wann meine Verhandlung ist!«

»Okay. Einen Moment.«

Eine Wärterin rief durch die Sprechanlage: »Leg deinen Mundschutz an.«

Mein Mundschutz. Inzwischen hatte ich mehrere davon. Ich legte einen an. Von der Kabine aus öffnete die Wärterin die Tür und ließ mich heraus. Im Aufenthaltsraum saßen einige Frauen an den Tischen und spielten irgendwas. Als ich auf das Telefon zuging, rief die Wärterin über Lautsprecher: »ALLE ZURÜCKTRETEN! Eine TB-Kranke kommt! Eine TB-Kranke kommt!« Was sagte sie denn da? Sie erklärte mich förmlich zum Ungeheuer! Ich riß den Mundschutz ab, rannte weinend und hochrot vor Scham zurück in meine Zelle, knallte die Tür zu und fing an, mit dem Kopf gegen die Wand zu schlagen.

Gott ließ mich nicht sterben. Er ließ mich weinen und schreien, bis ich nur noch auf dem Boden der Zelle lag, matt, entkräftet, wimmernd, zitternd. Aber er hielt mich am Leben. Doch ich konnte nichts mehr essen. Die Wegwerftabletts blieben unberührt auf dem Boden stehen, bis ich sie in den Müll warf. Selbst den Anblick von Essen konnte ich nicht mehr ertragen. Der bloße Geruch war mir zuwider.

Und dann hörte ich eine Stimme. Eine tiefe, harte Frauenstimme. »Fonzie! Fonzie!«

Diese Stimme. Wo kam sie her? Ich rappelte mich auf und blinzelte durch das Fenster in der Zellentür. Da war ein Gesicht auf der anderen Seite, eine Nase, die sich durch die Gitterstäbe reckte. Ich rieb mir über die verquollenen Augen, sah erneut hin. Das Gesicht war noch immer da.

»Fonzie!«

Ich kannte diese Stimme! Dieses Gesicht!

»Nadine!« Es war Nadine, die Jamaikanerin aus meinem Schlafsaal in Esmor.

»Weg von der Tür!« rief eine Wärterin aus der Aufsichtskabine.

Die Nase verschwand. »Ruuuhe!« rief Nadine der Wärterin zu. Die Nase tauchte wieder auf. Ich lachte. Typisch Nadine! Aber woher wußte sie, daß ich hier war?

»Fonzie! Komm her, Kleines. Komm und sprich mit mir.«

»Weg von dem Fenster! Du steckst dich bei ihr an!«

»Ruhe! Sie ist überhaupt nicht krank!«

Nadine! Kein Zweifel, Nadine, wie sie leibt und lebt!

»Mundschutz anlegen!« befahl die Wärterin aus ihrer Kabine.

Ich wollte den Mundschutz anlegen.

»Laß das dämliche Ding weg!« befahl Nadine.

Ich nahm den Mundschutz ab, lachend. Nadine!

»Weg von dem Fenster!« ertönte es erneut.

Nadine achtete nicht darauf. »Was machen die denn mit dir, Kleines?«

Ich erzählte ihr, was sie mit mir gemacht hatten, was sie immer noch mit mir machten. Ich erzählte ihr, daß ich nicht mehr wußte, was ich denken sollte. Vielleicht war ich ja wirklich krank.

»Geben sie dir Medizin?«

»Nein.«

»Fühlst du dich krank?«

»Nein.«

»Scheiiiße. Du bist nicht krank. Die verarschen dich nur. Ich war in Esmor mit dir im selben Schlafsaal. Wenn du krank wärst, wäre ich es auch. Ich bin nicht krank. Und du auch nicht. Alles Schikane. Du solltest die verklagen, daß denen Hören und Sehen vergeht.«

Und dann fing sie an, mir vorzusingen. Nadine wußte, wie sehr ich Musik und Tanzen liebte, deshalb sang sie, um mich aufzumuntern.

Ich lachte! Nadine! Gott segne sie! In Esmor hatte ich immer ein wenig Distanz zu ihr gehalten, weil sie mir zu grob und ordinär vorkam. Nadine! Ich weiß nicht, woher sie wußte, daß ich hier war, aber sie wußte es. Und sie kam zu mir. So grob und ordinär sie auch war, sie kam zu mir und durchbrach den Strudel aus Wahnsinn, der mich allmählich in die Tiefe zog. Nadine warf mir eine Rettungsleine zu. Möge Allah sie segnen. Sie brachte mich wieder zur Besinnung, gerade lange genug, um mir meine irrsinnige Situation klar zu machen. Ich war nicht krank! Sie hatte recht! Wenn ich krank wäre, hätte ich es gespürt.

Schließlich befahl die Wärterin, daß Nadine auf der Stelle vom Fenster wegtrat, und sie mußte gehen.

Und dann war wieder Morgen. Die Klappe in meiner Zellentür öffnete sich. Wieder wurde ein Wegwerftablett hindurchgeschoben. Aber diesmal drehte ich durch. Ich warf mich gegen die Tür, kreischte, trat das Tablett zur Seite, umklammerte die Gitterstäbe des Fensters und fing an, den Kopf gegen die Tür zu schlagen, aus vollem Halse brüllend: »Laßt mich hier raus! Laßt mich rauuuuuuuuuus!«

Sie taten es. Am Montag, dem 21. August 1995. Der Morgen des zwanzigsten Tages meiner Isolationshaft. Ich war neunzehn Tage in einer winzigen Zelle aus Beton und Metall eingesperrt gewesen, unablässig bemüht, jemanden zu finden, der mit mir sprach, mir zuhörte, meine Röntgenaufnahme suchte, sie überprüfte, mir sagte, ob ich krank war, und mich rausließ, wenn ich es nicht war. Am Morgen des zwanzigsten Tages, als ich komplett durchdrehte, ließen sie mich raus.

Von der Kontrollkabine aus entriegelte eine Wärterin die Tür und winkte mich aus der Zelle. »Du mußt zur Sanitätsstation«, sagte sie. Als ich dort ankam, fragte mich eine Krankenschwester, warum ich da sei.

»Ich weiß es nicht«, antwortete ich.

Sie schaute in einigen Unterlagen nach und murmelte irgend etwas von einer Überempfindlichkeitsreaktion auf einen TB-Test. Kein Wort über die Ergebnisse einer Röntgenaufnahme. Auch kein Wort davon, daß eine solche Aufnahme gemacht werden müßte. Sie sagte nur etwas von einer allergischen Hautreaktion. »Ach, so was passiert schon mal.«

»Kommen Sie bitte mit.« Ich folgte ihr in ein anderes Zimmer. »Auf die Waage bitte.« Ich stellte mich auf die Waage. Sie schob ein paar Gewichte hin und her, schrieb etwas auf ein Klemmbrett. »Neunundfünfzig«, sagte sie.

Nein. Das konnte nicht stimmen.

»Könnten Sie dann mein Gewicht bitte noch mal überprüfen?«

Wieder schob sie die Gewichte hin und her.

»Es stimmt«, sagte sie. »Neunundfünfzig.«

Neunundfünfzig. Bei meiner Einlieferung am 2. August, hatte ich 72,5 Kilo gewogen. In den neunzehn Tagen Isolationshaft hatte ich dreizehneinhalb Kilo abgenommen.

Aber das war jetzt vorbei. Man beschrieb mir, wo ich hinmußte, nannte mir meine Zellennummer und schickte mich in einen anderen Zellentrakt. Als ich in den Aufenthaltsraum meiner neuen Abteilung trat, hielt ich den Kopf gesenkt, bemüht, mich unsichtbar zu machen. Ich wollte nicht gesehen werden. Ich hatte über dreizehn Kilo abgenommen. Meine Augen waren verquollen vom vielen Weinen. Ich war ein dürres Wrack mit geschwollenem Gesicht.

»Fauziya!«

Ich blickte nach rechts.

Oche! Da war Oche. Sie telefonierte gerade, legte aber sofort auf, kam zu mir und umarmte mich.

»Oh, Fauziya!« Oche begleitete mich zu meiner Zelle. »Fauziya, was ist passiert? Was haben die mit dir gemacht?« Ich bemerkte, daß sie weinte.

»Alles okay, Oche. Ich bin okay.«

Ich war okay und am Leben. Ich hatte die Isolationshaft überstanden oder das, was man in Lehigh die *Abteilung Verhaltensanpassung* nannte: »A.V.«

Ich betrat meine Zelle, die etwa genauso groß war wie die in der A.V., und fing an, das unbenutzte obere Bett zu beziehen. Kurz darauf kam meine Zellengenossin herein. Gott sei Dank, es war Alma, eine Haitianerin, die ich von Esmor her kannte. Sie war eine dunkle, untersetzte Frau, ungefähr Anfang Vierzig. Sie begrüßte mich warmherzig in ihrem gebrochenen Englisch, und wir versuchten, uns ein wenig zu unterhalten.

Nachdem mein Bett gemacht war, verließ ich die Zelle. Ich mußte herausfinden, wann meine Verhandlung war. Das letzte Mal hatte ich am Morgen des zweiten August mit Bowman gesprochen. Nächste Woche, hatte er damals gesagt. Das war fast drei Wochen her. Hatte er den Termin bekommen? Hatte ich meine Verhandlung erneut verpaßt? Würde ich überhaupt je eine haben? Oder war das jetzt mein Leben: von Gefängnis zu Gefängnis verfrachtet zu werden, ohne Vorankündigung und ohne Begründung, und ohne gesagt zu bekommen, wohin ich kam, und auf eine Verhandlung zu warten, die niemals stattfinden würde?

Ich beschloß, zunächst Rahuf anzurufen. Wahrscheinlich hatte er Kontakt zu Bowman gehalten, und Bowman war oft schwer zu erreichen. Rahuf war zu Hause.

»Fauziya! Gott sei Dank! Was ist passiert? Warum hast du nicht angerufen?«

Mein einziger Wunsch war, die vergangenen neunzehn Tage aus meinem Gedächtnis zu streichen. »Ich konnte nicht«, sagte ich. »Ich war in der A.V.« Dabei ließ ich es bewenden.

Rahuf fragte nicht weiter nach. »Ruf Bowman an«, sagte er. »Er wartet auf deinen Anruf. Du hast einen Termin, Fauziya!«

»Wann?«

»Ich glaube, bald. Ruf Bowman an.«

Ich legte auf, ohne mich auch nur zu verabschieden, und rief Bowman an. In vier Tagen, sagte er, als ich ihn erreichte. Meine Verhandlung war am kommenden Freitag.

»Muß ich irgendwas machen?«

»Ja. Erinnern Sie sich noch an die junge Frau, mit der Sie gesprochen haben, als Sie in Esmor waren?«

» Layli? Ja, ich erinnere mich an sie.« Sehr gut sogar.

»Layli wird Sie vor Gericht befragen, und sie möchte gerne mit Ihnen sprechen. Sie möchte die Fragen vorher mit Ihnen durchgehen, damit Sie genau wissen, was Sie vor dem Richter sagen sollen.«

»Okay.« Das leuchtete mir ein. »Ist sie da?«

»Nein. Rufen Sie morgen gegen sechs wieder an. Dann wird sie da sein, okay?«

Als ich auflegte, war ich ganz benommen. Oche ergriff meine Hand. »Alles okay, Fauziya?« Ich sah sie an. Meine Freundin.

»Ach, Oche.« Ihre Verhandlung würde bald sein, und meine auch. Vielleicht würden wir beide bald frei sein, aus dem Gefängnis sein, falls es Allahs Wille war. Ich fiel ihr um den Hals, lachte und weinte zugleich. »Ach, Oche! Ich habe einen Verhandlungstermin! Ich habe einen Termin!«

Den Rest des Tages verbrachte ich damit, mich, so gut es ging, von der Tortur der letzten Wochen zu erholen und meine neue Umgebung zu erkunden. Noch ein Gefängnis, noch ein anderer großer, lauter, beängstigender Zellentrakt, in dem Strafgefangene und Immigranten bunt durcheinandergewürfelt waren, noch eine Zelle aus Beton und Metall. Wieder war ich stundenlang eingesperrt, wieder stellte ich mich in die Schlange, um schlechtes Essen auf vorgeformten Tabletts entgegenzunehmen. Aber zumindest war es nicht wie in Hudson, wo es Schlägereien gegeben hatte, und es war kein Rauchertrakt. Außerdem hatten neunzehn Tage in der A.V. bei mir bewirkt, daß ich »froh« war, in einem Gefängnis zu sein.

Zum erstenmal seit fast drei Wochen konnte ich meine Zelle verlassen, wenn die Türen entriegelt waren. Als ich an diesem Tag in meiner Zelle eingeschlossen wurde, war ich zumindest nicht allein. Ein anderes menschliches Wesen war bei mir – Alma, eine liebe, sanfte, mütterliche Frau, die mir keine angst machte. Ich dankte Gott dafür. Ich dankte Gott für jeden Anflug von Würde und Menschlichkeit, die ich jetzt wiedererlangte.

Bald nach meiner Ankunft in dem neuen Trakt ging ich duschen, putzte mir die Zähne und wechselte meine Uniform. Und dann stieg ich in mein Bett, legte mich auf meine frischen Laken und schlief mehrere Stunden. Den ganzen restlichen Tag schlief ich und wachte auf und schlief wieder ein. Montag abend. Morgen war Dienstag. Morgen würde ich mit Layli reden.

Layli verbrachte denselben Tag und Abend in einem Zustand kontrollierter Hektik. Wie ich hatte auch sie gerade erst von meiner Verhandlung erfahren. Jetzt hatte sie nur noch vier Tage, um sich vorzubereiten. Wie sie mir später erzählte, dankte sie Gott dafür, daß sie die Fragen, die sie mir vor Gericht stellen wollte, bereits vorformuliert hatte. Bowman hatte ihr zu Anfang gesagt, daß sie mir unbedingt Gelegenheit geben sollte, meine Geschichte ausführlich und vollständig zu schildern. Von morgens bis spät in die Nacht feilte sie ihr Eröffnungs- und Schlußplädoyer aus, vervollständigte die Liste mit Fragen, las ihre Zusammenfassung durch, machte sich erneut mit den Beweisstücken vertraut und überarbeitete ihre Argumentation. Roshan war längst zu Bett gegangen, aber sie saß noch vor ihrem Computer und ließ Datenbanksuchprogramme durchlaufen, um sich zu vergewissern, daß es in den letzten Wochen keine neuen richterlichen Entscheidungen gegeben hatte, die für meinen Fall relevant sein könnten.

Den nächsten Tag verbrachten wir beide ganz ähnlich wie den zuvor. Ich erholte mich, lebte mich ein, ruhte mich aus. Layli arbeitete konzentriert an meinem Fall. Für mich verging die Zeit so langsam wie alle Tage im Gefängnis. Für sie verging sie viel zu schnell. Plötzlich stellte sie fest, daß es schon nach fünf Uhr war. Sie mußte in Bowmans Büro, um meinen Anruf entgegenzunehmen. Als sie sich ins Auto setzte, glaubte sie, noch reichlich Zeit zu haben. Layli fährt ziemlich schnell. Aber in der Hauptverkehrszeit kann man nun mal nicht schnell fahren, und sie geriet in einen Stau. Halb sechs. Zwanzig vor sechs. Nun macht schon! Fahrt endlich! Viertel vor sechs. Noch fünfzehn Minuten. In fünfzehn Minuten würde ich anrufen! Zehn vor sechs. Sie würde meinen Anruf verpassen.

Sechs Uhr. Ich griff zum Hörer.

Sechs Uhr. Layli steckte noch immer im Stau und war ein frustriertes Nervenbündel.

»Sie ist noch nicht da«, sagte Bowman zu mir. »Aber sie müßte jeden Moment kommen. Ruf' später noch mal an.«

Um fünf nach sechs legte ich auf. Später. Wieviel später?

Um sieben Minuten nach sechs kam Layli ins Büro gestürmt. »Hat sie angerufen?«

»Ja«, sagte Bowman. »Gerade eben.«

Layli war am Boden zerstört. Sie hatte das Gefühl, soeben den wichtigsten Anruf ihres Lebens verpaßt zu haben! Layli starrte auf die Uhr, wartete und betete. Tick, tick, tick, tick. Die Zeit spielte die gleichen grausamen Spielchen mit ihr, während sie auf meinen Anruf wartete, wie mit mir, als ich in der A.V. gesessen hatte. Sie wartete acht Minuten, eine Ewigkeit. Und dann war das Warten vorbei. Wir sprachen miteinander, ihre melodische, mädchenhafte Stimme und meine leise Stimme mit dem starken Akzent.

Ich mußte noch fünf oder sechsmal anrufen, bis Layli sicher war, daß wir alles besprochen hatten. Wir gingen sämtliche Fragen durch, die sie mir vor Gericht stellen wollte: Name, Alter, Heimatland, Schulausbildung, jedes Detail zu meiner Familie, zum Beschneidungsritual, was mir widerfahren war und was mir widerfahren würde, wenn man mich zurück nach Togo schickte. Wir sprachen, die Leitung wurde unterbrochen, ich rief erneut an. Wir sprachen weiter, die Leitung wurde wieder unterbrochen, ich rief wieder an. Es war laut im Aufenthaltsraum. Ich konnte Layli nur schlecht verstehen, und Layli konnte mich nur schlecht verstehen. Sie mußte immer wieder nachfragen oder mich bitten, lauter zu sprechen. Und ständig wurden wir durch die Ansagen vom Band unterbrochen. Aber wir ließen uns nicht beirren.

Sie machte sich während des Gesprächs Notizen, schrieb alles auf, was ihr wichtig erschien. Sie versuchte nicht, mir Anweisungen zu geben, was ich sagen sollte. Zweck unserer Unterhaltung war es, mich mit den Fragen vertraut zu machen, die sie mir stellen würde, und mir das sichere Gefühl zu geben, daß ich sie ruhig würde beantworten können. Die Vorbereitung war zwar eine Hilfe, aber ich war dennoch sehr nervös. »Mache ich das gut?« Layli beruhigte mich immer wieder und sprach mir Mut zu. »Ja«, sagte sie, »du machst das toll.« Sie bat mich, am nächsten Tag, dem Mittwoch, also zwei Tage vor der Verhandlung, noch einmal anzurufen. Sie wollte alles mit Bowman besprechen und dann sämtliche Fragen noch einmal mit mir durchgehen.

Der Mittwoch war mein dritter Tag nach der Isolationshaft. Die anfängliche Erleichterung, endlich »frei« zu sein, hatte sich inzwischen abgenutzt, und so war es wieder nur ein endloser, öder Tag im Gefängnis. Ich rief Rahuf an. Er hatte eine Überraschung für mich: »Dein Hochzeitsfoto ist angekommen, Fauziya. Ayisha hat es mir geschickt. Das wollte ich dir schon am Montag sagen, aber du hast zu schnell aufgelegt.«

Ayisha! Ach, meine wunderbare Ayisha!

Noch am selben Tag traf das Foto in Bowmans Büro ein. Layli und Eric waren zwar froh, es zu haben, wußten aber nicht genau, ob es viel nutzen würde. Es war ein weiterer wertvoller Beleg dafür, daß ich die Wahrheit sagte, aber »Beweisstücke« mußten mindestens zehn Tage vor der Verhandlung eingereicht werden, und dafür war es zu spät. Doch manche Richter ließen noch während der eigentlichen Verhandlung die Vorlage weiterer Beweismittel zu. Sie wollten es einfach zur Verhandlung mitbringen und das Beste hoffen.

Nach einer letzten Durchsicht von Laylis Eröffnungs- und Schlußplädoyer und von ihrer Fragenliste war Bowman sehr zuversichtlich.

»Sieht gut aus«, sagte er. »Sie haben die besten Voraussetzungen geschaffen.«

Als ich Layli an diesem Tag anrief, hatte sie ihre Fragen ein weiteres Mal überarbeitet. Wir gingen alles noch einmal gründlich durch. Sie sagte, daß wir uns erst am Tag der Verhandlung wieder sprechen würden. Am nächsten Tag mußte sie zur Uni und für ihre Professorin Lauren Gilbert arbeiten, die ihr Sommerpraktikum bei Bowman betreut hatte. Auch Gilbert würde sich Laylis Unterlagen zu meinem Fall ansehen. »Aber am Freitag vor der Verhandlung sehen wir uns«, sagte Layli. Mein Termin war für ein Uhr angesetzt. Layli wollte frühzeitig kommen, so daß wir alles noch ein letztes Mal durcharbeiten konnten, bevor wir in den Gerichtssaal mußten. Ich fragte mich, wie sie wohl aussah, und konnte es kaum erwarten, sie endlich kennenzulernen.

»Okay«, sagte sie schließlich. »Ich glaube, wir haben alles, Fauziya. Hast du noch irgendwelche Fragen?«

»Glaubst du, der Richter gewährt mir Asyl?«

»Ich weiß es nicht, Fauziya«, sagte sie. »Aber ich denke, du hast gute Chancen, und ich werde alles in meiner Macht Stehende tun, damit du gewinnst.«

Ich hatte gute Chancen. Sie glaubte, daß ich gute Chancen hatte. Daran klammerte ich mich.

Layli verbrachte den ganzen Donnerstag in der Uni. Stundenlang gingen sie und Lauren Gilbert alle Unterlagen durch. Lauren las Laylis Zusammenfassung, überprüfte die »Beweisstücke«, machte Änderungsvorschläge für die Plädoyers und lieferte jede Menge konstruktive Kritik zum Fragenkatalog. Aus Mangel an Berufserfahrung beherrschte Layli nicht alle Feinheiten und Raffinessen für die Befragung einer Mandantin vor Gericht. Laurens Hilfe war also von unschätzbarem Wert.

Später erzählte mir Layli, daß sie an diesem Tag auch kurz mit Gastprofessor Richard Boswell gesprochen hatte, einem schlanken, höflichen Afroamerikaner, der mit Karen Musalo verheiratet ist. Professor Boswell, oder Richard, wie wir ihn beide später nannten, gab Layli den wichtigen Tip, auf jeden Fall ein Protokoll zu machen. Das Protokoll führt sämtliche Beweismittel auf, die im Vorfeld der Verhandlung eingereicht und angenommen wurden, und hält jedes Wort fest, das bei der Verhandlung gesagt wird. Alles wird auf Band aufgenommen und fließt in das Protokoll ein. Richard wies Layli darauf hin, wie wichtig es war, in dieser Phase ein vollständiges Protokoll anzufertigen. Falls der Richter gegen mich entschied und wir Revision einlegen mußten, war das Protokoll alles, worauf wir uns berufen konnten. Dieses Protokoll würde in der Revisionsinstanz für Asylfragen, dem *Board of Immigration Appeals* oder kurz *BIA*, gelesen werden. Und das Protokoll wurde in dem Augenblick geschlossen, in dem die Asylverhandlung vertagt wurde.

Layli hatte einen dicken Packen mit Beweisstücken vorgelegt. War auch alles ordnungsgemäß protokolliert? Hatte sie auch nichts vergessen? Sie blieb bis zum späten Abend an der Uni und arbeitete an den abschließenden Details meines Falles. Sie versuchte auch, in letzter Minute noch eine Zeitung für meinen Fall zu interessieren. Diesmal begnügte sie sich nicht mit den Lokalzeitungen in Philadelphia. Warum auch? Sie hatte nichts zu verlieren. Von ihrer Forschungsarbeit her wußte sie, daß eine Journalistin namens Judy Mann von der *Washington Post* und jemand namens A. M. Rosenthal bei der *New York Times* Artikel über die Genital-Verstümmelung geschrieben hatten. Vielleicht konnte sie eine oder beide Zeitungen dazu veranlassen, über meinen Fall zu schreiben? Sie rief an und hinterließ eine Nachricht für die Journalisten. Als sie an jenem Abend gegen elf nach Hause kam, übte sie noch eine Stunde lang ihr Eröffnungsplädoyer mit Roshan als Publikum.

An diesem Abend telefonierte sie auch noch mit ihrer Mutter Carole in Atlanta. Sie hatte ihr viel über meinen Fall erzählt.

»Und wenn ihr nicht gewinnt?« fragte ihr Mutter behutsam.

Layli wollte gar nicht über diese Möglichkeit nachdenken, aber sie mußte. »Das wäre eine Tragödie«, sagte sie. »Wir würden in Berufung gehen, aber bis zur Berufungsverhandlung müßte Fauziya im Gefängnis bleiben.«

Doch selbst wenn ich verlor, konnte das sein Gutes haben, überlegte Layli. Der Fall würde dann zur Berufung an das BIA gehen. Entscheidungen des BIA sind oft bindend für sämtliche Asylverhandlungen in den Vereinigten Staaten, erklärte Layli ihrer Mutter. Die Entscheidungen des BIA sind gleichzusetzen mit grundsätzlichen Auslegungen des Gesetzes, die die Richter in entsprechenden Verfahren anzuwenden haben. Falls das BIA befand, daß die drohende Beschneidung bei Frauen einer Form von Verfolgung gleichkommt, die als Asylgrund anzusehen ist, dann wäre das ein bindender Präzedenzfall.

Aber in diesem Augenblick wollte Layli ausschließlich einem einzigen, leidenden Menschen helfen. Mir.

25
Verhandlung

Aufstehen! Los! Auf geht's!«

Lehigh. Ich war in Lehigh. Es war Freitag. Heute war meine Verhandlung!

Ich hatte keine Zeit, noch zu duschen. Ich wusch mich rasch in der dunklen Zelle, putzte mir die Zähne und zog saubere Unterwäsche an, saubere Socken und eine saubere Gefängnisuniform. Das machte mich so wütend, beschämte mich so, daß ich am liebsten geweint hätte. Ich ging vor Gericht, um die Erlaubnis zu erbitten, in diesem Lande leben zu dürfen, und ich mußte in der Kleidung eines Sträflings vor dem Richter erscheinen. Ich wollte gepflegt aussehen und einen guten Eindruck machen.

Die Wärterin, die mich geweckt hatte, stellte mir einen Passierschein aus und wies mich an, nach unten in den Aufnahmebereich zu gehen. Endlich war der Tag meiner Verhandlung gekommen. Ich war froh, nervös, ängstlich, alles auf einmal. Ich stellte mir einen großen Gerichtssaal vor, wie die im Fernsehen, voller Menschen, die in langen Sitzreihen saßen, und ich mußte im Zeugenstand gleich neben der Richterbank meine Geschichte vor all den Fremden erzählen. Oh Gott. Würde ich das schaffen? Ich war mir nicht sicher. Würde der Richter mir glauben?

Nach einer Weile kam ein Beamter in einer grünen INS-Uniform, legte mir Handschellen an und führte mich zur Tür hinaus in einen warmen Sommermorgen Ende August. Wärme – das war immer das erste, was mir auffiel, wenn ich rauskam. Alle Gefängnisse, in denen ich bislang gewesen war, waren klimatisiert, und mir war ständig kalt. Die wärmende Sonne war stets eine Wohltat. Ich stieg in den wartenden INS-Wagen, in dem ein anderer Beamter abfahrbereit hinter dem Steuer saß, und nahm neben einem riesigen, dunkelhäutigen

Mann Platz, der in Ketten gelegt war. Der Wagen setzte sich in Bewegung, und ich bemerkte, daß der Mann ein dickes Halseisen trug, von dem eine dicke Kette zu den Ketten um seine Taille verlief. Seine Handgelenke steckten in engen Handschellen. Ich rutschte Richtung Tür, versuchte, möglichst viel Platz zwischen mich und den Mann neben mir zu bringen. Ich saß allein mit ihm im hinteren Teil des Wagens, und zwischen Vorder- und Rücksitzen befand sich eine Plastiktrennscheibe. Ich hatte Angst. Der Mann saß zusammengesunken da, murmelte zornig etwas vor sich hin, in einer Sprache, die ich nicht verstand. Er blickte auf und sah, daß ich ihn anstarrte. Ich sah sofort weg.

»Afrika?« fragte er mit wütender Stimme.

Ich nickte, zu verängstigt, um etwas zu sagen.

»Zaire«, sagte er. »Du?«

»Togo«, flüsterte ich.

Er brummte. »Afrika gut«, sagte er. Sein Gesicht verzog sich angewidert. »Amerika schlecht«, sagte er. »Amerika sehr schlecht. INS sehr schlecht.« Er beugte sich vor. »INS, ihr Betrüger!« rief er, schleuderte die Worte gegen die Plastiktrennscheibe. »INS, ihr Betrüger! Ihr Diebe!« Ich weiß nicht, ob die Beamten vorne ihn hörten. Falls ja, so ignorierten sie ihn jedenfalls. »Aber ich schlage euch«, brüllte er sie an. »Ich schlage euch alle!« Er knurrte, brummte, dann wandte er seine Aufmerksamkeit wieder mir zu. »Du auch zum Flughafen?«

»Nein«, sagte ich. »Verhandlung.«

Er schnaubte. »Du zurück nach Hause«, sagte er. »Amerika schlecht. Diese Menschen schlecht.«

In gebrochenem Englisch erzählte er mir seine ganze traurige Geschichte, von seiner Ankunft in den Vereinigten Staaten bis just zu diesem Moment. Er war aus Zaire gekommen, sagte er. Er war in Esmor gewesen. Bei der Revolte hatten ihn Beamte zusammengeschlagen. Später erfuhr ich, daß gegen zwölf Wachmänner im Gefängnis Union County in New Jersey Anklage erhoben worden war, weil sie einige Männer aus Esmor, die nach der Revolte dorthin gebracht worden waren, schwer mißhandelt hatten. Sie schlugen die Männer, stießen sie mit dem Kopf in Kloschüsseln und ließen sie stundenlang nackt auf hartem Betonboden knien. Ich wollte nicht hören, daß solche Dinge in Amerika geschahen. Und jetzt wurde der Mann abgeschoben. Am Morgen zuvor hatte man ihn zum Flughafen gebracht und versucht, ihn ohne sein Gepäck in eine Maschine zu setzen, aber er hatte sich geweigert, ohne seine Sachen zu fliegen. Er sagte, die Beamten hätten ihn mit Gewalt in das Flugzeug schaffen wollen, aber anscheinend hatte er sich aus Leibeskräften gewehrt. »Ich schlage alle INS!« brüstete er sich. Bei seiner Größe konnte ich mir das gut vorstellen. Nachdem das Flugzeug ohne ihn gestartet war, wurde er schließlich überwältigt, in Ketten gelegt und für die Nacht zurück nach Lehigh geschafft. Jetzt war er also zum zweiten Mal unterwegs zum Flughafen.

Wir fuhren und fuhren, mir kam es vor wie Stunden, und die ganze Zeit über redete der Mann auf mich ein, bis wir schließlich unser Ziel erreichten. Der Beamte machte mir die Tür auf und bedeutete mir auszusteigen. Ich stand in einem riesigen Parkhaus. Der Mann aus Zaire wurde in seinen schweren Ketten zu einem Aufzug geführt, und ich sah ihn nie wieder. Mich führte man in Handschellen zu einem anderen.

Kurz darauf nahm man mir die Handschellen ab und ließ mich allein in einem kleinen Raum, wo ich auf den Beginn meiner Verhandlung wartete und auf das Pochen meines Herzens lauschte.

Auch Laylis Herz pochte wie wild. Das sagte sie mir aber erst viel, viel später, als es mich nicht mehr beunruhigen konnte, daß auch sie Angst gehabt hatte. Und auch sie war allein auf der anderthalbstündigen Zugfahrt von Washington nach Philadelphia. Bowman hatte gesagt, er werde rechtzeitig im Gerichtsgebäude sein, so daß sie mich gemeinsam vorbereiten könnten. Als Layli gegen Viertel vor neun das Gerichtsgebäude betrat, stellte sie fest, daß Bowman noch nicht da war. Ungeduldig wartete sie eine Viertelstunde, dann beschloß sie, allein zu mir zu gehen.

Ich hatte mindestens eine Stunde gewartet und stieß einen tiefen Seufzer der Erleichterung aus, als ein Aufseher mir sagte, daß er mich jetzt zu meiner Anwältin bringen würde. Layli hatte gesagt, daß sie früher kommen würde. Der Aufseher führte mich den Gang entlang und in einen Raum mit drei von Glas umschlossenen, in der Mitte unterteilten Besuchskabinen. Ich war empört, daß ich in so einer Kabine mit Layli reden sollte! Der Aufseher führte mich zur hintersten Kabine, machte auf dem Absatz kehrt und knallte die Tür hinter sich zu. Ich suchte nach dem Telefon, aber es gab keins, bloß eine kleine runde Sprechöffnung mit senkrechten Schlitzen. Warum wurde ich so behandelt? Ich war keine Verbrecherin. Vielleicht hatte der Mann aus Zaire doch recht. Vielleicht wollte das amerikanische Volk nicht, daß andere Menschen ins Land kamen.

Die Tür ging auf. Eine schlanke, junge Weiße kam lächelnd herein. Eine sehr schöne Frau mit blauen Augen, hellem Teint und langem, hellem und gelocktem Haar. Ich staunte. Irgendwie war ich nie auf die Idee gekommen, daß Layli eine Weiße sein könnte. Bowman war Afroamerikaner, und ich war einfach davon ausgegangen, daß Layli das auch war. Aufgrund meiner Erfahrung in den Gefängnissen hatte ich geglaubt, daß die Rassen in Amerika getrennt lebten und sich haßten. Diese wunderschöne Frau nahm nun auf der anderen Seite der Trennscheibe Platz. Ich konnte immer noch nicht glauben, daß diese Weiße Layli sein sollte, die mich bei meiner Verhandlung vertreten würde. Ich wurde unsicher. Konnte diese Frau mich verstehen?

»Fauziya. Hi. Ich bin Layli.« Ich erkannte die melodische, mädchenhafte Stimme sofort wieder. Später erfuhr ich, daß sie von meinem Aussehen genauso überrascht war wie ich von ihrem. Sie hatte nur ein Foto von mir gesehen, mein Hochzeitsfoto. Sie rechnete ganz und gar nicht mit diesem schwächlichen, niedergeschlagenen Wesen, das da hinter der Trennscheibe saß.

»Fauziya! Ich freue mich so, daß wir uns endlich persönlich begegnen!« sagte sie, so munter sie nur konnte. Zunächst reagierte ich nicht. Ich war zu überwältigt. »Also, mach dir nur keine Sorgen.« Sie versuchte, zu mir durchzudringen, die Situation zu entkrampfen. »Du brauchst nicht nervös sein. Es wird bestimmt alles gutgehen.« Sie hatte genausoviel Angst wie ich, aber um mich nicht noch mehr zu verängstigen, wollte sie es sich nicht anmerken lassen. Und das gelang ihr auch.

»Du weißt doch, wie ein Gerichtssaal aussieht, oder?« fragte sie zum Auftakt.

»Ja«, sagte ich. »Ich habe welche im Fernsehen gesehen. Ist unserer auch so groß?«

»Nein, so groß nicht«, sagte Layli beruhigend. »Es ist nur ein kleiner Raum, und es sind auch nicht viele Leute da. Wahrscheinlich nur du, ich, Eric Bowman, der INS-Anwalt und der Richter.«

»Weißt du, wer der Richter sein wird?« fragte ich Layli.

»Nein, noch nicht.«

»Ich hoffe sehr, daß es nicht Ferlise ist. Ferlise lehnt alle ab.«

»Woher weißt du das?«

»Das haben die anderen Frauen alle gesagt.« Ich erzählte Layli, daß eine Frau mir berichtet hatte, wie er gleich vorweg zu ihr sagte, er habe noch nie irgend jemandem Asyl gewährt, sie könne also ruhig das Blaue vom Himmel herunterlügen. Ich weiß nicht, ob diese Geschichte wahr ist, aber damals glaubte ich sie aufs Wort.

Layli blickte nachdenklich drein. »Hoffen wir einfach, daß wir ihn nicht kriegen. Aber ich werde mich erkundigen, wenn wir mit unserer Vorbereitung durch sind, okay?«

»Okay.«

Sie erläuterte, wie die Verhandlung ablaufen würde. Ich würde im Zeugenstand sitzen. Sie würde mir Fragen stellen – hauptsächlich diejenigen, die sie schon am Telefon mit mir durchgegangen war. Auch der Richter konnte Fragen an mich richten, während sie mich befragte. Anschließend würde der INS-Anwalt Gelegenheit haben, mich zu vernehmen. Am Ende würde der Richter entweder die Verhandlung vertagen und seine Entscheidung später schriftlich verkünden, oder er würde seinen Richterspruch heute mündlich bekanntgeben, nachdem er in seinem Richterzimmer einige Zeit nachgedacht hatte.

»Meinst du, wir gewinnen?« flüsterte ich.

»Ich denke, du hast gute Chancen.«

Ich hatte wirklich gute Chancen! Ich mußte gewinnen. Ich würde gewinnen. Jeder Richter der Welt mußte doch nur meine Geschichte hören. Mehr nicht. Ich würde meine Geschichte erzählen, und der Richter würde Mitgefühl haben. Was auch sonst?

»Aber wenn wir verlieren«, fuhr Layli ruhig fort, »können wir Berufung einlegen. Manche Menschen wollen jedoch lieber in ihre Heimat zurückkehren...«

»Nein, ich kann nicht nach Hause«, sagte ich. »Ich kann nicht.«

Der Fall würde dann an die Revisionsinstanz für Asylfragen, das *Board of Immigration Appeals*, kurz BIA, gehen. Es konnte nach Durchsicht des Protokolls eine eigene Entscheidung fällen oder aber den Fall zurück an den Richter geben, mit der Aufforderung, seine Entscheidung zu überdenken. Layli klärte mich als gewissenhafte Anwältin über die verschiedenen Möglichkeiten auf. Aber ich hörte gar nicht richtig hin. Der Gedanke zu verlieren, war mir unerträglich.

Ich tat Layli unendlich leid, wie sie mir später gestand, aber das durfte sie sich nicht anmerken lassen, weil es unprofessionell gewesen wäre. Sie öffnete ihre Aktentasche und nahm die Fragenliste heraus. Wo blieb bloß Bowman? fragte sie sich. Er war nicht dabeigewesen, als sie telefonisch mit mir die Fragen durchgegangen war, und sie hatte sich darauf verlassen, daß er bei der letzten Besprechung anwesend sein würde. Wo blieb er?

»Fauziya, gehen wir noch einmal die Fragen durch?«

»Okay.«

»Denke immer daran, daß du langsam und deutlich sprichst, ja?«

Layli stellte die Fragen, und ich beantwortete sie. Aber mein Herz hämmerte so laut, und meine Bauchmuskulatur war derart verkrampft, daß ich kaum mehr als ein Flüstern herausbrachte. Ich sprach so leise, daß sie mich durch die Sprechöffnung kaum verstehen konnte. Außerdem hatte ich einen starken Akzent. Ihr machte das nicht soviel aus, da sie schon mal in Westafrika gewesen war, aber der Richter könnte Probleme haben, mich zu verstehen. Aber jedesmal, wenn sie mich bat, lauter zu sprechen, machte mich das nur noch nervöser. Sie ließ mich die Fragen immer wieder beantworten, lauter, lauter. Und dann schienen wir mit der Liste durch zu sein. Fertig, dachte ich. Endlich.

Nein. Da war doch noch etwas. Layli öffnete einen Ordner, warf mir einen Blick zu, zögerte einen Moment und sagte dann: »Fauziya, ich habe dein Hochzeitsfoto hier.«

Das Foto! Tränen schossen mir in die Augen.

»Wir würden es gerne in der Verhandlung als Beweisstück vorlegen, wenn du damit einverstanden bist«, sagte Layli sanft. »Möchtest du es sehen? Meinst du, du verkraftest das?«

Ich nickte und wischte mir die Tränen ab.

Sie hielt es gegen die Trennscheibe.

Da war ich, schön angezogen in meinem Hochzeitskleid, herausgeputzt und zurechtgemacht, das Haar unter einem Kopftuch verborgen, Hände und Füße mit *laylay*-Mustern bedeckt. Ich saß auf dem Bett in dem Schlafzimmer, das ich einst mit meinen Schwestern teilte, umgeben von den Frauen meines künftigen Ehemannes. Auf dem Foto hielt ich den Blick gesenkt. Mein Gesichtsausdruck war ruhig, ergeben, in sich gekehrt. Ich sah aus wie eine schöne junge Frau, die sich darauf vorbereitet, rituell geopfert zu werden, die sich auf den Tod vorbereitet.

»Wer sind die anderen Frauen?« fragte Layli.

»Die anderen Frauen meines Ehemannes und meine Tante, die gerade noch am Rande zu sehen war.«

»Wärst du bereit, das vor Gericht zu erläutern?« fragte Layli behutsam.

Ich nickte. »Ja.«

»Okay.« Sie schob das Foto zurück in den Ordner. Das war alles. Wir waren fertig. Layli hatte gehofft, daß Bowman noch kommen würde, bevor wir durch waren, aber wir hatten nun alles besprochen. Wir saßen schweigend da, beklommen schweigend, und warteten, bis Layli sich entschuldigte, um zur Toilette zu gehen. Auf dem Rückweg von der Toilette erkundigte sie sich bei der Sekretärin, wer heute die Verhandlung führen würde. Die Sekretärin sagte es ihr: Richter Donald V. Ferlise.

Layli erschrak. Wie sollte sie mir das beibringen? Sie wollte nicht, daß ich noch verängstigter in die Verhandlung ging, als ich es ohnehin schon war.

Als Layli zurückkam und wieder mir gegenüber Platz nahm, suchte sie nach den richtigen Worten, um die Frage zu beantworten, die jetzt kommen mußte.

»Hast du herausgefunden, wer mein Richter ist?«

Sie blickte mich an, zögerte. In dem Moment wußte ich es.

»Wir haben Ferlise, Fauziya«, sagte sie so ruhig wie nur möglich.

Ich brach in Tränen aus, legte den Kopf auf die Arme und schluchzte. Sie wußte nicht, was sie sagen sollte. Ihr wurde klar, daß es für mich um Leben und Tod ging. Das hier war keine akademische Übung. Das hier war das wirkliche Leben.

»Fauziya. Fauziya.« Ich konnte nicht aufhören zu weinen. »Fauziya, sieh mich an. Hör mir zu.« Ich hob schluchzend den Kopf und sah ihr in die Augen. Layli wußte genau, daß das, was sie mir sagen wollte, gegen alle Regeln verstieß, die sie an der Uni gelernt hatte, und sie wußte auch, daß sie das einmal Gesagte nicht wieder würde zurücknehmen können. Tu's nicht, sagte die Jurastudentin in ihr. Sag es nicht. Es ist unklug. Es ist unprofessionell. Dafür werden Anwälte nicht bezahlt. Überschreite diese Grenze nicht. Aber ihr Herz sagte: Überschreite sie und laß dich von Gott leiten.

»Fauziya, hör mir zu«, sagte sie. »Ganz gleich, was heute im Gerichtssaal passiert. Ich bleibe bei dir. Ich lasse dich nicht im Stich. Ich kämpfe weiter für dich.«

Ich sah ihr forschend in die Augen. »Egal, was passiert?« Obwohl ich die Antwort in ihren Augen lesen konnte, wollte ich sie aus ihrem Munde hören.

»Egal, was passiert«, sagte sie. »Wir lassen dich nicht im Stich, Fauziya. Wir kämpfen so lange, bis wir gewonnen haben. Koste es, was es wolle.«

Es war einer der bewegendsten Momente in meinem Leben. In diesem Moment berührten sich unsere Herzen. Von nun an waren wir Schwestern. Sie wußte es. Ich wußte es. Ich war nicht mehr allein.

»Wenn wir Berufung einlegen müssen, muß ich dann im Gefängnis bleiben?«

»Ich werde versuchen, bedingte Haftentlassung für dich zu erwirken«, erwiderte Layli. »Gleich als allererstes.« Zuerst die Haftentlassung, dann Asyl.

»Wie lange wird das dauern?« fragte ich. »Ich bin nämlich schon seit acht Monaten im Gefängnis, und ich bleibe nicht noch mal acht Monate drin.« Ich sagte das mit solcher Bestimmtheit, als ob das tatsächlich in meiner Macht stünde. Diese Worte sollten mich später noch oft verfolgen.

Jetzt erzählte sie mir von ihrer geplanten Reise nach Peking zu der Frauenkonferenz. Sie würde am Sonntag nach China fliegen, also in zwei Tagen, und rund zwei Wochen dort bleiben. Aus aller Welt würden viele wichtige Menschen kommen, die sich für die Belange von Frauen einsetzten, die Frauen wie mir helfen wollten. Wenn ich verlor, wollte sie allen, die sie bei dieser Konferenz kennenlernte, von meinem Fall erzählen. Wirklich allen. Sie würde dort Menschen kennenlernen, die mir helfen wollten und auch wußten, wie. Sie wollte mir Hoffnung machen.

Wir unterhielten uns noch eine Weile, und dann saßen wir wieder eine Weile stumm da, erschöpft, ausgelaugt. Diesmal war das Schweigen nicht verlegen. Es war vertraut, ein trauriges, schwesterliches Schweigen.

Schließlich durchbrach ich die Stille und sagte: »Ni hau.«

»Wie bitte?« Layli blickte verwundert.

»Du fährst nach China und kannst kein Chinesisch?«

Sie lachte. »Nein, ich kann kein Chinesisch.«

»Na, dann bringe ich es dir bei. Ni hau heißt Wie geht es dir?«

Layli hielt das für einen Scherz, sie glaubte, ich wollte die Stimmung auflockern, aber bald wurde ihr klar, daß es mir vollkommen ernst war. Sie würde nach China reisen, wo sie hoffte, Menschen kennenzulernen, die mir helfen konnten. Ich meinte, sie sollte zumindest ein paar Brocken in der Landessprache sprechen können, und ich wollte ihr helfen, und zwar mit dem, was Siu Sing und Wang mir beigebracht hatten.

»Wo hast du Chinesisch gelernt?« wollte sie wissen.

»Im Gefängnis. Die Chinesinnen, die mit mir in einem Schlafsaal waren, haben mir ein bißchen beigebracht. Ich bin recht sprachbegabt.« Ich erzählte Layli, wie viele Sprachen ich zu Hause in Togo gelernt hatte. Layli war beeindruckt, obwohl sie das damals nicht zeigte. Bis dahin hatte sie mich lediglich als Opfer gesehen – als jemanden, dem sie nach Gottes Willen helfen sollte. Jetzt erst wurde ihr klar, daß ich sehr viel mehr war als bloß eine Gefangene hinter Gittern. In meinem Heimatland hatte ich ein eigenes Leben geführt, von dem sie so gut wie nichts wußte. Außerdem war ich offensichtlich recht intelligent und hatte acht Monate im Gefängnis vergeuden müssen. Ich bestand darauf, daß Layli ein paar Sätze lernte. Sie hat überhaupt kein Talent für Fremdsprachen, aber sie gab sich redlich Mühe. So verging die Zeit schneller, und zur Abwechslung hatte ich mal das Gefühl, *ihr* zu helfen.

Schließlich machte Layli Anstalten zu gehen. Sie war müde und wollte noch etwas zu Mittag essen, bevor es zu spät war. »Kommst du allein klar, bis wir uns vor Gericht sehen?« fragte sie.

»Nein, bitte! Laß mich nicht allein!« Ich wollte das gar nicht sagen. Die Worte sprudelten einfach so heraus. Wenn sie ging, mußte ich zurück in den Verwahrraum und wäre wieder ganz allein. »Bitte. Ich möchte nicht wieder zurück in diesen Raum. Bleib doch einfach hier mit mir sitzen, ja?«

Layli erzählte mir später, daß sie diesen Moment nie vergessen würde, den Moment, in dem ich sie zum erstenmal als Freundin ansprach und nicht als meinen Rechtsbeistand.

Layli verstand mich. Sie sah meine Not. Sie blieb bei mir, und wir unterhielten uns. Eigentlich redete Layli die meiste Zeit, weil ich zu nervös war, um zu reden, viel zu beunruhigt und verängstigt. Sie hielt das einseitige Gespräch in Gang, solange sie konnte, sprach über alles, was mich, wie sie meinte, interessieren könnte – ihre Reise nach Gambia, Roshans Verwandte in Gambia, ihre Arbeit für das dortige

Entwicklungsprojekt, den Bahai-Glauben und dessen Ähnlichkeiten mit dem Islam. Und irgendwann sagte Layli dann, daß sie nun aber wirklich gehen müsse. Es war fast Mittag, und meine Verhandlung sollte um ein Uhr beginnen. »Ich muß unbedingt was essen, Fauziya. Kommst du solange zurecht?«

»Ja«, sagte ich. »Ich komme schon klar.« Und inzwischen fühlte ich mich auch wirklich ruhiger.

Als sie gerade eine Nachricht aufschrieb, die sie Bowman hinterlassen wollte, kam er zur Tür herein.

Gott sei Dank! Bowman kam lächelnd herein. Er war genauso groß, gutaussehend, elegant und gepflegt, wie ich ihn in Erinnerung hatte. Genauso freundlich und gelassen. Ich freute mich über die Maßen, ihn zu sehen. Wie er Layli später erklärte, war er in einen Stau geraten. Als er mich warmherzig begrüßte, war ich froh und verlegen zugleich. Layli informierte ihn rasch darüber, was wir den Vormittag über gemacht hatten. Bowman war zuversichtlich, aufmunternd, beruhigend. »Es wird bestimmt alles gutgehen«, sagte er zu mir. Layli hatte dasselbe zu mir gesagt, aber von ihm klang es irgendwie überzeugender. Er war mein Anwalt, und er war ein Mann. Ich komme aus einem Land, einer Kultur, wo Männer die Macht haben und alle Entscheidungen treffen. Alles würde gutgehen. Mein Anwalt hatte es gesagt.

Layli und Bowman gingen zum Mittagessen, und ich wurde zurück in den Verwahrraum gebracht. Ich dachte, ich würde nur gut eine Stunde dort verbringen. Aber während ich wartete und wartete, fing mein Herz wieder an zu rasen. Mein Magen verkrampfte sich, und ich zitterte vor Nervosität. Es kam mir viel länger vor als eine Stunde. Nach einer Weile fiel mein Blick auf eine Wanduhr in einem Büro gegenüber. Meine Verhandlung hätte schon längst anfangen müssen. Was war geschehen? Warum hatte man mich nicht geholt? Gab es irgendwelche Probleme? Was war los?

Nichts weiter als eine Verspätung.

Als Layli und Bowman vom Mittagessen zurückkehrten, mußten sie ungefähr eine halbe Stunde warten, bis man ihnen mitteilte, daß der Fall, der vor meinem verhandelt wurde, noch immer nicht entschieden war. Man wartete auf den Richterspruch. Bowman war verärgert. Nicht wegen der Verspätung – so etwas passierte oft und war häufig unvermeidlich –, sondern weil der Richter nicht die Höflichkeit besessen hatte, sie vorher zu informieren und ihnen mitteilen zu lassen, wie lange es ungefähr noch dauern würde. Er ließ sie einfach warten. Er ließ uns alle warten, mich im Verwahrraum, Bowman und Layli auf Bänken vor dem Gerichtssaal.

Während sie dort saßen, kam Shirley Tang herein, die INS-Prozeßanwältin für meinen Fall. Tang vertrat die INS auch in dem vorherigen Fall und wartete darauf, wieder in den Gerichtssaal gerufen zu werden, um Ferlise' Entscheidung zu hören. Laylis Hoffnungen erhielten schlagartig Auftrieb, als sie sah, daß die INS eine Frau als Anwältin benannt hatte. Sie dachte, eine Frau wäre verständnisvoller. Layli und Bowman stellten sich Ms. Tang vor. Sie wollten sich beide von ihr einen Eindruck verschaffen, mit ihr über meinen Fall plaudern. Hatte sie Laylis Zusammenfassung gelesen? Sich die Anlagen angesehen? Wie war ihre Meinung dazu?

»Worum geht es noch mal in dem Fall?« fragte Ms. Tang, nachdem die beiden sich vorgestellt hatten.

Worum es ging? Layli war verwirrt. Eine INS-Prozeßanwältin müßte sich doch wohl vor der Verhandlung mit der Akte vertraut gemacht haben.

»Es geht um eine junge Frau aus Togo, die geflüchtet ist, weil ihr die Beschneidung drohte«, half Layli nach.

»Ach, eine von diesen geschlechtsspezifischen Begründungen für das Asylgesuch«, sagte Ms. Tang abschätzig.

Layli war schockiert. Sie fand Ms. Tangs Kommentar gefühllos. »Ja«, sagte sie ruhig. »Ja. Eine von denen. Haben Sie ein Exemplar der Zusammenfassung dabei?«

»Hören Sie, ich habe den Fall gerade erst gekriegt. Bin heute morgen mit dem Zug gekommen.«

Layli hatte ein paar Exemplare der Zusammenfassung mit sämtlichen Anlagen dabei. Jetzt zog sie eine vollständige Ausfertigung meiner Akte aus ihrer Tasche und reichte sie Ms. Tang, die anfing, sie im Weggehen durchzublättern.

Layli war befremdet, im Gegensatz zu Bowman. Er wußte, daß INS-Prozeßanwälte häufig überarbeitet sind und nicht selten in eine Verhandlung gehen, ohne vorher kaum mehr als nur einen flüchtigen Blick in die Akte geworfen zu haben. Er war jedoch der Ansicht, daß das ein Vorteil für uns sein könnte. Je schlechter die Gegenseite vorbereitet war, desto besser standen die Chancen, daß Layli mit ihrer

Argumentation Erfolg hatte. Es könnte klappen, dachte er. Es könnte klappen.

Nach ungefähr vierzig Minuten öffneten sich die Türen zum Gerichtssaal. Die Anwälte des Falles, durch den sich meine Verhandlung verzögert hatte, kamen mit ihrem Mandanten heraus. Ihre Mienen waren finster. Offensichtlich hatten sie verloren. Laylis Herz fing an, laut zu pochen. Oh Gott, dachte sie. Jetzt geht's los. Bowman und Layli nahmen ihre Aktentaschen, gingen zur Tür des Gerichtssaals und spähten hinein. Der Richter stand hinter seiner Bank. Bowman stellte sich und Layli als die Rechtsvertreter im nächsten Fall vor. Sollten sie hereinkommen? »Nein«, sagte Ferlise. »Ich brauche eine Mittagspause. Kommen Sie in fünfundvierzig Minuten.«

Währenddessen wartete ich immer noch, ohne daß mir jemand den Grund für die Verspätung mitteilte. Je länger es dauerte, desto größer wurde meine Panik. War meine Verhandlung erneut verschoben worden? War etwas schiefgelaufen? Ich saß da. Ich wartete. Ich betete.

Schließlich ging die Tür auf. Ein Beamter in der grünen INS-Uniform kam herein und legte mir Handschellen an.

»Gehen wir.«

Ich konnte mich nicht rühren, konnte nicht aufstehen. Mein Herz hämmerte wie wild. Ich schwitzte, fröstelte, zitterte unkontrolliert. Mir war schwindelig und übel. Ich würde es nicht schaffen. Nicht allein. Ich schloß die Augen und legte mein Schicksal in Gottes Hände. Ich bin dein, Allah. Hilf mir, wenn es dein Wille ist. Gib mir Kraft.

»Gehen wir!«

Gott gab mir Kraft. Ich stand auf. Der Beamte führte mich aus der Tür, den Gang hinunter zum Gerichtssaal, vor dem Bowman, Layli und die INS-Anwältin saßen. Meine Verhandlung sollte beginnen.

Nachdem die Anwälte alle hineingegangen waren, folgte ich dem Beamten in den Gerichtssaal. Es war ein ziemlich kleiner Raum, genau wie Layli gesagt hatte. Die INS-Prozeßanwältin saß an einem Tisch gegenüber der Richterbank, Layli und Bowman saßen an einem anderen. Ich sah Layli an, konzentrierte mich auf Layli. Sie lächelte mir zu. Ich hielt mich an ihrem Anblick fest. Später erzählte sie mir, daß sie niemals vergessen werde, wie ich in Handschellen in den Gerichtssaal kam und von dem Beamten zum Zeugenstand links neben der Richterbank geführt wurde. Zum erstenmal sah sie mich in voller

Größe. Sie sagte, sie hätte losweinen können. Ich sah so zerbrechlich aus, so müde und verängstigt.

Dann kam Ferlise in den Raum gerauscht. Er ging rasch mit wehender Robe zur Richterbank und setzte sich. Ferlise. Das also war Richter Donald V. Ferlise. Der Mann, der mein Schicksal in seinen Händen hielt. Er war weiß, vielleicht knapp über fünfzig und hatte weißes Haar. Ich studierte sein Gesicht – nicht die Gesichtszüge, sondern den Ausdruck. Er sah nicht böse aus. In diesem Gesicht gab es nichts Ungewöhnliches.

Layli meinte später, sie wüßte noch nicht mal, ob sie ihn wiedererkennen würde, teils weil er so durchschnittlich aussah und teils weil sie so nervös war, daß sie sein Gesicht gar nicht richtig zur Kenntnis nahm. Aber sie würde seine Stimme wiedererkennen. Nie wird sie seine Stimme vergessen. Nie wird sie vergessen, wie er uns anbrüllte. Ich auch nicht.

Er fing nicht gleich damit an. Es gab einen Moment zu Beginn der Verhandlung, an dem ich dachte, daß die Geschichten, die ich über ihn gehört hatte, vielleicht nicht stimmten, daß er vielleicht doch ein netter, verständnisvoller Mensch war. Der INS-Beamte ließ mich in Handschellen im Zeugenstand Platz nehmen und wandte sich zum Gehen. Layli war fassungslos. Der Mann wollte mich während der Verhandlung in Handschellen dort sitzen lassen. Gestand man mir denn keinerlei menschliche Würde zu?

»Nehmen Sie ihr die Handschellen ab«, bellte Ferlise den INS-Beamten an, der prompt tat, wie ihm geheißen. Dann stellte Ferlise fest, daß wir zügig vorgehen sollten, da es Freitag nachmittag sei und wir schon verspätet anfingen. Er schaltete den Kassettenrecorder ein und sprach ins Mikro: »Heute ist Freitag, der 25. August 1995. Zur Verhandlung unter Richter Donald Vincent Ferlise am Gericht von Philadelphia, Pennsylvania, kommt der Fall Fauziya Kasinga.« Meine Verhandlung hatte offiziell begonnen.

Das Transkript der aufgenommenen Sitzung würde Teil des offiziellen Protokolls werden. Mehrfach schaltete Ferlise zwischendurch das Gerät ab, um »inoffiziell« etwas anzumerken. Außerdem war die Qualität der Aufnahme so schlecht, daß vieles nicht aufs Band kam. An diesen Stellen stand im Transkript der Vermerk »unverständlich«. Darüber hinaus war das Transkript fehlerhaft. Die Transkripte geben Ton und Tenor einer Verhandlung nie erschöpfend wieder. Aber wie fehlerhaft und unvollständig sie auch sind, sie dienen dem BIA als Grundlage für die Berufungsentscheidung.

Zu Anfang war Ferlise höflich. Er fragte mich nach meinem Namen. Er nannte mich »Ma'am«. Er fragte, ob ich damit einverstanden sei, daß die Verhandlung in englisch stattfand. Ich sagte, ja. Er stellte Bowman einige Fragen zu den Anträgen, die der eingereicht hatte, damit Layli mich vor Gericht vertreten durfte, und es gab eine kurze Diskussion darüber. Bowman sagte, Layli arbeite in seiner Kanzlei mit und habe als Jurastudentin im Rahmen eines offiziell anerkannten Praktikums meinen Fall betreut. Ferlise hatte keine Einwände dagegen, Layli für die Verhandlung zuzulassen.

Er fragte mich, ob mir klar sei, daß Layli meine Interessen vertreten würde. Ich sagte, ja. Er bekam meine Antwort nicht mit. Ich war so eingeschüchtert, daß ich nur noch ein Flüstern hervorbrachte. »Ja?« fragte er.

»Ja«, wiederholte ich. Vor mir war ein Mikrofon. Er bat mich, es näher an mich heranzuziehen und laut und deutlich hineinzusprechen.

Dann entspann sich eine Diskussion darüber, welche eingereichten Beweisstücke vom Gericht als Beweismittel zugelassen wurden. Ferlise saß da, blätterte die Akte durch und teilte den verschiedenen Dokumenten Beweisnummern zu – verschiedene Berichte, die Briefe aus Togo, allgemeine Informationen über die Verstümmelung weiblicher Genitalien, die häufig nur mit der in den USA geläufigen Abkürzung FGM (*Female Genital Mutilation*) bezeichnet wurde, die Stellungnahme der Einwanderungsbehörde zur FGM und so weiter. FGM.

Ferlise sah zu Layli hinüber. »Was heißt FGM?«

Was heißt FGM? Eric und Layli erzählten mir später, daß sie in diesem Augenblick beide das gleiche empfanden. Ihre Hoffnungen schwanden. Mein Gott, der hat die Akte gar nicht gelesen, dachte Layli. Für Bowman löste sich der Vorteil, den er darin gesehen hatte, daß die INS-Anwältin schlecht vorbereitet war, in Luft auf. Daß sie mit der Thematik nicht vertraut war, wäre für uns nur dann vorteilhaft gewesen, wenn der Richter die Akte gelesen und sich in das Thema eingearbeitet hätte. Das hatte er aber offensichtlich nicht getan.

Layli erklärte Ferlise, daß FGM die Abkürzung für die Beschneidung bei Frauen, also die Verstümmelung der weiblichen Genitalien war. Nach einigen weiteren Fragen zu den Anlagen und Beweisstükken wandte Ferlise sich an mich. »Ms. Kasinga, bitte stehen Sie auf und heben Sie die rechte Hand. Schwören Sie, daß Sie hier und heute die reine Wahrheit sagen werden, so wahr Ihnen Gott helfe?«

»Ja.«

Wieder bekam Ferlise meine Antwort nicht mit. »Ja?« fragte er.

»Ja«, sagte ich. Ja. Gott, steh mir bei!

»Ma'am, Sie reden sehr leise«, sagte Ferlise. »Sie müssen lauter sprechen.« Er war noch immer höflich. »Laut und deutlich, bitte. Ja?«

Ferlise bedeutete Bowman und Layli anzufangen.

»Euer Ehren, zu Anfang möchte ich eine kurze Stellungnahme abgeben«, sagte Layli. Sie stürzte sich mit Feuereifer in ihr Eröffnungsplädoyer, das sie mit soviel Sorgfalt erarbeitet und auswendig gelernt hatte. »In diesem Fall geht es um eine junge Frau von achtzehn Jahren, die sich mutig den Sitten und Gebräuchen ihrer Kultur widersetzt hat, indem sie sich weigerte, den alten Ritus der Beschneidung, das heißt der Verstümmelung der weiblichen Genitalien, an sich vollziehen zu lassen. Es gelang Ms. Kasinga, sich –«

»Einspruch, Euer Ehren, das ist im Grunde eine Zeugenaussage im Sinne der Antragstellerin«, unterbrach Ms. Tang.

Layli war verwirrt. »Es ist ein Eröffnungsplädoyer«, sagte sie.

»Wird das lange dauern?« fragte Ferlise.

»Fünf bis zehn Minuten«, sagte Layli.

»Fangen Sie direkt mit der Befragung an«, befahl Ferlise schroff.

Layli blickte hilfesuchend zu Bowman hinüber. Bowman sagte nichts. Er sah die Bestürzung und die Verunsicherung in Laylis Gesicht. Ihm schwante, daß die Dinge sich nicht gut anließen.

Layli fing an, mich zu befragen. Name, Alter, wo ich herkam, Schulbildung. Ich hätte noch zwei Jahre zur Schule gemußt, um meinen High-School-Abschluß zu machen, sagte ich, wenngleich nicht deutlich genug. Mein Englisch war nicht so gut. Und ich sprach auch nicht laut genug. Ferlise unterbrach: »Wie bitte?« Ich wiederholte meine Antwort. Layli fuhr fort. Warum ich die High-School nicht abgeschlossen hatte? »Weil meine Tante mich von der Schule genommen hat.« »Ihre Tante hat Sie von der Schule genommen?« wiederholte Ferlise. »Ja«, sagte ich. Wieder ermahnte er mich, noch immer freundlich, doch lauter zu sprechen. Himmel, ich war nicht gut! Ich war nicht gut!

»Warum hat Ihre Tante Sie von der Schule genommen?« fragte Layli. »Weil sie mich verheiraten wollte«, sagte ich. »Aber ich wollte den Mann nicht heiraten. Und ich wollte nicht beschnitten werden.« Sprach ich auch laut und deutlich genug? Hatte Ferlise mich verstanden? Ich zitterte unkontrolliert, mir klapperten die Zähne.

»Wie alt ist der Mann?« fragte Layli.

»Fünfundvierzig«, sagte ich.

»Wie viele Frauen hat er?«

»Er –«

»Einspruch, suggestiv«, sagte Ms. Tang. Layli war verunsichert, wiederholte die Frage im selben Wortlaut. Sie war noch so unerfahren, und Bowman hatte ihr den Eindruck vermittelt, daß die Verhandlung weitaus weniger formal ablaufen würde, als es tatsächlich der Fall war. Ferlise schaltete sich ein und formulierte ihre Frage um. »Ist dieser Mann, war dieser Mann bereits verheiratet?« Ja. »Hat er andere Frauen?« Ja, drei. Er ließ Layli weiterfragen. Sie bat mich, die Namen meiner Stämme zu nennen. Ich tat es. Wieder unterbrach Ferlise. Wie lautete der Name? Und wo waren diese Stämme? Togo? Welcher Teil von Togo? Nord-Togo?

Und so ging es weiter. Die Situation entwickelte sich zu einem Alptraum, der immer schlimmer wurde: Layli stellte eine Frage. Ich versuchte zu antworten. Ferlise unterbrach und stellte eine ähnliche Frage. Ich versuchte, diese Frage zu beantworten. Er konnte mich nicht verstehen. Ich antwortete noch einmal. Er stellte weitere Fragen, Frage um Frage, und der Ablauf wiederholte sich. Während eines Großteils der Verhandlung nahm er Layli die Befragung aus den Händen.

Trotz all der Unterbrechungen durch Ferlise bemühte Layli sich, so gut sie konnte, ihre eigenen Fragen zu stellen, damit möglichst viel von meiner Geschichte »ins Protokoll« kam, wie Professor Boswell es ihr geraten hatte. Meine Mutter stammte aus dem Norden von Benin. Ich wußte nicht, wo sie jetzt war, weil die Familie meines Vaters sie nach dessen Tod aus dem Haus gejagt hatte. »Warum haben Ihre Verwandten sie aus dem Haus gejagt?« fragte Ferlise. Ich versuchte zu erklären, daß sie nach Stammesrecht die Macht dazu hatten. Die Verwandten eines Mannes haben das Recht, dessen Witwe wegzuschicken und all sein Geld und seinen Besitz zu übernehmen. »War Ihr Vater reich?« fragte Ferlise. Ja, das war er. »Wie ist er zu seinem

Vermögen gekommen?« Er hatte Laster. »Was denn für Laster?« fragte Ferlise. »Ich meine große Autos, Lkws!« Oh Gott.

Layli konnte mir ein paar weitere Fragen stellen – wie viele Geschwister ich hatte, als mein Vater starb –, und dann übernahm Ferlise wieder das Kommando. Wo wohnten meine Schwestern? Was machten sie? Wie viele Brüder hatte ich? Was machten die? Wie alt war meine älteste Schwester, die Näherin? War sie verheiratet? War sie beschnitten? Nein. Und meine zweitälteste Schwester? War sie verheiratet? Sie war auch nicht beschnitten? Nein. Und die dritte Schwester, die Sekretärin? Wie alt? Auch verheiratet? Und die vierte? Wie alt? Und keine von ihnen war beschnitten worden? Wie war es ihnen gelungen, der Beschneidung zu entgehen? Oh, weil mein Vater dagegen war. Aber alle Frauen des Stammes werden beschnitten? Ja, es gehört zu unserer Kultur. Aber Ihre Schwestern sind nicht beschnitten worden? Weil mein Vater es verhindert hat. Wie hat er es verhindert? Ich geriet allmählich in Panik. Meine Gedanken und Antworten wurden immer konfuser, während ich versuchte, das zu erklären. Mein Vater hatte alle meine Schwestern dazu ermutigt, Männer zu heiraten, die nicht von unserem Stamm waren, Männer, die nicht auf der Beschneidung bestanden. Und das hatten sie dann auch gemacht? Ja. Das ist erlaubt? Ja. Dann verlangten also nur die Männer aus meinem Stamm, daß die Frauen beschnitten wurden? Ja. Nein. Oh, Gott. Bitte hilf mir!

Layli machte einen tapferen Versuch, die Befragung wieder an sich zu reißen.

»Ist Ihre Mutter beschnitten?«

»Nein, das ist sie nicht.«

»Warum?«

»Weil ihre ältere Schwester an den Folgen der Beschneidung gestorben ist.«

»Wie ist sie gestorben?«

»Wundstarrkrampf«, sagte ich. »Blutungen. Nach der Beschneidung hörten die Blutungen einfach nicht auf.«

»Warum sind Sie in die Vereinigten Staaten gekommen?«

»Weil ich weiß, daß die Amerikaner an Gerechtigkeit glauben und weil ich viele Verwandte hier habe.« Die Amerikaner glaubten doch an Gerechtigkeit, oder? Da täuschte ich mich doch nicht, oder?

»Können Sie beschreiben, was die Beschneidung bei einer Frau ist und wie sie vorgenommen wird?«

Ich konnte das erzählen, was ich wußte. Viel war es nicht. Wenn ein Mädchen fünfzehn Jahre alt ist, wird es beschnitten. Aber keine der Frauen in meiner Familie war beschnitten worden? fragte Ferlise. Nein. Doch. »Meine Tante«, sagte ich. »Die mich auch beschneiden lassen will. Sie ist beschnitten worden.« »Und das wird gemacht, wenn ein Mädchen fünfzehn wird?« fragte Ferlise. Ja. »Und wie alt sind Sie?« Achtzehn. »Wie sind *Sie* denn daran vorbeigekommen?« fragte er mit Betonung auf dem *Sie*. Sein Tonfall war anklagend. Weil mein Vater es zu seinen Lebzeiten verhindert hat. »Und wie konnte er das?« Er war reich, sagte ich. Er konnte tun, was er wollte. »Gut, und was ist jetzt anders?«

Was ist jetzt anders? Was ist jetzt anders!

Da wußte ich es. Ferlise würde kein Verständnis für meine Not haben. Ich war verloren.

»Jetzt lebt er nicht mehr«, sagte ich leise. »Er lebt nicht mehr.« Das war jetzt anders. Alles war jetzt anders.

Nein, nein, das hatte Ferlise nicht gemeint. Wenn mein Vater doch sagen konnte: »Meine Töchter werden nicht beschnitten«, warum dann nicht ich? Warum konnte ich nicht einfach sagen: »Ich lasse mich nicht beschneiden?«

»Das kann ich nicht sagen, weil ich nicht das Recht dazu habe.« Mein Vater konnte es, aber ich nicht.

Das wollte Ferlise nicht akzeptieren. Wie lange schon wurden Frauen in meinem Stamm beschnitten? Fünfzig Jahre? Hunderte von Jahren? Tausende von Jahren? Lange Zeit? Wenn es also uraltes Stammesrecht war, wie konnte mein Vater es dann verhindern? Ich hatte die Frage doch schon beantwortet! Weil er reich und mächtig war. Oh, Gott, warum half mir denn niemand? Ich beantwortete die Fragen detaillierter. Schließlich schien Ferlise zu begreifen, und er ließ Layli mit ihrer Befragung fortfahren.

Die arme Layli. Die arme, tapfere, bemühte, entschlossene Layli. »Alles muß ins Protokoll, alles muß ins Protokoll«, hatte Richard Boswell ihr eingeschärft. Und das war jetzt ihre letzte Chance, dafür zu sorgen, daß das Protokoll wirklich umfassend und vollständig wurde. Es gab so vieles, was sie unbedingt in dieses Protokoll reinbringen mußte. Ohne Umschweife versuchte sie deutlich zu machen, daß die drohende Beschneidung bei Frauen eine Form der Verfolgung darstellt. Das war der entscheidende Punkt ihrer Argumentation.

»Wie genau wird die Operation durchgeführt?« fragte sie mich. »Was für Instrumente werden dabei verwendet?«

»Sie nehmen Messer«, sagte ich.

Ferlise wollte das nicht hören. »Gehört das zur Sache?« fragte er.

Layli erklärte: »Ja, um festzustellen, ob es sich um eine Form der Verfolgung handelt.«

»Was für Instrumente dabei benutzt werden?« fragte Ferlise. Sein Tonfall verriet, daß er die Frage lächerlich fand.

Layli blieb hartnäckig. Die Frage nach den Instrumenten war wichtig, um festzustellen, wie gefährlich und lebensbedrohlich die Prozedur ist, versuchte sie zu erläutern.

Ferlise schien das aber nicht wichtig zu finden. Er sagte Layli, daß er diesen Argumentationsgang kurz abgehandelt sehen wollte.

Layli ordnete ihre Gedanken. Ferlise wollte nicht hören, wie die Beschneidung durchgeführt wurde? Okay. Dann mußte sie das Thema anders anpacken. »Welche Auswirkungen hat es auf den Körper?« fragte sie mich. »Welche Nebeneffekte werden dadurch ausgelöst?«

»Nun ja, Blutungen. Ich habe vier Mädchen gekannt, die verblutet sind.«

Ferlise unterbrach erneut. Wie bitte? Ich hatte vier Mädchen gekannt, die verblutet waren? Nach der Beschneidung? Ja. Seine Fragen prasselten auf mich nieder, und ich konnte ihm nicht ganz folgen. Es ging irgendwie darum, wer es machte. Ich wollte antworten, verstand aber nicht ganz, was er gefragt hatte. Er bombardierte mich weiter mit Fragen. Später erfuhr ich, daß Ferlise neunzehn Jahre lang als INS-Prozeßanwalt gearbeitet hatte, bevor er zum Richter ernannt wurde. Er war noch immer Prozeßanwalt – in Richterrobe.

Layli schaltete sich ein, um mir zu helfen und einen weiteren wichtigen Punkt zur Sprache zu bringen, daß nämlich meine Angst davor, dieser Form der Verfolgung ausgesetzt zu werden, begründet war. Sie versuchte es, aber sie kam nicht weit. Eine Frage. Weiter nicht. »Ist Ihr Vater der einzige Mensch, der Sie vor der Beschneidung hätte bewahren können?« fragte sie. Ja, sagte ich. Ja, das war er.

»Und wieso das, Ma'am?« fragte Ferlise. Meine Mutter könnte mich nicht schützen? Na, und was war mit meinen Schwestern? Ich versuchte zu erklären, daß nach dem Tode meines Vaters meine Tante mein gesetzlicher Vormund geworden war. Sie konnte mit mir machen, was sie wollte. Meine Schwestern hatten keine Möglichkeit einzugreifen.

Und wie alt war ich, als meine Tante mich von der Schule nahm und mir mitteilte, daß ich verheiratet und beschnitten werden sollte? Siebzehn? Und sie hatte es meiner Mutter erzählt? Meine Mutter war im elterlichen Haus? Nein, nein, sie war nicht da. Sie war aus dem Haus gejagt worden. Wo wohnte sie dann also? Ich wußte es nicht. Ich wußte es nicht, aber meine Tante wußte es? Woher wußte meine Tante es? Ich hatte keine Ahnung. Meine Tante hatte also meine Mutter getroffen und ihr erzählt, welche Pläne sie mit mir hatte? Warum hatte sie das gemacht? Ich wollte sagen: aus der reinen Lust daran, meine Mutter zu quälen und sie weinen zu sehen. Aber ich konnte nicht. Mein Englisch war nicht gut genug. Warum hatte meine Tante meine Mutter informiert? Mußte meine Mutter vielleicht ihre Erlaubnis dazu geben? Nein, sagte ich. Nein! Nur um sie wissen zu lassen, was sie mir antun würden. Und das, obwohl sie aus dem Haus gejagt worden war? Ja. Ja. Oh, bitte. Bitte, Gott. Mach, daß es vorbei ist.

Layli schaltete sich wieder ein. Sie schob ein paar Fragen ein, klärte ein paar Punkte, sorgte dafür, daß noch ein paar weitere Dinge ins Protokoll kamen. Wir stellten klar, daß die Geschwister meines Vaters unerschütterlich daran glaubten, daß Mädchen beschnitten werden mußten, daß sie meine Mutter nie akzeptiert hatten, weil sie einem anderen Stamm angehörte, daß sie sie nach dem Tode meines Vaters vertrieben hatten. Und dann kamen wir wieder zu der Frage, wie ich der Beschneidung entflohen war, obwohl man mich verheiratet hatte. Ferlise war skeptisch. Hatte ich nicht gesagt, daß kein Mann meines Stammes eine unbeschnittene Frau heiraten würde? Ich wollte es ihm erklären. Er fiel mir ins Wort. »Das ergibt keinen Sinn«, sagte er. Wollte ich behaupten, daß man für mich eine Ausnahme gemacht hatte? Ja. Nein. Er verstand mich nicht! Ich konnte es ihm nicht begreiflich machen!

Layli versuchte, den Punkt zu klären. »Haben Sie je mit Ihrem Mann geschlafen?« fragte sie. Nein, ich hatte noch nie mit irgendwem geschlafen. Warum hatte ich nicht mit meinem Mann geschlafen? Weil ich noch nicht beschnitten war. Bevor man mich zu ihm schicken konnte, mußte ich erst beschnitten werden. Layli schaffte es, daß noch ein paar weitere Punkte ins Protokoll aufgenommen wurden. Die anderen Frauen meines sogenannten Ehemannes waren alle beschnitten. Layli fragte, wie ich es geschafft hatte, der Beschneidung zu entgehen. Meine Schwester hat mir zur Flucht verholfen, sagte ich. Sie hat mich im Auto zum Flughafen nach Ghana gebracht. Ferlise schaltete sich wieder ein. An welchem Tag war das? Am 19. Oktober 1994? Und wenn ich nicht aus Togo geflohen wäre, hätte ich keine Möglichkeit gehabt, der Beschneidung zu entkommen? Nein. »Aber Sie haben es versucht, oder?« sagte er. »Ich meine, Sie haben ihnen gesagt, daß sie es nicht wollten.« Ja, aber sie hätten mich gezwungen, sagte ich. »Nun, Sie haben sie daran gehindert.« Ja, indem ich das Land verließ! Nein, nein, das hatte er nicht gemeint. Ich war verheiratet worden, und man hatte mich nicht zuvor beschnitten. Ich war unbeschnitten verheiratet worden. Also hatte ich sie doch daran gehindert, richtig? »Nein! Nein!« Hatte er denn nicht zugehört? Warum tat er mir das an? Wieso verstand er mich nicht? Einmal mühte ich mich gerade mit einer Frage ab, die Layli mir gestellt hatte, und Bowman wollte sie neu formulieren, damit ich sie besser verstand. Ferlise verbot ihm das Wort. Layli führe die Befragung durch, nicht er. Bowman war schockiert. Layli war Jurastudentin, und er war der verantwortliche Anwalt. Es war seine Aufgabe, gegebenenfalls im Interesse seiner Mandantin einzuschreiten.

Deutschland. Layli stellte mir Fragen zu Deutschland. »Warum sind Sie nach Deutschland geflogen.« Weil es die einzige Möglichkeit war, sagte ich. Wieder schaltete Ferlise sich ein. Wer hatte sich für Deutschland entschieden? Meine Schwester. Welche? Die älteste? Ja. Layli fragte, wie ich durch die deutsche Paßkontrolle gekommen war. Ich erzählte nicht die ganze Geschichte, möge Allah mir vergeben. Ich sagte, daß ich meine Ausweise gezeigt hatte, daß mich der Beamte gefragt hatte, ob ich Geld dabei habe, daß ich ja gesagt und ihm das Geld gezeigt hatte und er mich durchließ. Von dem Mann am Flughafen mit den Pässen erzählte ich nichts. Ich hatte zuviel Angst. Angst um Ayisha. »Wie lange sind Sie in Deutschland geblieben?« fragte Ferlise. Zwei Monate, sagte ich. Und wie hatte ich da gelebt? Ich habe bei einer Deutschen gewohnt, die ich am Flughafen kennengelernt hatte. Kannte ich sie vorher? Nein. Ich war also nach Deutschland geflogen, hatte am Flughafen eine wildfremde Frau kennengelernt, die mich dann gleich zwei Monate bei sich wohnen ließ? Ja. Wie war das vor sich gegangen? Ich erzählte es ihm. Ich hatte sie also einfach angesprochen und gefragt, wo ich Afrikaner finden könnte, und sie hatte mich einfach zu sich nach Hause eingeladen und dort aufgenommen? Ja! Und wie hieß die Frau? Ich sagte es ihm. Und was dann? Was war nach zwei Monaten passiert? Dann lernte ich Charlie kennen, sagte ich. Wo? In der Straßenbahn. In der Straßenbahn? Ja. Ich habe Charlie kennengelernt und ihm meine Geschichte erzählt, sagte ich. »Er war es, der mir geholfen hat, in die Vereinigten Staaten zu kommen«, sagte ich, er war es, der mir den Paß verkauft hat. Ferlise wollte detailliert wissen, wie ich angekommen war, wie die Begegnung mit der Beamtin von der Einwanderungsbehörde abgelaufen war. Wenn sie zu mir gesagt hätte: »Alles klar, gehen Sie durch«, wäre ich dann einfach durchgegangen? Nein, sagte ich. Charlie hatte mir geraten, um Asyl zu bitten. Das war immer meine Absicht gewesen.

Dann kam Ferlise wieder auf die Frage zurück, ob ich wirklich das Land verlassen mußte, um der Beschneidung zu entgehen. Hatte ich je daran gedacht, bei der Polizei oder anderen Institutionen um Schutz zu bitten? Die hätten mir nicht geholfen, sagte ich. Aber hatte ich darum gebeten? Sie hätten mir nie und nimmer helfen können, wiederholte ich. Aber hatte ich sie um Hilfe gebeten? Nein.

Layli wollte, daß der Grund, warum ich nicht zur Polizei gegangen war, ins Protokoll kam. »Welche Kontakte unterhält Ihr Ehemann zur Polizei in Togo?«

»Einspruch, suggestiv.« Ms. Tang. Sie war ja auch noch da.

Layli versuchte es anders. »Unterhält Ihr Ehemann Kontakte zur Polizei in Togo?«

»Einspruch. Suggestiv.«

Nächster Versuch: »Warum können Sie nicht nach Togo zurückkehren?«

»Weil die Polizei nach mir sucht«, sagte ich. »Wenn ich zurückgehe, bringen sie mich zu meiner Tante und meinem Onkel, und die lassen mich beschneiden und schicken mich zu meinem sogenannten Ehemann.«

»Woher wissen Sie das?«

»Meine Mutter hat es mir geschrieben. Sie hat geschrieben, daß die Polizei mich sucht.«

Ferlise hakte nach. Woher wußte meine Mutter, wo ich war? Ich hatte ihr über meine Schwester geschrieben, sagte ich. Dann wußte also meine Schwester, wo unsere Mutter war? Ja. Aber wenn meine Schwester es wußte, wieso dann ich nicht? Ich versuchte, es ihm zu erklären. Weil meine Tante verhinderte, daß ich Kontakt zu meiner Mutter hatte – sie glaubt, daß meine Mutter mir den Verstand vergiften kann. Ganz offensichtlich glaubte Ferlise mir nicht. Er wurde lauter: »Nein. Beantworten Sie die Frage.« Meine Tante wußte, wo meine Mutter war, meine Schwester wußte es, wie kam es, daß *ich* es nicht wußte? Ich wollte es erklären. Ferlise suchte in seinen Unterlagen. Was war mit diesen Briefen aus Togo? Hatte meine Mutter sie geschrieben? Nein, meine Mutter konnte nicht englisch schreiben, sagte ich. Meine Schwester hatte sie geschrieben, aber, so wollte ich hinzufügen, meine Mutter hatte sie diktiert und unterschrieben. Ferlise ließ mich nicht mehr dazu kommen. Er brauste auf und fuhr Layli an:

»Haben Sie das gewußt?« – daß die Briefe, die meine Mutter unterschrieben hatte, von meiner Schwester aufgesetzt worden waren? Ja, sagte Layli. Sie versuchte, es ihm zu erklären. Auch ihre Erklärung wollte er nicht hören. Er warf ihr vor, sie habe versucht, das Gericht zu täuschen. »Sie hätten mir sagen müssen, daß diese Briefe nicht von der Mutter stammen. Erläutern Sie mir, wie Sie an diese Niederschriften oder was auch immer gekommen sind.«

Die Briefe waren schon in meiner Akte gewesen, als Bowman sie Layli übergab. Sie wußte nicht, wie sie dort hineingelangt waren. »Bitte fragen Sie die Zeugin, wie genau –«

»Nein, Ma'am!« bellte Ferlise.

»Ich bin nicht –«

»Ich rate Ihnen, dem Gericht gegenüber ehrlich zu sein!« Er schrie sie an.

Bowman schaltete sich ein. Er versuchte, den Sachverhalt zu erklären. Ferlise brüllte auch ihn an. »Diese Briefe sind nicht von ihrer Mutter an sie geschrieben worden! Diese Briefe sind von der Schwester geschrieben worden, angeblich aufgrund von Informationen, die die Mutter ihr hat zukommen lassen!«

»Richtig«, sagte Bowman.

»Aber es sind eben nicht Briefe von ihrer Mutter.«

»Wir sind der Auffassung, daß sie das sind.«

»Nun, Sir, ich bin der Auffassung, daß sie das nicht sind.«

Oh Gott! Ferlise schrie meine Anwälte an! Am liebsten wäre ich aus dem Gerichtssaal gerannt! Layli blieb standhaft. Sie versuchte erneut, meine »begründete« Furcht darzulegen. »Was würde geschehen, wenn Sie nach Togo zurückkehren müßten?« Ich würde der Polizei übergeben, meinen Verwandten, meinem Ehemann, sagte ich. Ich würde beschnitten werden. »Gibt es jemanden, der sie davor bewahren könnte?« Nein!

Wieder übernahm Ferlise das Ruder. Er kehrte zu dem Umstand zurück, daß ich nicht wußte, wo meine Mutter war. Wieso nicht, wollte er wissen. Ich versuchte, ihm zu erklären, daß meine Mutter eine Zeitlang in Benin gewesen war, nun jedoch wieder nach Togo zurückwollte, und ich nicht wußte, ob das schon geschehen war. Meine Schwester wußte es. Aber hatte meine Schwester mir das nicht gesagt? Nein. Hatte ich sie je gefragt? Nein. Und dann sagte er das Grausamste, Herzloseste überhaupt: »Interessiert es Sie nicht?« Sein Sarkasmus durchschnitt das bißchen, was von meinem gequälten und leidenden Herzen noch übrig war.

Und dann wandte er sich an Layli. »Haben Sie noch Fragen?« erkundigte er sich ungeduldig.

Layli gab nicht klein bei. Ja, sagte sie. Sie wollte mich bitten, die Frauen auf dem Foto zu identifizieren. Mein Hochzeitsfoto. Ferlise fragte, ob das Foto als Beweisstück zugelassen worden war. »Ja«, sagte Layli. Bowman schaltete sich ein. Nein, erklärte er. Es war gerade erst aus Togo eingetroffen.

Ferlise forderte mich auf, die Frauen auf dem Bild zu identifizieren. Ich tat es. Und bei welcher Gelegenheit war es aufgenommen worden? Warum waren alle so schön angezogen? »Das ist der Tag meiner Hochzeit«, sagte ich. Er war einverstanden, das Foto als Beweisstück zuzulassen.

»Sonst noch Fragen?« Dank Layli wurde im Protokoll vermerkt, daß ich als vierte Frau die ganze Hausarbeit zu erledigen und den anderen Frauen zu gehorchen hätte. Ein letztes Mal stellte sie mir die entscheidende Frage. Gab es, falls ich nach Togo zurückgeschickt wurde, meines Wissens nach irgendeine Möglichkeit, nicht beschnitten und zu meinem Mann geschickt zu werden? Nein. Nein. Nein. Sie war mit ihrer Befragung durch.

Jetzt war die INS-Anwältin an der Reihe. Ms. Tang fragte mich, ob ich in Ghana Flüchtlingsstatus beantragt hatte. Nein, sagte ich. Warum war ich denn nicht einfach zurück nach Ghana geflohen, als meine Tante mir eröffnete, daß sie mich verheiraten würde? Gab es ein Alter, in dem eine nicht beschnittene Frau keine Angst mehr haben mußte, noch beschnitten zu werden? Ich verstand die Frage nicht ganz. Ferlise fragte, ob alle Menschen in meinem Stamm dieser Praxis anhingen. Ja, jedenfalls die meisten, sagte ich. Was war mit den anderen Stämmen? Wurde auch da die Beschneidung praktiziert? Wußte ich, welche Stämme? Wie viele Stämme? Wie viele Menschen innerhalb dieser Stämme? Ich wußte es nicht! »Viele Menschen – sehr viele.« Ferlise ließ Ms. Tang weiterfragen. Hätte ich fliehen und bei einem anderen Stamm leben können? Nein. Wußte ich, warum mein Mann seine Frauen beschneiden ließ? Nein. Wo hatte ich mich während der zwei Tage nach meiner Hochzeit und vor meiner Flucht aufgehalten? Im Haus meiner Tante, sagte ich. Dem Haus meines Vaters, meinte ich, das das Haus meiner Tante geworden war. Warum hatte ich mich dort aufgehalten? Warum hatten sie mich nicht unmittelbar nach der Trauung beschnitten? Ich versuchte, ihnen begreiflich zu machen, daß ich mit der Hochzeit nach islamischem Recht zum Eigentum meines Mannes geworden war. Danach konnte meine Tante sich mit der Beschneidung Zeit lassen. Durch das religiöse Gesetz war ich genauso gefangen, als hätte man mich in Ketten gelegt. Warum hatte ich dann nicht schon vor der Hochzeit versucht zu fliehen? »Weil ich nicht wußte, wann die Hochzeit sein würde. Sie hat ohne Vorankündigung stattgefunden«, sagte ich.

Wieder warf Ferlise einige Fragen ein. Die elegante Kleidung und der schöne Schmuck und die *laylay*-Muster auf meinen Beinen? All das war spontan improvisiert worden? Ich versuchte, ihm zu erklären, daß ich nie wirklich geglaubt hatte, daß meine Tante mich verheiraten würde, aber es gelang mir nicht. Wann hatte meine Tante mir eröffnet, daß ich heiraten sollte? Im Juli? Und die Hochzeit war erst im Oktober gewesen? Und in der ganzen Zeit hatte ich nicht versucht zu fliehen? Warum nicht? Das hatte ich doch schon erklärt. Ich erfuhr erst am Montag, daß ich noch am selben Tag verheiratet werden sollte! Und da hatte ich noch Zeit genug, mir schöne Sachen auszusuchen und Gäste einzuladen? Nein, Nein. Das war anders...

Ferlise überließ mich wieder Ms. Tang. Hatte ich während meiner zwei Monate in Deutschland dort Flüchtlingsstatus beantragt? Nein. Ich wollte erklären, daß ich nicht gewußt hatte, was der Flüchtlingsstatus ist. Daß ich nie davon gehört hatte, bis ich Charlie kennenlernte. Aber ich konnte es nicht. Ich versuchte es nicht mal. Ich war zu müde. Hatte ich Rudina gebeten, mir zu helfen? Nein. Mehr sagte ich nicht. Nein. Hatte ich ihr von meinen Problemen erzählt? Ja. Hatte ich vor meiner Flucht noch irgendwelche anderen Schwierigkeiten mit der Polizei oder sonstigen Behörden in Togo gehabt? Nein. Und damit war Ms. Tang mit ihrer Befragung fertig.

Layli war erneut an der Reihe. Warum hatte ich nicht in Deutschland Asyl beantragt? Weil ich meine Ausbildung abschließen wollte, sagte ich. Das war dort nicht möglich. Ich sprach kein Deutsch. Und ich hatte dort keine Verwandten, keine Familie, die mir helfen und mich aufnehmen würde.

Sie fragte, was mit einer Frau in Togo geschieht, wenn sie versucht, ihren Mann zu verlassen. Ich sagte, daß die Frau gezwungen würde, zu ihm zurückzukehren. Sie fragte, ob die Polizei von Togo mich in Ghana würde finden können. Mit Leichtigkeit, sagte ich. Jetzt wollte Ferlise wissen, ob »die ghanaische Polizei der Polizei von Togo erlaubt, ihr Territorium zu betreten und dort Verhaftungen vorzunehmen?« Ich wußte nichts über irgendwelche Polizeivorschriften, sagte ich. »Nun, das haben Sie aber doch gerade ausgesagt.« Ich wußte nichts darüber, was die ghanaische Polizei »erlaubt«, wollte ich sagen. Ich wußte nur, wie die Dinge tatsächlich gehandhabt wurden. Grenzen waren für die Polizei von Togo kein Hindernis. Layli fragte, warum die Polizei mich suchte. Ms. Tang erhob Einspruch. »Muß sie sich in ihrer Schlußbefragung nicht auf die Themen beschränken, die ich angesprochen habe?« Ms. Tang hatte nicht danach gefragt, warum die Polizei nach mir suchte, also durfte Layli das nun eigentlich auch nicht mehr fragen. Ferlise ließ die Frage jedoch zu, und so kam ins Protokoll, daß die Polizei mich suchte, weil ich als vermißt galt. Layli bat um Erlaubnis, noch eine weitere Frage zur Polizei stellen zu dürfen. Es war eine äußerst wichtige Frage, die unmittelbar auf die Voraussetzung der »begründeten« Furcht abzielte. Ferlise erlaubte es. »Welche Kontakte unterhält Ihr Mann zur Polizei?« Sehr gute, sagte ich.

»Danke, Euer Ehren«, sagte Layli. Sie war fertig.

Ferlise wollte sich zur Entscheidungsfindung ins Richterzimmer zurückziehen. Bowman bat ihn, doch bitte noch einen Moment zu warten. Er hatte noch ein Beweisstück: den Brief von Charles Piot, dem Anthropologen von der *Duke University*, der bestätigte, daß das Stammesvolk der Tchamba von seinen Frauen tatsächlich verlangt, daß sie beschnitten werden. Der Brief war zu spät angekommen und hatte nicht mehr rechtzeitig zehn Tage vor der Verhandlung eingereicht werden können. Ferlise ließ ihn dennoch als Beweisstück zu. Es war Bowmans »Glückstag«, wie er sagte.

»Und noch etwas«, sagte Bowman. »Wir würden in dieser Sache gern ein kurzes Schlußplädoyer halten.« Ferlise hatte Layli nicht erlaubt, ihr Eröffnungsplädoyer zu halten, aber nun erlaubte er ihr, ein Schlußplädoyer zu halten, wenn sie sich sehr kurz faßte. »Wir sind schon viel zu spät dran«, sagte er. »Wärmen Sie aber nicht alles auf, was in der Akte steht, und bitte auch nicht das, was wir heute hier gehört haben.«

Layli und Bowman waren beide sprachlos. Nicht das aufwärmen, was in der Akte steht? Hatte er die überhaupt gelesen?

Bowman fragte Ferlise, ob er vorhabe, seine Entscheidung heute mündlich bekanntzugeben oder später schriftlich.

»Heute, mündlich«, entgegnete Ferlise.

Bowman äußerte vorsichtig seine Bedenken, daß »das Gericht« vielleicht nicht hinreichend Gelegenheit hatte, die Unterlagen zu prüfen, die er und Layli vorgelegt hatten.

»Ich habe sie durchgesehen«, sagte Ferlise.

Bowman versuchte es erneut. »Wir möchten gern sichergehen, daß das Gericht –«

Ferlise schnitt ihm das Wort ab: »Wie lange dauert ihr Schlußplädoyer?«

»Fünf bis zehn Minuten«, sagte Layli. »Ich kann es auf fünf beschränken.«

»Tun Sie das.«

Layli tat ihr Bestes. »Ich werde mich kurz fassen, Euer Ehren«, sagte sie. »Die drohende Genital-Verstümmelung erfüllt den Tatbestand der Verfolgung. Die INS definiert Verfolgung als etwas, das eine ernste Bedrohung für das Leben oder die Freiheit eines Individuums darstellt. Wie aus den medizinischen Ausführungen in unserer Zusammenfassung und unseren anderen als Beweisstücke vorgelegten Unterlagen hervorgeht, ist die Verstümmelung der weiblichen Geschlechtsorgane eine ernste Bedrohung für das Leben oder die Freiheit eines Individuums. Eine in Kenia durchgeführte Untersuchung belegt, daß sich bei über achtzig Prozent aller Mädchen, die diese Praxis erdulden müssen, zumindest eine gesundheitliche Komplikation einstellt. Eine weitere Untersuchung belegt, daß zwischen fünfzehn und dreißig Prozent aller Frauen an den Folgen der Verstümmelung sterben.«

Plötzlich fing der Kassettenrecorder an, hohe Pieptöne von sich zu geben. Layli hielt inne und wartete darauf, daß Ferlise das Band wechselte oder irgendwas tat, um das Piepen abzustellen. Aber er bedeutete ihr fortzufahren. Den Rest ihres Schlußplädoyers mußte Layli fast schreien, um sich über das Piepen hinweg verständlich zu machen.

Sie lenkte Ferlise' Aufmerksamkeit auf einen in der Akte befindlichen Brief eines Doktors von der *Morehouse University*, der bezeugte, daß die Verstümmelung der weiblichen Genitalien eine ernste Bedrohung für das Leben oder die Freiheit eines Individuums darstellt. »Was nach dem INS-Handbuch den Tatbestand der Verfolgung erfüllt.« Sie sagte, das INS-Handbuch stelle zudem fest, daß »schwere Verstöße gegen die Menschenrechte« einer Verfolgung gleichkommen.

»Welches INS-Handbuch?« fragte Ferlise.

»Das INS-Diensthandbuch.« sagte Layli.

»Ein Handbuch für Beamte, die mit Asylverfahren zu tun haben«, sagte Bowman.

»Zur Orientierung, Euer Ehren«, sagte Layli. »Es stellt fest –«

»Nein. Ich orientiere mich nicht an dem Handbuch, Ma'am«, sagte Ferlise schroff.

»Okay«, sagte sie. »Die internationale Staatengemeinschaft hat die Verstümmelung der weiblichen Genitalien als eine schwere Menschenrechtsverletzung eingestuft.« Was war damit? Orientierte Ferlise sich wenigstens daran? Sie zählte rasch einige der eingereichten Dokumente auf, die diese Tatsache belegten. Sie verwies auf die Entscheidung des BIA im »Fall Acosta«, derzufolge Verfolgung als ein Akt bezeichnet werden kann, der »einen bestimmten Glauben oder ein bestimmtes Charakteristikum des Individuums mißachtet«. Sie argumentierte, das Charakteristikum der Frau, das durch die Beschneidung mißachtet wird, sei ihr Sexualtrieb oder ihr Wunsch nach sexueller Befriedigung. Sie argumentierte, daß die Verfolgung, vor der ich geflohen war, die notwendige Bedingung erfüllte, daß die Verfolgung »von der Regierung ausgeht oder von einer Institution, die der Staat nicht kontrollieren kann oder will«. In meinem Fall, so sagte sie, war die »Institution« das muslimische Recht. Richtiger wäre gewesen, von Stammesrecht oder Familientradition zu sprechen, aber das hatte ich ihr vermutlich nicht deutlich genug gemacht. Der Staat war in meinem Fall die Polizei von Togo, die sich weigerte, Mädchen vor dieser Praxis zu schützen. Und schließlich, so stellte sie fest, traf auf mich die notwendige Bedingung zu, daß ich aufgrund meiner Zugehörigkeit zu einer »bestimmten sozialen Gruppe« verfolgt wurde, und zwar nach der Definition des Begriffs »soziale Gruppe«, die das BIA in seiner Entscheidung im »Fall Acosta« formuliert hatte. Das hieß, ich gehörte zu einer Gruppe von Personen, die »alle ein unveränderliches Charakteristikum gemeinsam haben«, das sie nicht ändern können oder zu dessen Veränderung sie nicht gezwungen werden sollten. Meine soziale Gruppe, das waren die Frauen meines Stammes. Unsere unveränderlichen Charakteristika, das waren unser Geschlecht, unser Widerstand gegen die Beschneidung, unsere erzwungene Unterwerfung, unsere Religion, unser Stamm.

»Alles in allem«, sagte Layli, »sind wir der Auffassung, daß Ms. Kasinga einen berechtigten Anspruch auf Asyl belegen konnte, und zwar aufgrund ihrer begründeten Furcht vor Verfolgung oder Beschneidung, aufgrund ihrer Zugehörigkeit zu einer bestimmten sozialen Gruppe.« Und noch ein letztes. Falls ich zurück nach Togo geschickt würde, wäre es mir unmöglich, der Verfolgung zu entgehen, der ich entflohen war. »Die Polizei sucht nach ihr«, sagte Layli. »Und wie aus dem Gutachten des Außenministeriums hervorgeht, das sich in Ihren Unterlagen befindet, hat sie kein Recht auf Scheidung. Danke.«

Den Inhalt ihrer Argumentation hatte ich nicht verstanden, aber ich hatte ihre Leidenschaft, ihr Feuer, ihr Herz, ihre Entschlossenheit, ihren Willen gespürt. Sie würde ihr Versprechen halten. Das wußte ich aus ganzem Herzen und aus ganzer Seele. Sie würde mich nicht im Stich lassen, was auch immer geschah. Sie würde nicht aufhören, für mich zu kämpfen. Sie würde so lange kämpfen, bis ich frei war.

Ferlise schaltete den Kassettenrecorder ab. »Ich brauche zwanzig Minuten«, sagte er. Zwanzig Minuten. Ich hatte über acht Monate im Gefängnis auf meine Verhandlung gewartet, und er wollte in zwanzig Minuten über mein Schicksal entscheiden.

Sowohl Ferlise als auch Ms. Tang verließen daraufhin den Gerichtssaal. Ebenso wie ich, denn ein INS-Beamter kam herein, legte mir Handschellen an und führte mich nach draußen in den Wartebereich. Layli und Bowman blieben dagegen an ihrem Tisch sitzen, stumm und finster, mit leerem Blick. Layli war derart angespannt, daß ihre Fingerspitzen taub wurden, während die Minuten verstrichen.

Als Ferlise in den Gerichtssaal zurückkehrte, wurde ich wieder in den Zeugenstand geführt, wo der INS-Beamte mir die Handschellen abnahm. Ferlise schaltete den Kassettenrecorder ein und gab seine Entscheidung bekannt.

Er begann mit den Fakten meiner Ankunft in Amerika. Ich war eine achtzehnjährige Frau, Bürgerin von Togo, die am 17. Dezember 1994 in den Vereinigten Staaten eingetroffen und in ein »Ausschlußverfahren« gesteckt worden war. Ich war ohne Visum und mit einem falschen Paß gekommen. Ich hatte angegeben, bei der Paßkontrolle sofort darauf hingewiesen zu haben, daß der Paß nicht meiner war und daß ich politisches Asyl beantragte. Diesen Teil meiner Geschichte glaubte Ferlise. »Ich befinde, daß die Antragstellerin nicht versucht hat, illegal einzureisen«, sagte er. Dann kam er zum Wesentlichen. Die Gewährung des Asyls, so sagte Ferlise, steht im richterlichen Ermessen. Er gab die Fakten meines Falles wieder, so, wie er sie einschätzte.

Im Juni 1994, nach dem Tode meines Vaters, war ich von der Schule in Ghana, wo ich »ungefähr zwölf Jahre« verbracht hatte, nach Hause zurückgekehrt, und meine Tante hatte mir eröffnet, daß ich beschnitten werden sollte. Meine Tante hatte meine Mutter »ausfindig gemacht«, die sie »zuvor aus dem Hause vertrieben hatte«, sagte Ferlise, und ihr erzählt, daß sie mich aus der Schule nehmen und mit einem fünfundvierzigjährigen Mann verheiraten wollte. Und was Ferlise dann sagte, war für mich wie ein Schlag ins Gesicht. »Anscheinend«, so sagte er nämlich, »legte die Mutter gegen beide Wünsche keinen Widerstand an den Tag.« Ferlise war wohl der Meinung, daß meine Mutter sich ebensowenig aus mir machte wie ich mir anscheinend aus ihr.

Er redete und redete, gab meine Geschichte so wieder, wie er sie verstanden hatte, wodurch sie sich völlig unlogisch anhörte, bevor er schließlich zum Eigentlichen kam: »Um einzuschätzen, ob der Antrag bewilligt werden sollte, ist die Glaubwürdigkeit der Antragstellerin von enormer Bedeutung«, sagte er. »Unter Berücksichtigung der Tatsache, daß ihre Aussage weder logisch noch schlüssig noch überzeugend ist, habe ich befunden, daß die Antragstellerin nicht glaubwürdig ist.«

Er unterstellte mir, daß ich gelogen hatte! Wie konnte er es wagen? Und ich konnte nur dasitzen und stumm zuhören, wie er mich eine Lügnerin nannte. Ich bebte vor Wut. Am liebsten wäre ich aufgestanden und hätte ihn angeschrien: »Wieso können Sie über mich zu Gericht sitzen? Sie verstehen gar nichts! Nicht Sie sind mein Richter! Gott ist mein Richter! Gott weiß, daß ich die Wahrheit sage!« Ich wäre noch empörter gewesen, wenn ich begriffen hätte, daß Ferlise mir damit auch juristisch einen schweren Schlag versetzt hatte. Wie ich später erfuhr, ist die Einschätzung »nicht glaubwürdig« praktisch das Schlimmste, was ein Richter über eine Asylsuchende sagen kann, weil das BIA sich meist auf die Einschätzung des Richters verläßt. Schließlich hat der Richter die fragliche Person gesehen, ihre Aussage gehört, ihr Verhalten beobachtet. Layli war darauf gefaßt gewesen, daß Ferlise meinen Asylantrag aus rechtlichen Gründen ablehnen würde, weil er nicht der Meinung war, daß die drohende Beschneidung als Verfolgung im Sinne der INS-Richtlinien anzusehen war, oder weil er ihre Definition der sozialen Gruppe ablehnte. Sie hatte sich darauf eingestellt, diese Einschätzungen in der Berufung zu widerlegen, so schwierig das auch sein würde. Aber wie widerlegt man die Feststellung eines Richters, daß eine Asylsuchende »nicht glaubwürdig« ist? Wie überzeugt man die Revisionsinstanz davon, daß der Richter einen falschen Eindruck gewonnen hat? Dadurch wurde die Berufung jedenfalls ungleich schwerer.

Anschließend führte Ferlise die Gründe dafür auf, warum ich seiner Meinung nach »nicht glaubwürdig« war. Ich hatte gesagt, meine Tante habe meine Mutter aus dem Haus getrieben. Dann hatte ich gesagt, meine Tante habe ein »Treffen« mit meiner Mutter arrangiert, um sich mit meiner Mutter über ihre Pläne für mich zu »beraten«. »Das Gericht fragt sich, wieso eine Tante, die gerade jemanden aus dem Haus gejagt hat, gerade diesen Jemand um Rat fragen sollte«, sagte er. »Das ergibt einfach keinen Sinn.« Ferlise sagte, daß ich »das Gericht glauben machen wollte«, daß die Beschneidung von Frauen in meinem Stamm »die absolute Regel« sei, und doch waren meine Schwestern und ich davon verschont geblieben, weil mein Vater diese Sitte ablehnte. Und ich war unbeschnitten verheiratet worden, »im Widerspruch zum Stammesrecht... Das Gericht fragt sich demzufolge, wie absolut dieses Stammesrecht denn wohl sein kann, wenn es so viele Ausnahmen von der Regel gibt.« Ferlise fand die Darstellung meines »zufälligen Zusammentreffens« mit Rudina ebenso unglaubwürdig wie die meiner zufälligen Begegnung mit Charlie.

Im Hinblick auf die Frage, ob meine Angst vor Verfolgung glaubhaft sei, so stellte er fest, selbst wenn er meine Geschichte glaube, »was ich nicht tue«, sei er nicht davon überzeugt, daß ich verfolgt werden würde, wenn man mich nach Togo zurückschickte. Ich hatte nicht nachweisen können, daß ich wegen meiner Zugehörigkeit zu einer bestimmten sozialen Gruppe verfolgt würde. Außerdem ließen sich anscheinend »alle Frauen von bestimmten Stämmen im Norden beschneiden«. Das war keine Verfolgung – das war Teil einer Stammeskultur. Ich hatte mich nicht an Regierungsstellen um Hilfe gewandt, und es gab »keinen Beweis« dafür, daß die Polizei mir nicht hätte helfen können oder wollen, wenn ich sie darum gebeten hätte. Daß ich beschnitten werden sollte, war kein Einzelschicksal. »Anscheinend besteht für alle Mitglieder ihrer ethnischen Gruppe der soziale Druck, sich beschneiden zu lassen.« Der Staat Togo habe »damit nichts zu tun«, sagte er. Ich hätte meinen Stamm verlassen können, sagte er. Ich hätte bei meiner Mutter leben können, »die einem anderen Stamm angehört«. Ich hätte in Ghana oder Deutschland Asyl beantragen können. »Nichts von alledem hat sie getan«, sagte er.

Um einen berechtigten Anspruch auf Asyl zu haben, hätte ich die »begründete Angst« vor Verfolgung nachweisen müssen. Anders ausgedrückt, ich hätte ihn davon überzeugen müssen, daß meine Angst subjektiv und objektiv berechtigt war. Er war nicht davon überzeugt. Der Asylantrag war abgelehnt.

Es wurde »angeordnet«, sagte Ferlise, daß ich »aus dem Land gewiesen« werde. Es wurde angeordnet, mich nach Togo abzuschieben.

Ferlise verkündete seine Einschätzung über meine Person, sprach sein Urteil über mich und wandte sich dann an mich mit der Frage: »Ma'am, haben Sie meine Entscheidung gehört und verstanden?«

Ich antwortete nicht. Ich konnte nicht sprechen. Ich saß nur still und stumm da, mit gesenktem Blick.

»Hallo?« rief er sarkastisch. »Haben Sie verstanden, daß ich Ihren Asylantrag abgelehnt habe?«

Ich rührte mich nicht, antwortete nicht, sagte nichts.

»Hallo?«

Ich sah zu Layli hinüber, sah meinen eigenen Schmerz in ihren Augen widergespiegelt.

»Sag ja«, flüsterte sie lautlos. Ich mußte antworten.

»Ja«, wisperte ich.

»Ja?« wiederholte Ferlise.

»Ja.«

»Okay.«

Er wandte sich an Layli und Bowman. »Sie haben meine Entscheidung gehört. Akzeptieren Sie sie oder behalten Sie sich das Recht vor, Berufung einzulegen?«

»Ja, Euer Ehren, wir gehen in Berufung«, entgegnete Bowman. Noch nie hatte ich jemanden so wütend klingen hören.

Sie wollten Berufung einlegen. Ich nicht. Nein, dachte ich. Keine Berufung. Das war meine Chance vor Gericht gewesen. Ich hatte versucht, meine Geschichte zu erzählen. Ferlise hatte mich nichts richtig erklären lassen. Er hatte mir nicht geglaubt. Ich konnte diese Tortur nicht noch einmal über mich ergehen lassen. Meine Geschichte würde sich nicht ändern. Wenn er mir nicht glaubte, wer dann? Nein. Sollen sie mich zurückschicken. Ich hielt es nicht länger im Gefängnis aus.

»Gut«, sagte Ferlise. »Die Sitzung ist geschlossen.«

INS-Beamte kamen mit den Handschellen herein und legten sie mir noch im Gerichtssaal an, während Bowman und Layli versuchten, mit mir zu reden. Sie mußten schnell sprechen. Die Wärter waren in Eile.

»Alles wird gut werden, Fauziya«, sagte Layli. »Wir kriegen dich raus. Ganz bestimmt. Denk an mein Versprechen.« Ihr standen Tränen in den Augen. Ihre Stimme bebte. Sie kämpfte gegen das Weinen an. »Am Sonntag reise ich nach China«, sagte sie. »Dort werde ich allen und jedem von dir erzählen. Ich werde Leute finden, die uns helfen können. Wir holen dich raus. Halte nur die zwei Wochen durch, bis ich wieder zurück bin, ja? Machst du das?«

Ich nickte. Sprechen konnte ich nicht.

Und dann führten mich die Beamten hinaus, zu dem INS-Bus, der mich zurück nach Lehigh bringen würde. Zurück ins Gefängnis.

Sobald ich aus dem Raum war, zog Ferlise seine Richterrobe aus und fing an, angeregt zu plaudern. Jetzt, da die Verhandlung vorüber war, hatte er es gar nicht mehr eilig. Plötzlich hatte er alle Zeit der Welt.

Layli erinnert sich, daß er zunächst versuchte, Bowman in ein »kumpelhaftes« Gespräch über verschiedene gemeinsame Bekannte in Baltimore zu verwickeln, aber Layli unterbrach ihn. Sie konnte nicht anders.

»Verzeihen Sie«, sagte sie frostig, »aber ich verstehe nicht, wieso Sie unsere Mandantin unglaubwürdig fanden. Das, was ihr passiert ist, passiert vielen Menschen.«

Ferlise schien von ihrem Zorn unbeeindruckt zu sein. »Ach, Sie wissen doch, wie die Leute sind«, sagte er. »Man weiß nie, wie es den Asylsuchenden tatsächlich ergeht, wenn sie in ihre Länder zurückgeschickt werden. Wissen Sie, die würden einfach alles tun, um hierherzukommen. Ihr einziger Gedanke ist Amerika, Amerika, Amerika.«

In meinem Fall stimmte das nicht. Ich hatte meine Heimat geliebt und war nur deshalb nach Amerika gekommen, weil ich sonst nicht wußte, wohin.

»Ich kann ja verstehen, warum alle Welt herkommen will«, fuhr er fort. »Ich stelle mir vor, daß das Leben außerhalb der Vereinigten Staaten in etwa so ist wie in einem Zeltlager. Ich würde auch gern hier leben. Aber das hält uns schließlich im Geschäft, nicht?«

»Geschäft?« dachte Layli bei sich. Dieser Mann entscheidet Tag für Tag über das Leben anderer Menschen. Wie kann er so schnodderig sein? »Das ist kein Geschäft –«, setzte sie an.

»Nein, nein, Sie haben mich mißverstanden«, unterbrach Ferlise sie. »Ich wollte sagen, das hält uns beschäftigt. Jedenfalls hätte sie«, damit meinte er mich, »so oder so kein Asyl bekommen, selbst wenn ich ihr geglaubt hätte. Dieser Bereich ist gesetzlich noch nicht abgeklärt.«

Layli nahm die Herausforderung an. Sie führte richterliche Entscheidungen an, nach denen geschlechtsspezifische Formen der Verfolgung als Grund für die Gewährung von Asyl akzeptiert worden waren. Ferlise fragte, von welchen Entscheidungen sie redete. Sie entgegnete ihm: »Die sind in der Zusammenfassung aufgeführt.« Er hätte sie kennen müssen, wenn er die Zusammenfassung gelesen hätte.

»Und dann sind da noch die neuen INS-Richtlinien«, sagte Layli.

»Welche Richtlinien?« fragte Ferlise.

Die Richtlinien, die im Mai dieses Jahres herausgegeben worden waren, sagte Layli. In denen festgestellt wurde, daß die Verstümmelung weiblicher Genitalien als Asylgrund betrachtet werden konnte.

Layli hatte den Eindruck, daß Ferlise auch davon noch nie etwas gehört hatte.

»Die sind auch in der Akte«, fügte Layli hinzu.

»Ja, aber die sind doch nicht bindend für richterliche Entscheidungen, oder?« meinte Ferlise.

»Nein«, sagte Layli.

»Na, sehen Sie«, sagte er.

Die Diskussion ging weiter. Layli und Ferlise erörterten, was als Verfolgung betrachtet werden konnte und was als soziale Gruppe galt. Ferlise schien der Disput Spaß zu machen. Er hatte meine Verhandlung im Schnellverfahren abgehandelt, doch jetzt, da er sozusagen Feierabend hatte, die Verhandlung vorbei war, der Kassettenrecorder abgeschaltet, das Protokoll geschlossen und die Asylsuchende fortgeschafft – jetzt war er in der richtigen Stimmung, alle theoretischen Fragen und gesetzlichen Probleme zu diskutieren, die durch meinen Fall aufgeworfen wurden.

Layli und Bowman waren beide wütend, aber Layli mußte die Gelegenheit nutzen, Ferlise irgendwie zu erreichen, mit ihm zu reden, ihn dazu zu bringen, einige Fragen anders zu betrachten. Sie dachte schon an meine Berufung. Das BIA konnte meinen Fall an Ferlise zurückgeben. Außerdem dachte sie an die anderen Frauen, die vielleicht in Zukunft auf der Flucht vor Beschneidung bei ihm Asyl beantragen würden. Aber ihr Versuch, ihn zu überzeugen, schien hoffnungslos. Offensichtlich fand er keines ihrer Argumente einleuchtend, und Laylis Leidenschaft schien ihn nicht zu beeindrucken. »Hören Sie«, sagte er. »Frauen werden überall in der Welt schlecht behandelt. Wir können nicht jeder helfen. Machen Sie sich keine Sorgen«, fügte er hinzu. »Wahrscheinlich geht sie zurück nach Togo.«

Layli war empört. Diese gefühllose Bemerkung hatte Ferlise der falschen Frau gegenüber gemacht.

Ich werde ihm beweisen, daß er sich irrt, dachte sie. Fauziya wird nicht nach Togo zurückgeschickt werden. Nein, das wird sie nicht. Dafür werde ich sorgen.

Layli hatte ja keine Ahnung, welche Schwierigkeiten auf sie warteten. Ihre eigene Mandantin – ich – würde eines der ersten Hindernisse sein, und nicht das kleinste. Ich wollte nicht weiterkämpfen. Ich wollte nach Hause. Aber Layli machte sich bereit für den Kampf, meinen Kampf, noch bevor sie Ferlise' Gerichtssaal verließ.

Es würde eine lange Belagerung werden.

26
Peking

Komm schon!« Jemand rüttelte mich an der Schulter. Ich öffnete die Augen. Ich war auf der Rückfahrt nach Lehigh eingeschlafen. Wir waren am Ziel, und ich sollte in die Aufnahme gehen. Dort wurde ich von einer Beamtin durchsucht, bekam einen Passierschein und wurde in meinen Zellentrakt geschickt. Oche sprach gerade an einem der Wandtelefone gleich rechts neben dem Eingang, als ich durch die Tür kam. Ich hatte den verzweifelten Wunsch, nicht jetzt gleich mit ihr sprechen zu müssen, aber ich sah, daß mir ihr Blick bis zu meiner Zelle folgte. Meine Zellengenossin Alma beobachtete mich von der Zelle aus.

»Und?« fragte sie erwartungsvoll, sobald ich eintrat.

»Wie war's?« Oches Stimme.

Ich wandte mich um. Oche stand vor der Zellentür. Auch sie wollte es wissen.

Ich war wieder im Gefängnis. Das hätte ihnen schon alles sagen müssen, aber sie hatten ihre Verhandlung noch nicht gehabt. Sie wußten es nicht besser. Ich wollte es ihnen nicht sagen. Ich wollte es nicht aussprechen.

»Hat der Richter noch nicht entschieden?«

»Er hat entschieden«, sagte ich leise. »Er hat abgelehnt.«

Almas Blick wurde ganz weich vor Trauer. »Ooooh, Fauziya.« Sie schlang die Arme um mich und drückte mich sanft. »Ach, Fauziya, es tut mir so leid.«

Ich stieß sie weg. »Geht weg! Alle beide! Laßt mich allein!« Ich warf mich auf Almas Bett.

Ich weinte, bis ich erschöpft war, taub, tränenleer. Ich weinte eine halbe Ewigkeit, wie es mir vorkam, und dann stand ich von Almas Bett auf, zog meine Sachen aus, ein langes T-Shirt über, um nicht nackt über den Gang zu müssen, und ging duschen. Danach wollte ich nur noch schlafen, alles ausblenden. Aber auf dem Rückweg in meine Zelle fiel mir plötzlich ein, daß ich Rahuf anrufen mußte. Wir hatten fest damit gerechnet, daß ich ihn nicht mehr von hier aus würde anrufen müssen.

Ich ging zu den Telefonen. Rahuf war zu Hause. Ein weiteres R-Gespräch aus dem Gefängnis Lehigh. Er wußte, was das bedeutete.

»Der Richter hat den Antrag abgelehnt«, sagte ich mit brüchiger Stimme.

Rahuf schwieg einen Moment. »Was hat Bowman gesagt?« Eine Ansage unterbrach uns mit dem Hinweis, daß der Anruf aus dem Gefängnis Lehigh kam. Ich fing an zu weinen.

»Fauziya, komm schon, beruhige dich. Was hat Bowman gesagt?«

Ich atmete tief ein und wieder aus, ein ersticktes Schluchzen. »Er hat gesagt, wir gehen in Berufung.« Ich unterdrückte ein weiteres Schluchzen. »Er hat gesagt, wir kämpfen weiter.«

»Dann gibt es immer noch Hoffnung, Fauziya, du mußt stark sein.«

Am liebsten hätte ich geschrien: »Sag das nicht! Das will ich nicht hören!«

Rahuf wußte nicht, was ich durchmachte! Niemand wußte das. Aber es hatte auch keinen Sinn, es jemandem zu erzählen, weil ohnehin keiner etwas dagegen tun konnte.

Der einzige Mensch, der etwas tun konnte, war ich, und ich hatte mich entschieden, es zu tun.

»Nein, ich kann nicht mehr. Sag Bowman, sie sollen mich zurückschicken.«

Langes Schweigen am anderen Ende. Dann: »Du willst nicht Berufung einlegen?«

»Nein. Wenn ich hierbleibe, sterbe ich.«

»Fauziya, rede nicht so. Was ist mit Layli? Was hat sie gesagt.«

Ich berichtete Rahuf, daß sie nach China reisen würde. Dort wollte sie Menschen treffen, die mir helfen konnten. Sie würde versuchen, mich rauszuholen.

»Aber das ist doch gut, Fauziya.«

»Ja, das ist gut. Aber sie weiß nicht, wann. Ich bin seit acht Monaten im Gefängnis. Ich kann nicht mehr. Ich kann einfach nicht mehr. Sie sollen mich zurückschicken.«

Pause.

»Es ist deine Entscheidung, Fauziya. Ich helfe dir, egal, was du willst.«

Wieder Pause. »Willst du nicht noch mal darüber nachdenken?«

»Nein.«

Wieder Pause. »Tja, jetzt ist es zu spät, ihn anzurufen. Ich kann ihn erst Montag wieder erreichen. Ruf mich Montag noch mal an. Wenn du dann immer noch so denkst, sage ich Bowman, was du willst.«

»Okay«, sagte ich müde.

Rahuf. Mein wunderbarer Vetter. Ich hatte kein Geld. Er konnte die Kosten für eine Berufung nicht aufbringen. Er hätte mich ermutigen sollen, nach Hause zu gehen. Es hätte sein eigenes Leben sehr viel einfacher gemacht. Aber er dachte nicht an sich.

Ich legte auf, ging hinüber zum Aufsichtsschalter und bat um ein Antragsformular. Gleich an Ort und Stelle füllte ich den Antrag aus, daß ich die zuständige INS-Anwältin sprechen wollte. Rahuf konnte Bowman erst am Montag erreichen, und heute war Freitag. Ich wollte nicht so lange warten. Ich wollte, daß die INS mich sofort nach Hause schickte.

Hinterging ich Layli? Darüber konnte ich nicht nachdenken. Sie hatte mich gebeten durchzuhalten, bis sie aus China zurückkam. Ich hatte genickt. Aber ich hatte damit nicht ja sagen wollen. Ich hatte ganz mechanisch genickt. Daran konnte ich jetzt nichts ändern. Sie würde es einfach verstehen und mir verzeihen müssen. Ich würde nie vergessen, was Layli für mich getan hatte. Sie würde immer in meinen Gebeten sein. Ich würde Rahuf sagen, er sollte ihr in meinem Namen danken, falls ich schon weg war, wenn sie wiederkam. Aber ich mußte so schnell wie möglich raus, egal wie. Ich würde das INS-Verfahren hier in Lehigh in Gang setzen. Falls Layli mich nach ihrer Rückkehr herausbekam, bevor die INS mich abholte, gut. Wer auch immer mich zuerst holen kam, mit dem würde ich gehen.

Bowman hatte Layli nach der Verhandlung zum Bahnhof gebracht. Im Wagen sprachen beide lange kein Wort.

»Tja, beschissen gelaufen«, sagte Bowman schließlich.

»Kann man wohl sagen«, erwiderte Layli leise.

Wieder Schweigen.

»Sie wollen also an der Berufung mitarbeiten, stimmt's?«

»Und ob.«

»Keine Sorge, Layli, wir schaffen das schon.«

Er wollte sie aufmuntern. Layli wußte das zu schätzen, aber sie konnte nicht darauf eingehen. Sie war noch immer zu niedergeschlagen, um darüber zu reden.

Sie hielten schweigend vor dem Bahnhof.

»Wann kommen Sie aus China zurück?« fragte Bowman.

»Am zwölften«, sagte Layli.

Bowman nickte. »Okay. Während Sie weg sind, beantrage ich die Berufung.« Ferlise hatte uns einen Termin bis zum 5. September gesetzt, den Antrag einzureichen und die dabei anfallende Gebühr in Höhe von 110 Dollar zu zahlen.

Layli wollte ihm danken, aber ihr Gesicht war wie erstarrt. Sie nickte mechanisch, genau wie ich es getan hatte, und verabschiedete sich. Als sie an jenem Abend nach Hause kam, war Roshan nicht da, und sie rief ihre Eltern in Atlanta an.

»Layli! Kind! Wie ist es gelaufen?«

Layli erzählte ihnen alles ausführlich, mit vor Empörung zitternder Stimme. Es war schrecklich gewesen. Ein Desaster.

Carole und Larry trösteten sie verständnisvoll. Ihre Tochter litt. Ich war noch im Gefängnis. Wir beide taten ihnen leid. Aber Carole ließ nicht zu, daß Layli sich dem Selbstmitleid hingab. Laylis Glauben ist stark. Caroles ist noch stärker. Sie sprach mit Layli über Gott, über Vertrauen. »Alles, was geschieht, hat einen Sinn, Layli«, sagte sie sanft. »Gott sieht mehr als wir.«

Obwohl Layli sich sträubte, das Geschehene in einem positiven Licht zu sehen, mußte sie doch in diesem Moment an das Gespräch denken, das sie am Vortag mit Carole gehabt hatte. Vielleicht hatte ihre Mutter ja doch recht? Vielleicht wollte Gott, daß mein Fall vor das BIA kam? Vielleicht lag der Sinn darin, daß es vielen Frauen, nicht nur mir, helfen würde, wenn wir in der Berufung doch noch gewannen? Vielleicht wollte Gott, daß mein Fall ein Präzedenzfall wurde, ein Fall, der etwas bewegte?

Dann riß sie sich aus ihren Gedanken und kam zu dem Schluß, daß sie sich selbst etwas vormachte. Das würde nicht passieren. Sie war schließlich nur eine kleine Jurastudentin, und außerdem stießen Asylverfahren in der Öffentlichkeit nie auf großes Interesse. Sei realistisch, dachte sie. Vergiß es. Da müßte schon ein Wunder geschehen.

Ja. Ein Wunder.

»Ich weiß nicht, Mom«, sagte sie mit bebender Stimme.

»Du mußt daran glauben, Layli«, sagte Carole mit Nachdruck. »Du mußt auf Gott vertrauen.«

Das hätte auch Amariya sagen können. Meine Mutter hätte genau das gleiche gesagt.

Als Roshan kurz darauf nach Hause kam, nahm er Layli in den Arm und tröstete sie. Er versuchte, ihr klarzumachen, daß sie mehr Distanz wahren sollte, sich nicht so stark emotional engagieren sollte, aber es war offensichtlich, daß er mit seinen Worten jetzt nichts bewirken konnte. In jener Nacht hatte Layli ihren ersten Alptraum, in dem sie die Verhandlung neu durchlebte – Ferlise schrie sie an, ich wurde in Handschellen weggeführt, die schreckliche Szene wiederholte sich immer wieder.

Am nächsten Tag packte sie ihre Koffer. China. Sie hatte sich so darauf gefreut, an der Frauenkonferenz teilzunehmen. Jetzt nicht mehr. Am liebsten hätte sie ihre Mutter angerufen und abgesagt. Aber das war undenkbar. Die Reise war schon bezahlt. Schließlich war der Flug ein Geschenk ihrer Eltern zu ihrem dreiundzwanzigsten Geburtstag, den sie im März gefeiert hatte, und daß sich ihr Vater einverstanden erklärt hatte, war nur der Überredungskunst ihrer Mutter zu verdanken. Sie hatten sich beide so lange darauf gefreut, sie durfte ihre Mutter jetzt nicht enttäuschen. Und sie mußte das Versprechen halten, das sie mir gegeben hatte. Sie mußte Menschen ansprechen, die mir helfen konnten. Sie mußte versuchen, die Aufmerksamkeit der Medien zu wecken.

Und nach ihrer Rückkehr mußte sie mir helfen, eine neue Rechtsvertretung zu finden. Der Gedanke war ihr am Morgen gekommen, nachdem sie aus ihrem Alptraum erwacht war. Für die Berufung würde ich jemanden brauchen, der wirklich erstklassig war. Sie als Jurastudentin konnte das offenbar nicht leisten. Und sie hatte das Gefühl, daß auch Bowman überfordert war. Ich brauchte die besten Leute. Und die mußten noch dazu kostenlos für mich arbeiten, weil weder Rahuf noch ich Geld hatten. Sie hatte schon einige Ideen, wer ihr behilflich sein könnte. Wenn sie aus China zurückkam, wollte sie sich darum kümmern.

Am nächsten Tag, am Sonntag, dem 27. August, flogen Layli und Carole nach China, um an der vierten Weltfrauenkonferenz der Vereinten Nationen teilzunehmen. Eigentlich handelte es sich um zwei Konferenzen: Die offizielle UN-Konferenz, die vom 4. bis 15. September in Peking stattfand, und der inoffizielle Weltfrauentag, der zuvor in einer Stadt namens Huairou abgehalten wurde, ungefähr eine Stunde Fahrt von Peking entfernt.

Carole erzählte mir später, daß sie während des Fluges und auch noch während der ersten Tage in China ständig bemüht war, Layli aus ihrer tiefen Depression herauszuholen. Noch nie hatte sie ihre Tochter so niedergeschlagen erlebt, und sie machte sich ernsthaft Sorgen um sie. Sie betete zu Gott, er möge Layli die Kraft geben, für mich weiterzukämpfen.

In den ersten Tagen nahmen die beiden an keiner Veranstaltung teil. Layli war viel zu aufgewühlt, um sich auf derlei Dinge zu konzentrieren. Sie machten lange Spaziergänge im Regen unter einem bleiernen Himmel, der Laylis trübe Stimmung nur noch zu vertiefen schien. Layli hatte nun ernste Zweifel, ob sie als Juristin sich wirklich für die Gerechtigkeit einsetzen konnte. Durch den Ablauf meiner Verhandlung sah sie sich in ihren Zweifeln am Rechtsapparat bestätigt. Das ganze System erschien ihr ungerecht. Roshans Antwort war praktischer Natur gewesen: »Du hast nur noch ein Jahr vor dir. Gib doch jetzt nicht auf.« Carole dagegen sprach vom »spirituellen Sinn«. Layli mußte einfach glauben, daß am Ende die Gerechtigkeit siegen würde, sagte sie immer wieder. Sie mußte glauben, daß mein Leiden einen bestimmten Zweck hatte. Und den kannte nur Gott, erklärte sie Layli. Da war sie sicher.

Carole ging mit Layli spazieren, redete mit ihr, riet ihr eindringlich, an ihrem Glauben festzuhalten – und sagte ihr, sie solle aufhören, sich selbst zu bemitleiden. So einfühlsam Carole auch ist, sie verabscheut Selbstmitleid. Layli dagegen war der Meinung, daß sie das Recht hätte, sich hängenzulassen. Caroles Optimismus und ihr unerschütterlicher Glaube gingen ihr zwar ein wenig auf die Nerven, aber sie sah ein, daß sie sich zusammenreißen mußte. Sie war nach China gekommen, weil sie eine Aufgabe hatte – eigentlich zwei. Sie war mit ihrer Mutter und anderen Anhängern des Bahai-Glaubens hergekommen, um sich für eine bessere Welt einzusetzen, und sie war auch hier, um mir nach Kräften zu helfen.

Aber was konnte auf einer UN-Konferenz bewegt werden? Was auch immer für Resolutionen oder Beschlüsse verabschiedet werden, sie sind doch kaum mehr als Wunschlisten für eine bessere Welt. Selbst wenn sie tatsächlich von der UN-Vollversammlung ratifiziert und anschließend von Delegierten der einzelnen Länder unterzeichnet werden, so sind sie doch vor allem ein Ausdruck des guten Willens. Und selbst wenn ein solches Dokument vom Gesetzgeber eines Landes ratifiziert und somit zum Gesetz wird, gibt es nach wie vor keine Garantie, daß sich das betreffende Land tatsächlich daran halten wird. Manche tun es. Manche tun es nicht. Manche ratifizieren solche Vorlagen, um ihr Ansehen in der Staatengemeinschaft zu verbessern, und mißachten sie dann doch, indem sie weiterhin ungerührt die gleichen Verbrechen gegen die Menschheit und unseren Planeten begehen, deren Bekämpfung sie versprochen haben. Andere Länder ratifizieren solche Vorlagen, weil sie ihre Politik und Werte widerspiegeln und bestätigen. Diese Länder sind ohnehin bereits ehrlich bemüht, den darin enthaltenen Wertvorstellungen zu entsprechen, und sie unterzeichnen eigentlich eher deshalb, weil sie anderen Ländern mit gutem Beispiel vorangehen wollen.

Und dann gibt es noch die Länder, die derlei Dokumente nur sehr ungern unterzeichnen. Nach Laylis Aussage fallen die USA in diese dritte Kategorie. Bis heute hat Amerika im Gegensatz zu vielen anderen Ländern eine ganze Reihe von wichtigen UN-Resolutionen und Abkommen nicht unterzeichnet, darunter auch die UN-Konvention zur Abschaffung aller Formen von Diskriminierung von Frauen (Convention on the Elimination of All Forms of Discrimination Against Women, kurz CEDAW), die bereits 1979 von den Vereinten Nationen ratifiziert wurde. Die CEDAW-Konvention ist ein umfassendes Dokument, das die Diskriminierung von Frauen verbietet und die einzelnen Staaten darüber hinaus verpflichtet, Schritte zur Bekämpfung dieser Diskriminierung einzuleiten.

Doch sogar in Staaten, wo solche Vorlagen nicht ratifiziert werden, können sie Wirkung zeitigen. So haben die CEDAW und die Erklärung der Vereinten Nationen zur Bekämpfung der Gewalt gegen Frauen, die im Juni 1993 auf der Wiener Menschenrechtskonferenz verabschiedet wurde, zum Beispiel in den USA die öffentliche Diskussion über die Frage beeinflußt, ob die verschiedenen Formen von Gewalt, unter denen nur Frauen zu leiden haben, als Menschenrechtsverletzung und demzufolge auch als Grund für die Gewährung von Asyl einzustufen sind. Wie Layli meint, war diese Frage nie zuvor auf UN-Konferenzen aufgetaucht. Bis dahin wurden Formen von Verfolgung, unter denen ausschließlich Frauen zu leiden hatten, pauschal als »häusliche Probleme« eingestuft oder als »traditionelle oder kulturelle Sitten«. Die aus diesen Konferenzen hervorgegangenen Dokumente machten jedoch deutlich, daß sie tatsächlich Menschenrechtsverletzungen darstellen. Und im Mai 1995 führte die amerikanische Einwanderungsbehörde in ihren Richtlinien für die »Beurteilung von Asylanträgen von Frauen« beide Erklärungen an. Hätte es sie nicht gegeben, wären die Richtlinien vielleicht nie in dieser Form herausgegeben worden.

Aus diesem Grund war es Layli, schon bevor sie von meinem Fall erfuhr, so überaus wichtig gewesen, an der Konferenz in Peking teilzunehmen. Sie sah darin eine Gelegenheit, am gesellschaftlichen Wandel mitzuarbeiten. Außerdem war sie sich darüber im klaren, daß solche Konferenzen häufig mehr erbringen als nur Resolutionen und Konventionen. Es kann vorkommen, daß im Umfeld einer internationalen Konferenz Dinge an die Öffentlichkeit gelangen, die die Welt aufrütteln. So gelang es beispielsweise im September 1994, während der UN-Konferenz zur Bevölkerungs- und Entwicklungspolitik, der CNN-Reporterin Christiane Amanpour, einen Ägypter zu überreden, ihr zu erlauben, die von zwei Männern in einem Friseurladen durchgeführte Beschneidung seiner fünfjährigen Tochter zu filmen. Als CNN den Beitrag sendete, die Konferenz war noch im Gange, wurde er nicht nur in Ägypten, sondern in der ganzen Welt gesehen. Die Prozedur wurde zwar nicht in allen Einzelheiten gezeigt, aber man sah, wie das arme kleine Mädchen von zwei Männern festgehalten wurde, und man hörte seine schrecklichen Schmerzensschreie.

Diese Reportage löste eine solche Welle der Empörung aus, daß das Thema der Beschneidung von Frauen nicht länger ignoriert werden konnte. Und das, obwohl sie zu jenen »traditionellen und kulturellen Sitten« zählt, die auf großen Konferenzen gern übergangen werden, um nicht die Länder zu brüskieren, in denen sie praktiziert werden. Die Abschlußerklärung der Konferenz in Ägypten enthielt dann auch eine Reihe von Passagen, die die Beschneidung von Frauen verurteilten. Außerdem trug das anhaltende Medieninteresse an dem Thema dazu bei, daß etliche Länder auf der ganzen Welt, darunter auch die USA, ihre Haltung gegenüber der Beschneidung von Frauen überdachten. Die dadurch ausgelöste Flut von Resolutionen, Berichten und Artikeln zum Thema Genital-Verstümmelung fand später in Laylis Materialien zur Untermauerung meines Asylantrages ihren Niederschlag. Beinahe alles, was sie an Informationen zu dem Thema beifügte, stammte aus dem Jahre 1994 und danach.

Die CNN-Reportage hatte die Menschen aufgerüttelt. Die Beschneidung von Frauen war zu einem brandheißen Thema geworden, nur weil CNN den Mut gehabt hatte, Amanpours Film zu senden.

Aber wie Layli etwas Ähnliches in Peking anstellen sollte, wußte sie noch nicht. Bislang waren ihre Versuche erfolglos gewesen, Journalisten der *Washington Post* und der *New York Times* oder Reporter in Philadelphia auf meinen Fall aufmerksam zu machen. Aber eines wußte sie mit Sicherheit: Sie würde gar nichts erreichen, wenn sie nicht versuchte, Kontakte zu knüpfen und möglichst vielen Menschen meine Geschichte zu erzählen.

Aber allein fühlte sie sich der Aufgabe nicht gewachsen. Sie bat Carole, sie zu einem der Arbeitskreise über Flüchtlingsrecht zu begleiten. Obwohl Carole sich schwerpunktmäßig mit Bürgerrechten und nicht mit Flüchtlingsfragen beschäftigte und eigentlich ihre eigenen Arbeitskreise und Foren besuchen wollte, stellte sie ihre Interessen zurück. Ja, sie freute sich sogar, daß sie das für Layli tun konnte. Ihre Tochter kehrte allmählich wieder ins Leben zurück.

In den folgenden Tagen suchte Layli die Veranstaltungen, an denen sie und ihre Mutter teilnehmen würden, immer mit Rücksicht auf meinen Fall aus. Sie gingen zu Vorträgen über Asylrecht, Flüchtlingsrecht, weiblichen Flüchtlingen, Beschneidung von Frauen. Im Anschluß an jede Veranstaltung sprach Layli die Vortragenden und Moderatorinnen an, um ihnen von mir zu erzählen. Sie hielt ihr Versprechen. Sie erntete die unterschiedlichsten Reaktionen. Manche waren zu beschäftigt oder hielten sich selbst für zu wichtig, um mit ihr zu reden. Manche schenkten ihr ein paar Sekunden ihrer kostbaren Zeit. Allmählich verstand sie es, die einzelnen Fakten meiner Geschichte kurz und knapp vorzutragen: »Junge Frau, Togo, achtzehn Jahre, auf der Flucht vor Beschneidung, Vater schützte sie, gestorben, in die Ehe verkauft, vierundvierzigjähriger Mann, drei Frauen, wollte sie beschneiden lassen, konnte fliehen, sucht Asyl in Amerika, abgelehnt, Gefängnis, Berufung.«

Wenn sie auch nur einen Hauch von Interesse registrierte, ließ sich Layli Namen, Adressen und Telefonnummern geben, damit sie die betreffenden Personen wieder ansprechen konnte, sobald sie zurück in den Staaten war. Aber viele machten eben auch deutlich, daß sie mehr nicht tun konnten. Ihr Engagement für andere Verfolgungsopfer nahm sie bereits viel zu sehr in Anspruch.

In ihrer damaligen Situation fiel es Layli unsäglich schwer, Enttäuschungen zu verkraften. Sie hätte sich oft am liebsten schmollend in ihrem Hotelzimmer verkrochen. Doch Carole ließ das nicht zu.

Layli nahm an einem Forum teil, auf dem unter anderem Deborah Anker einen Vortrag hielt – dieselbe Deborah Anker, die im Juni den Anwaltskongreß über Einwanderungsrecht in Atlanta organisiert hatte. Im Anschluß an das Forum sprach sie Deborah Anker an und berichtete ihr von meiner Verhandlung. Und Anker erwies sich als aufmerksame Zuhörerin. Sie stellte Fragen, äußerte ihr Mitgefühl, und als sie hörte, daß wir in Berufung gehen wollten, erklärte sie sich bereit, ein Sachverständigengutachten zu schreiben. Ein solches Dokument kann vorgelegt werden, wenn ein Fall verhandelt wird, bei dem es um komplexe oder ungeklärte Rechtsfragen geht. Der jeweilige Anwalt oder manchmal auch das Gericht selbst bittet dann eine Institution oder eine sachverständige Person, die in diesem Rechtsgebiet kundig ist, die fraglichen Punkte zu klären. Die Institution oder Person, die ein solches Dokument verfaßt, fungiert dann als rechtlicher Berater des Gerichts. Deborah Anker von der Harvard University hatte angeboten, diese Rolle für mich zu übernehmen. Layli war begeistert.

Mittlerweile war sie auf sich allein gestellt, denn Carole war nach Norden in die Berge gefahren, um dort für eine Bahai-Organisation tätig zu werden. Aber sie ging weiter zu den Veranstaltungen und lernte so irgendwann Surita Sandosham kennen, die Leiterin von *Equality Now.* Der Kontakt kam über Monica Selter zustande, eine Bekannte von der Uni, der Layli zufällig auf dem Kongreß begegnet war. Monica riet ihr dringend, mit einer Frau namens Surita zu sprechen, der Leiterin einer Organisation namens *Equality Now.* Sie hatte Surita schon von meinem Fall erzählt, sagte Monica, und er würde Surita bestimmt interessieren. Layli wurde einer kleinen, schlanken Frau mit olivfarbener Haut und kurzem, glänzendem Haar vorgestellt. Surita war sofort ganz Ohr.

»Wie war die Verhandlung?« fragte sie mit einem leichten britischen Akzent.

Monica nahm ihr die Antwort aus dem Mund: »Sie haben verloren.«

»Ihr legt doch Berufung ein«, fragte Surita.

Layli fühlte sich durch Suritas leidenschaftliches Engagement verunsichert. Wer war diese Frau? Eine Frau von Format, soviel war klar – direkt, konzentriert, ernst und sachlich. Layli hätte nicht genau sagen können, woher sie stammte. Später erfuhr sie, daß Surita Sandosham aus Singapur kam. Layli war vom ersten Augenblick an beeindruckt.

»Verzeihung«, sagte Layli zu Surita. »Ich kenne Ihre Organisation nicht. Sie heißt *Equality Now*, richtig?«

Equality Now wurde 1992 von Jessica Neuwirth, Novanethem Pillay und Feryal Ghorahi gegründet. Surita und Jessica waren Anwältinnen und Menschenrechtlerinnen, die für *Amnesty International* gearbeitet hatten. Das interessierte Layli. Sie kannte *Amnesty International* als angesehene internationale Menschenrechtsorganisation, die in der Lage ist, einzelne Fälle von Menschenrechtsverletzungen weltweit bekannt zu machen. Wenn *Amnesty International* sich einschaltet, geraten die Dinge in Bewegung.

»Ach«, sagte Layli. »Wenn doch nur *Amnesty International* sich für Fauziyas Fall einsetzen würde.«

Das war ja das Problem, erklärte Surita. Die Leute von *Amnesty* leisten gute Arbeit, aber da auch ihre Möglichkeiten begrenzt sind, können sie sich nur auf eine begrenzte Anzahl von Fällen konzentrieren. Ich war nur eine junge Frau, die vor einer der zahllosen Greuel floh, die Millionen Frauen und Mädchen Tag für Tag angetan werden. Deshalb hatten Surita und Jessica Neuwirth *Equality Now* gegründet. Sie hatten beschlossen, daß die Frauen dieser Welt eine Art eigenes *Amnesty International* brauchten.

Publicity und Druck – das war ihre Taktik. Sie suchten sich Einzelfälle aus oder spezielle Frauenrechtsthemen, wie zum Beispiel die Beschneidung in Ägypten, und verteilten dann ein Bulletin unter ihren Mitgliedern, rund dreitausend Menschen in rund siebzig Ländern. »Wir nennen es *Women's Action*«, sagte Surita. »Es wird in vier Sprachen, Englisch, Französisch, Spanisch und Arabisch, verteilt.« Darin werden die Menschen über das Problem aufgeklärt und zu bestimmten Aktionen aufgefordert, wie beispielsweise Protestbriefe gegen die Beschneidung von Frauen an das Staatsoberhaupt von Ägypten und den ägyptischen Gesundheitsminister zu schreiben. »Das ist derzeit eines unserer Hauptthemen«, sagte Surita. Dabei arbeiteten sie eng mit der Kongreßabgeordneten Pat Schroeder zusammen.

»Sie kennen Pat Schroeder?«

»Ja, wir arbeiten viel zusammen.«

Layli war immer beeindruckter. Pat Schroeder war die demokratische Kongreßabgeordnete aus Colorado, die versucht hatte, eine Gesetzesvorlage zum Verbot der Beschneidung in den USA durchzubringen.

Surita erzählte Layli mehr über ihre Arbeit, so zum Beispiel von dem Fall »Nada«, der Saudiaraberin, der als erster Frau in Kanada aufgrund einer geschlechtsspezifischen Form von Verfolgung Asyl gewährt worden war. *Equality Now* hatte sich für diesen Fall stark gemacht. Jessica Neuwirth hatte im *Christian Science Monitor* einen Artikel veröffentlicht, der im kanadischen Parlament großes Aufsehen erregt hatte.

»Ihr braucht Publicity«, sagte Surita. »Und wir wissen, wie das geht. Wir würden euch gern helfen.«

Layli nickte. Sie wußte nicht, was sie davon halten sollte. Konnte *Equality Now* wirklich etwas für mich tun? Sie hatte schließlich noch nie von der Organisation gehört.

»Haben Sie irgendwelche Unterlagen, die wir studieren könnten?«

»Nein, tut mir leid«, sagte Layli. Sie hatte zwar eine Anzahl Kopien von der Zusammenfassung meines Falles mit zur Konferenz gebracht, aber die hatte sie inzwischen alle verteilt.

Surita reichte Layli ihre Visitenkarte. »Schicken Sie uns was zu, wenn Sie wieder zu Hause sind?«

»Ja, natürlich«. Sie sah auf die Karte. *Equality Now*, New York.

Bald danach verließ Layli erschöpft die Veranstaltung und ging zurück in ihr Hotelzimmer. Sie schrieb Suritas Namen auf die Liste von Leuten, mit denen sie Kontakt aufnehmen wollte, wenn sie wieder in den Staaten war, und sank ins Bett.

Am Dienstag, dem 5. September 1995, elf Tage nachdem Ferlise meinen Asylantrag abgelehnt hatte, hielt die First Lady der Vereinigten Staaten, Hillary Rodham Clinton, eine Rede vor der Vierten UN-Frauenkonferenz in Peking. Ms. Clinton sagte unter anderem, daß es »am Vorabend eines neuen Jahrtausends« für Frauen an der Zeit sei,

»unser Schweigen zu brechen« und der Welt zu verkünden, daß »es nicht länger hinzunehmen ist, Frauenrechte getrennt von Menschenrechten zu behandeln«. Dann führte sie eine Reihe der schlimmsten Menschenrechtsverletzungen auf, unter denen Frauen und Mädchen zu leiden haben – darunter auch die Beschneidung. »Es ist eine Verletzung der *Menschenrechte*, wenn junge Mädchen die qualvolle und erniedrigende Praxis der Genital-Verstümmelung erdulden müssen«, sagte sie. Die First Lady der Vereinigten Staaten erklärte also der ganzen Welt, daß die Beschneidung von Frauen eine Verletzung der Menschenrechte darstellt. Und ich saß in einem Gefängnis der Vereinigten Staaten, weil ein Richter für Einwanderungsrecht mir unter anderem deshalb Asyl verweigert hatte, weil er meinte, daß die Beschneidung bei Frauen von Rechts wegen nicht als Form von Verfolgung einzustufen sei.

Für Layli war die Konferenz eine Erfahrung, die ihr Leben veränderte, die sie demütiger machte und sie ernüchterte. Die in Peking versammelten Frauen kämpften gegen Ungerechtigkeiten, denen sich Layli als weiße Amerikanerin der Mittelschicht nie ausgesetzt sehen würde. Sie war gezwungen, ihre feministischen Prioritäten neu zu überdenken. Ja, es ist wichtig, daß Frauen in Amerika sich neue Räume am Arbeitsplatz und in der politischen Arena erkämpfen. Aber die Frauen dieser Welt lebten teilweise unter entsetzlichen Bedingungen, und sie verdienten Solidarität. Ich werde ihren Kampf um Gerechtigkeit unterstützen, schwor sie sich. Die Konferenz in Peking bestärkte Layli in ihrem ursprünglichen Wunsch, sich als Anwältin für Frauen wie mich einzusetzen.

Auf dem Rückflug von Peking war Layli wieder voller Tatendurst, froh über die neuen Kontakte, die sie geknüpft hatte, und über die Hoffnung, die sie ihr gegeben hatten. In Gedanken machte sie schon eine Liste mit den Aufgaben, die sie angehen mußte, und mit den Menschen, zu denen sie Kontakt aufnehmen wollte. Sie war wieder die alte engagierte Layli.

27
Vorbereitungen

Ich wartete nicht darauf, daß Layli mich befreite. Ich versuchte, mich selbst zu befreien. Sollten sie mich doch beschneiden, mich töten, mich zu meinem sogenannten Ehemann zurückschicken, es war mir egal. Ich mußte einfach raus aus dem Gefängnis. Deshalb hatte ich gleich nach meiner Rückkehr von der Verhandlung den Antrag ausgefüllt, mit der INS-Anwältin zu sprechen.

Nachdem ich an diesem Abend der Wärterin das ausgefüllte Formular gegeben hatte, ging ich in meine Zelle, legte mich ins Bett und starrte die Decke an. Wenig später kam Alma herein. Ich hörte, wie sie sich in das Bett unter meinem legte.

Licht aus. Dunkelheit. Stille. »Fauziya? Bist du wach?«

»Ja, ich bin wach.«

»Es tut mir so leid.«

»Schon gut«, sagte ich. »Ich gehe wieder nach Hause.«

Sie schwieg einen Moment. »Nach Hause? Wie das, Fauziya?«

Dann ein leises, trauriges Seufzen. »Ja«, sagte sie. »Ich auch.«

Was? Ich rollte mich auf den Bauch. »Du auch?«

Alma hatte noch nicht mal ihre Verhandlung gehabt, aber auch sie konnte es nicht länger ertragen. Sie hatte schon mit der Anwältin gesprochen, und wartete jetzt darauf, daß die Leute von der Einwanderungsbehörde sie abholten.

Warten? Mein Magen zog sich zusammen. »Wann, Alma? Wann warst du bei der Anwältin?«

»Das ist lange her.«

»Wie lange, Alma?«

Ein weiteres trauriges Seufzen. »Sehr lange«, sagte sie leise. Und dann fing sie an zu weinen. Es zerriß mir das Herz.

Wir erwachten um sieben Uhr, als die Riegel an den unteren Zellentüren zum Frühstück geöffnet wurden. Alma rollte sich aus dem Bett, nahm unsere Tassen und unser Besteck aus den Kisten unter ihrer Pritsche, stellte meine Sachen auf den Metalltisch gegenüber dem Etagenbett und ging aus der Zelle, damit ich Platz hatte, nach unten zu klettern. Ich benutzte den Metallstuhl vor dem Tisch als Trittleiter, nahm meine Tasse und mein Besteck und folgte ihr in den Aufenthaltsraum, wo schon der Essenswagen stand. Zwei Frauen teilten die Frühstückstabletts an die rasch vorrückende Schlange von Frauen aus, an der Alma und ich uns nun anstellten. Die Mahlzeiten in Lehigh liefen immer hektisch ab, weil es im Aufenthaltsraum nicht genug Tische für die achtzig bis neunzig Frauen in diesem Trakt gab. Wir aßen in Schichten von jeweils fünfzehn Minuten, zuerst die unteren Zellen, dann die oberen.

An diesem Morgen setzte ich mich neben Alma und trank nur meinen Saft, während sie aß. Sie hatte kaum aufgegessen, als die Wärterinnen in der Kontrollkabine die Riegel an den unteren Zellentüren klappern ließen – das Signal dafür, daß es an der Zeit war, den letzten Bissen hinunterzuschlingen. Manchmal fingen die Aufseherinnen, die im Aufenthaltsraum patrouillierten, an, zu klatschen und zu schreien und an den Metalltischen zu rütteln, wenn wir nicht schnell genug waren. Also stellten Alma und ich uns rasch in die nächste Schlange, um unsere Tabletts abzugeben, und gingen dann zurück in unsere Zelle. Bis neun Uhr wurden wir wieder eingesperrt.

Ich saß auf Almas Pritsche, während sie sich fertig machte. Nach dem Frühstück holte sie immer gleich als erstes ein T-Shirt aus ihrer Kiste und stopfte es in das Drahtgitter im Fenster unserer Zellentür, damit sie vom Aufenthaltsraum aus nicht gesehen werden konnte, wenn sie die Toilette benutzte. Ich drehte mein Gesicht zur Wand, um ihr das Gefühl zu geben, unbeobachtet zu sein, und wartete, bis sie fertig war. Ich wollte bloß die Augen schließen und den ganzen Tag schlafen. Ich wollte einschlafen und nie wieder aufwachen, aber ich konnte nicht. Ich mußte mich jetzt aufraffen, wenn ich duschen wollte, denn nach halb zehn war das Wasser immer kalt.

Nach Alma ging ich auf die Toilette. Erst dann nahm sie ihren »Vorhang« vom Fenster, legte das T-Shirt zurück in die Kiste, setzte sich auf ihr Bett und klopfte mit der flachen Hand neben sich auf die dünne Matratze. Ich setzte mich neben sie. Alma griff in ihre Kiste und holte ein Kartenspiel heraus. Alma war eine begeisterte Kartenspielerin. Mir war eigentlich nicht danach, aber ich wußte, daß es Alma freuen würde und daß die Zeit schneller verging. »Klar«, sagte ich. Ihr schönes Gesicht erhellte sich. Wir saßen auf dem harten Metallbett in unserer winzigen Zelle und spielten Karten. Ein ganz normaler Tag im Gefängnis.

Neun Uhr: Alle oberen und unteren Zellentüren wurden geöffnet. »Zeit zum Aufräumen!« sagte Alma, sammelte die Karten ein und verstaute sie wieder in der Kiste. Ich folgte ihr in den Aufenthaltsraum, wo überall Frauen geschäftig herumliefen. Die tägliche Inspektion war um halb zehn. Wir hatten eine halbe Stunde, um unsere Zellen aufzuräumen, zu fegen und gründlich zu putzen. Ich ging zum Vorratsraum und holte Putzmittel, Lappen und Besen, während Alma aus einem anderen Vorratsraum Schrubber und Eimer besorgte. Dann marschierten wir mit den Putzutensilien zurück in unsere winzige Eckzelle und machten uns an die Arbeit. Ich war froh über diese Beschäftigung, und ich hatte es gern sauber in der Zelle. Ich war regelrecht dankbar für dieses bißchen Arbeit.

Anschließend zog ich mich fertig an. Normalerweise trug ich nur das T-Shirt und die Hose der Gefängniskleidung, doch an diesem Morgen beschloß ich, auch die Jacke dazu anzuziehen, weil wir den Trakt nur verlassen durften, wenn wir die gesamte Uniform anhatten.

Falls ich heute zu dem Gespräch mit der INS-Anwältin gerufen wurde, wollte ich keine Zeit damit verlieren, erst noch in meine Zelle gehen zu müssen, um die Jacke zu holen. Ich wollte bereit sein.

Der Lautsprecher krächzte: »Inspektion!«

Wir strichen ein letztes Mal unsere Bettdecken glatt, vergewisserten uns, daß alles sauber und ordentlich war, und warteten dann auf die Aufseherin. Normalerweise verließen wir die Zelle und warteten im Aufenthaltsraum, bis die Inspektion vorbei war. Doch an diesem Morgen waren wir zufällig noch da und hörten ihr Urteil. Sie musterte uns von oben bis unten, nickte zustimmend, ging in unsere Zelle, sah sich um, strich prüfend über ein paar Flächen, kam wieder heraus und notierte etwas auf ihrem Klemmbrett.

»Sehr schön«, sagte sie. »Sehr sauber.«

Das tat mir gut. Ich freute mich über ihr Lob. Yaya hatte mich gelehrt, hart zu arbeiten und alles so gut wie möglich zu machen. Ich war noch immer seine Tochter. Siehst du, Yaya? Ich habe meine Sache gut gemacht. Bist du stolz auf mich, Yaya?

Oh Gott. Was hatte ich da gedacht? Was war aus Yayas Mädchen geworden. Er wäre nicht stolz auf mich. Er würde sich schämen. Acht Monate im Gefängnis hatten bewirkt, daß ich schon Stolz empfand, weil eine Gefängniswärterin mich dafür gelobt hatte, daß ich eine Zelle sauberhielt.

Sobald sie wieder gegangen war, wurde es im Aufenthaltsraum laut und lebendig. Frauen riefen durcheinander, lachten, lärmten, kamen in den Aufenthaltsraum geströmt. Freizeit. Sämtliche Zellentüren blieben nun offen bis elf Uhr. Eine kostbare Stunde lang konnten wir tun und lassen, was wir wollten: fernsehen, lesen, Briefe schreiben, Karten spielen, reden, einander die Haare flechten. Als ich in den Aufenthaltsraum kam, fiel mein Blick auf Oche, die mich fragend ansah.

»Warum hast du denn heute deine Jacke an?«

»Falls ich zum Gespräch mit der Anwältin gerufen werde«, sagte ich.

Oche ist nicht dumm. Einen Moment lang war sie sprachlos vor Schreck. »Fauziya, das ist nicht dein Ernst. Sei nicht dumm.«

»Dumm! Es ist dumm, hier im Gefängnis zu bleiben und Berufung einzulegen, die ohnehin aussichtslos ist.«

»Fauziya, sei doch vernünftig! Du mußt in Berufung gehen.« Oche ließ nicht locker. »Du darfst nicht aufgeben.«

»Oche, bitte.« Ich hob die Hand, bedeutete ihr, daß sie schweigen sollte. Schon in Esmor hatte sie mir ständig versichert, daß mein Anwalt nicht gut sei. Er kam mich nie besuchen. Ihrer kam jede zweite Woche. Ich hatte einen schlechten Anwalt. Sie hatte einen guten Anwalt. Mein Anwalt war dumm. Ihrer war genial. Sie hatte den besten Anwalt auf Erden. Damals hatte es mich wahnsinnig gemacht. Jetzt nicht mehr. Es war sinnlos, darüber zu debattieren. Ich hatte meine Verhandlung verloren. Ich würde nicht in Berufung gehen. Ich brauchte keinen Anwalt mehr.

Der Lautsprecher krächzte: »In die Zellen bis zum Essenfassen!« Es war elf Uhr. Wir mußten in unsere Zellen und dort auf das Mittagessen warten.

Um halb zwölf wurden wir wieder rausgelassen. Dann ging es wie üblich hastig und in Schichten zum Essen. Danach blieben wir bis halb eins eingesperrt, bis die Türen sich wieder öffneten und die meisten von uns in den Aufenthaltsraum eilten, wo wir bis zwei Uhr bleiben durften.

Als Alma und ich am Nachmittag in den Aufenthaltsraum kamen, gingen wir in die Ecke, wo sich die Asylbewerberinnen aufhielten. Wir blieben gern unter uns. Wir waren recht viele und aus vielen verschiedenen Ländern, aber es gab nur sehr wenige weiße Frauen unter uns. Damals dachte ich mir nichts dabei. Ich nahm einfach an, daß die meisten Flüchtlinge Schwarze waren. Später stellte ich fest, daß das nicht stimmt. Jahr für Jahr kommen Tausende von weißen Immigranten nach Amerika, ohne im Besitz der dafür notwendigen Papiere zu sein, genau wie ich im Dezember 1994. Man sieht aber nicht viele von ihnen im Gefängnis. Die Gründe dafür erfuhr ich später aus einem Artikel, den Joan Marushkin in der Zeitschrift *Migrationworld News* veröffentlichte. Sie studierte die Statistiken aus der INS-Liste der »Top 20«-Herkunftsländer von illegalen Einwanderern im Jahre 1993 und verglich sie mit den Statistiken des Jahres 1994 über die in Sicherheitsverwahrung genommenen Personen. Dabei stellte sie fest, daß der Behandlung illegaler Immigranten »ein eindeutig rassistisches Muster« zugrunde liegt. So führte sie beispielsweise an, daß Polen im Jahre 1993 mit rund 91 000 illegalen Einwanderern an fünfter Stelle der Herkunftsländer lag. Es wurden aber nur 119 Polen in Sicherheitsverwahrung genommen. Irland lag mit 36 000 Immigranten an siebzehnter Stelle, aber nur 21 Iren wurden in Sicherheitsverwahrung genommen. Im Gegensatz dazu belegte Haiti mit rund 88 000 Immigranten den siebten Platz, und 2269 Haitianer wurden inhaftiert. Die Dominikanische Republik war mit 40 000 Einwanderern an fünfzehnter Position, und 5095 Dominikaner kamen in Sicherheitsverwahrung. Und obwohl China 1993 noch nicht einmal unter den 20 Ländern aufgeführt wurde, aus denen die meisten illegalen Einwanderer kamen, nahm die INS dennoch 2733 Chinesen in Verwahrung. Marushkin schreibt in ihrem Artikel, daß »die Bedeutung der Hautfarbe offensichtlich wird, wenn man sich klarmacht, daß über 97 Prozent der festgehaltenen Immigranten Farbige sind«, obwohl fünf der Top-20-Länder eine überwiegend weiße Bevölkerung haben. Anders ausgedrückt, es ist nicht etwa so, daß es keine Weißen gibt, die illegal einwandern wollen. Es gibt sie. Man sperrt sie nur nicht ins Gefängnis.

Während Alma und ich uns zu den anderen Asylsuchenden setzten, gelbhäutigen Frauen, braunhäutigen Frauen, schwarzhäutigen Frauen, versammelten sich einige der amerikanischen Insassen in kleinen Grüppchen und warteten darauf, zu ihren verschiedenen nachmittäglichen Kursen und Unterrichtsangeboten zu gehen, zu den Treffen Anonymer Alkoholiker, zur Drogenberatung, zu Selbsthilfegruppen, in den Unterricht bis zum High-School-Abschluß. Das Angebot für die Strafgefangenen in Lehigh war recht vielfältig, für uns dagegen gab es nichts dergleichen.

Ein paar Jobs standen auch uns offen: Wir durften Essen austeilen oder in der Putzkolonne arbeiten, aber damit hatte es sich auch schon. Ansonsten konnten wir lesen, falls wir überhaupt Englisch lesen konnten, Fernsehen gucken, falls wir Englisch verstanden, Briefe schreiben, uns mit Karten- und Brettspielen die Zeit vertreiben, uns unterhalten, einander die Haare flechten oder schlafen. Schlaf war der große Verführer. Daran, wieviel eine Frau weinte und wieviel sie schlief, ließ sich fast abschätzen, wie lange sie schon im Gefängnis war. Neuankömmlinge weinten meist viel. Auch ich war einmal eine von ihnen gewesen, ein Neuankömmling. Dann kam die Phase, in der man begriff, daß das Ganze kein Alptraum war, daß man wirklich hier, wirklich im Gefängnis war. Und Schlaf war eine mögliche Lösung, eine Flucht für viele von uns.

Auch ich wollte schlafen, aber ich konnte nicht. Nachdem ich beschlossen hatte, nach Hause zurückzukehren, war ich zu angespannt. Ich wartete darauf, die INS-Anwältin zu sprechen, damit sie die Räder ins Rollen brachte. Am Vormittag war ich nicht gerufen worden, aber vielleicht ja am Nachmittag. Bitte, Gott. Bitte mach, daß sie mich rufen. Sie taten es nicht.

Als ich an jenem Abend ins Bett ging, betete ich, daß ich am Sonntag gerufen würde. Vergebens. Am Sonntag nachmittag war ich derart aufgelöst, weil man mich nicht gerufen hatte, daß ich sogar Alma anfuhr, als sie mich fragte, ob ich mit ihr Karten spielen wollte. Ich spürte, daß ich allmählich immer launischer wurde, so wie Mary in den Monaten in Esmor, während sie darauf wartete, daß die INS sie endlich zurück nach Hause schickte. So verbrachte ich das erste Wochenende nach meiner Verhandlung damit, daß ich mich mit Oche stritt, ständig meine Wut an meiner geliebten Alma ausließ, betete, die INS-Anwältin sprechen zu können, und wartete, wartete, wartete.

Montag. Ein weiterer Tag im Gefängnis. Am Morgen rief ich Rahuf an und sagte ihm, daß ich meine Meinung nicht geändert hatte.

»Sag Bowman, sie sollen mich zurückschicken.«

Eine ganze Weile sagte er nichts. Dann: »Bist du sicher, Fauziya?«

»Ja.« Ich erzählte ihm, daß ich schon einen Termin bei der INS-Anwältin beantragt hatte. Ihr würde ich das gleiche sagen. Rahuf versprach, Bowman zu informieren.

Ich wartete den ganzen Montag. Ich wartete den ganzen Dienstag. Ich wartete Mittwoch, Donnerstag, Freitag. Noch immer geschah nichts. Am Freitag rief ich erneut Rahuf an.

»Hast du mit Bowman gesprochen? Hast du es ihm gesagt?«

»Ja, er hat gesagt, es ist deine Entscheidung, Fauziya.«

»Gut.«

Rahuf erzählte mir nicht die ganze Wahrheit. Er hatte Bowman zwar gesagt, daß ich wieder nach Togo wollte, aber auch, daß Bowman trotzdem Berufung einlegen sollte, für den Fall, daß ich meine Meinung änderte. Bowman hatte also noch am selben Tag den Antrag gestellt und die Gebühr bezahlt. Weitere 110 Dollar aus Rahufs Tasche. Ich hatte Rahuf gesagt, er solle mich einfach von der INS zurückschicken lassen, aber das konnte er nicht. Warum nicht? Weil er wußte, daß Amariya und Ayisha sich darauf verließen, daß er das nicht zulassen würde. Er hatte Ayisha in einem Brief versprochen, sich um mich zu kümmern. Wenn ich nach Hause zurückkehrte, würde es so aussehen, als habe er sein Versprechen nicht gehalten. Rahuf hatte das Gefühl, daß es nicht richtig wäre, mich von meiner Entscheidung abbringen zu wollen. Ich hatte das Recht, selbst über mein Schicksal zu bestimmen. Als er Bowman sagte, er solle Berufung einlegen, sorgte er lediglich dafür, daß ich es noch nicht endgültig besiegelte. Er wollte mir alle Möglichkeiten offenhalten.

Aufgrund der Trägheit und Inkompetenz der INS war die Zeit auf seiner Seite – und auf der von Amariya, Ayisha und Layli. Auch auf meiner Seite, aber damals war mir das nicht klar.

Nachdem ich mich von Rahuf verabschiedet hatte, ging ich zum Aufsichtsschalter und füllte einen zweiten Antrag aus. In jener Nacht lag ich wach und fragte mich, was mit mir passieren würde, wenn ich wieder in Togo war. Ich würde zu meinem Ehemann zurückgehen müssen. Dann würde ich beschnitten werden und vielleicht sterben. Und wenn nicht? Wenn ich es überlebte? Nein, das wäre noch schlimmer. Der Tod wäre besser als das entsetzliche Dasein, das ich dann führen würde. Lieber wollte ich sterben. Aber zuvor wollte ich meine Familie wiedersehen. Alle meine Lieben. Nur ein einziges Mal. Ich wollte Ayisha sehen, ihr liebes Gesicht küssen und ihr danken, daß sie sich immer um mich gekümmert hatte. Ich wollte Babs sehen, meinen großen kleinen Bruder. Er wuchs bestimmt schnell und sah Yaya mit jedem Tag ähnlicher. Bestimmt war er inzwischen ein stattlicher junger Mann. Ich wollte Alfa noch einmal tanzen sehen. Ich wollte Narhila wieder als »*kwaliza*-Königin« bezeichnen und sie wegen ihres häßlichen Bauchnabels necken. Ich wollte Shawana beibringen, wie man auf chinesisch »hallo« sagte. Bei ihrer Begeisterung für Sprachen würde ihr das gefallen. Ich wollte Asmahu damit in Verlegenheit bringen, daß ich erzählte, was sie doch früher für ein gefräßiges Mädchen gewesen war, wie sie immer unser Milo aufgetrunken und uns all die Köstlichkeiten zu *Aid al-adha* weggegessen hatte. Nein. Das wollte ich nicht erzählen. Ich wollte hören, wie Amariya es erzählte, wollte hören, wie sie über alle ihre Kinder Geschichten zum Besten gab – und über Yaya. Gott, ich wollte meine Mutter wiedersehen, ihr melodisches Lachen hören, noch einmal lauschen, wenn sie aus dem Koran vorlas. Nur ein einziges Mal noch. Und dann. Nun, das würde sich finden…

Die Tage verstrichen, und bald war wieder eine Woche vergangen. Was geschah in dieser Woche? Nichts. Nichts Gutes jedenfalls. Alma hatte häufig stechende Schmerzen in der Brust, bekam einen schlimmen Anfall und wurde wieder ins Krankenhaus gebracht. Als man sie am nächsten Tag zurückbrachte, hatte sie noch immer Schmerzen. Von da an weinte sie jede Nacht. Wir weinten nun beide Nacht für Nacht. Wir brachen ganz allmählich zusammen. Auch ich bekam Schmerzen in der Brust, scharfe, stechende Schmerzen, als würde ich von Nadeln durchbohrt. Meine Augen brannten und tränten so stark, daß ich nicht länger als ein paar Minuten lesen oder fernsehen konnte. Ich stellte den Antrag, zum Arzt zu dürfen. Ich schrieb, daß ich Schmerzen in der Brust hatte und daß mir die Augen weh taten. Ich durfte zwar nicht zum Arzt, aber eines Morgens wurde ich gerufen, als die Krankenschwester in unseren Trakt kam, um Medikamente auszuteilen. Sie fragte mich, was denn mit meinen Augen sei. Ich beschrieb es ihr. Sie sagte, sie würde mir zwei Wochen lang Augentropfen verabreichen, vielleicht würde es ja dadurch besser. Am nächsten

Morgen tat sie mir Tropfen in die Augen. Danach brannten und tränten sie noch mehr. Trotzdem nahm ich die Augentropfen ein paar Tage weiter, weil ich hoffte, daß sie vielleicht doch helfen würden, aber vergebens. Es wurde einfach immer schlimmer. Schließlich sagte ich der Schwester, daß ich die Tropfen nicht mehr wollte. Und dann rutschte ich, als ich abends in mein Bett klettern wollte, mit dem Fuß von dem Metallstuhl ab, den ich als Trittleiter benutzte. Ich verlor das Gleichgewicht und schlug mit voller Wucht auf den Betonboden. Alma sprang aus dem Bett, um mir zu helfen. Gott sei Dank war ich nicht mit dem Kopf aufgeschlagen. Es war auch nichts gebrochen, aber mir taten tagelang der Bauch und die Seite weh. »Du solltest zum Arzt gehen«, sagte Alma besorgt. Ich sagte ihr, daß ich ja schon einen Antrag gestellt hatte. Aber ich wurde nicht gerufen.

Ich füllte einen dritten Antrag aus. Noch immer geschah nichts. Als Layli am Dienstag, dem 12. September 1995, aus China zurückkehrte, war ich noch immer im Gefängnis. Damit hatte ich nicht gerechnet. Aber so war es. Sie erzählte mir später, daß sie völlig übermüdet zu Hause ankam. Sie fiel ins Bett, wachte am nächsten Morgen noch immer wie zerschlagen auf und machte sich umgehend daran, weiter für meine Freilassung zu arbeiten. Als erstes rief sie Rahuf an, um sich nach meinem Befinden zu erkundigen.

Rahuf murmelte irgend etwas Vages. Es ging mir ... nicht toll. Er erzählte ihr nicht, daß ich zurück nach Togo wollte. Er wußte, daß diese Nachricht für sie ein Schock gewesen wäre, und so erwähnte er es einfach nicht.

Die Berufung würde schwierig werden, sagte Layli. Dafür hatte Ferlise gesorgt. Sie war trotzdem überzeugt, daß ich gewinnen konnte, aber nicht, wenn sie und Bowman mich weiter vertraten. Ich brauchte die beste rechtliche Vertretung überhaupt. Das wiederum bedeutete aber im Normalfall, daß es sehr, sehr teuer würde. Deshalb wollte sie meinen Fall an das Institut für Internationales Menschenrecht an der *American University* abgeben. Dort wurden Fälle von Jurastudenten bearbeitet, die wiederum von absoluten Experten auf dem Gebiet betreut wurden – und zwar kostenlos! Das Institut genoß einen hervorragenden Ruf und hatte den unschätzbaren Vorteil, daß es an Laylis Uni angegliedert war. Sie selbst war zwar leider nicht am Institut eingeschrieben, aber vielleicht erlaubte man ihr, im Hintergrund mitzuarbeiten, so daß sie weiter dabei war. Die zweite Möglichkeit wäre, sich an den Fachbereich für Einwanderungs- und Flüchtlingsrecht in Harvard zu wenden, dessen Leiterin, Deborah Anker, sie persönlich kannte und erst kürzlich in China getroffen hatte. Da Layli aber selbst gern weiter an meinem Fall mitarbeiten wollte, war ihr die erste Möglichkeit lieber. Aber das mußten Rahuf und ich entscheiden. Sie würde tun, was er wollte, was ich wollte. Wie dachte er darüber?

Wie Rahuf darüber dachte? Auf der einen Seite war ich, und ich sagte, daß ich nach Hause wollte. Auf der anderen Seite waren Amariya und Ayisha, die ihn gebeten hatten, dafür zu sorgen, daß ich blieb, wo ich war. Er wollte es uns allen recht machen, aber er hatte mich seiner Meinung nach nicht guten Gewissens darum bitten können, meine Entscheidung zu überdenken, solange er mir keine berechtigte Hoffnung machen konnte. Und die schien Layli jetzt zu bieten. Gott hatte uns einen Engel in Laylis Gestalt geschickt, das dachte er.

»Tun Sie, was für Fauziya das Beste ist.«

»Okay«, sagte Layli. Sie gab Rahuf ihre Privatnummer und bat ihn, sie an mich weiterzugeben, wenn ich mich das nächste Mal bei ihm meldete. Wußte er, wann das sein würde? Nein, nicht genau. Normalerweise rief ich freitags oder samstags an. Heute war Mittwoch, also würde er vermutlich mindestens zwei Tage nichts von mir hören. In der Zwischenzeit wollte Layli sich erkundigen, ob das Institut meinen Fall übernehmen würde. Sie hoffte, daß ich einverstanden war, mich von ihnen vertreten zu lassen.

»Sagen Sie ihr bitte, sie soll mich sofort anrufen, ja?«

»Das werde ich, Layli.« Aber würde ich es tun? Wäre ich am Freitag oder Samstag überhaupt noch da? Oder würde die INS mich vorher schon abholen? Er wußte es nicht und konnte mich auch nicht erreichen. Aber das sagte er Layli nicht.

Als Layli an jenem Tag zur Uni fuhr, ging sie nicht direkt zu dem Menschen, zu dem Gott sie führen wollte. Zunächst sprach sie mit dem Leiter eines anderen Instituts, Professor Richard Boswell. Seit ihrem Gespräch im Vorfeld meiner Verhandlung hatten sie sich nicht mehr gesehen. Damals hatte er ihr einen überaus wichtigen Rat gegeben: »Achten Sie darauf, daß ein möglichst vollständiges Protokoll angelegt wird, denn das wird sich das BIA ansehen, falls Sie in Berufung müssen.« Richard begrüßte sie freundlich. »Wie war die Frauenkonferenz?« erkundigte er sich. »Wunderbar, anstrengend, anregend und ernüchternd«, sagte Layli. »Und wie ist die Verhandlung gelaufen?« fragte er. »Ein absolutes Desaster«, erwiderte sie. Sie ging nicht auf jede traurige Einzelheit ein, aber sie erzählte ihm, wie Ferlise sich aufgeführt hatte. Dann sagte sie, daß sie fest entschlossen war, Berufung einzulegen, aber diesmal mit einer hochkarätigeren rechtlichen Vertretung. Richard war sehr verständnisvoll und gab ihr seinen zweiten guten Rat: »Vielleicht sollten Sie sich mal mit Professor Musalo unterhalten.«

Professor Musalo war niemand anderes als Karen Musalo, stellvertretende Leiterin des Instituts für Internationales Menschenrecht, just das Institut, auf dessen Hilfe Layli hoffte. Bis zu diesem Zeitpunkt hatte Layli noch kein Wort mit Karen gesprochen, obwohl sie ihr schon ein paarmal auf dem Campus begegnet war. Außerdem war sie doch ein wenig unsicher, dem Institut meinen Fall anzutragen, weil sie wußte, daß nun jeder ihrer Schritte entscheidend für mein weiteres Schicksal sein konnte. Richards Reaktion machte ihr Mut. Sie wollte Karen noch am selben Tag aufsuchen.

Layli wußte es damals noch nicht, aber Karen war vielleicht die am besten geeignete Person, um mir zu helfen. Während der Jahre, die Karen an »vorderster Front« als Flüchtlingsanwältin und später als Juraprofessorin gearbeitet hatte, hatte sie gewisse innovative Ansätze entwickelt, die sich für meinen Fall als überaus wertvoll erweisen sollten. Sie wußte, wie wichtig es war, Glaubwürdigkeit zu vermitteln – die Ferlise mir abgesprochen hatte –, und war eine der ersten gewesen, die sachverständige Zeugen herangezogen hatte, um ebendiese Glaubwürdigkeit zu belegen. Mit der Unterstützung von Psychologen, Ethnologen und anderen Experten konnte sie Richtern begreiflich machen, daß das, was wie Unehrlichkeit seitens der Asylanten wirken mochte, häufig auf psychische Traumata oder kulturelle Eigenheiten zurückzuführen war. Karen war eine der ersten, die eidesstattliche Erklärungen von Experten beibrachte – wie Layli sie für die Vorbereitung meiner Zusammenfassung verwendet hatte –, Stellungnahmen von anerkannten Autoritäten für bestimmte Länder, Kulturen, Stämme oder Glaubensformen, die bestätigen können, daß die Aussagen eines Flüchtlings der Wahrheit entsprachen. Außerdem hatte Karen eine hervorragende Erfolgsbilanz vorzuweisen. Seit ihrem ersten Tag als Flüchtlingsanwältin bis zu dem Tag, als Layli sie das erste Mal aufsuchte, war noch keiner von ihren

Mandanten abgeschoben worden. Auch wenn nicht allen Asyl gewährt wurde und manche auf andere Länder ausweichen mußten, war doch keiner gezwungen worden, in sein Heimatland zurückzukehren.

Karen verließ gerade ihr Büro, als Layli an jenem Tag zu ihr kam, aber sie hörte sich dennoch an, was Layli auf dem Herzen hatte. »Erzählen Sie mir doch kurz, worum es bei dem Fall geht«, sagte Karen, »und dann können wir vielleicht einen Termin vereinbaren, um ausführlicher darüber zu reden.« Wie in Peking rasselte Layli die Kurzbeschreibung meines Falles herunter.

Layli rechnete damit, daß Karen ihr einen Termin geben würde, für den Nachmittag, den nächsten Tag, wann immer es ihr paßte. Hauptsache, Karens Interesse würde geweckt. Doch Karen wollte plötzlich gleich mit ihr reden. »Kommen Sie rein«, sagte sie, machte auf dem Absatz kehrt und ging zurück in ihr Büro. Sie deutete auf eine Couch neben dem Schreibtisch. »Setzen Sie sich.«

An jenem Tag sprachen sie nur kurz miteinander, aber Layli konnte Karen erklären, warum sie hoffte, daß das Institut sich meines Falles annehmen würde, und ihr einen Eindruck davon vermitteln, was mir seit meiner Ankunft in Amerika widerfahren war. Karen war betroffen, aber nicht überrascht. Meine Haft, Ferlises Verhalten und seine Ignoranz – das alles war ihr nur allzu vertraut. Es war leider eher die Regel als die Ausnahme.

Layli wies Karen darauf hin, daß sie gern weiter an meinem Fall mitarbeiten würde, wenn das Institut ihn übernahm. Sie kannte den Fall von Grund auf und hatte auch ein paar Ideen. Karen erkundigte sich nach Laylis sonstigen Verpflichtungen. Wieviel Zeit würde sie, realistisch betrachtet, aufbringen können. Layli arbeitete für die Unizeitschrift und als wissenschaftliche Hilfskraft, sie war an dem Institut eingeschrieben, an dem Richard Boswell lehrte, und sie bereitete sich auf ihr Examen vor. Außerdem mußte sie den Lehrstoff der zwei Wochen aufholen, die sie in China gewesen war.

Karen sagte weder ja noch nein. Sie erklärte Layli, sie werde sich die Sache überlegen. Das Institut betreute schon eine ganze Reihe von Fällen. Sie würde abwägen müssen, ob für einen weiteren Fall noch genug Kapazität frei war. Es wäre sinnlos, ja zu sagen, wenn die Studenten schon so überlastet waren, daß sie meinem Fall nicht die erforderliche Zeit widmen konnten. Karen bat Layli, in ein paar Tagen nachzufragen.

Layli dankte Karen, daß sie sich soviel Zeit für sie genommen hatte, und verließ das Büro. Sie war ungeheuer erleichtert. Das Gespräch war gut gelaufen. Karen war offensichtlich an dem Fall interessiert.

Irgendwann an jenem Tag saß ich an einem Tisch mit Oche und anderen Frauen, als Oche, gelangweilt und ruhelos, aufstand und zum Fernseher hinüberschlenderte. Ich blieb, wo ich war, weil meine Augen so schlecht geworden waren, daß ich ohnehin kaum noch fernsehen konnte.

»Fauziya!« rief Oche plötzlich. »Komm mal schnell! Die reden über dich!«

Was? Was hatte sie da gesagt?

Sie kam zum Tisch zurückgehastet, packte meine Hand und zog mich hoch. »Die reden im Fernsehen darüber!« sagte sie aufgeregt.

Darüber? Sie meinte die Beschneidung von Frauen. Es war das Thema in der Talkshow von Oprah Winfrey. Ich konnte es kaum glauben. Und ich konnte es kaum hören. Es gab nur einen Fernseher im Aufenthaltsraum, der hoch oben auf einem Gestell stand. Wie immer war es im Aufenthaltsraum voll und laut. Ich stellte mich direkt unter den Fernseher, lauschte angestrengt, kniff die Augen zusammen und sah genau hin. Ich konnte zwar nur Fetzen von der Unterhaltung verstehen, aber nach dem, was ich mitbekam, schilderte einer von Oprahs Gästen die möglichen gesundheitlichen Komplikationen nach einer Beschneidung. Ich wollte nichts davon hören. Eine andere Frau schien aus eigener Erfahrung zu sprechen. Ich verstand »mit sechs Jahren« und »Mutter«. Ich hörte »es passiert in den Vereinigten Staaten«. Ich hörte... Und dann war wieder Ruhezeit, und ich mußte in meine Zelle. Wie vor den Kopf geschlagen, wandte ich mich vom Fernseher ab. Sie sprachen über die Beschneidung von Frauen im Fernsehen, hier in Amerika, als wäre es etwas Schlimmes, dem man ein Ende machen müßte. Aber sie taten nichts, um mir zu helfen. In was für einem seltsamen Land war ich nur?

Layli sagt, in Amerika gibt es ein Sprichwort: »Vor dem Morgengrauen ist es immer am dunkelsten.« Genau das war die Zeit des Wartens für mich – meine dunkelste Zeit. Der Morgen kündigte sich bereits an, aber das wußte ich noch nicht. Ich wartete nicht auf das Morgengrauen, sondern darauf, nach Hause zurückzukehren, ganz gleich, welcher Alptraum mich dort erwarten mochte.

Das Morgengrauen kam an dem Tag, als ich endlich Rahuf anrief. Es würden noch viele dunkle Zeiten kommen, sogar noch dunklere als die, die ich bereits durchlebt hatte, aber nun begann eine kurze lichte Phase der Hoffnung.

»Fauziya! Gott sei Dank!«

Und dann berichtete er mir die Neuigkeiten. Layli war aus China zurück, und sie hatte einen Plan.

»Sie sagt, sie sucht uns einen neuen Anwalt. Und jetzt halt dich fest, Fauziya. Sie sagt, sie wird uns jemanden suchen, der uns kostenlos hilft.«

»Kostenlos!«

»Das hat sie jedenfalls gesagt.«

Dann fügte Rahuf langsamer hinzu: »Fauziya, ich habe ihr nichts davon erzählt, daß du nach Hause willst.« Er schwieg. Er stellte mir eine stumme Frage.

Meine Gedanken überschlugen sich. Layli war zurück. Sie hatte mir ein Versprechen gegeben. Sie hatte einen Plan. Vielleicht konnte sie mich rausholen.

Und dann fiel mir wieder ein, was ich beinahe getan hätte! Ich war nicht ganz richtig im Kopf gewesen. Gott sei Dank war ich noch nicht zur INS-Anwältin gerufen worden. Ich mußte nicht zurück nach Togo. Layli würde mich rausholen.

Oh Gott, und wenn es bereits zu spät war? »Ich will in Berufung gehen, Rahuf! Ich hab's mir anders überlegt. Ist es schon zu spät?«

»Nein, Fauziya ...«

Eine Bandansage unterbrach uns.

Nein! Lieber Gott, bitte.

Rahuf war wieder in der Leitung. »Nein, Fauziya, es ist nicht zu spät. Du kannst noch Berufung einlegen.«

Rahuf. Mein kluger, wunderbarer Vetter. Möge Allah ihn immer segnen.

»Wenn du das willst, dann mußt du mit Layli sprechen«, sagte er. »Du sollst sie gleich anrufen. Ich gebe dir ihre Nummer...«

Als ich Layli erreichte, erklärte sie mir alles. Aber sie hatte bislang noch keine endgültige Antwort von der Leiterin des Institutes für Internationales Menschenrecht bekommen.

Einige Tage später ging Layli wieder in Karens Büro. Die Tür stand offen, und Karen saß am Schreibtisch, in ihre Arbeit vertieft. Layli klopfte zaghaft.

Karen sah auf. »Layli, kommen Sie rein.«

Layli machte einen Schritt ins Zimmer und blieb nervös stehen. »Ich wollte nur fragen, ob Sie vielleicht schon eine Entscheidung getroffen haben.« Layli hielt den Atem an.

»Ja«, sagte Karen schließlich. »Ja, wir können den Fall übernehmen.«

Layli stieß einen Freudenschrei aus. Sie war regelrecht aus dem Häuschen. Karens Engagement konnte die entscheidende Wende für mich bringen, davon war sie überzeugt. Aber noch war es zu früh zum Feiern, stellte Karen klar. Es gab reichlich Arbeit. Sie kam augenblicklich zur Sache. Folgende Punkte mußten sofort in Angriff genommen werden:

Das Institut brauchte eine Kopie meiner Akte, und zwar sofort. Als erstes mußte der Antrag auf bedingte Haftentlassung gestellt werden. Im Gegensatz zu Layli, die das nicht wissen konnte, war Karen klar, wie dringend sie mich aus der Sicherheitsverwahrung holen mußten. Eine bedingte Haftentlassung setzte die Zustimmung des Leiters des INS-Verwaltungsbezirks Philadelphia voraus. Layli erzählte Karen, daß sie auf der Konferenz in Peking eine Frau namens Surita Sandosham kennengelernt hatte. Surita gehörte zu einer Organisation namens *Equality Now*, und sie hatte ihre Hilfe angeboten. Layli wollte sich mit ihr in Verbindung setzen, ihr Informationsmaterial zu meinem Fall schicken. Vielleicht könnten ja Suritas Kontakte zur Kongreßabgeordneten Pat Schroeder hilfreich sein. Außerdem kannte Layli eine andere Kongreßabgeordnete: Cynthia McKinney, eine Afroamerikanerin aus Georgia, die früher Professorin an Laylis College gewesen war, bevor sie in den Kongreß gewählt wurde. Layli wollte auch sie anschreiben und sie darum bitten, meine Haftentlassung brieflich zu befürworten. Karen fand die Idee gut. Unterstützung aus dem Kongreß war bestimmt von Vorteil. Ich war jung, nicht vorbestraft, hatte Familie und Anwälte in Amerika. Alles Punkte, die für eine Entlassung sprachen. Ein Antrag, der auf diese Faktoren verwies und noch dazu brieflich von zwei Kongreßabgeordneten unterstützt wurde, müßte doch bei einem einsichtigen INS-Beamten Erfolg haben. *Einsichtig*. Das war das entscheidende Wort.

Sie sprachen über Ferlise' Richterspruch, und wie man ihn bei der Berufung widerlegen könnte. Die von ihm konstatierte »mangelnde Glaubwürdigkeit« war ein harter Schlag, das meinte auch Karen. Eine Aufhebung des Urteils würde schwer werden, war aber nicht unmöglich. Das BIA mußte davon überzeugt werden, daß ich die Wahrheit gesagt hatte. Dann, und nur dann, würden sie bereit sein, die rechtlichen Aspekte des Falles zu überdenken.

Karen hatte beschlossen, zwei Studentinnen mit dem Fall zu betrauen. Wie sie Layli erklärte, arbeiteten Denise Thomasson und Nileema Pargaonker bereits an einem anderen Fall, bei dem mit geschlechtsspezifischer Begründung ein Asylantrag gestellt worden war. Es ging um eine Frau aus Indien, die vor der Gewalt in ihrer Familie geflohen war. Die beiden mußten also nicht bei Null anfangen, sondern hatten sich schon in ähnliche Fragestellungen eingearbeitet. Karen wies Layli darauf hin, daß ich Formulare unterschreiben mußte, mit denen ich sie – Karen, Denise und Nileema – bevollmächtigte, mich rechtlich zu vertreten. Layli würde sich darum kümmern.

Karen wollte, daß Denise und Nileema Laylis Zusammenfassung meines Falls lasen, bevor sie mich wegen der eidesstattlichen Erklärung befragten, die gemeinsam mit der Berufung eingereicht würde. Layli sagte, sie würde zusätzlich ein separates Memo verfassen, in dem sie Hintergrundinformationen zusammenstellte, die sie für nützlich hielt: Menschen, mit denen sie gesprochen hatte, Gedanken, wie die Berufung begründet werden könnte, und sie machte sich sofort an die Arbeit. Karen und Layli reichten sich die Hände. Das erste Händeschütteln des Fauziya-Teams.

An diesem Abend feierte Layli zu Hause mit Roshan. Außerdem rief sie Rahuf an und teilte ihm die tolle Neuigkeit mit. Als ich Layli dann anrief, hatte sie schon wieder Neues zu berichten: Roshan mußte am Wochenende zu einem Ärztekongreß in Philadelphia. Sie würde ihn am Freitag dorthin begleiten und dann am Samstag, wenn er auf dem Kongreß zu tun hatte, nach Lehigh fahren.

Besuch. Ich war jetzt seit über neun Monaten im Gefängnis, und in all der Zeit hatte ich dreimal Besuch bekommen: einmal von Eric Bowman, einmal von zwei Freunden Rahufs aus New York, die mich in Esmor besucht hatten, und einmal von meinem wunderbaren Vetter selbst, während meiner kurzen Zeit im normalen Sicherheitstrakt in York. Jetzt würde ich also wieder Besuch bekommen – von Layli.

Es tat gut, mich die Woche über auf ihren Besuch freuen zu können. In dieser Woche ging es Alma immer schlechter, und natürlich wurde sie nicht zu einem Gespräch mit der INS-Anwältin gerufen.

Zu Beginn jener Woche rief Layli Bowman an. Sie brauchte meine Akte, wußte aber nicht recht, wie er auf die Nachricht reagieren würde, daß ich von nun an vom Institut vertreten werden würde. Sie fürchtete, daß er vielleicht verärgert oder gekränkt sein könnte. Doch das Gegenteil war der Fall. Auch Bowman war der Ansicht, daß man dort bessere Möglichkeiten hatte, mich angemessen zu vertreten.

Nach Laylis Ankunft wurde sie von einem Wärter durch eine scheinbar endlose Folge von Türen geführt, die sich mit durchdringendem Geschepper öffneten und schlossen, ein Geräusch, das ich Tag für Tag hörte. Für Layli war es ein Schock. Der Geräuschpegel war einfach unglaublich. Als sie schließlich in einen Raum voller Menschen gelangte, blieb sie wie erstarrt stehen. Sollte das ein Besucherraum sein? Es sah eher aus wie ein übergroßer Kindergarten, ein Spielzimmer, nur daß er von erwachsenen Männern in orangefarbenen Overalls und von erwachsenen Frauen in normaler Straßenkleidung bevölkert wurde, die an winzigen Tischchen und auf winzigen Stühlchen saßen, während um sie herum kleine Kinder tobten und zankten. Als Layli hereinkam, herrschte ein infernalischer Krach: Die Erwachsenen redeten und lachten und schrieen durcheinander, und die vielen Kinder quietschten und kreischten. Doch bei Laylis Anblick wurden alle mucksmäuschenstill. Alle starrten sie an. In ihrem eleganten Kostüm sah sie aus wie ein Wesen von einem anderen Stern. Und dann fingen einige Männer an, zu johlen und zu grölen und zu pfeifen. Wow! Heee Baby! Mannomann!

Ein Wärter führte Layli in einen Gesprächsraum, eines von mehreren kleinen Zimmern mit Fenstern an der Seite des großen Raumes. Sie setzte sich, wartete, versuchte sich für das zu wappnen, was nun auf sie zukam.

Und dann kam ich durch den großen Besucherraum auf sie zu. Sie sah durch das Fenster, wie ich näher kam. Ich trug eine braune Uniform. Mein Haar war zu vielen kleinen, dünnen Zöpfen geflochten, eine afrikanische Frisur. Außerdem schien ich ein wenig zugenommen zu haben. Das war gut. Und keine Handschellen. Gott sei Dank, dachte sie. Keine Handschellen.

Dann standen wir in einem Raum ohne Trennscheibe zwischen uns. Wir waren beide verlegen und schüchtern. Ich sah, daß sie einen Schritt auf mich zutat, dann aber innehielt. Später erzählte sie mir, daß sie mich impulsiv gern umarmt hätte, aber nicht sicher war, ob ich das wollte. Wollte ich? Ich hätte es nicht sagen können. Vielleicht. Vielleicht auch nicht. Layli wußte es nicht, aber es war sehr rücksichtsvoll von ihr, daß sie sich zurückhielt. Sie behandelte mich mit Respekt, und dafür war ich dankbar. Man gestand mir im Gefängnis nicht viel Würde und kaum Entscheidungsfreiheit zu. Die Freiheit, unerwünschten körperlichen Kontakt zu meiden, war so ziemlich die einzige, die mir noch geblieben war.

»Fauziya«, sagte Layli. »Schön, dich wiederzusehen.«

»Ich freue mich auch«, sagte ich leise.

Wir setzten uns an den Tisch, noch immer verlegen. »Fauziya, ich habe hier einige Formulare für dich, die du unterschreiben mußt, wenn du einverstanden bist, daß das Institut dich rechtlich vertritt«, sagte Layli. Sie holte die Formulare aus ihrer Aktentasche und reichte sie mir – drei identische Formulare mit jeweils einem anderen Namen darauf: Karen Musalo, Denise Thomasson und Nileema Pargaonker. Layli erklärte mir, wer die drei Frauen waren.

»Es ist jetzt deine Entscheidung, Fauziya«, sagte sie. »Wenn du diese Formulare unterzeichnest, übernimmt das Institut den Fall. Karen wird deine neue Hauptanwältin, und Denise und Nileema werden ihre Stellvertreterinnen.«

»Und du auch, nicht wahr?«

Layli zögerte den Bruchteil einer Sekunde. Sie lächelte. »Ja«, sagte sie. »Ich auch. Ich helfe dir weiter, soviel ich nur kann. Aber es ist deine Entscheidung.«

Meine Entscheidung. »Wirklich?« fragte ich Layli. »Ich kann entscheiden?«

»Absolut«, sagte Layli.

Wie will man jemandem, der noch nie im Gefängnis war, erklären, was es für eine Gefangene bedeutet, etwas wirklich entscheiden zu dürfen. Im Gefängnis hat man normalerweise nichts zu entscheiden.

»Es ist deine Entscheidung«, hatte Layli gesagt. Und als sie das sagte, erwachte etwas in mir. Es war, als hätte sie mir mit diesem kurzen Satz einen verlorenen Teil meines Selbst wiedergegeben. Ja, ich war ein Mensch, der Entscheidungen über sein Leben treffen konnte. Etwas von meiner alten Kraft und Energie kehrte zurück.

»Na dann, laß mich unterschreiben!« Ich legte die Blätter vor mir auf den Tisch und unterschrieb. Drei Formulare! Drei Anwältinnen! Vier, wenn ich Layli mitzählte! »Wow«, sagte ich. »Jetzt habe ich aber jede Menge Anwältinnen!«

Layli lachte. Ich lachte auch, zum erstenmal seit ... wann? Ich wußte es nicht mehr. Es tat so gut, endlich einmal wieder zu lachen.

Den Rest der Besuchszeit gingen wir gemeinsam die detaillierte Darstellung meines Falles durch, an der Layli arbeitete. Sie hatte ein Exemplar mitgebracht. Darin hatte sie meine gesamte Geschichte zusammengefaßt. Layli las mir alles Satz für Satz vor, und ich hörte aufmerksam zu.

Manchmal korrigierte ich etwas. Sie machte sich Notizen. Mir fielen noch andere Dinge ein, die wir übersprungen oder vergessen hatten. Sie machte sich weitere Notizen. Sie stellte noch mehr Fragen. Ich beantwortete sie. Dann gingen wir alles wieder von vorne durch. Und noch mal. Und noch mal, bis das letzte Detail stimmte.

Sie hatte sich überlegt, woher sie weitere Beweise für meine Glaubwürdigkeit bekommen konnte. »Es wäre vielleicht ganz nützlich, wenn wir einen Brief von Rudina hätten. Was meinst du?«

»Okay«, sagte ich. »Aber ich habe ihre Adresse nicht mehr.« Die stand nämlich in dem Adreßbüchlein, das ich während bei der Revolte in Esmor verloren hatte. Es war in dem Umschlag gewesen, den man mir abgenommen hatte, bevor ich nach Hudson gebracht wurde. Mein Adreßbuch, mein einziger Brief von Rudina, der Brief von Mary, die Briefe von meiner Mutter und Ayisha, meine Familienfotos – alles war in dem Umschlag gewesen. Und der war verschwunden.

»Weißt du die Adresse nicht auswendig?« fragte Layli.

»Nein, nicht die ganze. Aber einen Teil, glaube ich.«

Ich diktierte Layli den Teil, an den ich mich zu erinnern glaubte. Sie schrieb ihn sich auf.

Dann fragte Layli, was ich davon hielt, wenn mein Fall der Öffentlichkeit bekannt gemacht würde und wenn die Zeitungen über mich schrieben.

»Würde es mir helfen, aus dem Gefängnis zu kommen?«

»Möglicherweise, Fauziya.«

»Wollen sie dann auch ein Foto von mir haben?«

»Das entscheidest du.«

»Keine Fotos. Es macht mir nichts, wenn sie meinen Namen schreiben. Aber keine Fotos. Das würde Schande über meine Familie bringen.«

»Okay. Keine Fotos.«

Es wurde allmählich spät. Wir unterhielten uns seit ungefähr drei Stunden. Der große Besucherraum war mittlerweile leer. Layli sah müde aus und hatte noch eine lange Fahrt vor sich.

»Du solltest jetzt gehen«, sagte ich. »Es ist spät, und du mußt noch weit fahren.«

»Nur noch eines«, sagte sie. Sie nahm ein Blatt Papier, schrieb zwei Telefonnummern darauf und reichte es mir. Sie zeigte auf die erste. »Das ist meine Privatnummer. Die hast du ja schon.«

Sie deutete auf die zweite. »Das ist die Institutsnummer. Die ist gebührenfrei. Du muß also kein R-Gespräch anmelden. Wähl einfach diese Nummer, dann kommst du direkt durch.«

Dann stand sie langsam, fast widerwillig, auf und ging mit mir aus dem Gesprächszimmer durch den leeren Besucherraum auf die verschlossene Metalltür zu – die Tür, durch die sie gehen durfte und ich nicht. Wir gingen Seite an Seite, unsere Schultern berührten sich. Wir waren genau gleich groß. Wer hätte das gedacht? Es schien uns beiden im selben Moment aufzufallen. Wir sahen uns an, blickten auf unsere einander berührenden Schultern, schauten wieder auf, und unsere Blicke trafen sich. Wir lächelten. Schwestern.

Sie seufzte traurig, öffnete den Mund, um etwas zu sagen, schloß ihn wieder. Dann sprach ich aus, was wir beide dachten. »Ich wünschte, ich könnte mit dir gehen.«

Layli sah mich an und lächelte. »Das wünschte ich auch.«

Damit war unsere gemeinsame Zeit um. Wir standen an der Tür und verabschiedeten uns, und plötzlich umarmte Layli mich, und ich umarmte sie. Und erst in dem Augenblick wurde mir klar, wie sehr ich mir das schon die ganze Zeit über gewünscht hatte.

Nachdem Layli gegangen war, starrte ich noch einen Moment lang die Tür an, durch die sie verschwunden war. Ich sah uns beide, wie wir Seite an Seite den Gang hinuntergingen, zum Eingang hinaus, einfach hinaus ins Freie. Würde das je passieren? Ich sah mich erneut Layli umarmen, draußen vor dem Gefängnis, sie umarmen und lachen. »Ich bin frei! Ich bin frei!« Es war eine berauschende Vorstellung. Ob sie je wahr wurde?

Ich wandte mich von der Tür ab und kehrte in meinen Zellentrakt zurück.

28
Kämpfe

Als ich nach Laylis Besuch in meinen Zellentrakt zurückkehrte, hielt mich eine Wärterin an der Tür zum Aufenthaltsraum auf. »An die Wand treten, Hände gegen die Wand, Beine auseinander.« Hätte ich Besuch von Verwandten oder Freunden gehabt, hätte ich mich für die Leibesvisitation ausziehen müssen. Da ich jedoch mit meiner Anwältin gesprochen hatte, lief es glimpflicher ab – nur ein kurzes Abtasten. Danach ging ich geradewegs in meine Zelle und betete.

Kurz darauf wurde Alma endlich von der INS abgeholt. An dem Tag, an dem sie uns verließ, war ich untröstlich. Alma war aus ihrem Land geflohen, um dem Leid dort zu entrinnen. Jetzt ging sie zurück, um einem noch schlimmeren Leid ein Ende zu machen, das sie hier erdulden mußte. Das Gefängnisleben hätte sie zerstört. Sie mußte einfach zurück.

Nachdem Alma fort war, ließ ich mir einen Fernseher in die Zelle bringen. Das war den Insassen erlaubt, wenn sie dafür bezahlen konnten, und Rahuf hatte mir einen kleinen Betrag geschickt, nachdem ich mich entschieden hatte, doch in Berufung zu gehen. Wegen meiner Augen konnte ich nie lange fernsehen, aber ich konnte zuhören. Wenigstens hatte ich noch die TV-Stimmen, die mir in der Zelle Gesellschaft leisteten.

Ich fragte die Wärterinnen, ob ich das untere Bett belegen durfte, nachdem Alma fort war. Ich war ja schon einmal aus dem oberen Bett gefallen, und das untere war jetzt frei. Nein, das ging nicht, weil mir das obere zugewiesen war. Das war Vorschrift. Ich widersprach nicht. Man widerspricht dem Gefängnispersonal nicht, niemals. Ich kümmerte mich einfach nicht darum und belegte das untere Bett. Niemand sagte etwas – vielleicht, weil ich eine der Immigrantinnen war. Manche Wärterinnen ließen uns gegenüber von Zeit zu Zeit ein wenig Nachsicht walten.

Eine weitere positive Veränderung in dieser Zeit war, daß mir eine Arbeit zugeteilt wurde. Kurz nachdem ich beschlossen hatte, in Berufung zu gehen, hatte ich beantragt, irgendeine Arbeit im Gefängnis machen zu dürfen. Ich wurde wieder einmal auf eine Liste gesetzt. Mittlerweile stand ich auf ziemlich vielen Listen und wußte, was das normalerweise bedeutete, nämlich nichts. Doch diesmal mußte ich tatsächlich nicht lange warten. Im Oktober wurde ich der Putzkolonne zugeteilt. Dafür würde ich ungefähr fünf Dollar die Woche bekommen, und einige Privilegien wurden mir gewährt. Zum Beispiel durfte ich morgens früher als die anderen aus meiner Zelle, was bedeutete, daß ich früh duschen konnte, solange das Wasser noch heiß war.

Irgendwann wurde ich tatsächlich zur INS-Anwältin gerufen. Wann war das? Einen Monat, nachdem ich den Antrag gestellt hatte? Sechs Wochen danach? »Danke«, sagte ich der Wärterin, »aber das hat sich inzwischen erledigt.«

Layli schrieb in Washington ein internes »Memo« mit nützlichen Informationen für meine neuen Anwältinnen, das »Fauziya-Team«. Wie immer arbeitete sie überaus gründlich, ging nicht nur auf die rechtlichen Aspekte des Falles ein, sondern auch auf meine Familie und meine Beziehung zu Rahuf. Außerdem ließ sie noch einige neue Gedanken einfließen, wie die Berufung möglichst erfolgversprechend begründet werden könnte, berichtete von anderen Fällen aus jüngerer Zeit, in denen es um Beschneidung von Frauen gegangen war, und schilderte sogar meine emotionale Verfassung – es ging mir schlecht, zum Teil auch deshalb, weil ich schon so lange nichts von meiner Mutter und meinen Schwestern gehört hatte.

Dann setzte sie sich mit den Leuten in Verbindung, die sie in China kennengelernt hatte und die Interesse an meinem Fall geäußert hatten. Sie schickte ihnen eine knappe Zusammenfassung meines Falles sowie eine Kopie der längeren Darstellung, die sie gerade verfaßt hatte. Eines der Päckchen, die sie zu Beginn der Woche verschickte, war an Surita Sandosham von *Equality Now* adressiert.

Am Freitag gegen zehn Uhr abends, mitten in einer Bahai-Versammlung, die bei Roshan und Layli zu Hause stattfand, klingelte das Telefon. Layli ging mit dem Apparat ins Schlafzimmer. Die Anruferin war Jessica Neuwirth von *Equality Now*. »Wir haben gerade Ihr Päckchen bekommen«, sagte Jessica, »und wir sind sehr interessiert.«

Jessica hatte mit Mimi Ramsey, einer engagierten Beschneidungsgegnerin aus Kalifornien, den ganzen Tag damit verbracht, einflußreiche Leute für den Kampf gegen die Genital-Verstümmelung zu gewinnen. Die anhaltende und erbitterte Debatte in Ägypten bewirkte, daß sich immer mehr Gegner der weiblichen Beschneidung engagierten. Als sie am Abend in Jessicas Wohnung, unmittelbar über dem New Yorker Büro von *Equality Now*, zurückkehrten, war Laylis Päckchen in der Post. Sie und Mimi waren beide so beeindruckt von der Lektüre, daß Mimi mich sofort besuchen wollte. Jessica besprach sich kurz am Telefon mit Surita und rief dann Layli an. »Wir möchten euch unterstützen«, erklärte sie ihr. »Wir würden Fauziya gern an diesem Wochenende besuchen. Geht das?« Layli war sehr erfreut und beschrieb Jessica den Weg nach Lehigh.

Layli legte auf und eilte zu Roshan, um ihm die Neuigkeit mitzuteilen. »Roshan! Verstehst du, was das bedeuten könnte? Dieses *Equality Now* ist so was wie ein *Amnesty International* für Frauen. Und die wollen sich für unseren Fall engagieren! Sie wollen für Publicity sorgen!«

Am nächsten Tag war ich in meiner Zelle und schlief, als eine der Wärterinnen im Aufenthaltsraum meinen Namen rief: »Kasinga! Besuch!«

Besuch? Ich? Wer mochte das sein? Im Besucherraum erwarteten mich zwei fremde Frauen. Die eine war weiß und trug Hose und Bluse. Sie war klein und untersetzt, hatte kurzes, dunkles Haar, dunkle Augen und ein eckiges, freundliches Gesicht. Die andere war ein bißchen größer und älter, eine dunkelhäutige Frau in einem Kleid. Auch sie hatte kurzes, dunkles Haar, warme, dunkle Augen und ein hübsches Gesicht – Jessica Neuwirth und Mimi Ramsey. Was wollten sie? Ich war nervös und zitterte vor Aufregung.

Jessica stellte sich und Mimi vor. Sie erklärte mir, was *Equality Now* war, warum sie mich besuchten und wie *Equality Now* versuchen wollte, meinen Fall an die Öffentlichkeit zu bringen. Je länger sie redete, desto mehr entspannte ich mich. Jessica ist ein sehr realistischer Mensch, humorvoll, unkompliziert und sympathisch. Mimi war eher ein mütterlicher Typ. Ihr war deutlich anzumerken, daß meine Situation sie zornig machte. Ich spürte eine Woge der Sympathie, die von den beiden Frauen ausging. Ich hatte doch recht damit gehabt, die Hoffnung nicht aufzugeben.

Allmählich öffnete ich mich ihnen. Es gelang mir sogar, ein wenig zu reden. Wußten sie schon, daß Oprah Winfrey eine ganze Sendung zum Thema Beschneidung von Frauen gemacht hatte? Jessica und Mimi wechselten Blicke. Mimi beugte sich vor und nahm meine Hand. »Du hast die Sendung gesehen?« fragte sie sanft. Ja, teilweise. Ob ich mich an eine Frau namens Mimi Ramsey erinnerte? Nein, die Namen der Frauen hatte ich nicht mitbekommen. Erinnerte ich mich an eine Äthiopierin, die erzählt hatte, daß sie mit sechs Jahren beschnitten worden war und daß ihr Mann sie geschlagen hatte? Ja. Ich erinnerte mich an die Frau. Die Frau, die meine Hand hielt, lächelte traurig. »Das war ich.«

»Das ist ja entsetzlich«, sagte ich. »Wie furchtbar, daß du das alles durchmachen mußtest.«

Mimis Mutter hatte sie angefleht: »Bitte, tu es für mich.« Jetzt kämpfte Mimi darum, ihre kleinen Töchter davor zu bewahren. Ich war so beeindruckt, daß mir die Worte fehlten.

»Ich bewundere dich«, sagte ich verlegen.

Sie lächelte, drückte meine Hand. »Und ich bewundere dich, weil du geflohen bist«, sagte sie. »Dazu gehört Mut. Du kannst stolz auf dich sein. Du hast das Richtige getan.«

Wir unterhielten uns noch eine Weile. Jessica erzählte mir, daß Mimi und Surita Sandosham, die Leiterin von *Equality Now*, nächste Woche einen Termin bei der Kongreßabgeordneten Patricia Schroeder hatten und meinen Fall mit ihr erörtern würden. Jessica schlug vor, daß ich gleich eine kleine Botschaft an Pat Schroeder schreiben sollte, die Surita dann in meinem Namen abgeben könnte. Sie gab mir Papier und Stift, und ich schrieb mit vielen Rechtschreibfehlern:

Kongresabgeordnete Schroeder. Hi. Ich bin Fauziya aus Afrika. Ich bin 18 Jahre alt und habe in Amerika Assyl beantrakt wegen Genetal-Verstümlung, aber die INS hat mich in Abschiebehaft getan. Bitte helfen Sie mir. Ich will nicht zurük…

Vielen dank. F. Kasinga. 7. 10. 1995.

Jessica gab mir die Telefonnummer von *Equality Now* und versicherte mir, daß ich jederzeit anrufen könne, auch wenn ich nur mal mit jemandem reden wollte. Sie war zwar nicht immer da, weil sie noch eine andere Arbeit hatte, aber Surita war die meiste Zeit über anwesend und würde sich wirklich freuen, mit mir zu reden. Auch Mimi gab mir ihre Telefonnummer in Kalifornien. Ich sollte auch sie bald anrufen, sonst würde sie sich meinetwegen Sorgen machen.

In der Woche danach sprach ich ein- oder zweimal mit Mimi. Teure R-Gespräche nach Kalifornien. Wenige Tage später rief ich das erste Mal bei *Equality Now* in New York an und sprach mit Surita Sandosham. Surita, Sonia Nanda, Mandy Sullivan – ich lernte alle in diesem Büro kennen. Sie waren immer für mich da. Und bei den vielen R-Gesprächen hat mich weder Mimi noch eine Mitarbeiterin von *Equality Now* auch nur ein einziges Mal darauf hingewiesen, daß die finanziellen Mittel für ihre Arbeit sehr knapp bemessen waren.

Meine neuen Anwälte wollten vor allem eine bedingte Haftentlassung für mich erwirken. Mitte Oktober bekamen Denise und Nileema meine Akte von Eric Bowman. Sie mußten sie zwar in Bowmans Büro abholen, aber sie bekamen sie. Sie fanden die Unterlagen, die Bowman mit der Bitte um Haftentlassung für mich an den Leiter des Verwaltungsbezirks Newark geschickt hatte, aber der Antrag war abgelehnt worden. Sie fanden auch die Papiere, aus denen hervorging, daß Bowman sich darum bemüht hatte, meinen Fall an ein anderes Gericht verlegen zu lassen. Aber es gab keine Niederschrift des aufgezeichneten Gesprächs mit mir. Kein Band, keine Niederschrift, nichts. Bowman erklärte mir später, daß eine Niederschrift angefertigt worden war und daß ein Exemplar davon eigentlich in der Akte hätte sein müssen. Mag sein, aber sie war nun mal nicht da. Karen beauftragte also Denise und Nileema, sich darum zu kümmern, daß die beiden Kongreßabgeordneten Schroeder und McKinney sich in einem Brief für meine Entlassung aussprachen, während sie den offiziellen Antrag formulierte.

Am 19. Oktober 1995 ging der Antrag an J. Scott Blackman, den Leiter des Verwaltungsbezirks Philadelphia, der nach eigenem Gutdünken über meine Haftentlassung entscheiden konnte. Der Brief legte dar, daß ich die Berufung mit »hoher Wahrscheinlichkeit« gewinnen würde. Ich hatte nicht versucht, illegal ins Land zu gelangen, war kein Sicherheitsrisiko, hatte kein Verbrechen begangen, und es wurde »im allgemeinen davon ausgegangen, daß es im öffentlichen Interesse lag, Jugendlichen oder Personen mit ernsten gesundheitlichen Problemen bedingte Haftentlassung zu gewähren«. Man muß zwar siebzehn oder jünger sein, um im Sinne des Gesetzes als jugendlich zu gelten, aber ich war mit meinen achtzehn Jahren noch sehr jung. Des weiteren wurde in dem Brief darauf hingewiesen, daß ich während der Sicherheitsverwahrung gesundheitlich Schaden genommen hatte.

Ich reagierte »stark allergisch auf Zigarettenrauch«, war dem jedoch ständig ausgesetzt und hatte angefangen, zu husten und Blut zu spukken. In Lehigh war ich in Isolationshaft gewesen, weil man dachte, ich hätte TB. Außerdem konnte ich bei meinem Vetter wohnen, der in der Nähe meiner Anwälte lebte. Mein Asylverfahren war noch im Gange. Mein fortgesetzter Aufenthalt in Sicherheitsverwahrung stellte eine »unnötige finanzielle Belastung für die Steuerzahler dar«. Aus all diesen Gründen baten meine Anwälte, »über den Antrag positiv zu entscheiden«. Der Brief, um den Surita und Mimi Patricia Schroeder zur Unterstützung meines Antrages gebeten hatten, war beigefügt. Der Brief, um den Layli die Kongreßabgeordnete Cynthia McKinney gebeten hatte, folgte wenige Tage später. Surita Sandosham schrieb einen dritten Brief. Alle forderten: Lassen Sie Fauziya frei.

Der nächste wichtige Schritt war die präzise Formulierung des Berufungsantrages. Damit konnte das Fauziya-Team jedoch erst beginnen, wenn das Protokoll meiner Verhandlung vorlag. Außerdem war noch kein Termin für die Einreichung des Schriftsatzes angesetzt. Das konnte erst geschehen, wenn das Protokoll vorlag. In der Zwischenzeit gab es jedoch reichlich zu tun. Karen wies Denise und Nileema an, meine gesamte Akte gründlich zu studieren und sämtliche Fakten noch einmal zu ordnen und zusammenzufassen. Außerdem recherchierten die beiden Asylanträge, die mit drohender Genital-Verstümmelung begründet worden waren, um Präzedenzfälle zu finden. Und sie sollten einen renommierten Experten ausfindig machen, der sich mit meiner afrikanischen Kultur und meinen Stämmen beschäftigt hatte. Nachdem sie von mir eine eidesstattliche Erklärung eingeholt hatten, könnte dieser Experte dann seinerseits eine eidesstattliche Erklärung abgeben, aus der hervorging, daß alles, was meiner Aussage nach mit mir geschehen war oder mit mir geschehen würde, wenn man mich in mein Heimatland zurückschickte, mit seinen Erkenntnissen über meine Kultur und meine Stämme übereinstimmte. Die Anfertigung dieser beiden eidesstattlichen Erklärungen sollte der Einwanderungsbehörde gegenüber belegen, daß Ferlise mit seinem Verdikt, ich sei »nicht glaubwürdig«, ein Fehlurteil gefällt hatte.

In dieser Zeit hatte auch Oche endlich ihre Verhandlung. Nach zahllosen Verschiebungen und Verzögerungen kam ihr Tag vor Gericht. Sie war so sicher gewesen, daß sie gewinnen würde. Sie hatte die beste Anwältin der Welt. Ihr Fall war schließlich politisch. Weil sie so sicher war, daß sie nach der Verhandlung nicht zurück ins Gefängnis kommen würde, verabschiedeten wir uns schon am Vorabend voneinander. Ich freute mich für sie, und sie versprach, mir bald zu schreiben und ihre neue Adresse mitzuteilen.

Aber sie kehrte zurück, genau wie ich. Ihre wunderbare, verständige, weltbeste Anwältin war noch nicht einmal bei ihrer Verhandlung erschienen, sondern hatte irgendeine Assistentin geschickt. Oche sagte, die Frau habe ihr kaum eine Frage gestellt. Sie war nur verängstigt im Zeugenstand gesessen, während der Richter sie unablässig mit Fragen bombardierte.

Asylantrag abgelehnt. Oche weinte und tobte und fluchte, als sie von der Verhandlung zurückkam. Sie schimpfte auf ihre Anwältin. Sie schimpfte auf den Richter. Sie schimpfte auf die INS. Dann tat sie das gleiche, was ich getan hatte. Sie wollte die INS-Anwältin sprechen. Sie wollte nur noch nach Hause zurück.

»Nein, Oche, das kannst du nicht machen«, beschwor ich sie. »Du mußt in Berufung gehen.« Unsere Positionen hatten sich umgekehrt, und sie war genauso stur und eigensinnig, wie ich es gewesen war. Jetzt wartete sie darauf, zur INS-Anwältin gerufen zu werden, und ich bearbeitete sie so, wie sie mich bearbeitet hatte. Schließlich kam sie zur Vernunft, so wie ich vor ihr, und legte Berufung ein.

Am 26. Oktober wurde Karen von der INS-Bezirksanwaltschaft benachrichtigt, daß man sich in meinem Fall nicht die Mühe machen werde, einen Berufungsschriftsatz einzureichen. Wenn gegen die Entscheidung in einem Asylverfahren beim BIA Berufung eingelegt wird, können, wie Karen mir später erklärte, beide Parteien eine Zusammenfassung vorlegen, um ihre jeweilige Sichtweise den BIA-Richtern nahezubringen. Eine Asylsuchende wie ich muß die BIA-Richter davon überzeugen, daß sie Recht auf Asyl hat. Da bereits einmal gegen mich entschieden worden war, und das auch noch mit einer vernichtenden Begründung – nicht glaubwürdig –, ging die INS davon aus, daß von ihrer Seite keine großen Anstrengungen erforderlich sein würden. Man konnte sich zurücklehnen, einen anscheinend hoffnungslosen Fall mit Verachtung strafen und eine minimale Stellungnahme abgeben. Der INS-Bezirksanwalt hatte zu meiner Berufung nur bemerkt, daß nach Meinung der INS »die ergangene richterliche Entscheidung die Fakten und die Rechtslage des Falles angemessen berücksichtigt«. Im Gegensatz dazu wollte das Institut natürlich eine

Zusammenfassung vorlegen. Als meine Anwälte hatten sie die Pflicht, alle Beweise und Argumente anzuführen, die das BIA davon überzeugen sollten, die Entscheidung des Richters zu revidieren.

Derweil ging der Oktober dahin. Verwaltungsbezirksleiter Blackman ließ sich Zeit. Endlich am 30. Oktober traf das Protokoll meiner Verhandlung ein. Gleichzeitig wurde der Abgabetermin für die Zusammenfassung auf den 22. November festgelegt – weniger als ein Monat! –, und plötzlich lief alles auf Hochtouren. Karen las das Protokoll. Es war sogar noch schlimmer, als sie erwartet hatte. Zunächst einmal war die Qualität katastrophal. Es gab 160 Stellen, wo Wörter, Passagen, ganze Sätze schlicht mit »unverständlich« transkribiert waren, meistens dann, wenn ich geredet hatte. Meine Aussage war mehr oder weniger unbrauchbar. Das ist nicht ungewöhnlich, sagte Karen mir später. Verhandlungsprotokolle waren häufig schlecht, doch das könnte für uns von Vorteil sein. Das Institut konnte den Standpunkt vertreten, das Protokoll sei so lückenhaft, daß es das BIA nicht als Beweis für meine Unglaubwürdigkeit werten durfte.

Dann analysierte Karen, wie die Verhandlung tatsächlich abgelaufen war. Karen ahnte, daß meine rechtliche Vertretung mangelhaft gewesen war, und sie hoffte, zu diesem Schluß würde auch das BIA kommen. Eric Bowman hatte Layli nicht angemessen auf ihre erste Verhandlung vorbereitet. Layli war nicht erfahren genug, um ein lückenloses Protokoll zustande zu bringen, und ich selbst war nur schlecht auf die zermürbende Verhandlung vorbereitet worden.

Nachdem Karen das Protokoll gelesen hatte, betraute sie Denise und Nileema mit zwei weiteren Aufgaben. Erstens: Die Abfassung einer eidesstattlichen Erklärung, in der ich meine gesamte Geschichte klar und vollständig erzählte. Sie würden mich mehrmals interviewen müssen. Diese Interviews waren überaus wichtig. Karen wollte eine absolut umfassende und sachlich richtige eidesstattliche Erklärung, ganz gleich, wie viele Interviews dafür erforderlich sein mochten. Die Erklärung würde überarbeitet, berichtigt und von mir unterschrieben werden.

Zweitens: Recherchen, welche neuen Beweise dem BIA vorgelegt werden könnten. Es würde schwierig, aber nicht unmöglich werden, das BIA davon zu überzeugen, die eidesstattlichen Erklärungen anzunehmen und durchzusehen. Wie Richard Boswell bereits Layli erklärt hatte, beschäftigen sich die BIA-Richter normalerweise nur mit dem

Sachverhalt, wie er im Protokoll beschrieben ist. Aber sie können auch neue Beweise akzeptieren. Und genau das wollte Karen erreichen. Sie hoffte nämlich, daß die Fakten nach Vorlage dieser neuen Beweise so stark zu meinen Gunsten sprachen, daß das BIA meinen Fall nicht zurück an Ferlise geben, sondern selbst entscheiden würde. Es war zwar üblich, den Fall an den ersten Richter zurückzugeben, doch Karen wollte das tunlichst verhindern, denn wenn Blackman meine bedingte Haftentlassung ablehnte, bedeutete das, daß ich solange in Sicherheitsverwahrung bleiben mußte, bis Ferlise den Fall neu geprüft hatte. Karen fürchtete, daß ich in dieser Wartezeit zerbrechen könnte.

All das mußte innerhalb weniger Wochen erledigt werden, neben den vielen Aufgaben, die sie sonst noch hatten. Denise arbeitete darüber hinaus auch noch als studentische Hilfskraft für einen Professor und hatte zusätzlich noch einen Job, um ihr Jurastudium zu finanzieren. Nileema belegte wie Layli einen kombinierten Studiengang und steckte noch dazu mitten in den Vorbereitungen für ihre Hochzeit, die während der Weihnachtsferien daheim in Indien gefeiert werden sollte. Aber keine von beiden protestierte. Sie machten sich sofort mit Feuereifer an die Arbeit und gönnten sich in den nun folgenden Wochen nur noch ein Minimum an Schlaf. Karen beantragte vorbeugend eine Fristverlängerung, und der Abgabetermin wurde auf den 7. Dezember verschoben, aber noch immer galt es, einen gewaltigen Berg Arbeit in sehr kurzer Zeit zu bewältigen.

Denise rief Rahuf an, um ein paar Erkundigungen über Eric Bowman einzuziehen. Sie fragte nach seinem Honorar, und Rahuf berichtete ihr, daß Bowman ihm den Rest der noch offenen Zahlungen erlassen hatte. Rahuf hatte schon genug bezahlt, meinte Bowman, und jetzt war der Fall in anderen Händen. Ich denke, das hätten nur sehr wenige Anwälte gemacht, und diese Geste zeigt, daß Eric Bowman ein sehr anständiger Mensch ist. Letztlich verzichteten meine Anwälte auf den Schachzug, eine mangelhafte rechtliche Vertretung durch Bowman als Argument anzuführen, doch in ihrer Zusammenfassung führte Karen die Punkte auf, die sie für Fehler von Bowman hielt. Er hatte Layli nicht ausreichend auf meine Verhandlung vorbereitet, und er war ihr in der Verhandlung nicht effektiv zu Hilfe gekommen. Außerdem enthielt mein in fehlerhaftem Englisch geschriebener Asylantrag, den Bowman einfach unüberarbeitet weitergeleitet hatte, nicht genug Informationen, um meinen Anspruch auf Asyl zu begründen. Bowman hatte keine eidesstattliche Erklärung beigefügt, die meinen Fall detailliert darlegte. Karen hielt es für wichtig, diese Punkte bei der Berufung anzusprechen. Das würde Bowman zwar kränken, und als ich später davon erfuhr, hatte ich ein schlechtes Gewissen. Aber Karen war nun mal der Ansicht, daß ihr Berufsethos diese Härte forderte.

Wenige Tage nachdem das Verhandlungsprotokoll eingetroffen war, unterhielt ich mich erstmals telefonisch mit Denise. Layli arrangierte diese erste Kontaktaufnahme, indem sie mich über die Gefängnisanwältin Fay Parker anrief, deren Bürotelefon wir Gefangenen manchmal benutzen durften, natürlich gegen Gebühr. Layli war am Apparat, unterhielt sich kurz mit mir und reichte den Hörer dann an Denise weiter. In diesem Augenblick trat Layli in die zweite Reihe zurück, und das fiel ihr schwerer, als sie erwartet hatte.

Denise und Nileema gaben mir beide ihre Privatnummern und sagten mir, ich könne sie jederzeit per R-Gespräch anrufen. Ich rief sie oft an, einerseits, weil wir die eidesstattliche Erklärung durchgehen mußten, andererseits, weil ich Ablenkung brauchte.

In dieser Zeit geschah etwas, das mir sehr viel bedeutete: Ich bekam endlich ein Gebetsbuch. Nachdem ich Layli gegenüber erwähnt hatte, daß ich keinen Koran mehr besaß, hatte sie zweimal versucht, mir einen zu schicken, und zweimal bekam sie ihn zurück. Beim dritten Mal landete er aus unerfindlichen Gründen in der Gefängnisbibliothek. Der Gefängnisgeistliche teilte mir mit, daß ich ihn ausleihen könnte, wenn ich wollte – meinen eigenen Koran ausleihen! Der Geistliche konnte sich offenbar nicht vorstellen, wie wichtig es für mich war, einen Koran zu haben. Aber durch eine Asylsuchende aus Jugoslawien, die einzige andere Muslimin in meinem Trakt, erfuhr ich, daß ich mich an einen muslimischen Vertrauensmann wenden konnte. Der war zwar eigentlich nur für die männlichen Insassen zuständig, aber sie hatte ihn gesprochen, und er hatte ihr einen Koran gegeben. Ich stellte einen Antrag, ihn sprechen zu dürfen. Möge Allah ihn segnen, er reagierte rasch auf meine Bitte. Wie trafen uns in einem kleinen Besucherzimmer in meinem Trakt. Ich erklärte ihm, daß ich keinen Koran hatte, keinen *mayahfi*, keinen *tasbih*. Wenige Tage später brachte mir der Anstaltsgeistliche einePäckchen von dem muslimischen Vertrauensmann. Als ich sah, was er mir geschickt hatte, kamen mir vor Freude die Tränen: ein Gebetbuch für Muslime, ein hübscher *tasbih* aus blaßgrünen Perlen und einer der schönsten *mayahfi*, die ich je gesehen hatte. Jetzt konnte ich endlich ordnungsgemäß beten und Allah Ehre erweisen.

Anfang November kamen Denise und Nileema mich besuchen, um mit mir an meiner eidesstattlichen Erklärung zu arbeiten. Ich freute mich zwar darauf, sie zu sehen, war aber zugleich deprimiert und ängstlich. Wieder würde ich über alles reden müssen, über den Schmerz, über das, was ich verloren hatte, und im Zusammenhang mit der Genital-Verstümmelung auch über sehr persönliche und intime Dinge.

Wir trafen uns in einem der kleinen Gesprächszimmer neben dem großen, überfüllten, lauten Besucherraum. Ich war als erste da. Nach wenigen Minuten kamen zwei junge Frauen herein – die große, blonde, schöne Denise und die kleinere, dunklere, jedoch ebenso attraktive Nileema –, die beide bei ihrem ersten Besuch in einem Gefängnis sichtlich angespannt wirkten. Als sie eintrafen, saß ich zusammengesunken da und hatte die Arme um mich geschlungen. »Fauziya? Hi.«

Ich riß mich zusammen, und wir machten uns gleich an die Arbeit an meiner eidesstattlichen Erklärung. Die Zeit verging trotz der schmerzlichen Erinnerungen wie im Fluge. Nach ungefähr drei Stunden quäkte es aus dem Lautsprecher: »Essen fassen!« Die Wache forderte meinen Besuch auf zu gehen. Denise und Nileema waren schokkiert. Essen fassen? So wurde man hier zu den Mahlzeiten gerufen? Ich gehörte offensichtlich nicht an diesen Ort. Blackman mußte meinen Antrag einfach annehmen.

Aber er tat es nicht. In einem Brief stellte J. Scott Blackman, der Leiter des Verwaltungsbezirks Philadelphia, am 15. November fest: »Nach gründlicher Erwägung des Falles habe ich beschlossen, daß Ms. Kasinga bis zum Abschluß ihres Asylverfahrens in Sicherheitsverwahrung verbleiben wird.« Er verwies auf Vorschriften, denen zufolge Asylbewerber, die nicht »klar und ohne jeden Zweifel« zur Einreise berechtigt sind, von Rechts wegen in Sicherheitsverwahrung zu nehmen sind. Er führte auch andere Vorschriften an, nach denen Asylbewerber, die »mit falschen Ausweispapieren oder ohne Ausweispapiere« einreisen wollen, nur aus »dringenden Gründen« für die bedingte Haftentlassung in Frage kommen – das heißt, wenn sie ernsthaft krank sind – oder aus Gründen, die »eindeutig im öffentlichen Interesse liegen«. Diese Bedingungen erfüllte ich nicht. Gesundheitliche Schäden aufgrund der Tatsache, daß ich mit Rauchern zusammen untergebracht war? Das glaubte er nicht. »Die INS ist darüber informiert, daß Ms. Kasinga rauchempfindlich ist. Sobald die INS davon erfahren hat, wurde Ms. Kasinga umgehend in das Lehigh County Gefängnis verlegt, eine Nichtraucheranstalt.« Was für eine Fehlauslegung der Fakten! Ich hatte mich wochenlang wegen des Rauchs in meinem Trakt beschwert, bevor ich nach Lehigh verlegt worden war, aber doch nur, weil ich an diesem Tag eine Verhandlung haben sollte. Blackman hatte außerdem befunden, daß ich im Falle meiner Haftentlassung zwar kein Sicherheitsrisiko darstellte, da ich ja keine gefährliche Kriminelle sei, daß aber dennoch »Fluchtgefahr« bestehe. Ich hatte zwei Monate in Deutschland gelebt, einen falschen Paß gekauft und den benutzt, um nach Amerika zu gelangen. All das zeugte seiner Meinung nach von »der Neigung und Fähigkeit, legale Verfahren zu unterlaufen«. Er verwies auf Ferlises Einschätzung meiner Glaubwürdigkeit. In dem Antrag auf Haftentlassung sei davon die Rede, daß ich im Falle meiner Entlassung bei meinem Vetter wohnen werde, der Brief habe jedoch keinerlei »Belege angeführt, die diese Beziehung glaubhaft machten«. Doch selbst wenn diese »behauptete Beziehung besteht«, war das noch immer keine Garantie dafür, daß ich nicht fliehen würde. Ich hatte »bereits andere ähnliche und noch stärkere Bindungen aufgegeben«, um nach Amerika zu kommen. Was mein jugendliches Alter anbelangte, so wurden alle mildernden Umstände, die sich daraus vielleicht ergaben, »durch die vorgenannten widrigen Faktoren« ebenso aufgehoben wie durch meine »weite, allein durchgeführte Reise in die Vereinigten Staaten«. Es gab »keine Information und kein Argument in Ihrem Schreiben, das mich zu der Schlußfolgerung veranlassen könnte, Ms. Kasingas Verbleib in Sicherheitsverwahrung sei nicht im öffentlichen Interesse. Sicherheitsverwahrung ist die gesetzliche Regel. Bedingte Haftentlassung ist die Ausnahme. Die von Ihnen angeführten Faktoren... reichen nicht aus, um die Ausnahme zu rechtfertigen.« Daher »ist Ihr Antrag auf bedingte Haftentlassung abgelehnt«.

Nileema brachte mir die schlechte Nachricht telefonisch bei. Sie versuchte, den Schlag abzumildern. Sie waren nach wie vor fest entschlossen, mich rauszubekommen, sagte sie, und sie würden keinesfalls aufgeben. Aber der Schlag war so schwer, daß er nicht abgemildert werden konnte. Ich taumelte unaufhaltsam abwärts in die Verzweiflung. Ich schrieb meiner Mutter und meiner Schwester einen Brief. Und diesmal sprudelte alles aus mir heraus. Nichts wurde mehr verschwiegen. Ich war in Amerika, und ich war seit dem Tag meiner Ankunft im Gefängnis. Vier schreckliche Gefängnisse im Verlauf von mittlerweile fast elf Monaten. Ich war in einen Gefängnisaufstand geraten. Ich war in einem Hochsicherheitstrakt zusammen mit Rauchern untergebracht gewesen und das mit einer Zellengenossin, die mich wochenlang geängstigt hatte! Ich war wochenlang allein in einer Zelle eingesperrt gewesen! Ich hatte über dreizehn Kilo abgenommen! Nach einer Verhandlung, die eher als Alptraum zu bezeichnen war, hatte man mir das Asyl verweigert. *So war mein Leben in Amerika!* Es war eine Hölle, die ich niemandem wünschen würde! Noch nicht mal meiner Tante... Und zu allem Übel hatte ich, nachdem ich von Esmor verlegt worden war, von keinem Mitglied meiner Familie einen Brief bekommen. Hatten sie mich denn völlig vergessen?

Der Termin für die Vorlage der Zusammenfassung beim BIA rückte rasch näher. Karen erkannte, daß Denise und Nileema überfordert waren und daß sie die Zusammenfassung selbst schreiben mußte. Denise und Nileema arbeiteten weiter an den Anlagen, darunter auch an meiner eidesstattlichen Erklärung. In dieser Phase sprach ich fast jeden Abend mit den beiden – so häufig, daß Nileema eine Telefonrechnung von 700 Dollar hatte, die sie aus eigener Tasche bezahlte.

Nachdem Denise und Nileema zahllose vergebliche Anläufe unternommen hatten, fanden sie schließlich einen Experten für meine Stammeskultur. Merrick Posnansky war emeritierter Professor für Geschichte und Ethnologie an der *University of California* in Los Angeles und hatte in den letzten dreißig Jahren eine Vielzahl von Arbeiten über Afrika veröffentlicht. Von 1967 bis 1976 hatte er in Ghana gelebt und Togo bereits 1967 das erste Mal bereist. Ab 1979 konzentrierte er seine Arbeiten hauptsächlich auf Togo und Benin. Er war für das Erziehungsministerium von Togo tätig gewesen, hatte Austauschprogramme initiiert, Konferenzen in Togo geleitet, ein Mitteilungsblatt über Togo herausgegeben und dafür gesorgt, daß die *University of California* eine der landesweit umfangreichsten Sammlungen über Togo besaß. In den letzten fünf Jahren war er sechzehnmal in Togo gewesen, davon fünfmal über einen Monat, er hatte alle möglichen

Untersuchungen zu Togo durchgeführt, sämtliche Teile des Landes kennengelernt, auch Tchamba und Kpalimé, hatte mit Menschen aus allen Stämmen zu tun gehabt, darunter auch den Tchamba-Koussountu, die sowohl in Nordtogo als auch in Kpalimé lebten, und er hatte Aufsätze über Togo geschrieben. Er kannte mein Land. Er kannte meine Kultur. Er kannte meine Stämme. Er wußte, daß ich die Wahrheit gesagt hatte.

Karen arbeitete nahezu rund um die Uhr, um die Zusammenfassung fertigzustellen. Sie wurde am 7. Dezember vorgelegt, zusammen mit den eidesstattlichen Erklärungen von Merrick Posnansky und mir. Posnansky stellte fest, daß die Praxis der Genital-Verstümmelung unter den Mitgliedern meiner ethnischen Gruppe »weit verbreitet« ist. »Dabei handelt es sich um ein überaus schmerzhaftes Verfahren mit äußerst ernsten gesundheitlichen Nebenwirkungen.« Junge Menschen in meiner Kultur haben »sehr wenig Freiraum und können kaum bestimmen, was mit ihnen geschieht«. Er persönlich konnte meine »wohlbegründete Furcht vor der Beschneidung« verstehen. Aufgrund seines Wohlstands war mein Vater in der Lage gewesen, sich über die Tradition hinwegzusetzen, was vermutlich in seiner Gemeinde und bei seinen Geschwistern großen Unmut ausgelöst hatte. Polygame Ehen waren in meiner ethnischen Gruppe etwas ganz Normales. Ehen werden arrangiert. Mütter haben kaum Einfluß, junge Frauen gar keinen. Selbst ohne Zustimmung der Braut ist die Eheschließung rechtsgültig. Die Familie meines Vaters ist seit seinem Tod entscheidungsberechtigt. Meine Schilderung, daß meine Mutter aus unserem Haus vertrieben wurde, »steht in Einklang mit alten Traditionen der Tchamba«. Es ist auch »sehr wahrscheinlich«, daß ich dazu erzogen wurde, der Familie meines Vaters höchsten Respekt zu zollen und daß ich die Autorität meiner Tante nicht in Frage stellte. Meine Mutter mußte Angst haben, »sich mit der Tochter im Haus der Familie in Verbindung zu setzen«. Ich konnte keine Mitglieder anderer Stämme bitten, mir zu helfen, da ich wahrscheinlich kaum Kontakte dieser Art hatte »und mit Sicherheit von dieser Seite keine Hilfe zu erwarten war«. Für eine junge Frau in Westafrika ist es »extrem schwierig«, ihre ethnische Gruppe zu verlassen, und sehr schwer, sich allein durchs Leben zu schlagen. Wenn ich versucht hätte, allein in Ghana zu leben, wäre ich wahrscheinlich zur Prostitution gezwungen gewesen, um zu überleben. Mein Ehemann hätte mich sehr leicht überall in Togo, Ghana oder Benin aufgespürt, weil meine ethnische Gruppe sehr klein ist. Die Polizei ist bestechlich. Er war »absolut sicher«, daß die Polizei von Togo mich nicht beschützen würde. Falls ich nach Hause geschickt würde, »ist es im höchsten Maße unwahrscheinlich, daß die derzeitige politische Führung Ms. Kasinga vor der Verfolgung in Form von Genital-Verstümmelung und polygamer Zwangsehe schützen könnte«. Alles in allem »bin ich der Ansicht, daß Ms. Fauziya Kasingas Darstellung sowohl wahrheitsgetreu als auch glaubwürdig ist«.

Die Zusammenfassung für die Berufung war bereits eine Sammlung von überzeugenden Argumenten zu meinen Gunsten. Ein Argument lautete, daß ich aufgrund meiner Zugehörigkeit zu »einer bestimmten sozialen Gruppe« verfolgt wurde. Die Gerichte zögern häufig, Antragstellern auf der Grundlage ihrer sozialen Gruppe Flüchtlingsstatus zuzuerkennen, weil sie fürchten, daß eine solche Entscheidung dahingehend ausgelegt werden könnte, daß breiten Bevölkerungsschichten Schutz gewährt werden muß. Deshalb wollte Karen meine soziale Gruppe möglichst eng definieren. Sie bezeichnete sie als »junge Frauen des Tchamba-Koussountu-Stammes, die sich diesen Bräuchen widersetzen, aber keinen Schutz davor genießen«.

Karen nahm sich der Reihe nach jeden einzelnen Punkt meiner Geschichte vor, den Ferlise entweder nicht verstanden oder nicht geglaubt hatte, darunter auch seine Skepsis im Hinblick auf meine Begegnung mit Rudina und Charlie. Meine Geschichte »mag vielleicht nicht der Vorstellung des Richters entsprechen, wie die Welt ist, aber man sollte sich nicht auf die Erwartungshaltungen des sogenannten ›gesunden Menschenverstandes‹ verlassen. Der gesunde Menschenverstand ist kulturell bedingt und somit nicht universell.« In einem Land wie Deutschland »würden zwei Afrikaner in der Straßenbahn einander sicherlich bemerken, und es wäre nicht ungewöhnlich, wenn sie allein aufgrund ihrer Hautfarbe ins Gespräch kämen«. Mit der Annahme, ich sei unglaubwürdig, stützte Ferlise sich »auf nichtexistente Widersprüche und falsche Annahmen hinsichtlich der kulturellen Normen in Togo« – Annahmen, die durch Professor Posnanskys eidesstattliche Erklärung »eindeutig widerlegt werden«.

Außerdem kritisierte Karen die Qualität des Verhandlungsprotokolls und verwies auf einige Passagen, wo entscheidende Teile meiner Aussage lediglich als »unverständlich« wiedergegeben waren. Dann rief sie dem BIA einige seiner Entscheidungen in der Vergangenheit in Erinnerung und betonte, »wie wichtig es ist, ein genaues und klares Protokoll vorliegen zu haben, wenn es um die Frage der Glaubwürdigkeit geht«. Zudem verwies sie auf eine Entscheidung des Berufungsgerichtes der Vereinigten Staaten, daß »die verfahrenstechnischen und materiellen Rechte des Antragstellenden verletzt« werden, wenn ein Protokoll derart mangelhaft ist wie in meinem Fall.

Nachdem sie die Gründe des Richters für seine Ablehnung des Asylantrages widerlegt hatte, erörterte sie die Argumente, die für mich sprachen. Ich hatte das Vorhandensein einer »offenkundigen Bedrohung meines Lebens oder meiner Freiheit aufgrund meiner Zugehörigkeit zu einer bestimmten sozialen Gruppe« belegt. Die Fakten machten deutlich, daß im Falle meiner Abschiebung nach Togo eine »mehr als fünfzigprozentige Wahrscheinlichkeit« bestand, daß ich dieser Verfolgung ausgesetzt sein würde, und zwar in Form von »Genital-Verstümmelung und einer erzwungenen (und polygamen) Ehe« – wobei letztere den Entzug »fundamentaler Bürger- und Menschenrechte« darstellte.

Die Schlußfolgerung war: Ferlises Entscheidung war »juristisch falsch« und stand im Widerspruch zur Beweislage. Das BIA sollte den Fall »von Grund auf neu prüfen«, die gemeinsam mit dieser Zusammenfassung eingereichten neuen Beweise in Erwägung ziehen und »im Sinne der Antragstellerin entscheiden«. Karen bat auch darum, vor dem Ausschuß erscheinen zu dürfen, um ein mündliches Plädoyer zu halten. Diese Bitte wird häufig von Anwälten geäußert, jedoch nur bei einer begrenzten Anzahl von Fällen gewährt. Karen fand es ganz besonders wichtig, daß man ihr die Möglichkeit dazu gab. Die Zusammenfassung war zwar überzeugend, aber Karen wußte aus Erfahrung, daß es überaus hilfreich für ihre Mandanten war, wenn sie selbst vor dem BIA ihre Argumente vorbrachte, weil sie dann auf die speziellen Einwände und Fragen der Richter eingehen konnte.

Jessica und Surita erhielten Kopien sowohl der Zusammenfassung als auch der eidesstattlichen Erklärungen und benutzten beides, um das Interesse der Medien zu wecken, und es funktionierte. Am Sonntag, dem 10. Dezember 1995, tauchte mein Name zum ersten Mal in einem Artikel der *New York Times* auf. Verfasserin des Artikels war Barbara Crossette, eine der Kontaktpersonen von *Equality Now* bei den Medien, und sie beschrieb die Ursprünge der von Mimi Ramsey ins Leben gerufenen Kampagne zur Bekämpfung der Genital-Verstümmelung. Der Artikel brachte auch ein Foto von Mimi. Zwei Jahre zuvor, so erklärte sie, hatte sie an einer Geburtstagsparty teilgenommen, auf der ihr ein kleines, erst anderthalb Jahre altes Mädchen aufgefallen war, das in einer Ecke kauerte. Die Kleine, so erfuhr sie von deren Mutter, war gerade erst beschnitten worden. In Amerika! »Ich war außer mir!« sagte Mimi. Der Artikel erörterte auch verschiedene Gesetzesvorlagen und Gesetze, die diese Praxis in den Vereinigten Staaten verbieten sollten, sowie zwei richterliche Entscheidungen in der Frage, ob die Genital-Verstümmelung als Asylgrund anerkannt wurde. Ein Richter hatte ja gesagt, ein anderer nein. »Fauziya Kasinga, 18, die letztes Jahr vor der drohenden Beschneidung aus Togo floh, sitzt derzeit in Pennsylvania im Gefängnis und hat Berufung gegen ein Abschiebeurteil eingelegt, nachdem ein Richter befand, ihr Asylantrag sei nicht glaubwürdig.« Ein Satz in der *New York Times*. Die Schlacht in den Medien hatte begonnen.

Der folgende Sonntag, der 17. Dezember 1995, war der Jahrestag meiner Ankunft in Amerika. Nun war ich also seit einem ganzen Jahr im Gefängnis. Ich verbrachte meinen Jahrestag in der Putzkolonne, wischte Gänge und schrubbte die Kloschüsseln in den Waschräumen des Aufsichtspersonals.

Die Woche darauf war Weihnachten. Ich schickte Weihnachtskarten an verschiedene Menschen, die sich für mich eingesetzt hatten, darunter auch eine an Merrick Posnansky, in der ich ihm für seine eidesstattliche Erklärung dankte, und ich bekam auch selbst etliche Karten. Aber ich hörte nichts von meiner Mutter oder meiner Schwester. Mittlerweile hatte ich sechs Monate nichts mehr von ihnen gehört.

Eines Tages kamen Wärter in meine Zelle und nahmen mir den Fernseher weg. Sie erklärten, daß sie ihn mitnehmen mußten, weil ich nicht dafür bezahlt hatte. Wieso das? Das Geld sollte von meinem Konto abgebucht werden, auf dem noch genug drauf war! Tja, auf irgendeiner Liste stand, daß ich nicht bezahlt hatte – ein Irrtum der Verwaltung. Mein Pech. Kein Fernsehen mehr. Kurz darauf kam eine Wärterin zu mir und hielt mir ein kleines Walkman-Radio unter die Nase, das sie in meiner Zelle gefunden hatte. In Lehigh konnten die Aufseher jederzeit in die Zellen gehen und alles durchsuchen. »Wo hast du das her?« wollte sie wissen. Ich antwortete, daß ich es von Tina, einer Freundin, geschenkt bekommen hatte. Sie hatte es über die Bestelliste geordert und es mir bei ihrer Freilassung geschenkt. »Das ist verboten«, sagte die Wärterin. Insassen durften nur Gegenstände besitzen und benutzen, die sie selbst erworben hatten, und auf dem Walkman-Radio stand Tinas Identifikationsnummer, nicht meine. Zur Strafe für den Regelverstoß mußte ich achtundvierzig Stunden unbezahlte Putzarbeit leisten.

An Neujahr war mein neunzehnter Geburtstag – der zweite im Gefängnis. Ich bekam keine einzige Geburtstagskarte. Weder von meiner Familie noch von meinen rechtlichen Betreuern, noch nicht einmal von Layli. Ich rief Layli zu Hause an und schluchzte ins Telefon. Du hast meinen Geburtstag vergessen! Layli hatte ein schlechtes Gewissen und wußte gar nicht, was sie sagen sollte, aber Roshan bekam das Gespräch mit und schaltete sich ein. »Gib mir mal den Hörer«, hörte ich ihn im Hintergrund sagen, und dann sang er mir das schönste *Happy Birthday*, das ich je gehört hatte. Roshan war früher in einer Band gewesen, und er kann wirklich gut singen. Ich war richtig gerührt.

Mit dem neuen Semester bekam ich Anfang Januar 1996 zwei neue Anwälte im Institut. Denise und Nileema unterstützten mich auch weiterhin emotional, waren für mich da, sprachen mit mir, aber die juristische Arbeit, die sie bislang gemacht hatten, übernahmen nun meine beiden neuen Studenten-Anwälte, Sidney Lebowitz und David Shaffer. Karen hatte ihnen meinen Fall schon vor den Weihnachtsferien zugewiesen, und sie hatten sich in den Ferien in meine Akte eingearbeitet und mit dem Fall vertraut gemacht. Sie machten sich sofort an die Vorbereitung für die Einreichung einer Klageschrift zur Erwirkung eines Haftprüfungstermins. Karen erwog, beim Bezirksgericht Berufung in Form einer Klageschrift einzureichen, und zwar mit der Begründung, daß Blackman seine Ermessensfreiheit mißbraucht habe, als er mir im Dezember die bedingte Haftentlassung verweigerte. Mit einer solchen Klageschrift zur Erwirkung eines Haftprüfungstermins wird ein Prozeß eingeleitet, in dessen Verlauf festgestellt werden soll, ob jemand widerrechtlich in Haft gehalten wird. Karen hoffte jedoch, daß es nicht nötig sein würde, die Klageschrift einzureichen. Entscheidungen über bedingte Haftentlassung sind Ermessenssache, und es ist immer schwierig, die Revision einer solchen Entscheidung zu erwirken. Sie war also nicht gerade zuversichtlich, daß das Gericht Blackmans Entscheidung rückgängig machen würde, und deshalb suchte sie noch nach einer anderen Möglichkeit, mich aus dem Gefängnis zu holen.

Seit November hatte *Equality Now* mit Pat Schroeders Büro zusammengearbeitet und Unterschriften von Kongreßabgeordneten für eine Petition gesammelt, in der um meine Haftentlassung gebeten wurde. Die Petition sollte auch der Justizministerin Janet Reno vorgelegt werden. Karen beauftragte David und Sidney, sich um diese Petition zu kümmern. Sie konnten sie als Anlage für die Klageschrift verwenden.

Unterdessen bemühten sich Jessica und Surita weiter, die Medien für meinen Fall zu interessieren. Sie waren der Meinung, daß ich möglichst viel Publicity brauchte. Vielleicht würde der wachsende Druck der Öffentlichkeit die hohen Tiere im Justizministerium und bei der INS, also Leute wie Janet Reno und Doris Meissner, dazu bewegen, mich bald freizulassen.

In der Woche darauf besuchte Jessica mich in Lehigh. Sie hatte einen Fotoapparat dabei, machte ein paar Schnappschüsse von mir und ließ mich kurze Mitteilungen an drei Zeitungsreporter schreiben – an Judy Mann von der *Washington Post*, A. M. Rosenthal von der *New York Times* und Ellen Goodman vom *Boston Globe*. Zuerst wollte ich die Mitteilungen nicht schreiben. Ich wollte keine Publicity, aber Jessica belehrte mich eines Besseren. Natürlich bedeutete Publicity den Verlust meiner Privatsphäre, aber ich wollte doch schließlich aus dem Gefängnis raus, oder? Die Menschen mußten erfahren, was mir angetan wurde. Wenn diese Reporter über mich schrieben, könnte mir das helfen.

Am Freitag, dem 19. Januar, schrieb Judy Mann einen ausführlichen Artikel über mich mit dem Titel »Das Versagen der Richter«. Die Fakten entnahm sie der Zusammenfassung für meine Berufung. Der Artikel endete mit dem Absatz: »Am 15. November wurde die aus humanitären Gründen beantragte Haftentlassung abgelehnt. Am 1. Januar ist Fauziya 19 Jahre alt geworden und hat inzwischen ein Jahr unter Kriminellen im Gefängnis verbracht. Es wäre das mindeste, sie so lange auf freien Fuß zu setzen, bis über ihre Berufung entschieden wurde. Es handelt sich hier um eine beherzte junge Frau, die sehr viel Mut bewiesen hat. Sie zählt zu der Sorte Mensch, die wir beschützen und nicht noch weiter verfolgen sollten.«

An dem Tag, als der Artikel erschien, stand das Telefon im Institut nicht mehr still. Aufgrund dieser einen Veröffentlichung riefen über hundert Menschen an, darunter viele Reporter, aber überwiegend waren es ganz normale Bürger, die ihre Solidarität zum Ausdruck bringen wollten. Am Institut waren alle ganz begeistert über die Reaktion auf den Artikel. Sie bewies, daß die Menschen wirklich betroffen waren.

Von all dem bekam ich nur wenig mit. Ich war im Gefängnis und wurde immer deprimierter und hoffnungsloser. Am Sonntag, dem 21. Januar, hatte der Ramadan begonnen – mein zweiter Ramadan im Gefängnis. Daheim in Togo würde die ganze Gemeinde gemeinsam feiern, fasten, beten, das Fasten gemeinsam beenden und gemeinsam nach dem Mond Ausschau halten. Ich war ganz krank vor Heimweh.

Ich rief Mimi an. »Ich kann nicht mehr«, sagte ich zu ihr. »Ich will nach Hause.«

»Das geht nicht, Fauziya. Du mußt stark bleiben. Du mußt Geduld haben. Du wirst für die afrikanischen Frauen ein Vorbild werden.« Auch Jessica hatte bei ihrem letzten Besuch etwas in der Art gesagt. »Du bist die erste«, meinte sie. »Für dich ist es am schwersten. Aber wenn du gewinnst, Fauziya, wird es für jede Frau, die nach dir kommt, sehr viel leichter werden.«

Aber ich wollte kein Vorbild sein. Es war mir egal, ob ich anderen Frauen half. Ich wollte nur noch raus aus dem Gefängnis. Ich wollte nach Hause.

Und dann, eines Morgens, glaubte ich, daß mein Wunsch in Erfüllung gehen würde. Eine Wärterin kam mit großen Plastikbeuteln in meine Zelle. »Pack deine Sachen«, sagte sie. »Du wirst entlassen.«

Entlassen! Gütiger Gott! Danke! Ich lachte, ich jubelte, ich schrie vor Begeisterung. Ich wußte nicht, wohin ich kam. Es war mir auch egal! Ich war so froh, endlich Lehigh verlassen zu dürfen! Alles war besser als das hier. Und wieder einmal irrte ich mich.

Wie sich herausstellte, war ich nicht die einzige, die entlassen wurde. Alle Asylantinnen wurden aus Lehigh abtransportiert. Man führte Oche und mich und noch sechs weitere Frauen zur Aufnahme, kettete uns mit Handschellen paarweise aneinander und verfrachtete uns in einen Gefängnisbus. Wir wurden zurück nach York gebracht, aber das wußten wir noch nicht. Das war nur zwei Wochen vor dem siebten Februar, dem Tag, an dem die Petition an Janet Reno ging. Sechsundzwanzig Kongreßabgeordnete, an ihrer Spitze Patricia Schroeder, die von Anfang an auf meiner Seite gewesen war, baten Justizministerin Reno in der Petition darum, für meine Freilassung zu sorgen und die nötigen Schritte zu unternehmen, daß die Richter für Asylrecht über »die verheerende Praxis der Genital-Verstümmelung und über die Umstände, die die Gewährung von politischem Asyl rechtfertigen« informiert wurden.

Doch ich war noch immer nur ein Objekt, das von der INS nach Lust und Laune von einem Ort zum anderen befördert werden durfte.

29
Verzweiflung

Ich kehrte zusammen mit sieben anderen Frauen, darunter Oche und Siu Sing, nach York zurück. Wieder mußten wir uns für die Leibesvisitation nackt ausziehen und wurden nach dem Duschen mit Desinfektionsmittel besprüht. Man steckte uns alle in den Hochsicherheitstrakt. Ich kam mit Oche in Trakt A, einen Rauchertrakt, und wurde mit einer Raucherin in eine Zelle gesteckt! Noch am selben Tag rief ich Denise an. Blackman hatte in seiner Ablehnung behauptet, die INS wisse von meinen empfindlichen Reaktionen auf Rauch. Und wo war ich jetzt? Karen hängte sich sofort ans Telefon, und zwei Tage später wurde ich in den B-Trakt verlegt, ebenfalls eine Hochsicherheitsabteilung, aber für Nichtraucher. Am selben Tag wurden drei andere Frauen aus meiner Gruppe, darunter auch Oche, in die normale Abteilung verlegt.

Mittlerweile hatte ich von der redseligen Wärterin Geena erfahren, daß Sylvie nach ihrer Verhandlung zurückgekehrt und zusammen mit Esther in der normalen Abteilung untergebracht war. Sylvie und Esther! Ich sehnte mich so danach, bei ihnen zu sein. Wir hatten einander nicht mehr berühren dürfen, seit wir in Esmor während der Revolte zusammengedrängt in der Turnhalle gesessen hatten. Ich schrieb einen Antrag an die Gefängnisanwältin. Als ich ihr später auf dem Gang begegnete, lächelte sie. Sie war nett. Und was sagte sie wohl? Ich setze Sie auf die Liste.

Ich blieb, wo ich war, im oberen Bett in einer Zelle der oberen Reihe, mit einer schwarzen Amerikanerin als Zellengenossin, die wegen Mordes verurteilt worden war. Sie erzählte mir, daß sie ihren Freund, den Vater ihrer Kinder, mit einer anderen Frau erwischt und die Frau in einem Anfall von Eifersucht erschossen hatte. Aus Reue hatte sie sich dann selbst der Polizei gestellt. Das erzählte sie mir eines Nachts, als wir in unseren Betten lagen. »Männer«, sagte sie. »Vertrau bloß keinem Mann. Männer sind Hunde.« Dann fragte sie mich, ob sie mir noch etwas sagen dürfe. Sicher, erwiderte ich. Sie suchte nach Worten, war plötzlich verlegen. Sieh an, dachte ich. Das hatten wir doch schon mal. Und wirklich. Sie sagte, sie sei in mich verliebt und wolle meine Geliebte werden. Es schockierte mich nicht. Allmählich gewöhnte ich mich daran. Ich wog die Situation ab. Sie hatte jemanden getötet, aber sie hatte keine Waffe im Gefängnis, sie war kleiner als ich und alles andere als bedrohlich. Ich wurde allmählich abgebrüht. Damit würde ich fertigwerden.

»Hör mal«, sagte ich. »Ich mag dich wie eine Schwester. Wir können Freundinnen sein, aber mehr auch nicht.«

Sie wurde sehr verlegen und nahm alles zurück. »Aber das habe ich doch gemeint! Du hast mich falsch verstanden.« Das hatte ich nicht. Sie war sehr eindeutig gewesen. Aber ich ließ sie heucheln. Danach begegnete sie mir sehr zurückhaltend, aber nicht feindselig. Ungefähr eine Woche später wurde sie verlegt, und ich bekam eine neue Zellengenossin, diesmal eine Asylsuchende – Sheila aus Jugoslawien. Sheila war auch Muslimin, aber sie betete nicht, und sie hielt den Ramadan nicht ein. Ich betete und fastete allein.

In meinem Trakt saß auch Ellen aus Ghana, die ich in Esmor kennengelernt hatte. Außerdem war da noch Sharon aus Nigeria, die ich noch nicht kannte. Sie war kleiner als ich, unglaublich stark, laut, ausgelassen und sehr lustig. Wir verstanden uns auf Anhieb. Ich dankte Allah für diese beiden Frauen, die so freundlich zu mir waren. Ich hatte mal wieder kein Geld, konnte mir noch nicht mal Zahncreme kaufen, aber ich erzählte Rahuf nichts davon. Ellens und Sharons Großzügigkeit half mir zu überleben. Es war ja nicht für lange, dachte ich.

Ich hatte wieder resigniert. Kurz nach meiner Ankunft in York hatte ich zwei Mitteilungen an die Gefängnisanwältin geschrieben, daß die INS mich abholen sollte. Ich rief Rahuf an und bat ihn, es Bowman mitzuteilen. Aber meinem neuen Anwaltsteam sagte ich nichts davon. Ich wußte, wie angestrengt sie sich darum bemühten, mich freizubekommen. Ich wollte sie nicht verletzen oder kränken.

Ich fing an, Vorbereitungen für den Abschied zu treffen. Ich telefonierte ein letztes Mal rundum. Ich rief Mimi an und sagte ihr, daß ich nach Hause wollte. »Halte durch«, sagte sie. »Du hast Amerika doch noch gar nicht gesehen. Das Gefängnis ist nicht Amerika. Amerika ist ein gutes Land. Die Amerikaner sind gute Menschen.« Bye, Mimi, sagte ich leise. Ich rief Frank an. Von Lehigh aus hatte ich ihn nicht anrufen können. Er freute sich sehr, von mir zu hören. »Hey, Fauz!« Ich versuchte, fröhlich zu klingen, um seinetwillen. »Hey, Frank!« »Ich habe noch immer deinen Koran und deinen *tasbih*, Fauz«, sagte er. »Ich passe gut drauf auf, bis ich sie dir überreichen kann.« Leb wohl, Frank. »Von jetzt an meldest du dich aber regelmäßig, okay?« Ich versprach, ihn anzurufen, aber ich sagte ihm nicht, daß ich zurückgehen würde. Ich wollte nur nicht fortgehen, ohne noch einmal mit ihm gesprochen zu haben. Ich sagte auf Wiedersehen, ohne auf Wiedersehen zu sagen.

Ich schrieb Sylvie in der normalen Abteilung, was ich beschlossen hatte. Sie schrieb mir sehr zornig zurück. »Hast du den Verstand verloren? Du kannst nicht zurück!« Ihre Nachricht verletzte mich. Sylvie war mir gegenüber nie heftig geworden. Ich schrieb ihr erneut, bat sie, mir nicht böse zu sein, mich doch bitte zu verstehen. Aber sie wollte nicht.

Mir tat die Brust wieder weh. Die stechenden Schmerzen waren zurückgekehrt, und diesmal schlimmer als zuvor. Immer öfter hatte ich fürchterliches Sodbrennen. Wenn ich aß, bekam ich Magenschmerzen. Zweimal hatte ich um eine ärztliche Untersuchung gebeten. Bislang war nichts geschehen.

Ich rief einige der wunderbaren Menschen an, die darum kämpften, mich freizubekommen – Layli, Denise, Nileema, Surita. Layli erzählte mir, daß sie, Karen und David mich am 10. Februar besuchen würden. Später erinnerte sie sich daran, daß ich bei dieser Ankündigung nicht sonderlich begeistert geklungen hatte, was ihr zu denken gab. Verlor ich allmählich die Hoffnung? Genau so war es, aber ich wollte nicht, daß sie es erfuhr.

»Halte durch«, sagten alle, die ich anrief. »Verlier nicht den Mut. Wir arbeiten hart und machen Fortschritte. Alles wird gut.« Daraufhin rief ich niemanden mehr an. Ich hatte diesen Satz zu oft gehört.

Als Layli mir versprach, mich nicht im Stich zu lassen und weiter für mich zu kämpfen, war ich acht Monate im Gefängnis gewesen. Damals hatte ich ihr gesagt, daß ich nicht noch einmal acht Monate im Gefängnis bleiben könnte. Das war im August gewesen, dem Tag meiner Verhandlung. Jetzt hatten wir Februar, fast sechs Monate waren seitdem vergangen, nahezu fünf Monate, seit ich die Papiere unterzeichnet hatte, mit denen mein Fall an das Institut übertragen worden war. Ich wollte nach Hause.

Ich hatte gehofft, daß ich am 10. Februar, also am Tag des Besuches, schon fort sein würde. Aber ich war es nicht. An jenem Nachmittag betete ich gerade in meiner Zelle, als der Lautsprecher meinen Namen krächzte.

Die Wärterin führte mich aus meinem Zellentrakt in ein kleines Besucherzimmer. Jeden Augenblick würde Layli durch diese Tür kommen. Ich hatte sie seit ihrem Besuch in Lehigh vor über vier Monaten nicht mehr gesehen, aber der Gedanke, sie gleich wiederzusehen, löste keine Freude in mir aus, weil ich ihr etwas mitteilen mußte, was ihr nicht gefallen würde. Bange Erwartung ließ die Zeit langsam verstreichen. Während ich dort saß und wartete, fiel mir allmählich meine eigene Erscheinung auf. Das Hemd meiner blauen Anstaltsuniform war nur halb zugeknöpft und hing mir aus der Hose. Früher hatte ich sehr auf mein Aussehen geachtet. Heute kümmerte es mich nicht mehr. Nichts war mehr wichtig.

Als Layli schließlich eintrat, waren noch zwei Gestalten hinter ihr. Aber ich sah sie nicht wirklich. Ich sah nur Layli, und als ich sie anblickte, bemerkte ich, wie der Ausdruck freudiger Erwartung auf ihrem Gesicht blankem Entsetzen wich.

Dann kam Layli auf mich zu und nahm mich in die Arme, und ich brach in Tränen aus. Karen und David zogen sich zurück. Es war unübersehbar, daß ich ein wenig Zeit allein mit Layli brauchte. Schluchzend stieß ich hervor, was ich zu sagen hatte: »Es tut mir leid, Layli. Ich weiß, daß ihr mir helfen wollt. Ich weiß, wie sehr ihr euch alle bemüht. Aber ihr arbeitet nun schon seit September daran, und nichts hat sich geändert, und ich kann nicht mehr hierbleiben. Ich werde dich nie vergessen, Layli. Aber du solltest mich vergessen. Den Antrag habe ich schon gestellt. Ich werde der INS sagen, daß sie mich nach Hause schicken sollen.«

Layli versuchte, mich davon abzubringen. Nicht sofort. Zuerst ließ sie mich weinen. »Sieh mich an, Layli! Ich weiß selbst nicht mal mehr, wer ich bin!« Ich verwahrloste zunehmend. Das war ich nicht! Ich hatte das Gefühl, mich in ein Tier zu verwandeln und nichts dagegen tun zu können. Ich mußte hier raus, bevor ich verrückt würde oder starb.

Layli blieb stark. Sie wartete ruhig, bis ich erschöpft war. Dann zog sie einen Stuhl heran und setzte sich ganz dicht neben mich, so daß sich unsere Knie berührten. Sie sprach sehr leise: »Ich verstehe dich, Fauziya.«

Wieder fuhr ich hoch. »Nein, das tust du nicht! Du weißt nicht, was ich durchmache!«

Layli senkte den Kopf. »Du hast recht«, sagte sie sanft. »Ich weiß es nicht.« Sie sah wieder auf. »Aber eines weiß ich. Du bist nicht gebrochen, Fauziya. Du bist sogar stärker geworden, denn du bist zornig... Ich habe dich noch nie zornig gesehen. Das ist ein gutes Zeichen, Fauziya. Zorn ist ein Zeichen von Stärke. Sie haben dich nicht gebrochen. Du bist stärker geworden. Gott macht dich stärker.«

Ich wollte nichts davon hören. »Gott läßt mich leiden!«

Sie widersprach nicht, aber sie rückte noch näher heran und sprach noch sanfter. »Fauziya, kennst du die Geschichte meines Namens?«

Ich stöhnte auf und verdrehte die Augen. Ich wußte, was jetzt kam. Ja, ich kannte die Geschichte – die Geschichte von Layli und Manjun. In Togo hatte ich eine Filmversion davon gesehen. In der Geschichte liebte Manjun Layli, liebte sie und verlor sie und begann, nach ihr zu suchen. Er suchte überall, konnte sie aber nicht finden. Es brach ihm fast das Herz, aber er gab nicht auf. Dann fingen böse Männer an, ihn zu jagen. Er glaubte, daß sie ihn töten wollten. Er wollte sich vor ihnen verstecken, aber es gelang ihm nicht. Sie spürten ihn auf und hetzten ihn. Er versuchte zu fliehen. Sie verfolgten ihn. Er rannte und rannte, bis er zu einer Mauer kam. Sie hatten ihn umzingelt. Sie würden ihn töten! Er versuchte, die Mauer hinaufzuklettern. Sie war sehr hoch und nur schwer zu erklimmen. Er schaffte es nicht. Seine Verfolger kamen immer näher. Er rief nach Gott. Warum tat Gott ihm das an? Warum ließ Gott ihn so leiden? Gott hatte ihm die Geliebte genommen. Und jetzt ließ Gott ihn durch diese Männer töten. Als sie ihn gerade packen wollten, zog er sich mit letzter Kraft hoch und kletterte über die Mauer. Er fiel auf die andere Seite und landete in einem Garten. Und dort war Layli.

Gottes Wege. Darum geht es in der Geschichte. Manjun hatte geglaubt, daß Gott ihn strafen wollte, dabei führte Gott ihn in Wahrheit zu seiner Geliebten. Gott ließ mich leiden, ja, sagte Layli. Ich wußte nicht, warum. Sie wußte nicht, warum. »Aber es muß einen Grund geben, Fauziya«, sagte sie. »Wir müssen Vertrauen haben. Wir dürfen unseren Glauben nicht verlieren.«

»Ich habe meinen Glauben nicht verloren, Layli. Aber vielleicht ist es Gottes Wille, daß ich hierbleibe.«

»Denk an deinen Vater, Fauziya. Was würde er wollen?«

Yaya. Das packte mich mehr als alles andere, was sie bis dahin gesagt hatte. Layli war nicht fair. Yaya hätte gewollt, daß ich standhaft blieb. Mit meiner Rückkehr hätte ich alles verraten, woran er geglaubt hatte, woran meine Mutter glaubte, alles, was sie mich gelehrt hatten. Ich seufzte. »Er würde wollen, daß ich weiterkämpfe.«

Layli nickte stumm. Nach einer Pause sagte sie ruhig: »Es bewegt sich einiges. Karen wird es dir berichten. Soll ich Karen und David holen lassen?« »Einverstanden«, sagte ich. »Ja, ich möchte sie kennenlernen.«

Layli ging aus dem Zimmer. »Fauziya hat beschlossen, zurückzugehen«, erklärte sie Karen ohne Umschweife. »Sie hat schon einen Antrag gestellt.« Karen war sehr besorgt. Die INS darf eigentlich keine Asylsuchenden, deren Berufungsverfahren noch läuft, ohne Zustimmung des jeweiligen Anwalts abschieben. Das beruhigte sie ein wenig, aber ihre Hauptsorge galt mir.

Layli kam mit Karen und David zurück ins Zimmer. David ist ein Weißer, groß, sehr gutaussehend, mit dunklem Haar und lebhaften Augen und einem netten, freundlichen Auftreten. Wie Layli war er im dritten Studienjahr. Später erfuhr ich, daß er einen gutbezahlten Job aufgegeben hatte, als er vom Institut angenommen worden war, um mehr Zeit für die Arbeit dort zu haben. Und das war also Karen Musalo. Sie wirkte ganz anders, als ich erwartet hatte. Ich hatte so oft von allen gehört, was für eine gute Lehrerin und Anwältin sie war, wie ambitioniert und intelligent, daß ich mit einer sehr harten und höflich-strengen Frau gerechnet hatte, im Kostüm und mit Aktentasche unter dem Arm. Aber Karen war ganz leger gekleidet, wie immer, wenn sie Mandanten besuchte. Als sie sich vorstellte, war ihre Stimme voller Herzlichkeit und Wärme.

Karen fing nicht sofort an, über meinen Fall zu reden. Das hatte Zeit. Zuerst versuchte sie, Nähe zu mir herzustellen. Sie rückte ihren Stuhl heran, beugte sich vor, faltete die Hände im Schoß und sah mir in die Augen.

Dann begann sie: »Es tut mir leid, daß wir dich noch nicht rausbekommen haben. Wie geht es dir hier drin? Erzähl es mir.«

Sie meinte es ernst. Das spürte ich. Etwas in ihren Augen, etwas in der Art, wie sie die Frage gestellt hatte, sagte mir, daß ich bei ihr nicht höflich sein mußte, nichts zurückhalten mußte, wie ich es bei den anderen immer getan hatte.

Und das tat ich. Ich kann mich nicht mehr genau erinnern, was ich ihr alles erzählte, aber ich weiß, daß es viel war, und die ganze Zeit über hörte sie mir aufmerksam und konzentriert zu. Ihre Augen blieben unverwandt auf mich gerichtet. Sie nahm alles in sich auf. Dann fragte sie mich, ob ich irgend etwas brauche. Ich brauche Zahncreme, Unterwäsche, Seife, alles. Aber sie konnten mir im Hochsicherheitstrakt keine Päckchen schicken. Sie mußten dafür sorgen, daß ich in die normale Abteilung kam.

»Okay«, sagte Karen. »Wir kümmern uns sofort darum. Kann man sich hier etwas aus dem Magazin bestellen?«

»Ja.«

»Hast du Geld, um dir Sachen zu kaufen?« fragte sie mich unverblümt.

»Nicht viel.«

Layli erzählte mir später, daß sie sich in diesem Augenblick schämte. Es war ihr nie eingefallen, mich danach zu fragen. Sie wußte nicht genug über das Gefängnisleben, um sich nach solchen Dingen zu erkundigen.

»Okay«, sagte Karen. Das war etwas, das sie sofort ändern konnten. Sie würden vor ihrer Rückfahrt Geld auf mein Konto einzahlen. »Was können wir sonst noch für dich tun?«

»Ihr könntet mein Gepäck ausfindig machen«, sagte ich. Nach der Revolte in Esmor sollte es eigentlich nach York gebracht werden. Das war acht Monate her. Es war nie hier angekommen.

»Okay«, sagte Karen. »Was noch?«

»Holt mich aus dem Gefängnis!«

»Daran arbeiten wir, Fauziya.« Dann erzählte sie mir, daß sie seit dreizehn Jahren Flüchtlinge vertrat und daß bislang kein einziger ihrer Mandanten zurückgeschickt worden war. Nicht einer. Sie bat mich, ihnen etwas mehr Zeit zu lassen.

Ich erwiderte, daß ich die INS bitten würde, mich nach Hause zu schicken. Und so begannen wir zu feilschen. Ich glaube, Karen bat mich, ihnen noch zwei Monate Zeit zu geben. Nein, sagte ich. Zwei Wochen. Ich würde ihnen noch zwei Wochen geben. Nein, einen Monat, sagte sie. Nur noch einen Monat. Sie waren wirklich ganz dicht dran.

»Wie dicht?« fragte ich zurück.

Karen hob die rechte Hand und hielt Daumen und Zeigefinger etwa drei Zentimeter auseinander. »So dicht«, sagte sie lächelnd. »Einen Monat, Fauziya, mehr will ich ja gar nicht. Gib uns noch einen Monat, dann sieht alles ganz anders aus.«

Karen ging ein Risiko ein, aber dieses Risiko war kalkuliert. Sie war wirklich sehr zuversichtlich, daß ich in einem Monat draußen war. Mein Fall wurde in der Öffentlichkeit diskutiert.

Ich wußte davon, und es gefiel mir ganz und gar nicht. Mittlerweile hatte ich meinen Namen in dem Artikel über Mimi gesehen. Ich hatte auch Judy Manns Kolumne gesehen. Dabei ging es nur um mich! Menschen, die ich gar nicht kannte, wußten nun von meinen persönlichsten Angelegenheiten und sprachen darüber. Das kam mir alles seltsam und grotesk vor. Wo ich herkomme, achten die Menschen auf ihre Privatsphäre, und Bescheidenheit ist eine Tugend, vor allem bei Frauen, aber auch bei Männern. Mein Vater war stolz, aber bescheiden. Es war ihm stets unangenehm, wenn Leute zu uns ins Haus kamen, um ihm für seine Großzügigkeit zu danken. Es war ihm peinlich, und er mochte es nicht, wenn man über ihn sprach. Ich bin wie er. Im Mittelpunkt des Interesses zu stehen widerspricht allen Werten, nach denen meine Eltern mich erzogen haben.

Aber meine Anwältinnen erwarteten es von mir. Publicity, oder »Medieninteresse«, war der Grund, warum Karen so zuversichtlich war. Nach dem Erscheinen des Artikels von Judy Mann hatten Zeitungs- und sogar Fernsehreporter angerufen und sich nach mir erkundigt. Als Karen merkte, wie interessiert sie an meinem Fall waren, wollte sie möglichst viel Nutzen daraus schlagen. Der Einwanderungsbehörde war nämlich mit Sicherheit daran gelegen, den Presserummel zu vermeiden, der nun begann. Karen hatte der INS erklärt, das Institut erwäge, auf Anordnung eines Haftprüfungstermins für mich zu klagen, um mich aus der Sicherheitsverwahrung zu holen, hoffe aber immer noch, daß sich dieser Schritt vermeiden lasse. Daraufhin wollte David Martin, der leitende Anwalt bei der INS, noch einmal gründlich über meine bedingte Haftentlassung nachdenken.

Wenn Martin kooperativ war, standen meine Aussichten auf bedingte Haftentlassung nicht schlecht, da das zentrale Anwaltsbüro der INS eng mit den Leitern der Verwaltungsbezirke zusammenarbeitet. Wenn das Zentralbüro befand, daß eine Haftentlassung anzuraten war, konnten sie auch Blackman nahelegen, seine Entscheidung noch einmal kritisch zu überdenken. Karen rief in seinem Büro an und hinterließ eine ausführliche Nachricht, warum sie mit David Martin sprechen wollte. Nur einen Tag später rief dessen Stellvertreter für Flüchtlings- und Asylrecht sie zurück. In einem langen Gespräch legte Karen ihm ausführlich die Sachlage in meinem Fall dar.

Der stellvertretende Anwalt wirkte besorgt und kooperativ. Er äußerte Zweifel an Ferlises Entscheidung und an Blackmans Ablehnung der Haftentlassung und bat Karen, ihm eine Kopie der Zusammenfassung für das Berufungsverfahren zu schicken, eine Kopie des Antrags auf Haftentlassung und eine Kopie von Blackmans Ablehnungsbescheid. Er wollte sich alles ansehen und sich umgehend wieder bei ihr melden.

Außerdem führte Karen noch ein sehr ermutigendes Gespräch mit einem anderen Mann, und zwar mit Bo Cooper... Was für ein Zufall!

Und es geschah noch etwas nach dem Erscheinen des Artikels von Judy Mann. Am 25. Januar wies das BIA die Einwanderungsbehörde an, eine Erwiderung auf Karens Zusammenfassung vorzulegen. Jetzt erforderte mein Fall gesteigerte Aufmerksamkeit. Zunächst bat die INS um Zeitaufschub für die Vorlage ihrer Zusammenfassung und bekam sie auch. Als der Schriftsatz dann schließlich vorlag, stellte Karen fest, daß der leitende Anwalt David Martin höchstselbst an dessen Abfassung beteiligt gewesen war.

Davon wußte ich natürlich noch nichts an jenem Tag Anfang Februar, als das Fauziya-Team mich besuchen kam, aber Karen hatte noch genug andere Gründe, optimistisch zu sein. Selbst wenn sich das zentrale Anwaltsbüro nicht dazu durchrang, Druck auf Blackman auszuüben, könnte die von den Kongreßabgeordneten unterzeichnete Petition, die nur wenige Tage zuvor an Justizministerin Reno gegangen war, sowie das wachsende Interesse der Presse an meinem Fall ihn davon überzeugen, seine Meinung zu ändern. Karen war sehr zuversichtlich.

»Einen Monat«, sagte sie. »Mehr brauche ich nicht.«

»Abgemacht.«

Karen streckte mir die Hand hin. »Wenn wir hier in den Vereinigten Staaten jemandem etwas versprechen, schütteln wir ihm die Hand«, sagte sie. »Darf ich dir die Hand schütteln?« Es schien ihr wichtig zu sein, und es gefiel mir, daß sie mich gefragt hatte. Ich streckte den Arm aus, und wir schüttelten uns die Hand. Mein Händedruck war weich, ein afrikanischer Händedruck. Ihrer war fest – ein amerikanischer Händedruck.

Es wurde allmählich spät. Wir hatten stundenlang geredet. Karen, Layli und David hatten noch eine lange Fahrt vor sich, zurück nach Washington. Sie mußten sich verabschieden. »Ich komme wieder«, sagte Karen, noch immer meine Hände haltend. »In zwei Wochen komme ich wieder.«

Ich lächelte, nickte. Okay. Ich gab David schüchtern die Hand zum Abschied. Layli und ich umarmten einander. Ich drückte sie fest. »Ein Monat«, sagte Karen, als sie aus der Tür gingen. Und dann waren sie wieder fort.

An der Pforte hinterließen sie hundert Dollar, die sofort auf mein Gefängniskonto eingezahlt werden sollten. Dann stiegen sie in Laylis Wagen und machten sich auf die lange Rückfahrt nach Washington. Mittlerweile war es dunkel.

Layli erzählte mir später, daß sie ein gutes Stück des Weges mit eingeschalteter Innenbeleuchtung fuhren und den neuen Fauziya-Notplan entwarfen. Nicht den juristischen Plan – den Plan zur emotionalen Rettung. Layli war tief bekümmert. Mein Zustand schokkierte und ängstigte sie. Ich war am Ende. Das war allen schmerzlich klar, aber Layli ganz besonders. Offensichtlich war es im Augenblick besonders wichtig, etwas dafür zu tun, daß ich wieder Hoffnung faßte.

Sie entwarfen einen Vier-Punkte-Plan. Erstens: Ab sofort würde mich täglich einer von ihnen anrufen. Dieser Teil des Plans erhielt den Namen »*Call-a-day*«. Layli und David wollten sich mit den anderen absprechen und ihnen bestimmte Tage zuweisen. Das Personal in York war damit einverstanden gewesen, daß meine Anwälte die zentrale Gefängnisnummer anwählen und darum bitten konnten, daß ich für ein Anwalt-Mandanten-Gespräch ans Telefon geholt wurde. Zweitens: Sie würden mich aus der Hochsicherheitsabteilung holen. Darum sollte Sidney sich kümmern. Drittens: Sie würden mein Gepäck ausfindig machen. Damit wurde David betraut. Viertens: Karen würde mich jede zweite Woche besuchen.

Einen Monat hatte ich ihnen gegeben. Das glaubten sie zumindest. In Wirklichkeit hatte ich das nicht getan. Ich hatte gelogen. Ich konnte nicht noch einen Monat im Gefängnis bleiben. Ich konnte einfach nicht. Nachdem sie gegangen waren, saß ich noch einen Moment allein im Besucherzimmer und dachte über unser Treffen nach. Ich weinte. Verzeih mir, Layli. Es tut mir leid. Ich hatte sie beim Abschied lange und fest gedrückt. Hatte auf Wiedersehen gesagt, ohne auf Wiedersehen zu sagen. Adieu, Layli. Gott segne dich. Dann ging ich durch den langen Gang zum hinteren Teil des Gefängnisses, zum Hochsicherheitstrakt, weg von der Aufnahme, weg von dem Eingang, durch den Karen, Layli und David wenige Minuten zuvor in die Freiheit gegangen waren.

Ich blieb auf dem Rückweg an dem Tisch auf dem Gang stehen, auf dem die Antragsformulare lagen. Ich füllte wieder einen Antrag aus, meinen dritten. »Sagen Sie der INS, daß ich zurück nach Togo will. Ich will sofort nach Hause!«

30
Krise

Die »*Call-a-day*«-Initiative begann sofort. Layli rief mich gleich am nächsten Tag an. Karen, Denise, Nileema, David, sogar Sidney, die ich noch gar nicht kennengelernt hatte – sie alle machten mit. Also sprach ich in den folgenden Tagen auch mit ihnen und nicht nur mit Surita und Jessica. Die Anrufe waren wirklich gut für meine Moral, aber ich durchschaute, was sie damit bezweckten. Ich war für ihre Bemühungen dankbar, aber die Strategie funktionierte nicht. Ich war fest entschlossen, nach Togo zurückzukehren.

In der ersten Woche durfte ich die Anrufe an dem Telefon auf dem Gang entgegennehmen, das die Wärterinnen als Dienstapparat benutzten. Aber schon bald wurden sie etwas ungehalten, weil ich zu viele Anrufe bekam. Sie ließen sich immer länger Zeit damit, mich an den Apparat zu rufen. Dann weigerten sie sich, mich überhaupt noch zu rufen, aber sie waren bereit, mir Nachrichten auszurichten, so daß ich zurückrufen konnte. Dafür durfte ich dann aber nur das Gefängnistelefon in meinem Zellentrakt benutzen. Schließlich »vergaßen« sie, mir die Botschaften auszurichten. Im Laufe der Zeit wurde es also immer schwieriger, mit meinen Anwältinnen zu kommunizieren. Sidney wollte herausfinden, wie die offiziellen Telefonrichtlinien des Gefängnisses waren. Sie sprach mit allen möglichen Leuten, bat höflich um Zusendung eventueller Vorschriften, und sie bekam von jedem eine andere Version aufgetischt. Sie hätte sich die Mühe sparen können. Ich wußte nämlich, wie die inoffizielle – nicht die offizielle – Regelung war. Sie richtete sich danach, was das Personal für eine beliebige Insassin gerade für richtig hielt.

Die gleiche Ausweichtaktik erlebte Sidney, als sie sich um meine Verlegung aus dem Hochsicherheitstrakt in die normale Abteilung bemühte. Sie fing gleich Montag morgen an, in dieser Angelegenheit herumzutelefonieren. Als erstes rief sie den INS-Beamten in York an. Der erklärte, daß er keinen Einfluß darauf habe, wo die Gefängnisleitung die Leute unterbrachte. Dann rief sie die Gefängnisanwältin Amy Jefferson an, die sie an eine andere Stelle verwies, wo sie alle möglichen widersprüchlichen Informationen erhielt: Es gab keine Warteliste für die Verlegung von Immigrantinnen in die normale Abteilung. Man verlegte die Leute, wenn entsprechende Kapazitäten frei waren. Asylantinnen kamen prinzipiell nie in die normale Abteilung. Ich blieb, wo ich war.

In diesen Wochen gab ich Reportern zwei Interviews am Telefon. Ich wollte zuerst nicht, aber Karen und alle anderen drängten mich dazu. Sie meinten, es könnte meine Entlassung beschleunigen. Doch für mich gab es nur einen Weg, um aus dem Gefängnis zu kommen – und das war der Weg nach Togo. Trotzdem machte ich die Telefoninterviews, hauptsächlich damit Karen und die anderen zufrieden waren. Sidney arrangierte mein erstes Interview mit Maimona Mill von der *Voice of America*, einem Sender, der über Satellit sogar in Togo gehört wurde. Wir hatten früher zu Hause auch *Voice of America* gehört. Dann war ich mir also darüber im klaren, daß das Interview bei mir zu Hause eventuell gehört würde? fragte Maimona. Ja, das war mir klar. Und trotzdem war ich bereit, mit ihr zu sprechen? Ja, weil die Beschneidung von Frauen grausam ist, sagte ich. Das muß aufhören. Die Menschen müssen davon erfahren. Wenn sie nichts darüber wissen, können sie auch nichts dagegen tun. Das zweite Interview gab ich einer freien Reporterin namens Linda Berstyn. Sie war ungemein mitfühlend und schien ehrlich empört über mein Schicksal. Allmählich begriff ich, was Mimi gemeint hatte. Das Gefängnis war nicht Amerika. Die Amerikaner waren gute Menschen.

Unterdessen arbeiteten Layli, Sidney und David an einem Entwurf für die Klageschrift zur Erwirkung einer Haftprüfung, nur für den Fall, daß das Institut diesen Weg würde einschlagen müssen. David sammelte Argumente dafür, daß die INS mich widerrechtlich festhielt, daß Blackman mit der Ablehnung meiner bedingten Haftentlassung seine Entscheidungsfreiheit mißbraucht hatte und daß die INS und die Haftanstalt York meine Menschenrechte verletzten. Ein Aspekt, mit dem er sich beschäftigte, war ursprünglich ausgerechnet von Bo Cooper angesprochen worden. Schon vor längerer Zeit hatte Bo Layli gefragt, ob man je ein »Asylvorgespräch« mit mir geführt hatte. Wie sich herausstellte, hatte die INS im Jahre 1992 ein Haftentlassungsprojekt ins Leben gerufen, demzufolge Ausländer wie ich, die ohne gültige Papiere in den Vereinigten Staaten ankamen, von diesem Projekt zugeteilten Beamten befragt werden sollten. Anhand dieser Gespräche sollte festgestellt werden, bei wem Sicherheitsverwahrung angeraten schien und wer für die bedingte Haftverschonung in Frage kam. Die Interviews sollten in etlichen Großflughäfen geführt werden, darunter auch Newark, und in ausgewählten INS-Einrichtungen, wie beispielsweise Esmor. Ich war natürlich an beiden Orten gewesen. Als Bo sie danach fragte, hatte Layli nicht gewußt, was ein »Asylvorgespräch« war, doch jetzt, da das Institut rechtliche Schritte erwog, fand David heraus, daß ein solches Gespräch nicht stattgefunden hatte.

Das konnten sie als Argument ins Feld führen. Sidney und Layli versuchten außerdem, einen guten Psychologen oder Psychiater zu finden. Für den Fall, daß sie die richterliche Anordnung eines Haftprüfungstermins erwirken mußten, wollte Karen ein Sachverständigengutachten über den extremen Leidensdruck, dem ich während meiner Haft ausgesetzt war.

Karen hielt ihr Versprechen und besuchte mich am 24. Februar wieder. An diesen Besuch erinnere ich mich nicht sehr gut. Ich war mittlerweile extrem deprimiert und wurde von Tag zu Tag kränker. Ich erzählte Karen zum ersten Mal von den stechenden Schmerzen in meiner Brust.

Mir kam es so vor, als würden nicht die geringsten Fortschritte gemacht. David hatte mein Gepäck noch immer nicht gefunden. Ich schlug vor, er solle es vielleicht einmal unter dem Namen und der Nummer des Passes versuchen, den ich bei meiner Ankunft bei mir hatte. Trotz ihrer unermüdlichen Anstrengungen war es Sidney nicht gelungen, mich in die normale Abteilung verlegen zu lassen. Alle arbeiteten angestrengt, und nichts passierte. Die letzten Februartage vergingen, ohne daß irgend etwas Positives geschah. Und die ganze Zeit über wurde ich kränker und kränker. Am Montag, dem 26. Februar, beantragte ich, zum Arzt gehen zu dürfen. *Ich habe Schmerzen in der Brust wenn ich tief atme*, schrieb ich. *Ich spüre es jedesmal wenn ich huste und mein Rücken tut sehr schlimm weh bitte ich muß den Doktor sprechen. Vielen Dank*. Ich bekam keinen Arzt zu Gesicht, aber immerhin eine Krankenschwester. Sie kam zu dem

Schluß, daß ich unter »Angstzuständen« litt. Sie sagte, wenn die Schmerzen anhielten, sollte ich einen neuen Arztbesuch beantragen. Die Schmerzen hielten an, also füllte ich am nächsten Tag einen neuen Antrag aus. *Ich habe sehr schlimm Sodbrennen und mein Herz tut weh als ob Nadeln drin steken. Bitte ich möchte untersucht werden damit ich weis was ich habe. Ich brauche einen Doktor. Vielen Dank.* Wieder landete ich bei derselben Krankenschwester. Ich erklärte ihr, daß ich wegen der Schmerzen und des allgemeinen Unwohlgefühls kaum essen konnte. Noch immer hielt sie mich nicht für ernstlich krank, wollte sich aber darum kümmern, daß ich untersucht wurde. Ich ging zurück in meinen Trakt und wartete darauf, zum Arzt gerufen zu werden.

Und dann zeigte Gott sich endlich barmherzig. Sidneys Bemühungen waren erfolgreich. Man verlegte mich in die normale Abteilung! Ich hatte die Hoffnung schon aufgegeben und mich damit abgefunden, daß ich im Hochsicherheitstrakt bleiben würde, bis ich nach Hause geschickt wurde. Ich hatte mir sogar schon Gedanken gemacht, ob die Bemühungen um meine Verlegung nicht das genaue Gegenteil bewirken würden. Eine Menge Leute setzten sich für mich ein und rückten der Gefängnisleitung auf die Pelle, was ihr ganz und gar nicht gefiel. Das wurde immer deutlicher. Surita erzählte mir, daß jemand von der Gefängnisleitung ihr zu verstehen gegeben hatte, wenn es mir dort, wo ich war, nicht gefiel, und wenn die ständigen Nervereien wegen meiner Verlegung nicht aufhören würden, würde man mich zurück nach Lehigh schicken. Das machte mir wirklich angst. Sie konnten mit mir machen, was sie wollten. Das hatten sie oft genug bewiesen. Als mein Name eines Tages Ende Februar aus dem Lautsprecher ertönte, erschrak ich. Wollten sie mich nach Lehigh zurückschicken? Aber sie verlegten mich in die normale Abteilung!

Endlich war ich wieder mit meinen Freundinnen zusammen: Oche, Esther und Sylvie. Sylvie schrie vor Freude auf, als sie mich sah. Alle anderen drängten sich um uns, während Sylvie und ich uns in den Armen lagen. Inzwischen war ich ernstlich krank. Ich hatte solche Magenschmerzen, daß ich kaum noch essen konnte. Aber das war jetzt nicht mehr schlimm. Jetzt war Sylvie da. Sie würde sich um mich kümmern, bis die INS mich nach Hause schickte.

Von dem Tag meiner Verlegung an versuchten alle meine Freundinnen, mich von meinem Entschluß abzubringen. Eines Tages stand ich im Badezimmer vor einem Waschbecken. Eine Freundin, die gerade duschte, rief mich zu sich. Sie zog den Duschvorhang beiseite und lehnte sich gegen die hintere Wand der Duschkabine. Das war seltsam. Warum zeigte sie sich mir nackt? Ich verstand es nicht. Sie stand an die Wand gelehnt, ging leicht in die Hocke, spreizte die Beine, die Hände in die Hüften gestemmt, und lächelte ein trauriges, liebevolles, zärtliches Lächeln, während das Wasser über ihren Körper rann. »Schau mich an«, sagte sie sanft.

Sie anschauen? Ich schaute sie doch an. Was sollte ich mir anschauen?

»Schau hin. Du sollst das sehen.« Sie klopfte sich auf die Schenkel. Mein Blick wanderte von ihrem Gesicht über die Brüste nach unten, wo sie hindeutete. Sie spreizte die Beine noch weiter. »Hier«, sagte sie. »Sieh es dir an.«

Ich schrie auf und rannte vor diesem Anblick davon, zum hinteren Ende des Badezimmers.

Meine Freundin rief mich zurück, sanft, liebevoll, bestimmt. »Du mußt es dir genau ansehen. Du mußt.«

Ich weinte, zitterte, bebte. Ich schlang die Arme um mich und zwang mich, ganz langsam zurückzugehen. Wieder stand ich vor der Duschkabine, den Kopf gesenkt, mich selbst umarmend, weigerte mich hinzusehen. Ich konnte einfach nicht.

»Fauziya. Du mußt hinsehen. Du mußt wissen, was sie mit dir machen werden!«

Ich sah hin. Da war nichts. Sie hatte keine Genitalien. Nur weiches Fleisch mit einer langen Narbe, die vertikal zwischen ihren Beinen verlief, da, wo die Genitalien hätten sein sollen. Und ein Loch. Ein klaffendes Loch, durch das Urin und Blut abfließen konnten. Sie hielt die Beine weiter gespreizt und sprach sehr ruhig und tröstend auf mich ein, sehr sachlich. »Siehst du das? Sie haben mich beschnitten und dann so zusammengenäht.« Sie sah mich liebevoll an. »Fauziya«, sagte sie, »du willst doch nicht, daß sie das mit dir machen?«

Ich schüttelte den Kopf, unfähig zu reden.

»Du kannst nicht zurück, Fauziya«, sagte sie leise. »Begreifst du das jetzt?«

Ich nickte schluchzend. »Ja«, sagte ich leise.

Sie nickte und zog den Duschvorhang zu.

Wir unterhielten uns später. Sie erinnerte sich an alles, sagte sie. Das ganze grauenvolle Erlebnis. Sie hatte danach Kinder bekommen. Vor den Geburten hatte man sie aufgeschnitten und anschließend wieder zugenäht. Deshalb wollte sie unbedingt in Amerika bleiben. Wenn sie zurück nach Afrika ging, würden auch ihre Töchter beschnitten werden.

Bis zum heutigen Tag bin ich überwältigt von dem Mut, von der Stärke dieser Frau. Aus Respekt vor ihr werde ich ihren Namen nicht nennen, aber niemals werde ich vergessen, was sie an jenem Tag in der Dusche für mich getan hat. Durch diesen Akt der Liebe hat sie mein Leben gerettet. Sie hat mich wieder zur Vernunft gebracht.

Und selbst in dieser dunklen Zeit gab es gute Augenblicke. Eines Tages war ich gerade in dem kleinen Gemeinschaftsraum, als mich eine Bekannte von der Elfenbeinküste zu sich rief. »Das hier ist eine Schwester von dir«, sagte sie und stellte mir eine kleine, dunkelhäutige Frau in meinem Alter vor. Sie hatte dunkles Haar, ein rundliches, liebes Gesicht und große dunkle Augen. »Sie kommt aus deiner Heimat.«

Aus Togo? »Efuan?« erkundigte ich mich auf Ewe, wie es ihr ging.

»Eh mifon«, antwortete sie. Sie sprach Ewe! Was für eine Wohltat! Und ihr Name war Aicha. Ich stieß einen Jubelruf aus, als ich das hörte. Ihr Name klang genau wie der meiner Schwester. Wir umarmten einander vor Freude.

Im Institut erlebte man das Ende des Monats Februar mit gemischten Gefühlen. Mitte des Monats hatte Karen mit dem BIA über den Verhandlungstermin gesprochen. Das BIA war nicht nur damit einverstanden, daß Karen ihr Plädoyer mündlich vortragen durfte, sondern der Fall sollte sogar »en banc« verhandelt werden, was bedeutete, daß der gesamte zwölfköpfige Ausschuß (und nicht nur die üblichen drei Mitglieder) bei der Verhandlung zugegen sein würde. Damit war klar, daß das BIA die Wichtigkeit der in meinem Fall zur Debatte stehenden Fragen anerkannte. Zudem ließ es darauf hoffen, daß die Entscheidung, die sie treffen würden, als Präzedenzfall betrachtet werden würde. Worüber Layli vor so langer Zeit spekuliert hatte, wurde nun wahr: Die Entscheidung in meinem Fall könnte für künftige Fälle dieser Art verbindlich werden.

Am 28. Februar erhielt Karen die Zusammenfassung der INS, in der David Martin, der leitende Anwalt, die Argumente darlegte, die er bei meiner Berufungsverhandlung anführen wollte. Die Verhandlung wurde auf den 10. April angesetzt, also auf über einen Monat später. Es gab einige positive Aspekte in der Zusammenfassung. Martin räumte vorweg ein, daß die Genital-Verstümmelung als hinreichender Grund für die Gewährung von Asyl akzeptiert werden kann. Karen und Layli und alle anderen am Institut waren darüber sehr erfreut. Die Einwanderungsbehörde hätte diesen Punkt bestreiten können, so daß Karen ihn während der Verhandlung hätte klarstellen müssen. So jedoch hatte Martin, wie Karen es später formulierte, schon eine Hälfte von Ferlises Urteil aufgehoben. Negativ war jedoch, daß Martin anschließend betonte, daß Ferlise mich als »unglaubwürdig« eingestuft hatte. Er argumentierte, daß die dem BIA vorgelegten eidesstattlichen Erklärungen – meine und die von Professor Posnansky – »neue Beweismittel« seien und daß es nicht Aufgabe des BIA sei, neue Beweismittel in Erwägung zu ziehen. Das war Aufgabe des Richters für Asylrecht. Wenn Karen wünschte, daß diese neuen Beweismittel für die Beurteilung der Glaubwürdigkeit ihrer Mandantin berücksichtigt wurden, wäre es die einzige angemessene Verfahrensweise, meinen Fall zurück an Ferlise zu geben, ihn »die Beweislage prüfen zu lassen und dann über die Glaubwürdigkeit der Antragstellerin zu befinden«.

Als die Zusammenfassung der INS eintraf, hatte Karen noch keinen Bescheid bekommen, ob ihre Bemühungen um meine Haftentlassung erfolgreich sein würden oder nicht. Die Sache verzögerte sich, weil der Leiter des Verwaltungsbezirks Philadelphia, J. Scott Blackman, in der Woche vom 19. bis zum 26. Februar verreist war. Aber sie hatte so eine Ahnung, was passieren würde. Und deshalb erteilte sie David, Sidney und Layli die Order, sich mit voller Energie in die Arbeit an der Klageschrift zur Erwirkung einer Haftprüfung zu stürzen.

Die nun folgenden Wochen waren für alle Beteiligten der reinste Wahnsinn. Mein Magen tat furchtbar weh. Immer häufiger bekam ich Schwindelanfälle. Mittlerweile wußten alle im Fauziya-Team, daß ich krank war. Karen hatte Sidney beauftragt, Kopien meiner medizinischen Unterlagen aus dem Gefängnis zu besorgen, und sie traf auf die übliche Hinhaltetaktik. Sidney unterhielt sich mit dem Gefängnispersonal auch über andere Dinge, stets bemüht, ihnen irgendwelche Informationen zu entlocken, Hausmitteilungen, Dokumente, Handbücher, Dienstvorschriften, alles Schriftliche über die im Gefängnis üblichen Abläufe, alles, was sie möglicherweise zur Untermauerung ihrer Argumentation anführen konnten, daß ich menschenunwürdig behandelt wurde. Nach vielem Hin und Her verfaßte sie schließlich ein Memo, in dem sie die Gefängnisregeln so beschrieb, wie sie sie verstanden hatte, und schickte sie an jemanden in der Gefängnisleitung mit der Bitte um Stellungnahme. Sie bekam nie eine Antwort.

Gleichzeitig intensivierte sie ihre Suche nach einem Psychologen, der meine psychische Verfassung beurteilen sollte. Ich brauchte jemanden, der gut war, und ich brauchte jemanden, der umgehend zur Verfügung stand, aber die ersten vier oder fünf, die sie anrief, waren alle zu beschäftigt. Layli wandte sich hilfesuchend an die Bahai-Gemeinde, und man empfahl ihr Dr. Bijan Etemad, den Vorsitzenden und medizinischen Leiter der psychiatrischen Abteilung des *Mt. Sinai Hospital* in Philadelphia. Sie rief ihn an einem Freitag Anfang März an. »Möchten Sie, daß ich ein Gespräch mit ihr führe?« fragte er. »Wie wär's mit diesem Sonntag?«

Am Sonntag, dem 3. März, kam mich Dr. Etemad besuchen. Als Layli mir seinen Besuch ankündigte, war ich zunächst fassungslos. Ein Psychiater? Glaubte sie, ich sei verrückt?

»Aber nein, Fauziya«, sagte sie. »Niemand hält dich für verrückt. Aber du bist verwirrt und wütend und deprimiert, weil du im Gefängnis bist. Wir brauchen einen Experten, der uns das bestätigt. Er wird eine eidesstattliche Erklärung schreiben, die uns helfen kann, dich rauszuholen, mehr nicht.« Das sagte sie zwar, aber ich glaubte ihr nicht. In meiner Heimat reden die Menschen nicht mit Psychiatern oder Psychologen, es sei denn, sie sind ernsthaft verrückt.

Als Dr. Etemad an jenem Sonntag zu mir kam, sah ich ihm in die Augen und sagte: »Halten Sie mich für verrückt?«

Aber er wollte sich nur mit mir unterhalten, damit er dem Gericht erklären konnte, wie sehr ich im Gefängnis litt. Er bat mich, ihm meine Lebensgeschichte zu erzählen, und ich tat es. Er war unglaublich nett, geduldig, freundlich, hörte aufmerksam zu und stellte viele Fragen. Wir sprachen zwei Stunden miteinander. Gegen Ende unseres Gesprächs fragte ich ihn erneut: War ich verrückt? Nein, sagte er. Aber ich war sehr traurig, sehr zornig und sehr deprimiert. Das würde er auch in seiner eidesstattlichen Erklärung schreiben. Er sagte, ich erinnere ihn an seine Tochter, und fragte mich, ob ich etwas brauche. Ich hatte einen Scheck von Surita über 150 Dollar und fragte, ob er mir dafür Bargeld geben könnte. Er hatte nicht genug Geld dabei, aber er gab mir alles, was er bei sich hatte: 50 Dollar. Er leerte einfach sein Portemonnaie. Bevor er ging, gab er mir auch noch seine Telefonnummer und sagte, ich könne ihn jederzeit anrufen.

David arbeitete mit ihm gemeinsam an der Abfassung der eidesstattlichen Erklärung. Zwei Tage nach Dr. Etemads Besuch war sie fertig. Ich war nicht verrückt, aber ich war »extrem deprimiert« und vermittelte ein starkes »Gefühl von Hoffnungslosigkeit und Hilflosigkeit«. Ich hielt ihn und alle anderen, die mir helfen wollten, für »ohnmächtig«, mir zu helfen. »Sie hat keine Hoffnung und wäre am liebsten tot.« Mein gesamtes Selbstwertgefühl, meine Vorstellung von dem, was ich war, was ich für mich erhoffen konnte, was ich von der Welt erhoffen konnte, mein Glaube an Fairneß und Gerechtigkeit, all das war zerstört worden. »Ich rate dringend, sie sofort aus der Haft zu entlassen, bevor sich ihr Zustand verschlechtert, und sie entweder bei Freunden oder bei Verwandten in einer stützenden, geborgenen, liebevollen Atmosphäre unterzubringen. Zusätzlich ist intensive Betreuung und Psychotherapie anzuraten, um den entstandenen Schaden soweit wie möglich zu beheben«, schrieb er. »Ich bin der Auffassung, daß jede weitere Verzögerung der dringend erforderlichen Entlassung sowohl ihre Depression verstärkt als auch die Fähigkeit, diese Erlebnisse zu verarbeiten, drastisch reduziert. Sie könnte dadurch sogar zu einem Selbstmordversuch verleitet werden.«

Gleich am nächsten Tag besuchte mich Sidney, um mit mir an der eidesstattlichen Erklärung zu meinen Erfahrungen im Gefängnis zu arbeiten. Es war unsere erste persönliche Begegnung und ihr erster Besuch in einem Gefängnis. Ich entdeckte sie, bevor sie mich sah. Sie kam in den Gemeinschaftsraum, eine blonde, junge Frau in rosafarbener Bluse und schwarzem Rock. Ich ging zu ihr und stellte mich vor. Ich hatte inzwischen so oft mit ihr telefoniert, daß ich nicht nervös war. Aber ich wollte nicht alles noch einmal durchkauen und durchleiden müssen. Irgendwann sagte ich, daß ich nicht weiterreden wollte.

Im Laufe dieses Gesprächs wurde ich zum Arzt gerufen. Doch es war wieder mal kein Arzt da, sondern nur eine Krankenschwester.

Die Gefängnisverwaltung behauptete später, ich hätte zwei angesetzte Arzttermine nicht wahrgenommen, einen am 1. März und einen am 2. März. Aus unerfindlichen Gründen sei ich nicht erschienen. Wie bitte? Im Gefängnis kann man nicht einfach zum Arzt gehen oder nicht zum Arzt gehen. Man wird gerufen, und dann geht man, und ich bin nicht gerufen worden.

Am Dienstag, dem 5. März, meldete sich Bo Cooper bei Karen. »Tut mir leid, Karen, aber Blackman ist nicht bereit, seine Entscheidung zu überdenken. Keine Haftentlassung.«

Jetzt ging es nur noch darum, die Klageschrift so schnell wie möglich fertigzustellen und einzureichen.

An der Uni fingen die Osterferien an. Layli und Roshan hatten einen einwöchigen Urlaub in Florida geplant, wo Roshan an einem Ärztekongreß teilnahm, aber Layli verkürzte ihn auf nur ein paar Tage, damit sie bei der Fertigstellung der Klageschrift helfen konnte. Es gab viel zu tun: Die zahlreichen Anlagen mußten gesichtet und zusammengestellt, die Klageschrift formuliert werden. Die Erkundigungen, die David über die empfohlenen Asylvorgespräche eingeholt hatte, erwiesen sich als ebenso nützlich wie Sidneys umfangreiche Arbeit an meiner eidesstattlichen Erklärung zum Leben im Gefängnis. Karen überarbeitete den Entwurf immer und immer wieder, bis sie schließlich zufrieden war.

Und trotz dieses immensen Arbeitsaufwandes hielt Karen ihr Versprechen und kam mich jede zweite Woche besuchen. Am Sonntag, dem 10. März, kam sie zum drittenmal. Das war die letzte Gelegenheit, die eidesstattliche Erklärung mit mir durchzusprechen, die Sidney vorbereitet hatte. Drei Tage später, am Mittwoch, dem 13. März, wurde die Klageschrift schließlich am Bezirksgericht für den Mittleren Distrikt von Pennsylvania eingereicht. Sie war das Ergebnis wochenlanger, unermüdlicher Arbeit von Karen, Layli, David, Sidney und nun auch Richard Boswell. Als Karens engster Vertrauter war Richard im Grunde schon die ganze Zeit über dabei gewesen. Nun übernahm er eine aktivere Rolle, weil er viele Jahre Erfahrung als Prozeßexperte hatte. In der Klage wurden erwähnt: J. Scott Blackman; die Gefängnisverwaltung von York ebenso wie der Gefängnisdirektor Thomas Hogan; Doris Meissner, die Leiterin der Einwanderungsbehörde, und sogar die Justizministerin Janet Reno. Die Klageschrift stellte fest, daß ich widerrechtlich in Sicherheitsverwahrung gehalten wurde. Man hatte kein Asylvorgespräch mit mir geführt. Ich erfüllte die Voraussetzungen für eine bedingte Haftentlassung, und Blackman hatte seine Ermessensfreiheit mißbraucht, als er mir die Entlassung verweigerte. Ich war seit über einem Jahr in Haft und in dieser Zeit mehrfach mißhandelt worden, zum Beispiel mit Schlägen und Tränengas bei einer Gefängnisrevolte. Siehe meine eidesstattliche Erklärung. Ich war depressiv, vielleicht suizidgefährdet. Siehe Dr. Etemads eidesstattliche Erklärung. Das zentrale Anwaltsbüro hatte unseren Antrag, daß Fauziya auf freien Fuß gesetzt werden sollte, wohlwollend aufgenommen – sogar so wohlwollend, daß man sich bereit erklärte hatte, Blackman aufzufordern, seine Ablehnung zu überdenken. Siehe Karens eidesstattliche Erklärung. Das Gefängnispersonal handhabte die Telefonvorschriften nach Belieben, so daß es für meine Anwälte immer schwieriger wurde, mich zu sprechen. Siehe Karens eidesstattliche Erklärung. *Equality Now* war bereit, für mich zu bürgen und mir eine Unterkunft zu besorgen. Siehe die eidesstattliche Erklärung von Surita Sandosham. Und so weiter und so weiter.

Vier Tage nach Einreichung der Klageschrift, am Sonntag dem 17. März, erschien ein weiterer Artikel über mich in der *Washington Post*. Es war der bislang längste, und er stammte aus der Feder von Linda Burstyn, der Journalistin, die mich per Telefon interviewt hatte, als ich noch im Hochsicherheitstrakt war. Erstmals schrieb also eine Journalistin über mich, die mit mir geredet hatte, und sie zitierte mich ausführlich: »Immer wieder frage ich Gott, womit habe ich das verdient? Ich kann einfach nicht fassen, daß das mit mir geschieht.« Ja. Das hatte ich gesagt. Und diese Frage stellte ich mir wirklich jeden Tag. Warum tat man mir das an? Burstyn erzählte meine ganze Geschichte, und sie machte keinen Hehl daraus, daß sie auf meiner Seite stand. Der Artikel endete mit folgendem Absatz: »Bei Fauzia *[sic]* Kasinga ist der entstandene Schaden unmöglich wiedergutzumachen. Niemand weiß, wie stark ihre Psyche und ihr Geist zuerst durch ihre eigene Kultur und dann durch unsere geschädigt wurde. Kasinga muß freigelassen werden. Sie und andere Frauen wie sie – Frauen, die zu Opfern des, wie man sagt, schädlichsten auf unserer Erde praktizierten Brauches werden könnten – sollten von den Vereinigten Staaten beschützt und nicht noch zusätzlich mißhandelt werden. Unsere Regierung kann nicht die Millionen von Frauen schützen, die Jahr für

Jahr beschnitten werden, aber sie kann dieser einen Frau helfen. Sie kann ihrem Schicksal endlich die entscheidende Wende geben.«

Die Ereignisse überschlugen sich in jenen Tagen. Die Telefone im Institut standen nicht mehr still; von überall riefen Menschen an, die ihre Solidarität zum Ausdruck bringen wollten. Als *Equality Now* hörte, daß Karens Gespräche mit dem zentralen Anwaltsbüro der INS gescheitert waren, riefen sie sämtliche Mitglieder, Kontaktgruppen und Förderer in aller Welt dazu auf, Briefe ans Justizministerium und an die Leitung der Einwanderungsbehörde zu schicken, in denen sie sich für meine Freilassung einsetzten. Diese Briefkampagne erhielt unerwartete Unterstützung durch einen Artikel, der in der Märzausgabe der Frauenzeitschrift *Marie Claire* erschien und in dem eine schöne junge Somalierin namens Waris Dirie vorgestellt wurde, die als Mannequin arbeitete. Dirie war als junges Mädchen beschnitten worden. Am Ende des Artikels wurden alle, die sich für die Abschaffung der Genital-Verstümmelung einsetzen wollten, an *Equality Now* verwiesen. Die Folge war, daß *Equality Now* Anrufe aus dem ganzen Land bekam. Sämtliche Anrufer erfuhren von meinem Fall und wurden gebeten, in Briefen um meine Freilassung zu bitten.

Noch bevor ich wußte, was das Wort bedeutete, wurde ich so etwas wie eine Berühmtheit. Völlig fremde Menschen schrieben mir und teilten mir mit, daß sie sich für mich einsetzten. Darüber war ich sehr froh. Ich war dankbar für jedes Zeichen der Unterstützung. Aber es geschah noch mehr. Plötzlich tauchten unangemeldet Journalisten und Reporter im Gefängnis auf und wollten mich sprechen. Normalerweise dürfen Insassen nur Besuch von Leuten bekommen, deren Namen auf einer genehmigten Besucherliste stehen, aber diese Vorschrift wurde nicht immer eingehalten. Häufig wurde ich gerufen, um mit Menschen zu sprechen, die nur auf der Suche nach einer guten Story waren. Das gefiel mir nicht, aber es fiel mir schwer, nein zu sagen, also sprach ich mit den meisten. Doch es war sehr anstrengend, vor allem, weil ich krank war. Und es war mir peinlich gegenüber den Wärterinnen und den anderen Gefangenen, so im Mittelpunkt des Interesses zu stehen.

Auch die Gefängnisleitung war nicht gerade begeistert über die Publicity. Schließlich wurden immer weniger Leute eingelassen, auch solche, bei denen Karen oder Surita es gern gesehen hätten, wenn sie mich interviewten. Denise Lang von der Nachrichtensendung *Day and Date* wollte mit einer Fernsehkamera ins Gefängnis. Völlig ausgeschlossen, sagte die Verwaltung. Eine Frau namens Sheryl McCarthy von der Zeitschrift *Ms.* kam nach vorheriger Absprache mit mir den weiten Weg von Massachusetts, wurde aber nach dreißig Minuten gezwungen zu gehen. Nur halbstündige Besuche, lautete die Vorschrift, mit der es aber ansonsten nicht so genau genommen wurde. Jetzt, da ich so viele Besucher bekam, hielt man sich auf einmal streng daran. Ich hatte mich zwar gern mit Sheryl McCarthy unterhalten, aber im Grunde war ich froh über die Einschränkung. Meine Anwältinnen jedoch nicht. Sidney bat die Verwaltung, ihr die offiziellen Regelungen im Hinblick auf den Zugang der Presse zu senden. Und was geschah? Sie wurde hingehalten.

Am Dienstag, dem 19. März, wurde ich endlich zum Arzt gerufen, also drei Wochen nachdem die Krankenschwester notiert hatte, daß ich von einem Arzt untersucht werden sollte. Ich erzählte dem Arzt, daß ich fürchterliches Sodbrennen hatte, daß ich nicht essen konnte, daß mir der Bauch entsetzlich weh tat. Er drückte mir auf den Magen. Hier. Nichts. Da. Nichts. Da. Ah, das tat weh! Hmmm. Verdauungsstörungen. Übersäuerter Magen. Vielleicht ein Geschwür. Er verschrieb mir irgendein Antiacidum und notierte, daß ein Bluttest gemacht werden sollte. Am nächsten Tag wurde ich von einer Krankenschwester erneut in die Sanitätsstelle gerufen. Man nahm mir Blut ab, ohne mir zu erklären, weshalb.

Am Sonntag darauf besuchte mich Karen. Sie sprach mit mir über weitere Interviews. Karen war der festen Überzeugung, daß möglichst viel Publicity unsere größte Hoffnung sei, aber sie machte immer wieder deutlich, daß letzten Endes ich zu entscheiden hatte, wieviel ich mir zumuten wollte. Ich beschloß, keine weiteren Interviews mehr zu geben. Was bewirkten sie schon? Ja, viele Menschen schrieben mir jetzt. Dafür war ich dankbar. Und man schrieb auch über mich. *Aber ich war noch immer im Gefängnis!*

Nachdem ich fast eine Woche vergeblich darauf gewartet hatte, das Ergebnis meines Bluttests zu erfahren, beantragte ich am 27. März erneut einen Termin beim Arzt, weil die verschriebene Medizin nicht half. *Ich habe Schmerzen in der Brust und mein Bauch tut noch immer weh. Ich möchte das Ergebnis von meinem Bluttest wissen. Vielen Dank.* Ich erzählte Karen davon. Sie schrieb einen Brief an Patricia Connally, die INS-Anwältin in meinem Fall, und äußerte sich besorgt über meinen schlechten Gesundheitszustand. Sie bat um die Testergebnisse und darum, daß ich umgehend noch einmal gründlich untersucht wurde. Das war nur einer von zahlreichen Briefen, die sie Connally in jener Zeit schrieb, und in allen beschwerte sie sich über die Bedingungen meiner Haft.

Am 30. März besuchten mich Surita und Jessica. Surita war ich zuvor noch nicht persönlich begegnet. Wir unterhielten uns zwar dauernd am Telefon, aber sie war noch nie bei mir gewesen. Ich war dankbar, daß sie die weite Anreise auf sich genommen hatte, und versuchte wirklich, mich aufzuraffen, aber ich fühlte mich so krank, daß ich einfach nicht konnte. Jessica erzählte mir später, daß ich während der gesamten Besuchszeit mit angespanntem Gesicht vorgebeugt auf einem Metallstuhl im Gemeinschaftsraum saß und mir den Bauch hielt.

Nach dem Besuch ging ich zurück in meinen Schlafsaal. Als ich kurze Zeit später aufstand, um etwas aus meinem Spind zu holen, wurde ich ohnmächtig. Gott sei Dank sah die Wärterin Virginia, wie ich taumelte, und fing mich auf, bevor ich zu Boden stürzte. Sie war sehr besorgt um mich und half mir zurück zu meinem Bett. Dann holte sie eine Krankenschwester, die nach mir sah. Die Schwester maß meinen Blutdruck und meinte dann, mit mir sei alles in Ordnung. Virginia war aber der Ansicht, ich solle dem Direktor berichten, was passiert war. Oche füllte in meinem Namen einen Antrag aus, daß ich den Direktor sprechen wollte, und zwei Tage später wurde ich zum stellvertretenden Direktor gerufen. Ich war krank! Ich hatte die Ergebnisse meines Bluttests nicht mitgeteilt bekommen! Ich wollte wissen, was mir fehlte! Er erklärte, wenn ich keine Ergebnisse bekommen hätte, dann fehle mir auch nichts. Am selben Tag erhielt Karen ein Antwortschreiben von Patricia Connally, in dem sie ihr mitteilte, daß ich just an diesem Tag gründlich von einem Arzt untersucht werden sollte. Ich wurde nicht untersucht.

Der stellvertretende Direktor sagte mir, daß am 8. April ein auswärtiger Arzt ins Gefängnis kommen und mich gründlich untersuchen würde. Ich mußte einfach warten, obwohl ich spürte, daß sich mein Zustand mit jedem Tag verschlechterte. Zu allem Übel meldete sich um diese Zeit auch mein Asthma wieder, und ich konnte nur schwer atmen. Die meiste Zeit lag ich nur noch zusammengerollt auf Sylvies Bett, während Sylvie bei mir saß und mir die Hand hielt.

Ende März hatte Karen erste Gespräche mit Celia Dugger geführt, einer Reporterin von der *New York Times*, die an einer Geschichte über mich arbeitete. Karen sprach auch mit vielen anderen Presseleuten, gab einige telefonische Interviews und sah die Anfragen nach einem Gespräch mit mir durch. Daneben arbeitete sie konzentriert an dem mündlichen Plädoyer, das sie in der Berufungsverhandlung am 10. April halten wollte, und sie wartete darauf, daß die INS auf die eingereichte Klageschrift reagierte. Ich fragte mich allmählich, ob ich meine Verhandlung überhaupt noch erleben würde. Mein Gesundheitszustand war kritisch. Und Sidney war es trotz aller Bemühungen noch immer nicht gelungen, mein Krankenblatt zu bekommen. Sie sprach mit einem Beamten in York, der ihr versicherte, daß ihm seine Schützlinge nicht gleichgültig seien und daß mir bestimmt nichts Ernstes fehle.

Er irrte sich.

Am 4. April schickte das Gefängnis endlich mein Krankenblatt an das Institut, sechs Tage vor meiner Verhandlung. Am selben Tag nahm eine Krankenschwester mir erneut Blut ab. Noch immer hatte man mir nicht die Ergebnisse des ersten Bluttests mitgeteilt. Karen, Layli, Sidney, David, alle machten sich große Sorgen um mich. Sie reichten die medizinischen Unterlagen sofort an Roshan weiter. Roshan ist Gastroenterologe. Er studierte meine Unterlagen und die geschilderten Symptome. Am selben Tag telefonierte ich mit ihm. Er befragte mich gründlich und ließ sich die einzelnen Symptome genau beschreiben. Er war der erste Arzt, der mir so ausführlich Fragen stellte. Er teilte Richard mit, daß ich, soweit er das anhand der Unterlagen und meiner Schilderung der Symptome sagen konnte, vermutlich an einem Magengeschwür litt, das, wenn es nicht richtig behandelt würde, schwere Komplikationen nach sich ziehen könnte. Eine innere Blutung, ein Magendurchbruch oder ein gastrointestinaler Verschluß waren nicht auszuschließen. Eine genaue Untersuchung war dringend angeraten. Am besten ließe sich ein Magengeschwür mit einer Endoskopie diagnostizieren, bei der ein Röhrchen mit einer Kamera durch die Speiseröhre bis in den Magen geführt wird, um dort ein eventuelles Geschwür zu lokalisieren und um Proben der Bakterien zu entnehmen, die die Erkrankung verursachen. Ich gehörte schnellstens in ein Krankenhaus.

Ungefähr um diese Zeit sprach Celia Dugger mit David Martin und erfuhr eine wichtige Neuigkeit. Meine Verhandlung, die in fünf Tagen vor dem BIA stattfinden sollte, war wegen der Trauerfeier für den Ehemann von Doris Meissner verschoben worden, der in Bosnien bei dem Flugzeugabsturz getötet wurde, bei dem auch Außenhandelsminister Ron Brown ums Leben gekommen ist.

Karen war ziemlich erstaunt, das von Celia Dugger zu erfahren. Wenn eine Seite eine Vertagung beantragt, wird die Gegenseite normalerweise davon informiert und um eine Stellungnahme gebeten, bevor eine Entscheidung getroffen wird. Und nun erfuhr sie durch eine Journalistin davon und nicht durch David Martin oder das BIA. Wieder war ein Brief fällig, in dem sie ihr Befremden und ihren Ärger über das Verhalten des BIA ausdrückte.

Als ich hörte, daß meine Verhandlung erneut verschoben worden war und noch kein neuer Termin feststand, packte mich die Verzweiflung. Doch sobald ich den Grund dafür erfuhr, waren mein Zorn und mein Schmerz wie weggeblasen. Ich empfand nur noch Mitgefühl für Doris Meissner. Sie hatte den Menschen verloren, der ihr auf der Welt am meisten bedeutete. Ich wußte, was sie empfand.

Am Freitag, dem 5. April, reichten die Staatsanwälte ihre Erwiderung zur Klageschrift ein. Es war ein langes, kompliziertes, juristisches Dokument, das sich zu einer Grundaussage zusammenfassen ließ: Selbst wenn die Einwanderungsbehörde und das Gefängnis York und Verwaltungsbezirksleiter J. Scott Blackman all das getan hatten, was meine Anwälte behaupteten – das hatte nichts zu bedeuten! Meine Anwälte schienen etwas Wichtiges zu vergessen. Ich war eine illegale Einwanderin in einem »Abschiebeverfahren«. In den Augen des Gesetzes war ich nie in die Vereinigten Staaten eingereist. In den Augen des Gesetzes gab es mich im Grunde genommen gar nicht. Die INS, Blackman, das Gefängnis, sie konnten meine Rechte also gar nicht verletzen. Das ist zwar stark vereinfacht, aber es trifft den Kern der Argumentation.

Zwei Tage später schickte Karen ein Fax an Patricia Connally und teilte ihr mit, daß Dr. Roshan Bashir aufgrund meines Krankenblattes und einer telefonischen Konsultation zu der Ansicht gelangt war, daß ich möglicherweise an einem Magengeschwür litt und daß ich endoskopisch untersucht werden müßte. Karen schrieb, daß meine Anwälte eine weitere Klage einreichen würden, um dafür zu sorgen, daß ich die erforderliche medizinische Versorgung bekam. Sie hoffe allerdings, auf diesen Schritt verzichten zu können, wenn die Haftanstalt von sich aus die Untersuchung veranlassen würde.

Am Montag, dem 8. April, wurde ich schließlich in die Sanitätsabteilung gerufen, wo mich ein Arzt vom *York County Hospital* untersuchte. In meinem ganzen Leben werde ich diese Untersuchung nicht vergessen. Der Arzt ging behutsam mit mir um. Sein Verhalten mir gegenüber war nicht zu beanstanden. Aber was er getan hat! Ich war eine neunzehnjährige Muslimin. Nie zuvor hatte ich irgendwelche intimeren Körperteile in Anwesenheit eines Mannes entblößt. Jetzt mußte ich in Anwesenheit von nicht nur einem, sondern sogar von zwei Männern, denn der Gefängnisarzt war auch dabei, eine Rektaluntersuchung über mich ergehen lassen. Mit Worten läßt sich nicht beschreiben, wie ich mich dabei fühlte. Und dann war es vorbei, und ich zog meine Hose wieder hoch, und der Arzt bat mich, mich auf einen Tisch zu legen, damit er mir den Bauchbereich abtasten konnte. Da. Der Schmerz war grausam. Er schrieb irgendwas von Übersäuerung auf. Nach Roshans Aussage deutet Druckempfindlichkeit normalerweise auf etwas Ernsthafteres hin als auf bloße Übersäuerung. Der Arzt verschrieb mir erneut ein Antiacidum und erwähnte, daß unter Umständen eine weitere Untersuchung nötig war, um mit Sicherheit sagen zu können, ob ich tatsächlich ein Magengeschwür hatte.

Nach der Untersuchung rief ich Karen an, weil sie auf das Ergebnis wartete. Ich erzählte es ihr. Nun denn, es war Zeit für weitere rechtliche Schritte. Das Fauziya-Team, dem nun auch Dr. Roshan Bashir angehörte, erarbeitete in Windeseile eine »einstweilige Verfügung«. Sie argumentierten, daß eine weitere Haft eine ernste, möglicherweise lebensbedrohliche Gefahr für meine Gesundheit darstellte und daß ich zumindest so lange auf freien Fuß gesetzt werden sollte, bis ich ordnungsgemäß untersucht worden war und eine eindeutige Diagnose vorlag.

Später am Abend versuchten Layli und Roshan, mich im Gefängnis anzurufen, um sich nach meinem Befinden zu erkundigen. Doch an dem Tag beschloß man im Gefängnis, daß man nicht einmal mehr Nachrichten für mich entgegennehmen würde. Tut mir leid, teilte die Wärterin Layli und Roshan mit. Keine Anrufe mehr, keine Nachrichten, außer in Notfällen. »Das ist aber ein Notfall!« sagte Layli. Mein »medizinischer Experte« stand neben ihr. Sie müßten mich unbedingt sprechen. Leider nein. Es war ohnehin schon zu spät. Nach zehn Uhr. Sie würden sich bis morgen gedulden müssen.

Am Mittwoch, dem 10. April, an dem meine Verhandlung hätte stattfinden sollen, veröffentlichte die Kolumnistin Ellen Goodman im *Boston Globe* einen Artikel über mich, der mit folgenden Worten endete: »Diese tapfere junge Frau, die soviel erdulden mußte, entfloh dem Gefängnis der einen Kultur und landete in den Haftanstalten einer anderen. Es ist an der Zeit, daß sie das bekommt, weshalb sie hier ist: die Freiheit.« Wieder Anrufe, wieder Briefe, wieder eine Welle der Sympathie. Das Institut stellte Listen von Leuten zusammen, die mich unterstützten. Der Druck wurde stärker. Am nächsten Tag teilte man mir mit, daß ich am 18. April im *York County Hospital* einer Endoskopie unterzogen werden sollte, und am 12. April reichte das Fauziya-Team eine einstweilige Verfügung ein, derzufolge ich sofort aus dem Gefängnis entlassen werden sollte, damit ich medizinisch versorgt werden konnte. Beigefügt war eine eidesstattliche Erklärung von Roshan, der feststellte, daß ich angesichts meines Leidens »unzulängliche« und »minderwertige« medizinische Betreuung erhielt.

Am 12. April widmete kein geringerer als A. M. Rosenthal seine Kolumne in der *New York Times* ausschließlich mir. Und am selben Tag besuchte mich die *Times*-Reporterin Celia Dugger, die mittlerweile viele Gespräche mit beiden Seiten geführt hatte. Karen hatte ihre ganze Überredungskunst eingesetzt, um mich zu diesem Interview zu bewegen. Sie schärfte mir ein, daß dieses Interview von entscheidender Bedeutung sein könnte.

»Okay«, sagte ich. »Aber das ist dann wirklich das letzte Interview.«

Ich erinnere mich gut an meinen ersten Eindruck von Celia Dugger – ungefähr meine Größe, schlank, dunkle Haare und Augen, sympathisch, sehr sachlich, sehr konzentriert, sehr intelligent und sehr energiegeladen. Layli, David und Sidney waren dabei. Ich bat Layli, sich neben mich zu setzen. Ich brauchte ihre tröstliche Nähe. Celia Dugger schien es sehr eilig zu haben. Sie nahm Notizblock und Stift zur Hand. »Okay. Fauziya.« Sie bombardierte mich mit Fragen, machte sich rasch Notizen, während ich antwortete, und fiel mir ins Wort, wenn sie genug gehört hatte. In sehr kurzer Zeit holte sie erstaunlich viele Informationen aus mir heraus. Sie wußte genau, weshalb sie hergekommen war, und als sie alles hatte, was sie wollte, war sie in Null Komma nichts wieder weg. Mir drehte sich der Kopf. Was für ein Tag. Und das war noch nicht alles. Ehe ich recht wußte, wie mir geschah, war ich auf dem Weg in den Gefängnishof, wo ein Fotograf der *New York Times* Aufnahmen von mir machen sollte. Als ich ins Freie trat, sah ich auf dem Parkplatz gleich neben dem Hof einen Mann auf einem schweren Motorrad. Er machte die Fotos durch den Gefängniszaun hindurch. Klick, klick, klick. Und dann brauste er davon.

Celia Duggers Artikel erschien am 15. April auf der Titelseite der *New York Times*. Der letzte Absatz lautete: »Im York-Gefängnis schleppen sich die Tage eintönig dahin, und Ms. Kasinga sagt, daß sie oft verzweifelt ist. Manchmal träumt sie sich zurück nach Togo, in das große Haus ihrer Familie, wo die Blumen blühen und grüne Fische durch den kleinen Hofteich flitzen. Im Traum ist ihr Vater noch immer am Leben. Und dann erwacht sie auf einer Gefängnispritsche. »Ich habe keinen Mut mehr«, sagte sie. »Ich möchte nur noch raus aus dem Gefängnis.« Zwei Fotos von mir waren abgedruckt. Das eine war die Vergrößerung eines Ausschnitts aus meinem Hochzeitsfoto. Ich sah schön und niedergeschlagen aus. Darunter war ein anderes Porträt von mir, aufgenommen durch die Maschen des Gefängniszaunes. Mein Haar war geflochten, ich trug Gefängniskleidung, hatte die rechte Hand auf die linke Schulter gelegt, das Identifikationsarmband am linken Handgelenk. Mein Gesichtsausdruck war so ziemlich der gleiche.

Nun war ich berühmt. Karen hatte recht gehabt. Das Gespräch mit Celia Dugger brachte den Durchbruch. Am Institut wurde man der Flut der Anrufe nicht mehr Herr. Ebenso bei *Equality Now*, wo so viele Anrufe eingingen, daß dafür extra eine spezielle Leitung geschaltet wurde. Jessica erzählte mir später, daß am ersten Tag nach Einrichtung dieser Leitung 370 Anrufe eingingen. Menschen aller Religionen, aller Gesellschaftsschichten, aller Berufe riefen an. Fernsehproduzenten, Verleger, Leute aus der Filmbranche. Es war einfach unglaublich, sagten später alle. Und es nahm kein Ende. Was können wir tun? Wie können wir helfen? »Schreibt Briefe!« sagte das Fauziya-Team. Schickt Briefe und Petitionen an Janet Reno und Doris Meissner. Und die Menschen taten es.

Am 16. April, einen Tag nach Erscheinen von Celia Duggers Artikel, entschied Bezirksrichter Richard P. Conaboy über den Antrag, mich wegen meines schlechten Gesundheitszustandes sofort aus der Haft zu entlassen. Er lehnte ab. Grundvoraussetzung dafür sei die Vorlage schlüssiger Beweise, daß »der oder dem Antragstellenden bleibender Schaden« droht, noch bevor endgültig über ihren bzw. seinen Fall entschieden werden kann. Ich hatte inzwischen einen Termin für eine Endoskopie am *York County Hospital*: Donnerstag, 18. April. Bis dahin waren es nur noch zwei Tage. Da diese Untersuchung so bald stattfinden sollte, reichten die Hinweise auf einen drohenden dauerhaften Schaden nicht aus.

Ich blieb im Gefängnis, aber ich war nun eine Berühmtheit. Inzwischen erschienen fast täglich in irgendwelchen Zeitungen Artikel über mich. Meine Freundinnen neckten mich, als sie das Hochzeitsfoto in der *New York Times* sahen. Vor allem Esther konnte sich gar nicht beruhigen. »Diese schöne junge Frau, das bist du?« Ich wiederum war fassungslos über die viele Post, die ich jetzt bekam. Ich hielt Layli auf dem neuesten Stand: »Layli, heute habe ich drei Briefe gekriegt. Layli, heute habe ich sieben Briefe gekriegt. Layli, heute habe ich fünfzehn Briefe gekriegt!« Dreißig Briefe. Vierundsechzig Briefe! Die Leute schrieben mir, schickten Geld, T-Shirts, Bücher, Süßigkeiten, Fotos von ihren Kindern, nur um mich aufzumuntern. Manche gaben Blumen ab, die das Personal aber nicht an mich weiterreichte, sondern vorne am Diensttisch aufbewahrte. Menschen schrieben, daß sie mich besuchen kommen wollten. So viele gutherzige, wunderbare Menschen wollten mir mit ihren Briefen Mut machen, wollten mir sagen, daß sie sich für ihr Land schämten, daß sie meine Freiheit wollten, daß ich in Amerika bleiben sollte. Soviel Freundlichkeit, soviel Großzügigkeit, soviel Güte. Mimi hatte recht gehabt. Alles stimmte, was ich über Amerika gelernt hatte. Die Amerikaner waren gute Menschen. Sie glaubten an Gerechtigkeit.

Aber ich war noch immer im Gefängnis.

Schließlich kam der Tag, an dem ich zur Endoskopie ins Krankenhaus sollte. Ich war nervös, aber Roshan hatte mir Mut zugesprochen. Ich würde eine Narkose bekommen und überhaupt nichts spüren. Ich glaubte Roshan, aber ich hatte trotzdem Angst. Ich war noch nie als Patientin in einem Krankenhaus gewesen. An dem Tag, an dem die Untersuchung stattfinden sollte, versuchte ich mich mit einem neuen Job abzulenken: Ich machte Inventur im Vorratsraum. Ich war zwar krank, aber Arbeit war mir immer noch lieber, als nur auf meinem

Bett zu liegen und zu grübeln. Als ich fertig war, nahm ich mein Handarbeitszeug und ging in den kleinen Gemeinschaftsraum, um zu häkeln. Ich hatte schon einen Gürtel und eine Tasche für Layli gemacht, mit schönem Garn, das mir ihre Großmutter geschickt hatte. Schließlich teilte mir eine Aufseherin mit, daß mein Termin abgesagt worden war, aber sie wußte nicht, warum. Ich bekam nie eine Erklärung.

Vier Tage waren inzwischen seit dem Erscheinen des Artikels von Celia Dugger vergangen. Vier sehr hektische Tage für das Institut. Nicht nur einfache Durchschnittsamerikaner riefen an, sondern auch Menschen mit Einfluß, Leute, die im Weißen Haus ein und aus gingen, im Justizministerium oder im Kongreß. Die meisten dieser Anrufe nahm Richard Boswell entgegen. Auch die französische und schwedische Presse fragte an. Sogar die BBC meldete sich. Leute aus dem Showgeschäft – zum Beispiel Sally Field und Lauren Hutton – riefen an und fragten, wie sie helfen könnten.

Am selben Tag, als ich eigentlich ins Krankenhaus sollte, empfahl Professor Herman Schwartz, ein hochgeachteter Professor an der *American University* mit Kontakten zum Justizministerium, dem Fauziya-Team, einen erneuten Antrag auf Haftentlassung oder eine »Petition« direkt an Justizministerin Janet Reno zu richten, die schließlich gegenüber der gesamten Einwanderungsbehörde, bis hinauf zu Doris Meissner, weisungsbefugt sei. Professor Schwartz war sogar bereit, einen Begleitbrief an einen Bekannten im Justizministerium zu formulieren, damit der Antrag auch direkt an die Ministerin weitergeleitet wurde.

Karen setzte das Schreiben sofort auf. Aus dem Schreiben mußte hervorgehen, daß ich eine Wohnmöglichkeit hatte. Natürlich bei Rahuf. Blackman hatte meinen Antrag zum Teil auch deshalb abgelehnt, weil meine Beziehung zu Rahuf nicht ausreichend dokumentiert worden war. Richard rief Rahuf an und schilderte ihm, worum es ging. Rahuf geriet in Panik. Natürlich wollte er alles tun, um mir zu helfen. Aber das – mich bei sich aufnehmen, Richard die Erlaubnis geben, zu seiner Person in dem Antrag nähere Angaben zu machen – nein, das ging einfach nicht. Er hatte noch zwei männliche Mitbewohner, es war einfach zu eng, und außerdem war ich eine unberührte junge Muslimin, die nicht mit drei Männern in einer kleinen Wohnung leben konnte... Genug der Ausflüchte. Rahuf war illegal in den Vereinigten Staaten.

Layli hatte Rahufs Rechtsstatus nie richtig überprüft. Danach gefragt, hatte Rahuf ausweichend geantwortet, doch jetzt kam die Wahrheit ans Licht. Rahuf hatte nicht nur mehr Geld ausgegeben, als er besaß, um mir zu helfen. Er hatte sich für mich engagiert, obwohl er damit das Risiko einging, die Aufmerksamkeit der Einwanderungsbehörde auf sich zu lenken. Rahuf war das Risiko eingegangen, entdeckt und abgeschoben zu werden, um mich davor zu bewahren, abgeschoben zu werden.

Mein Anwälte mußten eine andere Wohnmöglichkeit für mich suchen. Surita hatte angeboten, mich aufzunehmen, aber Surita wohnte weit weg in New York. Meine Anwälte waren aber alle in Washington. Jemand machte den Vorschlag, daß die Bahais mich vielleicht aufnehmen sollten, weil viele von ihnen selbst Flüchtlinge sind und sie sich bekanntlich für die Menschenrechte engagieren. Während also Karen die Petition schrieb, machte Layli sich daran, eine Unterkunft für mich zu finden. Sie setzte sich mit Roshans Mutter in Verbindung, Irma Bashir-Elahi, die einem örtlichen Bahai-Gemeinderat vorsteht. Sie und ihr Mann, Dr. Abbas Bashir-Elahi, beschlossen spontan, mich bei sich zu Hause aufzunehmen. Außerdem machten sich Mrs. Bashir-Elahi und Layli sofort daran, alle neun Mitglieder des örtlichen Gemeinderates zusammenzutrommeln, um die Unterstützung der Gemeinde zu gewinnen, sowie auch alle neun Mitglieder des nationalen Rates der Bahai-Gemeinde, der diesen Beschluß ebenfalls unterstützen sollte, was mit hoher Wahrscheinlichkeit die Aufmerksamkeit der Öffentlichkeit erregen würde. Die Entscheidung wurde in Windeseile getroffen. Ich konnte nicht nur bei der Familie Bashir leben, sondern in meinem Antrag auf Haftentlassung konnte auch darauf hingewiesen werden, daß ich die Unterstützung der gesamten Bahai-Gemeinde genießen würde.

Karens Brief an Janet Reno traf am 19. April ein, genau einen Tag nachdem Karen erfahren hatte, daß die Justizministerin eine erneute Petition in Erwägung ziehen würde. Alle warteten gespannt darauf, was als nächstes passieren würde.

Ich wartete im Gefängnis, ohne zu wissen, was hinter den Kulissen geschah. Am 22. April wurde ich endlich zur Endoskopie ins Krankenhaus gebracht. Im Krankenhaus wurden mir die Handschellen und Ketten abgenommen, und man führte mich in einen Raum mit zahlreichen, seltsam aussehenden Geräten. Ich erhielt ein Krankenhausnachthemd, ich sollte mich bitte umziehen und mich dann auf den Tisch legen. Ärzte, Krankenschwestern, eine Maske über meinem Gesicht ...

Ich öffnete die Augen. David stand über mich gebeugt und lächelte. David? Ach ja, stimmt. Er hatte gesagt, er würde im Krankenhaus bei mir sein. Ich fühlte mich so matt und benebelt und seltsam. Ein Arzt kam herein und sprach mit mir. Sie hatten nichts gefunden, sagte er. Mir fehlte nichts. Ich war völlig gesund. Ich wurde sehr wütend. »Was soll das heißen? Ich weiß, daß ich krank bin. Ich habe solche Schmerzen, daß ich nicht essen kann! Ich bin krank! Sagen Sie mir, was mir fehlt!« Er erwiderte munter: »Nun ja, wir konnten kein Magengeschwür feststellen.« Ich war noch immer zu benommen, um weiter mit ihm zu debattieren. Aber ich kannte meinen Körper. Ich wußte, daß er sich irrte.

Ich durfte mich noch ein Weilchen ausruhen. Dann war es Zeit, ins Gefängnis zurückzukehren. Nachdem David mir aufgeholfen hatte, gingen er und der Arzt aus dem Zimmer, und eine Schwester half mir wieder in meinen hellorangefarbenen Gefängnisoverall, den ich für den Krankenhausbesuch hatte anziehen müssen – vermutlich, weil es nicht erniedrigend genug war, in der Öffentlichkeit Handschellen und Ketten tragen zu müssen. Ich ging ins Wartezimmer, und derselbe Wärter, der mich hergebracht hatte, legte mir wieder Handschellen und Ketten an. Er entschuldigte sich, denn es tat ihm wirklich leid, aber er hatte seine Vorschriften. David ging mit uns den Gang hinunter zum Aufzug, und als ihm auffiel, wie die Leute mich anstarrten, bot er mir seine dunkle Sonnenbrille an.

Wieder in York mußte ich eine Leibesvisitation über mich ergehen lassen, was mir unter den gegebenen Umständen besonders absurd vorkam. David blieb noch eine Weile mit mir zusammen im Gemeinschaftsraum sitzen, um mir Gesellschaft zu leisten. Dann kam die freundliche Aufseherin Valerie und half mir ins Bett, wo Sylvie, Esther, Oche und all meine anderen Freundinnen sich um mich versammelten. Ich verschlief das Essen und erwachte am späten Nachmittag. Esther und Sylvie versuchten mich dazu zu bewegen, etwas zu essen. Sie hatten mir extra eine Portion verwahrt. Nein, ich wollte nichts. Esther bot mir heißen Kakao an, sie wußte, wie gern ich den trank. Nein, ich wollte nicht. Sylvie bestand darauf, daß ich wenigstens ein wenig Tee trank. Sie akzeptierte mein Nein nicht. Ich nippte an dem Tee und schlief dann wieder ein und schlief und schlief und schlief – bis mich um elf Uhr in der Nacht jemand weckte.

Aufseherin Valerie stand neben mir. »Tut mir leid, Fauziya«, sagte sie. »Aber ich muß dich in die A.V. bringen.«

»A.V.!« A.V. bedeutete Isolation, Einzelhaft, die Abteilung für Verhaltensanpassung. Warum? Ich hatte doch nichts getan!

Valerie erinnerte mich daran, daß ich am nächsten Morgen einen Termin für einen weiteren Test hatte, eine sogenannte Ultraschalluntersuchung. Sie mußten dafür sorgen, daß ich davor weder aß noch trank, und deshalb verlegten sie mich in die A.V.

Kurz darauf saß ich eingesperrt allein in einer Zelle, einer kalten, kahlen Einzelzelle. Oh Gott. Warum taten sie mir das an? Ich legte mich auf die dünne Matratze, noch immer schwach und benommen von den Medikamenten, schwindelig und unter Schmerzen. Wieder war ich in Isolationshaft.

Am 23. April ging um sieben Uhr morgens das Licht an. Aufseherin Geena kam vorbei und spähte in meine Zelle. »Guten Morgen«, rief sie fröhlich. »Alles in Ordnung bei dir?« Ich warf ihr einen finsteren Blick zu. »Nein«, sagte ich. Nein, nichts war in Ordnung. Na, na, ich solle mir keine Sorgen machen, meinte sie, sie würden mich bald rausholen. Sie ging weg. Drei Stunden später kam sie zurück und schloß die Tür auf. »Okay, gehen wir.« Ich wurde in die Sanitätsabteilung gebracht, wo ich mich auf eine Bank setzen mußte. Eine weiße amerikanische Gefangene saß schon da. Wir kamen ins Gespräch. Auch sie sollte untersucht werden. Aber wo hatte sie die Nacht verbracht? In ihrem Schlafsaal in der normalen Abteilung. Man hatte ihr gesagt, daß sie nichts essen oder trinken sollte. Sie hatte versprochen, es nicht zu tun, genau wie ich. Aber ihr hatte man erlaubt, in ihrem Schlafsaal zu übernachten. Mich hatte man in die A.V. gebracht.

Als ich hereingerufen wurde, bat mich eine Frau, mich auf einen Tisch zu setzen und den Bauch freizumachen. Sie rieb ihn mit Gel ein und drückte dann ein kleines Metallgerät auf meine Haut, das sie hin und her bewegte und dabei unscharfe Bilder auf einem Monitor betrachtete. Schallbilder aus dem Inneren meines Körpers! Eine ganze Weile bewegte sie das kalte Metall über meinen Bauch und fragte mich, wo ich Schmerzen hatte. Da? Nein. Da! Okay. Sie bewegte das Gerät noch ein wenig weiter. Als sie fertig war, erklärte sie, daß es eine Weile dauern würde, bis ich das Ergebnis erfuhr. Sie sagte nicht, wie lange. Eine Wärterin brachte mich zurück in meinen Schlafsaal. Ich ging direkt zu meinem Bett, legte mich auf die Seite und rollte mich zu einem schmerzenden Ball zusammen.

Irgendwann abends wachte ich auf und konnte nicht wieder einschlafen. Also stand ich auf und duschte. Und dann betete ich, holte alle Gebete nach, die ich in den vergangenen beiden Tagen verpaßt hatte.

Ich rief Karen an, nur um ihr zu sagen, daß ich noch lebte. Sie war voller Optimismus. »Wir sind wirklich ganz dicht davor, wirklich. Diese Woche. Diese Woche passiert etwas Gutes.«

Ich konnte nicht mehr schlafen. Ich ging in den Aufenthaltsraum und setzte mich auf eine Couch, umgeben von meinen Freundinnen, wollte nur mit ihnen zusammensein, während sie fernsahen.

»Woran denkst du, Fauziya?« fragte Esther mich irgendwann sanft.

»An nichts«, sagte ich. Es war die Wahrheit. Ich hatte an nichts gedacht. Ich hatte keine Gedanken, keine Gefühle, gar nichts. Es war, als gäbe es mich nicht mehr. Als existierte ich nicht. Es war schwer zu beschreiben, aber ich versuchte es. »Ich weiß nicht«, sagte ich. »Es ist, als wäre meine Seele fort. Ich fühle mich leer.«

»Sag so was nicht!« sagte Esther mit einem halb verärgerten, halb verängstigten Unterton.

»Du brauchst Ruhe«, sagte Oche.

»Komm, Liebes. Ich bringe dich wieder ins Bett«, sagte Sylvie.

Ich ließ zu, daß sie mich in den Schlafsaal führte. Sie brachte mich zu Bett. »Schlaf jetzt«, sagte sie. Sie gab mir einen Kuß und streichelte meine Wange, bevor sie ging.

Der Schlafsaal war menschenleer und still. Alle waren draußen und saßen vor dem Fernseher. Ich schloß die Augen. Aber ich konnte noch immer nicht schlafen. Bitte, Gott, mach ein Ende. Mach ein Ende.

31
24. April

Als ich am nächsten Morgen erwachte, fühlte ich mich sehr viel besser. Es war seltsam – als hätte Gott mich über Nacht geheilt. Sylvie kam zu mir, um nach mir zu sehen. Sie beugte sich über mich, lächelte zärtlich, berührte meine Wange.

»Wie fühlst du dich?« fragte sie leise.

Ich lächelte zu ihr auf, meine liebe Sylvie. »Gut, Mom. Ich fühle mich gut.«

Strahlend vor Erleichterung, half sie mir aus dem Bett. »Meinst du, du kannst was essen?«

Mein Magen verkrampfte sich. »Mmmmm, ich glaube nicht, Mom.«

»Fauziya, du mußt was essen. Du hast seit Tagen nichts gegessen. Komm, versuch's mal, okay? Bitte. Für mich, ja?«

Ich versuchte es. Ich glaube, ich aß einen Bissen Toast und trank etwas Tee. Ein Fehler. Sobald das Essen im Magen ankam, hatte ich wieder Schmerzen, genau wie vorher. Der Schlaf hatte mich gestärkt. Aber nicht geheilt.

Ich sprach meine Gebete und erledigte meine Putzarbeit, duschte und zog mich an. Ich beschloß, an diesem Morgen im Schlafsaal zu bleiben, wo es schön ruhig sein würde. Alle waren entweder draußen im Hof oder im Gemeinschaftsraum, also war der Schlafsaal menschenleer. Ich ging zu meinem Spind, nahm meine Häkelarbeit und setzte mich an eines der Fenster, von wo aus man den Hof der normalen Abteilung überblicken konnte. Es war schön, dort zu sitzen und zu häkeln, die Menschen und die vorbeifahrenden Autos zu betrachten. Ich sog das Grün dieses späten Apriltages ein, das Grün, das mich so sehr an meine schöne Heimat erinnerte.

Zu Hause in Togo mußten die Blumen rund um unser Haus jetzt in voller Blüte stehen. Ich konnte sie beinahe riechen. Die Menschen kamen von ihren Pilgerreisen nach Mekka zurück und brachten Geschenke für ihre Freunde und Verwandten mit. Ich stellte mir meine Schwestern und Brüder vor, wie sie fröhlich zusammen lachten. Noch immer hatte ich nichts von Ayisha oder meiner Mutter gehört. Ich hatte ihnen erneut geschrieben. Keine Antwort. So viele wunderbare Menschen schrieben mir. So viele Briefe von Fremden – und keiner von meiner Familie, keiner von zu Hause. Hatten sie mich denn ganz vergessen?

Ich dachte auch an meine Verhandlung. Sie sollte in acht Tagen sein. Ich war so nervös, so voller Angst. Ich versuchte, nicht daran zu denken, aber ich konnte nichts dagegen tun. Was, wenn meine Verhandlung erneut verschoben wurde? Und was, wenn nicht? Was, wenn ich verlor? Was, wenn sie mich nach Togo zurückschickten?

Irgendwann kurz nach dem Mittagessen, das ich ausließ wie die meisten Mahlzeiten in letzter Zeit, kam eine Ghanaerin namens Ophelia in den Schlafsaal und bat mich, ihr Haar zu flechten. »Nein«, sagte ich. »Ich bin zu müde. Ich möchte einfach hier sitzen und häkeln.« Sie war enttäuscht. Ich hatte im Gefängnis inzwischen einen guten Ruf als Haarflechterin, und es machte mir Spaß, den anderen Frauen dabei zu helfen, sich hübsch zu machen. So hübsch, wie es im Gefängnis geht.

Ophelia bat mich noch einmal. »Ach, Fauziya, bitte. Bitte flechte mir das Haar …«

Ich seufzte, legte das Kopftuch beiseite. Wir gingen in den kleinen Gemeinschaftsraum, wo die meisten ihre Zeit verbrachten, wenn sie nicht draußen waren. Ophelia und ich machten es uns vor dem Fernseher gemütlich, wo ich auf der Couch und sie vor mir auf dem Boden sitzen konnte und sich eine Fernsehsendung ansah, während ich zu flechten begann.

Um ein Uhr machte ich Pause, um meine Gebete zu sprechen, und dann kümmerte ich mich wieder um Ophelias Haare. Und irgendwann ertönte es aus dem Lautsprecher: »Kasinga! Vorne melden!« Was war denn jetzt wieder? »Ich bin gleich wieder da«, sagte ich zu Ophelia.

Die diensthabende Aufseherin füllte ein Formular aus. Ohne auch nur aufzublicken, hob sie den Stift und deutete damit über meine Schulter. »Da ist ein Herr, der dich sprechen möchte.«

Ein Mann, den ich nicht kannte, stand auf der Besucherseite ihres Schreibtisches. Er trug eine kleine Pappschachtel. Die Aufseherin zeigte mit ihrem Bleistift in die Richtung, aus der ich gekommen war. »Ihr könnt euch da hinten unterhalten.« Der Mann mit der Schachtel nickte, kam um den Schreibtisch herum und begleitete mich in den Gemeinschaftsraum. Als wir den Raum betraten, schickte die Aufseherin alle hinaus. Sobald der Raum leer war, trat der Mann an die Tischtennisplatte und stellte die Schachtel ab. Ich trat unsicher neben ihn. »Ich bin von der INS«, sagte er sehr geschäftsmäßig. Er drückte auf den Kuli in seiner Hand, als ob er etwas aufschreiben wollte. »Ich bin hergeschickt worden, um mit Ihnen ein paar Dinge zu klären. Hatten Sie Gepäck, als Sie in Amerika angekommen sind?«

Waren Davids Bemühungen doch erfolgreich gewesen? »Ja«, sagte ich.

»Erinnern Sie sich noch, was darin war?«

»Ja«, sagte ich. »Ich erinnere mich.«

»Okay. Sie werden es uns sagen müssen, damit wir Ihnen den Wert erstatten, weil wir es nicht mehr finden können. Wir haben nur das hier gefunden.« Er deutete mit dem Kinn auf die Schachtel.

Meine Sachen? In dieser Schachtel waren Sachen, die mir gehörten? »Oh, zeigen Sie mal!«

Er öffnete die Schachtel.

Mein Herz tat einen Satz. Mein Pullover! Mein pfirsichfarbener Pullover, den ich bei meiner Landung in Newark getragen hatte! Bei seinem Anblick erschrak ich, war schlagartig wieder dort, an jenem 17. Dezember 1994, stand in einem kalten, kahlen Raum an irgendeinem fremden, beängstigenden Ort. Ich wußte nicht, wo ich war. Eine große, böse aussehende Schwarze in Uniform stand mir gegenüber an einer schweren Metalltür und sah mich finster an.

Ausziehen.

Mein Pullover – der Pullover, den Rudina mir geschenkt hatte. »Das ist mein Pullover«, sagte ich.

Der Beamte nickte. »Gut.« Er zeigte mit dem Kugelschreiber auf die Schachtel. »Was ist mit den anderen Sachen?«

Ich nahm den Pullover aus der Schachtel. Meine Jeans. Ich nahm meine Jeans aus der Schachtel. Meine Socken. Mein BH. »Ja, das gehört alles mir.« Meine Unterhose. Meine blutbefleckte Unterhose.

Verzeihung bitte. Wo soll ich meine Binde hintun?
Iß sie doch auf.
»Gut. Legen Sie es bitte wieder zurück.«
»Aber das ist nicht mein Gepäck«, erklärte ich dem Beamten, während ich alles wieder zurück in die Schachtel packte. »Das sind die Sachen, die ich getragen habe, als ich ankam.«
»Sie müssen mir jetzt sagen, was in Ihrem Gepäck war und mir einen Wertbetrag nennen, damit wir Sie auszahlen können. Was würden Sie sagen, wieviel war Ihr Gepäck in Dollar wert?«
Wieviel? In Dollar? Kleidung, Waschzeug, Kosmetika – alles ersetzbar und nicht viel wert. Mein Hochzeitsschmuck, die Halsketten und Armbänder, der schöne Schmetterlingsring – all das *wollte* ich nicht ersetzt bekommen, obwohl es vermutlich recht wertvoll war. Und das Armband mit den Ohrringen, die mir meine geliebte Großmutter, Hajia Maimouna, kurz vor ihrem Tod in Mekka gekauft hatte? Wieviel wären diese kostbaren Erinnerungsstücke wohl in Dollar wert?
»Ich ... ich ... weiß nicht.«
Aber der Beamte wollte nicht unverrichteter Dinge wieder gehen.
»Dann schätzen Sie doch einfach«, sagte er. »Was würden Sie sagen. Tausend Dollar?«
»Ich ... ich kann es nicht sagen.«
Anscheinend glaubte er, ich wolle handeln. »Zweitausend Dollar?«
»Ich weiß es nicht. Tut mir leid.«
Der Beamte trat ungeduldig von einem Bein aufs andere und verschloß die Schachtel wieder. »Okay, wenn Sie sich was überlegt haben, sagen Sie uns Bescheid, okay?«
Er nahm die Schachtel und ging.
Ich blieb noch einen Moment in dem leeren Raum stehen und versuchte zu begreifen, was gerade geschehen war. Machte die INS das immer so, wenn jemand versuchte, verlorengegangenes Gepäck aufzuspüren? Ich hatte jedenfalls im Gefängnis nichts darüber gehört.
Meine Freundinnen hatten im Nebenraum gewartet. Sobald der Beamte gegangen war, kamen sie hereingedrängt und bestürmten mich mit Fragen. »Was wollte der?«
»Was war in der Schachtel?«
»Er hatte ein paar Sachen von mir in der Schachtel, die ich anhatte,

als ich hier gelandet bin. Er wollte wissen, was in meinem Gepäck war. Es hat gesagt, sie können es nicht finden.«

Oche stieß ein Freudengeheul aus. »Juhuuuu! Ah, die Kleine kommt raus!« Sofort schrien alle durcheinander: »Du kommst raus, Fauziya! Sie lassen dich raus!«

»Das ist es, Fauziya!« sagte Ophelia und packte aufgeregt meinen Arm. Sie sah sehr komisch aus mit ihrem zur Hälfte geflochtenen Haar. »Sie haben nach deinem Gepäck gesucht, weil sie dich rauslassen! Das ist es! Jawohl!«

Ich glaubte es nicht. Ich konnte einfach nicht daran glauben, daß ich tatsächlich freikommen würde. Die Kraft, es zu glauben, war in den sechzehn Gefängnismonaten erlahmt.

»Vielleicht«, sagte ich. Plötzlich war ich unendlich müde. »Entschuldigt mich, ich muß was aus meinem Spind holen«, sagte ich, obwohl ich gar nichts brauchte. Ich wollte bloß weg von dieser Begeisterung, die ich nicht teilte.

Sylvie folgte mir zum Spind. »Siehst du, Fauziya? Ich hab's dir doch gesagt«, sagte sie im Gehen. »Ich hab's dir gesagt! Und jetzt kannst du nach Hause.«

Nach Hause. Gefängnisjargon. *Nach Hause gehen* bedeutete freigelassen werden.

Ich lächelte. »Ich hoffe es, Mom«, sagte ich. »Ich hoffe, du hast recht.«

Ich lenkte mich ein paar Minuten mit irgendwas in meinem Spind ab, ich weiß nicht mehr, womit, und dann gingen Sylvie und ich zurück in den Gemeinschaftsraum. Inzwischen hatten sich alle wieder beruhigt. Einige Frauen waren nach draußen gegangen. Andere spielten Tischtennis, lasen, plauderten, saßen vor dem Fernseher. Ich machte mich wieder daran, Ophelia die Haare zu flechten. Die Zeit verstrich. Langsam, wie immer im Gefängnis. Eine der Frauen schlenderte zum Fenster hinüber, das auf den umzäunten Parkplatz hinter dem Gefängnis ging. Im Gefängnis sahen wir alle oft und lange zum Fenster hinaus.

»Guckt mal, da draußen sind jede Menge Leute«, hörte ich sie im Hintergrund sagen. »Ach ja?« sagte eine andere Stimme. »Seht euch das an!« Allmählich fanden sich alle am Fenster ein und stellten Spekulationen über eine Menschengruppe an, die sich draußen versammelt hatte. Nur Ophelia und ich blieben sitzen. Da draußen waren also ein paar Leute. Na und? Wen kümmerte es? Als nach einer Weile nichts passierte, verloren sie eine nach der anderen das Interesse und wandten sich wieder ihren sonstigen Beschäftigungen zu. Ich konzentrierte mich weiter auf Ophelias Haare.

Ich arbeitete bis drei Uhr daran, dann versammelten sich die Mitglieder der Bibelgruppe. »Fauziya, können wir später weitermachen?« fragte Ophelia. »Sicher.« Schließlich hatte ich ja sonst nichts zu tun. Ich ging wieder in den Schlafsaal. Er war still und leer. Ich fing wieder an zu häkeln. Ob Sylvie wirklich recht hatte? Karen hatte gesagt, daß diese Woche bestimmt etwas Gutes passieren würde. Diesmal hatte sie nicht nur »bald« gesagt, sondern ganze präzise »diese Woche«. Jetzt war es passiert. Ich hatte den Gedanken zugelassen. Und sobald ich ihn zuließ, spürte ich wieder eine schwache Hoffnung. Nein! Das durfte ich mir nicht antun. Nicht noch einmal. Es tat zu weh. Aber immer wieder mußte ich an diesen Beamten denken, der mit meinen Sachen gekommen war. Wieso sollte er das tun, wenn nicht... Hatte Allah sich meiner erbarmt?

Ich starrte blicklos aus dem Fenster, gedankenverloren, das Kopftuch im Schoß, als ich jemanden in den Schlafsaal kommen hörte. Ich sah auf. Es war Sheila, meine ehemalige Zellengenossin aus dem Hochsicherheitstrakt, die schließlich auch in die normale Abteilung verlegt worden war. Sie weinte! Oh nein! Was war passiert? Und dann fiel es mir wieder ein. Heute war der Tag ihrer Verhandlung.

Sie kam zu mir, setzte sich auf das nächste Bett und schlug weinend die Hände vors Gesicht. Ich setzte mich neben sie, nahm sie in den Arm und ließ sie sich ausweinen.

»Ach, Fauziya«, sagte sie endlich mit bebender Stimme. »So schlimm!« Sheila war Jugoslawin, aber sie hatte in den letzten sechs Monaten genug Englisch gelernt, um mir erzählen zu können, was passiert war. Alle waren bei ihrer Verhandlung gewesen, sagte sie. Ihr Mann, ihre Mutter, ihr Vater, ihre Schwester, der Richter, der Prozeßanwalt der INS. Alle, nur nicht ihr Anwalt.

Genau wie bei Oche. Aber Sheilas Anwalt hatte noch nicht mal eine Vertretung geschickt. Schließlich hatte der Richter verkündet, daß er nicht länger warten könne, weil noch andere Verhandlungen angesetzt waren. Er würde einen neuen Termin bekanntgeben. Und jetzt war Sheila wieder im Gefängnis.

»Ach, Sheila. Es tut mir so leid.« Sie saß zusammengesunken da, starrte ins Leere.

Und dann krächzte der Lautsprecher im Schlafsaal.

»Fauziya Kasinga! Bei der Aufnahme melden!«

Das Herz blieb mir stehen. Mir stockte der Atem. Alle erstarrten. Einen Augenblick lang war alles totenstill.

Und dann sprang ich auf und schrie: »Ich komme raus! Ich komme raus!«

Ich fiel Sheila um den Hals, drückte sie, schreiend, lachend, weinend. Sie lachte und umarmte mich. Zur Aufnahme wurde man nur gerufen, wenn man entweder entlassen oder abgeschoben wurde.

Aber nein, Moment mal. Sie hatten nicht gesagt »mit Gepäck«. Sie sagen immer »mit Gepäck«, wenn jemand entlassen wird. Das hatten sie nicht gesagt.

Okay. Ganz ruhig. Reiß dich zusammen. Geh einfach hin und frag, was sie wollen. Ich holte einmal tief Luft und ging dann langsam aus dem Schlafsaal, durch den Gemeinschaftsraum zum hinteren Teil des Gefängnisses, Richtung Hochsicherheitstrakt, wo auch die Aufnahme ist.

Auf dem Weg dorthin kam eine der höheren Aufsichtsbeamtinnen auf mich zu. »Gehen Sie zur Aufnahme, Fauziya?« fragte sie.

»Ja.«

»Stört es Sie, wenn ich Sie begleite?«

Sie fragte mich, ob es mich störte? Wie bitte? Träumte ich? Eine Aufseherin fragte eine Gefangene, ob sie etwas »störte«? Das war noch nie vorgekommen.

»Natürlich können Sie mich begleiten«, sagte ich.

Wir gingen den Gang hinunter, ganz normal, auf die Doppeltüren zu, die die normale Abteilung vom Hochsicherheitstrakt trennten.

Wir erreichten die Metalltüren.

Ich holte tief Luft. Mach schon. Mach es einfach. Bring es hinter dich.

»Verzeihen Sie«, sagte ich nervös, »aber wissen Sie vielleicht, warum ich gerufen worden bin?«

Sie lächelte ganz leicht, als ob sie darauf gewartet hätte, daß ich frage. »Ja, ich glaube, das weiß ich«, sagte sie.

Die Metalltür glitt auf. Rumms! Wir gingen hindurch. Sie schloß sich wieder. Rumms! Wir waren in einer Metallzelle eingeschlossen, eine Tür hinter uns, eine vor uns.

Die Metalltür vor uns glitt auf. Rumms! Wir traten hinaus. Sie glitt wieder zu. Rumms! Jetzt waren wir im Hochsicherheitstrakt.

»Tja, da draußen sind ziemlich viele Leute, Fauziya«, sagte sie. »Da sind viele Leute mit Kameras. Ich glaube, Ihre Anwältin ist auch dabei.«

»Meine Anwältin!«

Sie lächelte. »Sie werden freigelassen, Fauziya. Sie kommen raus.«

Mir wurden die Knie weich, meine Arme flogen hoch. Ich warf den Kopf in den Nacken und schrie gen Himmel. »*Allahu Akbar! Allahu Akbar! Allahu Akbar!*«

Gepriesen sei Allah. Allah ist groß und barmherzig.

Gott hatte meine Gebete erhört.

Die Aufseherin sah mich lächelnd an. »Ich freue mich für Sie, Fauziya«, sagte sie freundlich. »Ich wünsche Ihnen alles Gute.«

Dann wandte sie sich ab, und ich ging allein weiter zur Aufnahme, weinend und Gott bei jedem Schritt dankend. Die Wärterin Virginia, die mich damals aufgefangen hatte, als ich ohnmächtig wurde, sah mich den Gang hinunterkommen und hielt mich auf, bevor ich die Tür zur Aufnahme erreichte. »He, wo sind deine Sachen?« fragte sie mich, die Hände in die Hüften gestemmt, tadelnd wie eine strenge Mutter, aber mit lächelnden Augen. »Haben sie dir nicht gesagt, daß du packen sollst?«

»Nein.«

Sie drehte sich zu dem Wachmann hinter dem Schreibtisch um und sagte gereizt: »Ich hatte gesagt ›mit Gepäck‹.«

Dann wandte sie sich wieder mir zu, und ihre finstere Miene hellte sich auf. »Los, geh und pack deine Sachen, du dummes Ding«, sagte sie. »Oder willst du hier bleiben?«

Es stimmte! Es war wahr!

Ich kam raus!

Packen. Ich mußte packen. Ich machte kehrt und hastete zurück in die normale Abteilung. Virginia eilte lachend hinter mir her, weil sie sich so für mich freute. Während ich den Gang hinunterlief, sah ich die Gefängnisanwältin Amy Jefferson an der Tür zu ihrem Büro. Ich rief ihr zu: »Amy! Amy! Ich komme raus!«

»Ja, ich weiß«, sagte sie kühl und ging weg.

Das war's. Keine Freude, kein Glückwunsch. Nichts. Sie kannte meine Geschichte. Sie wußte, wie lange ich im Gefängnis gewesen war. Sie wußte, wie sehr ich gelitten hatte. Sie hätte es zumindest wissen müssen. Sie war die Gefängnisanwältin, an die wir uns oft um Hilfe gewandt hatten. Und das war ihre Reaktion. Es kränkte mich tief.

Ehe ich mich's versah, stand ich wieder vor den Türen, die den Hochsicherheitstrakt von der normalen Abteilung trennten. Und dann öffneten sich die Türen, und ich war wieder in der normalen Abteilung. Sobald ich den Gemeinschaftsraum betrat, schrie ich, johlte ich, brüllte ich. Ich verkündete die Neuigkeit, so laut ich nur konnte. Alle sollten sie hören! Das ganze Gefängnis, die ganze Welt sollte sie hören!

»Ich komme raus! Ich komme raus! Ich komme raus!«

»*Allahu Akbar*«, Aicha brach in Tränen aus. Von überall her kamen sie angelaufen und umdrängten mich. Sylvie, Oche, Esther, Ophelia, Aicha, Sheila – alle meine Freundinnen, meine Flüchtlingsfreundinnen, meine Gefängnisfreundinnen, umarmten mich, küßten mich, lachten, riefen durcheinander, weinten, johlten, jubelten.

Sylvie weinte vor Freude. »Ach, mein Baby, du wirst mir ja so fehlen.«

Aufseherin Valerie stand einfach lächelnd dabei. Andere Wärterinnen wären sofort eingeschritten und hätten mir befohlen, unverzüglich zu meinem Spind zu gehen und meine Sachen zu packen. Aber sie ließ uns eine Weile lachen und einander umarmen und jubeln und weinen, bevor sie dem ein Ende machte. Und selbst dabei war sie freundlich.

Packen. Ach ja. Ich kam raus! Ich ging zu meinem Spind, auf Schritt und Tritt begleitet von meinen Freundinnen. Ich betrachtete den Inhalt meines Schrankes, benommen, starr. Ich hatte Sylvie und allen anderen gesagt, daß ich, falls ich je freigelassen würde, aus dem Gefängnis rennen würde, so schnell mich meine Füße trugen. Ich würde noch nicht mal innehalten, um einen Kugelschreiber aus meinem Spind zu holen. Aber jetzt tat ich es nicht. Ich stand da und starrte den Inhalt meines Spindes an. So viele Sachen! Ich fand keinen Anfang. Was sollte ich mitnehmen? Was sollte ich dalassen? Was sollte ich verschenken? Und an wen? Ich konnte einfach nicht klar denken.

Wärterin Valerie gab mir einen Stups: »Brauchst du Hilfe?«

Ich nahm den schönen *mayahfi* und den hübschen, blaßgrünen *tas-*

bih heraus, den mir der muslimische Vertrauensmann in Lehigh geschickt hatte. Aicha streckte die Hand nach dem *mayahfi* aus. »Den nehme ich«, sagte sie. »Gib ihn mir.« Aicha. Ich mußte lachen. Sie war immer sehr direkt und unverblümt gewesen, sogar ein wenig herrschsüchtig. Sie ist zwar nur ein Jahr älter als ich, aber ich hatte sie trotzdem zu meiner großen Schwester erklärt, und große Schwestern sagen den Kleineren nun mal, was sie zu tun haben. Ich schenkte ihn ihr zusammen mit meinem *tasbih*, damit sie Allah würdiger anbeten konnte.

Ich hatte einen Umschlag mit vielen Schecks, die ich zugeschickt bekommen hatte. Der kam in meine Schachtel. Ich hatte einen anderen Umschlag mit Bargeld, ungefähr 200 Dollar. Ich öffnete den Umschlag, nahm die Hälfte heraus und reichte es der Ghanaerin Leah, der Ältesten von uns allen. »Das sollt ihr euch teilen, okay?«

Leah nahm das Geld dankbar an. Aber sie erwies mir die Ehre, sich nicht bei mir zu bedanken, die afrikanische Art, mir zu zeigen, daß sie nichts anderes von mir erwartet hatte und daß ich, wäre die Situation umgekehrt, auch von ihr nichts anderes hätte erwarten dürfen.

Als nächstes nahm ich einige Fotos von der Modenschau in Esmor heraus, die Frank mir kürzlich zugesandt hatte. Ich wollte sie Amariya schicken – vielleicht würde sie mir dann schreiben, dachte ich – und hatte schon *Mom* auf die Rückseite geschrieben. Sylvie stand direkt neben mir, und als ich die Fotos herausnahm und sie das Wort *Mom* sah, griff sie nach ihnen.

»Ach, mein Baby«, sagte sie und betrachtete die Fotos. »Jetzt habe ich Bilder von dir. Vielen Dank, vielen Dank.« Sie gab mir einen dikken Kuß und umarmte mich fest.

Meine Bücher. Ich hatte eine große Tüte mit Büchern – Bücher von Layli und ihrer Mutter und ihrem Bruder, Bücher von anderen Mitgliedern des Fauziya-Teams, Bücher von Menschen, die über mich gelesen hatten und mir einfach etwas schicken wollten, um mir zu zeigen, daß sie an mich dachten. Wegen meiner Augenprobleme hatte ich sie nicht lesen können, aber vielleicht konnte ich ja, wenn ich draußen behandelt wurde, bald wieder lesen wie früher. Aber ich würde so viele andere Dinge zu tun haben außer lesen. Meine Freundinnen hier drinnen nicht. Also ging ich meine Bücher durch, nahm nur die, die mir am wichtigsten waren, und verschenkte die anderen.

Und so sah ich den gesamten Spindinhalt durch und zögerte bei allem, was ich in die Hand nahm. Ich wollte Zeit schinden.

Wärterin Valerie stupste mich erneut an. »Was ist los mit dir? Komm schon. Da draußen warten sie auf dich. Willst du denn nicht hier weg?«

»Nein.«

Nein! Die Wahrheit traf mich wie ein Schlag. Mein Gott, es stimmte! Ich wollte fort von diesem Ort, ja. Mehr als alles in der Welt. Ich wollte raus aus dem Gefängnis. Ich wollte nie wieder zurückkommen. Aber nun sah ich all die wunderbaren Frauen, die mich umringten. Sheila. Aicha. Oche. Esther. Leah.

Und Sylvie.

Ich liebte diese Frauen, wie sollte ich sie verlassen? Sie hatten mir immer geholfen, und sie halfen mir auch jetzt.

Aicha übernahm die Führung, sprach für sie alle. »Beeil dich, Fauziya«, befahl sie mir streng, während ihr die Tränen übers Gesicht strömten. »Los. Mach, daß du hier rauskommst.«

Meine Freundinnen packten die restlichen Sachen für mich.

»Fertig?« fragte Valerie schließlich.

Es war Zeit, zurück zur Aufnahme zu gehen. Es war Zeit, Abschied zu nehmen ...

Sie halfen mir, das zu tun, was ich allein nie geschafft hätte. Sie halfen mir, sie zu verlassen. Sie schoben mich und Wärterin Valerie über den Gang zu den Metalltüren, blieben bei uns stehen, während die erste Tür aufglitt, umarmten mich, küßten mich, lachten und weinten und beglückwünschten mich, flüsterten mir liebevolle Worte ins Ohr. Gott segne dich, schreib mir, bete für mich, ich werde für dich beten, Gott segne dich, und nun geh, geh, geh. Und dann wurde ich durch die Tür geschoben, und sie schloß sich hinter mir. Als ich mich umdrehte und durch das Fenster in der Tür blickte, sah ich ihre schönen, strahlenden, tränennassen Gesichter. Und dann öffnete sich die zweite Tür, und Valerie drehte mich sachte um und schob mich hindurch, bevor sie wieder in die normale Abteilung zurückkehrte. Die Tür fiel hinter mir zu. Rumms!

Meine Freundinnen waren fort.

Nein! Noch nicht alle. Ich war im Hochsicherheitstrakt, und auch hier hatte ich Freundinnen – Sharon und Ellen. Ich durfte nicht gehen, ohne mich von ihnen zu verabschieden!

»Darf ich meinen Freundinnen in Trakt B auf Wiedersehen sagen?«

Aufseherin Virginia hatte mich schon erwartet. »Tja, das ist gegen die Vorschriften.«

»Oh, bitte.«

»Na schön ... meinetwegen.«

Sie ging mit mir zur Aufsichtskabine und bat den Wärter, Trakt B aufzuschließen. Mein altes entsetzliches Zuhause. Und da waren sie, die ernste, sanfte Ellen aus Ghana, die ich noch aus meiner Zeit in Esmor kannte, und die wilde, laute Sharon aus Nigeria. Ich erzählte ihnen, was passiert war, umarmte beide und dankte ihnen für alles, was sie für mich getan hatten. »Ich werde für dich beten«, sagte Ellen unter Tränen. Sie wußte, wie krank ich war. »Bete du auch für mich.« Ich versprach es ihr.

Ich verabschiedete mich also von diesen letzten beiden Freundinnen, und dann ging Aufseherin Virginia mit mir durch den Gang zur Aufnahme. Auf dem Weg dorthin fiel mir plötzlich etwas ein: »Ist jemand da, um mich abzuholen?« fragte ich. Ich wußte, daß manchmal Leute einfach vor die Tür gesetzt wurden.

»Ja, du wirst erwartet«, beruhigte sie mich. »Deine Anwälte sind hier.«

Sie führte mich zum Verwahrraum. »Du wirst ein Weilchen warten müssen.«

Ich ging hinein, und sie schloß die Tür hinter mir. Wieder eine verriegelte Tür. Ich war fast draußen.

Wenige Minuten später kam Aufseherin Virginia mit einigen zusammengefalteten Kleidungsstücken herein. »Bitte sehr«, sagte sie und legte den Stapel auf den Tisch. »Probier mal die Sachen hier an, ob sie passen. Ich komme gleich wieder.« Sie schloß die Tür erneut. Ich saß da und starrte die Kleidungsstücke an. Daran hatte ich überhaupt nicht gedacht! Ich war so daran gewöhnt, in Gefängniskleidung irgendwohin verfrachtet zu werden, daß ich keinen Gedanken daran verschwendet hatte, mich umzuziehen. Jetzt würde ich meine Gefängnisuniform ausziehen und nie wieder eine tragen!

Virginia hatte mir eine funkelnagelneue schwarze Kordjeans und eine ebenso neue schwarze Kordjeans-Jacke gebracht. Aber als ich die Sachen anzog, stellte ich fest, daß sie zu klein waren.

Virginia öffnete die Tür einen Spalt. »Passen sie?«

Nein, sie waren zu klein. »Ja, sie passen gut«, sagte ich. Entweder ich trug diese Sachen oder die Gefängnisuniform, und die würde ich nie, nie wieder anziehen. Niemals. So wahr mir Allah helfe.

»Prima«, sagte sie. »Ich komme gleich wieder.«

Jetzt war ich wieder da, wo alles angefangen hatte, im Verwahrraum des Newark International Airport, allein eingesperrt, trug Jeans und Jacke, nicht wissend, warum ich hier war, nicht wissend, wie lange ich dort sein würde, nicht wissend, wo ich nun hin sollte. Was sollte nun werden? Einige Menschen erwarteten mich. Aber wohin würden sie mich bringen? Wo würde ich leben? Wie würde ich leben? Vor mir lag völlige Ungewißheit. Zweimal hatte ich das nun schon erlebt – einmal, als ich nach Deutschland geflohen war, und einmal, als ich Deutschland verlassen hatte.

Es klopfte. Virginia öffnete die Tür, steckte den Kopf herein. »Hältst du es noch ein paar Minuten aus? Wir müssen warten, bis deine Anwälte hier sind.«

»Aber ich dachte, die sind hier!«

»Nein, nicht alle. Sie stehen vermutlich im Stau. Keine Sorge. Die werden bald hier sein.«

Ich wartete. Ich betete.

Und dann öffnete sich die Tür erneut, und Aufseherin Virginia lächelte. »Sie sind da. Bist du bereit?«

Ob ich bereit war? Auf diesen Tag, diesen herrlichen Augenblick hatte ich sechzehn Monate lang gewartet! Ich sprang auf.

Am Aufnahmeschalter gab es noch ein paar Formalitäten – Formulare, Fragen und so weiter.

»Haben Sie Verwandte in den Vereinigten Staaten?«

»Ja.«

»Wen?«

Ich nannte dem Mann Rahufs Namen, seine Anschrift und Telefonnummer.

»Okay«, sagte er. Er legte eine Hand mit der Handfläche nach oben auf den Tisch. »Dürfte ich mal Ihr Handgelenk haben?«

»Ach ja, das Identifikationsarmband.«

Mein Brandzeichen. Der Beamte nahm eine Schere. Schnipp! Er ließ meinen Arm los. »Okay, das war's«, sagte er. »Sie sind frei.«

Sie sind frei.

Er schaute noch nicht einmal auf, als er das sagte. So endete es also.

Vor mir, am Ende des Ganges, war eine Tür. Sie führte nach draußen auf den umzäunten Parkplatz. Da draußen warteten meine Anwälte auf mich. Ich ging langsam. Ich trug keine Ketten, keine Handschellen, keine Gefängnisuniform, kein Gefängnisarmband. Ich wurde nicht von INS-Beamten oder Gefängniswärtern eskortiert, und draußen wartete kein Kleintransporter, um mich in ein anderes Gefängnis zu bringen. Ich war beklommen.

Als ich die Tür ins Freie hinter mir schloß, stand ich hinter dem Gefängnis auf dem Parkplatz.

»Da ist sie! Das ist sie!«

Eine Menschenmenge drängte sich vor den Parkplatztoren. Sie fingen an zu klatschen, zu pfeifen, zu jubeln. Ich hörte Kameras klicken. Ach, du meine Güte! Was war das denn? Wer waren diese Leute?

Ich blickte zum Hof der normalen Abteilung hinüber, um allen, die draußen waren, zum Abschied zu winken. Der Hof war leer. Wieso das? Meine Freundinnen hätten doch ...

Moment mal. Warum war überhaupt niemand draußen? Wegen der Kameras? Wegen mir?

»Fauziya! Fauziya! Fauziya!«

Das war Laylis Stimme!

»Fauziya! Lauf, Fauziya! Lauf schnell!«

Und das tat ich. Ich lief. Ich schirmte mein Gesicht gegen die Kameras ab und lief lachend, so schnell meine Füße mich trugen, über den Parkplatz. Ich lief auf Laylis Stimme zu.

Ich lief in die Freiheit.

Ich war frei!

32
Freiheit

Layli war da. Karen war da. Ein großer, schlanker Mann – Richard Boswell, wie ich bald erfuhr – stand dicht neben Karen und lächelte mir zu, als würde er mich kennen. David war da. Sidney war da. Denise war da. Sie drängten sich um mich, und wir umarmten uns – eine lange gemeinschaftliche Umarmung, die Umarmung des Fauziya-Teams.

»Was sagst du nun, Fauziya?« fragte Layli mich. »Es ist vorbei, Fauziya. Es ist endlich vorbei!«

Das Institut hatte die Nachricht erst mittags erfahren. Karen, Layli und Richard saßen gerade beim Lunch und erörterten weitere Strategien, als bekannt wurde, daß ich freigelassen werden sollte. Nach einem ausgelassenen Moment voller Jubel und Umarmungen setzte Karen sich ans Telefon, um Surita Sandosham, Celia Dugger und ein paar andere wichtige Medienleute anzurufen. Sie wollte die Information so schnell wie möglich an die Presse geben. Die Einwanderungsbehörde wünschte sich wahrscheinlich möglichst wenig Publicity und hatte vermutlich aus diesem Grund meine Freilassung erst ganz kurz vorher bekanntgegeben. Aber die Nachricht sprach sich so schnell herum, daß trotzdem einige Presseleute vor Ort waren. Als ich also auf meine Freunde zurannte, klickten bereits Kameras, und Reporter hielten mir ihre Mikros vor die Nase. Sie wollten mich gleich hier an Ort und Stelle interviewen.

Aber ich wollte jetzt nicht mit den Journalisten reden.

Die INS jedoch war sehr erpicht darauf, sich vor der Presse in ein gutes Licht zu setzen. Obwohl sie mich so unverhofft entlassen hatten, war ihnen wohl klar, daß sie die Nachricht nicht unter den Teppich kehren konnten. Vorsorglich hatten sie ihre Darstellung der Ereignisse in einer Pressemitteilung formuliert, die gleich vor Ort verteilt wurde. Sie ließen mich vor allem deshalb jetzt frei, so stand da zu lesen, weil »neue und zuverlässige Regelungen« getroffen worden waren, um sicherzustellen, daß ich meine bedingte Haftentlassung nicht zur Flucht nutzen würde. Damit war wohl gemeint, daß die Bahai angeboten hatten, mich aufzunehmen. Kein Mensch glaubte diese Begründung – ich war ganz eindeutig wegen des öffentlichen Drucks freigelassen worden –, aber im Augenblick zählte nur, daß ich tatsächlich draußen war.

Wir wollten losfahren, aber eines mußte ich zuvor noch tun. Von jenseits der Tore warf ich einen letzten Blick auf das Gefängnis York. Ich suchte nach den Fenstern des Schlafsaals mit Blick auf den Parkplatz. Und da waren sie, meine Freundinnen, und drückten die Gesichter gegen die Fensterscheiben. Von draußen konnte ich sie nur verschwommen sehen, aber ich wußte, wer da war, und ich wußte, daß sie winkten und mir Kußhände zuwarfen, also tat ich dasselbe. Einen ganz besonderen Kuß warf ich Sylvie zu, die mich so mütterlich behütet hatte.

Und dann saß ich im Auto mit Layli und David, in Amerika, frei – frei und sehr, sehr aufgeregt, obwohl ich zugleich auch sehr, sehr krank war. Layli erklärte mir, daß wir zum Haus von Roshans Eltern fuhren, weil die beiden sich bereit erklärt hatten, mich aufzunehmen, als klar wurde, daß Rahuf nicht legal in den Vereinigten Staaten lebte. Erst jetzt erfuhr ich von Rahufs Problemen und begriff allmählich, welches Risiko Rahuf auf sich genommen hatte. Die ganze Zeit über konnte ich nur an das Wunder denken, daß ich endlich frei war, an all das Neue, all das Erstaunliche. Layli und ich sahen uns immer wieder an, konnten es einfach nicht glauben, wußten nicht, was wir sagen sollten. Aber die Stille währte nicht lang, weil David gleich darauf anfing, mich zu necken und Witze zu machen, und wir mußten alle lachen. Layli reichte mir ein Handy, das sie im Auto hatte, damit ich ein paar von den Menschen anrufen konnte, die mir geholfen hatten. Als erstes *Equality Now.* Sobald sie meine Stimme hörten, brach das ganze Büro in Jubelgeschrei aus. Oh Gott, ich war so glücklich! Dann rief ich Celia Dugger an, die soviel für mich getan hatte. Viele Journalisten hatten über mich geschrieben, aber wenn eine davon mich aus dem Gefängnis geholt hat, dann war es Celia.

Als wir schließlich vor meinem neuen Zuhause vorfuhren, kam es mir wie ein richtiger Palast vor. Ein großes Haus an einer ruhigen, baumbestandenen Straße mit einer Holzveranda nach hinten. Mrs. Bashir empfing uns an der Tür, elegant gekleidet und sehr schön. Sie ist eine attraktive, üppige Frau mit grünen Augen und einem hübschen Gesicht, und sie ist ungemein liebevoll und mütterlich.

Sie gab mir sofort das Gefühl, willkommen zu sein, und führte mich durchs ganze Haus. Persische Teppiche, im Wohnzimmer eine ganze Wand voller Bücher, bequeme Möbel, offener Kamin, Spiegel – drinnen und draußen war einfach alles schön. Als wir ankamen, waren die übrigen Mitglieder des Fauziya-Teams schon da, und die Party, die sie mir zu Ehren geplant hatten, war schon im Gange. Mrs. Bashir hatte ein riesiges Festmahl vorbereitet, mit allen möglichen persischen Reisgerichten und Hähnchen und köstlichen Nachspeisen. Hähnchen und Reis – mein Lieblingsgericht!

Als ich in das Wohnzimmer der Bashirs kam, sah ich mich zum erstenmal in voller Größe neben Layli in einem Spiegel. Das sollte ich sein? Ich hatte schon so lange nicht mehr in einen richtigen Spiegel geschaut und erkannte mich kaum wieder. Ich sah fürchterlich aus, einfach fürchterlich, selbst in den neuen Sachen, die mir das Gefängnis besorgt hatte. Ich hatte schreckliche Pickel, was für mich ungewöhnlich war. Meine Haut war dunkel und fleckig. Ich wünschte mir, besser auszusehen, vor allem, weil ein Fotograf der *New York Times* da war, um Aufnahmen zu machen. Aber ich konnte es nun mal nicht ändern.

Kurz nach meiner Ankunft fragte Mrs. Bashir, ob ich mein Schlafzimmer sehen wollte? Mein Schlafzimmer? Ein eigenes Schlafzimmer? Ja. Und sogar ein eigenes Bad. Mrs. Bashir und Layli zeigten mir ein separates Apartment im Erdgeschoß. Nur für mich! Als ich mein Schlafzimmer sah, fiel ich vor Freude fast in Ohnmacht. Es hatte eine schöne geblümte Tapete, ein großes Bett mit einer schieferblauen Tagesdecke, einer rosa-weiß-blau gemusterten Steppdecke, die am Fußende zusammengelegt war. Es gab Nachttischchen mit Lampen, eine helle Holzkommode mit einem Spiegel darüber, einen Rattansessel und ein großes Doppelfenster mit Blick auf den Garten. Auf einem Nachttischchen hatte Mrs. Bashir einen hübschen kleinen Korb mit Seife und Lotions und Cremes gestellt. Alles für mich. Ich sprang mit einem Satz auf das Bett und hüpfte darauf herum. »Layli«, sagte ich, »wenn das hier ein Traum ist, weck mich nicht.« Sie und Mrs. Bashir lachten.

Es war wirklich. Alles war wirklich. Ich zog meine zu enge Jeans aus und ein Kleid an, das Layli für mich mitgebracht hatte, lang und weit und fließend, gemustert mit winzigen Blümchen in vielen Farben. Ich war begeistert. Auch wenn es mir mittlerweile zu klein geworden ist, ich habe es behalten, um es den Kindern und Enkelkindern zeigen zu können, die ich hoffentlich irgendwann haben werde. Wenn sie alt genug sind, um mein Leben zu verstehen, werde ich ihnen das Kleid zeigen und sagen: »Seht ihr dieses Kleid? Ich erzähle euch jetzt, wann ich es zum erstenmal getragen habe...«

Rahuf traf gegen zehn Uhr abends ein. Denise erzählte mir später, wie erstaunt sie über meine Veränderung war, als sie mich mit meinem Vetter reden sah, munter in unserer eigenen Sprache plaudernd. Diese Seite von mir hatte sie noch nicht kennengelernt. Rahuf erzählte mir, daß er und seine Mitbewohner, als er die Nachricht erhielt, aufgesprungen waren und einen regelrechten Freudentanz vollführt hatten. In meiner Heimat machen wir das so. Wir tanzen unser Glück. Und dann hatte er, genau wie ich, Allah gedankt.

An jenem Abend erfuhr ich noch etwas über Rahuf. Er erinnerte sich daran, wie seine Schwester beschnitten worden war. Er hatte die Beschneidung zwar nicht gesehen, aber er hatte ihre Schmerzensschreie gehört. Und er hatte sie unmittelbar danach gesehen, wie sie benommen umherging, voller Blut. Als er seine Mutter fragte: »Was ist mit ihr passiert?«, hatte sie ihn geohrfeigt. Jedesmal, wenn er fragte, ohrfeigte seine Mutter ihn erneut. Er durfte weder Fragen stellen noch darüber reden. Er wußte nicht, was seiner Schwester angetan worden war, bis ich in Amerika in sein Leben platzte, eine entfernte Cousine, die er seit ihrer Kindheit nicht mehr gesehen hatte. Nachdem ich ihn um Hilfe gebeten und ihm meine Geschichte erzählt hatte, rief er in Togo an und fragte einen seiner Brüder, weshalb ich geflohen war, und sein Bruder klärte ihn über die Beschneidung bei Frauen auf. Deshalb hatte er das Risiko der Abschiebung auf sich genommen.

In jener Nacht schlief ich in einem großen, weichen Bett mit großen, weichen Kissen. Mrs. Bashir gab mir einen kleinen Wecker und zeigte mir, wie man ihn stellte, so daß ich am nächsten Morgen um fünf Uhr zum Gebet aufstehen konnte. Natürlich wollte ich am nächsten Morgen beten. Ich hatte Gott für so vieles zu danken. Aber ich schlief erst sehr spät ein. Bis gegen zwei oder drei Uhr morgens lag ich wach und dachte nach. Über all das, was ich durchgemacht hatte. Sechzehn Monate Gefängnis schiebt man nicht einfach so beiseite. Ich glaube, eine solche Erfahrung verwindet man nie ganz. Ich war jetzt frei. Aber ich fühlte mich noch nicht frei. Und ich hatte so viele Freundinnen, die noch immer im Gefängnis waren. Ich mußte immerzu an sie denken.

Am nächsten Morgen stand ich um fünf Uhr auf, betete, legte mich wieder ins Bett und schlief bis zehn Uhr vormittags. Zehn Uhr! Keine Aufseherinnen, die mir sagten, wann ich aufstehen, wann ich essen, wann ich irgendwas tun mußte. Ich duschte in dem Badezimmer am Ende des Ganges und zog die Sachen an, die mir Mrs. Bashir gegeben hatte – Kleidung ihrer Tochter Sherry. Als ich die Treppe hinaufging, saß Dr. Bashir am Frühstückstisch. Dr. Bashir ist ein gutaussehender Mann in mittleren Jahren mit schwarzem Haar, leuchtenden schwarzen Augen und einem sehr offenen Wesen. Das mag ich an ihm. Mir gefallen Menschen, die einem unverblümt sagen, was sie denken. Das ist sehr unafrikanisch, aber es gefällt mir. Dr. Bashir neckt andere gern, und er geht sehr entspannt mit mir um, deshalb fühlte ich mich gleich von Anfang an in seiner Gesellschaft wohl.

Mrs. Bashir hatte einen Platz für mich gedeckt und stand schon bereit, um mir an jenem ersten Morgen mein Wunschfrühstück zu machen. Immer umsorgte und verwöhnte sie mich. Dr. Bashir ist Spezialist für Magen-Darm-Erkrankungen, wie Roshan. Mrs. Bashir leitet die Arztpraxis ihres Mannes. Aber an diesem Tag hatte sie frei, und so fuhr sie nach dem Frühstück mit mir einkaufen. Ich brauchte alles, und sie kaufte mir alles – Unterwäsche, Schuhe, Röcke, Blusen, Kleider.

Mein erstes Wochenende außerhalb des Gefängnisses verbrachte ich hauptsächlich damit, was ich auch die nächsten paar Wochen tun würde: Briefe beantworten, mich bedanken, mit Leuten telefonieren, die mich beglückwünschten oder die mir geholfen hatten, und Interviews geben. Ich wollte die Publicity eigentlich nicht, aber Karen erinnerte mich daran, daß mein Schicksal dazu beitragen konnte, auf das Schicksal vieler anderer Flüchtlinge aufmerksam zu machen, die unter den unmenschlichen Methoden der Einwanderungsbehörde zu leiden haben. Also gab ich in den folgenden Tagen etliche Interviews und war sogar Gast in einigen Fernsehsendungen, darunter auch bei *Nightline* und *CNN International*.

Gleich am ersten Samstag nahm Rahuf mich mit zu sich nach Hause, und wir riefen in Togo an. Ich sprach mit Ayisha, meiner geliebten Schwester, die alles riskiert hatte, um mir zur Flucht zu verhelfen. Ich weinte nicht am Telefon, wie ich befürchtet hatte. Ich lachte! Ich war so glücklich! Aber warum hatte sie mir nicht geschrieben? Warum hatte sie nicht auf meinen letzten Brief geantwortet? Ayisha sagte, sie habe ihn nicht erhalten. Vielleicht hat sie ihn wirklich nicht bekommen. In diesem Brief hatte ich mir all die schrecklichen Dinge von der Seele geschrieben, die ich durchmachte. Wie schon gesagt, in Togo können die Menschen nicht mit schlechten Nachrichten umgehen. Deshalb werde ich es nie erfahren, ob der Brief angekommen ist. Unsere Mutter lebte inzwischen in Nigeria bei einer ihrer Schwestern, sagte Ayisha. Sie versprach, ihr noch in dieser Woche eine Nachricht zu schicken, daß sie nach Lomé kommen sollte. Wenn ich nächste Woche wieder anrief, könnte ich dann mit Amariya sprechen. Meine Mutter! Ich würde mit meiner Mutter sprechen! Ich wußte nicht, wie ich es noch eine ganze Woche aushalten sollte.

Nach dem Anruf bei Ayisha kochte Rahuf ein Festmahl. Afrikanisches Essen. Essen aus Togo. Ich aß und aß. Natürlich mußte ich später dafür büßen. Ich bekam schlimme Magenschmerzen! Aber was für ein Genuß war dieses Essen gewesen!

Am 29. April fand eine große Pressekonferenz statt, gemeinsam organisiert von *Equality Now* und der juristischen Fakultät der *American University*. In dem Raum im Presseclub drängten sich rund 150 Journalisten. Surita erzählte mir später, daß sie noch niemals einen solchen Andrang bei einer Menschenrechtskonferenz erlebt hatte. Richard sprach, Layli sprach, Surita sprach, Karen sprach, David sprach, Sidney sprach. Und schließlich sprach sogar ich, so deutlich und ruhig es ging, obwohl ich schrecklich nervös war.

Meine BIA-Verhandlung war auf Donnerstag, den 2. Mai, angesetzt. An diesem Tag würden sich die zwölf Richter der Revisionsinstanz zusammensetzen, sich die Argumente für und wider meinen Asylantrag anhören und darüber befinden, ob ich in Amerika bleiben durfte. Ich war zwar nicht mehr im Gefängnis, aber meine Haftentlassung war eben nur bedingt. Mein Schicksal war noch nicht entschieden. Das BIA hatte das letzte Wort. Ich hatte Angst, große Angst. Karen versicherte mir, daß diesmal alles ganz anders ablaufen würde als bei meiner ersten Asylverhandlung. Vor allem würde ich nichts sagen müssen, denn bei einer Berufungsverhandlung reden nur die Anwälte. Aber ich hatte trotzdem Angst.

Außerdem würde ich diesmal nicht in Gefängnisuniform und mit Handschellen vor Gericht erscheinen müssen. Ich konnte anziehen, was ich wollte. Layli kam am Morgen des Verhandlungstages und half mir, passende Kleider auszusuchen. Dann sah sie mir zu, wie ich mich schminkte und frisierte. Schließlich war es Zeit zu gehen. Das gesamte Fauziya-Team und Celia Dugger waren ins Haus der Bashirs gekommen, um mir Mut zu machen, und wir fuhren in einer Wagenkolonne zum Gericht.

Dort angekommen, stellten wir fest, daß sich im Gerichtssaal Beobachter und Reporter drängten. Sogar die Kongreßabgeordnete Maxine Waters, die sich sehr für meinen Fall interessierte, war erschienen.

Ich saß auf der linken Seite des Gerichtssaals in der ersten Reihe, gleich hinter dem Tisch, an dem Layli, Richard und Karen Platz genommen hatten. Um mich herum saßen meine Helfer: Jessica, Surita, Nileema, Sidney, David, Denise. Als die Richter nacheinander in ihren schwarzen Roben den Saal betraten, standen alle auf und warteten, bis sie ihre Plätze eingenommen hatten. Sie setzten sich in braune Ledersessel hinter einer langen Richterbank uns gegenüber, und meine Anwälte saßen ihnen praktisch direkt vor der Nase. Die INS-Anwälte saßen rechts an einem Tisch, von meinem Team durch eine Art Podest getrennt, auf dem die gegnerischen Parteien ihre Argumente vortragen würden.

Karen sprach als erste. Das meiste, was sie sagte, konnte ich nicht verstehen, aber ich verstand ihren Ton, der ruhig und leidenschaftlich zugleich war. Die Richter lauschten aufmerksam und stellten ein paar Fragen, die sie klar, überzeugend und deutlich beantwortete. Dann war die INS an der Reihe.

David Martin, der leitende Anwalt der Einwanderungsbehörde, vertrat den Standpunkt, daß mein Fall an den zuständigen Richter für Asylrecht zurückverwiesen und nicht durch das BIA entschieden werden sollte. Es gab etliche Beweisstücke, die der zuständige Richter prüfen sollte, meinte er, darunter auch den Polizeibericht, der nicht aus dem Französischen übersetzt worden war. Martin vertrat auch den Standpunkt, daß es sich bei den eidesstattlichen Erklärungen von mir und von Professor Posnansky um neue Beweise handle, die meine »Glaubwürdigkeit« betreffen würden. Als solche müßten sie von einem Richter für Asylrecht beurteilt werden und dürften nicht im Rahmen einer Berufungsverhandlung berücksichtigt werden.

Das meiste von dem, was Martin sagte, verstand ich nicht – seine wichtigsten Argumente erklärte man mir später –, aber ich hatte Augen und Ohren, und mir war klar, daß er an diesem Tag nicht besonders gut war. Die Richter nahmen ihn schwer in die Mangel, und er zögerte häufig, bevor er antwortete. Und die ganze Zeit über sah ich, daß die anderen Anwälte an seinem Tisch finster dreinblickten und sich uneins waren und ihm, während er sprach, noch Zettel zusteckten. Sie schienen sehr unzufrieden damit, wie die BIA-Richter sie behandelten.

Martin ging auch darauf ein, welche »Umstände« als berechtigte Gründe für die Gewährung von Asyl zum Schutz vor Genital-Verstümmelung gelten können und welche nicht. Er stritt zwar meinen Asylanspruch nicht rundweg ab, aber er wünschte einen Richterspruch vom BIA, daß anderen Frauen, denjenigen, die als Kleinkinder oder junge Mädchen »eingewilligt« hatten, und denjenigen, denen »lediglich« gesellschaftliche Ächtung drohte, wenn sie sich widersetzten, kein Asyl gewährt werden sollte. Und er wünschte, daß das BIA diese Politik bei der Entscheidung über meinen Fall berücksichtigte. Karen hielt dagegen, daß das BIA ausschließlich über meinen Fall befinden und nicht schon jetzt für künftige Fälle »die Tür zuschlagen« sollte. Das waren im wesentlichen die Positionen.

Es gab noch kurze Plädoyers von Karen und David Martin, und dann war alles vorbei. Die gesamte Verhandlung hatte nicht länger als eine Stunde gedauert. Die Richter dankten Karen und David Martin für ihre gute Arbeit. Sie würden ihre Entscheidung später bekanntgeben...

Auf dem Platz vor dem Gerichtsgebäude hielten wir eine kleine improvisierte Pressekonferenz ab. Eine Dame, die für das BIA arbeitete, kam zu mir und schenkte mir spontan ein Armband. Ich war gerührt. Eine Gruppe von Reportern hörte aufmerksam zu, während Karen sprach. Dann kam David Martin an die Reihe. Doch sobald meine Anwälte fertig waren und wir gingen, wandten viele Reporter sich ab und packten ihre Sachen zusammen. Martin tat mir leid.

Irgendwann kurz nach der Verhandlung unterzog ich mich einer zweiten Endoskopie. Es war Roshan nicht gelungen, die Ergebnisse der ersten Untersuchung zu bekommen. Da ich noch immer stechende Schmerzen bekam, wenn ich etwas aß, sorgte er dafür, daß ich noch einmal untersucht wurde. Sobald ich anästhesiert war, fing Roshan behutsam an, mir den Schlauch in die Speiseröhre einzuführen. Doch selbst in Narkose wehrte ich mich heftig und versuchte, mir den Schlauch herauszureißen. Vier Leute mußten mich festhalten. Erst als man mir ein stärkeres Narkosemittel verabreicht hatte, blieb ich ruhig. Wie Layli mir später erzählte, war die Dosis so hoch gewesen, daß ich erst drei Stunden später wieder zu mir kam. Roshan fragte sich, ob man die Endoskopie beim erstenmal überhaupt hatte durchführen können, denn vermutlich hatte ich mich auch da schon gewehrt. Jedenfalls stellte er fest, daß ich ein Magengeschwür hatte, und er entdeckte auch die Bakterien, die die Geschwüre verursachen. Es gelang ihm, mich als Testperson für eine klinische Studie anzumelden, die er zur Erprobung einer neuen Behandlungsmethode durchführte, weshalb ich kostenlos behandelt wurde. Die eine Hälfte der Testpersonen wurde nach dem neuen Verfahren behandelt, der anderen Hälfte wurde ein starkes Antiacidum verabreicht. Ich bekam das Antiacidum. Ungefähr zwei Monate später machte man eine weitere Endoskopie. Diesmal war das Untersuchungsergebnis besser. Mein Magengeschwür war verheilt. Doch leider waren die Bakterien noch vorhanden. Derzeit versuche ich noch immer, dieses Problem unter Kontrolle zu bekommen. Roshan sagt, daß diese Bakterien in meinem Teil der Welt verbreitet sind. Streß, falsche Ernährung und andere Faktoren können zum Ausbruch der Krankheit führen. Nach sechzehn Monaten im Gefängnis war es kein Wunder, daß ich schließlich ein Magengeschwür bekam.

An dem zweiten Wochenende nach meiner Freilassung telefonierte ich endlich von Rahufs Wohnung aus mit meiner Mutter Amariya. Zuerst war Rahuf am Apparat. Er sagte, daß auch mein Bruder Babs da war. Rahuf reichte mir den Hörer. Ich vernahm eine tiefe Stimme. Ich bat darum, meinen Bruder Babs zu sprechen. Der sei am Apparat, erwiderte die Stimme. Seine Stimme hatte sich verändert! Er selbst habe sich auch verändert, sagte er. Sehr. Er hatte gerade seinen Abschluß an der Schule für Gestaltung in Ho gemacht. Schulabschluß! Als ich geflohen war, hatte er gerade dort angefangen. Ja, er hatte seinen Abschluß. Er sei jetzt auch viel größer, sagte er. Größer als ich. Und er habe einen Schnurrbart und sei am ganzen Körper behaart, genau wie Yaya. Er entwickelte sich zum Abbild seines Vaters, ähnelte unserem geliebten verstorbenen Vater immer mehr.

Und dann reichte er meiner Mutter den Hörer. Amariya stellte mich auf die Probe. Sprach sie wirklich mit ihrer Tochter? Sie spielte eines unserer alten Rituale von früher durch, wenn sie mich rief, ich sollte kommen und ihr helfen, und ich zwar antwortete, aber nicht kam.

»Fauziya?«

»Eh.«

»Fauziyaaa.«

»Eh.«

»Fauziya! Wo bist du?«

»Ich bin hier.«

Und dann brach meine Mutter in Tränen aus. »O ja, du bist wirklich meine Tochter, du bist wirklich meine Kleine, mein kleines Mädchen.« Und dann fing sie an, sich zu entschuldigen und mir immer und immer wieder zu danken. »Ach, Fauziya, es tut mir leid, es tut mir leid, es tut mir so leid. Ach, meine Tochter, danke, danke, danke.«

Was tat ihr leid? Warum entschuldigte sie sich bei mir? Wofür dankte sie mir?

Sie entschuldigte sich für alles, was ich durchgemacht hatte, dankte mir dafür, daß ich stark geblieben war, daß ich in Amerika geblieben war, daß ich nicht zurückgekommen war, daß ich nicht alles verraten hatte, woran meine Familie glaubte, woran mein Vater geglaubt hatte.

Auch sie fragte ich, warum sie mir nicht geschrieben hatte. Dieselbe Antwort. Sie hatte keinen Brief bekommen? Vielleicht, vielleicht auch nicht. Meine Mutter kann überhaupt nicht mit schlechten Nachrichten umgehen. Ich wollte ihr ein wenig am Telefon erzählen, was ich erlebt hatte. Nein! Nein! Sie wollte es nicht hören. Sie wollte nichts davon wissen. Sie hatte für mich gebetet. Jetzt ging es mir gut. Allein das zählte. Was vorbei ist, ist vorbei. Sie wollte nicht mehr darüber reden. Nie mehr.

Ich telefoniere jetzt regelmäßig mit meiner Familie. Ich habe oft versucht, ihnen ein wenig davon zu erzählen, was ich in jenen sechzehn Monaten durchgemacht habe. Sie wollen es nicht wissen.

Manchmal verletzt mich das. Dann breche ich aus heiterem Himmel in Tränen aus, weil ich mich verletzt fühle. Doch ich verstehe, warum meine Familie nichts davon hören will. So sind wir nun mal. Wir sprechen nicht über vergangene Schmerzen und Leiden. Aber natürlich habe ich meiner Mutter von Layli erzählt, und was sie alles für mich getan hat. Daraufhin hat sie uns eine Kassette geschickt, auf der sie über Layli spricht, sie lobt, ihr dankt. Layli und ich haben sie uns gemeinsam angehört. Ich habe ihre Worte für Layli übersetzt. Layli lachte verlegen, aber sie war gerührt. Danach hat sie sogar mit meiner Mutter und meiner Schwester am Telefon geredet. An diesem Tag lernten sich meine Familie in Togo und meine Familie in Amerika endlich kennen. Ach, es war wunderschön. Layli gab sich redlich Mühe, einen Satz in unserer Sprache herauszubringen, aber sie hat ihn fürchterlich verhunzt. Meine Mutter und meine Schwester wollten sich ausschütten vor Lachen.

Am Donnerstag, dem 13. Juni 1996, gab das BIA seine Entscheidung bekannt. Inzwischen war ich in eine Wohnung in Washington umgezogen, die einem Freund von Karen und Richard gehörte. Karen rief mich an und sagte, daß sie soeben die Entscheidung des BIA erhalten hatte. Ich schloß die Augen, schickte ein inbrünstiges Gebet an Allah und erwartete das Urteil.

Asyl gewährt.

Elf Richter hatten zu meinen Gunsten entschieden. Einer war dagegen gewesen, aber ohne Begründung.

Wir hatten gewonnen! An diesem Donnerstag, dem 13. Juni, wurde ich wirklich ein freier Mensch. Ehre sei Allah.

Die BIA-Richter hatten beschlossen, meinen Fall nicht an Ferlise zurückzuverweisen. In ihrer Entscheidungsbegründung schrieben sie, daß sie beschlossen hatten, die neuen Beweise – die eidesstattlichen Erklärungen von Professor Posnansky und mir – nicht zu berücksichtigen. Sie meinten, dazu bestehe keine Notwendigkeit, weil das vorliegende Protokoll, das Protokoll, das Layli aufgesetzt hatte, mehr als ausreichend sei. Und sie stellten fest, daß sie ausschließlich auf der Grundlage dieses Protokolls zu ihrer Entscheidung gekommen waren. Vielleicht war dem wirklich so, vielleicht aber auch nicht. Karen erfuhr später aus zuverlässiger Quelle, daß das BIA sehr wohl von den neuen Beweisen beeinflußt wurde, die in den Medien ausführlich dargestellt worden waren. Jedenfalls fühlte Layli sich durch das, was die BIA-Richter über das Protokoll schrieben, sehr bestätigt. Auch Eric Bowman sah sich durch die Entscheidung rehabilitiert. Ich besuchte ihn später. Karens Kritik an seiner Arbeit hatte ihn sehr gekränkt. Doch die Begründung des BIA stimmte ihn versöhnlicher.

Die Richter hoben Ferlises Entscheidung auf. Sie lehnten auch David Martins Appell an sie ab, heute schon darüber zu entscheiden, in welchen künftigen Fällen eine drohende Genital-Verstümmelung als berechtigter Grund zur Gewährung von Asyl betrachtet werden könne. Sie wollten jeden künftigen Fall als Einzelfall behandeln. Gott segne das BIA. Layli erzählte mir, daß die Entscheidung später auf einige Kritik gestoßen ist. Die BIA-Richter hatten befunden, daß ich Anspruch auf Asyl hatte und daß die Genital-Verstümmelung als Grund für die Gewährung von Asyl galt. Das war eine Präzedenzentscheidung, die nun für sämtliche anderen Richter in Asylverfahren bindend war, also auch für Richter Donald V. Ferlise. Aber einige waren der Ansicht, daß die Entscheidung nicht klar genug begründet worden sei. Wäre sie das gewesen, so meinte Layli, hätten andere sich ein Bild davon machen können, wie die BIA-Richter verschiedene Faktoren gegeneinander abgewogen hatten, und hätten diese Information als Argumentationshilfe in künftigen Fällen nützen können. Layli hält die Rechtslage noch immer für verschwommen, und es gibt zuviel Spielraum, um Frauen abzuweisen, die ein Recht auf Asyl haben.

Das alles liegt heute über anderthalb Jahre zurück. Eigentlich keine sehr lange Zeit – nur wenig mehr, als ich im Gefängnis verbracht habe. Ich bin noch immer dabei, mich einzugewöhnen, und fange gerade erst an, mich irgendwie zu Hause zu fühlen. Ich lebe jetzt in einer anderen Wohnung, nach amerikanischen Maßstäben nicht sonderlich luxuriös, aber luxuriöser als alles, was ich je zu Hause hatte oder gesehen habe. Ich habe einen Computer. Ich habe sogar E-Mail. Das ist mein neues Leben.

Equality Now hat mir bei dieser Eingewöhnung sehr geholfen. Es ist ihnen wichtig, ihre Schützlinge auch weiterhin zu betreuen. Manche Menschenrechtsorganisationen helfen einem, bis man aus dem Gefängnis ist oder Asyl bekommen hat, und dann kümmern sie sich um den nächsten hilfsbedürftigen Menschen. Aber *Equality Now* hilft langfristiger – hilft einem, sich einzurichten, sich zu orientieren, einzugewöhnen, hilft einem, ein neues Leben aufzubauen. Deshalb kam Jessica kurz nach meiner Entlassung – just an dem Tag, als mein Asylantrag endlich angenommen wurde – von New York nach Washington, um mit mir zusammen zu verschiedenen Schulen zu gehen und mit einer Ausbildungsberaterin zu sprechen, die mir bei der Auswahl der passenden Schule helfen sollte. Ich brannte darauf, endlich wieder zu lernen. Jessica war die erste, die sich um diese neue Phase in meinem Leben kümmerte.

Ich habe soeben mein erstes Vorstudienjahr hinter mir. Ich habe lange darüber nachgedacht, was ich machen soll, wenn ich fertig bin – ob und was ich studieren soll, was ich werden will. Im Augenblick habe ich den Wunsch, Krankenschwester zu werden. Aber es kann sein, daß ich meine Meinung wieder ändere, wie schon ein paarmal. Eine Zeitlang war ich ziemlich sicher, daß ich Menschenrechtsarbeit machen möchte, so wie die Menschen, die mir geholfen haben, aber alle haben gesagt, daß ich dann Jura studieren müsse. Es ist schon komisch! Früher hat man mich gelehrt, keinem Anwalt zu trauen. Heute sind die meisten meiner guten Freunde Anwälte, und ich überlege sogar, ob ich selbst Anwältin werden soll!

Auch in meiner Familie hat sich vieles geändert. Nach meiner Freilassung ging meine Mutter zurück nach Kpalimé, in das Haus meines Onkels, um Frieden in der Familie herzustellen. Celia Dugger war da, als sie das tat. Meine Mutter ging zu meinem Onkel und entschuldigte sich bei ihm. Ich war so empört, als sie mir das erzählte. Wieso entschuldigte sie sich bei ihm? Er hätte sich bei ihr entschuldigen müssen! Aber sie wußte, daß er das nie tun würde, und sie wollte, daß wieder Frieden in der Familie herrschte. Sie sagte, wenn sie den Bruch nicht gekittet hätte, würde er von Generation zu Generation weiter bestehen, also erniedrigte sie sich und bat ihn um Verzeihung. Ich hätte das nie getan. Aber so ist Amariya nun mal.

Danach lebte sie eine Weile im Haus meines Onkels. Aber jetzt wohnt sie in Ghana bei einer ihrer Schwestern. Auch meine Tante hat Kpalimé verlassen und ist zurück in den Norden gegangen, nachdem sie das Haus meines Vaters verkauft hat. Nun haben wir also kein Elternhaus mehr. Das Haus, für das Yaya so hart gearbeitet hat, das Haus, in dem wir alle aufgewachsen sind, gehört nun jemand anders. Meine Mutter sagt, daß meine Tante fortgegangen ist, weil sie mit der Leitung des noch verbliebenen Geschäfts meines Vaters überfordert war und weil sie sich wegen der großen Aufmerksamkeit schämte, die mein Fall erregte. Die ganze Gemeinde wußte, was sie getan hatte. Und viele Weiße von außerhalb wußten es auch. Vor der Verhandlung waren Leute von der US-Botschaft gekommen und hatten viele peinliche Fragen gestellt, um den Wahrheitsgehalt meiner Geschichte zu überprüfen. Und als mein Fall dann immer häufiger in der Presse erwähnt wurde, kamen westliche Journalisten nach Kpalimé, machten Interviews und stellten noch mehr Fragen. Ich glaube, meine Tante konnte den Druck nicht mehr ertragen.

Obwohl ich jetzt wieder regelmäßig Kontakt zu meiner Familie habe, vermisse ich sie schrecklich, besonders jetzt, wo Rahuf fort ist. Mein wunderbarer Vetter ist vor einigen Monaten zurück nach Togo gegangen. Es gab irgendeine dringende Familienangelegenheit, und er saß schon im Flugzeug, als ich nach Hause kam und die Nachricht hörte, die er mir auf den Anrufbeantworter gesprochen hatte. Alle meine Verwandten, alle meine Blutsverwandten, alle Blutsverwandten, die für mich zur Familie gehören, sind jetzt in Afrika. Und ich bin in Amerika. Allein.

Ich bin Amerika dankbar. Sehr dankbar. Ich bin dem amerikanischen Volk und der amerikanischen Regierung für alles dankbar, was sie für mich getan haben. Sie haben mich aufgenommen, mir Schutz gewährt, mir einen sicheren Ort zum Leben gegeben. Aber ich wünschte, ich könnte meine Familie sehen. Mit meinem Flüchtlingspaß kann ich zwar auch außerhalb der Vereinigten Staaten reisen, aber ich kann nicht nach Togo zurück, weil ich nach muslimischem Recht noch immer rechtskräftig mit Ibrahim verheiratet bin. Surita hat angeboten, mir Geld zu geben, damit ich meine Mutter nach Amerika kommen lassen kann. Gott segne sie. Aber ich möchte nicht, daß meine Mutter hierherkommt, solange sie kein Zuhause hat, in das sie zurückkehren kann. Im Augenblick arbeiten wir daran.

Ich vermisse auch meine Geschwister. Es bricht mir das Herz, von ihnen getrennt zu sein. Ich fürchte, wenn wir uns endlich einmal wiedersehen, in Ghana oder Benin oder Nigeria, werden sie mich nicht mehr wiedererkennen, weil ich mich so sehr verändert habe. Ich habe inzwischen so viel erlebt, so viele Erfahrungen gemacht, die nun Teil von mir sind. Wie sollen wir wieder zueinander finden wie früher? Wir unterhalten uns am Telefon. Aber das ist nicht dasselbe, wie mit ihnen zusammenzusein, sie zu necken, mit ihnen zu streiten, Tag für

Tag mit ihnen zu leben, von morgens bis abends. Das habe ich verloren. Für immer.

Und Yaya. Diese Wunde in meinem Herzen wird nie verheilen. Noch immer besucht er mich in meinen Träumen. Aber das ist das einzige, was mir von ihm geblieben ist. Das und die schöne Uhr, die er mir zum fünfzehnten Geburtstag geschenkt hat. Sie ist noch immer kaputt. Ich werde sie nicht reparieren lassen. Ich möchte es nicht, ohne recht erklären zu können, warum. Vielleicht, weil ich mich von der Uhr auch nicht für kurze Zeit trennen möchte. Vielleicht, weil ich immer denke, daß sie mein Handgelenk bei der Gefängnisrevolte vor den Schlägen geschützt hat, daß Yaya mich beschützt hat.

Meine Mutter lacht heute und sagt im Scherz, sie hätte ruhig zulassen sollen, daß mein Vater meinen Namen auf den Lastwagen schrieb, den er nach meiner Geburt gekauft hatte, weil jetzt ohnehin jeder meinen Namen kennt. Natürlich nicht jeder, aber viele. »Du bist von Gott auserwählt worden«, sagt meine Mutter. Das ist ihre Erklärung für das, was mir widerfahren ist. Ich erwidere darauf, wenn es so ist, zu Gottes Auserwählten zu gehören, dann wäre ich sehr viel glücklicher, wenn Gott mich nicht auserwählt hätte…

Layli spricht von Gottes Wegen. Und obwohl ich finde, daß ich viel zuviel gelitten habe, scheint es so, als hätte es doch etwas Gutes bewirkt. Wenn die BIA-Entscheidung es anderen Frauen, die vor der Beschneidung fliehen, etwas leichter macht, Asyl zu bekommen, dann war mein Leiden vielleicht nicht sinnlos. Natürlich wollte ich niemals die Galionsfigur einer öffentlichen Kampagne werden. Ich war nur eine junge Frau, die vor zwei schrecklichen Schicksalen floh – beschnitten und zu einer polygamen Ehe gezwungen zu werden –, und die dann unglücklicherweise in dem Land, wo sie Hilfe suchte, ins Gefängnis gesteckt wurde. Ich wußte nicht, daß es Menschen gibt, die aktiv und organisiert darum bemüht sind, diesen Formen weiblichen Leidens ein Ende zu machen. Und ich wußte nicht, daß man beides als Verletzung der Menschenrechte betrachtet. Ich wollte nur meine eigene Haut retten. Aber zufällig wurde mein Fall genau zum richtigen Zeitpunkt bekannt, so daß er zum Symbol für das wurde, was vielen anderen Frauen widerfährt. Gott und Layli und Karen und *Equality Now* und Celia Dugger besorgten den Rest.

Jetzt, da ich die Genital-Verstümmelung nicht nur als etwas betrachte, das mir beinahe widerfahren wäre, sondern als ein weltweites Problem, weiß ich, daß ich meine Stimme dagegen erheben muß. Deshalb habe ich dieses Buch geschrieben. Ich habe erlebt, wieviel Publicity bewirken kann, nicht nur für mich persönlich, sondern für eine größere Sache. Wie ich höre, hat die amerikanische Botschaft in Togo beschlossen, mehr Geld für Aufklärungsmaßnahmen gegen die Beschneidung von Frauen auszugeben. Das war zum Teil eine Folge der Frauenkonferenz in Peking und zum Teil eine Reaktion auf meinen Fall. Ich habe auch gehört, daß mein Stamm eine große Versammlung abhalten wollte, auf der debattiert werden sollte, ob sie die Praxis weiter beibehalten. Ich weiß nicht, zu welchem Ergebnis diese Versammlung gekommen ist, aber ich bete zu Allah, daß beschlossen wurde, die *kakia* abzuschaffen. Die Menschen meines Stammes sind gute Menschen. Aber auch gute Menschen können böse Dinge tun. Sie müssen sorgfältig darüber nachdenken, was sie tun und warum sie es tun, und nicht einfach immer weitermachen, bloß weil das schon immer so gewesen ist. Eine lange Tradition macht etwas Falsches nicht richtig. Das ist eines der Dinge, die ich von meinem Vater gelernt habe, der gründlich über seine Entscheidungen nachdachte und sich über Traditionen hinwegsetzte, wenn er sie für falsch hielt. Wenn die Menschen meines Stammes sich zusammenschließen und sagen würden: »Nein, das ist falsch, es muß aufhören.« Ach, was wäre ich stolz auf sie. Ich bete zu Allah, daß die Aufmerksamkeit, die mein Fall erregt hat, ihnen dabei helfen wird, das Richtige zu tun.

Es gibt einen zweiten Grund, warum ich dieses Buch geschrieben habe. Das amerikanische Volk soll wissen, was mir hier in Amerika passiert ist. Bis zu dem Augenblick, als die Publicity einsetzte, hatte ich nicht das Gefühl, daß es überhaupt irgend jemanden interessierte, bis auf die wenigen Menschen, die mir helfen wollten. Aber als mir dann so viele wunderbare Menschen schrieben, wie empört sie über meine Behandlung waren, da erkannte ich, daß es die Menschen doch interessierte. Sie müssen nur davon erfahren. Mit diesem Buch kann ich meinen Teil dazu beitragen, daß sie erfahren, was mir passiert ist und was – noch schlimmer – Tag für Tag zahllosen anderen Flüchtlingen in Gefängnissen im ganzen Land passiert. Das amerikanische Volk ist ein gutes Volk. Das weiß ich jetzt. Es ist mir immer und immer wieder bewiesen worden. Das amerikanische Volk kann den Mißhandlungen von Flüchtlingen wie mir Einhalt gebieten. Und das wird es, so glaube ich, wenn es von ihren Leiden erfährt.

Karen, Layli, Surita und Jessica arbeiten noch immer mit allen Kräften daran, jenem Leid ein Ende zu bereiten. Surita und Jessica bemühen sich weiterhin bei *Equality Now*, auf die vielen Formen von Leiden und Mißhandlungen aufmerksam zu machen, die Mädchen und Frauen weltweit zugefügt werden, und zwar indem sie Einzelfälle bekanntmachen. Karen ist wieder an der *Santa Clara University*, wo sie ein neues Projekt ins Leben gerufen hat: das *International Human Rights and Migration Project*, bei dem es unter anderem auch um Unterstützung für weibliche Flüchtlinge geht. Zusätzlich arbeitet Karen zusammen mit Deborah Anker von der *Harvard University* an einer landesweiten, von der *Ford Foundation* und der *Joyce-Mertz Gilmore Foundation* geförderten Studie, um die Auswirkungen zu untersuchen, die die jüngsten Änderungen im Einwanderungsgesetz auf Asylbewerber haben. Layli hat ihr Jurastudium abgeschlossen und arbeitet jetzt in einer großen Anwaltskanzlei in Washington. Sie hat zudem ein neues Frauenflüchtlingszentrum ins Leben gerufen, dem sie den Namen *Tahirih Justice Center* gab, ein Zentrum zur Förderung der Menschenrechte und zum Schutz von Immigrantinnen – von Frauen wie mir.

Esmor ist wieder in Betrieb. Es heißt zwar nicht mehr Esmor – jetzt trägt es den Namen *Elizabeth Detention Center* –, aber es ist noch immer Esmor. Frank arbeitet noch immer dort, Gott sei Dank. Er wird anderen helfen, wie er mir geholfen hat. Ich habe den Koran und den *tasbih*, die Frank für mich aufbewahrt hat. Er konnte sein Versprechen halten und mir beides nach meiner Freilassung persönlich übergeben.

Und dann sind da noch meine Freundinnen, die ich im Gefängnis gefunden habe. Esther wurde wieder nach Ghana abgeschoben. Oche wurde nach Nigeria abgeschoben. Aicha bekam Asyl und besucht jetzt ein College im Großraum Philadelphia. Wir sehen uns so oft wie möglich. Sie hat mir meinen *tasbih* zurückgegeben und den *mayahfi* behalten. Und Sylvie. Sylvie ist noch immer in York und wartet.

Ich danke Gott jeden Tag, fünfmal am Tag, für mein eigenes Glück. Gott hat mich gesegnet. Er hat mich leiden lassen, aber er hat mich auch gesegnet. Ich lebe sicher und frei in Amerika, umgeben von

Menschen, die mich lieben. Andere haben nicht soviel Glück. Sie werden in Gefängnissen festgehalten, man verweigert ihnen Asyl, schickt sie dorthin zurück, wo sie entsetzliches Leid erwartet. Meine Freundinnen, alle die Freundinnen, die ich im Gefängnis fand, weinten vor Freude an dem Tag, als ich in die Freiheit entlassen wurde. Sie baten mich nur um eines. Nur um eines.

»Vergiß uns nicht, Fauziya.«

Ich habe sie nicht vergessen. Ich werde sie niemals vergessen. Dieses Buch erzählt nicht nur meine Geschichte. Es erzählt auch ihre.

Epilog

Dank der vielen Menschen, die sich für Fauziya Kassindja einsetzten, hat ihre Geschichte ein Happy-End. Am 24. April 1996 wurde sie aus der Sicherheitsverwahrung entlassen, und am 13. Juni 1996 wurde ihr Asyl gewährt. Fauziyas Geschichte hat etwas Märchenhaftes an sich. Die junge Frau, die wie eine Kriminelle behandelt und von Gefängnisaufsehern gedemütigt wurde, wird nun von Journalisten belagert, von Kongreßmitgliedern gefeiert und von Berühmtheiten wie Alice Walker und Gloria Steinem empfangen. Außerdem bewirkte die Aufmerksamkeit der Medien für ihren Kampf um Gerechtigkeit, daß die Beschneidung von Frauen stärker ins öffentliche Bewußtsein drang.

Trotz des glücklichen Endes muß man jedoch das Leid zur Kenntnis nehmen, das Fauziya erdulden mußte. Sie litt unter dem Schmerz der Trennung, wie ihn nur Flüchtlinge kennen, die Heimat und Familie zurücklassen mußten. Sie litt unter der Einsamkeit im Exil in Deutschland und Amerika. Sie litt in Einzelhaft und in der Gesellschaft von Kriminellen. Und sie litt unter den Vorurteilen eines Richters für Asylrecht, der sie für unglaubwürdig hielt. Und Fauziya ist nur eine von vielen Asylsuchenden auf der Flucht vor Verfolgung.

Müssen wir aus Fauziyas Geschichte wichtige Lehren ziehen? Haben wir gelernt, daß Asylsuchende keine Kriminellen sind und nicht als solche behandelt werden sollten? Und haben wir erkannt, daß Richter mitunter Fehlurteile fällen, und welche Möglichkeiten bestehen, solche Fehlurteile wieder aufzuheben? Haben wir akzeptiert, daß Frauen ein Recht darauf haben können, als Flüchtlinge geschützt zu werden, auch wenn es sich bei der Verfolgung, die sie fürchten, um Genital-Verstümmelung handelt oder um irgendeine andere Form von Bedrohung, die nur Frauen betrifft und die in ihren Heimatländern allgemein üblich ist?

Wie gern würde ich jede dieser Fragen mit einem lauten Ja beantworten. Wie gern würde ich hier feststellen, daß Asylsuchende wie Fauziya nicht länger in Haft genommen werden, daß man ihnen das Recht zusichert, gegen richterliche Fehlentscheidungen wie die von Richter Ferlise, der Fauziyas Asylantrag ablehnte, Berufung einzulegen. Wie gerne würde ich auch einen strahlenden Sieg für die Menschenrechte von Frauen und für weibliche Flüchtlinge verkünden und Ihnen sagen können, daß die Öffentlichkeit sich immer stärker der Tatsache bewußt wird, daß der Genital-Verstümmelung, Vergewaltigung, Gewalt in der Familie und anderen Formen von Gewalt, unter denen gemeinhin Frauen leiden, durch unseren Umgang mit Asylsuchenden Vorschub geleistet wird. Es wäre sogar ein sehr schönes Happy-End, wenn ich sagen könnte, daß Fauziya nicht nur freikam, sondern daß ihre Geschichte darüber hinaus Auswirkungen auf das US-Flüchtlingsrecht und die Flüchtlingspolitik der USA hatte. Aber wenn ich das behaupten würde, wäre das eher ein Wunschdenken.

In der Folge von Fauziyas Kampf um Gerechtigkeit hat es einige ermutigende Entwicklungen gegeben. So wurden beispielsweise einige Fortschritte dahingehend erzielt, daß geschlechtsspezifische Gefährdungen, wie beispielsweise die Genital-Verstümmelung, einer Asylsuchenden den Anspruch auf Schutz garantieren. Längst nicht alle Richter und INS-Prozeßanwälte haben sich dieses Prinzip zu eigen gemacht, aber viele eben doch, und die Entscheidung des BIA ist eine Präzedenzentscheidung, auf die in anderen Fällen verwiesen werden kann.

Überwiegend jedoch ist die US-Flüchtlingspolitik eher härter geworden. Im September 1996 verabschiedete der Kongreß ein neues Gesetz zur »beschleunigten Abschiebung«, das den verfahrensrechtlichen Schutz von Asylbewerbern einschränkt. Nach diesem Gesetz dürfen Asylsuchende wie Fauziya, die ohne gültige Ausweispapiere in den USA ankommen, kein Asyl beantragen, es sei denn, sie äußern die Angst vor Verfolgung oder die Absicht, einen Asylantrag zu stellen, unmittelbar bei ihrer Ankunft gegenüber einem Beamten der Einwanderungsbehörde. Diese Regelung hört sich zunächst ganz vernünftig an. Schließlich hatte Fauziya bei ihrer Ankunft der INS mitgeteilt, daß sie Asyl beantragen wollte. Aber vergessen wir nicht, daß Fauziya von Charlie den Rat bekommen hatte, gleich nach ihrer Landung in den USA um Asyl zu bitten. Viele Flüchtlinge wissen einfach nicht, daß es in ihrem eigenen Interesse liegt, gleich dem ersten INS-Beamten, mit dem sie in Kontakt treten, mitzuteilen, daß sie Asyl beantragen wollen.

Selbst wenn eine Asylsuchende dem INS-Beamten sagt, daß sie Angst vor Verfolgung hat, wird ihr Asyl nur dann gewährt, wenn sie einen INS-Beamten in einem Gespräch von ihrem berechtigten Anspruch überzeugt. Ein solches Gespräch sollte innerhalb von zwei Tagen nach ihrer Ankunft in den Vereinigten Staaten stattfinden. Aufgrund dieser kurzen Zeitspanne ist es manchen Asylbewerbern nicht möglich, einen Anwalt zu kontaktieren, der ihnen bei der Darlegung der wichtigen Fakten ihres Falles beisteht.

Eine gute rechtliche Vertretung kann bei einem Asylverfahren über Sieg oder Niederlage entscheiden, wie es auch bei Fauziya der Fall war. Eine der wichtigsten anwaltlichen Aufgaben in dieser Anfangsphase ist es, die Asylsuchende davon zu überzeugen, daß sie wirklich alle Gründe für die Flucht aus ihrer Heimat nennen kann und muß. Diese Überzeugungsarbeit ist wichtig, und zwar nicht etwa, weil Asylsuchende die Wahrheit verschleiern wollen, sondern weil die Dinge, die ihnen in ihrer Heimat widerfahren, häufig so schmerzlich und demütigend sind, daß die Schilderung für sie sehr qualvoll ist. Und doch sind es häufig gerade diese unsagbaren Dinge, die den legitimen Anspruch auf Asyl begründen.

Ich möchte diesen Punkt noch deutlicher machen: Stellen Sie sich vor, wie schlimm es für eine Frau sein muß, einem fremden Menschen (vor allem einem Mann) erzählen zu müssen, daß sie mehrfach brutal vergewaltigt und womöglich geschwängert wurde – ein Schicksal, wie es Tausende von bosnischen Musliminnen im ehemaligen Jugoslawien erlitten. Ich weiß von vielen Asylsuchenden, die ihren Anwälten erst nach Monaten von Vergewaltigung oder anderen Formen sexueller Gewalt erzählen konnten. Wie wahrscheinlich ist es also, daß eine Asylsuchende in einem Gespräch, das innerhalb von wenigen Stunden oder Tagen nach ihrer Ankunft in den Vereinigten Staaten stattfindet, offen über derart persönliche Dinge sprechen wird? Fauziya ist ein gutes Beispiel dafür, wie hinderlich hier Scham und Diskretion sein können. Als Fauziya von INS-Beamten am Flughafen von Newark befragt wurde, erzählte sie ihnen, daß sie Asyl beantragen wollte, um einer Zwangsverheiratung zu entgehen. Sie hatte Hemmungen, die drohende Beschneidung auch nur zu erwähnen.

Fauziya hat Glück gehabt. Es war ihr möglich, den Antrag zu stellen und ihren Fall vor einen Asylrichter zu bringen. Und als dieser Richter ihren Antrag ablehnte, konnte sie Berufung einlegen. Das ist jetzt nicht mehr möglich. Falls der Beamte, der die Asylsuchende befragt, nicht von der Rechtmäßigkeit ihres Anspruchs überzeugt ist, gibt es nur eine einzige Instanz, die diese Entscheidung noch einmal prüft. Diese Prüfung erfolgt durch einen Richter für Asylrecht, und zwar innerhalb von höchstens sieben Tagen. Selbst wenn es der Asylsuchenden gelungen ist, sich einen Anwalt zu nehmen, so bleibt diesem in der Kürze der Zeit kaum die Möglichkeit, genügend Beweismittel zusammenzustellen oder sich gründlich vorzubereiten. Es sei daran erinnert, daß in Fauziyas Fall ein Großteil der wichtigsten Beweismittel – ihre Heiratsurkunde, das Hochzeitsfoto, die Briefe ihrer Mutter, Informationen zur Beschneidung von Frauen, Gutachten von Sachverständigen zu den kulturellen Normen in Togo – erst im Laufe der Zeit zusammengetragen werden konnten.

Was würde also passieren, wenn Fauziya Kassindja heute am Newark International Airport um Asyl bitten würde? Diese Frage kann ich nicht mit Sicherheit beantworten, weil wir noch nicht wissen, wie das beschleunigte Abschiebeverfahren funktioniert. Wir wissen, daß die INS-Beamten, die Fauziya im Jahre 1995 befragten, ihr nicht glaubten, daß sie aus Togo kam. Aber die Beamten haben eine Zusatzausbildung erhalten, um ihre neue Funktion im Rahmen des beschleunigten Abschiebeverfahrens ordnungsgemäß ausüben zu können, und es ist möglich, daß sie nun anders auf Fauziyas Geschichte reagieren würden. Wir wissen, daß der Richter in Fauziyas Fall zu der Entscheidung gelangte, daß sie die Unwahrheit sagte und daß, selbst wenn sie die Wahrheit sagte, die Furcht vor Genital-Verstümmelung kein Grund für die Gewährung von Asyl sei. Fauziya konnte sich dennoch behaupten, weil sie die Möglichkeit hatte, beim BIA gegen Richter Ferlise' Entscheidung Berufung einzulegen. Nach dem beschleunigten Abschiebeverfahren ist eine solche Berufung nicht mehr möglich. Allerdings hätte Fauziya das Recht auf ein Gespräch mit einem Asyl-Beamten, falls sie Furcht vor Verfolgung geltend machen würde. Es ist möglich, daß ein solches Gespräch mit einem Asyl-

Beamten verhindern könnte, daß sie nach Togo zurückgeschickt wird. Doch darüber können wir derzeit nur spekulieren – wir wissen einfach noch nicht, welche Auswirkungen die Abschaffung verfahrensrechtlicher Absicherungen für Asylsuchende wie Fauziya Kassindja haben wird.

Warum hat der Kongreß das Gesetz zur beschleunigten Abschiebung erlassen, das Recht auf Berufung aufgehoben und eine derart rasche Abwicklung des Verfahrens gefordert? Ein faires Verfahren ist dadurch nicht mehr gesichert. Die Befürworter der beschleunigten Abschiebung behaupten, sie sei notwendig geworden, weil Immigranten mit vorgetäuschten Asylansprüchen das System ausnutzten. Ob diese Bedenken nun gerechtfertigt sind oder nicht, die Bürger der Vereinigten Staaten müssen sich darüber im klaren sein, daß sie für die Maßnahmen ihrer Regierungsstellen verantwortlich sind. In den vergangenen Jahren ist die Furcht vor »illegalen Immigranten« gewachsen, weil in ihnen die Hauptursache für viele gesellschaftliche Probleme gesehen wird – Arbeitslosigkeit, hohe Kriminalität, Überbevölkerung, Verelendung von Wohnbezirken. Die Amerikaner haben Angst vor »Überfremdung« und glauben, daß sie sich und ihre Familien schützen, wenn sie die Fremden aussperren. Zu diesem Zweck haben sie die US-Parlamentarier dazu ermutigt, restriktive Maßnahmen zu erlassen – beispielsweise die beschleunigte Abschiebung.

Doch obwohl die Polemik gegen Immigranten in den USA zunimmt, rührten Fauziyas Leiden die US-Bürger tief. Im April 1996, als Celia Dugger auf der Titelseite der *New York Times* ihren Artikel über Fauziyas Leidensgeschichte veröffentlichte, erhielten ihre Anwälte Hunderte von Anrufen und Briefen mit Sympathiebekundungen. Die Anrufer und Briefeschreiber konnten kaum glauben, daß die Vereinigten Staaten eine junge Frau wie Fauziya eingesperrt hielten. Ist das ein Widerspruch? Oder liegt es einfach daran, daß die Amerikaner dann großherzig reagieren, wenn sie mit der realen Geschichte einer »illegalen Immigrantin« konfrontiert werden und das menschliche Gesicht des Individuums sehen können, das schutzsuchend zu uns geflohen ist? Dann vergessen sie alle Polemik und ersetzen sie durch Mitgefühl und Solidarität.

Die Vereinigten Staaten gelten in der ganzen Welt als Verteidiger der Freiheit und als Zufluchtsort für die Unterdrückten. Die Amerikaner dürfen die Zugbrücke nicht hochziehen und die Ohren vor denjenigen verschließen, die vor Ungerechtigkeit und Verfolgung fliehen. Sie sollten nicht die Augen verschließen vor dem Leid in der Welt, sondern sich von ihrer Großzügigkeit leiten lassen und sich der vielzitierten Zeilen von Emma Lazarus erinnern, die als Inschrift an der Freiheitsstatue zu lesen sind und alle, die in die USA kommen, willkommen heißen:

Give me your tired, your poor,
Your huddled masses yearning to be free…

(Sendet mir eure Müden und Armen,
Die Ungezählten, die sich sehnen, frei zu atmen…)

Karen Musalo

Anmerkung des Verlages: Im September 1996 verabschiedete der Kongreß ein Gesetz, das die Beschneidung von Frauen strafbar macht und Geldmittel für die Aufklärung bestimmter Einwanderungsgruppen über diese Praxis zusichert.

Fauziyas Danksagung

Schon im Gefängnis fing ich an, einige der unglaublichen Dinge aufzuschreiben, die mir widerfuhren. Ich dachte, daß ich dieses Tagebuch irgendwann einmal meinen Kindern und Enkelkindern würde zeigen können. Nie hätte ich mir träumen lassen, daß ein Buch über meine Erfahrungen erscheinen würde, das von aller Welt gelesen werden kann. Im Verlauf des letzten Jahres mußte ich lernen, daß es eine gewaltige Aufgabe ist, ein Buch zu schreiben. Glücklicherweise standen mir dabei engagierte und kundige Menschen zur Seite.

Zu allererst bin ich meinen Anwälten von der juristischen Fakultät der *American University* in Washington zu Dank verpflichtet, die so entschlossen darum kämpften, daß ich Asyl bekam, und die mir halfen, während der vielen Monate im Gefängnis nicht den Mut zu verlieren. Mein besonderer Dank gilt Karen Musalo, meiner unermüdlichen Streiterin, und Layli Miller Bashir, die jedem Interessierten meine Geschichte erzählte und dafür sorgte, daß mein Fall nicht durch die Maschen des Systems rutschte. Des weiteren danke ich David Shaffer, Nileema Pargoanker, Sidney Lebowitz, Denise Thomasson und Richard Boswell für ihre Hilfe und moralische Unterstützung. Außerdem danke ich von ganzem Herzen Surita Sandosham und Jessica Neuwirth von *Equality Now*, die mir halfen, die finstersten Tage im Gefängnis zu überstehen, und mich nach meiner Freilassung dabei unterstützten, mich in meiner neuen Heimat zurechtzufinden. Der Familie Bashir – Abbas, Irma, Roshan und Dwight – danke ich, daß sie mich nach meiner Freilassung bei sich aufnahmen, und vor allem Roshan für die dringend benötigte ärztliche Behandlung. Der Familie Miller – Larry, Carole, Irene, Matasha, Naysan und Langdon – danke ich für den Trost, den ich bei ihr fand. Dankbar bin ich auch Roni Dodonne, Mimi Ramsey und den zahllosen anderen Menschen, die mir, einer völlig Fremden, ihr Mitgefühl zeigten und mit Besuchen, Briefen, Fotos und Geschenken nicht nur meine Einsamkeit erträglicher machten, sondern mir auch das Gefühl gaben, geliebt zu werden und willkommen zu sein. Die Beweise ihrer Zuneigung und ihre Fürsorge haben mir gezeigt, daß das Amerika, in dem ich gerne leben wollte, nicht nur ein Traum war. Ich danke auch meinen afrikanischen Schwestern, die sich im Gefängnis um mich kümmerten, meinen Schmerz teilten und mich während meiner Krankheit pflegten, sowie Susan Toler, die mir half zu erkennen, wer ich wirklich bin.

Zwei außergewöhnlichen Frauen bei Bantam Doubleday Dell, Leslie Schnur und Cherise Davis Grant, danke ich dafür, daß es ihnen ein so großes Anliegen war, daß meine Geschichte erzählt wird, wie auch für ihre redaktionelle Hilfe und ihre Freundschaft. Ich danke auch meiner Agentin Margret McBride für die ungeheure Arbeit, die sie mit ihren Mitarbeitern geleistet hat, und dafür, daß sie an mich glaubte. Besonders dankbar bin ich Jacob Cohn, meinem Anwalt und Freund, der mir beim Schreiben dieses Buches mit Rat und Tat zur Seite stand. Seine kluge Hilfe und Unterstützung, sowohl in beruflicher als auch in persönlicher Hinsicht, waren von unschätzbarem Wert. Außerdem möchte ich Linda Steinman von Bantam Doubleday Dell für die vielen beglückenden Stunden danken, die wir gemeinsam bei der Bearbeitung des Manuskripts erlebten.

Es war ein absoluter Glücksfall für mich, daß ich von Gini Kopecky interviewt wurde. Englisch ist nicht meine Muttersprache, und die Erinnerung an das, was ich erlebt hatte, war oft schmerzlich und nur schwer mitzuteilen. Ihre Herzlichkeit und ihr Takt während unserer langen Gespräche waren tröstlich. In enger Zusammenarbeit mit mir und Layli beriet sie uns, wie meine Geschichte erzählt werden sollte. Außerdem machte sie wichtige Recherchen und half uns, das alles in schriftliche Form zu bringen, so daß ich es zum erstenmal selbst lesen konnte. Dafür und für ihre sonstigen Beiträge beim Entstehen dieses Buches danke ich ihr. Mein Dank geht auch an Marc Wallace, der einen großartigen Titel für das Buch fand.

Ein ebenso großer Glücksfall war, daß Beth Rashbaum das erste Manuskript in die endgültige Form brachte. Es ist ihr gelungen, das Material so zu gestalten, daß meine Gefühle und Erfahrungen unverfälscht zum Ausdruck kommen. Ich danke ihr für ihr unermüdliches

Engagement während der vielen Monate, für ihre Geduld angesichts der unvermeidlichen Komplikationen bei einem Projekt, an dem so viele Menschen mitgearbeitet haben, und vor allem für ihr sicheres Urteilsvermögen im Hinblick auf Tonfall, Struktur und Erzähltempo meiner Geschichte.

Und schließlich möchte ich meiner Familie zu Hause in Afrika für ihre Unterstützung danken. Meine Schwester Ayisha, du bist die beste Schwester der Welt! Ich liebe dich.

Laylis Danksagung

Zu allererst möchte ich Gott und den Lehren des Bahai-Glaubens für Anleitung und geistige Orientierung danken. Ich danke meinen Eltern, Larry und Carole Miller, für ihre bedingungslose Liebe, tiefe Weisheit, enge Freundschaft und für ihr leuchtendes Beispiel für den Dienst an der Menschheit. Und ich danke meiner übrigen Familie, Natasha, Langdon und Naysan, für ihre unerschütterliche Freundschaft, Großzügigkeit und ihre positive Haltung zum Leben.

Meinem Mann, Roshan Martin Bashir, bin ich zu großem Dank verpflichtet, weil er mich geduldig und mit vorbehaltloser Unterstützung durch die Prüfungen und dunklen Stunden von Fauziyas Fall begleitet hat, aber auch durch die Erfolge und Siege. Ich bin ihm dafür dankbar, daß er mich in meinen Plänen stets ermutigt und in meinen Vorhaben unterstützt hat. Er hilft mir bei allen Entscheidungen des Lebens.

Ich möchte den anderen Studenten-Anwälten für die vielen Überstunden, das aufrichtige Engagement und die erstklassige Arbeit danken, die sie in Fauziyas Fall geleistet haben: Sidney Lebowitz, Nileema Pargoanker, David Shaffer, Denise Thomasson. Zudem danke ich Michael Maggio, Jamin Raskin, Lauren Gilbert und Bo Cooper, dessen professionelle Beratung, persönliche Freundschaft und emotionale Unterstützung mir mehr bedeutet haben, als ich mit Worten sagen kann. Ich danke auch Celia Dugger, *Equality Now* und Karen Musalo für ihren Einsatz.

Meine Dankbarkeit gilt Leslie Schnur und Cherise Davis Grant von Bantam Doubleday Dell, die mit ihrer unendlichen Geduld angesichts der zahlreichen Schwierigkeiten, ihrem Engagement für die Rechte von Frauen und Immigranten sowie ihrer Sorgfalt beim Lektorieren dieses Buch zu dem gemacht haben, was es ist. Und ich danke

Margret McBride von der McBride Literary Agency, ohne deren Energie, Durchhaltevermögen, außerordentliche Geduld und Humor das Buch nie erschienen wäre. Außerdem möchte ich von ganzem Herzen Katherine Behan von Arnold & Porter danken, deren emotionale und juristische Unterstützung in den letzten anderthalb Jahren für mich von unschätzbarem Wert war. Ihre Freundschaft, ihr Rat und ihr leuchtendes Beispiel dafür, wie eine Anwältin sein kann, bedeuten mir unsagbar viel. Ich muß auch Gini Kopecky danken für ihre Freundschaft, ihre Hingabe und die vielen Opfer, die sie klaglos gebracht hat. Ihren warmherzigen Interviews und den endlosen Stunden, die sie mit Schreiben verbrachte, verdankt diese Geschichte ihren unmittelbaren authentischen Charakter. Zudem möchte ich Beth Rashbaum danken, deren schriftstellerische Fähigkeiten dazu beitrugen, daß das Buch Fauziyas Leben anschaulich schildert. Linda Steinman von Bantam Doubleday Dell danke ich für ihr Engagement und ihre juristische Sorgfalt.

Großen Dank schulde ich Irma und Abbas Bashir sowie der Bahai-Gemeinde und vielen anderen Menschen für ihre Unterstützung und ihren Einsatz im Kampf um Fauziyas Freiheit.

Zu guter Letzt möchte ich Fauziya Kassindja danken – für ihren Mut, ihre Tapferkeit und ihre Inspiration.

Weitere Informationen
sind bei folgenden Organisationen erhältlich:

Tahirih Justice Center

Das Tahirih Justice Center ist eine gemeinnützige Einrichtung und setzt sich für Frauen ein, die von Menschenrechtsverletzungen bedroht sind, wobei ein besonderer Schwerpunkt auf die Arbeit für Immigrantinnen und weibliche Flüchtlinge gelegt wird. Das Center vertritt die Auffassung, daß die Gleichberechtigung von Männern und Frauen ein moralischer Imperativ und zugleich eine praktische Notwendigkeit ist für die Weiterentwicklung der Gesellschaft. Um diese Gleichberechtigung zu erreichen, muß die Gesellschaft Frauen Gerechtigkeit widerfahren lassen. Zu diesem Zweck gewährt das Tahirih Justice Center solchen Frauen Rechtsbeistand, die von Menschenrechtsverletzungen bedroht sind, und leistet Hilfe bei der Bereitstellung bestimmter sozialer Leistungen. Die Arbeit des Centers konzentriert sich auf einige Kernprojekte, deren Ziel es ist, die juristischen, medizinischen und sozialen Bedürfnisse der Frauen abzudecken und somit die gesamte Bandbreite von Frauenfragen zu erfassen.

Das Center wurde von Layli Miller Bashir als Reaktion auf Fauziya Kassindjas Fall gegründet. Im September 1997 nahm das Center offiziell seine Arbeit auf. Seit damals hat es sich weitaus schneller entwikkelt, als seine Gründerin erwartet hätte. Es hat seinen Sitz in Falls Church, Virginia, und die vollzeitbeschäftigten Mitarbeiter des Centers sorgen für die dringend benötigte anwaltliche Vertretung von Frauen, die von Menschenrechtsverletzungen bedroht sind. Außerdem koordinieren sie deren medizinische Versorgung durch freiwillige Ärzte und andere soziale Dienste.

Das Center ist benannt nach Tahirih (Tah-he-ray), einer außergewöhnlichen Perserin, die im neunzehnten Jahrhundert lebte. Sie war eine Dichterin und Gelehrte, die im Jahre 1848 aus Protest gegen die traditionelle Unterjochung von Frauen öffentlich ihren Schleier ablegte. Als Mitglied der verfolgten Bahai-Glaubensgemeinschaft starb sie mit sechsunddreißig Jahren für ihren Glauben und ihre Überzeugungen.

Wer das Tahirih Justice Center unterstützen oder mehr über dessen Aktivitäten erfahren möchte, möge sich bitte mit uns in Verbindung setzen.

Tahirih Justice Center
108 N. Virginia Ave.
Suite 100
Falls Church, VA 22046
Telefon: 001-703-237-4554
Fax: 001-703-237-4574
Email: justice@tahirih.org
Web site: www.tahirih.org

Equality Now

Equality Now ist eine internationale Menschenrechtsorganisation, die sich für den Schutz und die Förderung der Rechte von Frauen einsetzt. Equality Now beschäftigt sich unter anderem mit Gewalt gegen Frauen in der Familie, Vergewaltigung, Genital-Verstümmelung, Recht auf Abtreibung, Handel mit Frauen und andere Formen von gegen Frauen gerichteter Gewalt und Diskriminierung, die bislang von der Menschenrechtsbewegung vernachlässigt wurden. Das »Women's Action Network« von Equality Now, das 1996 den Fall von Fauziya Kassindja aufnahm, ist eine immer stärker werdende weltweite Organisation von AktivistInnen, die sich für die Menschenrechte von Frauen einsetzen. Wir hoffen, daß Sie dem »Women's Action Network« beitreten. Weitere Informationen erhalten Sie bei:

Equality Now
P. O. Box 20646
Columbus Circle Station
New York, NY 10023
Fax: 001-212-586-1611
Email: equalitynow@igc.apc.org
Web site: www.equalitynow.org

The International Human Rights and Migration Project, Markkula Center for Applied Ethics, Santa Clara University

Das International Human Rights and Migration Project (IHRMP) wurde von seiner Leiterin Karen Musalo gegründet und ist ein Projekt des Santa Clara University's Markkula Center for Applied Ethics. Das International Human Rights and Migration Project beschäftigt sich umfassend mit Menschenrechts- und Einwanderungsfragen.

Das IHRMP hat das »Women's Refugee Program« ins Leben gerufen, und zwar mit dem Ziel, den internationalen Schutz der Rechte für weibliche Asylsuchende zu vergrößern. Durch das »Women's Refugee Program« stellt das IHRMP den Anwälten von Asylsuchenden landesweit Informationen und Expertisen zur Verfügung. Die Arbeit des »Women's Refugee Program« umfaßt unter anderem die Bereiche Weiterbildung und Beratung von Anwälten, um ihnen bei ihrer Arbeit an individuellen Fällen beizustehen, sowie das Erstellen von Sachverständigengutachten. Auf diese Weise trägt das »Women's Refugee Program« nicht nur zum Schutz einzelner Asylsuchender bei, sondern sorgt auch dafür, daß sich die Zahl positiv entschiedener Präzedenzfälle erhöht.

Das International Human Rights and Migration Project führt zudem in den USA eine landesweite »Studie zur beschleunigten Abschiebung« durch, die einzige umfassende Studie, die sich mit den Auswirkungen der neuen Einwanderungsgesetze auf die Asylsuchenden beschäftigt. Dabei wird die Wirkungsweise des neuen Gesetzes dahingehend untersucht, ob es seine beiden Ziele erfüllt, einerseits unberechtigte Asylansprüche frühzeitig auszusondern und andererseits berechtigte Asylgesuche angemessen zu berücksichtigen. Außerdem werden bestimmte Aspekte der Sicherheitsverwahrung geprüft, darunter die Dauer der Haft und die Haftbedingungen. Diese »Studie zur beschleunigten Abschiebung« wird gemeinsam geleitet von Karen Musalo und Deborah Anker von der Harvard University.

Bitte setzen Sie sich mit uns in Verbindung, falls Sie weitere Informationen über das International Human Rights and Migration Project wünschen. Spenden werden zweckgebunden für das »Women's Refugee Program« oder für die »Studie zur beschleunigten Abschiebung« entgegengenommen.

International Human Rights and Migration Project
Markkula Center for Applied Ethics
Santa Clara University
500 El Camino Real
Santa Clara, CA 95053-0633
Telefon: 001-408-554-7890
Fax: 001-554-554-2373
Email: kmusalo@mailer.scu.edu